MW01698989

Gestion des risques et institutions financières

3e édition

John C. Hull

Christophe Godlewski, Université de Strasbourg et EM Strasbourg
Maxime Merli, Université de Strasbourg et EM Strasbourg

PEARSON

Publié par Pearson France
Immeuble Terra Nova II
74, rue de Lagny
93100 Montreuil
Tél : +33 (01) 43 62 31 00

Réalisation PAO : TyPAO

ISBN : 978-2-7440-7667-1

L'édition originale de cet ouvrage a été publiée
aux Etats-Unis, à Hoboken, New Jersey,
par John Wiley & Sons, Inc.,
sous le titre *Risk Management*
and Financial Institutions - Third Edition.

À Michelle, Peter et David

John C. Hull

À la beauté de Séville et de Zagreb

Christophe Godlewski et Maxime Merli

Table des matières

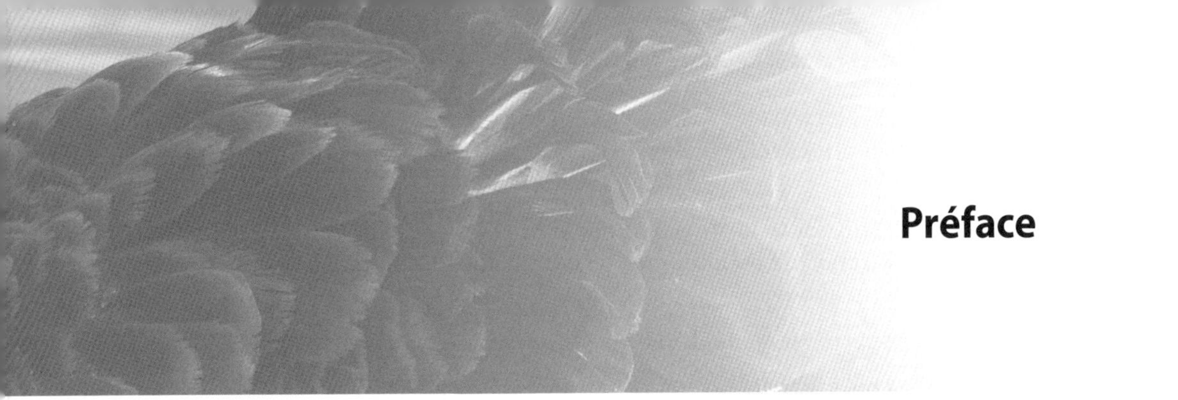

Préface

De nombreux événements se sont produits depuis la publication de la seconde édition de cet ouvrage. Nous avons connu la plus importante crise depuis plus de 70 ans. La gestion des risques a pris plus d'importance que jamais dans les institutions financières. Les acteurs du marché sont aux prises avec des initiatives telles que Bâle III et le *Dodd-Frank Act*. L'attention se concentre davantage sur le risque de liquidité et l'analyse de scénarios. Cette nouvelle édition de *Gestion des risques et institutions financières* a été augmentée et mise à jour afin de refléter ces évolutions du marché. Comme mon autre ouvrage, très apprécié, *Option, futures et autres actifs dérivés*, *Gestion des risques et institutions financières* est conçu pour être utile aux professionnels, ainsi qu'aux étudiants.

Cet ouvrage peut servir de support à des cours en gestion des risques aussi bien qu'en gestion des institutions financières. Il n'est pas nécessaire pour les étudiants de suivre un cours sur les marchés d'options ou de *futures* avant d'aborder les chapitres de cet ouvrage. Dans le cas contraire, les points abordés dans les sept premiers chapitres leur serviront de rappel.

J'ai accordé une grande attention aux formules mathématiques pour que cet ouvrage soit accessible à un public le plus large possible. Par exemple, lorsque j'aborde les copules au chapitre 11, je présente d'abord l'intuition, puis propose des exemples numériques détaillés ; lorsque j'aborde les méthodes du maximum de vraisemblance et des valeurs extrêmes au chapitre 14, je présente des exemples numériques et de nombreux détails pour que le lecteur puisse construire sa propre feuille Excel.

Cet ouvrage traite avant tout du management des risques et, de ce fait, il comporte relativement peu de détails sur l'évaluation des actifs dérivés (qui font l'objet de mes deux autres ouvrages, *Options, futures et autres actifs dérivés* et *Fondamentaux des marchés options et futures*.) J'ai cependant introduit à la fin de cet ouvrage des annexes contenant les formules clés d'évaluation d'actifs dérivés, utiles aux managers des risques.

Quoi de neuf dans cette édition ?

Cette troisième édition contient de nombreuses nouveautés :

1. Un nouveau chapitre sur Bâle 2.5, Bâle III et le *Dodd-Frank Act* a été introduit.
2. Le risque de contrepartie est abordé plus longuement.
3. Le calcul de la VaR de crédit est beaucoup plus détaillé.
4. Le chapitre sur la crise a été mis à jour et positionné plus tôt dans l'ouvrage

5. Les compensations centralisées et la collatérisation occupent une place plus importante.
6. Plus de détails sont fournis sur le modèle de Vasicek et d'autres modèles de même type. L'utilisation du maximum de vraisemblance pour l'estimation des paramètres est également abordée.
7. Le logiciel permettant le calcul de la VaR a été amélioré.
8. La partie concernant la mise en œuvre de l'approche AMA au risque opérationnel a été étoffée.
9. Les annexes abordent l'évaluation des CDS et de CDO synthétiques.
10. Le logiciel DerivaGem qui accompagne cet ouvrage a bénéficié de nombreuses améliorations.
11. De nouveaux logiciels (permettant par exemple une analyse en composantes principales ou la manipulation de matrices) sont disponibles sur le site de l'auteur (http://www-2.rotman.utoronto.ca/~hull/).

Questions et problèmes

Les problèmes en fin de chapitre sont classés en deux catégories : Problèmes et exercices et Questions complémentaires. Les solutions des problèmes et des exercices sont fournies à la fin de cet ouvrage. Les solutions des questions complémentaires sont disponibles en anglais pour les enseignants sur le site de l'éditeur américain (www.wiley.com).

Diapositives et manuel d'instruction pour les enseignants

Des centaines de diapositives sont disponibles en anglais sur le site de l'auteur et de l'éditeur américain Wiley, (www.wiley.com). Un manuel d'instruction en anglais est mis en ligne par l'éditeur originel, Wiley (www.wiley.com). Il contient les solutions des questions complémentaires, des notes, des diapositives (*slides*) ainsi que quelques suggestions pour l'organisation du cours.

Remerciements

De nombreuses personnes ont contribué à la réalisation de cet ouvrage. Il a bénéficié des nombreuses interactions que j'ai eues avec des universitaires et des managers des risques. Je voudrais remercier les étudiants du MBA *Management des risques financiers*, dont les remarques ont amélioré les versions successives du manuscrit. Yoshit Rostogi a été un excellent assistant de recherche.

J'adresse mes plus vifs remerciements à Alan White, un de mes collègues de l'université de Toronto. Alan et moi-même travaillons ensemble depuis plus de 25 ans sur des recherches et des missions de *consulting* dans le domaine de la gestion des risques et des actifs dérivés. Pendant ces années, nous avons passé des heures à discuter des points clés de ces problématiques. De nombreuses idées nouvelles, ainsi que de nouvelles façons d'expliquer de vieux problèmes sont le fruit de ces discussions et nous appartiennent à part égale.

Je tiens à remercier spécialement de nombreuses personnes de Wiley, particulièrement Eva Burton, Meg Freeborn, Vincent Nordhaus et Mary Daniello pour leur enthousiasme, leurs conseils et leurs encouragements.

Je serai ravi de recevoir des commentaires de mes lecteurs. Voici mon adresse électronique :

hull@rotman.utoronto.ca

John Hull
Joseph L. Rotman School of Management
Université de Toronto

Note des traducteurs/adaptateurs

Les qualités académiques et pédagogiques de J. C. Hull ne sont plus à démontrer et la troisième édition de cet ouvrage en témoigne à nouveau. Nous avons pris beaucoup de plaisir à traduire et adapter cette nouvelle édition et espérons avoir respecté au mieux les propos de l'auteur. Nous tenons à remercier très vivement nos collègues Marie-Hélène Broihanne, Jean-Luc Netzer, Joël Petey et Patrick Roger, pour leur relecture attentive de certains chapitres. Nous demeurons bien évidemment seuls responsables d'éventuelles « erreurs », le marché des dérivés sur « coquilles » étant inexistant et, ces dernières ne pouvant être titrisées, nous assumons ce risque, tout en espérant l'avoir minimisé.

Christophe Godlewski
Professeur des universités,
Université de Haute-Alsace,
Laboratoire de Recherche en Gestion et Économie (LaRGE),
EM Strasbourg
Université de Strasbourg

Maxime Merli
Professeur des universités,
Laboratoire de Recherche en Gestion et Économie (LaRGE),
EM Strasbourg,
Université de Strasbourg

« A business that makes nothing but money is a poor business. »

Henry Ford

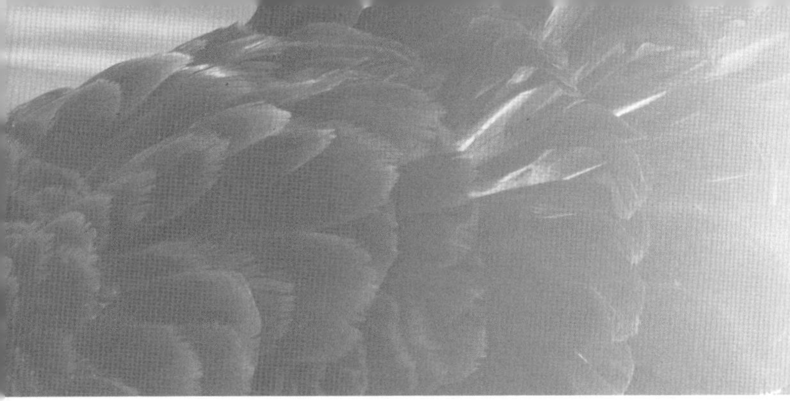

Chapitre 1
Introduction

Imaginez que vous soyez responsable de la gestion des risques d'une grande entreprise et que votre P-DG ait besoin de votre avis sur une nouvelle acquisition d'entreprise. Vous avez été submergé de rapports montrant que cette opération est très rentable et devrait créer de la valeur pour vos actionnaires. Quelles sont les analyses que votre P-DG attend de vous ?

En tant que responsable de la gestion des risques, votre rôle consiste à analyser comment cette nouvelle entreprise va s'intégrer dans le portefeuille d'activités actuel, ainsi que la corrélation entre la performance de l'entreprise cible et celle de votre entreprise. Si cette dernière rencontre des difficultés, la nouvelle entité présentera-t-elle également de faibles résultats ?

Les entreprises doivent tenir compte des risques si elles veulent survivre et pérenniser leur activité. Dans ce cadre, le principal rôle du *risk manager* est d'avoir une connaissance sans faille du portefeuille actuel de risques détenu par son entreprise et de planifier son évolution future. Il est à même d'évaluer si l'ensemble des risques pris sont acceptables ou s'ils sont, au contraire, trop élevés. Dans ce dernier cas, il peut décider des actions à mettre en œuvre pour modifier ce portefeuille.

Cet ouvrage est en grande partie dédié à la façon dont les risques sont gérés dans les banques et les institutions financières. Cependant, de nombreux points abordés concernent également les autres types d'entreprises. La gestion des risques représente aujourd'hui une activité essentielle des entreprises. Les pertes énormes de la banque Barings en 1995, de l'Allied Irish Bank en 2002, de la Société Générale en 2007 ou encore d'UBS en 2011, auraient pu être évitées si des procédures efficaces de gestion des risques avaient été mises en place. Celles subies par Citigroup, UBS ou Merrill Lynch lors de la dernière crise financière auraient également pu l'être si les responsables de la gestion des risques avaient su convaincre les managers des prises de risques inacceptables.

Ce chapitre introductif plante le décor. Il aborde tout d'abord les arguments classiques concernant le couple rentabilité-risque auquel sont confrontés les investisseurs en obligations ou en actions. Il montre ensuite comment les arguments avancés peuvent être utiles aux entreprises dans le but d'opérer des choix d'investissement et de gérer leurs risques. Il décrit enfin les raisons pour lesquelles les entreprises – en particulier les institutions financières – doivent être attentives au risque global auquel elles sont confrontées.

1.1 La rentabilité et le risque

Comme tous les gestionnaires de portefeuille le savent, il existe un arbitrage entre la rentabilité et le risque d'un investissement. Plus le risque est élevé, plus la rentabilité effective peut l'être. Le choix s'opère donc entre risque et rentabilité espérée (ou espérance de rentabilité), et non entre risque et rentabilité observée. Les statisticiens définissent la valeur espérée d'une variable comme sa valeur moyenne. La rentabilité espérée est alors une moyenne pondérée de l'ensemble des rentabilités possibles de l'actif, et les pondérations correspondent aux probabilités de réalisation des différentes rentabilités. Supposons, par exemple, que vous investissiez 100 000 euros pour une période d'un an. Une première solution consiste à investir cette somme en bons du Trésor, dont le rendement est de 5 % par an. Dans ce cas, vous ne courez aucun risque, et la rentabilité espérée de votre investissement est de 5 %. Investir sur le marché des actions représente une autre solution. Pour simplifier, nous supposons que les rentabilités possibles de cet investissement et les probabilités qui leur sont associées sont présentées au tableau 1.1. Il existe une probabilité de 0,05 que le rendement s'élève à +50 %, une probabilité de 0,25 qu'il s'élève à +30 %, et ainsi de suite.

Tableau 1.1 : Rentabilité annuelle d'un investissement de 100 000 euros en actions.

Probabilité	Rentabilité
0,05	+50 %
0,25	+30 %
0,40	+10 %
0,25	-10 %
0,05	-30 %

L'espérance de rentabilité de cet investissement s'écrit alors :

$$0,05 \times 0,50 + 0,25 \times 0,30 + 0,40 \times 0,10 + 0,25 \times (-0,10) + 0,05 \times (-0,30) = 0,10$$

Cela montre que si vous acceptez d'augmenter le risque de votre investissement, son espérance de rentabilité augmentera également (5 % pour les bons du Trésor et 10 % pour les actions). En outre, si les événements sont favorables, l'investissement en actions pourra atteindre 50 %. Mais dans le cas le plus défavorable, la rentabilité de votre investissement sera de –30 %, et votre portefeuille subira une perte de 30 000 euros. Markowitz (1952) a proposé l'une des premières analyses sérieuses du couple rentabilité-risque. Un peu plus tard, d'autres travaux, ceux de Sharpe (1964) en particulier, sont venus compléter ses recherches pour donner naissance au fameux modèle d'équilibre des actifs financiers, ou MEDAF (également nommé *Capital Asset Pricing Model* CAPM). Ce modèle détermine la relation entre l'espérance de rentabilité et ce que l'on appelle le risque systématique. En 1976, Ross a proposé une approche multifactorielle qui étend le modèle d'équilibre des actifs financiers à la présence de plusieurs sources de risque systématique (modèle couramment nommé *Arbitrage Pricing Theory* APT). Ces modèles ont une très grande influence sur la façon dont les gestionnaires de portefeuille analysent et gèrent le couple rentabilité-risque de leur investissement. Nous aborderons ce point dans les sections suivantes.

Mesurer le risque

Comment mesurer le risque associé à un investissement ? On utilise souvent l'écart-type de rentabilité annuelle, qui s'écrit ainsi :

$$\sqrt{E(R^2)-[E(R)]^2}$$

où R est la rentabilité annuelle. Le symbole E désigne l'opérateur d'espérance ; de ce fait, $E(R)$ est l'espérance de rentabilité annuelle. Pour les données du tableau 1.1, $E(R) = 0{,}1$. Pour calculer $E(R^2)$, il faut pondérer le carré des rentabilités par la probabilité qui leur est associée :

$$\begin{aligned}E(R^2) &= 0{,}05 \times 0{,}50^2 + 0{,}25 \times 0{,}30^2 + 0{,}40 \times 0{,}10^2 \\ &\quad + 0{,}25 \times (-0{,}10)^2 + 0{,}05 \times (-0{,}30)^2 = 0{,}046\end{aligned}$$

L'écart-type de rentabilité vaut finalement $\sqrt{0{,}046 - 0{,}1^2} = 0{,}1897$ ou 18,97 %.

Opportunités d'investissement

Supposons que nous puissions caractériser l'ensemble des opportunités d'investissement par l'espérance de rentabilité et l'écart-type de rentabilité. La figure 1.1 représente cet ensemble : les axes horizontal et vertical sont consacrés respectivement à l'écart-type de rentabilité et l'espérance de rentabilité.

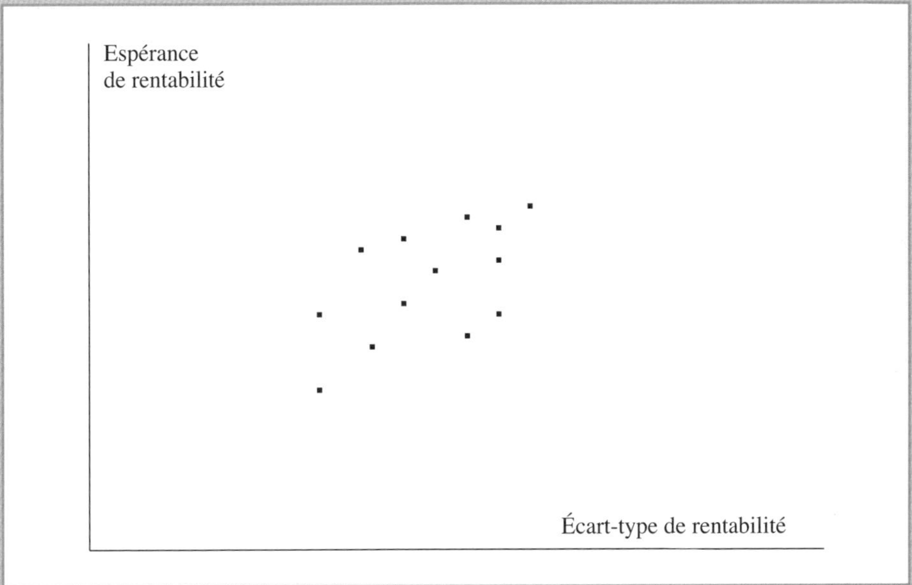

Figure 1.1 – Ensemble des investissements risqués.

Maintenant que l'ensemble des investissements possibles est décrit, il est naturel de tenter de caractériser les portefeuilles de titres que les investisseurs peuvent choisir. Considérons deux titres de rentabilités R_1et R_2. Si l'on consacre une part de richesse w_1 au premier actif et une part de richesse w_2 au second, avec $w_1 + w_2 = 1$, la rentabilité du portefeuille s'écrit :

$$w_1 R_1 + w_2 R_2$$

Si l'on note μ_1 (respectivement μ_2) l'espérance de rentabilité du titre 1 (respectivement du titre 2), l'espérance de rentabilité du portefeuille est de la forme :

$$w_1 \mu_1 + w_2 \mu_2 \qquad (1.1)$$

L'écart-type de rentabilité de ce portefeuille s'écrit alors :

$$\sigma_P = \sqrt{w_1^2 \sigma_1^2 + w_2^2 \sigma_2^2 + 2\rho w_1 w_2 \sigma_1 \sigma_2} \qquad (1.2)$$

où σ_1 et σ_2 sont les écarts-types de R_1 et R_2, et ρ est le coefficient de corrélation entre R_1 et R_2.

Posons les valeurs suivantes (exprimées en base annuelle) : μ_1 = 10 %, σ_1 = 16 %, μ_2 = 15 % et σ_2 = 24 %. Si le coefficient de corrélation entre la rentabilité des deux titres s'élève à 0,2, le tableau 1.2 donne les valeurs obtenues pour μ_P et σ_P pour les différentes parts de richesse investies dans les deux titres.

Tableau 1.2 : Espérances et écarts-types de rentabilité du portefeuille constitué de deux titres. Les espérances de rentabilité des deux titres sont de 10 % et 15 %, les écarts-types valent 16 % et 24 %, et le coefficient de corrélation est fixé à 0,2.

w_1	w_2	μ_P	σ_P
0,0	1,0	15 %	24,00 %
0,2	0,8	14 %	20,09 %
0,4	0,6	13 %	16,89 %
0,6	0,4	12 %	14,87 %
0,8	0,2	11 %	14,54 %
1,0	0,00	10 %	16,00 %

Les calculs montrent que la combinaison de deux actifs dans un portefeuille permet d'obtenir une grande variété de couples rentabilité-risque (voir figure 1.2).

Les investisseurs ont généralement une aversion pour le risque et tentent alors d'augmenter l'espérance de rentabilité de leur portefeuille tout en réduisant son écart-type. Graphiquement, cela signifie qu'ils souhaitent se déplacer le plus possible vers le nord-ouest des figures 1.1 et 1.2. Comme on peut le voir à la figure 1.2, construire un portefeuille de deux titres permet ce déplacement. Par exemple, pour une part de richesse de 60 % investie dans le titre 1 et de 40 % dans le titre 2, le portefeuille obtenu a une espérance de rentabilité de 12 % et un écart-type de rentabilité de 14,87 %. Si l'on compare ces valeurs avec celles obtenues lors d'un investissement dans le titre 1, elles traduisent une nette amélioration du couple rentabilité-risque (l'espérance de rentabilité est supérieure de 2 %, et l'écart-type plus faible de 1,13 %).

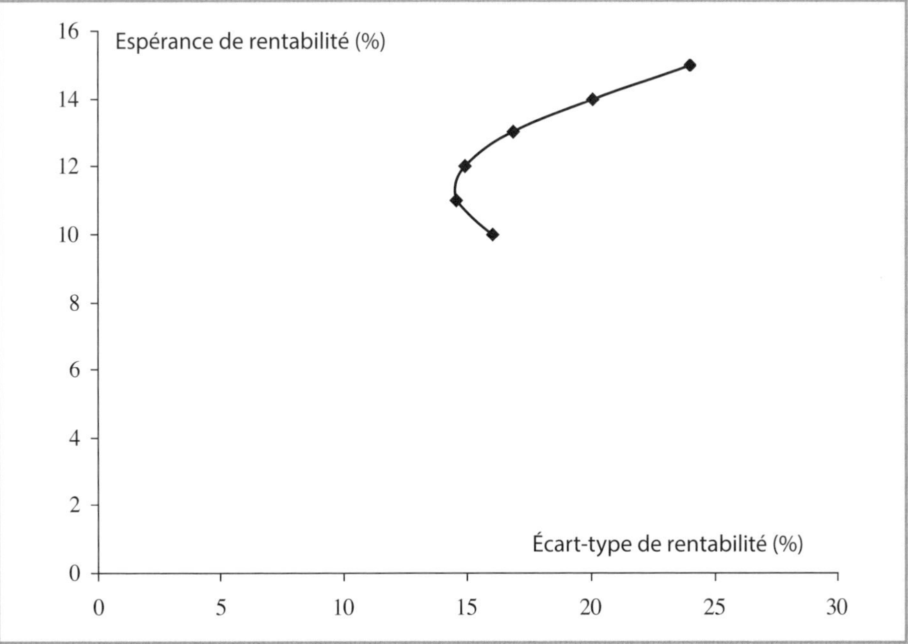

Figure 1.2 - Couple rentabilité-risque de la combinaison de deux actifs (calculé au tableau 1.2).

1.2 La frontière efficiente

Supposons maintenant que l'on introduise un troisième actif dans le portefeuille. On peut alors l'associer à toutes les combinaisons décrites précédemment pour créer de nouveaux couples rentabilité-risque, et ainsi se déplacer davantage vers le nord-ouest. L'ajout d'un quatrième titre pourrait permettre de générer encore de nouvelles opportunités d'investissement. Si l'on continue de la sorte et que l'on tient compte de l'ensemble des portefeuilles qui peuvent être construits à partir des titres de la figure 1.1, on obtient la frontière efficiente. Celle-ci représente la limite « nord-ouest » des opportunités d'investissement (voir figure 1.3).

Il n'existe aucun investissement qui domine ceux situés sur cette frontière. En effet, les investissements ont, pour un niveau d'espérance de rentabilité donné, le risque le plus faible possible. La partie « sud-est » de la figure 1.3 représente l'ensemble des investissements qui peuvent être choisis. On remarque que, pour chacun d'eux, il existe un point sur la frontière efficiente qui a un meilleur (ou aussi bon) couple rentabilité-risque. À la figure 1.3, seules les opportunités d'investissement risquées sont prises en compte. Quelle est la forme de la frontière efficiente pour l'ensemble des investissements possibles ? Pour répondre à cette question, précisons tout d'abord que l'un des actifs pouvant être choisis est sans risque ; notons R_F sa rentabilité. À la figure 1.4, il est décrit par le point *F*, et l'on voit une tangente à la frontière efficiente passant par ce même point. Si l'on note *M*, le point de tangence, la nouvelle frontière efficiente est la droite *FM*. Que se passe-t-il lorsqu'un investissement *I* est constitué d'une part de richesse β_I ($0 < \beta_I < 1$) investie dans le portefeuille *M* et d'une part de richesse $1 - \beta_I$ investie dans l'actif sans risque ?

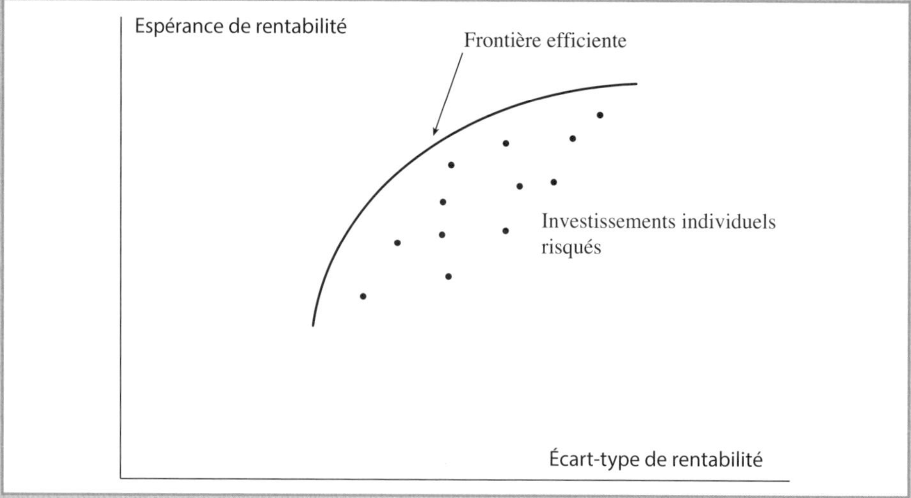

Figure 1.3 – La frontière efficiente des investissements risqués.

D'après l'équation (1.1), l'espérance de rentabilité de I s'écrit :

$$E(R_I) = (1 - \beta_I)R_F + \beta_I E(R_M)$$

Si l'on se réfère à l'équation (1.2), l'écart-type de rentabilité du portefeuille I est $\beta_I \sigma_M$, où σ_M est l'écart-type de rentabilité du portefeuille M. Le point I à la figure 1.4 représente ce couple rentabilité-risque.

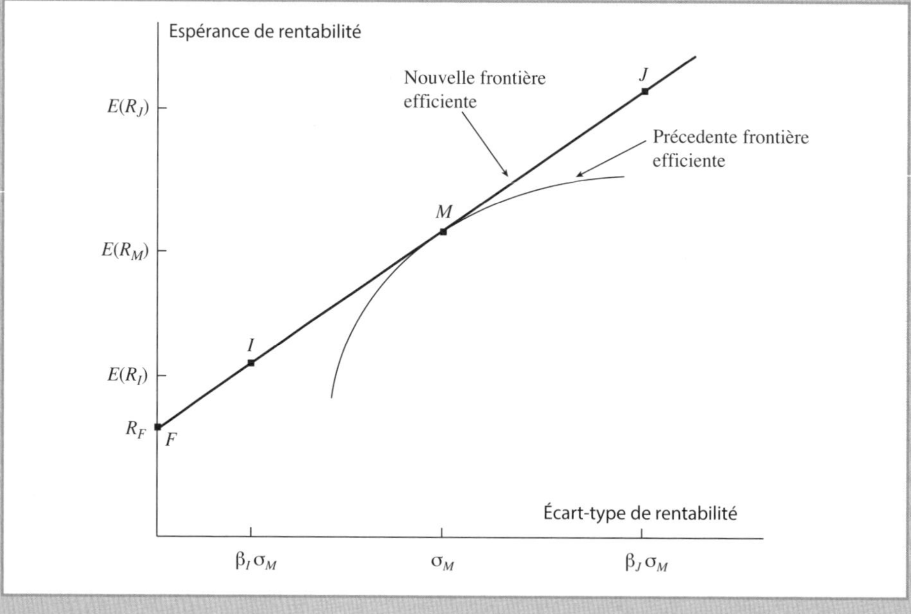

Figure 1.4 – La frontière efficiente pour l'ensemble des investissements possibles.

On obtient I en investissant une part de richesse β_I dans le portefeuille M et $(1-\beta_I)$ dans l'actif sans risque. On obtient J en empruntant une part de richesse $(\beta_J - 1)$ au taux sans risque et en investissant l'ensemble de la richesse dans M.

On peut obtenir tous les points de la droite FM à partir d'investissements composés d'actifs sans risque et du portefeuille M. On remarque que l'ensemble de ces points dominent ceux situés sur l'ancienne frontière efficiente, en offrant un meilleur couple rentabilité-risque ; la droite FM est, de ce fait, la nouvelle frontière efficiente. Si l'on suppose, par mesure de simplification, que les investisseurs peuvent placer et emprunter au taux sans risque, ils peuvent alors construire des portefeuilles situés à droite de M sur la droite FM. Le point J de la figure 1.4 représente un tel portefeuille. Sur cette figure, la distance entre les portefeuilles J et F est celle entre les portefeuilles M et F multipliée par β_J, avec $(\beta_J > 1)$. Pour construire J, il suffit dès lors d'emprunter une part de richesse $(\beta_J - 1)$ au taux sans risque en investissant l'ensemble de la richesse (richesse initiale et emprunt) dans le portefeuille M.

En tenant compte des intérêts de l'emprunt, l'espérance de rentabilité de J s'écrit :

$$E(R_J) = \beta_J E(R_M) - (\beta_J - 1)R_F$$

L'écart-type de cet investissement vaut $\beta_J \sigma_M$. Cela montre à nouveau que le portefeuille construit correspond au point J. Les arguments développés soulignent que lorsque l'on tient compte de l'actif sans risque, la frontière efficiente est une droite. En d'autres termes, il existe une relation linéaire entre l'espérance de rentabilité des portefeuilles et leur écart-type (voir figure 1.4). Tous les investisseurs doivent, de ce fait, choisir le même portefeuille d'actifs risqués, représenté par le point M. Leur « appétit » ou « crainte » du risque doit alors les conduire soit à emprunter, soit à placer au taux sans risque. Il ne reste qu'une étape à franchir pour dire que le portefeuille représenté par M doit se composer de l'ensemble des actifs risqués présents sur le marché. Comment est-il possible que tous les investisseurs détiennent ce portefeuille ? Le montant associé à un titre particulier dans le portefeuille M doit être proportionnel au montant qui lui est alloué dans l'économie. L'investissement M est couramment nommé *portefeuille de marché.*

1.3 Le modèle d'équilibre des actifs financiers (MEDAF)

Comment les investisseurs déterminent-ils l'espérance de rentabilité requise pour les titres individuels ? En partant de l'analyse qui vient d'être menée, le portefeuille de marché M doit jouer un rôle important. L'espérance de rentabilité requise pour un titre doit alors refléter la contribution de cet investissement au risque du portefeuille de marché. Une procédure classique consiste à analyser le lien entre la rentabilité de l'investissement et celle du portefeuille de marché à partir de données historiques. Cette relation est :

$$R = \alpha + \beta R_M + \varepsilon \qquad (1.3)$$

où R est la rentabilité de l'investissement et R_M celle du portefeuille de marché. α et β sont des constantes, et ε est une variable aléatoire qui mesure l'erreur de régression.

L'équation (1.3) montre que le risque global de l'investissement a deux composantes :

1. une composante βR_M, un multiple de la rentabilité du portefeuille de marché ;
2. une composante ε, indépendante de la rentabilité du portefeuille M.

La première composante a trait au *risque systématique* et la seconde, au *risque non systématique* (également appelé *risque spécifique* ou *idiosyncratique*).

Si l'on considère que les ε des différents investissements sont indépendants les uns des autres, on peut éliminer ce risque par la détention de portefeuilles composés d'un grand nombre de titres. De ce fait, un investisseur n'exigera aucune rentabilité supplémentaire (par rapport au taux sans risque) pour ce risque. À l'inverse, l'investisseur tient compte du risque systématique. En effet, celui-ci ne peut être éliminé, même en détenant en portefeuille un grand nombre de titres. En d'autres termes, quel que soit le portefeuille détenu par l'investisseur, on ne peut supprimer le risque systématique représenté par βR_M. On exige alors une espérance de rentabilité en compensation de ce risque.

Comme nous l'avons vu, la figure 1.4 illustre comment les investisseurs choisissent leur investissement dans un univers espérance de rentabilité-risque systématique. Lorsque $\beta = 0$, l'investissement ne présente aucun risque systématique et l'espérance de rentabilité vaut alors R_F. Si $\beta = 1$, le risque systématique de l'investissement est équivalent à celui du portefeuille M, et l'espérance de rentabilité exigée est $E(R_M)$. On peut alors écrire :

$$E(R) = R_F + \beta[E(R_M) - R_F] \tag{1.4}$$

Cette équation est la relation fondamentale du MEDAF. L'excès d'espérance de rentabilité par rapport au taux sans risque de tout investissement se mesure par β fois l'excès d'espérance de rentabilité du portefeuille de marché (voir figure 1.5).

Exemple 1.1

Supposons un taux sans risque de 5 % et une espérance de rentabilité du portefeuille de marché de 10 %. Un investissement à $\beta = 0$ a une espérance de rentabilité de 5 % ; un investissement à $\beta = 0{,}5$ a une espérance de rentabilité de 7,5 % ; un investissement à $\beta = 1$ a une espérance de rentabilité de 10 %, et ainsi de suite.

Le bêta de l'investissement mesure finalement la sensibilité de la rentabilité de l'investissement à celle du portefeuille de marché. L'équation (1.3) permet le calcul du bêta de tous les portefeuilles. En outre, l'estimation de l'espérance de rentabilité s'opère par l'équation du MEDAF (voir équation 1.4), où R désigne la rentabilité du portefeuille construit. À la figure 1.4, M représente le portefeuille de marché qui a un bêta égal à l'unité, et F l'actif sans risque dont le bêta est nul. Les portefeuilles I et J ont des bêta égaux respectivement à β_i et β_j.

Le bêta de l'investissement (β) est égal à $\rho\sigma / \sigma_M$, où ρ est le coefficient de corrélation entre la rentabilité de l'investissement et celle du portefeuille de marché, σ est l'écart-type de rentabilité de l'investissement et σ_M celui de la rentabilité du portefeuille de marché.

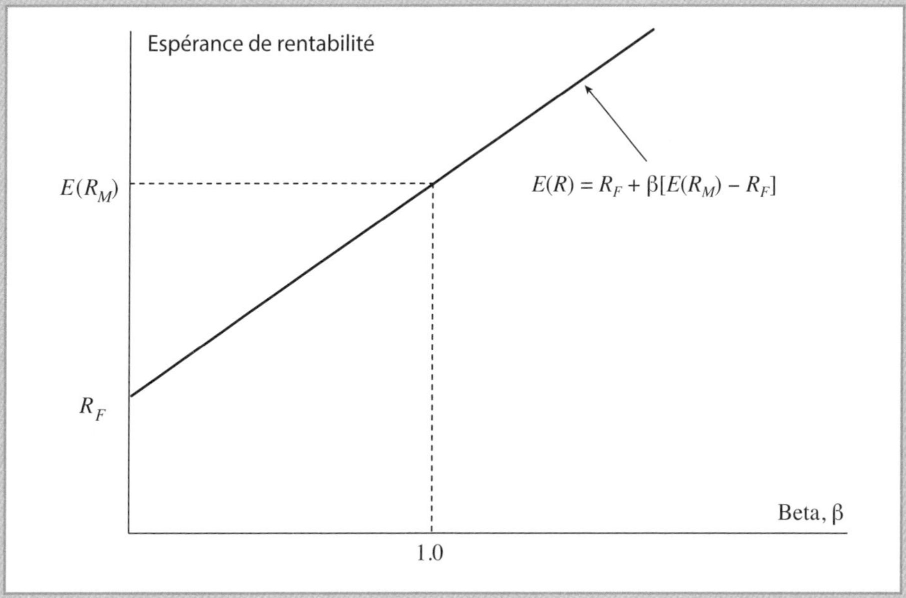

Figure 1.5 - Le MEDAF.

Hypothèses

L'analyse que nous venons de présenter conduit à une conclusion surprenante, puisque tous les investisseurs à l'équilibre du marché veulent détenir le même portefeuille *M*. Cela n'est bien sûr pas vrai. Si c'était le cas, les marchés ne fonctionneraient pas très bien, puisque les investisseurs ne seraient pas prêts à réaliser des échanges les uns avec les autres. En réalité, ils ont des points de vue différents sur les titres et autres opportunités d'investissement risquées. Cette divergence d'opinion est à l'origine des échanges et de la formation des prix sur les marchés. L'analyse précédente s'appuie sur un certain nombre de simplifications. En particulier, elle postule que :

1. Les investisseurs ont pour seuls critères d'évaluation des investissements, l'espérance de rentabilité et l'écart-type de rentabilité. Autrement dit, ils ne tiennent compte que des deux premiers moments de la distribution des rentabilités. Si les distributions sont gaussiennes, cette hypothèse est raisonnable. Mais ce n'est pas le cas. Elles présentent généralement un *skewness* et un excès de kurtosis. Le *skewness* a trait au troisième moment de la distribution, alors que le kurtosis concerne le quatrième. Dans le cas d'un *skewness* positif, les rentabilités élevées sont plus fréquentes que ce que prédit une distribution normale, et les rentabilités faibles sont sous-représentées. C'est le cas inverse pour un *skewness* négatif. Un kurtosis élevé signifie que la distribution gaussienne sous-estime les rentabilités faibles et fortes sur le marché. De nombreux investisseurs sont sensibles aux rentabilités extrêmes et exigent une rentabilité supérieure pour des titres à *skewness* négatif ou à kurtosis élevé.

2. Les ε des différents investissements sont indépendants (voir équation 1.3). Cela revient à supposer que les rentabilités des titres sont corrélées entre elles *via* leur corrélation avec le portefeuille de marché, ce qui n'est pas exact. Ford et General

Motors appartiennent au même secteur et leur corrélation ne vient pas de leur lien avec le marché dans sa globalité. Cela implique que leurs ε ne sont probablement pas indépendants les uns des autres.

3. Les investisseurs concentrent leur analyse sur une période identique pour tous. Il est évident que certains investisseurs ont des horizons plus longs que d'autres ; c'est le cas par exemple des fonds de pension.
4. Les investisseurs peuvent emprunter et placer à un taux sans risque unique. Cela est partiellement vrai pour de grandes institutions dans des conditions normales de marché. Ce n'est pas le cas pour les petits porteurs.
5. La fiscalité est inexistante. Certaines législations n'imposent pas de la même façon les plus-values et les dividendes reçus. Certains investissements ont une taxation propre et certains investisseurs sont plus imposés que d'autres. La fiscalité intervient, bien sûr, dans les choix d'investissement ; un investissement choisi par un fonds de pension non imposé ne sera peut-être pas retenu par un particulier imposé sur son revenu.
6. Tous les investisseurs ont les mêmes estimations des espérances de rentabilité, des écarts-types de rentabilité et des corrélations entre les rentabilités des différents titres. Autrement dit, les anticipations des investisseurs sont homogènes. Mais comme nous l'avons vu plus tôt, si nous vivions dans un monde où les anticipations étaient homogènes, les échanges sur les marchés financiers seraient peu nombreux.

Malgré tout cela, le modèle d'équilibre des actifs financiers est d'une grande utilité dans l'activité de gestion de portefeuille. L'estimation des bêtas constitue une information facilement interprétable et l'espérance de rentabilité des portefeuilles estimée par le MEDAF sert généralement de référence aux mesures de performance des gestionnaires de portefeuille.

Alpha

Lorsque l'on observe la rentabilité du marché R_M, quelle est la rentabilité espérée d'un portefeuille dont le bêta est noté β ? Le MEDAF offre un lien entre l'espérance de rentabilité d'un portefeuille et la rentabilité actuelle du portefeuille de marché, ce qui s'écrit $E(R_p) = R_F + \beta[R_M - R_F]$. R_p désigne la rentabilité du portefeuille et R_F, le taux sans risque.

Exemple 1.2

Considérons un portefeuille de $\beta = 0{,}6$ lorsque le taux sans risque vaut 4 %. Lorsque la rentabilité du marché est de 20 %, l'espérance de rentabilité du portefeuille est :

$$4\,\% + 0{,}6 \times [20\,\% - 4\,\%] = 13{,}6\,\%$$

Lorsque la rentabilité du marché est de –10 %, l'espérance de rentabilité du portefeuille est :

$$4\,\% + 0{,}6 \times [-10\,\% - 4\,\%] = -\,4{,}4\,\%$$

La figure 1.6 décrit la relation entre l'espérance de rentabilité du portefeuille et la rentabilité du portefeuille de marché.

Exemple 1.2

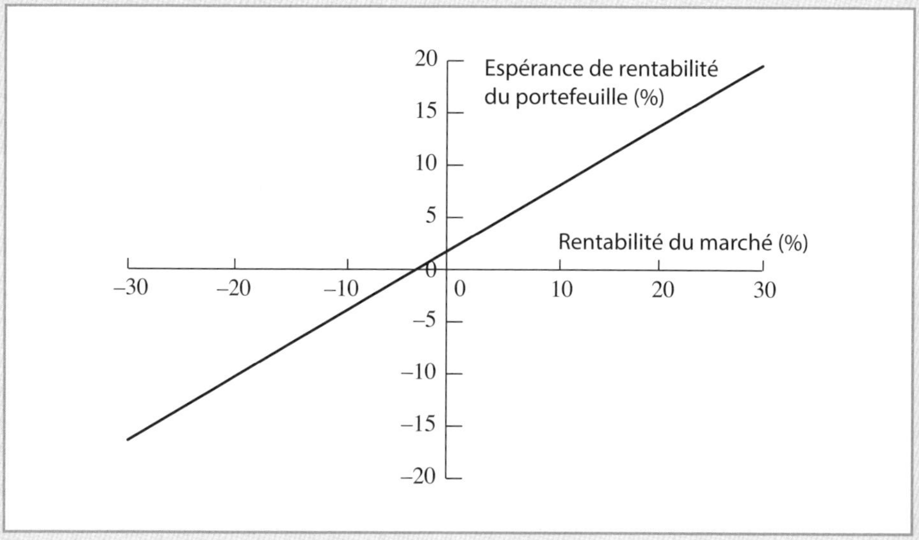

Figure 1.6 – Relation entre l'espérance de rentabilité du portefeuille et la rentabilité actuelle du marché lorsque vaut 0,6 et le taux sans risque 4 %.

Supposons que la rentabilité actuelle du portefeuille soit supérieure à son espérance de rentabilité évaluée par le MEDAF, soit :

$$R_p > R_F + \beta[R_M - R_F]$$

Le gérant de portefeuille a alors réalisé un rendement supérieur par rapport au risque systématique supporté par son portefeuille. La rentabilité en excès, communément appelée alpha du portefeuille, s'écrit :

$$\alpha = R_p - R_F + \beta[R_M - R_F]$$

Exemple 1.3

Un gérant de portefeuille détient un portefeuille dont on estime le bêta à 0,8. Le taux sans risque à un an est de 5 %, la rentabilité du marché pendant l'année a été de 7 % et le portefeuille a eu un rendement de 9 % sur la même période. L'alpha du gérant vaut alors :

$$\alpha = 9\,\% - (5\,\% + 0{,}8 \times [7\,\% - 5\,\%]) = 2{,}4\,\%$$

Les gérants de portefeuille ont toujours essayé d'obtenir des alphas positifs. Une première technique consiste à sélectionner des titres qui surperforment le marché. Une seconde approche vise à réaliser un bon *market timing*. Il s'agit ici de tenter de bénéficier des mouvements de marché en investissant plutôt dans des obligations lorsque le marché est baissier et de réinvestir les fonds sur le marché des actions lorsque le marché est haussier. Nous verrons au chapitre 4 d'autres stratégies mises en place en particulier par les fonds spéculatifs pour obtenir des alphas positifs. Même si les hypothèses du MEDAF sont fortes, les mesures bêta et alpha restent des références pour caractériser des investissements. Le bêta permet de décrire le rendement obtenu lorsqu'un gestionnaire de portefeuille prend un risque systématique. Plus le bêta est élevé, plus le risque est grand, et plus le portefeuille est sensible aux performances du marché. L'alpha mesure la surperformance réalisée par un gestionnaire de fonds (par chance peut-être !). Un investisseur ne peut réaliser un alpha positif que si d'autres réalisent un alpha négatif. La moyenne pondérée des alphas de tous les investisseurs est nulle.

1.4 L'approche multifactorielle (*Arbitrage Pricing Theory* ou APT)

Une analyse plus générale, qui répond aux deux premières limites citées précédemment, s'appuie sur une vision multifactorielle de la formation des rentabilités des titres et des portefeuilles. On nomme généralement cette approche APT ; elle postule que la rentabilité espérée des titres sur un marché financier dépend de plusieurs facteurs. En analysant la façon dont les investisseurs peuvent construire des portefeuilles qui éliminent leur exposition à ces différents facteurs, l'APT montre qu'il existe une relation linéaire entre l'espérance de rentabilité et le niveau des facteurs. L'hypothèse d'indépendance des ε de l'équation (1.3) assure que, dans le MEDAF, il n'existe qu'un seul facteur (de risque systématique) qui explique le niveau des rentabilités espérées des actifs financiers, à savoir la rentabilité du portefeuille de marché. Dans l'APT, plusieurs facteurs expliquent la rentabilité des titres, et chacun d'entre eux constitue une source de risque systématique. Le risque non systématique est ici le risque indépendant de l'ensemble des facteurs et peut être diversifié.

1.5 Risque et rentabilité des entreprises

Nous abordons dans cette section le couple rentabilité-risque dans le cadre de la gestion des entreprises. Comment une entreprise peut-elle décider que l'espérance de rentabilité d'un nouvel investissement est suffisante au regard du risque pris ?

Rappelons que les actionnaires sont les propriétaires de l'entreprise ; de ce fait, cette dernière doit être gérée dans leur intérêt. Lorsqu'une entreprise doit choisir un nouvel investissement, il est naturel de l'appréhender comme un nouvel actif introduit dans le portefeuille de ses actionnaires. Afin de prendre une décision, elle doit alors calculer le bêta de cet investissement et son espérance de rentabilité. Si, pour ce nouveau projet, cette dernière dépasse celle prédite par le MEDAF, l'investissement peut être réalisé et devrait créer de la valeur pour les actionnaires. Dans le cas contraire, il doit être abandonné.

En pratique, les entreprises tiennent compte des risques systématiques et non systématiques. Par exemple, nombre d'entre elles assurent leurs locaux contre le risque d'incendie, même si ce risque est non systématique et que les actionnaires pourraient l'éliminer en diversifiant leur portefeuille. Elles évitent, en outre, de prendre des risques trop importants et se couvrent généralement contre le risque de taux d'intérêt, le risque de change et la variation du prix des matières premières. Dans un objectif de pérennité de leur activité, elles analysent l'espérance de rentabilité des nouvelles acquisitions potentielles en s'assurant de la cohérence de cette opération avec le profil rentabilité-risque du portefeuille de leurs actionnaires. De plus, le risque de ces projets ne doit pas être trop important, et généralement inférieur à une certaine limite.

De nombreux investisseurs sont sensibles au risque global de l'entreprise dans laquelle ils investissent. Ils n'aiment pas les surprises et préfèrent généralement les sociétés à la croissance solide, qui atteignent leurs objectifs de bénéfices.

En outre, ils investissent plus facilement dans les entreprises qui gèrent leurs risques de façon rigoureuse et qui limitent leur exposition globale au risque (systématique et non systématique). Les arguments théoriques développés à la section 1.1 décrivent un comportement différent de celui qui vient d'être indiqué. En effet, les investisseurs devraient encourager les sociétés à accepter des investissements très risqués si le couple rentabilité-risque est favorable. Certaines entreprises du portefeuille feront faillite, mais d'autres auront d'excellents résultats, ce qui devrait permettre aux actionnaires de dégager une rentabilité satisfaisante.

Les investisseurs se comportent-ils de façon sous-optimale ? Les intérêts des actionnaires sont-ils mieux servis si les entreprises augmentent leur risque systématique, puisque celui-ci peut être éliminé par la diversification de portefeuille ? Il existe un argument fort, la présence de coûts de faillite, qui conduit à répondre plutôt par la négative à cette question. On utilise généralement cet argument pour expliquer en quoi l'endettement d'une entreprise doit être limité, mais on peut également l'appliquer à l'ensemble des risques.

Les coûts de faillite

Dans un monde sans friction, la défaillance d'une entreprise ne devrait pas poser trop de difficultés. En effet, les actifs tangibles et intangibles de l'entreprise seraient vendus à leur valeur de marché et cette valeur serait alors redistribuée aux détenteurs d'obligations, actionnaires et autres parties prenantes selon des règles clairement définies. Dans un tel contexte, le processus de défaillance ne devrait pas détruire de la valeur pour les actionnaires de l'entreprise. Il est évident que le monde économique est bien plus complexe et que le processus de défaillance engendre des coûts, qualifiés généralement de coûts de faillite.

Quelle est la nature de ces coûts ? Lorsque la faillite d'une entreprise est annoncée, les différents partenaires sont moins enclins à négocier. Les actifs doivent parfois être vendus très vite et donc à un prix plus bas ; certains actifs immatériels, comme la marque ou la réputation, n'ont plus de valeur. L'entreprise n'est plus gérée dans l'intérêt des actionnaires, les frais administratifs liés à la faillite sont souvent élevés, et ainsi de suite. L'encadré 1.1 présente une histoire fictive, mais représentative de ce qui se passe en pratique. Il décrit comment une prise de risque élevée peut entraîner des coûts de faillite prohibitifs.

La plus importante faillite dans l'histoire des États-Unis est celle de Lehman Brothers en septembre 2008. Deux ans plus tard, le 14 septembre 2010, le *Financial Times* indiquait que les frais juridiques et comptables aux États-Unis et en Europe relatifs à la faillite de toutes les filiales de la société Lehman avaient atteint près de deux milliards de dollars, malgré le fait que certains services avaient été fournis à des tarifs préférentiels.

La pérennité d'une entreprise est l'un des objectifs majeurs des dirigeants, et les actionnaires préfèrent les sociétés qui évitent de prendre des risques excessifs. La législation encadrant les faillites est très différente d'un pays à l'autre, mais ces procédures ont en commun de détruire de la valeur pour l'ensemble des parties prenantes. Il a généralement fallu de longues années à l'entreprise pour créer cette valeur et il est naturel qu'une entreprise gérant son activité dans l'intérêt de ses actionnaires limite la probabilité de voir cette valeur réduite à néant. Dans ce but, elle doit limiter le risque total (systématique et non systématique) associé à son activité. Lorsqu'un nouveau projet d'investissement est envisagé, il est important de mesurer comment il s'intègre à l'ensemble des risques existants. Des investissements, même de petite taille, peuvent parfois réduire le risque global de l'entreprise. De ce point de vue, on peut imputer de nombreuses faillites spectaculaires (voir encadré 1.1) à de nouvelles acquisitions hasardeuses.

Encadré 1.1

Les coûts de faillite cachés

Il y a quelques années, une entreprise avait une capitalisation boursière de deux milliards de dollars et un endettement de 500 millions de dollars. Le P-DG décida d'acquérir une entreprise dans un secteur proche pour un milliard de dollars. Ce dernier avait été levé pour partie en dette bancaire et pour partie en émissions obligataires. La valeur d'acquisition était proche de la valeur de marché et devait, de ce fait, refléter l'estimation par les intervenants de marché du couple rentabilité espérée-risque systématique de cette entreprise. De nombreuses synergies à l'origine de l'acquisition ne furent malheureusement pas réalisées. En outre, l'entreprise acquise n'eut pas les profits escomptés. Le P-DG fut révoqué, et la nouvelle direction décida de revendre l'entreprise acquise pour 100 millions de dollars (10 % du prix d'achat), avec pour principal argument le recentrage de l'activité sur son métier d'origine. Malgré cela, le levier d'endettement et les charges d'intérêt demeuraient très importants, et une courte récession économique eut pour conséquence la mise en cessation de paiement de cette entreprise. Celle-ci fut dès lors en prise avec des comptables et des juristes représentant l'ensemble des parties prenantes (banques, créanciers, actionnaires, etc.), et le coût associé à ces interventions fut de l'ordre de 10 millions de dollars par mois. Un grand nombre de ventes prévues par l'entreprise ne se concrétisèrent pas, car personne ne désirait entretenir des relations commerciales avec une entreprise en difficulté. Enfin, les actions de l'entreprise virent leur valeur baisser très fortement. Après deux ans et trois tentatives de réorganisation, une nouvelle entreprise d'une capitalisation boursière de 700 000 dollars vit le jour, exploitant une partie des activités rentables de l'ancienne entité. Les actions étaient alors détenues exclusivement par les banques et les détenteurs d'obligations, et rien ne fut attribué aux actionnaires.

1.6 Management des risques dans les institutions financières

Une grande partie de la suite de cet ouvrage est dédiée aux institutions financières, comme les banques ou les compagnies d'assurance. À l'instar des autres entreprises, ces institutions cherchent à obtenir un bon équilibre entre rentabilité et risque systématique pour leurs investisseurs. Elles sont également sensibles aux risques globaux (systématiques et spécifiques), car les coûts de faillite décrits précédemment s'appliquent également à elles. Mais la présence de régulateurs constitue l'une des raisons pour lesquelles ces institutions gèrent de façon prudente le risque global.

Contrairement à d'autres entreprises, les institutions financières sont extrêmement régulées. Les gouvernements du monde entier veulent pouvoir compter sur un système financier stable et il est important que les entreprises et les individus puissent avoir confiance dans le système bancaire et assurantiel. Le rôle du régulateur est de s'assurer que la probabilité de faillite d'une banque ou d'une compagnie d'assurance demeure très faible, quelles que soient les conditions économiques. Le sauvetage de certaines institutions financières en 2008, pendant la crise, illustre parfaitement la volonté des gouvernements de ne pas les laisser faire faillite.

La faillite est bien sûr la conséquence d'une perte importante. De ce fait, la réglementation impose aux banques de détenir suffisamment de capital pour pouvoir amortir les pertes avec une probabilité élevée. Si l'on suppose, par exemple, qu'une institution financière a une probabilité de 0,1 % de perdre deux milliards d'euros dans l'année, les régulateurs peuvent lui imposer de détenir deux milliards d'euros de capital. Dans ce cas, il existe 99,9 % de chance que le capital de la banque soit suffisant pour couvrir les pertes de l'année. Nous étudierons plus précisément les modèles utilisés par les régulateurs dans les chapitres suivants.

Comment les risques sont-ils gérés ?

Il existe deux grandes classes de stratégies dans la gestion des risques bancaires. La première consiste à traiter les risques individuellement ; cette approche s'apparente à une décomposition du risque global. La seconde vise à réduire le risque global par diversification ; on parle alors d'agrégation des risques. Comme nous allons le voir, dans la pratique, les banques utilisent ces deux approches, en particulier pour le traitement des risques de marché et de crédit.

Ce sont essentiellement les activités d'échanges de titres (ou de *trading*) qui exposent les banques au risque de marché. Elles sont alors exposées aux variations des taux d'intérêt et de change, ainsi qu'à celles du prix des actifs cotés, du prix des matières premières et de maintes autres variables de marché. Les traders gèrent généralement ces risques. Un trader (ou un groupe de traders) peut par exemple être responsable de l'exposition d'une banque européenne aux fluctuations du taux de change euro-dollars. À la fin de chaque journée, il s'assure que les limites du risque qui lui sont imposées ne sont pas dépassées. Dans le cas contraire, il prend des positions de couverture supplémentaires afin de ramener sa position dans les limites imposées. Nous aborderons au chapitre 7 les mesures du risque et la façon dont elles sont utilisées.

Le rôle du gestionnaire des risques, généralement au *middle office*, est alors d'agréger l'ensemble des risques individuels afin de mesurer l'exposition globale du portefeuille détenu aux variations des conditions de marché. Fort heureusement, les banques détiennent des portefeuilles diversifiés et l'exposition globale demeure assez faible. Si tel n'est pas le cas, des mesures correctives doivent être mises en place. Les chapitres 9, 14 et 15 étudient les modèles utilisés pour l'agrégation des risques.

On gère généralement les risques de crédit en assurant une diversification adéquate des portefeuilles de crédit (agrégation des risques). Si un portefeuille n'est pas diversifié et ne comprend qu'une seule contrepartie, ce qui signifie que l'ensemble des fonds est prêté à un seul emprunteur, le risque associé est très important. En effet, si la contrepartie fait défaut et n'est plus en mesure de rembourser le nominal et les intérêts du prêt, la solvabilité de la banque est compromise. Une position plus confortable pour la banque consiste, par exemple, à prêter 0,01 % de ses fonds à 10 000 clients différents. Supposons que la probabilité de défaillance annuelle d'un prêteur soit de 1 %. Dans ce cas, on peut estimer que pour l'ensemble du portefeuille, 100 clients feront défaut durant l'année. Malgré cela, la banque peut espérer que les profits dégagés sur les 9 900 autres seront largement suffisants pour couvrir ses pertes. Comme nous l'avons signalé, la diversification diminue le risque spécifique, mais laisse le risque systématique inchangé. La banque continue d'être exposée à un retournement économique, avec pour conséquence une augmentation des probabilités de défaillance. De ce fait, le bénéfice de la diversification est maximal lorsque les emprunteurs sont dans des régions géographiques différentes et des secteurs différents. Une banque internationale sera, dans ce contexte, mieux diversifiée qu'une banque alsacienne n'ayant pour clients que des producteurs de vin blanc (aussi excellent soit-il !). Notons que la banque internationale demeure exposée à une récession économique mondiale qui ne peut être diversifiée.

Depuis les années 1990, le marché des dérivés de crédit a connu une croissance exponentielle. Ces produits permettent aux banques, en particulier, de gérer le risque individuel de chaque contrepartie (décomposition du risque) en proposant l'achat de protections contre la survenance des défaillances. Ces produits financiers permettent également de gérer le risque associé au niveau global des défauts dans l'économie (voir chapitres 14 et 16).

1.7 La notation du risque de crédit

Les professionnels utilisent beaucoup la notation dans la gestion du risque de crédit. Les agences de notation comme Moody's, Standard & Poor's (S&P) ou encore Fitch ont essentiellement pour rôle d'attribuer une note de crédit (ou *rating*) qui traduit la qualité de crédit d'un titre obligataire ou d'un émetteur (État souverain ou encore entreprise).

Si l'on se réfère à la grille de notation de Moody's, la meilleure note est Aaa, et les obligations de cette catégorie ne risquent généralement pas de faire défaut. La deuxième meilleure note attribuée est Aa ; les notes s'échelonnent ensuite de A, Baa, Ba, B à Caa. Les obligations notées Baa et plus sont considérées comme sûres et appartiennent à la catégorie investissement (*investment grade*). Les *ratings* correspondants chez S&P sont AAA, AA, A, BBB, BB, B et CCC. Les catégories de note pour les deux agences font l'objet de diverses subdivisions. On divise par exemple Aa en Aa1, Aa2 et Aa3, et A en A1, A2, A3 chez Moody's. De même, on divise AA en AA+, AA et AA–, et A en A+, A, A– chez S&P. Seules les catégories Aaa et AAA ne font l'objet d'aucune subdivision.

Nous aborderons plus en détail ces notations dans d'autres chapitres. Le chapitre 6 décrit par exemple le rôle des agences de notation dans la crise financière débutée en 2007. Les chapitres 12 et 13 abordent la place des notations dans la régulation bancaire. Le chapitre 16 offre des statiques sur les défaillances d'entreprises par catégories de notes. Enfin, le chapitre 18 examine comment les notes des entreprises évoluent à travers le temps.

Résumé

Le *trade-off* entre le risque et la rentabilité représente un principe important en finance. On peut uniquement espérer atteindre des rendements plus élevés en prenant davantage de risques. En théorie, les actionnaires ne devraient pas tenir compte des risques qu'ils peuvent diversifier et le risque systématique encouru devrait conditionner les rendements attendus. Les entreprises tiennent compte des risques totaux dans leur gestion en raison des coûts de faillite, à savoir les coûts supportés par les actionnaires lors de la faillite de l'entreprise. Dans le cas des institutions financières ou des assurances, les régulateurs se concentrent sur le risque de faillite qui dépend avant tout du risque global pris par ces entreprises.

Les institutions financières privilégient généralement deux approches pour gérer le risque : l'agrégation ou la décomposition. Cette dernière implique une gestion séparée de chacun des risques. Quant à l'agrégation des risques, elle consiste à tenir compte de l'impact de la diversification sur le niveau du risque global. On a traditionnellement géré ainsi le risque de crédit, même si l'apparition d'un marché de dérivés de crédit offre la possibilité d'une approche par décomposition.

Références complémentaires

Markowitz, H., « Portfolio Selection », *Journal of Finance*, 7, 1, mars 1952, p. 77-91.

Ross, S., « The Arbitrage Theory of Capital Asset Pricing », *Journal of Economic Theory*, 13, décembre 1976, p. 343-362.

Sharpe, W., « Capital Asset Prices: A Theory of Market Equilibrium », *Journal of Finance*, 19, 3, septembre 1964, p. 425-442.

Smith, C. W. et Stulz, R. M., « The Determinants of a Firm's Hedging Policy », *Journal of Financial and Quantitative Analysis*, 1985, p. 20, 391-406.

Stulz, R. M., *Risk Management and Derivatives*, Southwestern, 2003.

Problèmes et exercices (corrigés en fin d'ouvrage)

1.1. Un investissement a une probabilité de 0,1, 0,2, 0,35, 0,25 et 0,1 d'avoir une rentabilité de 40 %, 30 %, 15 %, –5 % et –15 %. Quels sont l'espérance de rentabilité et l'écart-type de rentabilité de cet investissement ?

1.2. Considérons deux investissements de même distribution de probabilité que dans le problème 1.1. La corrélation entre les rentabilités vaut 0,15. Quels sont l'espérance de rentabilité et l'écart-type de rentabilité d'un portefeuille composé à 50 % du premier et à 50 % du second ?

1.3. Pour les deux investissements de la figure 1.2 et du tableau 1.2, quels sont les couples rentabilité-risque obtenus pour une corrélation de (a) 0,13, (b) 1,0 et (c) –1,0 ?

1.4. Quelle est la différence entre risque systématique et risque non systématique ? Lequel est important pour les investisseurs ? Lequel peut conduire à la faillite d'une entreprise ?

1.5. Énoncez les arguments qui conduisent à la conclusion que tous les investisseurs doivent détenir le même portefeuille d'actifs risqués. Quelles sont les hypothèses clés ?

1.6. L'espérance de rentabilité du portefeuille de marché est de 12 % et le taux sans risque vaut 6 %. Quelle est l'espérance de rentabilité d'un portefeuille de bêta égal à (a) 0,2, (b) 0,5 et (c) 1,4 ?

1.7. « L'APT est une extension du MEDAF. » Expliquez cette phrase.

1.8. « La structure financière idéale est un compromis entre les coûts de faillite et la défiscalisation des intérêts de la dette. » Expliquez cette phrase.

1.9. Qu'entendez-vous par agrégation et décomposition des risques ? Laquelle des deux nécessite une bonne connaissance des risques individuels ? Laquelle nécessite une bonne connaissance des corrélations entre les risques ?

1.10. Le risque opérationnel d'une banque est le risque de perte importante associé à une catastrophe naturelle, à la fraude des employés, aux litiges, etc. (voir chapitre 18). Afin de gérer ce risque, doit-on l'agréger ou le décomposer ?

1.11. Le bénéfice d'une banque en fin d'année suit une loi normale de moyenne 0,6 % et d'écart-type 1,5 % de la valeur des actifs. Les capitaux propres représentent 4 % de la valeur des actifs. Quelle est la probabilité que les capitaux propres aient une valeur positive en fin d'année ? Vous pouvez ignorer la fiscalité.

1.12. Que pensez-vous du fait que l'activité bancaire soit régulée dans l'objectif de contrôler les risques pris, alors que les autres entreprises ne le sont pas ?

1.13. Donnez la liste des coûts de faillite pour l'entreprise décrite à l'encadré 1.1.

1.14. La rentabilité du marché est de 10 % et le taux sans risque vaut 5 %. Un manager de fonds spéculatifs dont le $\beta = 0,6$ a un alpha de 4 %. Quelle rentabilité devrait réaliser ce fonds ?

Questions complémentaires

1.15 Considérons un investissement avec une espérance de rentabilité de 8 % et un écart-type de rentabilité de 14 %. Un autre investissement a une espérance de rentabilité de 12 % et un écart-type de rentabilité de 20 %. La corrélation entre les rentabilités de ces investissements vaut 20 %. Construisez une figure sur le modèle de la figure 1.2 pour l'ensemble des combinaisons possibles entre ces deux investissements.

1.16. La rentabilité espérée du marché est de 12 % et le taux sans risque vaut 7 %. L'écart-type des rentabilités du marché est de 15 %. Un investisseur crée un portefeuille efficient d'espérance de rentabilité de 10 %. Un autre détient un portefeuille efficient de rentabilité de 20 %. Quels sont les écarts-types des rentabilités des deux portefeuilles ?

1.17. Considérons une banque dont les prêts de maturités un an et cinq ans s'élèvent respectivement à 10 milliards d'euros et 30 milliards d'euros. Cette banque est financée par des dépôts à un an et cinq ans, valant respectivement 35 milliards d'euros et cinq milliards d'euros. La banque a un montant de capitaux propres de trois milliards d'euros et leur espérance de rentabilité vaut 12 %. Quel est le changement de taux d'intérêt qui conduit à une valeur nulle des capitaux propres de cette banque en fin d'année? Vous supposerez une fiscalité à 30 %.

1.18. Un manager de fonds a géré son portefeuille activement avec un $\beta = 0{,}2$. La rentabilité du marché a été de –30 % et le taux sans risque vaut 5 %. Le gérant affiche une rentabilité de –30 % et affirme qu'au vu des circonstances, son résultat est plutôt bon. Commentez.

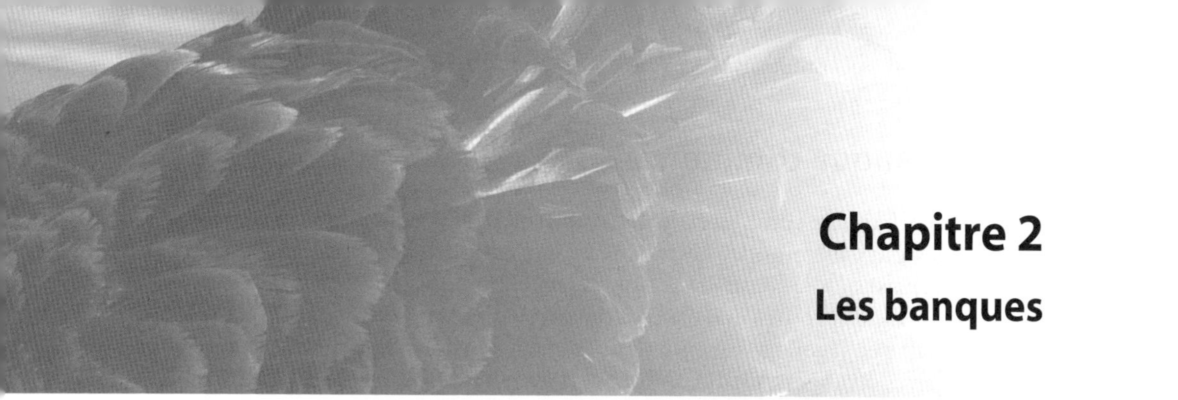

Chapitre 2
Les banques

Le mot « banque » vient de l'italien *banco*, qui désignait un banc couvert d'une nappe de couleur verte, utilisé il y a des siècles par les banquiers de Florence. Le rôle traditionnel des banques consiste à collecter des dépôts et à octroyer des prêts. Le taux d'intérêt facturé sur les prêts est supérieur à celui payé sur les dépôts. Cette différence doit couvrir les coûts administratifs et les pertes sur prêts (c'est-à-dire les pertes dues au défaut de l'emprunteur sur le principal et les intérêts), tout en générant une rentabilité en capital satisfaisante.

De nos jours, la plupart des grandes banques interviennent à la fois dans les activités de banque commerciale et d'investissement. La banque commerciale se concentre, entre autres, sur les activités de collecte de dépôts et d'octroi de prêts. La banque d'investissement regroupe, en particulier, les activités d'assistance aux entreprises souhaitant lever des fonds (capital ou dette), et de conseil en matière de fusions et acquisitions (ou autres réorganisations majeures et décisions de financement). Les grandes banques sont également actives dans les transactions sur titres (en fournissant des services de courtage, par exemple).

Parmi les activités de banque commerciale, on distingue la banque de gros et de détail. Comme son nom l'indique, la banque de détail consiste à collecter de faibles montants de dépôts de personnes privées ou morales, et à octroyer des prêts modestes à cette même clientèle. La banque de gros regroupe, quant à elle, les services bancaires aux grandes et moyennes entreprises, ainsi que la gestion de fonds. Les dépôts et les prêts sont de taille nettement plus importante que pour la banque de détail. Parfois, les banques financent l'octroi de prêts de gros ou de détail en empruntant elles-mêmes sur les marchés financiers.

En général, le *spread* entre le coût des ressources et le taux des prêts est plus faible dans la banque de gros que dans la banque de détail. Des coûts moins élevés (dans le cadre des activités d'octroi de prêts, les pertes attendues sur prêts et les coûts administratifs sont généralement plus faibles dans la banque de gros) compensent cependant cette caractéristique. On appelle souvent « mégabanques » (*money center banks*) les banques fortement engagées dans les activités de gros et qui se financent par des emprunts sur les marchés financiers.

Dans ce chapitre, nous décrirons tout d'abord l'évolution des banques tout au long du XXe siècle, puis nous examinerons la régulation des banques, la nature des risques bancaires et le rôle fondamental des fonds propres bancaires.

2.1 La banque commerciale

L'activité de banque commerciale est soumise à une réglementation stricte dans la plupart des pays du monde, en raison de la confiance accordée par les particuliers et les entreprises au système bancaire. La réglementation bancaire porte principalement sur les fonds propres que doivent détenir les banques, les activités dans lesquelles elles peuvent s'engager, l'assurance des dépôts, les fusions bancaires et la participation d'actionnaires étrangers à leur capital. Tout au long du XXe siècle, la nature de la réglementation bancaire a considérablement influencé la structure du marché de la banque commerciale dans de nombreux pays. Nous allons illustrer ce point en nous penchant sur le cas des États-Unis.

Les banques sont nombreuses aux États-Unis (6 530 en 2010), ce qui conduit à un système relativement complexe. Il existe quelques mégabanques, comme Citigroup et JPMorgan Chase & Co., des centaines de banques régionales engagées dans un « mélange » d'activités de gros et de détail, ainsi que des milliers de banques de proximité spécialisées dans le détail.

Le tableau 2.1 présente la distribution des banques par taille en 1984 et 2010 aux États-Unis. On remarque que le nombre de banques a été divisé par deux durant cette période. En 2010, on comptait moins de petites banques de proximité et plus de grandes banques qu'en 1984. Les 86 banques (1,3 % du total des banques) dont les actifs sont supérieurs à 10 milliards de dollars correspondaient en 2010 à plus de 80 % des actifs totaux du système bancaire américain.

Les restrictions réglementaires des activités bancaires interétats (*interstate banking*) expliquent largement la structure du marché bancaire aux États-Unis. Au début du XXe siècle, la plupart des banques américaines disposaient d'une seule succursale. Au cours de ce même siècle, nombre d'entre elles ont étendu leur réseau afin de mieux servir leur clientèle. Ce développement a rencontré deux oppositions. La première est venue des petites banques dotées d'une seule succursale qui ont craint de perdre leur part de marché, la seconde des mégabanques qui ont craint la concurrence des banques multisuccursales en matière de services de paiement, avec comme conséquence l'érosion de leurs profits. On a donc assisté à beaucoup de pression pour contrôler l'expansion des banques de proximité. Plusieurs États ont fait passer des lois afin de restreindre la capacité des banques à ouvrir plus d'une succursale dans un même État.

Le *McFadden Act* a été voté en 1927, puis amendé en 1933. Cette loi visait à restreindre à un seul État l'ouverture de succursales par une banque. Cette restriction s'appliquait à la fois aux banques titulaires d'un agrément fédéral et de l'État. Un des moyens de contourner cette loi consistait à créer un conglomérat bancaire avec une société *holding* de participation détenant plusieurs filiales (*multibank holding company*). Il existait 47 conglomérats bancaires de ce type en 1956, ce qui a conduit au *Douglas Amendment to the Bank Holding Company Act*, interdisant aux conglomérats d'acquérir une banque dans un État qui prohibait les acquisitions en dehors de l'État en question. Les acquisitions effectuées avant 1956 étaient cependant exemptées, les conglomérats bancaires ne devant pas se séparer des acquisitions effectuées avant cette date.

Les banques sont généralement très créatives pour contourner la réglementation, surtout lorsque cela se révèle rentable. Après 1956, une des solutions consistait à créer une *holding* bancaire. Il s'agissait d'une *holding* dotée d'une seule banque comme filiale et de filiales non bancaires dans différents États (autres que celui de la filiale bancaire). Les filiales non bancaires pouvaient fournir des services financiers, comme du crédit à la consommation, du crédit-bail, et ainsi assurer une présence bancaire dans différents États.

Tableau 2.1 : Concentration bancaire aux États-Unis en 1994 et 2010.

Taille (actifs)	1984			
	Nombre	Pourcentage du total	Actifs (milliards $)	Pourcentage du total
Inférieure à 100 millions $	12 044	83,2	404,2	16,1
Entre 100 millions $ et 1 milliard $	2 161	14,9	513,9	20,5
Entre 1 milliard $ et 10 milliards $	254	01,7	725,9	28,9
Supérieure à 10 milliards $	024	00,2	864,8	34,5
Total	14 483		2 508,9	
Taille (actifs)	**2010**			
	Nombre	**Pourcentage du total**	**Actifs (milliards $)**	**Pourcentage du total**
Inférieure à 100 millions $	2 328	35,7	132,2	1,1
Entre 100 millions $ et 1 milliard $	3 693	56,6	1 059,0	8,8
Entre 1 milliard $ et 10 milliards $	423	6,5	1 089,0	9,0
Supérieure à 10 milliards $	86	1,3	9 786,2	81,1
Total	6 530		12 066,4	

Source : *FDIC Quarterly Banking Profile*, www.fdic.gov.

En 1970, le *Bank Holding Companies Act* a restreint les activités des *holdings* bancaires. Elles étaient désormais uniquement autorisées à s'engager dans des activités étroitement liées au domaine bancaire, et toute acquisition était soumise à l'aval de la Réserve fédérale. Ces *holdings* ont par ailleurs dû se désengager des activités non conformes jusqu'en 1980.

Après 1970, les restrictions bancaires ont commencé à disparaître. Différents États ont voté des lois permettant aux banques d'autres États de s'établir et d'acquérir des établissements bancaires (l'État du Maine a été le premier dans ce cas en 1978). Certains États ont autorisé le libre établissement des banques, d'autres ont exigé des accords bilatéraux (l'État A autorise les banques de l'État B à s'établir si et seulement si l'État B autorise l'établissement des banques de l'État A). Dans certains cas, des groupes d'États ont développé des pactes régionaux permettant aux banques de s'y établir.

En 1994, le Congrès américain a adopté le *Riegle-Neal Interstate Banking and Branching Efficiency Act* qui a permis aux *holdings* bancaires d'acquérir des succursales dans d'autres États et a invalidé les lois autorisant ces opérations à la suite d'accords bilatéraux ou régionaux. À partir de 1997, les *holdings* bancaires ont été autorisées à convertir leurs filiales bancaires hors État en filiales d'une seule banque. Beaucoup considèrent que ce type de consolidation était nécessaire pour permettre aux banques américaines d'être suffisamment grandes pour faire face à la concurrence internationale. Le *Riegle-Neal Act* a ouvert la voie à une vague de consolidation du système bancaire aux États-Unis (par exemple, l'acquisition par JPMorgan de banques précédemment appelées Chemical, Chase, Bear Stearns et Washington Mutual).

2.2 Les fonds propres d'une petite banque commerciale

Afin d'illustrer le rôle des fonds propres bancaires, considérons une banque hypothétique, BDP (Banque de Dépôts et de Prêts), ayant une activité traditionnelle d'octroi de prêts et de collecte de dépôts. Les tableaux 2.2 et 2.3 présentent le bilan simplifié de fin d'année 2012, ainsi que le compte de résultat simplifié pour cette même année.

Le tableau 2.2 montre que la banque dispose d'un actif total de 100 millions d'euros, dont plus de 80 % sont composés de prêts aux particuliers ou aux entreprises. Les liquidités et les actifs cotés s'élèvent à 15 % de l'actif. Les immobilisations (bâtiments, équipements, etc.) représentent les 5 % restants. Au passif, les dépôts des particuliers (ou autres contreparties) représentent 90 % du total. La dette subordonnée à long terme (obligations émises par la banque, dont le rang de priorité est juste en dessous des déposants) pèse 5 % ; les 5 % restants sont financés par les actionnaires de la banque et représentent les capitaux propres. Ces derniers sont constitués de l'investissement initial des actionnaires et de l'ensemble des revenus non distribués par la banque.

Tableau 2.2 : Bilan simplifié fin 2012 pour BDP (en millions d'euros).

	Actif		Passif
Liquidités	5	Dépôts	90
Actifs cotés	10	Dette long terme subordonnée	5
Prêts	80	Capitaux propres	5
Immobilisations	5		
Total	100	*Total*	100

Considérons désormais le compte de résultat 2012 présenté au tableau 2.3. La première ligne est consacrée à la marge nette d'intérêts (ou revenu net d'intérêts) qui correspond à l'excès d'intérêts reçus sur les intérêts payés et représente 3 % de l'actif. Il est important pour une banque de conserver un niveau quasi constant pour cette valeur, quels que soient les niveaux des taux d'intérêt (voir chapitre 8).

La deuxième ligne est dédiée aux pertes sur prêts (coût du risque), qui s'élèvent à 0,8 % de l'actif pour l'année 2012. Il est clair que la gestion et la mesure du risque de crédit sont fondamentales. Même si la banque évalue avec précaution la santé financière de ses clients avant de décider de l'octroi d'un prêt, il est inévitable que certains emprunteurs fassent défaut, entraînant des pertes sur prêts. Celles-ci peuvent fluctuer d'une année sur l'autre. Certaines années, les taux de défaillance dans l'économie sont élevés, alors que d'autres, ils sont beaucoup plus faibles.

La troisième ligne concerne les autres produits, qui correspondent à l'ensemble des revenus dégagés par la banque en dehors de son activité de prêt. Ceux-ci ont trait aux différents frais facturés par la banque pour les services proposés aux particuliers ou aux entreprises. Dans le cas de BDP, ils représentent 0,9 % de l'actif.

Tableau 2.3 : Compte de résultat simplifié 2012 pour BDP (en millions d'euros).

Marge nette d'intérêts	3,00
Coût du risque	(0,80)
Autres produits	0,90
Autres charges	(2,50)
Résultat avant impôt	0,60

Sur l'avant-dernière ligne, les autres charges représentent 2,5 % de l'actif. Elles regroupent toutes les dépenses autres que les intérêts payés et incluent, par exemple, les salaires et les coûts technologiques. Comme dans le cas des grandes entreprises, ce poste a tendance à croître même lorsqu'il est correctement géré. Les banques doivent tenter d'éviter les pertes importantes associées aux litiges, aux ruptures de relations commerciales, aux fraudes des employés, etc. On nomme « risque opérationnel » le risque associé à ces pertes (voir chapitre 20).

Le capital requis

La rentabilité des capitaux propres constitue l'une des mesures de la performance d'une banque. D'après les données des tableaux 2.2 et 2.3, la rentabilité des capitaux propres de la BDP s'élève à 0,6/5, soit 12 %. La banque peut accroître cette rentabilité par le rachat de ses propres actions et l'augmentation des dépôts, afin de réduire le financement par capitaux propres. Le tableau 2.4 illustre cette stratégie : les capitaux propres ne représentent plus que 1 % du bilan, alors que la part des dépôts est passée à 94 %. Avec une telle structure bilancielle, la rentabilité des capitaux propres de la BDP atteint désormais 60 %.

Quel est le montant de capitaux propres dont a besoin la BDP ? Une façon de répondre à cette question est d'envisager, à la manière des régulateurs et des banques, un scénario extrême et de voir si la banque fait faillite. Supposons une récession économique importante, avec pour conséquence une augmentation à 4 % des pertes sur prêts l'année suivante. Si les autres valeurs demeurent identiques, on obtient un résultat négatif avant impôt de 2,6 % de la valeur de l'actif (0,6 – 3,2 = –2,6) ; si l'on considère une fiscalité à 30 %, le résultat négatif après impôt s'établit à 1,8 % de l'actif.

Si l'on observe le tableau 2.2, les capitaux propres dont la valeur est de 5 % de l'actif peuvent absorber cette perte. Ils ne représentent plus que 3,2 % de l'actif, mais peuvent encore absorber une perte de la même ampleur l'année suivante.

Supposons maintenant que la banque ait une structure de fonds propres plus agressive (voir tableau 2.4). Les données sont identiques à celles du tableau 2.2, hormis pour les capitaux propres (1 % de l'actif) et la valeur des dépôts (94 % de l'actif). Dans ce cas, une augmentation des pertes sur prêts de 4 % peut avoir des conséquences dramatiques. La banque devra, même si cela peut se révéler très délicat, trouver des capitaux propres supplémentaires. Il est fort probable qu'elle soit confrontée à une panique bancaire (lorsque tous les déposants décident de retirer leurs fonds au même moment) et contrainte à la liquidation. Dans ce cas, si les actifs de la banque sont vendus à leur valeur comptable (ce qui est une hypothèse forte), les détenteurs de la dette subordonnée à long terme recevront 4,2 millions d'euros sur les 5 millions qui leur sont dus et les déposants seront entièrement remboursés.

Tableau 2.4 : Bilan simplifié alternatif fin 2012 pour BDP, avec des capitaux propres à 1 % du total actif (en millions d'euros).

	Actif		Passif
Liquidités	5	Dépôts	94
Actifs cotés	10	Dette long terme subordonnée	5
Prêts	80	Capitaux propres	1
Immobilisations	5		
Total	100	*Total*	100

On peut donc conclure qu'il est inadéquat pour une banque de détenir des capitaux propres équivalant à 1 % des actifs. Un pourcentage égal à 5 % semble plus raisonnable. On peut souligner que les capitaux propres et la dette subordonnée à long terme sont tous deux sources de fonds propres. Les capitaux propres représentent la meilleure protection contre les événements défavorables (dans notre exemple, si la banque dispose de 5 millions d'euros de capitaux propres au lieu de 1 million d'euros, elle demeure solvable et évite la liquidation). La dette subordonnée à long terme est remboursée après les dépôts, lors de la liquidation, mais elle n'offre pas une aussi bonne couverture que les capitaux propres. En particulier, elle n'empêche pas l'insolvabilité de la banque.

L'un des rôles du régulateur est de s'assurer que les banques disposent d'un niveau de fonds propres suffisant au regard des risques encourus, comme le risque de marché, le risque de crédit et le risque opérationnel (voir chapitres 12 et 13). Les capitaux propres sont classés en fonds propres de base (*Tier 1*) et la dette subordonnée à long terme en fonds propres complémentaires (*Tier 2*).

2.3 L'assurance des dépôts

Afin de maintenir la confiance dans le système bancaire, les régulateurs ont introduit des programmes de garantie dans de nombreux pays, qui fournissent une assurance limitée aux déposants.

Les États-Unis, qui comptent un nombre important de petites banques, sont particulièrement exposés aux faillites bancaires. Après la crise boursière de 1929, ils ont connu une récession importante : plus de 10 000 banques ont fait faillite entre 1930 et 1933. Les paniques bancaires étaient très fréquentes. En 1933, le gouvernement a créé la *Federal Deposit Insurance Corporation* (FDIC) pour protéger les déposants.

Initialement, la limite de protection maximale était fixée à 2 500 dollars, puis elle a été augmentée plusieurs fois pour s'établir à 250 000 dollars par déposant et par banque en octobre 2008. Les banques paient une prime égale à un pourcentage de leurs dépôts domestiques. En 2007, un système de prime ajustée au risque de la banque (mesurée par le ratio de fonds propres) a été introduit.

Le système a bien fonctionné jusqu'en 1980, puisqu'il n'a pas connu de paniques et très peu de faillites bancaires. Entre 1980 et 1990, les faillites ont cependant augmenté pour atteindre un nombre supérieur à 1 000 durant cette décennie (soit plus qu'entre 1933 et 1979), et ce pour plusieurs raisons. La première est la manière dont les banques ont géré le risque de taux d'intérêt (voir chapitre 8). La deuxième est la baisse des prix des matières premières, en particulier du pétrole, qui a conduit de nombreuses entreprises des secteurs pétrolier, gazier et agricole à faire défaut sur leurs prêts.

La troisième raison repose sur l'existence même de l'assurance des dépôts. Celle-ci a permis aux banques de s'engager dans des stratégies risquées qui n'auraient pas été possibles en l'absence d'assurance. En effet, les banques pouvaient accroître leurs dépôts en offrant des taux créditeurs élevés, et utiliser les fonds ainsi collectés pour financer des prêts risqués. Sans assurance, une banque ne peut pas suivre cette stratégie, car les déposants risquent de le découvrir, et ainsi prendre conscience des risques et retirer leurs dépôts. Avec une telle assurance, les déposants savent que, quoi qu'il arrive, ils sont protégés. On connaît ce type de comportement sous le nom d'aléa moral (voir chapitre 3). On peut le définir comme la possibilité de modifier le comportement de l'assuré en réaction à l'existence de l'assurance. L'introduction de primes ajustées au risque peut donc réduire, du moins en partie, le problème d'aléa moral.

Tout au long des années 1980, les fonds du FDIC ont été sévèrement « entamés » et celui-ci a dû s'endetter à hauteur de 30 milliards de dollars auprès du Trésor américain. En décembre 1991, le Congrès a voté le *FDIC Improvement Act*, afin de prévenir tout risque d'insolvabilité du FDIC. Entre 1991 et 2006, les faillites bancaires ont été rares aux États-Unis et, en 2006, le FDIC disposait de 50 milliards de dollars de réserve. En 2008, les défaillances bancaires comme celle d'IndyMac ont à nouveau diminué les fonds disponibles du FDIC, rendant l'augmentation des primes inévitable.

2.4 La banque d'investissement

L'activité principale d'une banque d'investissement consiste à lever de la dette et du capital sur les marchés, afin d'assurer le financement d'entreprises et de gouvernements. Cela implique l'émission, la souscription et le placement de titres. Généralement, une entreprise contacte une banque d'investissement et lui fait part de sa volonté de lever des fonds sous forme de dette, de capital ou d'instrument hybride, comme des obligations convertibles. L'émission s'accompagne d'une documentation juridique qui décrit les droits des détenteurs de ces titres, ainsi que d'un prospectus contenant des informations sur les performances passées, les perspectives futures et les principaux risques (comme le risque juridique) de l'entreprise. Un *road show* est ensuite organisé pendant lequel les représentants de la banque d'investissement et les dirigeants de l'entreprise tentent de convaincre un maximum d'investisseurs, comme des gérants de fonds, de souscrire à l'émission. Puis, la banque et la société s'accordent sur le prix d'émission. Enfin, la banque d'investissement vend les titres sur le marché.

Il existe plusieurs formes d'émissions de titres. Dans le cadre d'un placement privé (*private placement*), les titres sont vendus à un petit nombre de grands investisseurs institutionnels (compagnies d'assurance vie, fonds de pension, etc.) et la banque d'investissement perçoit une commission. L'émission peut également prendre la forme d'une offre au grand public (*public offering*), lorsque les titres sont proposés à tous les investisseurs. Elle peut alors être de type meilleur effort (*best effort*) ou engagement ferme (*firm commitment*). Dans le premier cas, la banque d'investissement fait de son mieux pour placer les titres auprès des investisseurs en échange d'une commission. Dans le second cas, elle achète à l'émetteur les titres à un prix prédéfini, puis tente de les vendre sur le marché à un prix légèrement supérieur. Son profit est donc égal à la différence entre le prix de vente et le prix d'achat des titres. Si la banque n'arrive pas à vendre les titres, elle est contrainte de les garder. L'exemple 2.1 illustre la différence entre les deux types d'opérations.

Exemple 2.1

Une banque donne son accord pour souscrire une émission de 50 millions d'actions de la société ABC. Suite aux négociations, le prix net cible par action est fixé à 30 euros. Cela signifie que la société espère lever 30 × 50 millions d'euros ou 1,5 milliard d'euros. La banque d'investissement peut proposer à l'émetteur une opération de type meilleur effort, avec une commission de 0,30 euro par action, soit 0,3 × 50 = 15 millions d'euros si toutes les actions sont vendues. Elle peut également proposer une opération de type engagement ferme, où elle achète tous les titres d'ABC à 30 euros par action.

La banque est confiante dans sa capacité à vendre les actions, mais incertaine quant à leur prix. Afin d'évaluer les risques, elle envisage deux scénarios alternatifs. Dans le premier, le prix de l'action atteindrait 32 euros, contre 29 euros dans le second.

Dans une opération de type meilleur effort, la banque perçoit une commission de 15 millions d'euros dans les deux scénarios. Dans une opération de type engagement ferme, le profit dépend du prix de l'action. Si celui-ci est égal à 32 euros, le profit est de (32 – 30) × 50 = 100 millions d'euros, puisque la banque a promis de payer 30 euros par action à ABC. En revanche, si le prix de l'action est égal à 29 euros, la banque perd (30 – 29) × 50 = 50 millions d'euros, car elle s'est engagée à payer 30 euros par titre. Le tableau ci-après résume les différents résultats. La décision de la banque dépendra fortement des probabilités que l'établissement assignera aux différents résultats, c'est-à-dire de son « appétit pour le risque ».

	Profit si meilleur effort	**Profit si engagement ferme**
Prix à 29 €	+15 millions €	–50 millions €
Prix à 32 €	+15 millions €	+100 millions €

Lorsque l'émission porte sur des actions et que l'émetteur est déjà coté, la banque d'investissement peut se servir des prix de marché quelques jours avant l'opération pour établir le prix de la nouvelle émission. Généralement, ce prix sera sensiblement inférieur au prix actuel. Le risque principal est que le prix de marché diminue avant l'émission des nouvelles actions.

Les introductions en Bourse

Lorsque la société qui souhaite émettre des actions n'est pas cotée, l'émission s'appelle une introduction en Bourse (*initial public offering*, IPO). Elle s'agit généralement d'une opération du type meilleur effort. Le « bon » prix d'émission est difficile à déterminer et dépend fortement de la capacité de la banque d'investissement à évaluer correctement la valeur de la société. La meilleure estimation du prix de marché correspond à la valeur estimée de la société divisée par le nombre de titres existants. Cependant, la banque fixera généralement un prix d'offre en dessous de l'estimation du prix de marché, afin d'éviter le risque de mévente du titre (la banque perçoit le même montant de commission par action vendue, quel que soit le prix).

Souvent, le prix de l'action augmente immédiatement après l'introduction (parfois jusqu'à 40 %), indiquant que la société aurait pu lever davantage de fonds si le prix d'émission avait été plus élevé. C'est pour cette raison que les offres publiques sont très attractives pour de nombreux investisseurs. Les banques proposent des introductions aux gérants de fonds qui sont leurs meilleurs clients, ainsi qu'aux dirigeants de grandes entreprises en espérant pouvoir travailler avec eux dans l'avenir (cette technique, appelée *spinning*, est proscrite par les régulateurs).

L'approche des enchères hollandaises

Un petit nombre d'entreprises utilisent les enchères hollandaises pour leur introduction en Bourse. Comme dans le cadre d'une offre « classique », un prospectus est conçu, puis un *road show* est organisé. Les investisseurs formulent des enchères en indiquant le nombre souhaité d'actions et le prix qu'ils sont prêts à payer. Les actions sont d'abord vendues au premier meilleur acheteur, puis au deuxième, et ainsi de suite jusqu'à la vente de la totalité des titres. Le prix payé par tous les acheteurs correspond à l'enchère la plus faible qui permet l'allocation des titres. L'exemple 2.2 illustre cette approche.

Exemple 2.2

Une entreprise souhaite vendre 1 million d'actions dans le cadre d'une offre publique et décide d'adopter l'approche des enchères hollandaises. Le tableau ci-dessous reprend la liste des acheteurs.

Acheteur	Quantité d'actions	Prix
A	100 000	30,00 €
B	200 000	28,00 €
C	050 000	33,00 €
D	300 000	29,00 €
E	050 000	30,50 €
F	300 000	31,50 €
G	400 000	25,00 €
H	200 000	30,25 €

Dans ce cas de figure, les actions sont d'abord allouées à C, puis à F, E, H et A. À ce stade, 800 000 actions sont vendues. Le meilleur acheteur suivant est D, qui demande 300 000 titres. Comme il ne reste plus que 200 000 actions, l'ordre de D est satisfait aux deux tiers seulement. Le prix payé par tous les investisseurs qui ont reçu des actions (A, C, D, E, F et H) est le prix offert par D, soit 29 euros.

Les enchères hollandaises répondent aux deux problèmes posés par une offre publique traditionnelle. Premièrement, le prix qui solde le marché (29 euros dans l'exemple 2.2) peut être le prix de marché si tous les investisseurs potentiels ont participé aux enchères. Deuxièmement, on évite les situations dans lesquelles les banques d'investissement proposent des émissions uniquement à leurs clients favoris. L'entreprise émettrice perd néanmoins l'avantage des relations qu'entretiennent les banques d'investissement avec des investisseurs importants, permettant ainsi d'accélérer le placement des titres. En 2004, Google a réalisé une introduction en Bourse importante avec enchères hollandaises (voir encadré 2.1).

Encadré 2.1

L'offre publique de Google

Google, le créateur du désormais célèbre moteur de recherche Internet, a décidé d'entrer en Bourse en 2004. Il a choisi l'approche des enchères hollandaises et était assisté par deux banques d'investissement : Morgan Stanley et Credit Suisse First Boston. Google a reçu l'aval de la *Securities and Exchange Commission* (SEC) pour lever un maximum de 2 718 281 828 dollars (pourquoi un tel nombre ? il s'agit en fait de la constante mathématique *e*, soit 2,7182818…). L'opération n'était pas une enchère hollandaise « pure » car Google s'est réservé le droit de modifier le nombre d'actions à émettre et le pourcentage alloué à chaque investisseur en fonction du résultat des enchères.

Certains investisseurs anticipaient un prix par action proche de 120 dollars. Lorsque Google a pris connaissance du résultat des enchères, il a cependant décidé d'émettre 19 605 052 actions pour un prix de 85 dollars par action, soit une levée de fonds d'un montant de 19 605 052 × 85 = 1,67 milliard de dollars. Les investisseurs ayant proposé un prix supérieur ou égal à 85 dollars lors des enchères ont été servis à un taux de 74,2 %. La date de l'offre publique était fixée au 19 août 2004. Dans de telles conditions, la majorité des entreprises auraient servi 100 % des demandes des investisseurs et levé 1,96 milliard dollars au lieu de 1,67 milliard dollars. Peut-être que Google (symbole boursier : GOOG) avait correctement anticipé la possibilité d'émettre davantage d'actions à un prix plus élevé dans le futur.

Initialement, la capitalisation boursière était de 23,1 milliards de dollars, avec plus de 90 % des titres détenus par les employés de Google, incluant les fondateurs de la société Sergei Brin et Larry Page, ainsi que le P-DG Eric Schmidt. Le premier jour de cotation, le cours de l'action a clôturé à 100,34 dollars, soit 18 % au-dessus du prix de l'offre. Le lendemain, la progression a été de 7 % supplémentaires. L'émission de Google s'est ainsi révélée sous-évaluée, mais pas autant que d'autres introductions de sociétés du secteur technologique qui ont utilisé des méthodes d'émission traditionnelles.

Pour Google, le coût de l'opération (commissions versées aux banques, etc.) s'élevait à 2,8 % de l'émission, tandis que le coût moyen pour une offre publique standard est de 4 %.

Encadré 2.1

Google a eu de la chance, car l'opération s'est déroulée comme prévu malgré un certain nombre d'erreurs commises. Sergei Brin et Larry Page ont accordé une interview au magazine *Playboy* en avril 2004, publiée en septembre. Cela violait une des règles de la SEC, qui impose une « période de silence » et interdit de faire la promotion de l'opération avant l'offre publique. Pour éviter les sanctions de la SEC, Google a dû inclure cette interview dans la documentation officielle de l'émission (avec quelques corrections factuelles). Par ailleurs, Google avait également oublié d'enregistrer 28 millions d'actions et de *stock-options*.

Le cours de Bourse de l'action Google a augmenté rapidement après l'offre publique. Près d'un an plus tard (en septembre 2005), la société a pu lever 4,18 milliards de dollars supplémentaires en émettant 14 159 265 nouvelles actions à 295 dollars le titre (pourquoi un tel nombre ? il s'agit en fait de la constante mathématique *pi*, soit 3,14159265...).

Les services de conseil

Les banques d'investissement offrent également des services de conseil, par exemple en matière de fusions et acquisitions, de désinvestissements et de restructurations. Dans ce cadre, elles assistent les entreprises dans la recherche de partenaires ou de cibles à acquérir. Elles aident également les sociétés à trouver des acheteurs pour leurs départements ou filiales qu'elles souhaitent céder. Les banques conseillent aussi les dirigeants des entreprises partenaires lors des fusions ou des sociétés cibles lors des acquisitions. Parfois, elles suggèrent les mesures à prendre pour éviter une fusion ou une acquisition. Ces mesures s'appellent des pilules empoisonnées, dont voici quelques exemples :

1. Une cible potentielle ajoute à ses statuts une clause stipulant qu'en cas d'acquisition d'un tiers de ses actions, les autres actionnaires ont le droit de vendre leurs titres à l'acquéreur pour un prix égal au double du prix moyen récent.
2. Une cible potentielle octroie à ses principaux employés des *stock-options* qui peuvent être exercées en cas d'acquisition, ce qui peut entraîner un exode de ces employés, laissant ainsi à l'acquéreur une coquille vide.
3. Une cible potentielle ajoute à ses statuts des clauses rendant impossible le renvoi de ses dirigeants durant l'année ou les deux années qui suivent une acquisition.
4. Une cible potentielle émet des actions de préférence qui sont automatiquement converties en actions simples lorsqu'un changement de contrôle intervient.
5. Une cible potentielle ajoute une clause stipulant que les actionnaires existants ont le droit d'acheter des actions à un prix au rabais pendant et après une acquisition.
6. Une cible potentielle modifie la structure des droits de vote, de sorte que les actions détenues par les dirigeants aient plus de droits de vote que les autres.

La majorité des actionnaires doivent approuver les pilules empoisonnées, illégales dans de nombreux pays en dehors des États-Unis. Ils s'y opposent souvent car ils les perçoivent comme des avantages accordés aux dirigeants. L'encadré 2.2 traite d'une pilule empoisonnée originale, utilisée par Peoplesoft pour se défendre d'une acquisition par Oracle.

Encadré 2.2

La pilule empoisonnée de Peoplesoft

En 2003, Oracle, une société de gestion de bases de données, visait l'acquisition de Peoplesoft, Inc., une société de systèmes de gestion des ressources humaines. Cette dernière s'était engagée à garantir à ses clients que, si la société était acquise dans les deux années à venir et que le service après-vente était réduit dans les quatre années à venir, les clients seraient remboursés d'un montant égal à deux, voire cinq fois le prix de la licence informatique qu'ils avaient payée. Le coût hypothétique pour Oracle était estimé à 1,5 milliard de dollars. Les actionnaires de Peoplesoft se sont opposés à cette garantie (qui était clairement en leur défaveur) et elle a été rompue en avril 2004.

Oracle a fini par acquérir Peoplesoft en décembre 2004. Malgré certaines suppressions de postes, Oracle a pu maintenir au moins 90 % des employés des services de développement produit et après-vente de Peoplesoft.

L'évaluation, la stratégie et la tactique sont des éléments clés des services de conseil offerts par une banque d'investissement. Par exemple, en conseillant une société A sur l'acquisition potentielle d'une société B, elle doit évaluer la valeur de B, ainsi que les synergies potentielles de l'opération. Elle doit également donner des conseils sur le moyen de financer l'opération : en liquide, par échange d'actions (c'est-à-dire un certain nombre d'actions de A en échange d'une action de B). Quelle devrait être l'offre initiale ? Quelle sera l'offre finale ? La banque doit également se prononcer sur la meilleure manière d'approcher les dirigeants de B et de cerner leurs motivations. L'offre publique sera-t-elle hostile (opposition des dirigeants de B) ou amicale (accord des dirigeants de B) ? Dans certaines circonstances, il peut y avoir des poursuites judiciaires pour abus de pouvoir de marché, et l'accord des pouvoirs publics est parfois nécessaire.

2.5 Les transactions sur titres

Les banques sont souvent engagées dans des activités de transaction sur titres et services de courtage. De cette manière, elles concurrencent les petites sociétés financières qui ne proposent pas de services bancaires.

Un courtier (*broker*) contribue à l'activité d'échange de titres en exécutant les ordres des clients. Certains *brokers* sont nationaux, d'autres uniquement régionaux. Certains offrent également des services de recherche et de conseil (*full service*), tandis que d'autres appliquent des commissions réduites, mais ne fournissent aucun conseil. Certains proposent des services en ligne et d'autres, comme E-trade, mettent à disposition des clients une plate-forme pour échanger les titres sans passer par un *broker*.

Le teneur de marché (*market maker*) cote un *bid* (prix auquel il est prêt à acheter) et un *ask* (prix auquel il est prêt à vendre). Sollicité pour un prix, il va toujours proposer un *bid* et un *ask* sans savoir s'il s'agit d'un achat ou d'une vente. Le teneur de marché enregistre un profit sur le *spread* entre le *bid* et le *ask*, mais porte un risque lié à sa position.

Les teneurs de marché sont présents sur de nombreux marchés (actions, options, *futures*). En général, le marché impose un niveau maximum du *spread* du teneur de marché. De nombreux instruments financiers, comme les contrats *forward*, les *swaps* et les options, sont échangés sur le marché de gré à gré (*over-the-counter*, OTC) (voir chapitre 5), et de grandes banques d'investissement jouent le rôle de teneurs de marché pour ces instruments financiers.

L'activité de *trading* est proche de celle de teneur de marché. La plupart des banques commerciales et d'investissement sont très actives en la matière. Leurs contreparties habituelles sont d'autres banques, des entreprises et des gérants de fonds. Les banques effectuent cette activité pour trois raisons principales :

1. Pour faire face aux besoins de leurs contreparties. Par exemple, une banque peut vendre une option sur devise étrangère à un client afin de l'aider à réduire son risque de change ou bien acheter un dérivé de crédit auprès d'un fonds afin de l'aider à mettre en place une stratégie de *trading*.
2. Pour réduire ses propres risques (voir chapitre 7).
3. Pour prendre des positions spéculatives en espérant dégager des profits. Dans ce cas, on parle de *trading* en compte propre (*prop* en anglais).

2.6 Les conflits d'intérêts potentiels dans la banque

Il existe de nombreux conflits d'intérêts potentiels entre les activités de banque commerciale, d'investissement et de transaction sur titres lorsqu'elles sont effectuées par la même entité, par exemple :

1. Une banque peut recommander à un investisseur d'acheter des titres que le département d'investissement souhaite vendre. Lorsque la banque dispose d'un compte fiduciaire (c'est-à-dire un compte client sur lequel elle peut choisir les transactions pour son client), elle peut y « déposer » des titres qui se vendent mal.
2. Une banque dispose d'informations confidentielles sur l'entreprise à qui elle prête de l'argent. Elle peut alors être tentée de les transmettre au département de fusions et acquisitions, afin d'aider des clients en quête d'opportunités d'acquisition.
3. Le département de recherche peut être tenté de recommander à l'achat les actions d'une entreprise, afin de plaire à ses dirigeants et ainsi nouer des relations avec eux.
4. Supposons qu'une banque commerciale ne souhaite plus prêter d'argent à une entreprise, en raison des informations confidentielles dont elle dispose et qui laissent à penser que l'emprunteur a de fortes chances de faire faillite. La banque peut alors tenter, *via* son département d'investissement, d'émettre des obligations pour son client, dont le fruit servirait à rembourser le prêt. En somme, il s'agirait de remplacer le prêt bancaire par un prêt effectué auprès d'investisseurs moins bien informés.

Ces conflits d'intérêts potentiels ont par le passé conduit certains pays à séparer les activités de banque d'investissement et de banque commerciale. Le *Glass-Steagall Act* de 1933 aux États-Unis en est un exemple. Les banques commerciales étaient autorisées à souscrire des obligations du Trésor et municipales, ainsi qu'à effectuer des placements privés, mais ne pouvaient pas monter des opérations d'introduction en Bourse. De même, les banques d'investissement n'étaient pas autorisées à collecter des dépôts, ni à octroyer des prêts.

En 1987, la Réserve fédérale a allégé les règles en autorisant les banques à établir des sociétés de participation composées de deux filiales : une pour la banque d'investissement et une pour la banque commerciale. Les revenus de la filiale banque d'investissement ne devaient pas dépasser un certain pourcentage des revenus totaux du groupe.

En 1997, les règles ont encore été allégées et les banques commerciales ont pu acquérir des banques d'investissement. En 1999, le *Financial Services Modernization Act* a finalement éliminé toute restriction sur les opérations des banques, des compagnies d'assurance et des sociétés financières. En 2007, aux États-Unis, cinq grandes banques d'investissement n'avaient aucune activité de banque commerciale : Goldman Sachs, Morgan Stanley, Merrill Lynch, Bear Stearns et Lehman Brothers. En 2008, la crise du crédit a conduit Lehman Brothers à la faillite, JPMorgan Chase & Co. à acquérir Bear Stearns et Bank of America à racheter Merrill Lynch. Goldman Sachs et Morgan Stanley sont devenues des conglomérats bancaires avec des activités de banque d'investissement et commerciale (par conséquent, elles ont dû maintenir des ratios d'endettement faibles et faire l'objet d'une réglementation plus stricte). L'année 2008 a donc marqué la fin de l'ère de la banque d'investissement aux États-Unis.

2.7 Les grandes banques d'aujourd'hui

Aujourd'hui, les grandes banques opèrent de manière globale et effectuent des transactions dans différents domaines. Elles sont toujours engagées dans des activités traditionnelles de banque commerciale (collecte de dépôts, octroi de prêts, etc.) et offrent des services bancaires comme les cartes de crédit, la banque en ligne et les guichets automatiques de banque (GAB).

Les banques accordent également des lignes de crédit aux entreprises et aux particuliers, ainsi que des services aux entreprises exportatrices. Les entreprises peuvent conclure avec elles une variété de contrats afin de couvrir par exemple leurs risques de change, de prix des matières premières ou encore de taux (ces contrats seront abordés aux chapitres suivants). Elles peuvent même couvrir les risques climatiques !

Les banques proposent aussi des services de recherche, émettent des recommandations à l'achat, la vente ou la conservation de titres, et offrent des services de *broker*. Elles disposent de départements économiques qui analysent les conditions macroéconomiques et les actions des banques centrales. Ces départements produisent par exemple des prévisions de taux d'intérêt, de taux de change et de prix. Les banques offrent également des placements collectifs et parfois possèdent leurs propres fonds spéculatifs. Enfin, elles commercialisent de plus en plus de produits assurantiels.

Le département banque d'investissement dispose d'une liberté totale pour souscrire des titres publics ou privés. Il peut offrir des conseils aux entreprises en matière de fusions et acquisitions, ainsi que sur d'autres opérations liées au financement des entreprises.

Afin de mener à bien toutes ces activités, les grandes banques effectuent de très importantes opérations de *trading*. Une partie d'entre elles s'effectue sur les marchés organisés, mais la majorité est réalisée sur les marchés de gré à gré. Il s'agit d'un marché gigantesque sur lequel les *traders* des institutions financières, des fonds et des grandes entreprises effectuent des transactions par téléphone.

Comment sont alors gérés les conflits d'intérêts décrits à la section 2.6 ? Il existe des barrières internes, appelées « murailles de Chine », qui interdisent le transfert d'informations d'un département de la banque à un autre si cela peut être dommageable à sa clientèle. Les médias ont rendu publiques de nombreuses violations des règles anticonflits d'intérêts dans de grandes banques, ce qui a entraîné des procès et de lourdes amendes. Les dirigeants sont fortement incités à mettre en place des murailles de Chine, non seulement à cause des poursuites judiciaires et des amendes, mais également parce que la réputation d'une banque est son actif le plus important. La mauvaise publicité associée aux violations des règles anticonflits d'intérêts peut conduire à une perte de confiance.

La comptabilité

Comment les banques établissent-elles une comptabilité de leurs nombreuses activités ? Celles qui génèrent des commissions, comme la plupart des activités de banque d'investissement, sont simples à comptabiliser. Elles obéissent à des règles semblables à celles employées dans la comptabilité de n'importe quel autre secteur d'activité.

Pour les autres activités, il existe une distinction importante entre le portefeuille bancaire (*banking book*) et le portefeuille de marché (*trading book*). Ce dernier inclut tous les contrats dans lesquels intervient la banque dans le cadre de ses opérations de *trading*. On évalue quotidiennement au prix de marché (*marked-to-market*) la valeur des actifs et des passifs. Cela signifie que l'on ajuste la valeur de manière quasi continue afin de refléter le prix de marché. Si un *trader* achète un actif pour 100 euros et que son prix baisse le lendemain à 60 euros, la banque enregistre une perte immédiate de 40 euros et ce, même si elle n'a pas l'intention de vendre cet actif. Il est parfois difficile d'évaluer la valeur d'un contrat car il n'existe pas de prix de marché. Par exemple, il est possible que le marché soit illiquide, ou bien que la transaction en question porte sur un produit dérivé complexe et non standard qui s'échange très peu. Les banques sont néanmoins censées pouvoir évaluer tous les contrats au prix de marché. Un modèle mathématique est souvent mis en œuvre et, dans ce cas, le processus d'évaluation est qualifié d'évaluation par un modèle (*marking-to-model*). Nous approfondirons la modélisation du risque et la comptabilité bancaire au chapitre 22.

Le *banking book* inclut les prêts aux entreprises et aux particuliers, et n'est pas évalué au prix de marché. Si un emprunteur est à jour dans ses remboursements du principal et des intérêts, on comptabilise le prêt pour le montant de son principal augmenté des intérêts. Lorsque les remboursements dus sont en retard de 90 jours, on classe généralement le prêt en non performant et la banque ne comptabilise plus les intérêts dans son profit. Lorsque les problèmes s'aggravent et qu'il est clair que ni le principal, ni les intérêts ne seront remboursés, on classe le prêt en perte.

La banque crée une provision pour pertes sur prêts. Il s'agit d'une charge au compte de résultat qui correspond à une estimation des potentielles pertes sur prêts. Cette provision évolue à la hausse ou à la baisse dans le temps. Une banque peut lisser ses revenus dans le temps en surestimant les provisions pendant les bonnes années et en les sous-estimant pendant les mauvaises années. On impute aux provisions les pertes sur prêts réalisées. Une banque peut parfois recourir à des moyens artificiels pour éviter des pertes sur prêts (voir encadré 2.3).

Encadré 2.3

Comment garder ses prêts en bonne santé ?

Lorsqu'un emprunteur rencontre des difficultés financières et est incapable de rembourser le principal et les intérêts d'un prêt, il est parfois tentant de lui prêter encore plus d'argent afin de lui permettre de le rembourser. Il s'agit d'un jeu comptable, parfois appelé rééchelonnement de la dette, qui permet de percevoir les intérêts sur prêts et ainsi d'éviter (ou du moins de retarder) la réalisation des pertes.

Dans les années 1970, les banques américaines et d'autres pays industrialisés ont prêté de gros montants à des pays d'Europe de l'Est, d'Amérique latine et à d'autres pays en voie de développement (PVD). Certains prêts devaient financer le développement des infrastructures, mais d'autres étaient moins justifiés (par exemple, un prêt devait financer le couronnement d'un chef d'État en Afrique). Parfois, l'argent du prêt allait directement dans la poche de dictateurs. Par exemple, la famille Marcos aux Philippines a transféré des milliards de dollars sur ses comptes bancaires personnels.

Au début des années 1980, de nombreux PVD étaient incapables de rembourser leurs prêts. L'annulation de la dette constituait une des possibilités, mais son rééchelonnement était beaucoup plus attractif. En effet, cette manœuvre conduit à capitaliser les intérêts et impose à la banque d'augmenter le financement de ces prêts. Les PVD les mieux informés savaient que les banques préféraient garder ces prêts comme « performants » pour afficher de bons résultats. Ces pays se trouvaient donc dans une position de négociation avantageuse lorsque leurs prêts sont devenus non performants et que les banques devaient publier leurs comptes trimestriels.

En 1987, Citicorp (aujourd'hui Citigroup) a commencé à refuser de rééchelonner les prêts aux PVD et a dû accroître ses provisions de 3 milliards de dollars en perspective de pertes probables. D'autres banques lui ont emboîté le pas.

Le modèle *originate-to-distribute*

Dans l'exemple présenté en début de chapitre (voir tableaux 2.2 à 2.4), la petite banque BDP collectait des dépôts et s'en servait pour financer des prêts. Ces dernières années, les banques ont accru leur rôle d'originateur des prêts sans choisir de garder ces prêts dans leur bilan. En général, des ensembles de prêts sont assemblés, puis vendus à des investisseurs. On connaît ce processus sous le nom de modèle *originate-to-distribute* (voir chapitre 16).

On a utilisé ce modèle sur le marché immobilier américain pendant un certain temps. Afin d'augmenter la liquidité du marché et de développer l'accès à la propriété, on a créé trois agences gouvernementales : la *Government National Mortgage Association* (GNMA) ou « Ginnie Mae », la *Federal National Mortgage Association* (FNMA) ou « Fannie Mae », et la *Federal Home Loan Mortgage Corporation* (FHLMC) ou « Freddie Mac ». Ces agences achètent aux banques et autres institutions financières des ensembles de prêts hypothécaires, garantissent leur remboursement, puis les assemblent afin de les vendre aux investisseurs. Ceux-ci sont alors exposés au risque de remboursement anticipé du prêt immobilier suite à une baisse des taux, mais pas au risque de crédit, car les prêts sont garantis par les agences. En 1999, la FNMA et la FHLMC ont commencé à garantir des prêts *subprime* et ont rencontré des difficultés financières considérables[1].

On a utilisé le modèle *originate-to-distribute*, du moins jusqu'à la crise de crédit (*credit crunch*) de 2007, pour des prêts étudiants, prêts aux entreprises, prêts hypothécaires et prêts à la consommation. Hormis dans le cas des hypothèques garanties par les agences gouvernementales, ce sont généralement les investisseurs qui supportent le risque de crédit lorsque les prêts sont regroupés, puis vendus.

On connaît également ce modèle sous le nom de titrisation car des titres sont créés à partir des flux générés par les prêts bancaires. Ce modèle est attractif pour les banques car la titrisation permet de sortir les prêts du bilan et libère des ressources afin d'octroyer de nouveaux prêts. Elle permet également de libérer des fonds propres afin de couvrir d'autres risques bancaires (ce qui est particulièrement utile pour renforcer le capital réglementaire requis). Soulignons que la banque perçoit des commissions pour l'octroi et la gestion du prêt après sa vente.

Comme nous le verrons au chapitre 6, les banques ont perdu le contrôle du modèle *originate-to-distribute* entre 2000 et 2006. Elles sont devenues laxistes et ont relâché les conditions d'octroi des prêts hypothécaires, ce qui a entraîné une chute de la qualité des instruments de crédit. Cela a provoqué une grave crise de crédit et une période d'abandon du modèle *originate-to-distribute* car les investisseurs avaient perdu confiance dans les titres issus de ce modèle.

2.8 Les risques bancaires

Les activités bancaires génèrent de nombreux risques. Nous allons dédier la majeure partie de cet ouvrage à la présentation détaillée de ces risques.

Les régulateurs exigent que les banques détiennent des fonds propres suffisants pour couvrir leurs risques. En 1988, des standards internationaux ont été développés pour déterminer le niveau adéquat de ces fonds propres (voir chapitres 12 et 13). Une allocation de fonds propres pour trois types de risques est désormais requise : risque de crédit, risque de marché et risque opérationnel.

Le risque de crédit correspond au risque que des contreparties fassent défaut lors de transactions de prêts et de dérivés. Il s'agit du risque traditionnellement le plus important et pour lequel le capital réglementaire est le plus élevé. Le risque de marché provient principalement des opérations de *trading* et correspond au risque de baisse de valeur des instruments du *trading book* de la banque. Le risque opérationnel est le risque de pertes dues à des défaillances de systèmes internes ou d'événements externes. L'horizon temporel pour considérer les pertes dues aux risques de crédit et opérationnel est d'un an. Il est ramené à dix jours en ce qui concerne les pertes dues au risque de marché. L'objectif des régulateurs est de faire en sorte que les fonds propres bancaires soient suffisamment élevés pour que le risque de faillite bancaire soit très faible. Par exemple, dans le cas des risques de crédit et opérationnel, les fonds propres sont choisis afin que la probabilité que des pertes non attendues dépassent ce montant dans un an soit de 0,1 %.

1. La GNMA a toujours été une entité publique, tandis que la FNMA et la FHLMC ont initialement été des entreprises privées avec des actionnaires. Suite aux difficultés financières de 2008, le gouvernement des États-Unis a dû nationaliser la FNMA et la FHLMC.

En plus du capital réglementaire, la plupart des grandes banques calculent également un capital économique (voir chapitre 23) grâce à des modèles. Ce capital est souvent inférieur au capital réglementaire, mais les banques sont obligées de maintenir le niveau de leurs fonds propres au-delà du niveau réglementaire. Les régulateurs dictent la forme que doivent prendre ces fonds propres (capital, dette subordonnée, etc.). Pour éviter de lever fréquemment des fonds, les banques tentent de maintenir leur niveau de fonds propres au-dessus du minimum réglementaire.

Lorsque les banques ont annoncé d'énormes pertes sur leurs portefeuilles de *subprimes* en 2007 et 2008, elles ont rapidement levé des fonds propres. Les fonds souverains, à savoir des fonds d'investissement contrôlés par le gouvernement d'un pays, ont fourni une partie des fonds propres bancaires. Par exemple, Citigroup, qui a annoncé des pertes d'environ 40 milliards de dollars, a levé 7,5 milliards de dollars auprès de l'*Abu Dhabi Investment Authority* en novembre 2007 et 14,5 milliards de dollars auprès d'investisseurs incluant des fonds de Singapour et du Koweït en janvier 2008. Plus tard, pour survivre, de nombreuses banques ont dû recourir à des recapitalisations par leur propre gouvernement.

Résumé

Les banques sont des organisations globalisées et complexes, qui interviennent dans différents types d'activités. La séparation traditionnelle entre banque commerciale et d'investissement a largement disparu. Aujourd'hui, les grandes banques collectent des dépôts, octroient des prêts, souscrivent des titres, font du *trading*, fournissent des services de *broker*, conseillent les entreprises, et offrent des placements collectifs et des *hedge funds*. Comme il existe des conflits d'intérêts potentiels, les banques mettent en place des règles internes pour les éviter. Il est important que les dirigeants s'assurent que les employés les respectent. Les coûts en termes de réputation, de poursuites judiciaires et d'amendes suite à un comportement inapproprié de la banque peuvent être très importants.

Il existe désormais des accords internationaux concernant la réglementation des banques. Cela implique que les fonds propres devant couvrir les risques bancaires ne varient pas beaucoup selon les pays. De nombreux pays ont mis en place des programmes de garantie afin de protéger les petits déposants des conséquences des faillites bancaires. Cela a permis de maintenir un niveau satisfaisant de confiance dans le système bancaire et d'éviter des retraits massifs des dépôts en cas d'information négative (ou de rumeur) sur la santé d'une banque.

Références complémentaires

Alexandre, H. (sous la direction), *Banque et intermédiation financière*, Economica, 2012.

Greenbaum S. I. et Thakor A. V., *Contemporary Financial Intermediation*, Academic Press, 2e éd., 2007.

Pauget G. et Betbèze J.-P., *Les 100 Mots de la banque*, PUF, 2010.

Saunders, A. et Cornett, M. M., *Financial Institutions Management: A Risk Management Approach*, McGraw-Hill, 7e éd., 2010.

Problèmes et exercices (corrigés en fin d'ouvrage)

2.1. Quelle a été l'évolution de la concentration du système bancaire américain entre 1984 et 2010 ?

2.2. Quelles politiques gouvernementales ont conduit à un si grand nombre de petites banques mutualistes aux États-Unis ?

2.3. Quels risques prend une banque si elle finance des prêts à long terme avec des dépôts à court terme ?

2.4. Imaginons qu'un *trader* « fou » travaillant pour BDP (voir tableaux 2.2 et 2.3) perde 7 millions d'euros sur des opérations de change. À votre avis, que va-t-il se passer ?

2.5. Qu'entend-on par marge nette sur taux ?

2.6. Quels éléments du compte de résultat de BDP (voir section 2.2) sont les plus exposés (a) au risque de crédit, (b) au risque de marché et (c) au risque opérationnel ?

2.7. Expliquez les termes « placement privé » et « offre publique ». Quelle est la différence entre une opération de type meilleur effort et engagement ferme ?

2.8. Les résultats d'une enchère hollandaise sont les suivants :

Acheteur	Nombre d'actions	Prix
A	20 000	100,00 €
B	30 000	93,00 €
C	50 000	110,00 €
D	70 000	88,00 €
E	60 000	80,00 €
F	10 000	105,00 €
G	90 000	70,00 €
H	80 000	125,00 €

150 000 actions sont mises aux enchères. Quel est le prix payé par les investisseurs ? Combien d'actions reçoit chacun d'eux ?

2.9. Quels sont les avantages des enchères hollandaises sur une procédure normale d'offre publique ? En quoi l'offre publique de Google était-elle différente d'une enchère hollandaise standard ?

2.10. Parfois, les dirigeants estiment que les pilules empoisonnées sont dans l'intérêt des actionnaires, car elles permettent d'extraire un prix plus élevé aux acheteurs potentiels. Expliquez cette affirmation.

2.11. Donnez trois exemples de conflits d'intérêts dans la banque. Comment ces conflits sont-ils gérés ?

2.12. Un prêt de 10 millions d'euros au taux de 8 % est classé comme non performant. Quel est l'impact de cette classification sur le compte de résultat ?

2.13. Expliquez comment fonctionnent les provisions pour pertes sur prêts.

2.14. Qu'est-ce que le modèle *originate-to-distribute* ? Pourquoi ce modèle a-t-il été abandonné après juillet 2007 ?

Questions complémentaires

2.15. Les régulateurs ont estimé que BDP (voir section 2.2) aura un profit gaussien de moyenne 0,6 million d'euros et d'écart-type 2 millions d'euros. Combien de fonds propres supplémentaires par rapport aux données du tableau 2.2 les régulateurs devraient-ils exiger de BDP pour que sa probabilité de faillite soit de 0,01 % ?

2.16. Expliquez le problème d'aléa moral de l'assurance dépôts. Comment ce problème peut-il être résolu ?

2.17. Les résultats d'une enchère hollandaise sont les suivants :

Acheteur	Nombre d'actions	Prix
A	60 000	50,00 €
B	20 000	80,00 €
C	30 000	55,00 €
D	40 000	38,00 €
E	40 000	42,00 €
F	40 000	42,00 €
G	50 000	35,00 €
H	50 000	60,00 €

210 000 actions sont mises aux enchères. Quel est le prix payé par les investisseurs ? Combien d'actions reçoit chacun d'eux ?

2.18. Une banque d'investissement doit émettre 10 millions d'actions pour un client. Elle doit décider si elle procède selon un engagement ferme avec achat à 10 euros par action ou selon un meilleur effort avec une commission de 20 centimes par action vendue. Expliquez les avantages et les inconvénients des deux alternatives.

Chapitre 3
Les compagnies d'assurance et les fonds de pension

Le rôle des compagnies d'assurance consiste à fournir une protection contre des événements défavorables. L'entreprise ou l'individu qui recherche ce type de protection s'appelle l'assuré. Il effectue des versements réguliers (primes) et reçoit des indemnités de la compagnie d'assurance lorsque certains événements prédéfinis se réalisent. Généralement, on distingue l'assurance vie de l'assurance non-vie, l'assurance santé étant souvent considérée comme une catégorie à part. On qualifie l'assurance non-vie d'assurance des biens et des personnes.

Un contrat d'assurance vie a généralement une durée longue et procure à l'assuré des indemnités contingentes à son décès. Un contrat d'assurance des biens et des personnes dure en principe un an (renouvelable) et fournit des indemnités pour des pertes liées à un accident, un incendie, un vol, etc.

L'assurance existe depuis des siècles. Dès 200 avant J.-C., il existait en Grèce une forme d'assurance. Un individu pouvait effectuer un versement forfaitaire (en fonction de son âge) et obtenir une rente mensuelle à vie. Les Romains avaient une assurance vie différente. Un individu pouvait souscrire un contrat permettant de verser des indemnités à ses proches à sa mort. En Chine ancienne, une forme d'assurance des biens et des personnes existait entre les marchands. En cas de perte d'un bateau, les autres marchands fournissaient une compensation au marchand sinistré.

Un fonds de pension est une forme d'assurance fournie par une entreprise à ses employés pour leur procurer une rente à vie après leur départ en retraite. Généralement, les deux parties effectuent des versements mensuels à un fonds, dont les ressources sont ensuite investies pour assurer un revenu aux retraités actuels et futurs.

Dans ce chapitre, nous décrivons le fonctionnement des contrats d'assurance, puis nous expliquons les différents risques auxquels s'exposent les compagnies d'assurance, ainsi que la régulation qui encadre leurs activités. Enfin, nous discutons des fonds de pension.

3.1 Assurance vie

Dans le cadre des contrats d'assurance vie, les indemnités dépendent (en grande partie) de la date de décès de l'assuré. En dehors des États-Unis, on emploie souvent le terme assurance vie pour décrire un contrat où l'événement assuré a une réalisation certaine (par exemple, un contrat avec un versement de 100 000 euros à la mort de l'assuré).

L'assurance vie est un contrat où l'événement assuré peut ne jamais se réaliser (par exemple, un contrat avec une indemnité en cas de mort accidentelle de l'assuré)[1].

Il existe différents types de produits d'assurance vie qui varient selon les pays. Nous décrivons les plus courants d'entre eux.

Assurance vie à échéance

L'assurance vie à échéance (parfois appelée assurance vie temporaire) court sur un nombre d'années prédéterminé. Si l'assuré décède durant cette période, la compagnie d'assurance verse une indemnité égale à la valeur faciale de la police aux bénéficiaires. Si l'assuré est toujours en vie au terme du contrat, aucune indemnisation n'est versée. L'assuré doit verser des primes régulièrement (mensuelles ou annuelles) pendant la durée de vie de la police ou bien jusqu'à son décès. Le montant facial de la police demeure identique ou diminue avec le temps, alors que le montant de la prime peut soit rester constant, soit augmenter avec le temps. Dans ce dernier cas, on parle de police d'assurance annuelle à termes renouvelables. La compagnie d'assurance garantit ainsi le renouvellement de la police dans le temps en fonction de l'âge de l'assuré et non de son état de santé.

L'assurance vie est généralement obligatoire lors de la mise en place d'un prêt immobilier. Par exemple, une personne de 35 ans ayant un prêt immobilier sur 25 ans peut choisir une assurance vie à échéance sur 25 ans (avec un montant facial décroissant), afin de garantir le remboursement du prêt même en cas de décès.

Assurance vie complète

L'assurance vie complète (parfois appelée assurance vie entière) fournit une protection durant toute la vie de l'assuré. Celui-ci effectue des versements réguliers (mensuels ou annuels) de la prime jusqu'à son décès. Au moment du décès, la valeur faciale du contrat est versée à un bénéficiaire désigné dans le contrat. Ainsi, contrairement à l'assurance vie à échéance, l'indemnisation est certaine, conditionnellement au versement des primes par l'assuré. La seule incertitude concerne le moment de l'indemnisation, ce qui implique des primes plus élevées par rapport à l'assurance vie à échéance. Les versements et la valeur faciale demeurent généralement constants dans le temps.

Les assurés peuvent souvent dénouer des polices d'assurance vie entières avant leur terme ou s'en servir comme garantie de prêt. Lorsqu'un assuré souhaite dénouer son contrat avant terme, un investisseur peut racheter la police à une valeur supérieure à celle offerte par la compagnie d'assurance. L'investisseur versera alors les primes et percevra la valeur faciale lorsque l'assuré décédera.

On peut comparer la prime annuelle au coût d'une assurance vie à échéance pour une année. Considérons un individu qui souscrit une police d'assurance vie complète pour 1 million d'euros à l'âge de 40 ans. Supposons que la prime annuelle soit de 20 000 euros. La probabilité de décès d'un homme de 40 ans à l'horizon d'un an est de 0,0023, ce qui équivaut à une prime pure de 2 300 euros pour la première année d'assurance.

1. En théorie, pour qu'un contrat soit considéré comme une assurance vie, il est nécessaire que l'événement assuré soit certain. Il n'est en revanche pas nécessaire que le versement de l'indemnité soit certain. Ainsi, une police qui stipule un versement en cas de décès de l'assuré dans les dix prochaines années est une police d'assurance vie.

Cela signifie qu'e l'on compte un surplus de prime de 17 700 euros, disponible pour investissement. La probabilité de décès d'un homme de 41 ans à l'horizon d'un an est de 0,0025, ce qui équivaut à une prime pure de 2 500 euros pour la deuxième année d'assurance. Cela implique à nouveau un surplus de 17 500 euros disponible pour investissement. Finalement, le coût d'une police d'assurance d'un an continue d'augmenter avec l'âge de l'assuré, et devient donc supérieur à la prime annuelle à partir d'un certain moment. Dans notre exemple, ce moment intervient à la 30e année, car la probabilité de décès dans l'année qui suit d'un homme de 70 ans est de 0,0256 (une prime pure pour la 30e année est égale à 25 600 euros, ce qui est supérieur aux 20 000 euros perçus). La figure 3.1 illustre cette situation. Durant les premières années, la compagnie d'assurance investit le surplus des primes pour compenser le déficit des primes futures. On remarque qu'il existe une forme d'épargne dans l'assurance vie complète. Dans les premières années, la compagnie d'assurance investit la part de la prime non nécessaire à la couverture du risque d'indemnisation.

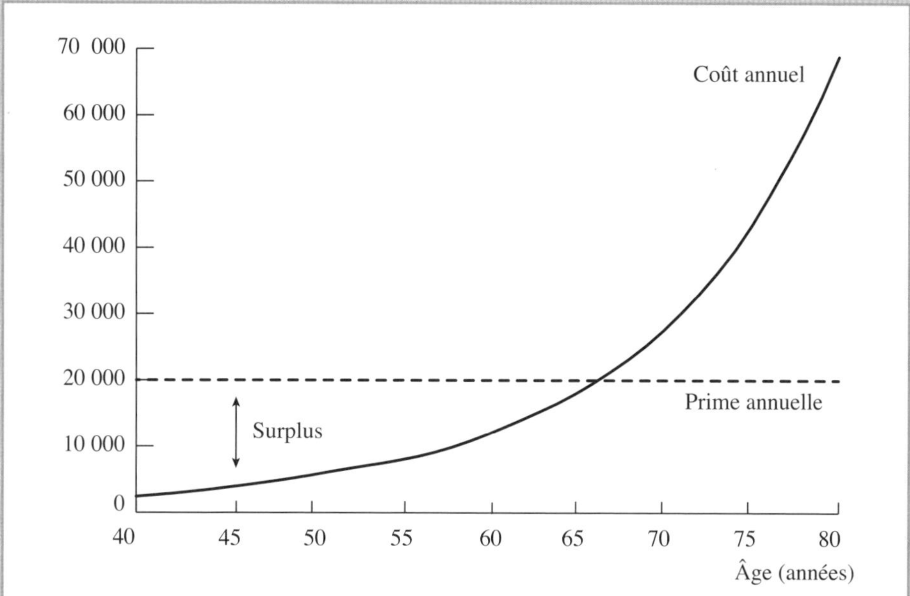

Figure 3.1 – Coût annuel d'une assurance vie comparé à la prime annuelle d'un contrat d'assurance vie complète.

Des avantages fiscaux liés aux polices d'assurance vie existent dans de nombreuses juridictions. Si l'assuré investissait le surplus des primes, un impôt serait exigé sur les revenus dégagés. En revanche, lorsque le surplus des primes est investi avec la police d'assurance, leur traitement fiscal est généralement plus avantageux. Aux États-Unis, par exemple, l'impôt est seulement dû lorsque l'assuré décède et l'indemnisation est versée aux bénéficiaires[1]. Les polices d'assurance vie impliquent ainsi une économie d'impôt au bénéfice

1. Si l'assuré décède tôt, peu de revenus ont été dégagés à partir du surplus et donc peu d'impôts sont dus par les bénéficiaires. Par contre, si l'assuré vit longtemps, une part importante de l'indemnisation reçue de la compagnie d'assurance est soumise à l'impôt.

de l'assuré. La valeur présente des impôts est d'autant plus faible que le moment de leur paiement est éloigné. Au Canada, la situation de l'assuré est encore plus avantageuse car les indemnisations sont totalement exemptées d'impôt.

Assurance vie variable

Vu qu'une police d'assurance vie implique l'investissement des fonds au nom de l'assuré, il semble naturel d'autoriser celui-ci à choisir comment les investir. L'assurance vie variable est une forme d'assurance vie complète, où l'assuré choisit comment investir le surplus des primes (actions, obligations, etc.). Une indemnisation minimale garantie en cas de décès est prévue, sachant qu'elle peut être plus importante si l'investissement rapporte davantage. Les revenus des investissements peuvent alimenter les primes et l'assuré peut modifier le support de l'investissement.

Assurance vie universelle

L'assurance vie universelle est également une forme d'assurance vie complète. L'assuré peut réduire la prime jusqu'à un niveau minimal prédéfini. La compagnie d'assurance investit le surplus des primes dans des produits de dette à taux fixe (obligations, marché monétaire, etc.). Elle garantit un certain niveau de rentabilité, par exemple 4 %. L'assuré a le choix entre deux options : soit un bonus fixe est versé à son décès, soit les bénéficiaires perçoivent davantage si la rentabilité de l'investissement est supérieure au minimum garanti. Les primes sont moins élevées avec la première option.

Assurance vie variable universelle

L'assurance vie variable universelle regroupe les caractéristiques des deux types d'assurances présentés précédemment. L'assuré peut choisir entre plusieurs alternatives en ce qui concerne l'investissement du surplus des primes. La compagnie d'assurance garantit un niveau minimal de bonus en cas de décès et les revenus des investissements peuvent alimenter les primes. Celles-ci peuvent également être réduites.

Assurance vie à capital différé

L'assurance vie à capital différé couvre une période prédéfinie et verse un capital fixe à la mort de l'assuré ou à la fin de la période assurée. Il en existe différents types. Parfois, le versement a lieu lorsque l'assuré est gravement malade. Dans le cadre d'une assurance vie à capital différé avec profits, la compagnie d'assurance enregistre des bonus périodiques en fonction de la performance de ses investissements. Ces bonus s'accumulent afin d'augmenter le capital versé. Dans le cadre d'une participation aux bénéfices, la somme versée dépend des performances du fonds d'investissement choisi par l'assuré. Enfin, dans le cadre d'une police à capital différé pure, le versement a lieu uniquement si l'assuré survit jusqu'à la fin du contrat.

Assurance vie de groupe

L'assurance vie de groupe couvre de nombreuses personnes sous une seule police, souvent achetée par une entreprise pour ses employés. La police peut être à contribution (primes partagées entre l'employeur et les employés) ou sans contribution (primes entièrement à la charge de l'employeur). Il existe des économies d'échelle dans l'assurance vie de groupe. En effet, les coûts administratifs et de gestion sont plus faibles et il n'est pas nécessaire que l'assuré passe une visite médicale, comme c'est souvent le cas avec une police d'assurance vie individuelle. Effectivement, la compagnie d'assurance regroupe des bons et des mauvais risques dans le cadre d'une police de groupe.

3.2 Contrats à rentes

De nombreuses compagnies d'assurance vie offrent des contrats à rentes. Contrairement à une police d'assurance vie qui « convertit » des versements réguliers en une indemnisation forfaitaire, un contrat à rentes « convertit » un versement forfaitaire en une série de flux réguliers ou rentes. Dans un contrat à rentes standard, l'assuré effectue un versement unique et la compagnie d'assurance verse une rente à partir d'une certaine date, jusqu'à son décès. Dans un contrat à rentes fixes, les paiements sont spécifiés d'avance. Parfois, la rente débute immédiatement après le versement forfaitaire, mais le plus souvent, celui-ci est effectué des années avant le paiement de la rente, et la compagnie d'assurance investit la somme versée pour financer la rente (on parle alors de rente différée). Parfois, en lieu et place du versement forfaitaire, l'assuré effectue des versements réguliers (mensuels, trimestriels, annuels, etc.) à la compagnie d'assurance. À une date prédéfinie (par exemple, lorsque l'assuré a 65 ans), les fonds accumulés sont convertis en rente à vie.

Un contrat à rentes variables est un contrat à rentes différées, où la compagnie d'assurance investit les fonds dans des actions, des obligations ou d'autres instruments financiers choisis par l'assuré ; les rentes annuelles perçues par ce dernier ne sont pas fixées à l'avance. En général, elles dépendent de la performance des placements et du niveau du taux d'intérêt au moment où la rente commence.

Comme dans le cas de l'assurance vie, il existe des avantages fiscaux pour l'assuré, car celui-ci pait uniquement l'impôt lorsqu'il perçoit la rente. La valeur des fonds investis par la compagnie au nom de l'assuré s'appelle la valeur accumulée. Les fonds peuvent être retirés avant terme, diminués de pénalités. En d'autres termes, la valeur liquidative du contrat à rentes est inférieure à la valeur accumulée, puisque la compagnie d'assurance doit récupérer les coûts administratifs et de gestion. Les polices d'assurance autorisent parfois des retraits sans pénalité, où un certain pourcentage de la valeur accumulée ou bien de l'investissement initial peut être retiré sans aucune pénalité. En cas de décès de l'assuré avant le début de la rente, la totalité de la valeur accumulée peut être retirée sans pénalité.

Aux États-Unis, certains contrats à rentes différées contiennent des options. On calcule parfois la valeur accumulée de manière à suivre un indice boursier, comme le S&P 500, avec des limites inférieures et supérieures prédéfinies. Ainsi, si la croissance de l'indice sur une année est inférieure (respectivement supérieure) à la limite inférieure (respectivement supérieure), alors la valeur accumulée croît au taux correspondant à cette limite. Dans tous les autres cas, le taux de croissance est égal à celui du S&P 500. Supposons que les limites inférieures et supérieures soient de 2 % et 8 % respectivement. L'assuré est certain que la valeur accumulée augmentera d'au moins 2 % par an. Il renonce en revanche à toute croissance au-delà de 8 %. Dans ce type de contrat, l'assuré ne perçoit aucune compensation pour les dividendes auxquels il aurait droit s'il avait investi dans les actions de l'indice. Par ailleurs, la compagnie d'assurance peut modifier les termes du contrat, comme le niveau des limites. Ce type de contrat est attractif pour des investisseurs souhaitant investir en actions tout en évitant le risque de baisse de la valeur accumulée. Le lien entre la croissance de la valeur accumulée et la performance de l'indice est parfois très compliqué.

Au Royaume-Uni, les contrats à rentes comportaient une garantie sur le niveau minimal du taux d'intérêt servant à calculer la valeur des annuités. De nombreuses entreprises ont considéré cette garantie (une option sur taux d'intérêt accordée à l'assuré) comme un coût marketing nécessaire, et n'ont pas calculé le coût de l'option ou bien n'ont pas couvert leurs risques. À mesure que les taux ont baissé et que l'espérance de vie a augmenté, de nombreuses compagnies se sont retrouvées en difficultés financières, ce qui a même conduit l'une d'elles à la faillite (voir encadré 3.1).

Encadré 3.1

Equitable Life

Equitable Life était une compagnie d'assurance vie britannique fondée en 1762, qui comptait jusqu'à 1,5 million d'assurés à ses heures de gloire. À partir des années 1950, Equitable Life a commencé à vendre des contrats à rentes tout en garantissant que le taux d'intérêt utilisé pour le calcul des annuités serait supérieur à un certain niveau (cette garantie est connue sous le nom d'option d'annuité garantie). Elle a progressivement augmenté ce niveau pour répondre à la pression concurrentielle et à l'augmentation des taux d'intérêt. Fin 1993, les taux ont commencé à baisser, alors que l'espérance de vie augmentait, obligeant les compagnies d'assurance à accroître leurs réserves. Mais au lieu d'augmenter ses réserves, Equitable Life a davantage développé la vente de ses contrats à rentes. En 2000, la compagnie a dû fermer. Un rapport produit par Ann Abraham en juillet 2008 adressait de nombreuses critiques aux régulateurs et demandait des compensations pour les assurés.

Il est intéressant de noter que les régulateurs ont demandé aux compagnies d'assurance qui offraient des contrats à option d'annuité garantie de couvrir leur exposition au risque de taux d'intérêt. En conséquence, de nombreuses compagnies sont rentrées dans des contrats de couverture avec des banques. Ces contrats étaient gagnants si les taux d'intérêt à long terme baissaient. À leur tour, les banques ont couvert leur risque en achetant des instruments, tels que des obligations qui gagnent de la valeur lorsque les taux baissent. Tout cela a pris une telle ampleur que les taux d'intérêt à long terme britanniques ont fortement chuté (augmentant les pertes pour les compagnies d'assurance sur la partie non couverte de leur exposition). Ce phénomène montre que lorsqu'un grand nombre de sociétés différentes ont des expositions similaires, des problèmes apparaissent lorsqu'elles décident de se couvrir au même moment. Il se peut alors que l'on ne compte pas suffisamment d'investisseurs souhaitant prendre des risques sans modifier les prix du marché.

3.3 Tables de mortalité

Les tables de mortalité sont un élément clé dans l'évaluation des contrats d'assurance vie. Le tableau 3.1 présente des données issues du Département de la sécurité sociale américaine, relatives aux taux de mortalité en 2007. Afin de comprendre son contenu, prenons par exemple la ligne correspondant à l'âge de 31 ans. La deuxième colonne indique que la probabilité de décès dans l'année suivante d'un homme de 31 ans est de 0,001453 (ou 0,1453 %). La troisième colonne indique que sa probabilité de survie est de 0,97009 (ou 97,009 %). La quatrième montre qu'il a encore une espérance de vie de 46,20 ans, ce qui signifie qu'il vivra en moyenne jusqu'à 77,20 ans. Les trois colonnes suivantes indiquent les mêmes statistiques pour les femmes. La probabilité de décès dans l'année suivante d'une femme de 31 ans est de 0,000678 (ou 0,0678 %), sa probabilité de survie est de 0,98403 (ou 98,403 %) et son espérance de vie s'élève à encore 50,53 ans.

D'après le tableau 3.1, on constate que la probabilité de décès dans l'année qui suit est une fonction décroissante de l'âge durant les dix premières années, puis qu'elle devient croissante. Les statistiques de mortalité sont légèrement meilleures pour les femmes que pour les hommes. Si un homme est suffisamment chanceux pour vivre jusqu'à 90 ans, sa probabilité de décès l'année suivante est de 17,4 %. Cette probabilité est de 36,2 % à 100 ans et de 58,4 % à 110 ans. Pour une femme, ces probabilités sont égales à 13,6 %, 31,2 % et 55,8 % respectivement.

On peut déduire certains chiffres du tableau à partir des autres. La troisième colonne indique que la probabilité de survie d'un homme de 90 ans est de 0,15722, tandis qu'elle est de 0,12986 pour l'année suivante. On en déduit que la probabilité de décès d'un homme entre son 90e et son 91e anniversaire est égale à 0,15722 – 0,12986 = 0,02736. Conditionnellement à sa survie jusqu'à l'âge de 90 ans, sa probabilité de décès l'année suivante est égale à :

$$\frac{0{,}02736}{0{,}15722} = 0{,}1740$$

Ce résultat est cohérent avec celui indiqué dans la deuxième colonne du tableau 3.1.

Tableau 3.1 : Table de mortalité.

Âge (années)	Hommes			Femmes		
	Prob. de décès dans un an	Prob. de survie	Espérance de vie	Prob. de décès dans un an	Prob. de survie	Espérance de vie
0	0,007379	1,00000	75,38	0,006096	1,00000	80,43
1	0,000494	0,99262	74,94	0,000434	0,99390	79,92
2	0,000317	0,99213	73,98	0,000256	0,99347	78,95
3	0,000241	0,99182	73,00	0,000192	0,99322	77,97
⋮	⋮	⋮	⋮	⋮	⋮	⋮
30	0,001428	0,97147	47,13	0,000642	0,98466	51,50
31	0,001453	0,97009	46,20	0,000678	0,98403	50,53
32	0,001487	0,96868	45,27	0,000721	0,98336	49,56

Âge (années)	Hommes			Femmes		
	Prob. de décès dans un an	Prob. de survie	Espérance de vie	Prob. de décès dans un an	Prob. de survie	Espérance de vie
33	0,001529	0,96724	44,33	0,000771	0,98266	48,60
⋮	⋮	⋮	⋮	⋮	⋮	⋮
40	0,002323	0,95525	37,84	0,001377	0,97586	41,91
41	0,002526	0,95303	36,93	0,001506	0,97452	40,97
42	0,002750	0,95062	36,02	0,001650	0,97305	40,03
43	0,002993	0,94800	35,12	0,001810	0,97144	39,10
⋮	⋮	⋮	⋮	⋮	⋮	⋮
50	0,005512	0,92224	28,99	0,003255	0,95530	32,69
51	0,006008	0,91716	28,15	0,003512	0,95219	31,80
52	0,006500	0,91165	27,32	0,003782	0,94885	30,91
53	0,006977	0,90572	26,49	0,004045	0,94526	30,02
⋮	⋮	⋮	⋮	⋮	⋮	⋮
60	0,011407	0,85227	20,92	0,006961	0,91220	23,97
61	0,012315	0,84254	20,16	0,007624	0,90585	23,14
62	0,013289	0,83217	19,40	0,008322	0,89895	22,31
63	0,014326	0,82111	18,66	0,009046	0,89147	21,49
⋮	⋮	⋮	⋮	⋮	⋮	⋮
70	0,025579	0,72066	13,73	0,017163	0,81944	16,05
71	0,028032	0,70223	13,08	0,018987	0,80537	15,32
72	0,030665	0,68254	12,44	0,020922	0,79008	14,61
73	0,033467	0,66161	11,82	0,022951	0,77355	13,91
⋮	⋮	⋮	⋮	⋮	⋮	⋮
80	0,064457	0,47974	7,90	0,045561	0,61930	9,43
81	0,071259	0,44882	7,41	0,050698	0,59109	8,86
82	0,078741	0,41683	6,94	0,056486	0,56112	8,31
83	0,086923	0,38401	6,49	0,062971	0,52942	7,77
⋮	⋮	⋮	⋮	⋮	⋮	⋮
90	0,174013	0,15722	3,92	0,136190	0,27333	4,69
91	0,191354	0,129896	3,64	0,151300	0,23610	4,36
92	0,209867	0,10501	3,38	0,167602	0,20038	4,04
93	0,229502	0,08297	3,15	0,185078	0,16680	3,76

Source : Département de la Sécurité sociale américaine (www.ssa.gov/OACT/STATS/table4c6.html).

Pour un homme de 90 ans, la probabilité de décès la deuxième année (entre 91 et 92 ans) est égale au produit de la probabilité de survie la première année et la probabilité de décès la deuxième année, soit, à partir des chiffres figurant dans la deuxième colonne :

$$(1 - 0{,}174013) \times 0{,}191354 = 0{,}158056$$

De même, la probabilité de décès la troisième année (entre 92 et 93 ans) est égale à :

$$(1 - 0{,}174013) \times (1 - 0{,}191354) \times 0{,}209867 = 0{,}140177$$

En supposant que le décès survienne en moyenne en milieu d'année, l'espérance de vie d'un homme âgé de 90 ans est de :

$$0{,}5 \times 0{,}174013 + 1{,}5 \times 0{,}158056 + 2{,}5 \times 0{,}140177 + \ldots$$

Exemple 3.1

Supposons que les taux d'intérêt soient égaux à 4 % pour toutes les maturités et que les primes soient payées en début d'année. Quel est le point mort pour une compagnie d'assurance en termes de prime pour une police d'assurance vie d'une valeur de 100 000 euros pour un homme en bonne santé âgé de 90 ans ? Si l'assurance vie à échéance dure un an, l'espérance de l'indemnité vaut 0,174013 × 100 000, soit 17 401 euros. Supposons que l'indemnisation ait lieu en milieu d'année (ce qui est approximativement juste en moyenne). La prime vaut 17 401 euros et est actualisée sur six mois au taux de 4 %. Avec une composition semestrielle, on obtient 17 401 ÷ 1,02 = 17 060 euros.

Supposons désormais que l'assurance dure deux ans. Dans ce cas, la valeur actuelle des paiements espérés pour la première année vaut 17 060 euros. La probabilité que l'assuré décède durant la deuxième année est (1 – 0,174013) × 0,191354 = 0,158056 et l'espérance du paiement est égale à 0,158056 × 100 000, soit 15 806 euros pour la deuxième année. En supposant que le décès survienne au bout de 18 mois, la valeur actuelle du paiement est égale à 15 806 ÷ $1{,}02^3$, soit 14 894 euros. La valeur actuelle totale du paiement vaut 17 060 + 15 806 = 31 954 euros.

Considérons désormais les primes. Nous sommes certains que la première prime sera payée. La probabilité de paiement de la deuxième prime au début de la deuxième année correspond à la probabilité de survie de l'assuré durant la première année, soit 1 – 0,174013 = 0,825987. En notant X le montant de la prime annuelle en euros, la valeur actuelle des paiements des primes est égale à :

$$X + \frac{0{,}825\,987 \times X}{(1{,}02)^2} = 1{,}793\,913X$$

La valeur de X donne le point mort en termes de prime annuelle, et égalise la valeur actuelle de l'espérance des primes et celle de l'espérance des indemnités, soit la solution de l'équation :

$$1{,}793913X = 31\,954$$

Soit $X = 17\,812$, ce qui donne un point mort en termes de prime de 17 812 euros.

3.4 Risques de longévité et de mortalité

Le risque de longévité correspond au risque que les progrès de la médecine et l'amélioration des modes de vie accroissent la durée de vie. Il influence négativement la rentabilité de la majorité des contrats à rentes (car la rente doit être versée pendant plus longtemps), mais exerce un effet positif sur la rentabilité de la plupart des contrats d'assurance vie (car soit l'indemnisation finale est retardée, soit elle n'a jamais lieu pour l'assurance vie à échéance). L'espérance de vie a considérablement augmenté dans la plupart des régions du monde. L'espérance de vie moyenne d'un enfant né aux États-Unis en 2007 est plus longue de 20 ans par rapport à celle d'un enfant né en 1929. L'espérance de vie varie cependant selon les pays.

Le risque de mortalité correspond quant à lui au risque que des guerres, des épidémies comme le sida ou des pandémies comme la grippe espagnole réduisent l'espérance de vie. Il exerce une influence néfaste sur l'indemnisation de la plupart des contrats d'assurance vie (car les indemnités doivent être versées plus tôt que prévu), mais devrait accroître la rentabilité des contrats à rentes (car la rente est payée pendant une période plus courte). Lors du calcul de l'impact du risque de mortalité, il est important de prendre en compte les différents groupes d'âge les plus sensibles.

D'une certaine manière, les risques de longévité et de mortalité se compensent. Les actuaires doivent scrupuleusement évaluer l'exposition de la compagnie d'assurance à ces risques selon différents scénarios. Des contrats de réassurance et des dérivés de longévité peuvent couvrir le risque de longévité. Nous présentons désormais ces dérivés, en reportant la discussion de la réassurance à plus tard.

Dérivés de longévité

Un dérivé de longévité fournit à des compagnies d'assurance et à des fonds de pension une compensation pour l'augmentation des paiements aux individus qui vivent plus longtemps que prévu. Un contrat standard est une obligation de longévité, cotée pour la première fois à la fin des années 1990. Un groupe de population est défini et le coupon est proportionnel au nombre d'individus du groupe toujours en vie à une date donnée. Les compagnies d'assurance et les fonds de pension devraient être attirés par ce produit. Qui vend ce type d'obligation ? Il s'agit essentiellement de spéculateurs qui trouvent ce type d'obligation très intéressant, car porteur de peu de risque systématique (voir section 1.3). Les flux de l'obligation dépendent de la durée de vie des individus et sont donc fortement décorrélés des rentabilités du marché.

3.5 Assurance des biens et des personnes

On peut diviser l'assurance des biens et des personnes en deux branches : l'assurance des biens fournit une protection contre la perte ou les dommages causés par un incendie, un vol, une inondation, etc., tandis que l'assurance des personnes garantit une protection contre la responsabilité civile (par exemple, des dommages causés par des tiers). Une seule et même police inclut parfois ces deux types d'assurance. Par exemple, un propriétaire immobilier peut acheter une assurance qui le protège contre la perte de propriété et le vol, ainsi que la responsabilité civile (blessures d'autres personnes sur sa propriété).

De même, l'assurance automobile fournit une protection contre le vol du véhicule, ainsi que les sinistres provoqués par des tiers.

En général, ces polices sont renouvelées chaque année et la compagnie d'assurance peut augmenter la prime si elle constate une hausse des indemnités espérées (ce qui diffère de l'assurance vie, où les primes sont fixées à l'avance pour plusieurs années). Comme les compagnies d'assurance sont impliquées dans la couverture de nombreux types de risques assurables, elles profitent d'une certaine diversification naturelle. Par exemple, si une compagnie assure 250 000 propriétaires de maisons contre le vol et l'incendie, elle peut assez facilement évaluer les indemnités espérées. En effet, les polices fournissent une protection contre un grand nombre de risques (presque) indépendants (bien évidemment, il est possible qu'il existe des tendances dans le nombre et la taille moyenne de pertes, et la compagnie d'assurance doit les surveiller afin de définir chaque année les modifications de primes).

Les dommages aux biens dus à des catastrophes naturelles, comme les tempêtes, entraînent des indemnisations difficiles à prévoir. Par exemple, l'ouragan Katrina aux États-Unis à l'été 2005 et la tempête de force 12 sur l'échelle de Beaufort au nord-ouest de l'Europe en janvier 2007 se sont révélés très coûteux. On parle alors de risques catastrophiques. Dans ce cas, les indemnisations sont souvent dépendantes. En effet, soit un ouragan a lieu durant une année et la compagnie d'assurance doit indemniser un grand nombre d'assurés, soit il n'a pas lieu. La plupart des grands assureurs possèdent des modèles fondés sur des informations géographiques, sismiques et météorologiques pour estimer les probabilités de catastrophes et les pertes associées. Cela leur permet de définir les primes sans toutefois enlever l'aspect catastrophique de ces risques.

L'assurance responsabilité civile, tout comme l'assurance catastrophique, engendre des indemnisations qui varient d'année en année et donc difficiles à prévoir. Par exemple, les indemnisations des salariés exposés à l'amiante se sont révélées très coûteuses pour l'industrie assurantielle aux États-Unis. Dans ce cadre, le risque de valeurs extrêmes (*long-tail risk*) constitue un élément important. Il s'agit de la possibilité que les sinistres se réalisent plusieurs années après la période d'assurance. Dans le cas de l'amiante, les risques sanitaires se sont concrétisés de nombreuses années après l'exposition à cette fibre. Par conséquent, les sinistres n'étaient plus couverts par les polices d'assurance, ce qui entraîne des difficultés pour les actuaires et les comptables. En effet, avant de pouvoir clôturer les exercices en fin de période et calculer le résultat, ils doivent tenir compte du coût des sinistres non encore réalisés, mais qui peuvent l'être dans le futur.

Les sinistres peuvent se caractériser par leur fréquence et leur sévérité. En général, le coût annuel des sinistres à forte fréquence et faible sévérité (comme le vol) est facilement prévisible, contrairement aux sinistres à faible fréquence et forte sévérité (comme les catastrophes naturelles).

Obligations catastrophiques

Le marché des dérivés offre un certain nombre de solutions pour couvrir les risques catastrophiques ; l'obligation catastrophique est la plus populaire. Il s'agit d'une obligation émise par une filiale d'une compagnie d'assurance qui verse un coupon supérieur à la normale. En contrepartie, le détenteur de l'obligation couvre, dans une certaine mesure, les indemnisations d'un type de risques catastrophiques. En fonction des caractéristiques de l'obligation, les intérêts ou le principal (voire les deux) peuvent être mobilisés pour payer les indemnités.

Prenons l'exemple d'une compagnie d'assurance ayant une exposition au risque de tremblement de terre en Europe du Sud-Est de l'ordre de 70 millions d'euros. Cette compagnie souhaite acquérir une protection à hauteur de 40 millions d'euros. Elle peut émettre des obligations catastrophiques de principal global de 30 millions d'euros. Si un tremblement de terre survient et que les pertes dépassent les 40 millions d'euros, alors les obligataires perdent tout ou partie du principal. Une alternative pour la compagnie serait d'effectuer trois émissions distinctes, afin de couvrir des pertes comprises entre 40 et 50 millions d'euros, 50 et 60 millions d'euros, et 60 et 70 millions d'euros. Les obligations catastrophiques ont généralement un coupon supérieur à la normale et une faible probabilité de perte importante.

Pourquoi les investisseurs seraient-ils intéressés par ce genre de produit ? En fait, les obligations catastrophiques offrent un rendement décorrélé des rendements du marché (comme les obligations de longévité)[1]. Par conséquent, ce type de produit est intéressant pour les investisseurs. Le risque total de ces obligations peut être complètement diversifié dans un portefeuille de taille importante. Si la rentabilité espérée d'une obligation catastrophique est plus importante que le taux sans risque (ce qui est généralement le cas), alors le titre peut améliorer les arbitrages rentabilité-risque.

Les ratios des assureurs non-vie

Les compagnies d'assurance calculent un ratio de perte pour différents types d'assurance, égal au rapport entre les indemnités versées et les primes perçues durant l'année. En général, ce ratio a une valeur comprise entre 60 % et 80 %. D'après les résultats de AM Best, il a augmenté dans le temps aux États-Unis. Le ratio de dépenses est égal au rapport entre les dépenses et les primes perçues dans l'année. Les deux principales sources de dépenses sont les dépenses d'ajustement aux pertes et les dépenses de vente. Les premières sont liées à la détermination de la validité des sinistres et à l'évaluation des indemnités à verser aux assurés, tandis que les secondes incluent les commissions versées aux *brokers* et d'autres dépenses liées à l'exploitation. Aux États-Unis, ce ratio s'établit entre 25 % et 30 %, mais il est en baisse.

Le ratio combiné est égal à la somme des ratios de perte et de dépenses. Supposons que pour une catégorie de polices d'assurance et une année donnée, les ratios de perte et de dépenses valent respectivement 75 % et 30 %. Dans ce cas, le ratio combiné s'établit à 105 %. Un faible dividende est parfois versé aux assurés. Supposons qu'il soit égal à 1 % des primes. En tenant compte de cet élément, on peut calculer le ratio combiné après dividendes, soit 106 % dans notre exemple. D'après ce résultat, on pourrait penser que la compagnie d'assurance a perdu 6 % (avant impôts) sur les polices d'assurance. En fait, ce n'est pas nécessairement le cas. En effet, les primes sont généralement perçues en début d'année, alors que la compagnie d'assurance verse les indemnités durant l'année, voire en fin d'année. De cette manière, celle-ci peut percevoir des intérêts sur les primes durant cette période. Supposons, dans notre exemple, que le revenu d'investissement s'établisse à 9 % des primes perçues. En tenant compte de cet élément, on obtient un

1. Voir Litzenberger, R. H., Beaglehole, D. R. et Reynolds, C. E., « Assessing Catastrophe Reinsurance-Linked Securities as a New Asset Class », *Journal of Portfolio Management*, hiver 1996, p. 76-86.

ratio de 106 – 9 = 97 %, que l'on qualifie de ratio opérationnel. Le tableau 3.2 résume l'ensemble de notre exemple.

Tableau 3.2 : Exemple de calcul du ratio opérationnel pour une compagnie d'assurance non-vie.

Ratio de perte	75 %
Ratio de dépenses	30 %
Ratio combiné	105 %
Dividendes	1 %
Ratio combiné après dividendes	106 %
Revenu d'investissement	9 %
Ratio opérationnel	97 %

3.6 Assurance santé

Bien qu'elle soit parfois considérée comme une catégorie à part, l'assurance santé a des points communs avec l'assurance vie et non-vie. La part prise en charge par l'État dans les dépenses de santé varie selon les pays. Aux États-Unis, cette part est très limitée ; l'assurance santé est donc importante. Environ 16 % de la population n'a aucune couverture maladie. Le Canada se situe à l'autre extrême : le système public couvre pratiquement la totalité des soins ; les médecins n'ont pas le droit d'offrir leurs services sous forme privée. Le rôle principal de l'assurance santé est de couvrir les coûts de prescription et les soins dentaires, que l'État ne prend pas en charge. Dans la plupart des pays, un mélange de système public et privé est en place. Au Royaume-Uni, par exemple, un système public existe, mais certains individus achètent une assurance santé pour accéder au système de soins privés (le principal avantage étant de réduire le temps d'attente pour des opérations chirurgicales standard).

En 2010, le Président Obama a signé une loi (*Patient Protection and Affordable Care Act*) afin de réformer l'assurance santé aux États-Unis et d'accroître le nombre de bénéficiaires d'une couverture maladie. La loi étend l'éligibilité au programme Medicaid (pour les personnes à faibles revenus) et les ménages les moins aisés ont obtenu des subventions pour qu'ils puissent acquérir une assurance santé. Par ailleurs, la loi empêche les assureurs de tenir compte de l'état de santé préexistant des assurés et exige des employeurs de fournir une couverture maladie à leurs employés. En effet, une des principales différences entre les États-Unis et d'autres pays réside dans le fait que c'est essentiellement le secteur privé, et non public, qui fournit l'assurance santé.

À l'instar des autres formes d'assurance, l'assuré effectue des versements réguliers de prime ; des événements, comme un examen médical, une prescription de médicaments ou un traitement hospitalier, déclenchent le versement d'indemnités. En général, les primes augmentent avec les coûts des soins, mais pas lors de la « détérioration » de la santé de l'assuré. Il est intéressant de comparer sur ce point l'assurance santé avec l'assurance automobile et l'assurance vie. La prime d'assurance automobile peut augmenter si la conduite de l'assuré a engendré une hausse des indemnités espérées, ainsi que des coûts de réparation. Les primes d'assurance vie n'augmentent pas, même si l'on diagnostique une maladie qui réduit fortement l'espérance de vie de l'assuré. En ce qui concerne l'assurance santé, elle se rapproche à la fois de l'assurance vie, dans le sens où les modifications de l'évaluation du risque d'indemnisation par la compagnie n'entraînent pas d'augmentation de la prime, mais aussi de l'assurance automobile, dans la mesure où l'augmentation des coûts des sinistres entraîne une hausse de la prime.

Au moment de l'émission de la police d'assurance, la compagnie tente de déterminer au mieux les risques supportés. Dans le cas de l'assurance vie, l'assuré doit répondre à des questions sur son état de santé et un examen médical peut être prescrit. Pour ce qui est de l'assurance automobile, le passé du conducteur est analysé. Dans les deux cas, l'assurance peut être refusée. En ce qui concerne l'assurance santé, le législateur détermine les conditions du refus de l'assurance. Comme nous l'avons mentionné précédemment, le *Patient Protection and Affordable Health Care Act* rend difficile pour les compagnies d'assurance américaines de refuser une police d'assurance santé en partant d'un dossier médical préexistant.

Les plans d'assurance santé groupée des employeurs fournissent souvent l'assurance santé. Ils couvrent généralement l'employé et sa famille. Celui-ci ne peut se voir refuser l'assurance en raison d'un dossier médical défavorable, et le coût de la couverture est partagé avec l'employeur. Les dépenses couvertes varient selon les plans. Aux États-Unis, la plupart couvrent les soins médicaux élémentaires (consultations, traitements, actes chirurgicaux, hospitalisations), parfois les accouchements, mais pas les actes de chirurgie esthétique.

3.7 Aléa moral et antisélection

Nous présentons désormais les deux risques clés des compagnies d'assurance : l'aléa moral et l'antisélection.

Aléa moral

L'aléa moral est le risque que l'existence d'une police d'assurance induise un comportement de l'assuré qu'il n'aurait pas adopté en l'absence d'assurance. Ce changement de comportement augmente les risques de la compagnie d'assurance, ainsi que les indemnités à payer. Voici quelques exemples d'aléa moral :

1. Un automobiliste souscrit une assurance contre le vol de son véhicule et oublie plus souvent de fermer sa voiture à clé.
2. Un individu souscrit une assurance santé et effectue davantage de soins qu'auparavant.
3. Une banque prend plus de risques, car elle bénéficie de l'assurance publique des dépôts et craint moins les retraits de ses déposants (voir section 2.3).

L'aléa moral n'est pas un problème grave pour l'assurance vie. Les compagnies d'assurance non-vie et d'assurance santé gèrent ce problème de plusieurs manières. Les polices sont souvent dotées de franchises, ce qui implique que l'assuré supporte une partie des pertes. Parfois, la police contient une coassurance, qui implique le paiement d'un pourcentage prédéfini (inférieur à 100 %) des pertes au-delà de la franchise. Enfin, il existe pratiquement toujours une limite qui restreint les engagements totaux de l'assureur. L'effet de ces diverses provisions est d'aligner les intérêts de l'assuré sur ceux de l'assureur.

Antisélection

L'antisélection survient lorsque la compagnie d'assurance ne peut distinguer les bons risques des mauvais. Par conséquent, elle propose le même prix quel que soit le risque encouru et attire ainsi les mauvais. Si une compagnie d'assurance automobile ou santé ne peut différencier les bons conducteurs des mauvais ou les individus sains des malades, et propose la même prime à tous, alors elle n'attirera que les mauvais risques.

Pour résoudre le problème d'antisélection, une compagnie d'assurance doit obtenir un maximum d'information sur l'assuré avant de s'engager : ce dernier doit passer un contrôle médical pour pouvoir souscrire une police d'assurance vie, et le passé du conducteur est scrupuleusement analysé dans le cas d'une police d'assurance automobile. La compagnie continue en l'occurrence à collecter des informations sur le risque du conducteur (nombre d'accidents, de contraventions, etc.) et effectuera des modifications de la prime si nécessaire.

Le problème d'antisélection ne peut jamais être complètement résolu. Notons que malgré les contrôles médicaux, les individus ayant souscrit une assurance vie ont tendance à décéder plus tôt que ce que prévoient les tables de mortalité, tandis que ceux qui ont souscrit une assurance de rentes ont tendance à vivre plus longtemps !

3.8 Réassurance

La réassurance est un bon moyen de protéger les compagnies d'assurance contre des pertes importantes. En échange d'une commission, une seconde compagnie d'assurance s'engage à supporter certains risques assurés par la première. La réassurance permet ainsi de souscrire davantage de polices. Les contreparties sont généralement des compagnies d'assurance, des investisseurs individuels fortunés, ou des sociétés spécialisées en réassurance, comme Swiss Re ou Berkshire Hathaway (société de Warren Buffett).

Les formes des contrats de réassurance sont multiples. Supposons qu'une compagnie d'assurance soit exposée au risque d'ouragan en Floride à hauteur de 100 millions de dollars et souhaite le réduire de moitié. Une solution consiste à entrer dans un contrat annuel de réassurance qui couvre au prorata 50 % de son exposition (le réassureur reçoit alors 50 % des primes). Si les sinistres dus à l'ouragan s'élèvent à 70 millions de dollars une année, les coûts pour la compagnie seraient de $0{,}5 \times 70\,000\,000$, soit 35 millions de dollars, et la compagnie de réassurance paierait les 35 millions de dollars restants.

Une autre solution, moins coûteuse en termes de prime de réassurance, consiste à acheter une série de contrats de réassurance, appelés couches d'excès de coûts (*excess cost layers*). La première couche fournit une protection contre des pertes comprises entre 50 et 60 millions de dollars, la suivante entre 60 et 70 millions de dollars, et ainsi de suite. Chacun de ces contrats est un contrat d'excès de perte (*excess of loss*).

3.9 Capital requis

Les bilans des compagnies d'assurance vie et non-vie sont différents en raison des risques et des provisions constituées.

Compagnies d'assurance vie

Le tableau 3.3 fournit un bilan synthétique d'une compagnie d'assurance vie. Les obligations privées constituent la majorité des investissements. La compagnie essaie de faire correspondre les maturités de ses actifs et de ses passifs. Elle supporte cependant un risque de crédit car le taux de défaut sur les obligations peut être plus élevé que prévu.

Contrairement à une banque, une compagnie d'assurance a une exposition au risque à l'actif et au passif. Des actuaires estiment (généralement de manière conservatrice) les provisions techniques (80 % des actifs dans notre cas) qui couvrent les engagements au titre des polices d'assurance souscrites. Ces estimations peuvent se révéler trop basses si les assurés décèdent plus tôt (assurance vie) ou plus tard (assurance de rentes) que prévu. Les fonds propres (10 % du bilan total) comprennent le capital social initial et les bénéfices non distribués, et servent de « coussin ». Si les indemnités sont supérieures aux provisions d'un montant égal à 5 % des actifs, les fonds propres vont diminuer, mais la compagnie survivra.

Tableau 3.3 : Bilan synthétique d'une compagnie d'assurance vie.

	Actif		Passif
Investissements	90	Provisions	80
Autres actifs	10	Dette subordonnée long terme	10
		Capitaux propres	10
Total	100	*Total*	100

Compagnies d'assurance non-vie

Le tableau 3.4 fournit un bilan synthétique d'une compagnie d'assurance non-vie. La principale différence avec le tableau 3.3 réside dans les fonds propres, nettement plus importants. Cela reflète la différence des risques supportés par les deux types de compagnie. Les indemnités pour une compagnie d'assurance non-vie sont beaucoup moins prévisibles. Qui sait quand un ouragan frappera Miami ? À combien s'élèvera l'indemnisation des prochaines victimes de l'amiante ? Les primes non acquises au passif correspondent aux primes perçues, mais qui concernent des périodes futures. Si un assuré paie 2 500 euros pour son assurance habitation le 30 juin d'une année donnée, 1 250 euros seulement sont acquis au 31 décembre de cette année. Les investissements sont constitués d'obligations liquides de maturité plus courte que celles du tableau 3.3.

Tableau 3.4 : Bilan synthétique d'une compagnie d'assurance non-vie.

	Actif		Passif
Investissements	90	Provisions	45
Autres actifs	10	Primes non acquises	15
		Dette subordonnée long terme	10
		Fonds propres	30
Total	100	*Total*	100

3.10 Risques des compagnies d'assurance

Le risque le plus évident pour une compagnie d'assurance est que les provisions soient insuffisantes pour payer les indemnités des assurés. Malgré des calculs relativement conservateurs des actuaires, il est toujours possible que les indemnités soient plus importantes que prévu. Les compagnies d'assurance sont également exposées au risque de mauvaise performance de leurs investissements, souvent composés d'obligations privées. Si les défauts sur ces obligations sont supérieurs à la moyenne, la rentabilité de la compagnie en souffrira. Il est donc important que le portefeuille d'obligations soit bien diversifié du point de vue sectoriel et géographique. Une compagnie d'assurance doit également surveiller les risques de liquidité associés à ses investissements. Les obligations illiquides (celles achetées dans le cadre de placements privés par exemple) ont généralement un rendement supérieur à celui des obligations publiques, activement échangées. Elles ne peuvent cependant pas être facilement converties en liquidités en cas de besoin face à des sinistres plus importants. Les compagnies d'assurance effectuent des transactions avec des banques et des compagnies de réassurance, ce qui les expose aux risques opérationnels et d'exploitation.

Les régulateurs spécifient un niveau minimal de capital requis pour les compagnies d'assurance, afin de constituer un « coussin » reflétant leur exposition au risque. À l'instar des banques, les compagnies d'assurance ont également développé leurs propres procédures de calcul du capital économique (voir chapitre 23).

3.11 Régulation

La régulation des compagnies d'assurance est différente aux États-Unis et en Europe.

Aux États-Unis

Aux États-Unis, le *McCarran-Ferguson Act* de 1945 a confirmé la régulation au niveau étatique des compagnies d'assurance (tandis que les banques sont régulées au niveau fédéral). Cela signifie qu'une grande compagnie opérant à travers tout le pays est soumise à 50 régulations différentes. Régulièrement, des suggestions sont faites en faveur d'une régulation fédérale. La *National Association of Insurance Commissioners* (NAIC) fournit certains services aux commissions étatiques de régulation. Elle produit par exemple des statistiques sur les ratios de perte des assureurs des biens et des personnes, ce qui permet aux régulateurs d'identifier ceux dont les ratios ne sont pas conformes. Le *Dodd-Frank Act* de 2010 prévoit la mise en place du *Federal Insurance Office* au sein du département du Trésor. Son rôle consiste à surveiller les assureurs et à identifier les manquements de la régulation en vigueur.

Les compagnies d'assurance sont tenues de fournir des états financiers annuels détaillés aux régulateurs et sont soumises à des inspections périodiques sur site. Les régulateurs déterminent le capital requis à partir de standards (NAIC) de fonds propres ajustés au risque. Ceux-ci sont censés refléter le risque de provisions insuffisantes, de défaut des contreparties, d'insuffisance du revenu des investissements, etc.

Des associations de garantie des assurances protègent l'assuré de l'insolvabilité de la compagnie d'assurance (et donc de son incapacité à indemniser les sinistres). Un assureur est obligé d'adhérer à ce genre d'association dans un État donné s'il veut y obtenir une licence d'exploitation. En cas d'insolvabilité d'une compagnie, les autres assureurs doivent contribuer au fonds de garantie en fonction du revenu des primes perçues dans cet État. Le fonds sert à indemniser les petits assurés (la définition d'un petit assuré varie selon les États). La contribution annuelle au fonds peut également être plafonnée, ce qui conduit parfois à des délais de plusieurs années avant que l'assuré ne soit complètement indemnisé. Dans le cas de l'assurance vie, où les polices ont des échéances de plusieurs années, les assurés de compagnies insolvables sont pris en charge par d'autres assureurs, parfois avec des caractéristiques de polices différentes, souvent moins avantageuses.

Le système américain de garantie des compagnies d'assurance est différent de celui des banques, pour qui un fonds permanent est créé à partir des primes versées par les établissements bancaires après collecte des dépôts. Il n'existe pas de fonds permanent pour les assureurs. Ceux-ci doivent contribuer au fonds en cas d'insolvabilité d'une compagnie. L'État de New York est une exception, puisqu'un fonds permanent existe.

En Europe

En Europe, c'est l'Union européenne qui régule les compagnies d'assurance, ce qui implique un cadre de régulation unique, du moins en théorie. Ce cadre, connu sous le nom de Solvabilité I, est en vigueur depuis les années 1970. Il a été fortement influencé par le Professeur Campagne, originaire des Pays-Bas, qui a démontré qu'avec des fonds propres égaux à 4 % des provisions, une compagnie d'assurance vie a 95 % de chances de survivre. Solvabilité I ne prend pas explicitement en compte les risques liés aux investissements.

Un certain nombre de pays, comme le Royaume-Uni, les Pays-Bas et la Suisse, ont développé leurs propres plans pour répondre aux faiblesses de Solvabilité I. L'Union européenne travaille sur Solvabilité II qui, par rapport à Solvabilité I, exige des fonds propres en fonction de plus nombreux risques. Nous étudierons les deux cadres réglementaires au chapitre 12.

3.12 Plans de retraite

Les entreprises mettent en place les plans de retraite au profit de leurs employés. Les deux parties contribuent généralement au plan pendant que l'employé travaille dans l'entreprise. Lorsqu'il part à la retraite, il perçoit une pension pour le reste de sa vie. Un fonds de retraite implique la création d'une rente à vie à partir de versements réguliers et ressemble à certains produits d'assurance vie. Il existe deux types de plans de retraite : les plans à prestation définie et ceux à contribution définie.

Dans le cadre d'un plan de retraite à prestation définie, l'employé percevra la retraite définie par le plan. Elle est en général calculée selon une formule fondée sur le nombre d'années de travail et le salaire de l'employé. Par exemple, la retraite annuelle peut être calculée comme le produit du salaire annuel moyen sur les trois dernières années de travail et du nombre d'années de travail, multiplié par 2 %. L'épouse de l'employé peut continuer à percevoir une retraite (souvent réduite) si celui-ci décède avant elle. Si l'employé décède alors qu'il travaille encore, une somme forfaitaire est souvent versée aux bénéficiaires et un revenu mensuel peut être également versé à l'épouse ou aux enfants. Parfois, les montants sont ajustés de l'inflation (indexation). Par exemple, les retraites sont revalorisées de 75 % de l'augmentation de l'indice des prix à la consommation.

Dans le cadre d'un plan à contribution définie, les contributions de l'employé et de l'employeur sont investies au profit de ce dernier. Lorsque l'employé part à la retraite, il a accès à plusieurs options. Le montant des contributions investies peut être converti en rente à vie, ou bien en une somme forfaitaire. Avec ce type de plan, les fonds sont liés aux employés de manière individuelle : chacun dispose d'un compte personnel et la retraite est calculée à partir des montants déposés sur ce compte. Avec un plan à prestation définie, les fonds sont regroupés et les retraites sont versées à partir de l'ensemble des contributions. Aux États-Unis, le plan 401(k) est une forme de plan à contribution définie, où l'employé choisit la part de son revenu qui va alimenter son plan, ainsi que les supports d'investissement (actions, obligations, instruments monétaires, etc.).

Le fait que l'impôt sur le revenu soit différé constitue un aspect clé des deux types de plans. Les contributions au plan sont non imposables pour l'employé et déductibles des impôts pour l'employeur. C'est seulement au moment où l'employé perçoit sa retraite que celle-ci devient imposable.

Les plans à contribution définie sont sans risque pour l'employeur. Si les performances des investissements effectués sont moins bonnes que prévu, c'est l'employé qui en supporte les coûts. L'employeur supporte en revanche un risque significatif avec un plan à prestation définie, car il est responsable des montants versés. Supposons que les actifs d'un plan à prestation définie valent 100 millions d'euros et que les actuaires ont estimé que la valeur actuelle des engagements est de 120 millions d'euros. Le plan est sous-financé à hauteur de 20 millions d'euros et l'employeur doit combler cette différence (généralement sur plusieurs années). Ce genre de risque a poussé certaines sociétés à convertir leurs plans à prestation définie en plans à contribution définie.

L'estimation de la valeur actuelle des engagements d'un plan à prestation définie n'est pas facile. Le taux d'actualisation est un élément important à prendre en compte. Plus il est élevé, plus les retraites sont faibles. Une approche courante consiste à actualiser les versements futurs en partant du rendement sur actifs moyen du plan. Cela encourage les investissements en actions, car celles-ci dégagent une rentabilité moyenne plus élevée que les obligations. Les règles comptables reconnaissent désormais que les engagements d'un plan de retraite sont de mêmes natures que les obligations et nécessitent donc un taux d'actualisation équivalent au rendement d'une obligation notée AA. Le bilan de la société doit comptabiliser comme un actif ou un passif la différence entre la valeur des actifs et des engagements d'un plan à prestation définie. Ainsi, si le fonds est sous-financé, la valeur des fonds propres de la société diminue. Une « tempête parfaite » apparaît lorsque la valeur des actifs des plans et le taux d'actualisation des engagements diminuent fortement (voir encadré 3.2).

Les plans à prestation définie sont-ils viables ?

Un plan à prestation définie procure à l'employé environ 70 % de son salaire en fin de carrière grâce à une pension et inclut généralement une forme d'indexation. Quel pourcentage du salaire devrait être mis de côté durant son activité pour parvenir à ce montant de retraite ? La réponse dépend par exemple des hypothèses sur les taux d'intérêt et de la vitesse de progression du salaire. La réponse des compagnies d'assurance consiste à mettre en réserve environ 25 % du salaire annuel (voir problèmes et exercices 3.15 et 3.19 pour un mode de calcul). La compagnie investit cette somme dans des obligations privées (de la même manière qu'avec les primes d'assurance vie et des contrats à rentes) car c'est le meilleur moyen de faire coïncider le revenu des investissements et les versements des retraites.

Encadré 3.2

Une « tempête parfaite »

Entre le 31 décembre 1999 et le 31 décembre 2002, l'indice S&P 500 a perdu 40 % de sa valeur, passant de 1 469,25 à 879,82, alors que les taux américains du Trésor à 20 ans ont perdu 200 points de base, passant de 6,83 % à 4,83 %. Par conséquent, la valeur des actifs des plans de retraite a chuté et celle des engagements a augmenté (suite à la baisse du taux d'actualisation utilisé par les actuaires). Cela a créé une « tempête parfaite » pour tous les plans à prestation définie. De nombreux fonds de pension surfinancés sont devenus sous-financés, alors que ceux légèrement sous-financés se sont retrouvés dans une situation très délicate. Ce genre de combinaison de rentabilité actions négative et de baisse de taux d'intérêt est un véritable cauchemar pour tout gestionnaire de fonds de pension.

Les nouvelles règles comptables imposent aux plans de retraite surfinancés (respectivement sous-financés) d'être comptabilisés comme un actif (respectivement un passif) au bilan. Cela rend les « tempêtes parfaites » plus transparentes. On comprend mieux alors pourquoi de nombreuses sociétés essaient de convertir leurs plans de retraite à prestation définie en plans à contribution définie.

Les contributions aux plans à prestation définie (employeur et employé) sont inférieures à 25 % du revenu. Dans un plan standard, cette contribution avoisine 5 %. Ainsi, la contribution totale ne représente que 40 % du montant calculé par un actuaire. Il n'est donc pas surprenant que de nombreux fonds de pension soient sous-financés !

Contrairement aux compagnies d'assurance, les fonds de pension préfèrent investir massivement en actions (un portefeuille typique est composé de 60 % d'actions et de 40 % d'obligations). De cette manière, le fonds augmente les chances du plan d'être correctement financé. Cependant, le risque de sous-financement demeure. Si les marchés des actions sont performants, comme entre 1960 et 2000 dans de nombreux pays, les plans à prestation définie sont couverts. Mais si les marchés vont mal, comme c'est le cas depuis 2000, de sérieux problèmes apparaissent.

Cela soulève une question importante : qui est responsable du sous-financement des plans à prestation définie ? En premier lieu, ce sont les actionnaires de la société. Si celle-ci est en faillite, le gouvernement peut supporter le coût du sous-financement *via* une forme d'assurance[1]. Dans tous les cas, il existe un transfert de richesse des générations futures vers les retraités d'aujourd'hui.

1. Par exemple, la *Pension Benefit Guaranty Corporation* (PBGC) américaine assure les plans à prestation définie privés. Si les primes perçues par la PBGC sont insuffisantes, il existe de fortes chances que le gouvernement intervienne.

Un problème similaire s'applique aux plans de retraite publics (comme la sécurité sociale américaine). Ils ressemblent aux plans à prestation définie dans le sens où ils nécessitent des contributions régulières et fournissent une rente à vie.

Les transferts de richesse intergénérationnels ne sont pas forcément viables. Un taux de contribution de 25 % à un plan de retraite est également inacceptable. Si les plans à prestation définie doivent subsister, des modifications s'imposent en termes de partage des risques entre les générations. Si les marchés des actions enregistrent des performances médiocres, les retraités doivent être prêts à accepter une retraite plus faible. En revanche, si les marchés vont bien, ils peuvent percevoir une retraite complète et une partie des bénéfices peut être transmise aux générations futures.

Le risque de longévité est important pour les plans de retraite. En effet, comme nous l'avons mentionné précédemment, l'espérance de vie a augmenté de 20 ans entre 1929 et 2004. Si cette tendance continue et que l'espérance de vie augmente de 4,25 années supplémentaires à l'horizon 2020, les problèmes de sous-financement des plans à prestation définie (privés et publics) deviendront plus graves. Il n'est donc pas surprenant que dans de nombreuses juridictions, les individus sont autorisés à travailler au-delà de l'âge normal de la retraite. Cela permet de résoudre le problème des plans de retraite. Un individu partant à la retraite à 70 ans plutôt qu'à 65 ans effectue cinq années supplémentaires de contributions au plan de retraite et la période de versement de la retraite est plus courte de cinq ans.

Résumé

Il existe deux principaux types d'assurance : l'assurance vie et l'assurance non-vie. La première fournit des produits qui procurent des flux lorsque l'assuré décède. L'assurance vie à échéance en fournit seulement si le décès survient pendant une période prédéfinie, tandis que l'assurance vie complète n'impose pas de contrainte de temps. Une forme d'épargne fait partie intégrante de l'assurance vie complète. Généralement, une partie de la prime non nécessaire à l'indemnisation durant les premières années est investie et sert à financer les indemnisations futures. L'assurance vie complète procure des avantages fiscaux car les impôts sur les revenus des investissements sont différés au moment de l'indemnisation.

Les compagnies d'assurance vie offrent également des contrats à rentes qui procurent à l'assuré, en échange d'un versement forfaitaire initial, un revenu annuel à partir d'une date prédéfinie jusqu'à son décès. Les tables de mortalité fournissent d'importantes informations pour l'évaluation des contrats d'assurance vie et des annuités. Les actuaires doivent cependant également tenir compte du risque de longévité (possibilité que les individus vivent plus longtemps que prévu), ainsi que du risque de mortalité (possibilité que des épidémies comme le sida ou la grippe espagnole réduisent l'espérance de vie d'une partie de la population).

L'assurance des biens et des personnes concerne la protection contre la perte ou la destruction de biens, et la responsabilité civile. Les indemnisations les plus complexes à évaluer sont celles qui surviennent lors de la réalisation d'un seul événement qui affecte un grand nombre d'assurés, comme les ouragans ou les tremblements de terre. Les indemnisations dues aux responsabilités civiles sont également difficiles à évaluer.

L'assurance santé possède des caractéristiques communes avec l'assurance vie et l'assurance non-vie. Les primes ne changent pas en fonction de l'évaluation du risque de l'assuré (comme en assurance vie), mais elles évoluent avec le coût global des soins médicaux (comme en assurance non-vie).

Les deux risques clés en assurance sont l'aléa moral et l'antisélection. L'aléa moral est le risque que le comportement de l'assuré se modifie en raison du fait qu'il soit assuré. L'antisélection est le risque que les agents qui acquièrent un certain type de police d'assurance soient les plus risqués. Les compagnies d'assurance mettent en œuvre certains mécanismes pour réduire ces deux risques, sans toutefois pouvoir les éliminer complètement.

Les compagnies d'assurance diffèrent des banques (comme la banque considérée à la section 2.2), du fait qu'elles sont exposées au risque à l'actif et au passif du bilan. Une compagnie d'assurance non-vie doit conserver davantage de fonds propres qu'une compagnie d'assurance vie. Aux États-Unis, les assureurs sont régulés au niveau de l'État et non au niveau fédéral. En Europe, ils le sont au niveau de l'Union européenne et au niveau des gouvernements. L'Union européenne est actuellement en train de travailler sur un nouveau cadre réglementaire, appelé Solvabilité II.

Il existe deux types de plans de retraite : ceux à prestation définie et ceux à contribution définie. Pour ces derniers, un employé et son employeur contribuent à un compte personnel dont les fonds sont investis ; le montant ainsi obtenu est converti en rente à vie lorsque l'employé part à la retraite. Dans le cadre d'un plan à prestation définie, les contributions de tous les employés et de l'employeur sont groupées, puis investies. Les retraités perçoivent une retraite fondée sur leur salaire. La viabilité des plans à prestation définie est remise en cause, car nombre d'entre eux sont sous-financés et nécessitent des rendements en actions importants afin de pouvoir verser les retraites promises aux retraités actuels et futurs.

Références complémentaires

Ambachtsheer, K. P., *Pension Revolution: A Solution to the Pensions Crisis*, Wiley, 2007.

Canter, M. S., Cole, J. B. et Sandor, R. L., « Insurance Derivatives: A New Asset Class for the Capital Markets and a New Hedging Tool for the Insurance Industry », *Journal of Applied Corporate Finance*, automne 1997, p. 69-83.

Doff, R., *Risk Management for Insurers: Risk Control, Economic Capital, and Solvency II*, Risk Books, 2007.

Froot, K. A., *The Market for Catastrophe Risk*, University of Chicago Press, 1999.

Geman, H., « CAT Calls », *Risk*, septembre 1994, p. 86-89.

Hanley, M., « A Catastrophe Too Far », *Risk Supplement on Insurance*, juillet 1998.

Litzenberger, R. H., Beaglehole, D. R. et Reynolds, C. E., « Assessing Catastrophe Reinsurance-Linked Securities as a New Asset Class », *Journal of Portfolio Management*, hiver 1996, p. 76-86.

Problèmes et exercices (corrigés en fin d'ouvrage)

3.1. Quelle est la différence entre l'assurance vie à échéance et l'assurance vie complète ? Expliquez les avantages fiscaux de l'assurance vie complète.

3.2. Définissez l'assurance vie variable et l'assurance vie universelle.

3.3. Une compagnie d'assurance vie offre des contrats d'assurance vie complète et à rentes. Dans quel cas cette compagnie est-elle exposée (a) au risque de longévité et (b) au risque de mortalité ?

3.4. « Equitable Life a donné à ses assurés une option gratuite. » Expliquez la nature de cette option.

3.5. En utilisant les données du tableau 3.1, calculez la prime minimale qu'une compagnie d'assurance devrait appliquer pour une police d'assurance à échéance de 1 million d'euros pour deux ans à une femme de 50 ans. Vous supposerez un versement de la prime en début de période et un taux d'intérêt nul.

3.6. En partant des informations du tableau 3.1, déterminez la probabilité qu'un homme de 30 ans vive jusqu'à 90 ans. Quelle est cette probabilité pour une femme de 30 ans ?

3.7. Quelles caractéristiques d'une police d'assurance des biens et des personnes engendrent le plus de risque ?

3.8. Expliquez le fonctionnement des obligations catastrophiques.

3.9. Considérons deux obligations de coupon, de maturité et de prix identiques. La première est une obligation privée notée B, tandis que la seconde est une obligation catastrophique. Une analyse sur données historiques montre que les pertes espérées sur les deux titres pour une année donnée sont identiques. Quelle obligation recommanderiez-vous à un gérant de portefeuille et pourquoi ?

3.10. Quelles sont les différences entre l'assurance santé aux États-Unis, au Canada et au Royaume-Uni ?

3.11. Une compagnie d'assurance décide d'offrir des polices individuelles contre le risque de licenciement. Quels problèmes risque-t-elle de rencontrer ?

3.12. Pourquoi les compagnies d'assurance non-vie détiennent plus de fonds propres que les compagnies d'assurance vie ?

3.13. Expliquez les termes « ratio de perte » et « ratio de dépenses » pour une compagnie d'assurance non-vie. « Si un assureur est rentable, alors la somme de ses ratios de perte et de dépenses est inférieure à 100 %. » Étudiez cette affirmation.

3.14. Quelle est la différence entre un plan à prestation définie et un plan à contribution définie ?

3.15. Supposons que dans le cadre d'un plan à prestation définie :

a. les employés travaillent pendant 40 ans avec des salaires qui augmentent avec l'inflation ;

b. leur pension de retraite est égale à 75 % de leur salaire en fin de carrière ; cette pension augmente également avec l'inflation ;

c. la retraite est versée pendant 20 ans ;

d. le fonds de pension investit les contributions dans des obligations qui génèrent un rendement égal au taux d'inflation.

Estimez le pourcentage du salaire qu'un employé doit verser au fonds pour que celui-ci demeure solvable. [*Indice :* effectuez tous vos calculs en termes réels plutôt que nominaux.]

Questions complémentaires

3.16. En utilisant les données du tableau 3.1, calculez la prime minimale qu'une compagnie d'assurance devrait appliquer pour une police d'assurance à échéance de 5 millions d'euros pour trois ans à un homme de 60 ans. Vous supposerez un versement de la prime en début de période et un décès en milieu d'année. Le taux sans risque annuel est de 6 % (avec une composition semestrielle).

3.17. Les pertes d'une compagnie d'assurance sont distribuées selon une loi normale de moyenne 150 millions d'euros et un écart-type de 50 millions d'euros (vous supposerez l'absence de différence entre les pertes dans un univers risque-neutre et réel). Le taux sans risque annuel est de 5 %. Estimez le coût :

a. d'un contrat qui paie dans un an 60 % des coûts de l'assureur sur une base au prorata ;

b. d'un contrat qui paie 100 millions d'euros dans un an si les pertes dépassent 200 millions d'euros.

3.18. Au courant d'une année donnée, les taux d'intérêt perdent 200 points de base (2 %) et les cours des actions sont constants. Examinez l'effet de ces paramètres sur un plan de retraite à prestation définie, dont les fonds sont investis à 60 % en actions et 40 % en obligations.

3.19. Supposons que dans le cadre d'un plan à prestation définie :

a. les employés travaillent pendant 45 ans avec des salaires qui augmentent au taux réel de 2 % ;

b. leur pension de retraite est égale à 70 % de leur salaire en fin de carrière ; cette pension augmente au taux de l'inflation diminué de 1 % ;

c. la retraite est versée pendant 18 ans :

d. le fonds de pension investit les contributions dans des obligations qui génèrent un rendement égal au taux d'inflation augmenté de 1,5 %.

Estimez le pourcentage du salaire qu'un employé doit verser au fonds pour que celui-ci demeure solvable. [*Indice :* effectuez tous vos calculs en termes réels plutôt que nominaux.]

Chapitre 4
Fonds mutuels et fonds spéculatifs

Les fonds mutuels (organismes de placement collectif en valeurs mobilières ou OPCVM en France) et les fonds spéculatifs (*hedge funds* ou fonds d'arbitrage) investissent des liquidités sur les marchés pour le compte de particuliers et d'entreprises. Le gérant de fonds regroupe et investit ainsi les liquidités collectées selon un objectif défini. Les fonds mutuels comme les sociétés d'investissement à capital variable (SICAV) ou les fonds communs de placement (FCP)[1] sont souvent conçus pour attirer de petits investisseurs, alors que les fonds spéculatifs ont pour clientèle de plus gros investisseurs comme par exemple les fonds de pension. Les fonds spéculatifs sont soumis à des règles moins strictes que les fonds mutuels. En particulier, ils usent d'une plus large gamme de stratégies d'investissement, et une discrétion plus importante entoure les stratégies adoptées.

Ce chapitre décrit les différents types de fonds mutuels et de fonds spéculatifs présents sur les marchés, la réglementation de leur activité, la structure des frais facturés à leurs clients, ainsi que leur performance financière.

4.1 Les fonds mutuels

L'attrait essentiel de ces fonds est de permettre aux petits investisseurs une diversification de leur investissement, qui améliore le couple rendement-risque (voir chapitre 1). En effet, il peut être difficile pour un investisseur individuel de diversifier correctement son portefeuille et les réajustements fréquents nécessaires au maintien de cette diversification peuvent, en outre, engendrer des coûts de transaction très élevés. Les fonds mutuels permettent, en regroupant un ensemble de « petits » investissements, d'accéder à un portefeuille diversifié à moindre coût.

Les fonds mutuels ont connu une croissance importante depuis la Seconde Guerre mondiale. Le tableau 4.1 décrit l'évolution de la valeur des actifs gérés par ces fonds aux États-Unis depuis 1940. Le montant des actifs s'élève à 12 000 milliards de dollars en 2008 et près de 50 % des ménages américains détiennent des parts de ces fonds.

1. Les SICAV et les FCP diffèrent essentiellement par leur statut juridique. Contrairement à la SICAV, le FCP n'a pas de personnalité juridique et l'investisseur devient membre d'une copropriété de valeurs mobilières et non actionnaire du fonds.

Des entreprises spécialisées, comme Fidelity, des banques comme JPMorgan Chase& Co., ou encore des compagnies d'assurance peuvent proposer des fonds mutuels. Par exemple, en 2001, la compagnie d'assurance State Farm a offert une dizaine de fonds de placement auxquels tous les investisseurs américains pouvaient souscrire *via* Internet ou par téléphone auprès d'agents spécialisés.

Tableau 4.1 : Croissance des actifs gérés par les fonds communs de placement aux États-Unis.

Année	Actifs (milliards de dollars)
1940	0,5
1960	17,0
1980	134,8
2000	6 964,6
2011	12 224,3

Source : *Investment Company Institute.*

La SEC réglemente l'activité des fonds mutuels aux États-Unis. Ces fonds sont contraints de mettre à la disposition des investisseurs un prospectus décrivant leurs objectifs d'investissement. Différents types de fonds peuvent être proposés :

1. des fonds obligataires qui investissent dans des obligations à taux fixe de maturité supérieure à un an ;
2. des fonds actions qui investissent sur les marchés des actions et qui sont les plus populaires ;
3. des fonds hybrides qui investissent à la fois dans des obligations, des actions, ainsi que d'autres titres ;
4. des fonds monétaires qui investissent dans des instruments de maturité inférieure à un an ;
5. des fonds indiciels qui adoptent des stratégies passives et sont gérés afin de reproduire la performance d'un indice de marché comme le CAC 40.

Un investisseur en fonds mutuels détient un certain nombre de parts de ce fonds. La forme la plus courante est à capital variable (*open-ended fund*), ce qui signifie que le nombre de parts constituant le capital du fonds évolue en fonction de l'achat et de la vente de ces parts par les investisseurs. Ce nombre augmente lorsque les investisseurs en achètent davantage et diminue dans le cas contraire. Les SICAV entrent, par exemple, dans cette catégorie.

Sur le marché américain, la valorisation des fonds mutuels est quotidienne et a lieu à 16 heures (appelée heure de centralisation). Le gérant évalue chacun des titres détenus par le fonds, ce qui permet d'obtenir la valeur de l'actif net du fonds. Cette valeur globale est ensuite divisée par le nombre de parts souscrites, afin d'obtenir la valorisation de chacune des parts, appelée valeur liquidative.

Les investisseurs peuvent acheter et vendre des parts à tout moment, mais lors de telles transactions, le prix applicable à la transaction est la valeur liquidative suivante. Par exemple, sur le marché américain, un investisseur qui décide d'acheter une part à

14 heures se verra appliquer un prix d'achat égal à la valeur liquidative suivante, fixée à 16 heures (soit deux heures plus tard). On parle alors de transaction à cours inconnu. Sur le marché français, la fréquence de cotation est variable (parfois quotidienne) et les règles de concentration sont de deux types : cours connu et cours inconnu[1].

Aux États-Unis, l'investisseur est généralement imposé au travers des titres détenus par le fonds. Ainsi, lorsque le fonds reçoit un dividende, il est imposé sur ce dividende, même si celui-ci est intégralement réinvesti dans le fonds. De même, lorsque le fonds cède des titres, on considère que l'investisseur réalise une plus-value ou une moins-value immédiate, même s'il n'a vendu aucune de ses parts. Supposons qu'un investisseur achète ses parts à 100 dollars et que le fonds affiche un gain en capital de 20 dollars la première année et une perte en capital de 25 dollars la deuxième année. L'investisseur doit alors déclarer une plus-value de 20 dollars à la fin de la première année et une moins-value de 25 dollars à la fin de la deuxième. Lorsqu'il cède ses parts, il réalise également une plus-value ou une moins-value qui doit être déclarée. Afin d'éviter une double imposition, le prix d'achat des parts est ajusté de sorte à refléter l'augmentation ou la baisse de richesse de l'investisseur. Dans notre exemple, s'il cède ses parts à la fin de la première année, le prix d'achat servant de point de départ au calcul des plus-values ou moins-values est ajusté à 120 dollars, et à 95 dollars si la cession a lieu à la fin de la deuxième année.

Les fonds indiciels

Certains fonds ont pour objectif de reproduire la performance d'un indice particulier, comme le S&P 500, le CAC 40 ou le FTSE 100. Cet objectif peut être atteint en achetant simplement l'ensemble des titres qui composent ces indices dans des proportions adéquates. Par exemple, si le poids d'IBM dans un indice quelconque est de 1 %, il faudra investir 1 % du portefeuille dans ce titre. Une autre façon d'obtenir ce résultat consiste à sélectionner un portefeuille de titres représentatifs de plus petite taille ayant démontré sa capacité à reproduire les performances de cet indice, ou bien d'investir dans les *futures* sur indice.

John Bogle a lancé l'un des premiers fonds indiciels aux États-Unis le 31 décembre 1975 ; il avait pour indice de référence le S&P 500. À son lancement, son actif était particulièrement faible (11 millions de dollars) et cette idée a été beaucoup moquée et considérée comme pure folie (*Bogle's folly*). Malgré cela, il a été bientôt rebaptisé le *Vanguard 500 Index Fund* et les actifs sous gestion ont atteint une valeur de 100 milliards de dollars en novembre 1999.

Ces fonds réussissent-ils à atteindre leur objectif ? Certains, comme le *Vanguard 500 Index Fund*, ne sont pas loin de réaliser un sans-faute année après année, mais ce n'est pas le cas de tous les fonds. Une étude réalisée par Morningstar en 2010 a analysé la performance des fonds mutuels, puis souligné que l'erreur de suivi (appelée couramment *tracking error*) pour ces fonds est en moyenne de 29 points de base. Cela signifie que la différence moyenne entre l'indice de référence et celle du fonds est de 0,29 %. Cette même étude souligne que les frais facturés par ces fonds représentent en moyenne 0,38 % de la valeur des actifs gérés.

1. Pour plus de détails concernant les règles applicables dans le contexte français, on peut se référer au site de l'Autorité des marchés financiers (www.amf-france.org).

Les coûts

De nombreux frais sont associés à ce type d'activité, comme les frais de gestion, de transaction et autres frais administratifs. Ils sont généralement refacturés aux clients au moyen de différentes charges (*fees*). Même si tous les fonds ne le pratiquent pas, un droit d'entrée est souvent facturé lorsqu'un client achète pour la première fois des parts d'un fonds. Aux États-Unis, ces droits d'entrée ne peuvent dépasser 8,5 % du montant de l'investissement. De même, certains fonds facturent des frais de sortie lorsque l'investisseur décide de céder ses parts. Ces frais sont souvent décroissants avec la durée de détention des parts. Contrairement aux droits précédents, les fonds facturent à leurs clients des charges annuelles qui permettent de couvrir en particulier les frais de gestion et d'administration. Le ratio total de frais (*total expense ratio*) est le total des frais annuels facturés aux clients divisé par la valeur de la part du fonds.

Khorana *et al.* (2009) comparent les frais facturés par les fonds mutuels de 18 pays[1]. L'hypothèse est qu'un détenteur garde ses parts pendant cinq ans ; les auteurs définissent le coût total pour le détenteur de parts (*total shareholder cost*) comme suit :

$$\text{ratio total de frais} + \frac{\text{frais d'entrée}}{5} + \frac{\text{frais de sortie}}{5}$$

Le tableau 4.2 fournit le résultat de cette étude.

Tableau 4.2 : Moyenne annuelle des charges (en %) lorsque la part est détenue pendant cinq ans.

Pays	Fonds obligataire	Fonds actions
Allemagne	1,48	2,29
Australie	0,75	1,41
Autriche	1,55	2,37
Belgique	1,60	2,27
Canada	1,84	3,00
Danemark	1,91	2,62
Espagne	1,58	2,70
États-Unis	1,05	1,53
Finlande	1,76	2,77
France	1,57	2,31
Grande-Bretagne	1,73	2,48
Italie	1,56	2,58
Luxembourg	1,62	2,43
Norvège	1,77	2,67
Pays-Bas	1,73	2,46
Suède	1,67	2,47
Suisse	1,61	2,40
Moyenne	1,39	2,09

Source : Khorana, A., Servaes, H. et Tufano, P., « Mutual Fund Fees around the World », *Review of Financial Studies*, 2009.

1. Voir Khorana, A., Servaes, H. et Tufano, P., « Mutual Fund Fees around the World », *Review of Financial Studies*, 22, mars 2009, p. 2279-1310.

Les frais moyens pour les fonds actions varient de 1,41 % pour l'Australie à 3 % pour le Canada. Les frais pour cette catégorie de fonds sont en moyenne 50 % plus élevés que pour les fonds obligataires. Les fonds indiciels ont tendance à être « moins chers » que les fonds classiques, ce qui s'explique essentiellement car l'analyse et la sélection de titres (activité très coûteuse) ne sont pas nécessaires. Pour certains fonds indiciels américains, les frais s'élèvent seulement à 0,15 % par an.

Les fonds fermés

Les fonds évoqués jusqu'ici sont des fonds ouverts, de loin les plus courants. Le nombre de parts de ces fonds s'ajuste quotidiennement à l'offre et à la demande des investisseurs. Ce n'est pas le cas des fonds fermés, dont le nombre de parts, échangées sur le marché, est fixe. En ce qui les concerne, deux valeurs liquidatives peuvent être calculées. La première se fonde sur la valeur des parts sur le marché et la seconde sur la valeur de marché du portefeuille détenu par le fonds, divisée par le nombre de parts en circulation. Généralement, la première valeur est inférieure à la seconde ; de nombreux chercheurs se sont penchés sur cette énigme (on parle alors de *discount*). Le travail de Ross en 2002 suggère, par exemple, que les frais payés au gérant du fonds en sont l'explication[1].

Les fonds indiciels cotés ou *Exchange Traded Funds* (ETF)

Les fonds indiciels cotés ou ETF sont présents sur le marché américain depuis 1993 et sur les marchés européens depuis 1999. Ils reproduisent généralement un indice et sont, de ce fait, une alternative pour l'investisseur à l'achat de parts de fonds indiciels classiques. Le Spider (code SPY) est l'un des fonds indiciels très connus qui reproduit les performances de l'indice S&P 500. Dans une enquête menée auprès d'investisseurs professionnels en mars 2008, 67 % d'entre eux qualifient les ETF d'innovation financière majeure de ces 20 dernières années et 60 % estiment que ces produits ont profondément modifié la façon de construire les portefeuilles d'investissement. En 2008, la SEC a autorisé la création d'ETF en gestion active (dits de stratégie), ces derniers devant être gérés de manière parfaitement transparente. En 2011, on a scrupuleusement étudié le rôle joué par ces fonds dans les stratégies de *trading* de Kweku Adoboli qui a perdu 2,3 milliards de dollars pour le compte d'UBS.

Ce sont des investisseurs institutionnels qui créent les ETF. Typiquement, une institution financière dépose un bloc de titres et reçoit en échange un ensemble de parts de l'ETF (appelé *creation unit*). L'intégralité ou une partie des parts est ensuite vendue sur le marché financier ; ce fonctionnement est proche de celui des fonds fermés. Notons cependant que les investisseurs institutionnels peuvent à tout moment échanger un certain nombre de parts contre des actifs sous-jacents. Plus précisément, ils peuvent abandonner leurs parts et recevoir des actifs sous-jacents, ou déposer de nouveaux actifs en échange de nouvelles parts du fonds. Cela assure une correspondance presque parfaite entre la valeur des parts sur le marché et la valeur du portefeuille détenu par le fonds – ce qui constitue une différence majeure avec les fonds fermés. Ce dernier point explique l'attractivité plus importante des ETF par rapport aux fonds fermés.

1. Voir Ross, S., « Neoclassical Finance, Alternative Finance, and the Closed End Fund Puzzle », *European Financial Management*, 8, 2002, p. 129-137.

Les ETF présentent de nombreux avantages par rapport aux fonds fermés. Ils peuvent être achetés et vendus à n'importe quel moment de la journée, et être vendus de la même façon que les actions (voir chapitre 5 pour une étude des ventes à découvert). La liste des actifs détenus par les ETF est rendue publique deux fois par jour, ce qui offre une information très précise aux investisseurs. Lorsque les parts d'un fonds mutuel sont vendues, les gérants sont généralement dans l'obligation de vendre des titres afin de lever des liquidités. *A contrario*, lorsque les parts d'un ETF sont vendues, la vente d'actifs sous-jacents n'est pas nécessaire. Cela permet d'éviter à la fois des frais de transaction et l'enregistrement de plus-values ou de moins-values non prévues. Pour finir, on peut souligner que les ratios de frais tendent à être plus faibles sur les ETF.

La rentabilité des fonds mutuels

Les gérants de portefeuille surperforment-ils les indices de marché tels que le S&P 500 ? Certains fonds peuvent avoir une excellente performance une année, ce qui peut relever de la chance. Voici les deux questions essentielles pour les chercheurs :

1. Les stratégies de gestion active de portefeuille réalisent-elles de meilleures performances que le marché en moyenne ?
2. Les fonds qui surperforment les indices une année le font-ils également l'année suivante ?

La réponse à ces deux questions semble être négative. Dans un article très connu, Jensen (1969) étudie la rentabilité annuelle de 115 fonds mutuels sur une période de dix ans[1]. L'alpha annuel moyen de ces fonds est légèrement négatif, même avant de tenir compte des coûts de gestion. (Comme nous l'avons expliqué à la section 1.3, l'alpha mesure la rentabilité en excès de celle estimée par le MEDAF.) Jensen teste également si les fonds qui présentent un alpha positif une année continuent à avoir des alphas positifs les années suivantes (voir tableau 4.3).

Tableau 4.3 : Performance des fonds mutuels.

Nombre d'années consécutives à alpha positif	Nombre d'observations	% des observations lorsque l'alpha suivant est positif
1	574	50,4
2	312	52,0
3	161	53,4
4	79	55,8
5	41	46,4
6	17	35,3

La première ligne nous informe que seuls 574 fonds sur les 1 150 étudiés présentent un alpha positif. Sur ces 574 fonds, 50,4 % seulement ont un alpha positif l'année suivante. La deuxième ligne indique que lorsque l'on observe deux alphas positifs, il existe 52 % de

1. Voir Jensen, M. C., « Risk, the Pricing of Capital Assets and the Evaluation of Investment Portfolios », *Journal of Business*, 42, avril 1969, p. 167-247.

chance pour que l'alpha demeure positif l'année suivante, et ainsi de suite. En moyenne, on observe que lorsqu'un gérant de fonds surperforme le marché, il existe uniquement 50 % de chance pour que ce phénomène persiste l'année suivante. Ces résultats suggèrent que le facteur « chance » explique davantage la positivité des alphas que le facteur « compétence ». Bien sûr, certains gérants peuvent obtenir de bons résultats plusieurs années de suite, mais ils semblent être des exceptions. Des études plus récentes confirment les résultats de Jensen. En moyenne, les gérants de fonds ne semblent pas battre systématiquement le marché et les performances passées des fonds donnent peu d'informations quant à leurs performances futures. Il est évident que le succès des fonds indiciels cotés démontre l'influence de ces études sur le point de vue de nombreux investisseurs.

Les publicités pour les fonds mutuels mettent généralement en avant des performances importantes. Cependant, le fonds choisi est peut-être le seul, sur l'ensemble des fonds proposés par la même institution, à produire de tels rendements, et il est difficile de faire la distinction entre de bonnes performances et la chance. Supposons qu'une institution commercialise 32 fonds de stratégies différentes et que le gérant n'ait aucune compétence particulière. La performance de chacun des fonds a alors une chance sur deux d'être supérieure à celle du marché. La probabilité que l'un des fonds batte le marché pendant cinq années consécutives est alors de $(1 / 2)^5$ soit 1/32. Cela signifie que, par chance, un fonds sur l'ensemble des fonds commercialisés peut surperformer le marché pendant cinq années consécutives.

Un point mérite d'être souligné quant à la façon dont on présente la performance. Un fonds mutuel peut écrire dans sa brochure publicitaire : « La moyenne de rentabilité annuelle que nous avons réalisée sur les cinq dernières années est de 15 % », alors qu'un autre peut écrire : « Si vous aviez investi votre argent pendant les cinq dernières années dans notre fonds, votre richesse aurait augmenté de 15 % par an ». Ces deux slogans semblent identiques, mais sont pourtant très différents (voir encadré 4.1). Dans de nombreux pays, les régulateurs contraignent les fonds mutuels à présenter correctement leurs performances.

Encadré 4.1

La performance d'un fonds mutuel peut être trompeuse

Supposons que la séquence de rentabilités suivante représente la performance d'un fonds mutuel durant les cinq dernières années (composition annuelle) :

15 %, 20 %, 30 %, –20 %, 25 %

La moyenne arithmétique (somme des termes divisée par 5) est de 14 %. Un investisseur laissant sa richesse dans ce fonds pendant cinq ans la verra cependant s'accroître à un taux annuel inférieur à 14 %. Pour un investissement de 100 euros, sa richesse finale est de :

$$100 \times 1{,}15 \times 1{,}2 \times 1{,}3 \times 0{,}8 \times 1{,}25 = 179{,}40$$

En revanche, une rentabilité annuelle de 14 % par an donne :

$$100 \times 1{,}14^5 = 192{,}54$$

Encadré 4.1 (Suite)

La rentabilité annuelle qui offre une somme au bout de cinq ans de 179,40 est de 12,4 %, car :

$$100 \times 1{,}124^5 = 179{,}40$$

Quelle moyenne de rentabilité le gérant va-t-il afficher ? Il sera certainement tenté d'annoncer : « La moyenne de rentabilité annuelle que nous avons réalisée sur les cinq dernières années est de 14 % ». Même si cela est vrai, c'est trompeur. Il est moins faux d'annoncer : « La rentabilité moyenne annuelle réalisée par nos clients sur les cinq dernières années est de 12,4 % ». Certaines juridictions imposent au gérant cette seconde présentation.

Cet exemple illustre un phénomène bien connu en mathématiques : la moyenne géométrique d'un ensemble de nombres est toujours inférieure à la moyenne arithmétique de ces nombres. Un investisseur qui place son argent pendant un certain nombre d'années reçoit la moyenne géométrique et non arithmétique des taux de rentabilité annuels.

Régulation des fonds mutuels et scandales

Les fonds mutuels sont très réglementés, d'autant plus qu'ils s'adressent à des investisseurs individuels aux connaissances financières souvent limitées (investisseurs peu sophistiqués). Aux États-Unis, ils doivent être enregistrés auprès de la SEC, régulateur principal de ce secteur d'activité. Un prospectus contenant des informations financières complètes et exactes sur le fonds doit être édité et des règles sont imposées afin d'éviter les conflits d'intérêts, les fraudes et les frais abusifs.

Malgré cette réglementation, un certain nombre de fonds ont défrayé la chronique. Comme nous l'avons mentionné précédemment, lorsqu'un investisseur passe un ordre d'achat à son *broker* avant 16 heures, le prix auquel est réalisée la transaction est connu à 16 heures (fixation de la valeur liquidative). Pour diverses raisons, il arrive que le *broker* ne passe pas l'ordre d'achat ou de vente avant 16 heures, ce qui lui permet de négocier avec son client de passer un nouvel ordre ou de changer l'ordre existant. La valeur liquidative qui s'applique au client est celle fixée à 16 heures, même si les mouvements de marché ayant eu lieu après 16 heures offrent de nouvelles informations. La SEC interdit ce type de « *trading* tardif » (*late trading*). De nombreuses poursuites ont donné lieu, dans les années 2000, à des condamnations au paiement de plusieurs millions de dollars d'amendes et aux licenciements d'employés.

Un autre scandale concerne le *market timing*, qui consiste à offrir à des clients privilégiés la possibilité de passer des ordres fréquents (séparés de quelques jours) sur les parts du fonds sans aucune pénalité. Une forme d'indulgence vis-à-vis de la pratique illégale qu'est le « *trading* tardif » peut expliquer cette façon de procéder. L'analyse de l'impact de l'absence de prise en compte immédiate par le fonds de certains mouvements de marché constitue une autre explication. Supposons que le prix de certains titres n'ait pas été mis à jour par le fonds depuis quelques heures. Il peut s'agir, par exemple, de titres peu traités ou s'échangeant dans une autre zone géographique. Si le marché américain connaît une hausse (ou une baisse) dans les deux dernières heures, la valeur liquidative de ce fonds est susceptible d'être sous-évaluée (ou surévaluée) et il existe une opportunité d'investissement de court terme. Tirer avantage de cette opportunité n'est pas illégal. Il est en revanche parfaitement illégal d'offrir à certains investisseurs privilégiés des tarifs avantageux, afin de mettre en place ce type de stratégies. Nous pouvons citer d'autres scandales, comme le *front running* et le courtage dirigé (*directed brokerage*). Le *front running* consiste pour le fonds mutuel à prévenir quelques clients privilégiés de son intention de réaliser une opération importante sur le marché (achat ou vente de titres), susceptible d'influencer les cours des titres en question. Le client peut alors prendre une position lui permettant de bénéficier de cette information. Le courtage dirigé concerne un accord tacite entre un *broker* et un fonds mutuel ; le *broker* conseille à ses clients l'achat des parts de ce fonds et, en échange, le fonds mutuel passe fréquemment des ordres chez lui.

4.2 Les *hedge funds*

La régulation appliquée aux fonds spéculatifs est moins restrictive que celle pour les fonds mutuels. Ce phénomène s'explique car les clients de ces fonds sont généralement des investisseurs sophistiqués ou des organisations. Aux États-Unis, les fonds mutuels sont, par exemple, soumis aux restrictions suivantes :

1. Les parts peuvent être vendues à tout moment.
2. La valeur liquidative est calculée quotidiennement.
3. La politique d'investissement doit être publique.
4. L'utilisation du levier doit être limitée.

Les fonds spéculatifs sont beaucoup moins « contraints » que les fonds mutuels, ce qui leur donne un important degré de liberté dans la création de stratégies d'investissement originales, sophistiquées et non conventionnelles. On qualifie souvent ces fonds « d'investissements alternatifs ».

C'est Alfred Winslow Jones qui a créé le premier fonds spéculatif, A. W. Jones & Co, aux États-Unis en 1949. Il était conçu comme un vaste partenariat permettant de contourner la législation de la SEC. Jones combinait des positions longues sur des titres sous-évalués avec des positions courtes sur des titres surévalués en usant de l'effet de levier, afin d'amplifier les rentabilités. Des frais représentant 20 % des profits étaient facturés aux investisseurs. Le fonds a obtenu de bons résultats et c'est en 1966, dans un article de Carol Loomis, que le terme de *hedge fund* a été pour la première fois utilisé pour qualifier A. W. Jones & Co. L'article mentionnait, en outre, que les performances de ce fonds (tenant compte des frais) étaient supérieures à celles des fonds mutuels les plus rentables. Sans surprise, cet article a attiré l'attention des investisseurs sur ce fonds et sur les stratégies employées. Georges Soros, Walter J. Schloss et Julien Robertson ont été les autres pionniers de cette nouvelle forme de gestion[1].

1. On peut également considérer le célèbre Warren Buffet comme un pionnier. En 1956, il lançait Buffet Partnership LP avec sept partenaires et 100 000 dollars. Buffet facturait à ses partenaires 25 % des profits au-delà d'un taux de rentabilité de 25 %. En se spécialisant sur des activités et des situations très particulières (arbitrage lors de fusions-acquisitions, dettes d'entreprises en grande difficulté, par exemple), la rentabilité de son activité s'élevait en moyenne à 29,5 % par an. Le partenariat a été dissous en 1969 pour laisser la place à Berkshire Hathaway, une *holding* et non un *hedge fund*.

Le terme *hedge* (dont la traduction est « couvrir ») implique que le risque pris est couvert par le gestionnaire. Dans le cas de Jones, la stratégie adoptée est peu sensible aux mouvements importants de marché. En effet, les positions longues et les positions courtes prises simultanément portent sur des montants équivalents. Pour d'autres fonds spéculatifs, dont la stratégie consiste en un pari agressif sur des mouvements de marché, le terme de couverture est alors inapproprié.

Les *hedge funds* ont vu leur popularité augmenter au fil des années, et l'on estime que fin 2008 (piètre année pour cette industrie), près de 1 000 milliards de dollars étaient investis dans ces fonds à travers le monde. Les pays à faible imposition et autres paradis fiscaux enregistrent de nombreux fonds. En guise d'illustration, les îles Caïman enregistrent 30 % des fonds spéculatifs. Notons qu'il existe, en outre, sur le marché des fonds de fonds qui permettent de diversifier sa richesse sur différents fonds spéculatifs. Il est impossible aujourd'hui d'ignorer l'activité de ces fonds, puisque l'on estime à 40, voire 50 % leur poids dans le *turnover* quotidien sur le *New York Stock Exchange* et le *London Stock Exchange*. En outre, ils sont à l'origine de 70 % du volume d'échange des obligations convertibles, de 20 à 30 % du volume échangé de *swaps* de défaut, 82 % du volume des dettes d'entreprises en difficulté (*distressed debt*) et 33 % du volume échangé des dettes d'entreprises en catégorie spéculative (*non investment-grade bonds*). Enfin, ils sont très actifs sur le marché des ETF américains et prennent souvent des positions courtes.

Les frais

Les frais sont bien souvent plus élevés pour les fonds spéculatifs que pour les fonds mutuels classiques et dépendent de la performance du fonds. Des frais annuels de l'ordre de 1 à 3 % sont généralement facturés pour couvrir les coûts opérationnels auxquels s'ajoutent des frais additionnels qui peuvent correspondre aux frais d'audit, de tenue de compte ou aux bonus des traders. Plus important encore, une taxe de 15 % à 20 % des profits réalisés est en général facturée et cela, dans le but d'attirer les meilleurs gestionnaires de portefeuille (*incentives fees*).

Une structure de frais classique s'exprime comme « 2 plus 20 % », ce qui traduit la facturation de frais fixes annuels de 2 %, à laquelle s'ajoute 20 % des profits réalisés (après charges fixes). Outre ces frais, il existe souvent une clause qui contraint l'investisseur à ne pas sortir du fonds pendant une période d'un an (*lock up period*). Certains fonds ayant de bonnes performances ont des structures de frais encore plus agressives. C'est le cas, par exemple, du fonds Steve Cohen's SAC Capital Partners avec une structure du type « 3 plus 45 % », ou encore du fonds Jim Simon's Renaissance Technologies Corp avec une structure « 5 plus 44 % ». Notons que les mauvaises performances de 2008 ont conduit ces fonds à revoir à la baisse les charges facturées à leurs clients.

Les contrats offerts par les fonds spéculatifs contiennent des clauses qui rendent ces frais plus acceptables, par exemple :

1. Une clause implique un taux de rentabilité minimal (*hurdle rate*) en dessous duquel les frais ne sont pas facturés.
2. Une clause implique que les nouveaux profits servent en priorité à couvrir les pertes existantes avant que les frais de gestion sur plus-values ne soient facturés (*high water mark clause*). Puisque les investisseurs n'entrent pas dans le fonds au même moment, cette clause peut ne pas être identique pour tous. La clause est donc parfois ajustée

de façon proportionnelle (*proportional adjustment clause*) ; le montant de perte non couvert est ajusté « proportionnellement » à la taille du fonds. Supposons qu'un fonds de 100 millions de dollars perde 40 millions de dollars et que 80 millions soient retirés. La clause devrait contraindre le fonds à réaliser 40 millions de profits (pour les 80 millions de dollars restants) avant que les frais ne puissent être facturés. En fait, la clause proportionnelle conduit ici à considérer que 20 millions de plus-values suffisent à déclencher le paiement des frais, puisque le fonds a vu sa taille réduite de moitié.

3. Une clause d'épargne (*clawback clause*) permet aux investisseurs de couvrir les pertes grâce aux frais payés sur les plus-values. Une proportion des charges payées tous les ans est placée sur un compte de recouvrement, qui sert à compenser les investisseurs d'un pourcentage éventuel de pertes futures.

Certains gérants de fonds spéculatifs sont devenus très riches grâce aux schémas d'incitations proposés. En 2010, certains gérants de *hedge funds* ont déclaré des salaires de plus d'un milliard de dollars : John Paulson de Paulson and Co., Ray Dalio de Bridgewater Associates, Jim Simons (un ancien professeur de mathématiques) de Renaissance Technologies, David Tepper de Appaloosa Management, Steve Cohen de SAC Capital et Eddie Lampert de ESL Investments.

Pour un fonds de fonds spéculatifs, les frais associés représentent 1 % de l'actif sous gestion, auquel s'ajoutent 10 % des profits. Ces charges sont moins importantes que celles associées aux *hedge funds*, mais les frais totaux peuvent être très élevés.

Supposons qu'un fonds de fonds répartisse son investissement à parts égales dans dix fonds spéculatifs. Les fonds spéculatifs sont du type « 2 plus 20 % » et le fonds de fonds a une structure de frais classique « 1 plus 10 % ». On serait tenté de dire que l'investisseur fait alors face à une structure de charge du type « 3 plus 30 % », mais la réalité est différente. Supposons que cinq fonds perdent 40 %, alors que les cinq autres réalisent une plus-value de 40 %. L'investisseur se voit facturer par le fonds de fonds une charge de 3 % (la rentabilité globale est nulle), à laquelle s'ajoutent 20 % de 38 % pour les fonds ayant engendré des profits. La moitié des fonds dégage un profit et les frais globaux s'élèvent à $0,5 \times 7,6 + 3 = 6,8$ %, ce qui représente la rentabilité globale de l'investissement réalisé (−6,8 % pour un investissement à rentabilité nulle). Là encore, soulignons que les mauvaises performances de ces fonds en 2008 et 2011 sont à l'origine d'une baisse significative des frais facturés par les fonds de fonds.

Incitations des managers de fonds spéculatifs

La structure de rémunération des dirigeants de fonds spéculatifs les incite à réaliser des profits, mais également à prendre des risques. Tout se passe comme si le gérant détenait une option d'achat sur les actifs du fonds et, comme on le sait, la valeur de cette option augmente avec la volatilité du sous-jacent. Cela signifie que pour augmenter la valeur de son option, le gérant peut être incité à augmenter la volatilité du fonds spéculatif. Supposons qu'un manager soit confronté à un choix d'investissement qui peut se résumer par une probabilité de 0,4 de gagner 60 % et une probabilité de 0,6 de perdre 60 %, et que le fonds ait une structure classique de type « 2 plus 20 % ». Malgré une espérance de rentabilité de –12 %, le manager peut être tenté d'investir. En effet, si le fonds réalise un profit de 60 %, les frais encaissés s'élèvent à 2 % + 0,2 × 58 % = 13,6 %. Dans le cas contraire, où l'investissement entraîne une moins-value, les frais encaissés sont de 2 %.

En moyenne, le pourcentage de l'actif sous mandat encaissé par le fonds s'élève alors à 0,4 × 13,6 + 0,6 × 2 = 6,64 %. Pour l'investisseur, en revanche, l'espérance de rentabilité est de 0,4 × (0,8 × 58 %) + 0,6 × (−60 % − 2 %) = −18,64 %.

Cet exemple, illustré au tableau 4.4, démontre que le gérant du fonds a intérêt à accepter des investissements très risqués, même lorsque l'espérance de rentabilité est négative.

Tableau 4.4 : Rentabilité d'un investissement très risqué (+60 % avec une probabilité de 0,4 et −60 % avec une probabilité de 0,6), avec une structure de frais de type « 2 plus 20 % ».

Espérance de rentabilité du fonds	6,64 %
Espérance de rentabilité pour le client	−18,64 %
Espérance de rentabilité totale	−12 %

Les clauses mentionnées précédemment peuvent réduire l'incitation à la prise de risque, mais ne sont généralement pas suffisantes. En effet, les investisseurs sont contraints de rester dans le fonds s'ils veulent en tirer parti ; en outre, si les pertes s'accumulent, le gérant a plutôt intérêt à dissoudre le fonds et à en créer un nouveau.

Ces problèmes sont bien réels. Essayez d'imaginer comment vous auriez réagi si vous aviez été investisseur dans le fonds Amaranth. Brian Hunter, l'un de ses traders, pariait des montants énormes sur l'évolution du prix du gaz. Jusqu'en 2006, ses paris ont été gagnants ; il était alors considéré comme un trader star. Ses rémunérations incluant les bonus s'élevaient à 100 millions de dollars. Durant l'année 2006, ses paris ont été perdants et Amaranth, dont l'actif se montait à environ 9 milliards de dollars, a essuyé une perte exorbitante de l'ordre de 6,5 milliards de dollars (perte équivalente à celle de LTCM en 2008). Brian Hunter n'a jamais eu à rendre ses bonus ; il a simplement quitté Amaranth et tenté de créer son propre fonds.

On peut souligner qu'en théorie, deux individus peuvent créer une affaire très profitable de la façon suivante. Le premier lance un *hedge fund* avec une stratégie (tenue secrète) à haut risque, pendant que le second lance un *hedge fund* avec la stratégie inverse. Par exemple, si le premier fonds achète pour 1 million de dollars de cuivre, le second se porte vendeur de cuivre pour le même montant. Au moment du lancement des fonds, les deux individus se mettent d'accord pour se partager l'ensemble des frais variables (*incentive fees*) facturés par le fonds gagnant. Si les investisseurs souscrivent, l'affaire est sans aucun doute profitable.

Les *prime brokers*

Les *prime brokers* sont les banques qui offrent des services aux fonds spéculatifs. En général, ils servent d'intermédiaires pour les transactions financières réalisées par le fonds, évaluent le collatéral nécessaire à l'activité du fonds, empruntent des titres lors d'opérations de ventes à découvert, et offrent aux fonds des prestations de gestion de trésorerie et de *reporting*, ainsi que des prêts sur mesure adaptés aux activités du fonds. Dans certains cas, le *prime broker* offre un service de gestion des risques et de *consulting*, et introduit le fonds auprès de certains investisseurs. Cet intermédiaire a une excellente connaissance du portefeuille détenu par le fonds, ce qui lui permet, à partir de *stress tests*, de décider du levier à lui offrir.

Lorsque le fonds grossit, il existe généralement plusieurs *prime brokers*. Cela signifie qu'aucune des banques n'a connaissance de l'ensemble des transactions et du portefeuille détenu par le fonds. L'opportunité pour les fonds d'être en relation commerciale avec plusieurs banques leur permet de négocier pour réduire les frais facturés par ces intermédiaires. Goldman Sachs, Morgan Stanley et de nombreuses autres grandes banques offrent des services de *prime broker* aux fonds spéculatifs, activité à l'origine de profits importants[1].

Même si la réglementation est très faible pour les fonds spéculatifs, ces derniers sont « contraints » dans leur activité par le *prime broker*. En effet, un fonds spéculatif est généralement très endetté et dépose un montant minimal de collatéral chez son *broker*. Lorsqu'un fonds perd de l'argent, il doit absolument alimenter son collatéral et, dans le cas contraire, les transactions ne peuvent que prendre fin. Le gérant de fonds doit alors toujours garder en tête qu'une transaction rentable sur le long terme ne l'est pas obligatoirement sur le court terme. Prenons l'exemple d'un gérant de fonds qui a jugé en 2008 que les *spreads* de crédit étaient trop élevés. Il aurait pu être tenté de prendre une position à fort levier dans laquelle les obligations notées BBB étaient vendues et les obligations d'État achetées. Dans cette situation, si les *spreads* connaissent une hausse à court terme (avant la baisse attendue), le fonds peut être contraint, par épuisement du collatéral, de déboucler ses positions sur une perte importante.

4.3 Les stratégies des fonds spéculatifs[2]

Dans cette section, nous décrivons les principales stratégies qu'utilisent les fonds spéculatifs, en fondant notre classification sur celle retenue par Dow Jones Credit Suisse. On ne peut classer tous les fonds selon cette typologie, certains utilisant plusieurs stratégies, d'autres des stratégies non citées ici (par exemple, les fonds spécialisés en dérivés d'énergie).

Long/short equity (achat/vente)

Comme nous l'avons vu précédemment, Alfred Winslow Jones avait mis en place une stratégie pionnière d'achat/vente qui demeure aujourd'hui l'une des stratégies les plus utilisées. Le gérant détecte sur le marché un groupe d'actions qui semble surévalué et un autre qui semble sous-évalué. Il prend alors une position courte sur le premier groupe et une position longue sur le second. En général, le *prime broker* facture une taxe de 1 % au fonds pour l'emprunt des titres vendus à découvert par ce dernier (voir chapitre 5).

De telles stratégies sont des stratégies de *stock picking* (sélection de titres). Si la détection des titres surévalués et sous-évalués a été bonne, alors la stratégie sera rentable,

1. Même s'il est vrai qu'une banque prend des risques lorsqu'elle accepte le rôle de *prime broker*, le fonds spéculatif prend également des risques lorsqu'il décide de choisir son intermédiaire. Les nombreux *hedge funds* qui avaient choisi Lehman Brothers ont vu l'accès à leurs actifs disparaître lors de la faillite de cette banque en septembre 2008.

2. Dans cette partie, nous avons choisi de conserver les termes anglo-saxons associés aux stratégies car il s'agit de la pratique usuelle.

quelle que soit l'évolution du marché. Les gérants se concentrent généralement sur des titres à petite capitalisation boursière (*small stocks*), moins suivis par les analystes, et procèdent à une analyse fondamentale de ces valeurs (selon la méthode pionnière de Benjamin Graham). Le gérant peut choisir de maintenir un biais net d'achat (*net long bias*) lorsque les ventes sont moins importantes que les achats, ou un biais net de vente (*net short biais*) dans le cas contraire. Alfred Winslow Jones maintenait un biais net d'achat lors de la mise en place des stratégies qui ont fait son succès. Un fonds neutre (*equity market neutral*) utilise une stratégie *long/short*, dans laquelle il n'existe ni biais net d'achat, ni biais net de vente. Un fonds neutre en dollars (*dollar-neutral fund*) investit les mêmes montants sur la partie courte que sur la partie longue de sa stratégie. Un fonds bêta neutre (*beta-neutral fund*) est plus complexe et le portefeuille acheté doit avoir un bêta identique au portefeuille vendu. Le portefeuille détenu est alors de bêta nul et devrait (selon le MEDAF) être insensible aux variations du marché. Des positions longues et courtes sur les marchés *futures* sont parfois prises afin de maintenir le bêta du portefeuille global à zéro.

Des stratégies neutres plus complexes peuvent être envisagées. Citons, par exemple, les stratégies neutres en secteurs (*sector-neutral*), pour lesquelles les positions longues et courtes sont concentrées sur des secteurs industriels, ou encore les stratégies neutres en facteurs (*factor-neutral*), insensibles à la variation de certains facteurs comme le prix du pétrole, le niveau des taux d'intérêt ou le taux d'inflation.

Dedicated short (vente à découvert)

De telles stratégies sont fondées sur la détection de titres surévalués et leur vente à découvert. Les gérants cherchent à tirer profit de la réticence potentielle des analystes à émettre des recommandations négatives sur le marché. Même si cela est vrai, on peut imaginer que le nombre de titres surévalués et sous-évalués sur le marché est approximativement le même à un instant donné.

Les entreprises sélectionnées par ces gérants sont généralement celles qui présentent, par exemple, des résultats médiocres, qui changent d'auditeurs régulièrement, ou encore qui travaillent dans un secteur en surproduction.

Distressed securities (entreprises en difficulté)

Les obligations notées BB (et de notes inférieures) font partie de la catégorie « spéculative » et portent le nom de *junk bonds*. En bas de l'échelle de notation, les obligations notées CCC sont classées en détresse financière (*distressed bond*) et celles notées D sont en défaut. En général, les titres en détresse financière se vendent sous le pair avec un *discount* énorme et offrent un rendement de 1 000 points de base (10 %) au-dessus de celui des obligations d'État. Bien sûr, un investisseur n'obtient ce rendement que si les intérêts et le remboursement du principal sont effectivement réalisés.

Les gérants de fonds spéculatifs spécialisés dans les titres en détresse calculent le plus précisément possible la valeur que devraient avoir ces titres à partir de scénarios auxquels ils affectent des probabilités de réalisation. Les dettes d'entreprises en difficulté ne peuvent pas être vendues à découvert et ces gérants se focalisent sur les titres potentiellement sous-évalués. Les procédures de faillite conduisent généralement à une réorganisation ou une liquidation des entreprises en difficulté. Grâce à une bonne connaissance de l'environnement légal, le gérant connaît les créanciers prioritaires en cas de liquidation, estime les taux potentiels de recouvrement et tient compte des actions que peuvent intenter les managers de l'entreprise, par exemple.

Certains fonds ont une gestion passive, d'autres achètent un nombre important de titres afin de pouvoir influencer la réorganisation de l'entreprise concernée. Aux États-Unis (voir chapitre 11), les deux tiers de chacune des classes de créanciers doivent adopter le plan de réorganisation proposé. Cela signifie que la détention d'un tiers de la dette émise suffit à bloquer le plan proposé par la direction ou d'autres parties prenantes.

Lors des réorganisations, les actions sont souvent sans valeur et la dette émise est convertie en de nouvelles actions. Parfois, le but d'un gérant de portefeuille actif est alors d'acheter un tiers de la dette pour obtenir le contrôle d'une entreprise cible et de trouver un moyen d'en extraire de la richesse.

Merger arbitrage (arbitrage de fusions-acquisitions)

L'arbitrage de fusions-acquisitions consiste à prendre une position sur le marché lorsqu'une fusion ou une acquisition est annoncée, dans l'espoir que celle-ci ait effectivement lieu. Il existe essentiellement deux types d'opérations possibles : les offres publiques d'achat (OPA) et les offres publiques d'échange (OPE).

Prenons le cas d'une OPA. Une entreprise A annonce qu'elle a pour objectif d'acheter tous les titres d'une entreprise B au prix de 30 euros. Supposons que le cours des titres B sur le marché au moment de l'annonce soit de 20 euros. Suite à cette annonce, le cours de l'action B passe à 28 euros, mais n'atteint pas les 30 euros, pour deux raisons : tout d'abord, il existe une probabilité non nulle que l'opération ne se fasse pas ; ensuite, le marché peut prendre du temps à intégrer cette nouvelle information. Le gérant de fonds prend alors une position d'achat sur les titres de l'entreprise B et attend. Si la fusion a lieu, le fonds réalise un profit. Dans le cas contraire, il subit une perte.

Considérons maintenant le cas d'une OPE. Une entreprise A annonce qu'elle est prête à échanger une de ses actions contre quatre actions d'une entreprise B. Supposons que la valeur d'une action B représente 15 % de la valeur d'une action A au moment de cette annonce. Suite à cette dernière, ce pourcentage passe à 22 %, mais n'atteint pas la valeur de 25 % (comme précédemment). Le gérant de fonds peut alors, au même moment, acheter pour un certain montant des actions B et vendre pour le quart de ce montant des actions A. Cette stratégie génère des profits si la fusion a lieu au ratio prévu ou à un ratio plus favorable à l'entreprise B.

Ce type de stratégie permet de dégager des rendements stables, mais modestes. Il est important de distinguer l'activité de ces fonds et celle d'Ivan Boesky (et d'autres) qui profitait d'informations privées (ce qui est parfaitement illégal) afin de bénéficier de ce type d'opérations sur le marché. Ce trader a été condamné à trois ans de prison et à 100 millions de dollars d'amende[1].

1. Le personnage de Gordon Gekko, interprété par Michael Douglas dans le film *Wall Street*, était inspiré d'Ivan Boesky.

Convertible arbitrage (arbitrage de convertibles)

Le détenteur d'obligations convertibles peut les convertir en un certain nombre d'actions (qui dépend du facteur de conversion) de l'émetteur pendant une durée prédéfinie. L'émetteur détient généralement le droit de racheter le titre à un prix donné dans certaines circonstances et il annonce parfois son intention de racheter les obligations afin de forcer le détenteur des obligations à convertir immédiatement ses titres en actions.

Un fonds spécialisé en arbitrage de convertibles a généralement développé un modèle sophistiqué d'évaluation de ce type de titres. La valeur d'une obligation convertible dépend de manière très complexe du prix de l'action sous-jacente, de sa volatilité, du niveau des taux d'intérêt et de la probabilité de défaillance de l'émetteur. De nombreuses obligations convertibles s'échangent sur le marché à des prix inférieurs à leur valeur fondamentale. C'est le gérant de fonds qui achète souvent ces titres et qui couvre sa position en vendant l'action sous-jacente (c'est une application de la couverture en delta neutre, étudiée au chapitre 7). Les risques de taux d'intérêt et de défaillance peuvent être couverts en vendant des obligations (non convertibles) émises par l'émetteur. Soulignons qu'une position en contrats *futures*, *swaps* d'actifs et *swaps* de défaut peut également réaliser cette couverture.

Fixed income arbitrage (arbitrage d'obligations à taux fixe)

L'outil central du *trading* d'obligations à taux fixe est la courbe de taux zéro-coupon, dont nous allons étudier la construction en annexe B. On peut qualifier de stratégie en valeur relative une des stratégies employées par les gérants. Il s'agit d'acheter, sur la base de la courbe de taux zéro-coupon, les obligations sur le marché qui semblent sous-évaluées et de vendre celles qui sont surévaluées. Les stratégies neutres (*market-neutral*) sont très proches, mais construites pour rendre la stratégie insensible aux variations des taux d'intérêt. Certains managers de fonds développent également des stratégies directionnelles afin de bénéficier des mouvements des taux d'intérêt sur le marché. Ces stratégies à fort levier exposent les gérants à des mouvements de marché contraires aux anticipations sur le court terme, qui peuvent les contraindre à déboucler leur position à perte (même si les anticipations se réalisent sur le long terme). C'est typiquement ce qui s'est produit pour LTCM (voir encadré 19.1).

Emerging market (marché émergent)

Ces fonds spéculatifs sont spécialisés dans des investissements en lien avec les pays émergents et certains d'entre eux investissent uniquement en actions. Ils analysent et sélectionnent les titres de ces pays qui semblent sous-évalués ou surévalués. Pour ce faire, ils accumulent de l'information en voyageant, en se rendant à des conférences, en rencontrant des analystes et en employant des consultants. Fréquemment, ils investissent dans ces titres en prenant des positions sur les marchés financiers locaux, mais ce n'est pas toujours le cas. Aux États-Unis, certains fonds utilisent des certificats *American Depository Receipts* (ADR) émis et échangés sur le marché américain. Adossés à des titres d'entreprises étrangères, ils présentent l'avantage de coûts de transaction faibles et d'une liquidité plus importante. L'écart de valorisation entre les ADR et les titres sous-jacents donne parfois naissance à de réelles opportunités d'arbitrage.

Certains fonds spéculatifs investissent dans les obligations des pays émergents. Ils peuvent, par exemple, investir dans les *brady bonds*, qui sont des obligations libellées en dollars, émises par des pays émergents et garanties par le Trésor américain. Ces fonds investissent également dans les *eurobonds*, à savoir des obligations émises par divers pays, mais libellées dans une devise forte comme le dollar, ou encore dans des obligations locales émises dans la devise du pays émetteur. Ces deux dernières catégories sont bien sûr risquées et des pays comme la Russie, l'Argentine, le Brésil ou le Venezuela ont connu des défauts de paiement sur leurs obligations.

Global macro

Cette stratégie est celle instaurée par les « stars » de la gestion de fonds, George Soros et Julian Robertson. Elle vise à bénéficier des évolutions macroéconomiques globales. Ces gestionnaires tentent de détecter les déséquilibres macroéconomiques et investissent des sommes importantes sur le retour à l'équilibre du marché. Ces investissements sont généralement opérés sur les marchés de change ou les marchés de taux. George Soros a mis en place une telle stratégie en 1992 lorsque le fonds George Soros Quantun Fund a gagné 1 milliard de dollars en pariant sur la baisse de la livre sterling. Plus récemment, de nombreux fonds ont parié (avec plus ou moins de succès) que la situation de la balance des paiements américaine conduirait à une baisse importante du dollar. L'une des difficultés associées à ces stratégies est qu'il est impossible de prévoir avec certitude à quel moment le marché va retrouver son équilibre ; les marchés mondiaux peuvent, pour de nombreuses raisons, rester en déséquilibre pendant de longues périodes.

Managed futures

Les gérants de ces fonds spéculatifs tentent de prédire l'évolution future des prix des matières premières. Certains fonds se reposent sur l'opinion de leur gérant, alors que d'autres se fondent sur des programmes informatiques sophistiqués. Ces fonds utilisent parfois l'analyse technique qui consiste à prévoir l'évolution future des cours à partir de leur évolution passée, et d'autres fois l'analyse fondamentale qui tente d'évaluer la valeur d'équilibre des matières premières à partir d'un certain nombre de facteurs économiques et politiques, par exemple.

Lorsque l'on utilise l'analyse technique, les règles de *trading* sont d'abord testées sur des données historiques. Il s'agit ensuite de les tester à nouveau sur d'autres données (que celles ayant permis de générer ces règles), afin de tenir compte du problème de *data mining*. En effet, des centaines de règles de *trading* ont pu être testées, et seules quelques-unes peuvent générer des profits sur des données passées. Ces profits peuvent cependant uniquement relever de la « chance » et rien ne permet d'affirmer que ces stratégies seront efficaces dans le futur.

4.4 La performance des fonds spéculatifs

Il est beaucoup plus difficile d'évaluer la performance des fonds spéculatifs que celle des fonds mutuels « standard », car il n'existe aucune base de données contenant l'ensemble des performances réalisées. Par exemple, la base de données *Tass Hedge Funds*, utilisée par les chercheurs, ne contient que la performance des fonds ayant choisi volontairement d'y être intégrés. Les fonds spéculatifs de petite taille caractérisés par des mauvais historiques ne sont généralement pas présents dans de telles bases. Lorsqu'un fonds décide d'apparaître dans la base, ses performances passées sont déjà connues. Il existe alors un biais, puisque seuls les fonds avec des performances satisfaisantes acceptent de les voir publiées. Certains chercheurs ont démontré que, lorsque l'on tient compte de ce biais, les performances des fonds spéculatifs n'excèdent pas celles des fonds mutuels[1].

Théoriquement, les fonds spéculatifs disposent d'outils permettant d'améliorer le couple rendement-risque des fonds de pension. En effet, ces derniers ne peuvent pas prendre des positions de ventes à découvert, utiliser le levier, investir en actifs dérivés et engager des liquidités dans des stratégies complexes. En investissant dans un fonds spéculatif (et moyennant le paiement des frais associés), le fonds de pension peut élargir sa gamme de stratégies d'investissement et améliorer, de ce fait, sa frontière efficiente (voir section 1.2 pour une étude des frontières efficientes).

Il n'est pas rare de voir un fonds spéculatif afficher de très bonnes performances pendant quelques années, puis « éclater ». Le fonds LTCM, par exemple, a enregistré des rentabilités annuelles (avant frais) de 28 %, 59 %, 57 % et 17 % pour les années 1994, 1995, 1996 et 1997. En 1998, il a perdu, au moins virtuellement, l'ensemble de son capital. Certains investisseurs comparent la performance des fonds spéculatifs à la vente d'options en dehors de la monnaie. La plupart du temps, ces options ne valent rien, mais peuvent très rarement coûter très cher.

Cet argument est peut-être injuste et les défenseurs des fonds spéculatifs avancent que leurs gérants cherchent des opportunités d'investissement que les autres investisseurs ne peuvent détecter, faute de moyen ou d'expertise.

Le tableau 4.5 présente la performance des fonds spéculatifs selon leur stratégie. Sur une période de sept ans (de 2004 à 2010), l'indice Dow Jones Credit Suisse a offert une rentabilité moyenne annuelle de 9,42 %. L'indice S&P 500 avait des performances plus faibles puisqu'il offrait une rentabilité moyenne de 1,8 %. Notons que ces comparaisons sont imprécises, car la performance du S&P 500 ne tient pas compte des dividendes versés et que la mesure des performances des *hedge funds* est, comme nous l'avons vu, sujette à caution. En outre, ce tableau n'inclut pas l'année 2011, très favorable à l'indice S&P 500, l'indice des *hedge funds* ayant perdu 7,4 % alors que le S&P 500 est resté constant.

---

1. Voir, par exemple, Posthuma, N. et Van der Sluis, P. J., « A Reality Check on the Hedge Fund Returns », *Working Paper*, Free University, Amsterdam, 2003.

Tableau 4.5 : Performance des *hedge funds* (le ratio de Sharpe représente la moyenne des rentabilités en excès du taux sans risque divisé par l'écart-type des rentabilités).

Catégorie	Rentabilité annuelle (2010)	Rentabilité moyenne annuelle (2004-2010)	Écart-type annualisé des rentabilités mensuelles	Ratio de Sharpe
Arbitrage de convertibles	10,95 %	7,87 %	7,08 %	0,63
Vente à découvert	-22,47 %	-3,81 %	17,05 %	-0,42
Marchés émergents	11,34 %	8,22 %	15,22 %	0,32
Market neutral	-0,85 %	5,09 %	10,64 %	0,16
Événement (*event driven*)	12,63 %	10,38 %	6,11 %	1,15
Arbitrage taux fixe	12,51 %	5,26 %	5,93 %	0,32
Global macro	13,47 %	12,47 %	10,03 %	0,91
Achat/vente actions	9,28 %	10,24 %	9,97 %	0,69
Managed futures	12,22 %	6,63 %	11,80 %	0,28
Stratégies multiples	9,29 %	8,22 %	5,45 %	0,89
Indice fonds spéculatifs	10,95 %	9,42 %	7,70 %	0,78

Résumé

Les fonds mutuels permettent aux investisseurs individuels d'accéder à des portefeuilles diversifiés. Globalement, les fonds mutuels gérés de façon active ne permettent pas de battre le marché. C'est pourquoi de nombreux investisseurs choisissent des fonds indiciels, gérés de façon à reproduire les performances d'un indice, comme le S&P 500. L'activité de ces fonds est très réglementée : les gérants ne peuvent prendre des positions de ventes à découvert ou avoir recours à l'effet de levier. Ils sont, en outre, dans l'obligation de permettre aux investisseurs de vendre leurs parts à tout moment. De nombreux fonds mutuels sont des fonds ouverts, pour lesquels le nombre de parts augmente lorsque la demande s'accroît. Sur le marché américain, le gérant de fonds calcule la valeur liquidative des parts tous les jours ouvrés à 16 heures ; cette valeur sert de référence à l'ensemble des transactions d'achat ou de vente ayant eu lieu dans les 24 heures précédentes. Il existe également des fonds mutuels fermés, pour lesquels le nombre de parts est invariant, quelle que soit la demande des investisseurs pour ces titres.

Les fonds indiciels cotés ou *Exchange Traded Funds* (ETF) sont une alternative à l'investissement en fonds mutuels. Les actions détenues par le fonds sont connues en temps réel et les investisseurs institutionnels peuvent à chaque instant échanger les parts du fonds contre les actions détenues par ce dernier. Dans ce contexte, la valeur des parts sur le marché est très proche de celle des titres détenus par le fonds, ce qui est loin d'être le cas pour les fonds fermés. En outre, les parts des ETF peuvent être échangées en temps continu et être vendues à découvert, ce qui n'est pas le cas des parts de fonds mutuels.

Les *hedge funds* ont pour clients de « gros » investisseurs. Ces fonds sont soumis à une réglementation peu contraignante et sont autorisés à mettre en œuvre des stratégies d'investissement interdites aux fonds mutuels. Ils peuvent par exemple emprunter de l'argent et vendre les titres à découvert. Pour l'investisseur, les frais associés sont plus importants que lors d'un investissement en fonds mutuels. Ils sont du type « 2 plus 20 % », ce qui signifie que le fonds facture des frais fixes de 2 % par an, auxquels s'ajoutent 20 % des profits réalisés par le fonds. Le gérant détient alors une option d'achat sur les actifs du fonds et peut être incité, de ce fait, à prendre des risques très élevés.

Parmi les stratégies utilisées par les fonds spéculatifs, on peut citer l'arbitrage de convertibles, l'arbitrage d'obligations à taux fixe, l'achat/vente d'actions, ou encore l'arbitrage de fusions-acquisitions. Le débat est encore ouvert sur la capacité de ces fonds à engendrer un meilleur couple rendement-risque que les fonds mutuels. Ces fonds ont en particulier tendance à engendrer d'excellentes rentabilités pendant quelques années, puis à enregistrer des pertes désastreuses.

Références complémentaires

Khorana, A., Servaes, H. et Tufano, P., « Mutual Fund Fees around the World », *Review of Financial Studies*, 22, mars 2009, p. 2279-1310.

Jensen, M. C., « Risk, The Pricing of Capital Assets, and the Evaluation of Investment Portfolios », *Journal of Business*, 42, 2, avril 1969, p. 167-247.

Lhabitant, F.-S., *Handbook of Hedge Funds*, Wiley, 2006.

Ross, S., « Neoclassical Finance, Alternative Finance, and the Closed End Fund Puzzle », *European Financial Management*, 8, 2002, p. 129-137.

Problèmes et exercices (corrigés en fin d'ouvrage)

4.1. Quelle est la différence entre un fonds ouvert et un fonds fermé ?

4.2. Comment la valeur liquidative d'un fonds est-elle calculée ? À quel moment ?

4.3. Le 1er janvier 2012, un investisseur achète 100 parts d'un fonds mutuel au prix de 30 dollars. Le fonds réalise un gain en capital en 2012 de 3 dollars par part et en 2013 de 1 dollar, et ne verse aucun dividende. L'investisseur vend ses parts en 2014 au prix de 32 dollars la part. Quel est le gain ou la perte en capital retenu(e) en 2012, 2013 et 2014 ?

4.4. Qu'est-ce qu'un fonds indiciel ? Comment est-il créé ?

4.5. Que représentent pour un fonds mutuel : (a) les frais d'entrée, (b) les frais de sortie ?

4.6. Expliquez comment fonctionne un ETF sur le S&P 500. Quel est l'avantage d'un ETF sur (a) un fonds mutuel ouvert, (b) un fonds mutuel fermé ?

4.7. Quelle est la différence entre la moyenne géométrique et la moyenne arithmétique d'une série de nombres ? Pourquoi cette différence est-elle importante pour le calcul des rentabilités des fonds mutuels ?

4.8. Expliquez les notions de (a) *late trading*, (b) *market timing* (c) *front running* et (d) *directional brokerage*.

4.9. Donnez quatre exemples de stratégies d'investissement interdites aux fonds mutuels, mais autorisées pour les fonds spéculatifs.

4.10. « Si les *hedge funds* détiennent 70 % des obligations convertibles, je peux anticiper que la rentabilité d'une telle stratégie devrait décroître. » Commentez ce point de vue.

4.11. Expliquez les notions de *hurdle rate*, de *high water mark clause* et de *clawback clause* lorsqu'elles sont associées aux frais variables facturés par le gérant.

4.12. La structure d'un fonds est du type « 2 plus 20 % » et un investisseur désire une rentabilité nette de 20 %. Quelle rentabilité (avant frais) le fonds doit-il atteindre pour offrir cette rentabilité à l'investisseur ?

4.13. « Ce qui compte pour un fonds spéculatif, c'est la performance de long terme. Le court terme importe peu. » Commentez cette affirmation.

4.14. « Le risque que prend un *hedge fund* est contrôlé par son *prime broker.* » Commentez cette phrase.

Questions complémentaires

4.15. Le 1er janvier 2012, un investisseur achète 100 parts d'un fonds mutuel au prix de 50 dollars. Les dividendes s'élèvent à 2 dollars par part en 2012 et 3 dollars par part en 2013. Ils sont réinvestis dans le fonds. Le fonds réalise un gain en capital de 5 dollars par part en 2012 et de 3 dollars par part en 2013. L'investisseur vend ses parts en 2014 au prix de 59 dollars la part. Expliquez comment l'investisseur est taxé.

4.16. Pour le fonds X, les bonnes années sont suivies par de mauvaises années équivalentes. Il réalise des rendements annuels successifs de +8 %, –8 %, +12 % et –12 %. Quelle est la rentabilité globale réalisée par l'investisseur ?

4.17. Un fonds de fonds investit dans cinq fonds spéculatifs qui réalisent une année particulière des rendements de –5 %, 1 %, 10 %, 15 % et 20 % avant frais. Le fonds de fonds a une structure de frais du type « 1 plus 10 % » et les fonds spéculatifs, une structure du type « 2 plus 20 % ». Quelle est la rentabilité globale de cet investissement ?

4.18. Un fonds spéculatif facture des frais du type « 2 plus 20 % ». Un fonds de pension investit dans ce fonds. Tracez la rentabilité du fonds de pension en fonction de celle réalisée par le fonds spéculatif.

Chapitre 5
Les instruments financiers

Les institutions financières réalisent un énorme volume d'échange sur des produits financiers très variés et de nombreuses raisons peuvent l'expliquer. Certains traders tentent de satisfaire leurs clients ou de bénéficier de mouvements de marché, d'autres gèrent leur propre risque ou réalisent des opérations d'arbitrage. Nous aborderons la façon dont les institutions financières gèrent les risques dans les chapitres suivants. Dans ce chapitre, nous décrivons les instruments financiers échangés, la façon dont ils sont échangés et leur utilité.

5.1 Les marchés

Il existe deux types de marchés pour l'échange des instruments financiers : les marchés organisés et les marchés de gré à gré.

Les marchés organisés

Les marchés sont le lieu où s'opèrent les transactions financières depuis de nombreuses années. Certains marchés, tels que le *New York Stock Exchange* (NYSE), le *London Stock Exchange* (LSE) ou Euronext, sont les places privilégiées pour l'échange d'actions. D'autres, comme le *Chicago Board of Trade* (CBOT), le *Chicago Board Options Exchange* (CBOE) ou Euronext-Liffe, servent à échanger des produits dérivés, tels que les *futures* ou les options.

Le rôle du marché consiste à déterminer le type de contrats à échanger et à organiser ces échanges, tout en assurant la bonne fin des opérations. Traditionnellement, les individus qui souhaitaient effectuer un échange se rencontraient sur un marché et s'accordaient sur un prix en utilisant un système de signaux gestuels. Actuellement, les marchés évoluent vers des transactions électroniques. Dans ce mode d'échange, les traders entrent les ordres dans un ordinateur qui effectue la mise en relation entre les acheteurs et les vendeurs. Tous les intervenants ne souhaitent pourtant pas le passage aux transactions électroniques. En effet, les traders ne peuvent plus tenter de prévoir l'évolution à court terme du marché à partir du comportement gestuel des autres traders, même si ce type de transaction nécessite moins d'effort physique par rapport au marché à la criée.

La présence de teneurs de marché (*market makers*) facilite parfois l'échange. Leur rôle consiste à être toujours prêts à offrir une fourchette de prix à l'achat et à la vente (*bid/ask spread*). Par exemple, pour répondre au besoin d'un trader, un *market maker* peut offrir la cotation suivante « *bid* 30,3, *ask* 30,5 » pour une action particulière. Cela signifie que le *market maker* est prêt à acheter l'action à 30,3 dollars et à la vendre à 30,5 dollars. Au moment de la cotation, le teneur de marché ne sait pas si le trader va acheter ou vendre. La différence entre le prix *bid* et le prix *ask* (appelée également fourchette de prix) constitue sa rémunération, mais le trader doit gérer son stock de titres avec une grande prudence pour limiter son exposition aux variations de prix.

Les marchés de gré à gré

Les marchés de gré à gré (ou marchés OTC) constituent une alternative importante aux marchés organisés. Il s'agit d'un ensemble de traders qui communiquent par téléphone et par ordinateur, et qui travaillent pour des institutions financières, des grandes entreprises et des gérants de fonds. Ici, les institutions financières agissent souvent en qualité de teneurs de marché.

Généralement, les conversations téléphoniques sur ce type de marché sont enregistrées. En cas de désaccord sur une transaction, les enregistrements sont utilisés pour résoudre le conflit. Les transactions sur les marchés de gré à gré sont en général plus importantes que sur les marchés organisés. L'un des avantages clés de ce type d'échange est que les termes peuvent être différents de ceux du marché organisé. En effet, les participants sont libres de négocier n'importe quel contrat. L'existence d'un risque de contrepartie est le principal désavantage de ce type de marché ; c'est l'une des raisons de l'émergence des marchés organisés.

5.2 Positions courtes et longues sur le marché

La transaction la plus simple consiste à acheter ou vendre un actif, comme par exemple :

1. achat de 100 actions Alcatel-Lucent ;
2. vente de 1 million de livres sterling ;
3. achat de 1 000 onces d'or ;
4. vente de 1 million d'euros d'obligations Renault.

La première transaction s'effectue sur un marché organisé, alors que les trois suivantes s'opèrent sur un marché de gré à gré[1]. On désigne parfois les transactions comme des contrats au comptant (ou spots), car ils impliquent une livraison immédiate de l'actif.

Les ventes à découvert

Sur certains marchés, il est possible de vendre un actif que l'on ne détient pas, avec promesse de rachat ultérieur. On appelle ce type de transaction « vente à découvert ». Nous allons illustrer son fonctionnement par un exemple.

Supposons qu'un investisseur passe un ordre de vente à découvert de 500 actions Alcatel-Lucent à son *broker*. Celui-ci exécutera l'ordre en empruntant les titres auprès d'un autre client et en les vendant sur le marché. L'investisseur peut garder sa position aussi longtemps qu'il le souhaite, du moment que le *broker* peut emprunter suffisamment de titres. À un instant donné, l'investisseur va dénouer sa position en achetant

1. Concernant les obligations, le marché français de gré à gré pèse 95 % des transactions en volume.

500 titres Alcatel-Lucent. Ceux-ci sont alors inscrits au compte de l'investisseur en soldant les titres empruntés auparavant. Ce compte enregistre un gain si le prix de l'action a baissé et une perte s'il a augmenté. Durant la vente à découvert, si le *broker* ne peut plus emprunter suffisamment de titres, l'investisseur est contraint de dénouer sa position immédiatement (*short squeeze*).

Un investisseur en position de vente à découvert doit payer au *broker* tout revenu (dividendes ou intérêts) normalement perçu sur le titre vendu. Le *broker* transfère ces paiements sur le compte du client auquel il a emprunté les titres. Prenons l'exemple d'une position d'un investisseur qui vend à découvert 500 titres en avril à un prix de 120 euros, puis solde sa position en les rachetant en juillet au prix de 100 euros. Supposons qu'un dividende de 1 euro par action soit versé en mai. L'investisseur reçoit 500 × 120 € = 60 000 € en avril. Les dividendes impliquent un paiement de 500 × 1€ = 500 € en mai. L'investisseur paie également 500 × 100€ = 50 000 € pour le rachat des titres en juillet. Le gain net de la transaction est donc :

$$60\,000\text{ €} - 500\text{ €} - 50\,000\text{ €} = 9\,500\text{ €}$$

Le tableau 5.1 illustre cet exemple et montre que les gains d'une vente à découvert sont symétriques à ceux d'un achat des actions en avril et de leur vente en juillet.

Tableau 5.1 : Gains d'une vente à découvert et d'un achat d'actions.

Achat d'actions	
Avril : achat de 500 actions à 120 €	–60 000 €
Mai : versement des dividendes	+500 €
Juillet : vente de 500 actions à 100 €	+50 000 €
Gain net = –9 500 €	
Vente à découvert d'actions	
Avril : emprunt de 500 actions et vente à 120 €	+60 000 €
Mai : paiement des dividendes	–500 €
Juillet : rachat de 500 actions à 100 € Remplacement des actions empruntées pour solder la position de vente à découvert	–50 000 €
Gain net = +9 500 €	

Un investisseur qui vend à découvert doit détenir un compte de marge auprès du *broker*. Ce compte (de garantie) est crédité en liquide ou en titres, afin que l'investisseur ne s'échappe pas lorsque le prix a augmenté. Nous allons détailler ce compte dans ce qui suit.

La régulation sur les ventes à découvert évolue constamment. La SEC a décidé de supprimer la règle d'augmentation des cours (*uptick rule*) en juillet 2007 et de la réintroduire en avril 2009. Cette règle contraint les investisseurs à ne pas pouvoir vendre des titres dont les prix sont en baisse sur le marché (mouvement de prix le plus récent). En septembre 2008, afin de stopper la dégringolade des valeurs financières, la SEC a totalement interdit les ventes à découvert sur 799 entreprises financières. La *Financial Services Authority* (FSA) britannique avait entrepris la même action la veille.

5.3 Les marchés d'actifs dérivés

Un actif dérivé est un instrument financier dont la valeur dépend (ou dérive) de celle d'un autre actif ou d'autres variables de marché. Une option sur action, par exemple, est un actif dérivé dont la valeur dépend du prix de l'action sur le marché.

Les dérivés sont échangés à la fois sur des marchés organisés et des marchés de gré à gré. Les deux types de marchés sont très importants, et même s'il est délicat de les comparer, les marchés de dérivés de gré à gré pèsent davantage que les marchés organisés. La Bank of International Settlement (BIS, www.bis.org) collecte des informations à ce sujet depuis 1998. La figure 5.1 compare (a) l'estimation du montant du principal associé aux transactions réalisées sur les marchés de gré à gré de juin 1998 à décembre 2010 et (b) la valeur estimée des actifs sous-jacents aux contrats échangés sur les marchés organisés sur la même période. En décembre 2010, la taille des marchés de gré à gré était de 601 trillions de dollars, alors que celle des marchés organisés s'établissait à 67,9 trillions de dollars.

En interprétant ces chiffres, il faut garder à l'esprit que le principal (ou la valeur des actifs) ne signifie pas la valeur de la transaction sur un marché de dérivés. Voici un exemple de contrat de gré à gré : un accord d'achat de 100 millions de dollars en livres sterling à un taux de change fixé aujourd'hui. Le principal de cette transaction est alors de 100 millions de dollars. La valeur de ce contrat peut cependant n'être que de 1 million de dollars. La BIS estimait en décembre 2010 que la valeur de l'ensemble des contrats OTC émis était de 21,1 trillions de dollars[1].

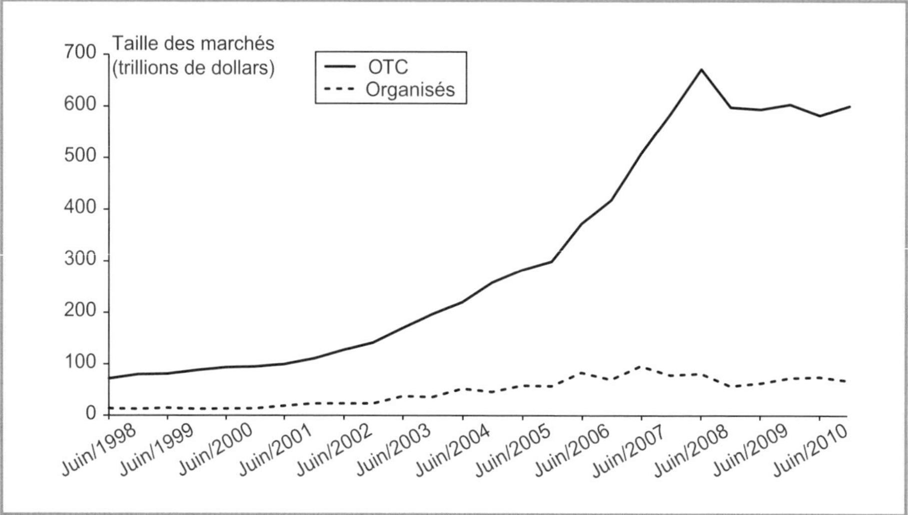

Figure 5.1 – Taille des marchés de dérivés de gré à gré et organisés.

1. Un contrat qui vaut 1 million pour une partie et –1 million pour la contrepartie a une valeur comptabilisée de 1 million.

5.4 Les dérivés *plain vanilla*

Cette section décrit les actifs financiers standard échangés sur les marchés de dérivés. On les nomme généralement actifs dérivés *plain vanilla*.

Les contrats *forward*

Un contrat *forward* est un engagement d'échange d'un actif à une date future et à un prix fixé. Ce type de contrat s'échange sur les marchés de gré à gré. Une des parties du contrat *forward* prend une position longue et s'engage à acheter l'actif sous-jacent à une date future et à un prix spécifié. L'autre partie prend une position courte et s'engage à vendre l'actif à la même date et au même prix.

Les contrats *forward* sur devises sont très courants. Le tableau 5.2 présente les taux de change de la livre sterling (GBP) contre le dollar américain (USD) au 24 août 2011, offerts par une grande banque internationale.

Tableau 5.2 : Cotations spots et *forward* sur le taux de change USD/GBP au 24 août 2011 (GBP = livre sterling ; USD = dollar américain ; la cotation correspond au taux USD/GBP).

	Achat	Vente
Spot	1,6398	1,6402
Forward 1 mois	1,6392	1,6397
Forward 3 mois	1,6382	1,6387
Forward 6 mois	1,6328	1,6334

Les cotations correspondent au taux USD/GBP. La première ligne indique que la banque achète la livre sterling sur le marché spot (c'est-à-dire avec livraison immédiate) au taux de 1,6398 USD pour 1 GBP et la vend sur ce même marché à 1,6402 USD pour 1 GBP. La deuxième ligne indique que cette banque est prête à acheter la livre à 1,6392 USD pour 1 GBP dans un mois, et à la vendre au taux de 1,6397 USD pour 1 GBP dans un mois, et ainsi de suite.

On peut utiliser les contrats *forward* pour couvrir le risque de change. Supposons que le 24 août 2011, le trésorier d'une entreprise américaine apprenne qu'il va devoir régler 1 million de livres dans six mois (au 24 août 2012) et souhaite se couvrir. Il peut entrer dans un contrat *forward* avec une banque et s'engager à acheter 1 million de livres dans six mois à un taux de 1,6334 (voir tableau 5.2). L'entreprise a alors une position longue sur le contrat *forward* (livre sterling) et s'engage à acheter à la banque 1 million de livres pour 1,6334 million de dollars au 24 août 2011. Symétriquement, la banque a une position courte sur le *forward* (livre sterling) et s'engage à vendre 1 million de livres pour 1,6334 million de dollars au 24 août 2011. Les deux parties sont liées par le contrat *forward*. Quels sont les gains possibles de ce contrat ?

Le *forward* oblige l'entreprise à acheter 1 million de livres pour 1,6334 million de dollars et la banque à vendre 1 million de livres pour 1,6334 million de dollars. Si le taux de change spot augmente au bout de six mois à 1,8000 par exemple, le gain pour l'entreprise sera de 1 800 000 – 1 633 400 = +166 600 USD (ce qui correspond à une perte de –166 600 USD pour la banque). Symétriquement, si le taux de change spot baisse à 1,5000 dans six mois, l'entreprise enregistre une perte de –113 400 USD et la banque obtient un gain de +113 400 USD. La perte correspond au surcoût de la livre par rapport au taux du marché. Ces flux peuvent donc être positifs ou négatifs, en fonction de la valeur du prix spot (ou du taux de change spot) à l'échéance et de la position longue ou courte prise par les deux parties. La figure 5.2 illustre ces flux.

Les contrats *futures*

Les contrats *futures*, comme les contrats *forward*, correspondent à des accords d'achat ou de vente d'un actif à une date future. Contrairement aux contrats *forward*, ils se négocient sur un marché organisé et sont donc standardisés. Le marché spécifie le montant de l'actif sous-jacent, la date de livraison, l'objet de la livraison, etc. Les contrats se caractérisent également par leur mois de livraison. Par exemple, un contrat *futures* septembre 2013 sur l'or correspond à une livraison du sous-jacent en septembre 2013. Lorsqu'il existe des choix possibles quant aux titres à livrer, dates de livraison ou lieux de livraison, c'est le vendeur qui décide et choisit parmi les alternatives possibles.

De nombreux contrats sont très actifs et les prix futurs s'ajustent en fonction de l'offre et de la demande de ces contrats. La facilité de dénouement d'une position confère aux contrats *futures* leur principale attractivité. Si vous achetez en mars 2012 (position longue) un *futures* septembre 2013 sur l'or, vous pouvez dénouer votre position en juin 2012 en vendant le contrat (position courte). Avec un contrat *forward*, la livraison finale a généralement lieu à la date de maturité, contrairement aux *futures*, souvent dénoués avant l'échéance. L'encadré 5.1 présente un fait divers qui illustre l'existence de problèmes dans le dénouement des contrats.

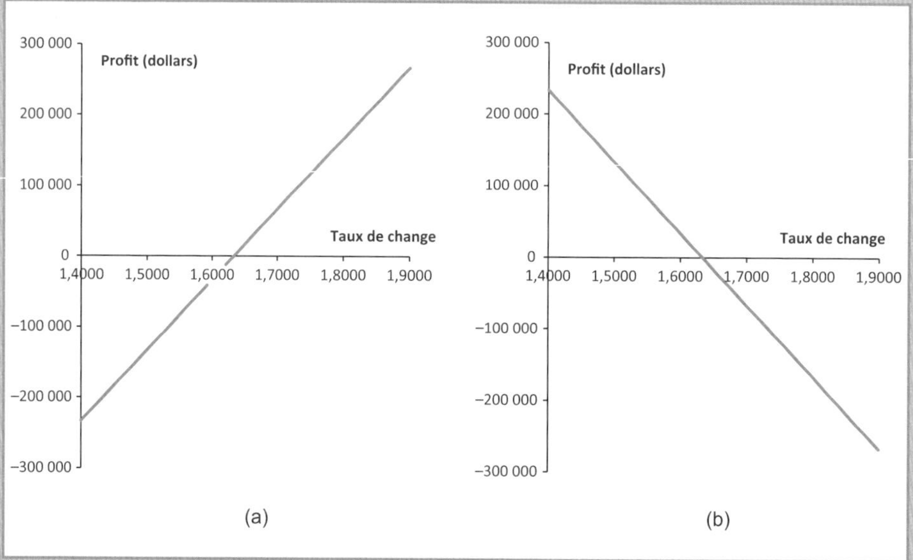

Figure 5.2 – Flux des contrats *forward* : (a) position longue sur 1 million de GDP et (b) position courte sur 1 million de GDP.

Encadré 5.1

La livraison surprise d'un contrat futures

Un cadre supérieur d'une institution financière a rapporté ce fait divers à l'auteur de ce livre. Il concerne un nouvel employé qui n'avait jamais travaillé dans le secteur financier auparavant. Un des clients de la banque prenait régulièrement des positions longues sur des contrats *futures* sur le bétail pour se couvrir et envoyait des instructions pour dénouer la position le dernier jour ouvré (les *futures* sur le bétail s'échangent sur le *Chicago Mercantile Exchange*, chacun portant sur 40 000 livres de viande bovine). Le nouvel employé devait gérer le compte de ce client.

À l'échéance du *futures*, l'employé a remarqué que le client avait une position longue et a ordonné à un trader d'acquérir une position longue (et non courte) sur un contrat. En conséquence, la banque s'est retrouvée avec deux positions longues sur le bétail. Lorsque l'erreur a été découverte, le contrat n'était plus coté.

La banque (et non le client) était responsable de l'erreur. Les supérieurs hiérarchiques se sont donc renseignés sur les conditions de livraison des contrats *futures* sur le bétail, ce qui n'avait jamais été fait jusque-là. Selon ces conditions, le bétail devait être livré par la contrepartie (avec une position courte) dans un ensemble de lieux aux États-Unis durant le mois de livraison. Compte tenu des délais, il ne restait plus qu'à attendre qu'une contrepartie avec une position courte émette un avertissement d'intention de livraison au marché et que celui-ci soit transmis à l'institution financière. À la réception de ce document, la banque a découvert que la livraison du bétail se ferait à plus de 3 000 km du siège le mardi suivant. Le nouvel employé a été envoyé pour réceptionner le bétail. Il est apparu qu'à l'endroit de la livraison, une vente aux enchères de bétail avait lieu tous les mardis. La contrepartie a acheté le bétail aux enchères et l'a livré immédiatement. Malheureusement, ce bétail ne pouvait être revendu avant les prochaines enchères. L'employé a en conséquence dû organiser l'hébergement et la nourriture du bétail pour une semaine, ce qui a marqué pour lui le début d'une carrière remarquable dans le secteur financier !

Le prix *futures* et le prix *forward* d'un actif sont souvent très proches. L'annexe C à la fin de l'ouvrage décrit la relation entre ces deux prix et le prix spot d'un actif financier. Comme les contrats *futures* donnent lieu aux versements ou à la réception de flux financiers quotidiens, alors que les contrats *forward* ne donnent lieu qu'à un règlement à l'échéance du contrat, la réalisation des gains et des pertes est très différente sur ces deux types de contrats. Cela conduit parfois à une certaine confusion, comme le décrit l'encadré 5.2. Le tableau 5.3 résume les principales différences entre les contrats *futures* et *forward*.

Tableau 5.3 : Comparaison entre contrats *futures* et *forward*.

Forward	***Futures***
Contrat entre deux parties	Marchés organisés
Contrat non standardisé	Contrat standardisé
Date de livraison	Période de livraison
Règlement à l'échéance	Compensation quotidienne
Règlement en espèces (généralement)	Déboucler avant l'échéance (généralement)
Risque de contrepartie	Sans risque de contrepartie

Encadré 5.2

Une erreur du système ?

Un trader sur devises travaillant pour une banque américaine prend une position longue sur un contrat *forward* portant sur l'achat de 1 million de livres sterling au taux de 1,6000 dans trois mois. Au même moment, son voisin prend une position longue sur 16 contrats *futures* trois mois sur la livre. Le prix *futures* est de 1,6000 et chaque contrat porte sur 62 500 livres. Les positions prises par les deux traders sont identiques. Quelques minutes après le passage des ordres, les prix *futures* et *forward* se valorisent pour atteindre 1,6040. Le système informatique de la banque affiche alors un gain pour le trader en *futures* de 4 000 dollars et de seulement 3 900 dollars pour le trader en contrat *forward*. Ce dernier, mécontent, demande des explications à ses supérieurs. Sa plainte est-elle légitime ?

La réponse est non. Le trader en *futures* a réalisé un gain immédiat sur le marché. Ce n'est en revanche pas le cas du trader en *forward*. S'il décide de prendre une position courte sur 1 million de livres au taux de 1,6040, cela conduit effectivement à un gain de 4 000 dollars, mais dans trois mois. Les 3 900 dollars correspondent au montant gagné par le trader en valeur actualisée. Il peut tout de même se consoler en pensant que pour un mouvement de même amplitude à la baisse, sa perte ne serait que de 3 900 dollars, alors que celle de son voisin s'élèverait à 4 000 dollars. À l'échéance du contrat, la perte ou le gain sur les contrats sont identiques, mais le *timing* des flux est clairement différent.

Les *swaps*

Les premiers contrats *swaps* ont été négociés au début des années 1980. Depuis, le marché des *swaps* a connu un développement spectaculaire, et ces produits sont désormais de première importance sur le marché des dérivés de gré à gré.

Un *swap* est un accord entre deux entreprises qui porte sur l'échange de flux de revenus futurs. Il définit les dates de paiement des flux et la manière dont ils sont calculés. Généralement, le calcul fait intervenir les valeurs futures des taux d'intérêt, de change ou d'autres variables du marché.

On peut considérer un contrat *forward* comme un exemple simplifié d'un *swap*. Supposons que l'on soit le 1er mars 2013 et qu'une entreprise entre dans un contrat *forward* afin d'acheter 100 onces d'or à 1 600 dollars l'once dans un an. Elle pourra immédiatement revendre cet or à l'échéance du contrat. Ce *forward* équivaut donc à un *swap* qui stipulerait le paiement de 160 000 dollars le 1er mars 2014 contre 100 *S*, où *S* est le prix de marché d'une once d'or à cette date.

Contrairement aux contrats *forward*, équivalant à des échanges de flux de revenus à une date future donnée, les *swaps* impliquent des flux de revenus à plusieurs dates. Le *swap* le plus courant est le *swap plain vanilla* de taux d'intérêt, qui consiste à échanger un taux fixe contre un taux variable Libor[1]. Les deux types de taux portent sur le même notionnel.

1. Le Libor (*London Interbank Offered Rate*) est le taux d'intérêt auquel les banques s'échangent des fonds (voir chapitre 7).

La figure 5.3 illustre un *swap* où l'entreprise A paie un taux d'intérêt fixe de 5 % et reçoit le Libor.

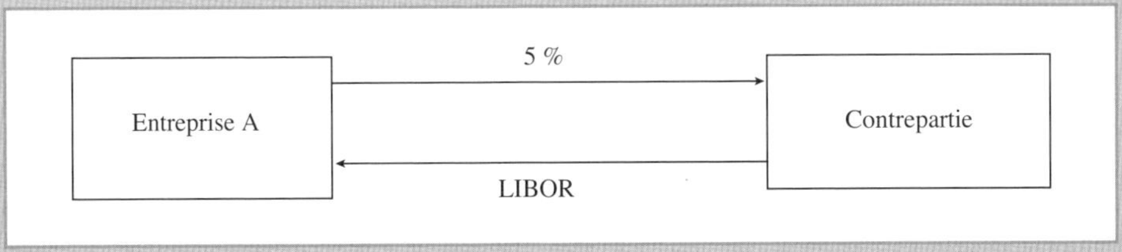

Figure 5.3 – Un swap de taux d'intérêt *plain vanilla.*

Supposons que, dans le cadre de ce contrat, les taux soient réinitialisés tous les six mois, que le notionnel vaille 100 millions d'euros et que l'échéance soit dans trois ans. Le tableau 5.4 présente les flux de revenus de l'entreprise A lorsque les taux Libor six mois s'établissent à des valeurs données dans la deuxième colonne du tableau.

Tableau 5.4 : Flux de revenus (en millions d'euros) de l'entreprise A (voir figure 5.3). Le *swap* a une maturité de trois ans, pour un notionnel de 100 millions d'euros.

Date	Taux Libor 6 mois (%)	Flux de revenus variables	Flux de dépenses fixes	Flux de revenus nets
5 mars 2013	4,20			
5 septembre 2013	4,80	+2,10	−2,50	−0,40
5 mars 2014	5,30	+2,40	−2,50	−0,10
5 septembre 2014	5,50	+2,65	−2,50	+0,15
5 mars 2014	5,60	+2,75	−2,50	+0,30
5 septembre 2014	5,90	+2,80	−2,50	+0,30
5 mars 2014	6,40	+2,95	−2,50	+0,45

L'entreprise entre dans le *swap* le 5 mars 2013. À cette date, le taux d'intérêt six mois vaut 4,2 % par an ou 2,1 % sur six mois. Le flux de revenus variables perçu six mois plus tard, soit le 5 septembre 2013 est 0,021 × 100, soit 2,1 millions d'euros. De la même manière, le taux six mois au 5 septembre 2013 vaut 4,8 % par an (soit 2,4 % sur six mois), ce qui confère à l'entreprise un flux de revenus variables de 2,4 millions d'euros perçu six mois plus tard, le 5 mars 2014, et ainsi de suite. Le flux de revenus fixes versé vaut toujours 2,5 millions d'euros (5 % de 100 millions d'euros sur une période de six mois)[1]. Notons que les versements et les paiements des flux de revenus sont calqués sur le fonctionnement des taux d'intérêt à court terme, tel le Libor. On observe celui-ci au début de la période à laquelle il s'applique et on le paie en fin de période.

1. Nous n'avons pas tenu compte des jours ouvrés, ni des vacances, etc., dans le tableau 5.4.

La multiplicité de leur usage rend les *swaps plain vanilla* très populaires. L'entreprise A pourrait par exemple utiliser le *swap* illustré à la figure 5.3 pour transformer un emprunt à taux variable Libor +1 % en un emprunt à taux fixe de 6 %. Pour cela, il faut :

1. emprunter à Libor +1 % ;
2. recevoir le Libor (par le *swap*) ;
3. verser 5 % (par le *swap*).

De la même façon, on peut également utiliser ce type de *swap* pour transformer des revenus fixes de 4,5 % en revenus variables à Libor –0,5 % (soit recevoir 4,5 %, payer 5 % et recevoir le Libor).

Exemple 5.1

Supposons qu'une banque ait des dépôts à taux variable et des prêts de maturité cinq ans à taux fixe. Comme nous l'étudierons au chapitre 8, cette structure du bilan expose la banque à des risques importants. Si les taux augmentent, le coût des dépôts va s'accroître, entraînant une baisse du produit net bancaire. La banque peut couvrir ce risque en entrant dans un *swap* (voir figure 5.3) en prenant le rôle de l'entreprise A. Dans ce contexte, le *swap* permet de transformer le taux variable des dépôts en taux fixe (ou symétriquement, le taux fixe des prêts en taux variable).

De nombreuses banques sont teneurs de marché sur le marché des *swaps*. Le tableau 5.5 présente des cotations de *swaps* sur le dollar américain qu'une banque peut offrir[1].

Tableau 5.5 : Cotations de *swaps* par un teneur de marché (pourcentage annuel).

Maturité (en années)	Achat	Vente	Taux du *swap*
2	6,03	6,06	6,045
3	6,21	6,24	6,225
4	6,35	6,39	6,370
5	6,47	6,51	6,490
7	6,65	6,68	6,665
10	6,83	6,87	6,850

D'après la première ligne du tableau 5.5, la banque est prête à entrer dans un *swap* à deux ans en versant un taux fixe de 6,03 % contre le Libor. Elle est également prête à recevoir 6,06 % et à verser le Libor. Le *spread* est compris entre trois et quatre points de base. La moyenne des taux fixes à l'achat et à la vente correspond au taux du *swap* (voir tableau 5.5, dernière colonne).

1. Un *swap* standard aux États-Unis, par exemple, se caractérise par des paiements fixes semi-annuels contre des paiements variables sur Libor semestriel. Au tableau 5.4, nous avons supposé que les paiements fixes et variables étaient semi-annuels.

L'ISDA (*International Swaps and Derivatives Association*) facilite l'échange des *swaps* et a instauré des contrats standardisés pour les intervenants sur le marché. Les *swaps* peuvent être structurés pour que leurs flux périodiques puissent dépendre de la valeur future de n'importe quelle variable prédéfinie, comme les taux d'intérêt, les taux de change, les prix des matières premières et les indices boursiers. Parfois, les *swaps* incluent des options. Par exemple, une des contreparties peut détenir une option lui donnant le droit de clôturer le *swap* avant l'échéance ou bien de choisir la façon de calculer les flux. Il arrive que ceux-ci soient calculés de manière étrange, comme en témoigne l'exemple du *swap* entre Procter & Gamble et Bankers Trust abordé plus loin dans ce chapitre (voir encadré 5.4).

Les options

Les options s'échangent sur des marchés organisés et des marchés de gré à gré. Il existe deux types d'options de base. Une option d'achat (*call*) donne le droit à son détenteur d'acheter l'actif sous-jacent à une date et à un prix fixés. Une option de vente (*put*) lui donne le droit de le vendre dans les mêmes conditions. Le prix fixe d'achat ou de vente de l'actif sous-jacent est le prix d'exercice. La date retenue correspond à l'échéance (ou la date de maturité) de l'option. Les options américaines peuvent être exercées à n'importe quelle date jusqu'à l'échéance, alors que les options européennes ne sont exerçables qu'à l'échéance[1]. La majorité des options échangées sur les marchés sont américaines. Sur un marché organisé d'options sur actions, le contrat porte généralement sur l'achat ou la vente de 100 actions. Les options européennes sont plus simples à analyser que les options américaines, dont les propriétés sont parfois déduites des caractéristiques des options européennes.

Une option est près de la monnaie (*at-the-money*) lorsque son prix d'exercice est proche du prix du sous-jacent. Une option d'achat (respectivement de vente) est en dehors de la monnaie (*out-of-the-money*) lorsque le prix d'exercice est supérieur (respectivement inférieur) au prix du sous-jacent. Une option d'achat (respectivement de vente) est dans la monnaie (*in-the-money*) lorsque le prix d'exercice est inférieur (respectivement supérieur) au prix du sous-jacent.

Il est important de souligner que l'option confère à son détenteur un droit et non une obligation d'achat ou de vente, contrairement à un contrat *futures* ou *forward* qui oblige le détenteur à acheter ou vendre l'actif sous-jacent. Notons également que le coût d'entrée est nul pour un *futures* ou un *forward*, alors qu'il est coûteux d'acquérir une option.

Le *Chicago Board Option Exchange* (www.cboe.com) est le plus grand marché mondial d'options sur actions. Le tableau 5.6 offre les prix d'options américaines sur l'action Intel au 25 août 2011.

1. Les termes « options américaines » et « options européennes » ne correspondent pas aux lieux géographiques de leur échange. Des options européennes sont par exemple échangées sur des marchés nord-américains.

Tableau 5.6 : Prix d'options sur Intel au 25 août 2011 (prix de l'action = 19,58 dollars).

Prix d'exercice ($)	*Calls*			*Puts*		
	Sept 11	**Oct 11**	**Jan 12**	**Sept 11**	**Oct 11**	**Jan 12**
18	1,70	2,14	n.a.	0,09	0,57	n.a.
19	0,82	1,44	1,87	0,24	0,86	1,48
20	0,25	0,87	1,34	0,68	1,29	1,95
21	0,04	0,48	0,92	1,46	1,89	2,53

Les prix d'exercice sont de 18, 19, 20 et 21 dollars. Les maturités des options sont septembre, octobre et janvier 2012, avec les échéances suivantes : 17 janvier, 22 octobre et 21 janvier. Le prix de l'action Intel est de 19,58 dollars au 25 août 2011.

Considérons un investisseur qui donne à son *broker* un ordre d'achat d'un *call* d'échéance octobre avec un prix d'exercice de 20 dollars. Le *broker* transmet cet ordre à un trader du CBOE, qui se charge de trouver un autre trader qui souhaite vendre ce type de *call* afin de déterminer un prix. On suppose que celui-ci vaut 0,87 dollar (voir tableau 5.6). C'est le prix d'une option donnant le droit d'acheter une action. Aux États-Unis, par exemple, une option donne droit à l'achat ou à la vente de 100 actions. L'investisseur doit donc verser 87 dollars au *broker* afin de finaliser la transaction.

Dans cet exemple, l'investisseur a obtenu au prix de 87 dollars le droit d'acheter 100 actions Intel à 20 dollars chacune. La contrepartie a perçu 87 dollars contre l'obligation de vendre 100 actions Intel au prix d'exercice spécifié si l'investisseur exerce l'option. Si le cours d'Intel ne dépasse pas 20 dollars avant le 22 octobre 2011, l'option n'est pas exercée et l'investisseur perd 87 dollars. Au contraire, si le cours s'apprécie à 30 dollars par exemple, l'investisseur exerce l'option et a le droit d'acheter 100 actions à 87 dollars, alors qu'elles valent 30 dollars chacune. Il enregistre un gain de 1 000 dollars, soit un bénéfice net de 913 dollars si l'on tient compte du coût des options.

Si l'investisseur pense que l'action va baisser, il peut acheter une option de vente d'échéance janvier avec un prix d'exercice de 20 dollars. Cette transaction coûte $100 \times 1{,}95$, soit 195 dollars (voir tableau 5.6) et donne le droit de vendre 100 actions Intel à 20 dollars avant le 22 janvier 2012. Si le cours d'Intel reste au-dessus de 20 dollars, l'investisseur n'exerce pas l'option et il perd 195 dollars. Si le cours baisse à 15 dollars, l'investisseur enregistre en revanche un gain de 500 dollars en achetant 100 actions Intel à 15 dollars et en les vendant à 20 dollars. Le gain net vaut 305 dollars.

Les options échangées sur le CBOE sont américaines. Si l'on considère pour simplifier qu'il s'agit d'options européennes et qu'elles peuvent donc être exercées uniquement à l'échéance, le gain de l'investisseur est une fonction du prix de l'action à l'échéance (voir figure 5.4).

Il existe quatre types de transactions sur options :

1. achat d'un *call*;
2. vente d'un *call*;
3. achat d'un *put*;
4. vente d'un *put*.

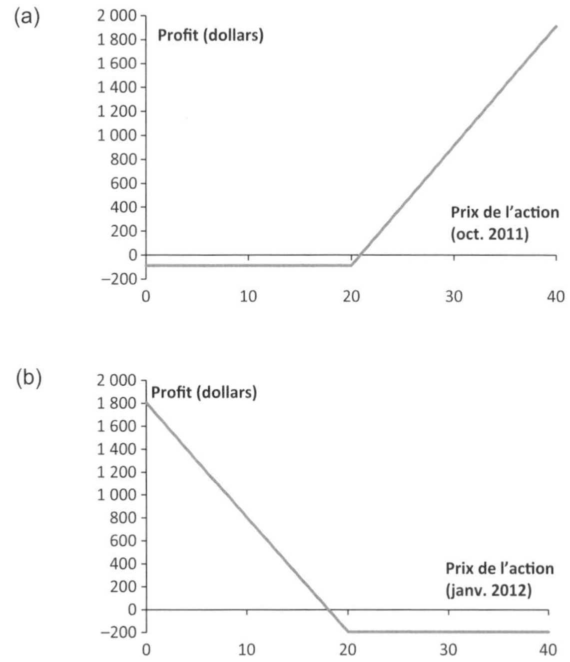

Figure 5.4 – Gain net pour (a) l'achat de 100 calls d'échéance octobre sur Intel avec un prix d'exercice de 20 dollars et (b) l'achat de 100 puts d'échéance janvier sur Intel avec un prix d'exercice de 20 dollars.

Les acheteurs détiennent des positions longues, alors que les vendeurs détiennent des positions courtes. Les options s'échangent sur des marchés organisés et des marchés de gré à gré. Actuellement, ces derniers sont plus importants que les premiers. Les options américaines s'échangent essentiellement sur des marchés organisés, et les options européennes sur des marchés de gré à gré. L'avantage de ces marchés réside dans la possibilité d'ajuster sur mesure l'échéance, le prix d'exercice et la taille des contrats. Ces caractéristiques ne correspondent pas obligatoirement à celles d'options cotées sur les marchés organisés.

Les annexes E et F en fin d'ouvrage fournissent les formules d'évaluation et les procédures de calcul numérique pour les options sur actions, indices, devises et *futures*.

Les options de taux

Les principales options de taux échangées sur les marchés de gré à gré sont les *caps*, les *floors* et les options sur *swap* (*swaption*). Alors que les *swaps*, comme le souligne le tableau 5.4, rendent possible l'échange entre un taux fixe et un taux variable, un *cap* permet de limiter le niveau d'un taux variable. Il s'apparente à une série de *calls* sur le taux variable (généralement le Libor). Si le taux variable est supérieur au taux d'exercice de l'option (appelé taux de *cap*), cela engendre un paiement équivalant à la différence entre ces deux taux d'intérêt. Dans le cas contraire, aucun paiement n'a lieu. Comme pour les *swaps*, les paiements ont lieu à la fin des périodes couvertes par les taux. Il n'existe généralement pas de paiement à la fin de la première période, car les taux d'intérêt sont connus au moment de l'entrée dans le contrat. Prenons un trader qui, le 5 mars 2010, achète un *cap* de maturité trois ans sur le Libor six mois de taux 5,2 % et de principal 100 millions de dollars. Si les taux sont ceux proposés au tableau 5.4, cette opération ne donnera lieu à aucun paiement le 5 mars 2011. Le 5 septembre 2011, le *payoff* sera de $0,5 \times (0,0530 - 0,0520) \times 100$, soit 0,05 million de dollars. De même, les paiements le 5 mars 2012, le 5 septembre 2012 et le 5 mars 2013 seront respectivement de 0,15 million de dollars, 0,20 million de dollars et 0,35 million de dollars.

Un *floor* est identique à une série d'options de vente sur un taux variable. Si l'instrument que nous venons de décrire était un *floor* plutôt qu'un *cap*, les paiements auraient été de $0,5 \times (0,0520 - 0,0480) \times 100$, soit 0,20 million le 5 mars 2011, et aucun paiement n'aurait eu lieu aux autres dates.

Une *swaption* représente l'option d'entrer dans un *swap* à une période future et dans laquelle le taux fixe est le taux d'exercice. Il en existe deux types : certaines consistent à payer le taux fixe et à recevoir le Libor ; les autres permettent le paiement du Libor et l'encaissement du taux fixe.

5.5 Les chambres de compensation

La chambre de compensation administre les échanges sur les marchés organisés. Elle compte un certain nombre de membres qui contribuent à un fonds géré par elle. Supposons que, sur un marché organisé, un trader X accepte de vendre un contrat à un trader Y. La chambre de compensation s'interpose entre les deux opérateurs, de sorte que le trader X vend le contrat à la chambre de compensation et le trader Y achète le contrat à la chambre de compensation. L'avantage de ce fonctionnement est que X n'a nullement besoin de tenir compte de la solvabilité de Y, et vice versa. Si un trader est un membre de la chambre de compensation, il traite directement avec la chambre de compensation. Dans le cas contraire, il traite avec la chambre de compensation en passant par un membre de cette chambre.

Quand un trader prend une position (par exemple, sur contrat à terme ou une option de vente), la chambre de compensation oblige l'opérateur à déposer une garantie en espèces ou en titres, appelée marge. Nous verrons ce fonctionnement plus en détail dans la section suivante. Sans cette marge, la chambre de compensation prend un risque ; un retournement de marché peut conduire l'opérateur à ne pas tenir ses engagements. La chambre de compensation a pour objectif de fixer des exigences de marge suffisamment élevées pour couvrir de façon certaine 99 % des événements possibles. En cas de dépassement, le fonds de garantie est alors utilisé. En conséquence, les faillites des chambres de compensation sont extrêmement rares.

Compensations centralisées et marchés de gré à gré

Certains échanges sur les marchés OTC se font par l'intermédiaire d'une compensation centralisée (appelée généralement central clearing parties ou CCP). Depuis la crise de 2007, les régulateurs ont demandé une généralisation de cette pratique pour l'ensemble des produits dérivés « standard », ce qui change la nature des marchés OTC qui étaient, avant la crise, dominés par des engagements bilatéraux gouvernés par un contrat (entre les deux parties). Nous étudierons ces points au chapitre 17.

5.6 Les marges

Beaucoup d'échanges sur les marchés financiers comportent un risque de crédit. Si une partie B achète un actif à une partie A en cash, le risque de crédit est faible ou nul. En revanche, si la partie A prête de l'argent à la partie B de telle sorte que cette dernière puisse acheter l'actif, la partie A est évidemment soumise au risque de crédit. Les transactions sur instruments dérivés comportent un risque de crédit car elles impliquent invariablement l'acceptation par au moins une partie de recevoir des paiements à des dates futures dans certaines circonstances. Les marges sont des garanties en espèces ou en titres déposées par un trader chez un *broker* ou une contrepartie qui constituent une manière de traiter le risque de crédit. Deux raisons expliquent l'existence de ces marges :

1. Le trader emprunte de l'argent afin d'acheter un actif. Cela s'apparente à un achat sur marge et des actifs financiers et/ou d'espèces composent alors le collatéral.
2. Le trader est entré dans une opération qui peut le conduire à décaisser de l'argent dans le futur. Dans ce cas, on peut considérer la marge comme le collatéral de l'opération financière. En déposant sa marge, le trader annonce : « Je crois en mon placement et les marges déposées permettent de couvrir les pertes potentielles ».

Lors de telles transactions, les marges sont gérées quotidiennement. Parfois, une marge initiale est demandée et, si le mouvement de marché est défavorable au trader, un appel de marge a lieu. Cet appel consiste à obliger le trader à alimenter de nouveau son compte de marge. S'il n'intervient pas en général dans les 24 heures, sa position est tout simplement liquidée. Le plus souvent, les marges donnent lieu à un dépôt en espèces, mais des titres peuvent parfois être déposés. Par exemple, les *T-bills* peuvent servir de collatéral pour un montant de 90 % de leur valeur faciale. Cela signifie que le montant crédité au compte de marge du trader est de 90 % de la valeur faciale de ces titres. Les actions peuvent également être utilisées, mais le montant crédité ne représente que 50 % de leur valeur. Il existe de nombreuses façons de gérer les marges ; la section suivante en offre quelques exemples.

Les achats sur marge

De nombreux actifs peuvent être achetés sur marge. Considérons par exemple un trader qui, par l'intermédiaire de son *broker*, achète 1 000 actions sur marge au prix unitaire de 120 dollars. Le *broker* affiche une marge initiale de 50 % de la valeur des titres et une marge de maintenance de 25 %. La marge initiale est le coût minimal exprimé en pourcentage du volume de la transaction supporté par le trader. Dans notre cas, ce dernier devra déposer 60 000 dollars en espèces ou un équivalent en titres (acceptés par le *broker*). Supposons que la marge initiale soit versée en espèces. Les 60 000 dollars nécessaires pour réaliser l'achat sont empruntés auprès du *broker* (qui garde les titres en collatéral). En date initiale, le compte de marge est crédité de 60 000 dollars et le montant de l'emprunt s'élève également à 60 000 dollars. Les gains et les pertes (ainsi que les intérêts facturés par le *broker*) sont alors pris en compte *via* le compte de marge.

La marge de maintenance (25 % dans ce cas) est le minimum que peut atteindre le compte de marge exprimé en pourcentage de la valeur des actions achetées. Si le compte de marge passe sous cette valeur, un appel de marge est opéré afin de retrouver le niveau de maintenance. Supposons que le cours des actions achetées chute de 10 dollars.

Le solde du compte de marge est alors de 50 000 dollars et la valeur du portefeuille détenu baisse à 110 000 dollars. Le ratio solde du compte sur valeur des actions est de 50 000 ÷ 110 000 = 0,455 (> 25 %) ; il n'existe donc pas d'appel de marge. Le calcul ignore ici les intérêts facturés par le *broker*. Supposons que, peu de temps après, la valeur des actions chute à 78 dollars. La perte globale sur la position s'élève à 42 000 dollars et le compte de marge chute à 18 000 dollars (60 000 dollars – 42 000 dollars).

Le ratio valeur du compte de marge sur valeur du portefeuille est alors de 18 000 ÷ 78 000 = 23,1 %. Cette valeur étant inférieure à 25 %, le trader doit alimenter son compte de marge (appel de marge) afin de retrouver une valeur de 25 % de ce ratio. Cela signifie qu'il se voit contraint de verser une somme de (0,25 × 78 000) – 18 000, soit 1 500 dollars. S'il ne réalise pas ce versement, la position est tout simplement soldée. S'il verse le montant au compte de marge, la position est maintenue et la somme empruntée auprès du *broker* est ramenée à 58 500 dollars.

Marges sur ventes à découvert

Lorsque les titres sont vendus à découvert, la marge initiale s'élève généralement à 150 % de la valeur des titres. Supposons qu'un trader vende à découvert 100 actions au prix de 60 dollars. Comme nous l'avons vu à la section 5.2, les titres sont empruntés, puis vendus. Le montant de la vente, soit 6 000 dollars, est crédité au compte du trader. Cependant, afin de réaliser cette opération, il doit déposer un montant de 9 000 dollars, soit 150 % de la valeur des titres vendus. Ici, lorsque la valeur des titres décroît, le compte de marge prend de la valeur et *vice versa*.

Supposons que la marge de maintenance soit de 125 %. Cela signifie que si la valeur du compte de marge franchit à la baisse le seuil de 125 % (de la valeur des titres), un appel de marge est déclenché. Si, dans notre exemple, le prix de l'actif augmente à 70 dollars, la valeur des titres passe à 7 000 dollars et la marge de maintenance s'élève à 8 750 dollars. Les 9 000 dollars déposés sont alors suffisants. Si, en revanche, les prix augmentent à 80 dollars, la marge de maintenance est de 10 000 dollars et 1 000 dollars supplémentaires devront être versés sur le compte de marge par le trader. Dans le cas contraire, la position sera liquidée.

Soulignons une différence importante entre cet exemple et celui concernant les achats sur marge. Les 60 000 dollars précédents étaient empruntés auprès du *broker* et le trader devait alors s'acquitter des paiements d'intérêt. Dans le cas de la vente à découvert, le montant versé « appartient » au trader et, si ce dernier a un « bon » *broker*, c'est ce dernier qui devrait payer les intérêts.

Marges sur contrats *futures*

Reprenons l'exemple du trader ayant acheté un contrat *futures* sur l'or (100 onces) d'échéance septembre à 1 680 dollars. Supposons que la marge initiale soit de 6 000 dollars par contrat et que la marge de maintenance soit de 4 500 dollars. Au moment de la prise de position, le trader doit verser à son *broker* la somme de 6 000 dollars. Les pertes sur le contrat *futures* viennent alors en déduction du compte de marge. Par exemple, si le prix de l'or sur le marché *futures* est de 1 670 dollars, le trader perd alors 1 000 dollars. Le compte de marge voit donc sa valeur baisser à 1 000 dollars, mais elle reste supérieure à 4 500 dollars. Il n'y a donc pas d'appel de marge. Si le lendemain le prix baisse à 1 660 dollars, le compte de marge se situe à 4 000 dollars. Dans ce cas, le trader est contraint d'alimenter le compte de marge, afin de retrouver la valeur de la marge initiale. De ce fait, il doit décaisser une somme de 2 000 dollars.

Notons une différence essentielle avec les situations décrites pour les achats sur marge et les ventes à découvert. Ici, lorsque la marge de maintenance est atteinte, le trader est dans l'obligation d'alimenter le compte de marge de manière à retrouver le montant de la marge initiale. Dans les autres cas, la marge de maintenance doit simplement être maintenue.

Les marges initiale et de maintenance sont identiques pour les acheteurs et les vendeurs de contrats *futures*. Les comptes de marge sont rémunérés et les flux quittent quotidiennement les comptes des vendeurs pour le compte des acheteurs lorsque les contrats s'apprécient. Les flux sont inversés dans le cas où les prix des contrats baissent.

Marges sur positions en options

Lorsqu'un trader achète une option en espèces, aucune marge n'est exigée car il n'aura aucun flux à verser dans le futur. Sur le marché américain, les options sur actions et sur indice dont la maturité est supérieure à neuf mois peuvent être achetées sur marge. La marge initiale et la marge de maintenance s'élèvent alors à 75 % de la valeur des options.

Lorsqu'une option est vendue, il existe des décaissements futurs potentiels et l'on exige alors une marge initiale. Celle-ci, ainsi que la marge de maintenance sont définies comme le maximum de :

1. 100 % de la valeur de l'option plus 20 % du prix de l'action sous-jacente moins, le cas échéant, l'écart pour les options hors de la monnaie entre prix d'exercice et prix de l'actif sous-jacent ;
2. 100 % de la valeur de l'option plus 10 % de la valeur de l'action sous-jacente.

Lorsqu'un *put* est vendu, on utilise le maximum de :

3. 100 % de la valeur de l'option plus 20 % du prix de l'action sous-jacente moins, le cas échéant, l'écart pour les options hors de la monnaie entre prix d'exercice et prix de l'actif sous-jacent ;
4. 100 % de la valeur de l'option plus 10 % du prix d'exercice.

La marge peut être réduite si le trader a d'autres positions sur le marché. S'il a par exemple une position parfaitement couverte (vente d'options d'achat sur un certain nombre d'actions et détention du même nombre d'actions), aucune marge n'est demandée.

Les marchés OTC

Comme nous l'avons mentionné à la section 5.5, les régulateurs souhaitent maintenant une compensation centralisée (nommée CCP) pour les marchés de gré à gré pour les actifs dérivés standard. Dans ce cas, les intervenants sont contraints de déposer une marge initiale et de répondre à ses variations. La taille de la marge initiale dépend de l'évaluation par la CCP de la volatilité de la valeur de la position. Comme dans le cas d'une chambre de compensation sur les marchés organisés, la CCP veut être certaine que la marge initiale sera presque toujours suffisante pour couvrir les pertes des acheteurs et des vendeurs. Dans les échanges compensés à un niveau bilatéral plutôt que central, un contrat ISDA entre les deux acteurs définit généralement la manière dont les opérations seront gérées. Dans ce contexte, la marge initiale peut servir de collatéral ou de garantie. Cette marge initiale n'existe pas toujours et un seuil est parfois spécifié. Il s'agit du montant potentiellement perdu par l'une ou l'autre des parties et à partir duquel des garanties doivent être fournies. La garantie (marge) dans les accords bilatéraux est ainsi moins importante que dans le cas de compensations centralisées. Ce phénomène engendre un risque plus important pour les institutions financières qui opèrent sur les marchés de gré à gré, et potentiellement pour le système financier dans son ensemble, la défaillance d'une institution financière pouvant conduire à des pertes pour d'autres institutions financières. Ce scénario est à l'origine de la décision des législateurs d'augmenter la sécurité des transactions sur les marchés OTC. Nous verrons au chapitre 17 les accords de garantie et la quantification du risque de crédit de contrepartie.

5.7 Les dérivés non traditionnels

Dès qu'il existe un risque dans l'économie, les ingénieurs financiers cherchent à développer des actifs dérivés qui permettent aux agents économiques exposés à ce risque de l'échanger soit avec des agents économiques ayant une exposition opposée à ce même risque, soit avec des spéculateurs prêts à l'assumer. Cette section décrit certains actifs dérivés qui ont été développés pour répondre à des risques spécifiques.

Les dérivés climatiques

Les conditions climatiques peuvent influencer négativement le résultat de nombreuses entreprises[1]. C'est pourquoi il semble judicieux pour ces sociétés de se couvrir contre le risque climatique de la même manière qu'elles se couvrent contre le risque de change ou de taux d'intérêt. Le premier marché de gré à gré de dérivés climatiques a vu le jour en 1997. Pour en comprendre le fonctionnement, deux variables doivent être décrites :

- *heating degree day* (HDD) : degré-jour de chauffage ;
- *cooling degree day* (CDD) : degré-jour de climatisation.

Le HDD d'un jour donné se définit par :

$$\text{HDD} = \max[0,(65 - A)]$$

Le CDD d'un jour correspondant s'écrit :

$$\text{CDD} = \max[(A - 65),0]$$

A est la moyenne des températures minimale et maximale du jour mesurées en degré Fahrenheit par une station météo donnée. Par exemple, si la température maximale du jour (de minuit à minuit) est de 68 degrés Fahrenheit et que la température minimale s'élève à 44 degrés Fahrenheit, alors A = 56. Le HDD du jour est alors égal à 9 et le CDD est nul.

1. Le département américain de l'Énergie a estimé à un septième la part de l'économie américaine exposée au risque climatique.

Un produit de gré à gré classique est un contrat *forward* ou une option dont les paiements dépendent des HDD ou CDD cumulés sur une période d'un mois. Par exemple, un courtier pouvait vendre, en janvier 2007, une option d'achat sur le HDD cumulé de février 2008 à la station météo de l'aéroport de Chicago-Ohare, avec un prix d'exercice de 700 dollars et un paiement de 10 000 dollars par degré-jour. Si la valeur cumulée réelle est de 820, le paiement est de 1,2 million. Fréquemment, les contrats contiennent une clause de paiement maximal (*cap payment*). Si, dans notre exemple, ce dernier est de 1,5 million, la position du client est équivalente à une position longue dans un *call* sur HDD cumulés avec un prix d'exercice de 700 dollars et une position courte dans un *call* avec un prix d'exercice de 850 dollars.

Le HDD journalier est une mesure du volume d'énergie nécessaire pour le chauffage pendant une journée, tandis que le CDD journalier est une mesure du volume d'énergie nécessaire à la climatisation pendant une journée. Les producteurs d'énergie et les consommateurs industriels utilisent la plupart des dérivés climatiques. La grande distribution, l'industrie agroalimentaire, les agriculteurs et les entreprises de l'industrie des loisirs sont cependant aussi des utilisateurs potentiels des dérivés climatiques. La *Weather Risk Management Association* (www.wrma.org) a été créée pour servir les intérêts de l'industrie de la gestion des risques climatiques.

En septembre 1999, le *Chicago Mercantile Exchange* a proposé des *futures* et des options européennes sur contrats *futures* climatiques. Ces contrats portent sur des HDD et CDD cumulés sur un mois donné et mesurés dans une station météo donnée[1]. Le dénouement des contrats est effectué en espèces juste après la fin du mois et après connaissance des HDD et CDD. Un contrat *futures* porte sur 100 dollars multipliés par le HDD ou CDD cumulé. La *Earth Satellite Corporation* les calcule automatiquement.

Les dérivés sur le pétrole

Le pétrole est l'une des matières premières les plus importantes au monde, avec une demande journalière de l'ordre de 80 millions de barils. Des contrats d'approvisionnement de dix ans, à prix fixes, sont négociés depuis de nombreuses années sur les marchés de gré à gré. Il existe également des *swaps* qui permettent d'échanger du pétrole à prix fixe contre du pétrole à prix variable.

Dans les années 1970, le prix du pétrole a été très volatil. En 1973, la guerre au Moyen-Orient a multiplié par trois le prix de cette matière première. La chute du shah d'Iran en 1979 a entraîné une nouvelle hausse des prix. Ces événements ont fait prendre conscience aux producteurs et aux consommateurs de l'importance de disposer d'outils sophistiqués de gestion du risque de prix. Dans les années 1980, des marchés organisés et de gré à gré se sont donc développés pour répondre à ces besoins. Leur utilité s'est encore renforcée depuis 2007 car les prix sont particulièrement volatils.

En pratique, tous les actifs dérivés, dont les sous-jacents sont des actions ou des indices, ont un équivalent sur le marché de gré à gré avec le pétrole comme sous-jacent. Les *swaps*, les contrats *forward* et les *futures* sont les plus utilisés. Dans certains cas, les contrats

1. Le CME a introduit des contrats pour dix stations météo différentes (Atlanta, Chicago, Cincinnati, Dallas, Des Moines, Las Vegas, New York, Philadelphie, Portland et Tucson).

ont un dénouement en *cash* alors que dans d'autres cas, la livraison du sous-jacent (c'est-à-dire le pétrole) est de mise.

Les marchés organisés rencontrent également un grand succès. De nombreux contrats *futures* et d'options sur ces contrats sont proposés sur le *New York Mercantile Exchange* (NYMEX) et l'*International Petroleum Exchange* (IPE). Comme sur les marchés de gré à gré, certains contrats donnent lieu à un règlement en cash et d'autres à la livraison du sous-jacent. Par exemple, le contrat *futures* sur le Brent, coté sur l'IPE, est débouclé en cash, sur la base du prix du Brent, alors que le contrat *futures* coté sur le NYMEX exige la livraison du pétrole. Dans les deux cas, la quantité de sous-jacent par contrat est de 1 000 barils. Sur le NYMEX sont aussi traités deux contrats très populaires sur deux produits raffinés : le fuel domestique et l'essence. Dans ces deux cas, la quantité à livrer est de 42 000 gallons.

Le gaz naturel

Au niveau mondial, l'industrie du gaz naturel a connu une période de déréglementation et de suppression des monopoles d'État. La conséquence est que le fournisseur de gaz naturel n'est plus forcément le producteur de ce gaz. Dans un tel contexte, les fournisseurs sont confrontés au problème de satisfaction de la demande quotidienne. Un contrat type (de gré à gré) consiste à fournir un volume donné de gaz naturel à un rythme stable pendant une période d'un mois. Les contrats *forward*, les options ou encore les *swaps* sont aussi traités. Le vendeur du gaz est généralement responsable de l'acheminement par pipeline jusqu'au lieu de livraison. Le NYMEX propose un contrat portant sur la livraison de 10 millions de *British Thermal Units* (BTU) de gaz naturel. Ce contrat, s'il n'est pas dénoué avant l'échéance, impose la livraison du gaz à un rythme uniforme pendant le mois prévu de livraison à un terminal gazier en Louisiane. L'IPE propose un contrat analogue à Londres.

Les dérivés sur électricité

L'électricité est un produit particulier car on ne peut pas facilement la stocker[1]. La capacité maximale de production de l'ensemble des centrales de la région considérée détermine l'offre maximale d'électricité dans une région donnée à chaque instant. Aux États-Unis, on compte par exemple 140 régions appelées zones de contrôle. Une fois l'offre et la demande appariées dans chacune des zones, les excès d'offre sont vendus aux zones déficitaires. Ces excédents constituent alors le marché de l'électricité. La capacité des lignes électriques d'une zone à l'autre conditionne fortement la capacité d'une zone de contrôle à vendre de l'électricité à une autre zone. Cet acheminement induit un coût, facturé par le propriétaire de la ligne, auquel s'ajoute une perte d'énergie lors du transfert.

Aux États-Unis, on utilise essentiellement l'électricité pour la production d'air conditionné. De ce fait, la demande d'électricité, et donc son prix, est plus forte pendant les mois d'été que pendant les mois d'hiver. Dès lors, l'impossibilité de stocker de l'électricité provoque occasionnellement de très brutales variations de prix. Certaines vagues de fortes chaleurs ont provoqué, pendant de courtes périodes, des augmentations de prix de 1 000 %.

1. Les producteurs d'électricité utilisent parfois l'excès de production pour remonter l'eau des centrales hydroélectriques, de façon à produire de l'électricité un peu plus tard. Cela permet une forme de stockage.

L'industrie de l'électricité, comme celle du gaz naturel, a connu une période de déréglementation et de suppression des monopoles d'État. Ce mouvement s'est accompagné d'un développement de marchés d'actifs dérivés. Le NYMEX propose un contrat *futures* sur le prix de l'électricité, et un marché de gré à gré actif existe également où sont échangés des contrats *forward*, des *swaps* et des options. Dans un contrat standard (sur les deux types de marchés), l'une des parties reçoit un nombre de mégawatts-heure pour un prix fixé à un endroit donné pendant un mois. Dans un contrat 5 × 8, l'électricité est livrée cinq jours par semaine (du lundi au vendredi) pendant les heures creuses (de 23 heures à 7 heures) d'un mois spécifié. Dans un contrat 5 × 16, l'électricité est livrée pendant les heures pleines (de 7 heures à 23 heures) d'un mois spécifié. Enfin, le contrat 7 × 24 impose la livraison en continu pendant le mois.

Les contrats d'option peuvent prévoir un exercice quotidien ou un exercice mensuel. Lorsque l'exercice est quotidien, l'acheteur du contrat peut choisir, chaque jour du mois (l'information doit être communiquée un jour à l'avance) de recevoir la quantité prévue dans le contrat contre le paiement du prix d'exercice. Quand l'exercice est mensuel, une seule décision détermine la livraison ou non de l'électricité pour le mois entier au prix d'exercice fixé contractuellement.

Mentionnons que des contrats intéressants, nommés *take or pay* ou encore *swing option*, sont proposés sur les marchés du gaz naturel et de l'électricité. Ces contrats spécifient les quantités minimale et maximale d'électricité ou de gaz devant être achetées chaque jour (ou chaque mois), à un prix fixé, par le détenteur du contrat. Dans ces contrats, le détenteur a la possibilité, pendant le mois, de changer le rythme d'approvisionnement, dans des limites fixées (en nombre et en ampleur).

5.8 Les options exotiques et les produits structurés

De nombreux types d'options exotiques, ainsi que d'autres produits structurés s'échangent sur les marchés de gré à gré. Ce type de produit représente une part résiduelle des transactions d'une institution financière, mais génère des marges plus importantes que les options classiques ou les *swaps*. Voici quelques exemples d'options exotiques :

- **Options asiatiques.** Contrairement aux options classiques dont le paiement final dépend du prix du sous-jacent au moment de l'exercice, le paiement d'une option asiatique dépend du prix du sous-jacent moyen sur une période déterminée. Exemple : un *call* à prix moyen (*average price call*), dont le flux dans un an vaut $\max(\bar{S} - K, 0)$, avec $\bar{S}$ le prix moyen du sous-jacent durant l'année et K le prix d'exercice.
- **Options barrières.** Ce type d'option existe ou disparaît lorsque le prix du sous-jacent atteint une certaine barrière. Par exemple, une option d'achat knock-out avec un prix d'exercice de 30 dollars et une barrière de 20 dollars disparaît lorsque le prix de l'actif passe en dessous de 20 dollars.
- **Options sur paniers.** Il s'agit d'options sur des portefeuilles d'actifs.
- **Options binaires (ou digitales).** Ces options génèrent des flux fixes lorsque certains critères sont remplis. Exemple : une option entraîne un paiement de 1 000 dollars dans un an si le prix de l'action est supérieur à 20 dollars.

- **Options composées.** Il s'agit d'options sur options. Il en existe quatre sortes : *call* sur *call*, *call* sur *put*, *put* sur *call* et *put* sur *put*. Exemple : une option composée est une option d'achat d'une option sur une action qui cote actuellement 15 euros. La première option a un prix d'exercice de 1 euro et expire dans un an, tandis que la seconde a un prix d'exercice de 20 euros et expire dans trois ans.
- **Options *lookback*.** Les flux de ces options dépendent du prix maximal ou minimal de l'actif sous-jacent sur une période donnée. Il s'agit par exemple d'une option dont le flux terminal dans un an est égal à $S_T - S_{\min}$, avec S_T le prix du sous-jacent dans un an et $S_{\min}$ le prix minimal du sous-jacent durant cette période.

Les options exotiques sont parfois mieux adaptées aux besoins des entreprises que des produits *plain vanilla*. Comme le montre l'encadré 5.3, Microsoft utilise des options asiatiques sur paniers, ce qui est le plus adapté pour gérer ses risques.

Encadré 5.3

La couverture de Microsoft

Microsoft gère activement son risque de change. L'entreprise facture en monnaie locale dans certains pays (Europe, Japon et Australie), puis convertit chaque mois son bénéfice net en dollars américains. De ce fait, la société Microsoft est exposée au risque de change. Dans d'autres parties du monde (Amérique latine, Europe de l'Est, Asie du Sud-Est), Microsoft facture en dollars. Ces facturations semblent sans risque de change, mais elles sont en réalité porteuses de risque.

Supposons que le dollar américain s'apprécie par rapport à la devise du pays de facturation en USD. Cette appréciation renchérit le prix des produits Microsoft en monnaie locale pour les consommateurs de ce pays. En conséquence, Microsoft sera contrainte de diminuer le prix (en USD) de ses produits ou de subir une baisse des ventes. L'entreprise est donc exposée à un risque de change dans les pays où elle facture en USD et en monnaie locale. Cet exemple illustre la nécessité d'une approche globale dans la gestion du risque.

Microsoft utilise des options pour couvrir son risque de change. Considérons un horizon temporel d'un an. L'entreprise admet que son exposition au yen japonais correspond au taux de change moyen, puisque approximativement le même montant de yens est converti chaque mois en dollars. L'utilisation d'options asiatiques est donc la plus appropriée. De plus, Microsoft est exposée à une moyenne pondérée des taux de change des pays dans lesquels elle vend ses produits. C'est pour cette raison qu'elle utilise des options sur paniers (c'est-à-dire des options sur une moyenne pondérée des taux de change), plus précisément des *puts* asiatiques sur paniers. Le coût de ce type d'options est bien inférieur à celui d'un portefeuille de *puts* classiques, un par mois et par taux de change (voir problème 5.23), et fournit une protection adéquate pour Microsoft. L'entreprise fait face à d'autres risques financiers. Par exemple, elle est exposée au risque de taux d'intérêt sur son portefeuille d'obligations (en effet, lorsque le taux d'intérêt augmente, la valeur du portefeuille diminue). Elle est également exposée à deux types de risques sur les actions : celles des entreprises dans lesquelles Microsoft investit et ses propres titres, qu'elle rachète régulièrement dans le cadre de programmes de rachat d'actions. Ces risques sont également couverts par des stratégies sophistiquées d'options.

Les produits structurés sont des produits créés par les banques afin de répondre aux besoins des investisseurs et des trésoriers d'entreprise. On peut citer, par exemple, les produits à capital garanti (*capital protected note*) qui offrent un pourcentage du rendement d'un indice, comme le S&P 500, tout en protégeant le capital de l'investisseur. L'encadré 5.4 décrit un autre exemple de produit structuré[1]. Dans ce cas, on peut se demander si le produit vendu était effectivement au service du client !

Encadré 5.4

Le *deal* étrange de Procter & Gamble

Le *swap* « 5/30 » entre Bankers Trust (BT) et Procter & Gamble (P&G), amorcé le 2 novembre 1993, est particulièrement étrange. Sa maturité était de cinq ans, avec des flux semi-annuels. Le notionnel valait 200 millions de dollars. BT versait à P&G 5,30 % par an et P&G versait à BT le taux moyen sur les billets de trésorerie, ici des titres de créances négociables à 30 jours, moins 75 points de base plus un *spread*. Le taux moyen sur les billets de trésorerie était calculé à partir des taux journaliers de la période précédant le paiement.

Le *spread* était nul pour le premier paiement (2 mai 1994), puis

$$\max\left[0, \frac{98{,}5\left(\dfrac{\text{RBT (\%) à 5 ans}}{5{,}78\ \%}\right) - (\text{prix OE à 30 ans})}{100}\right]$$

pour les neuf paiements restants. RBT est le rendement des bons du Trésor à maturité constante (c'est-à-dire le rendement des bons du Trésor à cinq ans). Le prix OE à 30 ans correspond à la médiane de la fourchette des prix des obligations pour l'obligation d'État à 6,25 % d'échéance août 2023. Le *spread* calculé de cette manière est un taux décimal et non en points de base. Si la formule donne 0,1 et que le taux sur les billets de trésorerie est de 6 %, alors P&G verse un taux de 15,25 %. P&G espérait que le *spread* resterait nul afin d'échanger un financement à taux fixe à 5,30 % contre un financement de 75 points de base inférieur au taux sur les billets de trésorerie. Malheureusement, les taux d'intérêt ont fortement augmenté au début de l'année 1994, les prix des obligations ont chuté, et le *swap* s'est révélé extrêmement cher (voir problème 5.36).

5.9 Le challenge de la gestion des risques

Des instruments tels que les *futures*, les *forward*, les options et les produits structurés ont de nombreuses facettes. On peut les utiliser pour la couverture, la spéculation et l'arbitrage. La couverture entraîne une réduction du risque, la spéculation est une prise de risque et l'arbitrage consiste à prendre des positions sur plusieurs marchés ou actifs financiers simultanément. Le caractère versatile de ces produits peut les rendre

1. On connaît les détails car cette transaction a fait l'objet de litiges. Voir D.J. Smith, « Aggressive Corporate Finance : A Close Look at the Procter and Gamble-Bankers Trust Leveraged Swap », *Journal of Derivatives*, 4, été 1997, p. 67-79.

extrêmement dangereux. Un trader mandaté pour couvrir un risque ou arbitrer un marché peut parfois se retrouver (consciemment ou inconsciemment) dans une position de spéculateur. L'exemple de Nick Leeson et de la Barings (voir encadré 5.5) a marqué les esprits. Pouvoir éviter ce type de problème représente un vrai défi pour la gestion des risques. Les entreprises financières et non financières doivent contrôler de façon scrupuleuse la manière dont sont utilisés les dérivés de crédit. Il convient d'imposer des limites de risque quotidiennes aux traders, ainsi qu'un contrôle très strict du respect de ces limites. Nous aborderons ces points dans les chapitres suivants.

Encadré 5.5

La perte de la SocGen en 2008

Les dérivés peuvent être des instruments de couverture, d'arbitrage ou encore de spéculation. Le risque pour une entreprise engagée sur de tels produits est de voir un employé mandaté pour couvrir des risques ou arbitrer un marché se transformer en spéculateur.

Jérôme Kerviel a commencé sa carrière à la Société Générale en 2000 au *middle office*, avant de devenir en 2005 trader junior au *front office* de cette même société. Son rôle consistait à arbitrer les marchés à terme sur indices boursiers (DAX index, CAC 40, Euro Stoxx 50, par exemple). Un arbitrage peut être possible lorsque le prix d'un contrat à terme sur indices n'est pas cohérent avec les valeurs des actions qui composent l'indice. Kerviel a utilisé sa connaissance du contrôle interne pour dissimuler des positions spéculatives. Celles-ci avaient l'apparence de positions de couverture par le biais de l'enregistrement d'opérations fictives. En fait, il s'agissait de paris très importants sur l'évolution de la valeur des indices qui ont atteint plusieurs dizaines de milliards d'euros.

En janvier 2008, les positions furent découvertes et débouclées en trois jours par la Société Générale pour une perte nette de 4,9 milliards d'euros. Cette perte fut la plus importante liée à une activité frauduleuse avant qu'un an plus tard, le schéma de Ponzi de Bernard Madoff ne fût mis en lumière.

De tels événements ne sont pas nouveaux dans l'histoire financière. Nick Leeson, employé de la banque Barings à Singapour en 1995, était mandaté pour exploiter des opportunités d'arbitrage sur les prix *futures* des Bourses de Singapour et d'Osaka. Progressivement, Leeson est passé d'un profil d'arbitragiste à un profil de spéculateur sur l'indice Nikkei 225. La perte finale de Leeson a été de près d'un milliard de dollars. En conséquence, la Barings, une banque vieille de 200 ans, a fait faillite. Plus récemment, en 2011, Kweku Adoboli, un trader de la banque UBS, a perdu 2,3 milliards de dollars dans des opérations très proches de celles de J. Kerviel.

Ces événements ont permis de tirer certaines leçons : il est entre autres crucial de définir de manière claire et précise les limites des risques pour les traders, puis de les surveiller activement afin de vérifier qu'ils les respectent.

Résumé

Les instruments financiers s'échangent sur deux types de marchés : les marchés organisés et les marchés de gré à gré. Nous avons présenté dans ce chapitre les transactions au comptant, les contrats *forward* et *futures*, les *swaps* et les options. Un contrat *forward* ou *futures* est une obligation d'acheter ou de vendre un actif à une date et un prix fixés. Un *swap* est un accord d'échange de flux futurs, les montants étant fonction des valeurs d'une ou de plusieurs variables de marché. Une option d'achat (ou de vente) donne à son détenteur le droit d'acheter (ou de vendre) un actif à une date et un prix déterminés. Les *forward*, *futures*, *swaps* et options portent sur une grande variété d'actifs sous-jacents.

Les *forward*, *futures* et *swaps* permettent de fixer les prix des transactions futures. Les options fournissent en revanche une assurance contre un niveau de prix défavorable pour les transactions futures. Les options exotiques et les produits structurés sont construits sur mesure par rapport aux besoins spécifiques des trésoriers d'entreprises. Par exemple, les options asiatiques sur paniers permettent à une entreprise comme Microsoft de gérer plusieurs risques à la fois (voir encadré 5.3).

Les traders déposent les dépôts de garantie en espèces ou en titres auprès des *brokers* ou des contreparties. Des comptes de marge sont utilisés lorsque l'achat de titres se fait par emprunt ou si la position du trader peut donner lieu à des pertes dans le futur. Le trader suit les positions au quotidien et lorsqu'il est en position perdante, il peut être amené à alimenter son compte de marge. S'il ne réagit pas dans les 24 heures, sa position est tout simplement soldée.

Les actifs dérivés ont des supports de plus en plus variés. Nous avons abordé dans ce chapitre, en particulier, les dérivés climatiques et d'énergie (pétrole, gaz et électricité). Nous avons également décrit les produits structurés et les options exotiques.

Références complémentaires

Boyle, P. et Boyle, F., *Derivatives: The Tools that changed Finance*, Risk Books, Londres, 2001.

Flavell, R., *Swaps and Other Instruments*, Wiley, Chichester, 2002.

Geczy, C., Minton, B. A. et Schrand, C., « Why Firms use Currency Derivatives », *Journal of Finance*, 52, n° 4, 1997, p. 1323-1354.

Gitman, L. et Joehnk, M., *Investissement et marchés financiers*, 9e éd., Pearson France, 2005.

Litzenberger, R. H., « Swaps: Plain and Fanciful », *Journal of Finance*, 47, 3, 1992, p. 831-850.

Miller, M. H., « Financial Innovation: Achievements and Prospects », *Journal of Applied Corporate Finance*, 4, hiver 1992, p. 4-11.

Warwick, B., Jones, F. J. et Twelves, R. J., *The Futures Game*, 3e éd, McGraw-Hill, New York, 1998.

Problèmes et exercices (corrigés en fin d'ouvrage)

5.1. Quelle est la différence entre une position courte et longue sur un *forward*?

5.2. Expliquez la différence entre la couverture, la spéculation et l'arbitrage.

5.3. Quelle est la différence entre une position longue sur un *forward* lorsque le prix *forward* vaut 50 euros et une position longue sur un *call* avec un prix d'exercice de 50 euros?

5.4. Expliquez en détail les différences entre la vente d'un *call* et l'achat d'un *put*.

5.5. Un investisseur prend une position courte sur un *forward* pour vendre 100 000 livres sterling contre des dollars américains au taux de change de 1,7000 USD par GBP. Quel est le gain ou la perte de l'investisseur si, à l'échéance du contrat, le taux de change vaut (a) 1,6900 et (b) 1,7200?

5.6. Un trader prend une position courte sur des *futures* sur coton lorsque leur prix est de 50 *cents* par livre de coton. Le contrat porte sur une livraison de 50 000 livres. Quel est le gain ou la perte du trader si, à l'échéance, le prix du coton vaut (a) 48,20 *cents* par livre et (b) 51,3 *cents* par livre?

5.7. Supposons que vous émettiez un *put* avec un prix d'exercice à 40 euros et une maturité de trois mois. Le prix actuel de l'action est de 41 euros et le contrat porte sur 100 titres. En quoi consiste votre engagement? Combien pouvez-vous gagner ou perdre?

5.8. Quelle est la différence entre un marché organisé et un marché de gré à gré? Sur lequel de ces deux marchés sont échangés (a) les *forward*, (b) les *futures*, (c) les options, (d) les *swaps* et (e) les options exotiques?

5.9. Vous souhaitez spéculer sur la hausse du prix d'une action. Son prix actuel est de 29 euros. Le prix d'un *call* de maturité trois mois et avec un prix d'exercice de 30 euros cote 2,90 euros. Vous disposez de 5 800 euros. Identifiez deux stratégies alternatives, consistant d'une part à investir dans l'action et d'autre part dans l'option. Quels sont les gains et pertes potentiels de ces deux stratégies?

5.10. Supposons que vous déteniez 5 000 actions d'une valeur unitaire de 25 euros. Comment pouvez-vous utiliser des *puts* pour vous protéger contre une baisse des titres dans les quatre prochains mois?

5.11. Une émission d'actions procure des fonds à une entreprise. En est-il de même pour des options sur actions? Examinez cette question.

5.12. Supposons que le *call* d'échéance mars et avec un prix d'exercice de 50 euros cote 2,50 euros. Vous le détenez jusqu'à l'échéance. Dans quelles circonstances allez-vous faire un gain sur cette position? Dans quelles circonstances cette option sera-t-elle exercée?

5.13. Supposons que le *put* d'échéance juin et avec un prix d'exercice de 60 euros cote 4 euros. Vous le détenez jusqu'à l'échéance. Dans quelles circonstances le vendeur de cette option (c'est-à-dire la contrepartie qui a une position courte) enregistre-t-il un profit? Dans quelles circonstances cette option sera-t-elle exercée?

5.14. Une entreprise va recevoir un paiement en monnaie étrangère dans quatre mois. Quel type d'option est le plus approprié pour couvrir le risque de change?

5.15. Une entreprise américaine devra payer 1 million de dollars canadiens dans six mois. Expliquez comment le risque de change peut être couvert avec (a) un contrat *forward* et (b) une option.

5.16. Dans les années 1980, *Bankers Trust* a mis en place des *index currency option notes* (ICON). Il s'agissait d'obligations dont la valeur de remboursement dépendait d'un taux de change. Un exemple concerne la *Long Term Credit Bank* du Japon. L'ICON stipulait que si le taux de change yen/dollar S_T était supérieur à 169 yens par dollar à l'échéance (1995), alors le détenteur de l'obligation recevait 1 000 dollars. Dans le cas contraire, il recevait

$$1\,000 - \max\left[0{,}1000\left(\frac{169}{S_T} - 1\right)\right]$$

Lorsque le taux de change est inférieur à 84,5, le détenteur ne reçoit rien. Montrez que l'ICON est une combinaison d'une obligation classique et de deux options.

5.17. Supposons que les taux de change USD/GBP *spot* et *forward* soient les suivants :

Spot	1,6080
Forward 90 jours	1,6056
Forward 180 jours	1,6018

Quelles sont les opportunités d'arbitrage lorsque (a) le *call* européen à 180 jours permettant d'acheter 1 livre à 1,57 dollar cote 2 *cents*, et (b) le *put* européen à 90 jours permettant de vendre 1 livre à 1,64 dollar cote 2 *cents*?

5.18. Une entreprise a un investissement de rendement 5 % par an sur cinq ans. Elle souhaite utiliser les données du tableau 5.5 pour convertir son investissement à taux fixe en taux variable. Expliquez comment elle peut procéder.

5.19. Une entreprise a emprunté de l'argent sur cinq ans au taux annuel de 7 %. Expliquez comment elle peut utiliser les données du tableau 5.5 pour convertir cet emprunt à taux fixe en emprunt à taux variable.

5.20. Une entreprise a une dette à taux variable qui lui coûte le Libor +1 %. Expliquez comment elle peut utiliser les données du tableau 5.5 pour échanger cette dette contre une dette à taux fixe sur trois ans.

5.21. Un exploitant de maïs affirme : « Je n'utilise pas de *futures* pour couvrir mes risques. Mon véritable risque ne provient pas du prix du maïs, mais du climat ». Examinez son point de vue. Est-ce que l'exploitant devrait estimer sa production espérée et utiliser une couverture pour fixer le prix du maïs pour ce niveau de production ?

5.22. Le P-DG d'une compagnie aérienne constate : « Il n'y a pas de raison pour couvrir le prix du kérosène. Il y a exactement autant de chance de perdre de l'argent que d'en gagner en couvrant ce risque ». Étudiez ce point de vue.

5.23. Pourquoi le coût d'un *put* asiatique sur panier est nettement moins important que celui d'un portefeuille de *puts*, un pour chaque devise et chaque maturité (voir encadré 5.3) ?

5.24. Un investisseur américain vend cinq contrats d'options d'achat. Le prix de l'option est de 3,5 dollars, le prix d'exercice est de 60 dollars et le prix du titre est de 57 dollars. Quelle est la marge initiale ?

5.25. « Pétrole, gaz naturel et électricité sont sujets au phénomène de retour à la moyenne. » Que signifie cette phrase? Laquelle de ces énergies a le plus fort taux de retour à la moyenne? Laquelle a le plus faible taux de retour à la moyenne?

5.26. Une option d'achat *knock-out* voit-elle son prix augmenter ou baisser en fonction de la fréquence à laquelle on observe la barrière ?

5.27. Supposons que, pour chaque jour du mois de juillet, la température minimale soit de 68 degrés Fahrenheit et que le maximum soit de 82 degrés Fahrenheit. Que vaut le paiement terminal d'une option d'achat sur CDD cumulés avec un prix d'exercice de 250 dollars et un paiement de 5 000 dollars par degré-jour?

5.28. Comment fonctionne une option 5 × 8 pour mai 2010 sur l'électricité avec un exercice journalier? Comment fonctionne une option 5 × 8 pour mai 2010 sur l'électricité avec un exercice mensuel? Lequel de ces deux contrats a la plus grande valeur?

5.29. Un trader vend 500 actions au prix unitaire de 50 dollars. La marge initiale est de 160 % et la marge de maintenance de 130 %. Quel est le montant du dépôt de garantie initial ? À partir de quelle augmentation du prix de l'action le trader sera-t-il confronté à des appels de marge ?

Questions complémentaires

5.30. Une entreprise vend un contrat *future* portant sur 5 000 boisseaux de blé à 24 centimes le boisseau. La marge initiale est de 3 000 dollars et la marge de maintenance de 2 000 dollars. Quelle variation de prix entraîne un appel de marge ? Dans quelles circonstances le compte de marge perd-il 1 500 dollars ?

5.31. Le prix actuel d'une action est de 94 euros. Le prix d'un *call* européen d'échéance trois mois et avec un prix d'exercice de 95 euros cote 4,70 euros. Un investisseur qui anticipe une hausse du prix de l'action doit décider s'il faut acheter 100 titres ou 2 000 options (soit 20 contrats). Chaque stratégie coûte 9 400 euros. Que conseilleriez-vous à cet investisseur? Quel prix doit atteindre l'action pour que la stratégie d'option soit la plus rentable?

5.32. Voici les caractéristiques d'un emprunt obligataire émis par Standard Oil. L'obligataire ne reçoit aucun coupon. À l'échéance, l'entreprise verse 1 000 dollars plus un montant en fonction du prix du pétrole à cette date. Ce montant est égal au produit de 170 et du niveau excédentaire du prix du baril à l'échéance par rapport à 25 dollars. Le montant maximal est égal à 2 550 dollars (ce qui correspond à 40 dollars le baril). Montrez que cette obligation est une combinaison d'une obligation classique, d'une position longue sur un *call* avec un prix d'exercice de 25 dollars et d'une position courte sur un *call* avec un prix d'exercice de 40 dollars.

5.33. Le prix de l'or vaut actuellement 1 500 dollars l'once. Le prix *forward* pour une livraison dans un an vaut 1 700 dollars. Un arbitragiste peut emprunter de l'argent à 10 % par an. Que devrait-il faire? Par hypothèse, le coût de stockage et le rendement de l'or sont nuls.

5.34. Une entreprise perçoit le Libor –0,5 %. Expliquez comment elle peut utiliser les données du tableau 2.5 pour convertir cet investissement en des investissements à taux fixe sur (a) trois ans, (b) cinq ans et (c) dix ans.

5.35. Quelle position est équivalente à une position longue sur un *forward* permettant d'acheter un actif au prix K et une position longue sur un *put* européen donnant le droit de vendre ce même actif au même prix ?

5.36. Calculez le taux d'intérêt payé par P&G sur le *swap* 5/30 (voir encadré 5.4) si (a) le taux des billets de trésorerie vaut 6,5 % et le rendement des bons du Trésor est de 6 %, et (b) le taux des billets de trésorerie est de 7,5 % et le rendement des bons du Trésor vaut 7 %, avec des taux composés semestriels.

5.37. Un trader achète 200 actions sur marge. Le prix est de 20 dollars. La marge initiale est de 60 % et la marge de maintenance est de 30 %. Combien d'argent le trader doit-il déposer ? À partir de quel prix de l'action existe-t-il des appels de marge ?

Chapitre 6
La crise financière de 2007

La crise financière débutée en 2007 est la plus importante vécue par les États-Unis depuis les années 1930. Cette crise s'est très vite répandue à d'autres pays, et du secteur financier à l'économie réelle. Certaines institutions financières ont fait faillite et de nombreuses autres ont été renflouées par les gouvernements nationaux. La première décennie du XXIe siècle a été désastreuse pour les institutions financières et la gestion des risques de ces dernières a été vivement critiquée.

Ce chapitre examine les origines de la crise, en tentant de mettre en lumière ce qui n'a pas fonctionné et pourquoi. Il étudie ce qui peut être mis en place afin d'éviter le renouvellement d'une telle crise. Une partie de ce chapitre est dédiée au marché du crédit immobilier américain, aux *Asset-Backed Securities* (ABS, que l'on peut traduire par titres adossés à des actifs) et aux *Collateral Debt Obligations* (CDO).

6.1 Le marché immobilier américain

Le marché immobilier américain constitue un point d'entrée naturel dans l'analyse de la crise financière de 2007. La figure 6.1 décrit l'évolution de l'indice S&P/Case-Shiller Composite 10 des prix des maisons entre janvier 1987 et juillet 2011 sur ce marché.

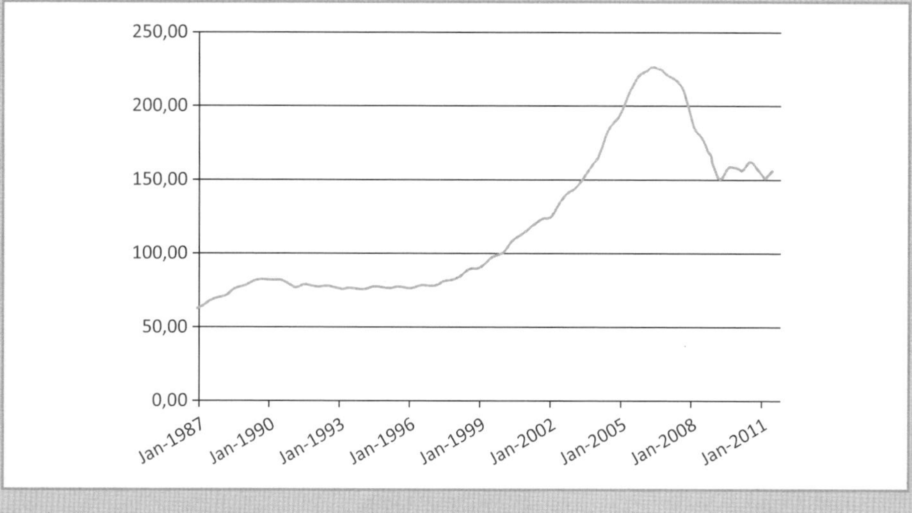

Figure 6.1 – Évolution de l'indice S&P/Case-Shiller Composite 10 sur la période 1987-2011.

À partir des années 2000, le prix des maisons s'est accru plus rapidement que durant la décennie précédente. Le niveau très bas des taux d'intérêt est bien sûr un facteur explicatif clé, mais la politique d'attribution des prêts immobiliers a été un élément central dans cette accélération. La période 2000-2006 a vu augmenter de façon très importante les prêts immobiliers dits « *subprime* », c'est-à-dire qui présentent un risque plus élevé que la moyenne. Avant 2000, de nombreux prêts *subprime* étaient des prêts secondaires, alors qu'après 2000, ils ont été distribués comme prêts principaux.

L'assouplissement des critères dans l'attribution des prêts

À partir de 2000, les prêteurs ont assoupli les critères liés à l'attribution des crédits immobiliers, ce qui a conduit un grand nombre de familles, jugées jusqu'ici trop risquées, à avoir accès à des emprunts immobiliers afin d'acquérir des logements. Cette nouvelle demande de maisons a mécaniquement entraîné une hausse des prix. Cette double augmentation, crédits attribués et prix des maisons, était très intéressante à la fois pour les vendeurs de prêts (ou *broker*) et les prêteurs. Pour les premiers, cette hausse avait pour conséquence des profits plus importants. Pour les seconds, l'augmentation du prix des maisons assurait une meilleure garantie par un collatéral plus solide. En effet, en cas de défaillance de l'emprunteur, la saisie de la maison devait permettre d'éviter des pertes.

Comment les *brokers* et les prêteurs ont-ils pu continuer à augmenter leurs profits ? La hausse du prix des maisons réduisait considérablement le marché des acheteurs potentiels, ce qui constituait un véritable problème pour ces acteurs économiques. Afin de soutenir ce marché, et en particulier celui des nouveaux entrants, ces intermédiaires ont rendu les critères d'attribution des crédits de moins en moins contraignants. Le montant prêté exprimé en pourcentage de la valeur du bien a augmenté. Les prêts immobiliers à taux ajustable (*Adjustable Rate Mortgages*, ARM) se sont développés ; un taux « aguicheur », et donc très bas, était proposé aux clients. Ce taux particulièrement intéressant ne concernait que les deux ou trois premières années ; le taux devenait beaucoup plus élevé pour le reste de la durée de l'emprunt[1]. Une structure classique de prêt à taux ajustable consistait en un taux attractif autour de 6 % pendant une période très courte, suivi d'un taux semestriel variable du type Libor +6 % pour le reste de la durée de l'emprunt[2]. Il faut cependant souligner que des taux très attractifs, de l'ordre de 1 à 2 %, ont également été proposés. En outre, les prêteurs ont eu un comportement de plus en plus cavalier dans le traitement des dossiers de prêts. Certaines informations, comme les revenus de l'emprunteur, n'y apparaissaient parfois même pas.

Pourquoi le gouvernement américain n'a-t-il pas réglementé plus fortement le comportement des prêteurs ? Depuis les années 1990, il souhaitait promouvoir l'accès à la propriété en incitant les prêteurs à attribuer davantage de crédits aux familles à revenus modestes. Certains États, comme l'Ohio ou la Géorgie, ont perçu la dérive de cette politique et ont voulu condamner les prêts « prédateurs »[3]. La justice a cependant décidé que les standards nationaux devaient continuer à s'appliquer.

1. Puisque le prix de l'immobilier augmentait, les prêteurs prévoyaient que les emprunteurs remboursent leur prêt par anticipation et empruntent à nouveau après la période de taux très « attrayants ». Les pénalités de remboursements anticipés, quasiment nulles pour les emprunts de bonne qualité (classés *prime*), étaient cependant relativement élevées sur les emprunts dits *subprime*.
2. Un prêt ARM 2/28, par exemple, est un prêt pour lequel le taux est fixe pendant deux ans et variable pour les 28 années suivantes.
3. Un comportement prédateur décrit une situation dans laquelle un prêteur parvient, avec de faux arguments, à convaincre un emprunteur à accepter le contrat.

On a utilisé de nombreuses dénominations pour décrire les prêts immobiliers octroyés dans la période précédant la crise. L'une d'entre elles est « prêts mensongers » (*liars loans*) car les particuliers candidats à un emprunt mentaient parfois lors de la constitution des dossiers, puisqu'ils savaient que ces derniers ne seraient pas attentivement contrôlés. L'expression « NINJA » (« *No Income, No Job, No Assets* », soit « pas de revenus, pas de travail, pas d'actifs ») était également fréquente pour décrire les emprunteurs. Mian et Sufi (2009) ont mené des recherches qui confirment le relâchement des conditions d'accès aux crédits immobiliers[1]. Dans leur article, ils définissent des « codes postaux à fort rejet », pour lesquels un grand nombre d'emprunteurs ont vu leur demande de crédit rejetée en 1996, et montrent que le nombre de prêts alloués a fortement augmenté pour ces codes postaux entre 2000 et 2007. Cette hausse est une fonction croissante du temps, ce qui semble démontrer que l'assouplissement des conditions d'accès a été progressif. Zimmerman (2007) confirme ce résultat[2]. Il montre que les défauts consécutifs à l'attribution des prêts indiquent que la « qualité » des crédits immobiliers s'est dégradée entre 2005 et 2006 ; le même constat est valide pour les années 2004 et 2005. Standard & Poor's a estimé que, pour 2006, uniquement, le montant total des prêts *subprime* accordés avait atteint 421 milliards de dollars. Pour sa part, AMP Capital Investors a pensé que le montant total des prêts *subprime* s'élevait à 1 400 milliards de dollars en 2007.

L'éclatement de la bulle

Le relâchement des conditions d'accès au crédit a entraîné la création d'une bulle sur le marché de l'immobilier. Les prix y ont augmenté très rapidement entre 2000 et 2006 et, comme dans le cas de nombreuses bulles, un éclatement a suivi. En 2007, une fois passée la période initiale de taux fixes et bas, de nombreux ménages ont été dans l'impossibilité de faire face aux remboursements des intérêts de leur emprunt, ce qui a donné lieu à de nombreuses saisies. Un grand nombre de maisons ont alors été mises en vente, entraînant mécaniquement une baisse des prix de ces biens. Les acheteurs ayant emprunté des sommes correspondant à 100 % (ou près de 100 %) de la valeur de la maison se sont alors retrouvés en possession d'un capital déprécié.

Sur le marché immobilier américain, dans certains États, lorsque l'emprunteur fait défaut, le prêteur est autorisé à prendre possession de son bien. Les autres actifs détenus par l'emprunteur sont protégés[3]. Par conséquent, il détient une option de vente américaine, puisqu'il peut à tout moment céder son bien au prêteur pour la valeur du principal de l'emprunt. Les acteurs de ce marché ont réalisé tardivement à quel point cette option pouvait être coûteuse. Lorsque l'actif détenu se déprécie, la solution optimale pour l'emprunteur est de cesser les remboursements et de laisser le prêteur prendre possession du bien immobilier. Celui-ci est alors à vendre et augmente, à son tour, la pression à la baisse des prix de l'immobilier.

---

1. Voir Mian, A. et Sufi, A., « The consequences of Mortgage Credit Expansion: Evidence from the 2007 Mortgage Default Crises », *Quaterly Journal of Economics*, 124, 4, 2009, p. 1449-1496.
2. Voir Zimmerman, T., « The Great Subprime Meltdown », *Journal of Structured Finance*, automne 2007, p. 07-20.
3. Dans certains États, la banque détient le bien, mais n'en a pas l'usufruit tant que les paiements sont honorés. Le transfert de propriété se fait à l'échéance des paiements. Dans ce cas, l'emprunteur détient alors une option de vente sur la propriété effective du bien.

Ce serait une erreur de penser que l'ensemble des emprunteurs ayant fait défaut étaient tous dans la même situation. Certains ne pouvaient réellement plus payer et ont été très affectés par l'abandon de leur maison. Nombre d'entre eux étaient néanmoins des spéculateurs qui avaient acheté de nombreuses maisons en vue de les louer et qui, au moment de la baisse du marché de l'immobilier, ont choisi d'exercer leur option. Afin de tirer parti de cette option, d'autres propriétaires, après avoir rendu les clés de leur maison aux prêteurs, ont racheté de nouvelles maisons saisies à des prix beaucoup plus faibles. Imaginons deux propriétaires de deux maisons identiques valant chacune 200 000 dollars sur le marché. Supposons que ces deux individus aient emprunté la somme de 250 000 dollars ; en cas de saisie, les maisons peuvent être revendues pour une valeur de 170 000 dollars. Quelle est la stratégie optimale pour ces deux individus ? La réponse est qu'ils ont tous les deux intérêt à exercer leur option de vente et à acheter la maison de leur voisin.

Soulignons que les États-Unis n'ont pas été les seuls à subir une forte baisse sur le marché immobilier ; d'autres pays ont connu le même sort, en particulier la Grande-Bretagne.

Lorsque les saisies sont devenues plus nombreuses, les pertes sur les prêts hypothécaires ont également augmenté. Elles ont été élevées car les maisons saisies étaient souvent entourées d'autres maisons également en vente et parfois en mauvais état. Les banques ont en outre été confrontées à des frais juridiques et à d'autres frais. Dans des conditions normales de marché, un prêteur peut s'attendre à récupérer 75 % du montant dû lors de telles faillites. En 2008 et 2009, des taux de recouvrement de 25 % ont été enregistrés à certains endroits.

6.2 La titrisation

L'organisme ou l'institution financière qui a accordé le prêt (nommé l'originateur) ne doit pas dans tous les cas en assumer le risque. Il peut vendre un portefeuille de prêts à un organisme qui crée alors un produit financier à destination des investisseurs. On appelle ce processus « titrisation ». Elle a été très utile et a joué un rôle important sur les marchés financiers depuis de nombreuses années. Elle sous-tend le modèle *originate-to-distribute*, que les banques ont beaucoup utilisé (voir chapitre 2).

La titrisation a joué un rôle central dans la bulle immobilière. En effet, la possibilité qu'elle offre de revendre les crédits a influencé le comportement des originateurs[1]. Lors de l'attribution d'un nouveau prêt, la question qu'ils se posaient n'était pas « Vais-je pouvoir assumer le risque associé à ce prêt ? », mais plutôt « Vais-je gagner de l'argent en revendant ce prêt sur le marché ? ».

Lors de la titrisation, la seule information disponible pour l'acheteur sur les prêts sous-jacents est le ratio du montant emprunté sur la valeur du bien acheté et le score de crédit FICO[2] de l'emprunteur. Le prêteur ne demande pas les autres informations, comme les revenus ou le nombre d'années pendant lesquelles l'emprunteur a vécu au même endroit,

1. Les recherches de Keys *et al.* montrent qu'il existe un lien entre titrisation et « laxisme » dans l'attribution des crédits. Voir Keys, B. J., Mukherjee, T., Seru, A. et Vig, V., « Did Securization Lead to Lax Screening? Evidence from Subprime Loans », *Working Paper*, université du Michigan, 2008.
2. Le FICO est un score développé par Fair Isaac Corporation et très utilisé aux États-Unis. Il varie entre 300 et 850.

car elles sont considérées comme inutiles. En effet, le plus important pour le prêteur est de savoir si ce prêt pourra être revendu, ce qui dépend essentiellement du ratio précédemment cité et du score FICO.

Notons que ces deux informations (ratio du montant emprunté sur la valeur du bien et score FICO) sont sujettes à caution. En effet, au moment de l'établissement du crédit et de l'évaluation du bien, le prêteur peut exercer des pressions afin d'augmenter la valeur du bien. En outre, les particuliers peuvent parfois être conseillés sur les méthodes permettant d'augmenter leur score FICO[1]. Nous allons examiner dans ce qui suit des produits créés et vendus sur le marché.

Asset-Backed Securities (ABS)

Un ABS est un titre créé à partir des *cash-flows* d'actifs financiers, comme des prêts, des obligations, des cartes de crédit, des prêts immobiliers, des prêts automobiles. On peut parfois utiliser des *cash-flows* comme des *royalties* sur un titre musical. La figure 6.2 illustre le fonctionnement de l'actif financier créé. L'originateur des prêts vend un portefeuille d'actifs (comme des prêts *subprime*) à une entité (*special purpose vehicule* ou SPV) créée pour l'occasion. Les *cash-flows* des différents actifs sont alors alloués à différentes tranches. À la figure 6.2, il existe trois tranches différentes.

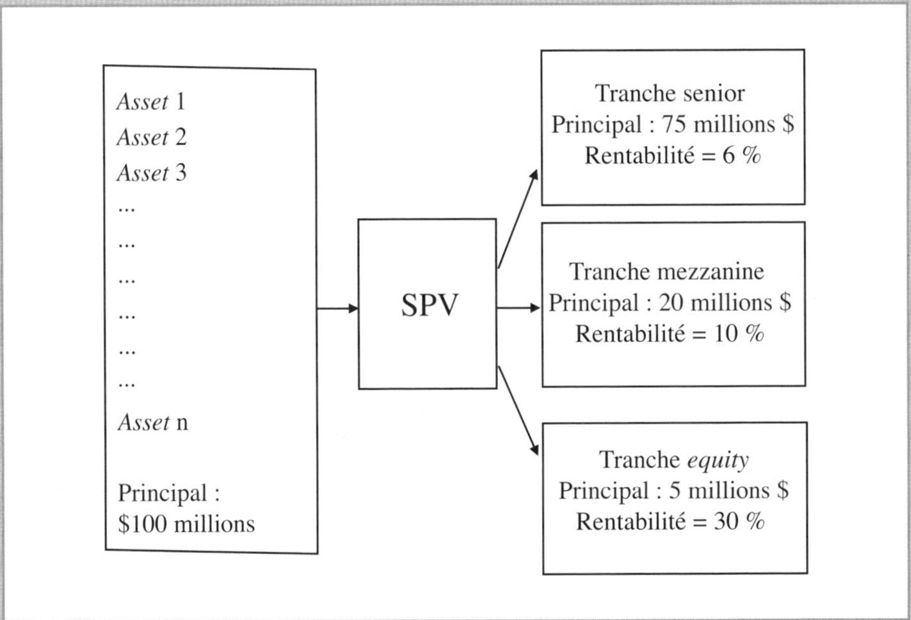

Figure 6.2 – Un ABS simplifié.

1. L'une des techniques consiste à payer régulièrement avec sa carte bancaire pendant quelques mois.

Le portefeuille a un principal de 100 millions alloués comme suit : 75 millions à la tranche senior, 20 millions à la tranche mezzanine et 5 millions à la tranche *equity*. La première tranche offre une rentabilité de 6 %, la deuxième de 10 % et la troisième de 30 %.

À première vue, la tranche *equity* semble la plus intéressante, mais ce n'est pas nécessairement le cas. En effet, le risque de ne pas réaliser la rentabilité attendue de 30 % est beaucoup plus élevé pour cette tranche que pour les deux autres. L'allocation des *cash-flows* dégagés par les prêts sous-jacents à l'intérieur des tranches s'opère selon un principe de fontaine (*waterfall*), illustré à la figure 6.3.

Les *cash-flows* encaissés sont tout d'abord versés à la tranche senior, jusqu'au moment où la rentabilité promise est atteinte. Les *cash-flows* suivants viennent ensuite alimenter la tranche mezzanine. Si la rentabilité attendue est atteinte pour cette tranche, la tranche *equity* est alors servie. Cette règle de distribution des *cash-flows* à l'intérieur des tranches est extrêmement précise et fait l'objet d'un document légal de plus d'une centaine de pages.

La figure 6.2 décrit ce qui se passe généralement chaque année. À la fin, les paiements du principal sont distribués aux différentes tranches. La part du principal effectivement remboursée dépend des pertes sur les actifs sous-jacents. Les premiers 5 % de pertes sont absorbés par la tranche *equity*. Si les pertes excèdent 5 %, la tranche *equity* est épuisée et les pertes sont absorbées par la tranche mezzanine. Enfin, si les pertes dépassent 25 %, la tranche senior est alors touchée.

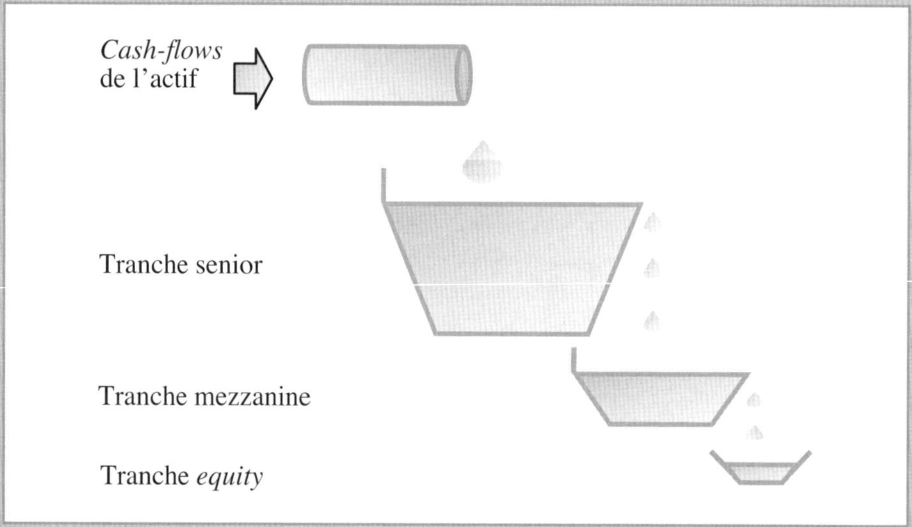

Figure 6.3 – Le principe de fontaine pour un ABS.

Il existe donc deux façons de décrire un ABS. La première fait référence au principe de « fontaine » décrit à la figure 6.3. Les *cash-flows* alimentent en premier lieu la tranche senior, puis la tranche mezzanine et enfin la tranche *equity*. La seconde se fait en termes de pertes. La perte en principal concerne d'abord la tranche *equity*, puis la tranche mezzanine et enfin la tranche senior.

La structuration de l'ABS est telle que la tranche senior est notée AAA et la tranche mezzanine généralement BBB. La tranche *equity* n'est souvent pas notée. Contrairement aux notations des obligations, les notes attribuées aux tranches d'ABS sont des « notes négociées ». L'objectif du concepteur est de maximiser le volume de la tranche senior sans perdre la note de triple A, ce qui optimise le profit réalisé. Généralement, avant de choisir la structure définitive, le concepteur présente plusieurs structures aux agences pour une évaluation préliminaire.

Un *Collateral Debt Obligation* (CDO) est un ABS particulier, dans lequel les actifs sous-jacents sont des obligations à taux fixe. L'annexe L présente la procédure d'évaluation de tels produits.

ABS CDO

Trouver des investisseurs intéressés par la tranche senior notée AAA créée à partir de prêts *subprime* n'est pas difficile. La tranche *equity*, quant à elle, est généralement détenue par l'originateur ou revendue à un *hedge fund*. La tranche mezzanine est en revanche plus délicate à commercialiser, ce qui a conduit les ingénieurs financiers à être créatifs (certainement un peu trop !). Ils ont créé un ABS à partir de tranches mezzanine d'ABS créées à partir de prêts *subprime*. On connaît ces produits sous le nom d'ABS CDO, ou Mezz ABS CDO (voir figure 6.4). On note AAA la tranche senior de l'ABS CDO, ce qui signifie que le montant de titres AAA créé représente 90 % (75 % plus 75 % de 20 %) du montant du portefeuille de prêt initial. Cela paraît élevé, mais si la titrisation allait encore plus loin (et c'est arrivé !) en créant un ABS à partir des tranches mezzanine d'ABS CDO, ce pourcentage serait encore plus impotant. Dans l'exemple illustré à la figure 6.4, la tranche AAA de l'ABS aurait certainement été dégradée dans la seconde moitié de l'année 2007.

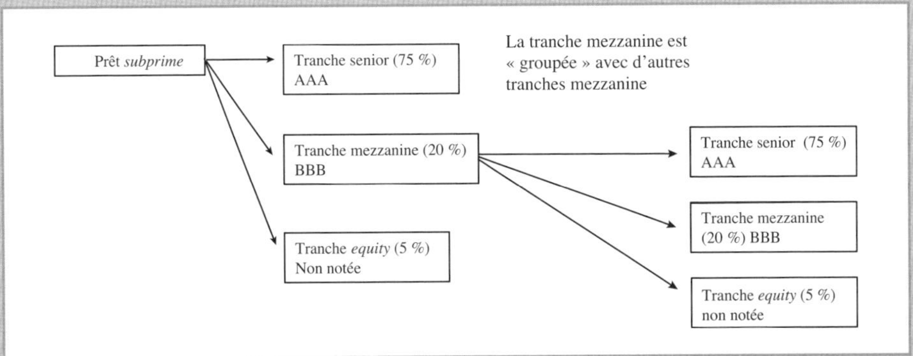

Figure 6.4 – Un ABS CDO (simplifié).

Cette tranche aurait cependant été rémunérée au taux prévu si les pertes sur le portefeuille de prêts n'excédaient pas 25 %, ces pertes étant absorbées par les tranches juniors. La tranche AAA de l'ABS CDO est, quant à elle, beaucoup plus risquée. En fait, le rendement promis ne peut être atteint que si les pertes sur le portefeuille sous-jacent ne dépassent pas 10 %. En effet, la tranche mezzanine de l'ABS CDO absorbe 5 % des pertes du portefeuille sous-jacent à l'ABS. Comme le principal de l'ABS CDO représente

20 % du principal de l'ABS, la perte maximale sur la tranche mezzanine est de 5/20, soit 25 %. Au pire, une telle perte assèche les tranches mezzanine et *equity* de l'ABS CDO, mais laisse la tranche senior intacte. Cette dernière n'est atteinte que si les pertes dépassent 10 %.

Supposons que la perte sur le portefeuille sous-jacent s'élève à 20 %. Dans ce cas, les pertes sur la tranche mezzanine sont de l'ordre de 15/20, soit 75 % du principal. Les tranches *equity* et mezzanine de l'ABS CDO absorbent les premiers 25 %. La tranche senior de l'ABS CDO perd 67 % de sa valeur (soit 50/75). Le tableau 6.1 résume l'ensemble des résultats.

Tableau 6.1 : Pertes sur les tranches AAA de l'ABS CDO de la figure 6.4.

Pertes sur le portefeuille *subprime*	Pertes sur la tranche mezzanine de l'ABS	Pertes sur la tranche *equity* de l'ABS CDO	Pertes sur la tranche mezzanine de l'ABS CDO	Pertes sur la tranche senior de l'ABS CDO
10 %	25 %	100 %	100 %	0 %
15 %	50 %	100 %	100 %	33 %
20 %	75 %	100 %	100 %	67 %
25 %	100 %	100 %	100 %	0 %

De nombreuses banques ont perdu de l'argent en investissant dans les tranches seniors des ABS CDO. Ces investissements étaient généralement financés à Libor et susceptibles d'offrir un rendement légèrement supérieur au taux Libor. En outre, la notation AAA de ces tranches les rendait peu gourmandes en fonds propres. Merrill Lynch a, par exemple, perdu beaucoup d'argent sur ce type d'investissements. En juillet 2008, cette banque a accepté de céder une tranche d'ABS CDO de 30,6 millions de dollars de principal, notée AAA, au fonds *Lone Star Funds* pour 22 *cents* par dollar[1].

ABS et ABS CDO en pratique

Les figures 6.2 et 6.4 illustrent de manière simple la nature de la titrisation. En réalité, le nombre de tranches est plus élevé et leur taille moins importante, ce qu'illustre la figure 6.5 qui présente un exemple plus réaliste du schéma de titrisation. Ce dernier est adapté d'une figure de l'article de Gorton, dont la source est un document de l'UBS[2]. On remarque que deux ABS CDO peuvent être créés, l'un à partir de tranches notées BBB de l'ABS (comme pour l'ABS CDO de la figure 6.4), et l'autre à partir des tranches AAA-AA et A de l'ABS. La figure illustre la création d'un troisième degré de titrisation s'appuyant sur les tranches mezzanine du Mezz ABS CDO. Il existe généralement une surcouverture (*over-collateralization*) car le principal des tranches créées est plus faible que celui des emprunts sous-jacents. En reprenant le raisonnement tenu dans le

1. En réalité, la transaction était encore plus défavorable car Merrill Lynch a accepté de financer 75 % du prix d'achat. On peut supposer que si la valeur de la tranche était tombée sous 16,5 *cents*, soit 75 % de 22 *cents*, Merrill Lynch se serait retrouvée en possession de ces actifs.

2. Voir Gorton, G., « The Subprime Panic », *European Financial Management*, 15, 1, 2008, p. 10-46.

tableau 6.1, on remarque cependant que de nombreuses tranches créées présentent des risques très importants.

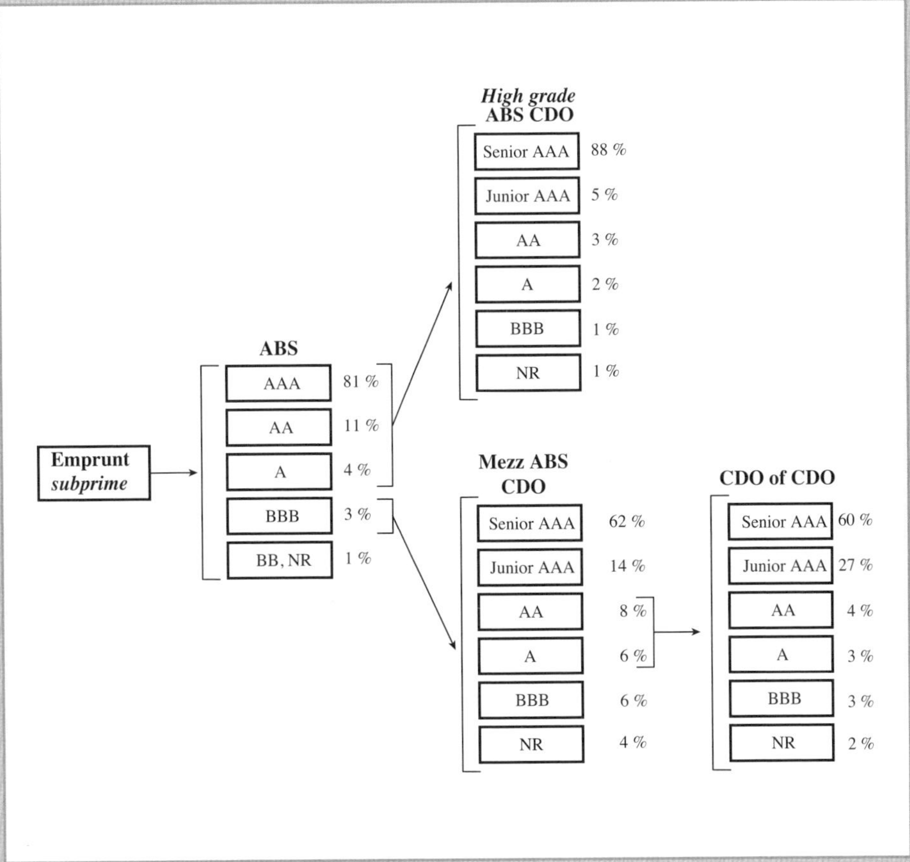

Figure 6.5 – Un exemple plus réaliste de la titrisation de subprime : ABS CDO, Mezz ABS CDO, et CDO de CDO ont un excès de couverture (overcollateralization) et un excès de *spread* (*excess spread*).

Les agences de notation et les investisseurs ont sous-évalué les risques associés aux tranches AAA des ABS CDO et, dans une moindre mesure, aux tranches des ABS. La valeur des tranches d'ABS dépend des corrélations de défaut des emprunts sous-jacents. Cette dépendance est encore plus importante pour les tranches d'ABS CDO. Si ces emprunts ont une corrélation de défaut modérée, ce qui est généralement le cas, il existe une probabilité très faible de voir apparaître un taux de défaut important sur l'ensemble du portefeuille de crédit. Dans ce cas, la tranche AAA présente peu de risque. En revanche, dans une période de tension sur les marchés, les corrélations de défaut peuvent augmenter de manière inhabituelle et des taux de défaut importants sont alors envisageables. Choisir un modèle de copule du temps de défaut, dans lequel les lois suivies sont des lois de Student plutôt que des lois gaussiennes, permet d'illustrer ce phénomène.

Comme nous le soulignons à l'encadré 6.1, parmi les erreurs qu'ils ont commises, les analystes ont traité une note BBB d'une tranche d'ABS comme une note BBB attribuée à une émission obligataire. Il existe des différences importantes entre ces deux notations, qui peuvent avoir de lourdes conséquences sur le risque associé aux tranches d'ABS CDO.

Encadré 6.1

Les notes BBB ne reflètent pas toujours les mêmes risques

Au moment de l'évaluation des tranches de CDO notées BBB, construites à partir des tranches mezzanine d'ABS, les analystes financiers ont évalué le risque sous-jacent comme s'il s'agissait d'une note BBB attribuée à des obligations. Ce n'est pas une bonne hypothèse. La tranche BBB d'un ABS CDO peut avoir la même espérance de pertes qu'une obligation BBB, mais la distribution des pertes peut être très différente. Par exemple, la probabilité de perdre 100 % du principal est plus importante pour une tranche BBB d'un ABS que pour une obligation de même notation. Cela signifie que les risques sur ces deux produits ne sont pas strictement identiques, et cette différence est d'autant plus importante que la tranche est étroite. Comme nous l'avons souligné dans l'exemple illustré à la figure 16.5, les tranches mezzanine des ABS CDO sont relativement étroites.

La leçon principale est qu'il est très hasardeux d'interpréter la notation d'une tranche ABS, ou d'un autre produit structuré, de la même façon qu'une note associée à des obligations.

6.3 La crise

Les défauts de paiement sur les prêts immobiliers aux États-Unis ont entraîné un certain nombre de conséquences. Les institutions financières et les autres investisseurs qui avaient acheté des tranches d'ABS et d'ABS CDO ont perdu de l'argent. Certains originateurs ont également subi des pertes pour avoir offert des garanties sur la qualité des prêts hypothécaires titrisés, puis ont été confrontés à des poursuites pénales au regard de leur pratique d'attribution de prêts. Comme cela arrive souvent lorsqu'un segment de marché connaît des pertes, une fuite vers la qualité s'est produite. Les investisseurs sont devenus réticents à prendre des risques et ont préféré acheter des bons du Trésor et des investissements sans risque. Les *spreads* de crédit (le rendement supplémentaire exigé pour la prise de risque de crédit) ont alors fortement augmenté. Les sociétés non financières ont alors eu de plus en plus de difficulté à obtenir des prêts auprès des banques. En effet, celles-ci sont devenues méfiantes les unes par rapport aux autres et les taux de prêts interbancaires ont fortement augmenté. Les agences de notation ont déclassé les tranches d'ABS et d'ABS CDO au cours de la seconde moitié de 2007. Le marché de ces tranches est devenu très illiquide. Les investisseurs ont réalisé qu'ils comprenaient mal le mécanisme sous-jacent à ces produits et qu'ils avaient eu une confiance aveugle dans les notations, ce qui souligne l'importance de la transparence sur les marchés financiers.

Les produits créés au cours de la période précédant la crise étaient très complexes (encore d'avantage que ceux présentés à la section 6.2). Les investisseurs ne se sont pas inquiétés avant les premières difficultés et ont alors constaté que la liquidité du marché était telle que les échanges se faisaient à des prix dérisoires. Des banques comme Citigroup, UBS et Merrill Lynch ont subi des pertes énormes. De nombreux plans gouvernementaux ont été nécessaires au sauvetage des institutions financières. Lehman Brothers a fait faillite et le monde a connu la pire récession depuis les années 1930. Même les régions reculées du monde sans aucun lien avec les institutions financières américaines ont été touchées. Les banques paient actuellement le prix de la crise, comme nous le verrons dans le chapitre 13, les capitaux propres réglementaires ont augmenté et des ratios de liquidité doivent être atteints. Des lois comme la loi Dodd-Frank aux États-Unis augmentent la surveillance des institutions financières et limitent leurs activités pour compte propre ainsi que leurs transactions sur produits dérivés.

6.4 Que s'est-il passé ?

Alan Greenspan, alors président de la Réserve fédérale des États-Unis, avait employé pour la première fois l'expression « exubérance irrationnelle » pour décrire le comportement des investisseurs pendant la hausse du marché dans les années 1990. On peut également l'utiliser pour évoquer la période qui a précédé la crise du crédit. Les prêteurs, les investisseurs en tranches d'ABS et d'ABS CDO créés à partir de prêts immobiliers, et les entreprises qui ont vendu une protection sur les tranches ont tous imaginé que ce « bon moment » allait encore durer. Ils pensaient que les prix des maisons aux États-Unis allaient continuer à augmenter. Ils pouvaient envisager des diminutions dans certaines zones, mais une baisse généralisée comme celle décrite à figure 6.1 était un scénario impossible. De nombreux facteurs sont à l'origine de la crise financière débutée en 2007. Les originateurs ont été de plus en plus laxistes quant aux critères d'attribution des prêts. Des produits ont été créés afin de leur permettre de transférer le risque à d'autres investisseurs. Ces produits étaient très complexes et, bien souvent, les investisseurs et les agences de notation ne disposaient que d'informations incomplètes sur la qualité des actifs sous-jacents. Les agences de notation ont quitté le secteur traditionnel de la notation des émetteurs obligataires pour le marché de la notation des produits structurés. Elles ont alors attribué des notes AAA à des produits très dépendants des corrélations de défaut des actifs sous-jacents. Ces produits semblaient particulièrement intéressants pour les investisseurs qui ont préféré se fier à l'avis des agences, plutôt que de se forger leur propre opinion. Quant aux traders, ils ont été séduits par ces produits à fort ratio rendement/capital réglementaire et qui augmentaient leurs bonus.

Arbitrage réglementaire

La plupart des prêts immobiliers ont été émis par des banques qui constituaient les principaux investisseurs dans les tranches créées à partir de ces prêts. Comment expliquer que les banques choisissent de titriser des prêts pour ensuite acheter ces mêmes prêts titrisés ? L'arbitrage réglementaire constitue une réponse. Le capital réglementaire nécessaire à un investissement dans les tranches était plus faible que celui nécessaire pour les prêts eux-mêmes. Ce phénomène s'explique essentiellement car les transactions sur tranches sont enregistrées dans le portefeuille de négociation, moins exigeant en fonds propres que le portefeuille de prêts. Nous examinerons ce point dans les chapitres 12 et 13.

Incitation

Les coûts d'agence décrivent, en économie, les coûts liés à une situation dans laquelle les intérêts de deux parties ne sont pas parfaitement alignés.

Le processus par lequel les prêts hypothécaires ont été attribués, titrisés et vendus aux investisseurs dépendait beaucoup des coûts d'agence. L'incitation des initiateurs des prêts immobiliers était de créer des prêts acceptables pour les créateurs d'ABS et d'ABS CDO. L'incitation des particuliers dont les prêts étaient adossés à la valeur de leur maison était de fournir une évaluation la plus élevée possible de leur bien afin de minimiser le ratio montant du prêt/valeur du bien. La principale préoccupation des créateurs d'ABS et d'ABS CDO a été la rentabilité de ces produits. Le volume des tranches notées AAA devait être le plus important possible et l'utilisation optimale des critères retenus par les agences de notation était de mise. Les agences de notation étaient payées par les émetteurs des produits qu'elles notaient et environ la moitié de leurs revenus provenaient des produits structurés.

Une autre source de coûts d'agence a trait à la relation des institutions financières avec leurs employés. On peut classer les rémunérations de ces derniers en trois catégories : le salaire annuel, les bonus de fin d'année et la distribution de *stock-options*. Dans ces institutions, de nombreux cadres, dont les traders, reçoivent une part importante de leur rémunération sous la forme de bonus fortement conditionnés par les performances de court terme. Si un trader réalise un profit gigantesque une année et une perte tout aussi importante l'année suivante, il n'aura pas besoin de restituer à ce moment-là le bonus reçu à la fin de la première année. Il pourra perdre son emploi, mais cela ne sera pas grave car les institutions financières, de façon surprenante, recrutent fréquemment des employés qui présentent des pertes sur leur *curriculum vitae*.

Supposez que vous soyez trader en ABS CDO pour le compte d'une institution financière en 2006. Vous êtes à cet instant conscient de l'existence d'une bulle sur le marché américain de l'immobilier et quasi certain que celle-ci risque tôt ou tard d'éclater. Malgré cela, vous décidez de maintenir votre investissement en ABS CDO, attiré par les bonus importants générés par votre position si la bulle n'éclate pas avant la fin de l'année 2006.

6.5 Les leçons de la crise

Les gestionnaires de risques peuvent tirer certaines leçons de la crise pour :

1. Le gestionnaire de risque doit être vigilant à toute forme d'exubérance irrationnelle et doit s'assurer que les cadres supérieurs soient conscients du caractère éphémère des « bons moments ».
2. Les corrélations augmentent toujours sur les marchés tendus. En mesurant l'impact des scénarios difficiles, le gestionnaire de risques ne doit pas utiliser de corrélations estimées à partir de conditions normales de marché.
3. Les taux de recouvrement en cas de défaut diminuent lorsque les taux de faillites augmentent (voir section 16.3). Cette affirmation est vraie pour presque tous les instruments de dette (et pas seulement les prêts immobiliers). En mesurant l'impact des scénarios difficiles, le gestionnaire de risques ne doit pas utiliser des taux de recouvrements estimés à partir de conditions normales de marché.
4. Le gestionnaire de risques doit veiller à ce que les incitations des opérateurs et du personnel l'encouragent à prendre des décisions dans l'intérêt de l'organisation dans

laquelle ils travaillent. De nombreuses institutions financières ont révisé leurs politiques de rémunération suite de la crise. Les bonus sont maintenant souvent étalés sur plusieurs années plutôt que payés en une seule fois. Si de bonnes performances sur un an sont suivies de performances médiocres, il est possible de récupérer une partie de la prime non encore payée.

5. Lorsque les qualités d'un produit semblent excessives, comme les tranches AAA des produits structurés qui promettaient des rendements plus élevés de 100 points de base que les rendements des obligations AAA, il est généralement nécessaire d'effectuer une analyse plus poussée. Il est probable que les agences de notation n'aient pas pris en compte certains risques.
6. Les investisseurs ne devraient pas se fier aveuglément aux notations. Ils doivent comprendre les hypothèses des agences et effectuer leurs propres analyses.
7. La transparence est importante sur les marchés financiers. En cas de manque de transparence (comme c'était le cas des ABS CDO), les marchés sont susceptibles de se tarir en présence d'informations négatives.
8. La retitrisation qui a conduit à la création de d'ABS CDO et de CDO de CDO était une idée comportant de graves lacunes. Les actifs utilisés pour créer des ABS dans la première étape de la titrisation devaient être aussi bien diversifiés que possible. Il n'y avait donc rien à gagner à la seconde étape de la titrisation.

L'encadré 6.1 fait remarquer que de nombreux acteurs du marché considéraient les tranches d'ABS notées BBB comme une notation BBB d'obligations. L'encadré 6.2 suggère une stratégie qui pourrait être suivie par des investisseurs qui ont compris que ce n'était pas le cas.

Encadré 6.2

Une opportunité de *trading* ?

Certains traders ont gagné d'importantes sommes d'argent en pariant contre les prêts immobiliers *subprime*. Supposons que vous analysiez le marché en 2005 et 2006 et que vous ne connaissiez pas l'avenir des prêts immobiliers *subprime*. Une opportunité de *trading* s'offre-t-elle à vous ?

La tranche Mezz d'ABS CDO représente en effet une telle opportunité. La figure 6.5 est une simplification de la façon dont les tranches ont été effectivement créées. Dans la pratique, il existait généralement trois tranches ABS, notées BBB+, BBB et BBB–. Chacune était très mince (environ 1 %). Les tranches Mezz de l'ABS CDO ont été construites à partir de chacun des trois types de tranches. Considérons la tranche Mezz ABS CDO, créée à partir de la tranche BBB+. Un trader peut raisonnablement conclure que la tranche BBB+, construite à partir de *pools* de prêts hypothécaires est sûre (en anticipant une absence de crise) ou très risquée en cas de crise (la tranche étant très mince). Cela signifie que toutes les tranches Mezz de l'ABS CDO créées à partir de tranches ABS notées BBB+ sont soit sûres, soit totalement impactées. Les tranches Mezz d'ABS CDO sont donc sensiblement identiques et doivent avoir la même note (BBB+ dans le cas qui nous occupe). Que devrait alors faire un trader ? Il devrait acheter des tranches juniors d'ABS CDO (peu coûteuses en raison de leur notation) et vendre des tranches seniors d'ABS CDO (relativement chères) pour le même principal. Cette décision souligne le point développé dans l'encadré 6.1 : les tranches BBB (en particulier à faibles tailles) ne sont pas équivalentes à une obligation notée BBB.

Résumé

La crise financière débutée en 2007 a eu des conséquences dévastatrices sur les marchés financiers mondiaux. Le marché immobilier américain a joué un rôle central dans cette crise. Le gouvernement américain a mis en place une politique qui favorisait l'accession à la propriété. Les taux d'intérêt étaient bas, et les vendeurs de crédit et les *brokers* ont assoupli les critères d'attribution des crédits afin de soutenir leur activité.

Des produits de titrisation ont été développés pour permettre à l'originateur de ne pas supporter le risque de crédit en le vendant sur le marché. Les agences ont attribué la note AAA à certaines tranches de ces produits. Celles-ci ont facilement trouvé preneurs sur les marchés financiers car leur rendement était largement supérieur à celui obtenu sur d'autres produits notés AAA.

Les banques ont pensé que cette période bénie allait durer et, concentrées sur leurs profits de court terme, elles ont ignoré la bulle immobilière et la complexité des produits qu'elles détenaient.

Les prix de l'immobilier ont augmenté sous la pression des nouveaux entrants et des spéculateurs sur ce marché. Certains prêts immobiliers proposaient des taux d'intérêt de l'emprunt extrêmement bas sur une période de deux ou trois ans, suivie par une hausse importante de ces taux. De nombreux emprunteurs n'ont pas pu faire face à cette augmentation et ont fait faillite, ce qui a entraîné un grand nombre de saisies et de ventes de biens immobiliers. Les prix, en augmentation entre 2000 et 2006, ont alors commencé à baisser. Les spéculateurs, voyant la valeur du collatéral de leur emprunt diminuer, se sont volontairement mis en faillite, ce qui a encore accentué la baisse des prix.

Un certain nombre de facteurs ont joué un rôle dans cette crise. On peut citer l'exubérance irrationnelle de certains participants, de mauvaises incitations, une confiance trop forte dans les agences de notations et la complexité des produits créés. Cette crise a offert un grand nombre de leçons aux gestionnaires de risques et, comme nous le verrons dans la suite de l'ouvrage, a eu pour conséquence un durcissement de la législation bancaire.

Références complémentaires

Gorton, G., « The Subprime Panic », *European Financial Management*, 15, 1, 2008, p. 10-46.

Hull, J. C., « The Financial Crisis of 2007: Another Case of Irrational Exuberance », dans *The Finance Crisis and Rescue: What Went Wrong? Why? What Lessons Can Be Learned?*, University of Toronto Press, 2008.

Hull, J. C., « The Credit Crunch of 2007: What Went Wrong? Why? What Lessons Can Be Learned? », *Journal of Credit Risk*, été 2009.

Hull, J. C. et White, A., « The Risk of Tranche Created from Residential Mortgages », *Working Paper*, université de Toronto, 2008.

Keys, B. J., Mukherjee, T., Seru, A. et Vig, V., « Did Securization lead to Lax Screening? Evidence from Subprime Loans », *Working Paper*, université du Michigan, 2008.

Krinsman, A. N., « Subprime Mortgage Meltdown: How did it Happen and How will it End », *Journal of Structured Finance*, été 2007, p. 13-19.

Mian, A. et Sufi, A., « The Comparison of Mortgage Credit Expansion: Evidence from the 2007 Mortgage Default Crises », *Working Paper*, Graduate School of Business, université de Chicago, 2008.

Sorkin, A. R., *Too big to fail*, Penguin, 2009.

Zimmerman, T., « The Great Subprime Meltdown », *Journal of Structured Finance*, automne 2007, p. 07-20.

Problèmes et exercices (corrigés en fin d'ouvrage)

6.1. Pourquoi les vendeurs de prêts immobiliers ont-ils fréquemment omis de demander certaines informations importantes aux emprunteurs durant la période 2000-2007 ?

6.2. Pourquoi l'augmentation des prix des logements entre 2000 et 2007 s'apparente-t-elle à une bulle ?

6.3. Au tableau 6.1, quels sont les chiffres associés à une perte sur le portefeuille sous-jacent de (a) 5 % et (b) 12 % ?

6.4. Quelle différence faites-vous entre la notation d'une obligation et la notation d'une tranche d'ABS équivalente ?

6.5. Expliquez la différence entre (a) un ABS, (b) un CDO et (c) un ABS CDO.

6.6. Comment les risques associés au ABS CDO ont-ils été sous-estimés par le marché ?

6.7. Que représentent les coûts d'agence ?

6.8. En quoi consiste le principe de fontaine pour la titrisation ?

6.9. Comment un ABS CDO est-il créé ? Quel est le but de cette création ?

6.10. Comment Mian et Sufi démontrent-ils l'assouplissement des conditions d'accès aux crédits entre 2000 et 2006 ?

6.11. Qu'est-ce qu'une tranche mezzanine ?

6.12. Expliquez l'influence des corrélations de défaut sur (a) les risques associés à la tranche *equity* d'un CDO et (b) les risques associés à la tranche senior.

6.13. Expliquez pourquoi les bonus de fin d'année sont des incitations de très court terme.

Questions complémentaires

6.14. Supposons que le principal des tranches senior, mezzanine et *equity* soit respectivement de 70 %, 20 % et 10 %, au lieu de 75 %, 20 % et 5 %. Comment les résultats du tableau 6.1 sont-ils affectés ?

6.15. Examinez ce qui se passe lorsque la taille de la tranche mezzanine de l'ABS en figure 6.4 diminue, avec une réduction du principal de la tranche mezzanine divisée en parts égales entre les tranches seniors et *equity*. Quel est en particulier l'effet sur le tableau 6.1 ?

Chapitre 7

Comment les traders gèrent-ils le risque ?

Dans une institution financière, le *front office* réalise généralement l'activité de *trading* (ou d'échanges d'actifs financiers), le *middle office* le contrôle des risques et le calcul du capital requis, et le *back office* l'enregistrement des différentes opérations. Comme nous l'avons vu à la section 1.6, le *trading* et le risque qui lui est associé sont contrôlés à deux niveaux. En premier lieu, le *front office* couvre ses positions afin que l'exposition à certaines variables de marché ne dépasse pas une limite fixée. En second lieu, le *middle office* agrège l'ensemble des risques associés aux positions des traders et juge si le niveau global de risque est acceptable. Ce chapitre aborde exclusivement la manière dont le *front office* couvre les positions. Les chapitres suivants aborderont les méthodes qu'utilise le *middle office* pour agréger ces risques. Ce chapitre explique ce que l'on entend par « lettres grecques » ou, plus couramment, par les « grecques ». Chacune de ces mesures fait référence à un aspect particulier de la position que prennent les traders sur le marché. Ces derniers calculent leurs « grecques » à chaque fin de journée et sont dans l'obligation d'ajuster leur portefeuille si les limites imposées par l'institution sont dépassées. Dans le cas contraire, ils s'exposent à un licenciement.

7.1 Le delta

Supposons que vous soyez trader dans une banque américaine et responsable des échanges sur l'or. Le cours actuel d'une once d'or est de 1 800 dollars. Le tableau 7.1 offre un résumé de votre position (qu'on appelle le *book*). Comment pouvez-vous gérer votre risque ?

Tableau 7.1 : Résumé du portefeuille sur l'or.

Position	Valeur ($)
Spots	180 000
Contrats *forward*	–60 000
Contrats *futures*	2 000
Swaps	80 000
Options	–110 000
Options exotiques	25 000
Total	117 000

La valeur actuelle de votre portefeuille est de 117 000 dollars. Afin d'évaluer son exposition au risque, une solution consiste à mesurer l'impact d'une variation du cours de l'once de 1 800 dollars à 1800,10 dollars. Si votre portefeuille vaut dans ce cas 116 900 dollars, une hausse de 0,10 dollar du cours de l'once d'or entraîne une baisse de 100 dollars de votre portefeuille. La sensibilité de celui-ci au cours de l'or est ici :

$$-1\,000 = \frac{-100}{0{,}1}$$

Cette mesure est le delta de votre portefeuille et traduit le fait que ce dernier perd 1 000 dollars lorsque le cours de l'or augmente de 1 dollar. En général, le delta du portefeuille mesuré par rapport à une variable de marché s'écrit :

$$\frac{\Delta P}{\Delta S}$$

où ΔS est une faible variation de la valeur de la variable de marché, et ΔP la variation de la valeur du portefeuille. En utilisant un terme technique, le delta est la dérivée partielle de la valeur du portefeuille par rapport à la valeur de la variable de marché et s'écrit :

$$\text{delta} = \frac{\partial P}{\partial S}$$

Dans notre exemple, le trader peut éliminer son exposition au risque de variation du cours de l'or en achetant 1 000 onces d'or. S'il réalise cet achat, le nouveau portefeuille aura un delta nul et l'on parle alors de portefeuille delta-neutre.

Les produits linéaires

On qualifie de produits linéaires les produits financiers dont la valeur augmente linéairement avec celle du sous-jacent (voir figure 7.1). Les contrats *forward*, les contrats *futures* et les *swaps* entrent dans cette catégorie. On peut relativement facilement couvrir ce type de produits. Supposons, par exemple, qu'une banque américaine entre dans un contrat *forward* avec une entreprise cliente. Ce contrat engage la banque à vendre à son client 1 million d'euros pour 1,3 million de dollars dans un an. Si le taux d'intérêt sur le marché de l'euro vaut 4 % et que le taux sur le marché en dollars est de 3 % (en composition continue), cela signifie que la valeur présente du million d'euros livrable dans un an est de 961 538 euros (1 000 000/1,04). La valeur de 1,3 million de dollars livrable dans un an est de 1 262 136 dollars. Si S est la valeur d'un euro en dollars sur le marché spot, la valeur du contrat est 1 262 136 – 961 538(S)[1], ce qui montre que la valeur du contrat évolue linéairement avec la valeur de S.

La banque peut couvrir sa position en empruntant une somme en dollars équivalente à 961 538 euros aujourd'hui et investir la somme en euros à 4 %. Elle est alors assurée de la détention du million d'euros dans un an et connaît, dès aujourd'hui, le coût de cette opération.

1. Voir annexe C pour des détails sur l'évaluation des contrats *forward*.

Cette couverture offre une protection contre les faibles et les fortes variations de S, et ne nécessite aucun ajustement de couverture au fil du temps. Il s'agit de deux propriétés essentielles des contrats linéaires.

Si la banque prend une position symétrique et s'engage à acheter 1 million d'euros dans un an, elle doit couvrir sa position en vendant 961,53 euros. Pour ce faire, elle emprunte dès aujourd'hui cette somme à 4 % et la convertit immédiatement en dollars. Elle utilisera le million d'euros qu'elle recevra dans un an pour le remboursement de l'emprunt.

Vendre des actifs pour couvrir des contrats *forward* n'est pas toujours facile. Par exemple, pour couvrir un achat de contrats *forward* portant sur une quantité d'or en vendant le support, la banque est contrainte à l'emprunt d'une quantité d'or suffisante. Comme le souligne l'encadré 7.1, les banques centrales peuvent servir d'intermédiaires dans ce type de transactions.

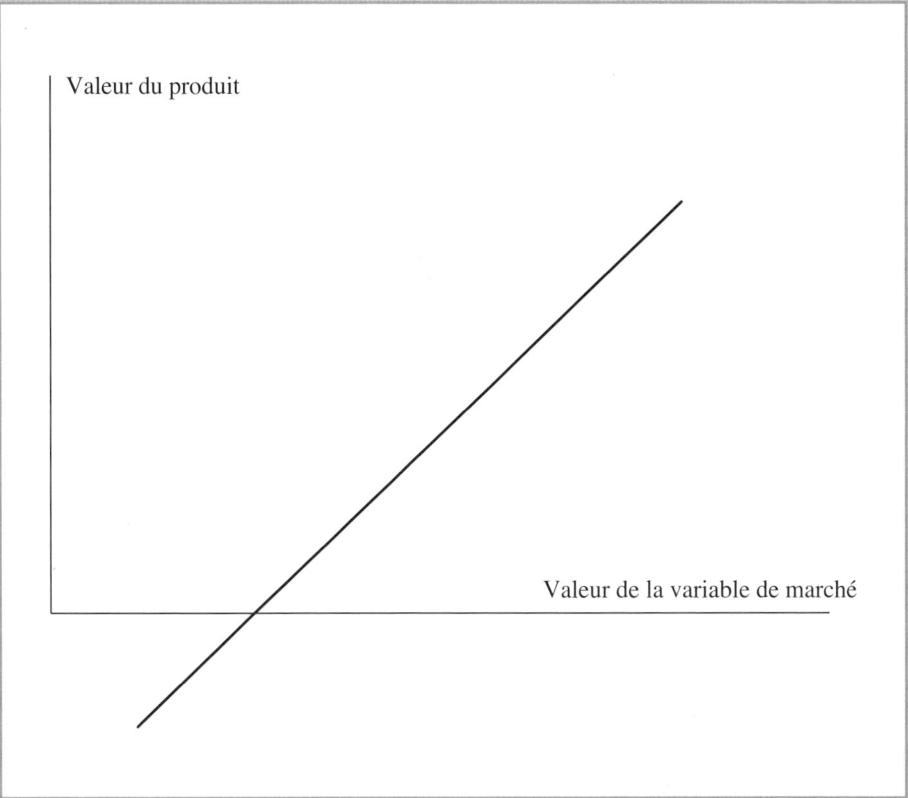

Figure 7.1 – Produit linéaire.

Encadré 7.1

La couverture des entreprises d'extraction d'or

Il est naturel pour les compagnies minières du secteur de l'or de se couvrir contre les variations du cours de l'or sur le marché. L'exploitation et l'extraction de l'or peuvent prendre des années. Même si au moment de la décision d'exploitation d'une nouvelle concession la rentabilité semble élevée, une baisse importante du cours de l'or peut se révéler catastrophique. Dans le but de rassurer leurs actionnaires, les compagnies minières prennent soin d'expliquer les stratégies de couverture retenues. Certaines compagnies choisissent cependant de ne pas couvrir leur risque et tentent d'attirer des actionnaires qui veulent s'enrichir lorsque le cours de l'or augmente, tout en les préparant à une éventuelle perte dans le cas contraire. D'autres compagnies choisissent de couvrir ce risque. Elles estiment généralement le nombre d'onces d'or produit tous les mois pendant les années à venir et vendent des contrats *forward* ou *futures* afin de fixer le prix de vente de l'or sur le marché. Imaginons que vous représentiez Goldman Sachs et que vous soyez la contrepartie d'une entreprise minière. Vous avez donc accepté d'acheter à un prix fixé une quantité d'or à une date convenue. Comment pouvez-vous couvrir votre risque ? La réponse consiste à emprunter l'or auprès d'une banque centrale et à le vendre immédiatement sur le marché (les banques centrales de nombreux pays détiennent d'importantes réserves d'or). La banque centrale facture bien sûr le service rendu. À la date de livraison du contrat *forward*, vous achetez l'or à la compagnie minière et remboursez votre dû à la banque centrale.

Les produits non linéaires

Les options et de nombreux produits structurés sont des produits non linéaires. Autrement dit, la relation entre la valeur de ces produits et celle du sous-jacent n'est pas linéaire. Ce type de produits est généralement plus délicat à couvrir.

Considérons, par exemple, un trader qui a vendu 100 000 options d'achat (*calls*) portant sur une action ne payant pas de dividendes lorsque :

1. le cours de l'action est de 49 euros ;
2. le prix d'exercice est de 50 euros ;
3. le taux sans risque vaut 5 % ;
4. la volatilité du cours de l'actif est de 20 % par an ;
5. la maturité de l'option est de 20 semaines.

On suppose que le montant reçu par le trader est de 300 000 euros et qu'il n'a aucune autre position sur le marché financier.

La figure 7.2 illustre la fonction liant la valeur de l'option au cours du sous-jacent.

La figure 7.3 donne la variation du delta par rapport aux niveaux du cours de l'action[1]. À la date de transaction, la valeur théorique de l'option est de 2,40 euros et le delta vaut 0,522.

1. On obtient les figures 7.2 et 7.3 à l'aide du logiciel DerivaGem, qui peut être téléchargé sur le site de l'auteur. On utilise ici le modèle de Black et Scholes.

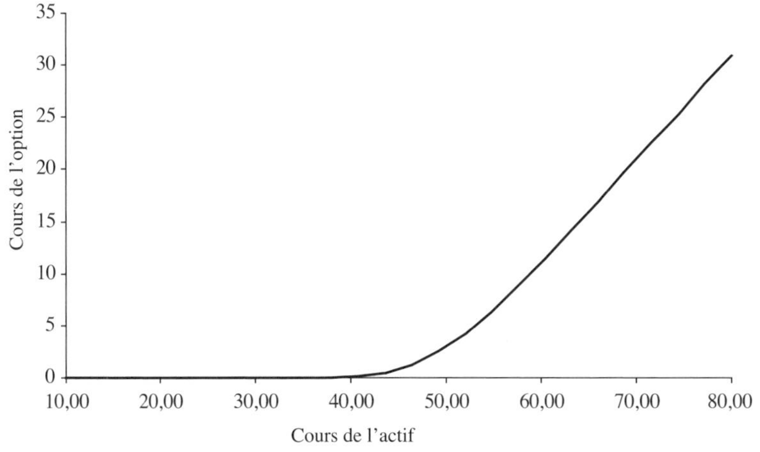

Figure 7.2 – Valeur d'une option par rapport au cours de l'action.

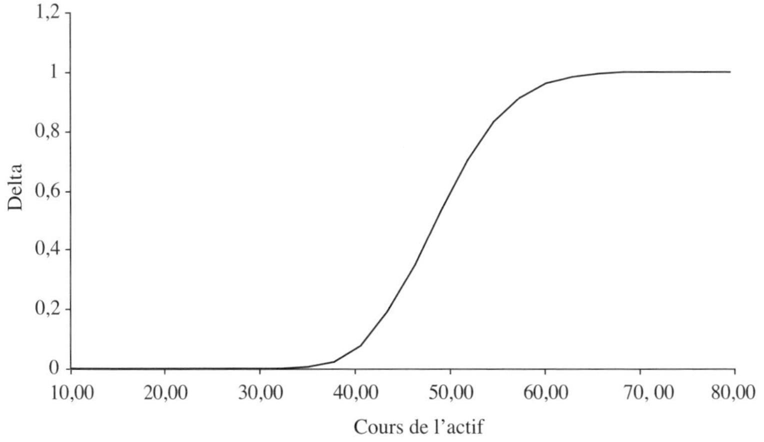

Figure 7.3 – Delta d'une option en fonction du cours du support.

Le trader vend 100 000 options ; la valeur de son portefeuille est donc de –240 000 euros et le delta du portefeuille vaut –52 200. Il peut être ravi puisque les options ont été vendues 60 000 euros au-dessus de leur valeur théorique, mais il reste face à la difficulté de couvrir sa position. Il peut rendre son portefeuille delta-neutre juste après la vente des options en achetant 52 000 actions sous-jacentes. Lors d'une faible baisse (ou hausse) du cours du support, une perte (ou un gain) sur l'actif sous-jacent peut compenser le gain (ou la perte) sur la position en options. Par exemple, si le cours de l'action augmente, passant de 49 euros à 49,10 euros, alors la valeur de la position en options décroît de $52\ 200 \times 0{,}1 = 5\ 220$ euros, tandis que le portefeuille d'actions se valorise du même montant.

Dans le cas des produits linéaires, la couverture ne nécessite aucun ajustement lorsque le temps passe. Ce n'est pas le cas des produits non linéaires, et une couverture delta-neutre doit être ajustée à des intervalles de temps réguliers. On parle généralement d'ajustements de portefeuille ou de rééquilibrage de portefeuille (*rebalancing*) dans le cadre d'une couverture dynamique. Les tableaux 7.2 et 7.3 illustrent ce phénomène à partir de l'exemple précédent. Les ajustements de portefeuille sont supposés être opérés toutes les semaines. Comme nous l'avons déjà signalé, le delta d'une action vaut 0,522 et celui du portefeuille s'élève à –52 500. Cela signifie que, dès la vente des options, 2 557 800 euros doivent être empruntés afin d'acheter 52 500 actions au cours de 49 euros. Le taux est de 5 % et le coût de la couverture en fin de première semaine vaut approximativement 2 500 euros. Au tableau 7.2, le cours de l'action baisse à 48,12 euros en fin de première semaine et le delta baisse également à 0,458. Une position longue sur 45 800 actions est alors nécessaire pour couvrir le portefeuille d'options. Le trader peut vendre 6 400 actions (52 200 – 45 800) pour maintenir sa couverture. Cette vente procure des liquidités pour une valeur de 308 000 euros, et l'emprunt global ne s'élève plus qu'à 2 252 300 euros à la fin de la première semaine. Pendant la deuxième semaine, le cours de l'action baisse à 47,37 euros et le delta diminue également. Cela conduit à une vente de 5 800 actions à la fin de la deuxième semaine. En fin de troisième semaine, le cours du titre s'établit à 50 euros (hausse), le delta augmente et 19 600 actions doivent être achetées afin d'ajuster la couverture. Lorsque l'on se rapproche de la maturité de l'option, il paraît évident que celle-ci sera exercée et le delta s'approche de 1,0. En semaine 20, le trader détient 100 000 actions et reçoit 5 millions d'euros pour ces titres; le coût total de la position et de sa couverture est finalement de 2 633 000 euros. Le tableau 7.3 offre une seconde illustration dans laquelle l'option est en dehors de la monnaie à sa maturité. Dès qu'il paraît clair que l'option ne sera pas exercée, le delta s'approche de zéro. En semaine 20, le trader ne détient aucune position sur le support, et les coûts totaux s'élèvent à 256 600 euros.

Aux tableaux 7.2 et 7.3, les coûts de couverture de l'option actualisés en début de période sont assez proches de ceux obtenus par l'évaluation de Black et Scholes (240 000 euros). Si le procédé de couverture fonctionnait parfaitement, le coût de cette protection serait, après actualisation, exactement égal à celui de Black et Scholes, quelle que soit la simulation des trajectoires du cours de l'action. L'écart s'explique car la protection n'est réajustée qu'une fois par semaine. Lorsque l'ajustement est plus fréquent, cet écart se réduit.

Tableau 7.2 : Simulation de couverture par le delta (l'option termine dans la monnaie ; le coût de la couverture s'élève à 263 300 euros).

Semaine	Cours de l'action	Delta	Actions achetées	Coûts des actions achetées (en K€)	Coûts cumulés avec intérêts (en K€)	Coûts d'intérêts (K€)
0	49,00	0,522	52 200	2 557,8	2 557,8	2,5
1	48,12	0,458	-6 400	-308,0	2 252,3	2,2
2	47,37	0,400	-5 800	-274,7	1 979,8	1,9
3	50,25	0,596	19 600	984,9	2 966,6	2,9
4	51,75	0,693	9 700	502,0	3 471,5	3,3
5	53,12	0,774	8 100	430,3	3 905,1	3,8
6	53,00	0,771	-300	-15,9	3 893,0	3,7
7	51,87	0,706	-6 500	-337,2	3 559,5	3,4

Semaine	Cours de l'action	Delta	Actions achetées	Coûts des actions achetées (en K€)	Coûts cumulés avec intérêts (en K€)	Coûts d'intérêts (K€)
8	51,38	0,674	–3 200	–164,4	3 398,5	3,3
9	53,00	0,787	11 300	598,9	4 000,7	3,8
10	49,88	0,550	–23 700	–1 182,2	2 822,3	2,7
11	48,50	0,413	–13 700	–664,4	2 160,6	2,1
12	49,88	0,542	12 900	643,5	2 806,2	2,7
13	50,37	0,591	4 900	246,8	3 055,7	2,9
14	52,13	0,768	17 700	922,7	3 981,3	3,8
15	51,88	0,759	–900	–46,7	3 938,4	3,8
16	52,87	0,865	10 600	560,4	4 502,6	4,3
17	54,87	0,978	11 300	620,0	5 126,9	4,9
18	54,62	0,990	1 200	65,5	5 197,3	5,0
19	55,87	1,000	1 000	55,9	5 258,2	5,1
20	57,25	1,000	0	0,0	5 263,3	

Tableau 7.3 : Simulation de couverture par le delta (l'option termine en dehors de la monnaie ; le coût de la couverture s'élève à 256 600 euros).

Semaine	Cours de l'action	Delta	Actions achetées	Coûts des actions achetées (en K€)	Coûts cumulés avec intérêts (en K€)	Coûts d'intérêts (K€)
0	49,00	0,522	52 200	2 557,8	2 557,8	2,5
1	49,75	0,568	4 600	228,9	2 789,2	2,7
2	52,00	0,705	13 700	712,4	3 504,3	3,4
3	50,00	0,579	–12 600	–630,0	2 877,7	2,8
4	48,38	0,459	–12 000	–580,6	2 299,9	2,2
5	48,25	0,443	–1 600	–77,2	2 224,9	2,1
6	48,75	0,475	3 200	156,0	2 383,0	2,3
7	49,63	0,540	6 500	322,6	2 707,9	2,6
8	48,25	0,420	–12 000	–579,0	2 131,5	2,1
9	48,25	0,410	–1 000	–48,2	2 085,4	2,0
10	51,12	0,658	24 800	1 267,8	3 355,2	3,2
11	51,50	0,692	3 400	175,1	3 533,5	3,4
12	49,88	0,542	–15 000	–748,2	2 788,7	2,7
13	49,88	0,538	–400	–20,0	2 771,4	2,7
14	48,75	0,400	–13 800	–672,7	2 101,4	2,0
15	47,50	0,236	–16 400	–779,0	1 324,4	1,3
16	48,00	0,261	2 500	120,0	1 445,7	1,4
17	46,25	0,062	–19 900	–920,4	526,7	0,5
18	48,13	0,183	12 100	582,4	1 109,6	1,1
19	46,63	0,007	–17 600	–820,7	290,0	0,3
20	48,12	0,000	–700	–33,7	256,6	

Bien sûr, les exemples des tableaux 7.2 et 7.3 sont idéalisés dans la mesure où l'on suppose que les hypothèses du modèle de Black et Scholes sont vérifiées et qu'il n'existe pas de coûts de transaction.

Le but de la couverture en delta est de maintenir la position de l'institution financière proche de la valeur initiale. Au départ, la valeur des options vendues est de 240 000 euros. Dans la situation que décrit le tableau 7.2, on peut estimer cette valeur à 414 500 euros à la semaine 9 ; l'institution financière a donc perdu 174 500 euros sur cette position. Sa position monétaire, mesurée par le coût cumulé des actions et des intérêts en semaine 9, est supérieure de 1 442 900 euros à celle de la semaine 0. La valeur des actions en portefeuille est passée de 2 557 800 euros à 4 171 100 euros (= 78 700 × 53 euros), soit un gain de 1 613 300 euros. Le résultat net global pour la position de l'institution financière, déduite de l'ensemble des effets qui viennent d'être décrits, traduit une variation de seulement 4 100 euros durant la période de neuf semaines.

D'où viennent les coûts ?

La technique de couverture en delta des tableaux 7.2 et 7.3 crée en fait une position longue synthétique en options, afin de neutraliser la position courte résultant de l'option vendue. Ce procédé suppose généralement de vendre les actions juste après une baisse de leur cours et de les acheter juste après une hausse. On pourrait résumer cela par une affirmation du type « Achetez haut, vendez bas ! ». Le coût de 240 000 euros provient de la moyenne des différences entre le prix payé pour les actions et le montant obtenu lors de leur vente.

Les coûts de transaction

Maintenir une position delta-neutre sur la base d'une option et d'un actif sous-jacent peut se révéler très coûteux du point de vue des transactions. Une gestion delta-neutre est mieux adaptée à un large portefeuille d'actifs dérivés dépendant d'un seul actif. En effet, une seule transaction sur l'actif sous-jacent est nécessaire afin d'annuler le delta du portefeuille global, et les coûts de transaction sont dès lors absorbés par les résultats obtenus sur les différents échanges.

7.2 Le gamma

Le gamma d'un portefeuille d'options, noté Γ, est le taux de variation du delta du portefeuille en fonction de la valeur de l'actif sous-jacent. Il est mesuré par la dérivée seconde de la valeur du portefeuille par rapport au cours de l'actif :

$$\Gamma = \frac{\partial^2 P}{\partial S^2}$$

Si le gamma est faible, le delta varie lentement, et peu d'ajustements sont nécessaires pour maintenir un portefeuille en position delta-neutre. En revanche, si le gamma est important en valeur absolue, le delta est sensible aux variations du cours de l'actif sous-jacent. Il peut alors être risqué de laisser un portefeuille delta-neutre inchangé pendant de longues périodes. La figure 7.4 illustre ce point. Lorsque le cours de l'action varie de S à S', la couverture par le delta suppose que la valeur de l'option varie de C à C', alors que, sur le marché, cette valeur passe de C à C''. La différence entre C' et C'' constitue l'erreur de couverture. Celle-ci dépend de la forme de la relation liant la valeur de l'option au cours de l'action. Le gamma mesure la courbure[1] de cette relation. Il est positif pour une position longue en options. La figure 7.5 propose une illustration de la forme de la relation liant le cours du support et la valeur du gamma. On peut noter que le gamma d'une option est plus élevé lorsque le cours du support est proche du prix d'exercice.

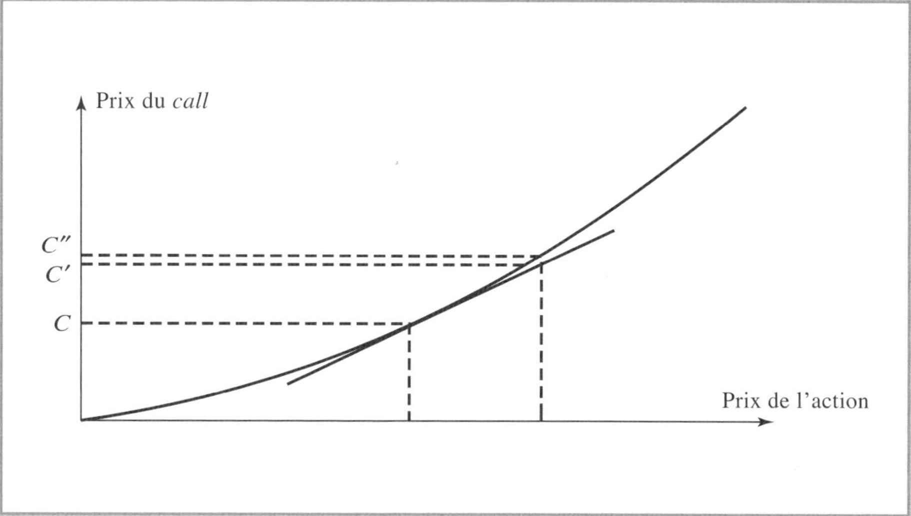

Figure 7.4 – Erreur de couverture due au gamma.

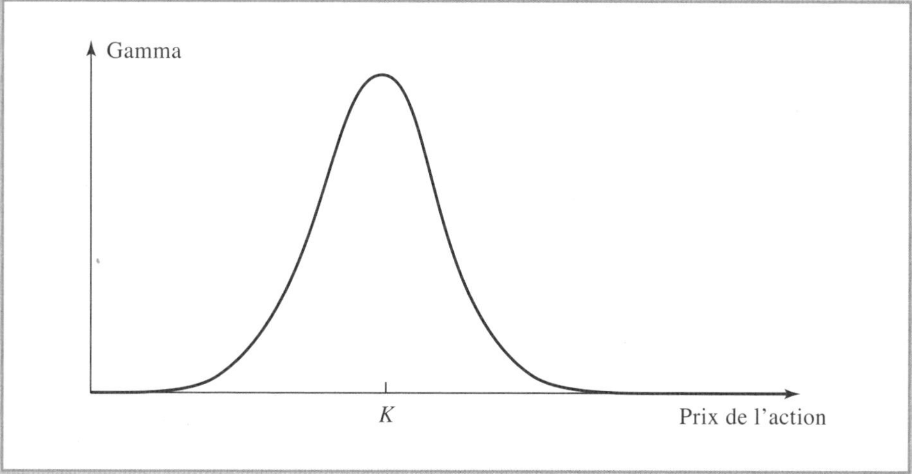

Figure 7.5 – Relation entre le gamma d'une option et le prix du support. K est le prix d'exercice de l'option.

1. En effet, les opérateurs de marché appellent parfois « courbure » le gamma d'une option.

Créer un portefeuille gamma-neutre

Les produits linéaires ont un gamma nul et ne peuvent pas être utilisés pour modifier le gamma d'un portefeuille. Il est alors nécessaire de prendre une position dans un instrument tel qu'une option, dont la valeur n'évolue pas linéairement avec le prix du sous-jacent.

Supposons qu'un portefeuille delta-neutre ait un gamma égal à Γ et qu'une option négociable ait un gamma égal à Γ_T. Si le nombre d'options ajoutées au portefeuille est ω_T, le gamma du portefeuille est alors égal à :

$$\omega_T\Gamma_T\Gamma_T + \Gamma$$

De ce fait, la position en options, nécessaire pour établir un portefeuille gamma-neutre, est $-\Gamma/\Gamma_T$. Ajouter une option négociable risque également de modifier le delta du portefeuille, et des changements de la position dans l'actif sous-jacent sont dès lors nécessaires pour maintenir la neutralité du delta. Notons que le portefeuille est gamma-neutre seulement sur une courte période de temps. Lorsque le temps passe, la neutralité du gamma ne peut être maintenue que si la position dans l'option négociable est ajustée de manière à être toujours égale à $-\Gamma/\Gamma_T$.

On peut considérer que rendre gamma-neutre un portefeuille delta-neutre constitue une première correction, car la position dans l'actif sous-jacent ne peut pas être modifiée continuellement. La neutralité en delta protège le portefeuille contre une faible variation du cours de l'actif entre deux ajustements. La neutralité en gamma permet une protection contre des variations plus importantes du cours de l'actif entre deux dates d'ajustement de la couverture. Considérons un portefeuille delta-neutre de gamma –3 000. Le delta et le gamma d'une option d'achat donnée sont respectivement de 0,62 et 1,50. Le portefeuille peut être rendu gamma-neutre en y ajoutant une position longue en options de $\dfrac{3\,000}{1{,}5} = 2\,000$.

Le delta du portefeuille est cependant modifié de zéro à $2\,000 \times 0{,}62 = 1\,240$. Il est alors nécessaire de vendre une quantité de l'actif sous-jacent (1 240) pour conserver au portefeuille son caractère delta-neutre.

7.3 Le vega

La volatilité représente une source importante de risque dans la gestion des positions en actifs dérivés. Elle mesure l'incertitude sur la valeur future d'une variable de marché (voir chapitre 9). Dans les modèles classiques d'évaluation d'options, la volatilité est généralement supposée constante. En pratique, les volatilités varient au fil du temps. Les positions sur des produits *forward* ou des *swaps* ne dépendent pas de la volatilité de l'actif sous-jacent, ce qui n'est pas le cas des positions en options ou en produits exotiques. Dans ce cas, la valeur d'un produit dérivé est susceptible de changer simplement à cause des variations de la volatilité, au même titre que lorsque le cours de l'actif varie ou que le temps s'écoule.

Le vega d'un portefeuille de produits dérivés, ν, représente le taux de variation de la valeur du portefeuille en fonction de la volatilité de l'actif sous-jacent[1] :

$$\nu = \frac{\partial P}{\partial \sigma}$$

Si la valeur absolue du vega est importante, celle du portefeuille est très sensible au moindre changement de volatilité. Si elle est faible, un changement de la volatilité a peu d'impact sur la valeur du portefeuille.

On peut modifier le vega d'un portefeuille en ajoutant une position en options. Si ν est le vega du portefeuille et n_T celui d'une option donnée, une position de $-\frac{\nu}{\nu_T}$ sur cette option rend le portefeuille vega-neutre. Malheureusement, un portefeuille gamma-neutre ne sera généralement pas vega-neutre, et *vice versa*. Si un trader veut un portefeuille à la fois gamma-neutre et vega-neutre, au moins deux produits dérivés sur le même sous-jacent sont nécessaires.

Le vega d'une position longue en options est positif. La variation du vega lorsque le cours de l'actif sous-jacent varie est semblable à celle du gamma (voir figure 7.6).

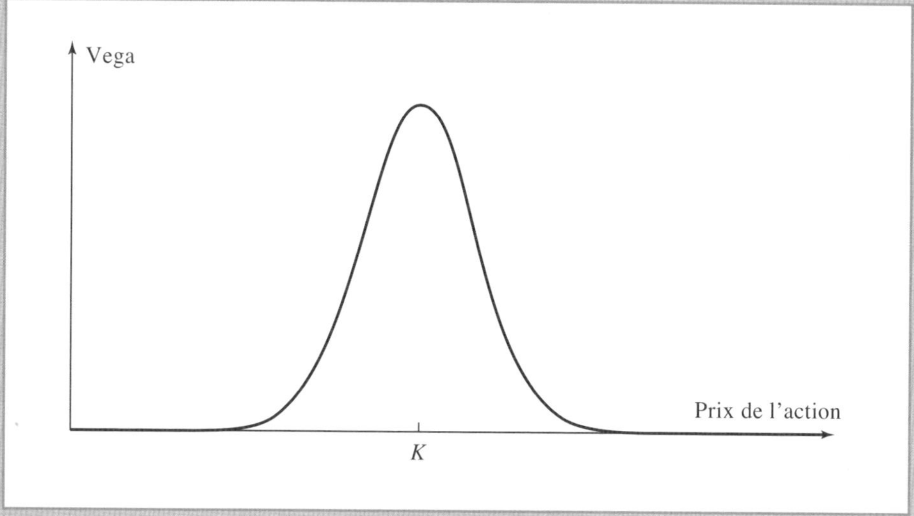

Figure 7.6 – Relation entre le vega d'une option et le prix du support. K est le prix d'exercice de l'option.

Un portefeuille gamma-neutre est protégé contre de fortes variations du cours du support entre deux dates d'ajustement, alors qu'un portefeuille vega-neutre est protégé contre les variations de la volatilité du support. Les volatilités implicites des options courtes ont tendance à réagir plus que celles des options longues. De ce fait, on calcule le vega d'un portefeuille en modifiant dans une moindre mesure les volatilités des options longues (voir section 10.10).

1. Vega est le nom donné à l'une des « lettres grecques », mais ce n'est pas une lettre de l'alphabet grec.

Exemple 7.1

Soit un portefeuille delta-neutre, de gamma –5 000 et de vega –8 000. Une option négociable (I) a un gamma de 0,5, un vega de 2,0 et un delta de 0,6. On peut rendre le portefeuille vega-neutre en y incluant une position longue dans 4 000 options. Cela augmente le delta de 2 400 et nécessite la vente de 2 400 unités d'actif sous-jacent pour maintenir la neutralité du delta. Le gamma du portefeuille passe alors de –5 000 à –3 000.

Pour rendre le portefeuille gamma-neutre et vega-neutre, supposons qu'une seconde option (II) de gamma 0,8, de vega 1,2 et de delta 0,5 soit négociable. Si w_1 et w_2 sont les quantités respectives des deux options négociables incluses dans le portefeuille, il est nécessaire que :

$$-5\,000 + 0{,}5\omega_1 + 0{,}8\omega_2 = 0$$

$$-8\,000 + 2{,}0\omega_1 + 1{,}2\omega_2 = 0$$

La solution de ces équations est $\omega_1 = 400$ et $\omega_2 = 6\,000$. Le portefeuille est rendu gamma-neutre et vega-neutre en ajoutant 400 options (I) et 6 000 options (II). Le delta du portefeuille est alors $400 \times 0{,}6 + 6\,000 \times 0{,}5 = 3\,240$, et 3 240 unités d'actif sous-jacent devront alors être vendues pour maintenir la neutralité.

7.4 Le thêta

On définit le thêta d'un portefeuille d'options, noté Θ, comme le taux de variation de la valeur du portefeuille par rapport à la durée de vie de l'option, toutes choses égales par ailleurs. Le thêta d'une option est généralement négatif[1] car la valeur de l'option diminue lorsque l'échéance approche. La figure 7.7 illustre la variation du thêta pour un *call*, en fonction du cours de l'action. Lorsque celui-ci est très bas, le thêta est presque nul. Pour une option à la monnaie, le thêta est important et négatif. La figure 7.8 décrit les variations du thêta en fonction du temps restant jusqu'à la maturité de l'option pour des *calls* dans la monnaie, à la monnaie ou en dehors de la monnaie.

Le thêta, en tant que « grecque », n'est pas de même nature que le delta. Il existe une incertitude quant à la valeur future de l'action, mais aucune sur le fait que le temps passe. Il fait sens de vouloir couvrir un portefeuille d'options contre les variations imprévues du cours de l'actif sous-jacent, mais pas de vouloir se couvrir contre l'effet du temps qui passe. Malgré cela, de nombreux traders voient le thêta comme une statistique descriptive très pratique pour un portefeuille. Cela s'explique car, comme nous le verrons ultérieurement, dans un portefeuille en delta-neutre, le thêta peut remplacer le gamma.

1. Il peut y avoir une exception pour un *put* européen dans la monnaie sur une action ne versant pas de dividendes, ou pour un *call* européen dans la monnaie portant sur une devise au taux d'intérêt très élevé.

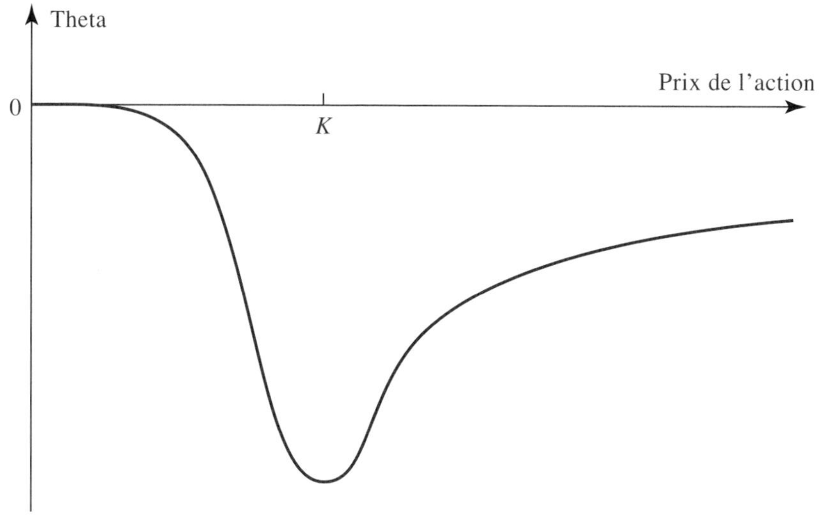

Figure 7.7 – Variation du thêta d'un call européen en fonction du cours de l'action.

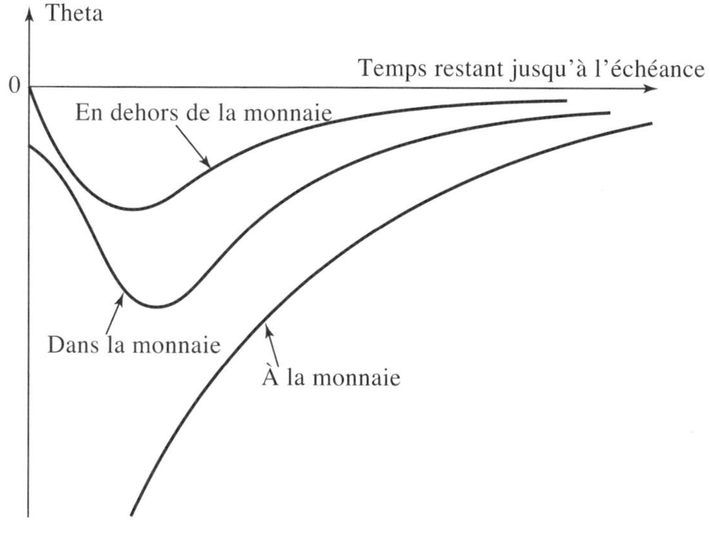

Figure 7.8 – Variations « classiques » du thêta d'un *call* européen en fonction du temps restant jusqu'à l'échéance.

7.5 Le rhô

Le rhô d'un portefeuille d'options est la dernière « lettre grecque » que nous abordons. Il mesure le taux de variation de la valeur du portefeuille en fonction du taux d'intérêt. Les options de change ont deux rhôs : le premier a trait au taux d'intérêt de la devise domestique, alors que le second concerne la devise étrangère. Lorsque les traders investissent une part du portefeuille en obligations et en actifs dérivés de taux d'intérêt, ils sont généralement très attentifs aux déformations possibles de l'ensemble de la structure par termes des taux d'intérêt. Nous développerons ce point au chapitre 8.

7.6 Le calcul des « grecques »

Nous aborderons en détail l'évaluation des « lettres grecques » associées aux options dans les annexes E et F. Vous pourrez utiliser le logiciel DerivaGem, téléchargeable sur le site de l'auteur. Considérons à nouveau l'option d'achat de la section 7.1. Le cours de l'action est de 49 euros, le prix d'exercice est de 50 euros, le taux sans risque vaut 5 %, la volatilité du cours de l'actif est de 20 % par an et la maturité de l'option est de 20 semaines (soit 20/52 année). Après calcul, le prix de l'option est de 2,40 euros, le delta vaut 0,522 (par euro), le gamma a une valeur de 0,066, le vega est de 0,121 (par %), le thêta vaut –0,012 (par jour) et le rhô s'élève à 0,089 (par %). Le tableau 7.4 indique les résultats obtenus pour une option et une position courte sur 100 000 options (identique à celle des tableaux 7.2 et 7.3). On peut interpréter les résultats comme suit :

1. Lorsque le cours de l'action augmente de 0,10 euro, toutes choses égales par ailleurs, le prix de l'option augmente d'environ $0{,}522 \times 0{,}1$, soit 0,0522 euro. La position courte perd 5 220 euros.
2. Lorsque le cours de l'action augmente de 0,10 euro, toutes choses égales par ailleurs, le delta de l'option augmente d'environ $0{,}066 \times 0{,}1$, soit 0,0066. La position courte perd 660 euros.
3. Lorsque la volatilité augmente de 0,5 %, toutes choses égales par ailleurs, le prix de l'option augmente d'environ $0{,}121 \times 0{,}5$, soit 0,0605. La position courte perd 6 050 euros.
4. Lorsque, pendant une journée, la volatilité et le prix de l'action demeurent inchangés, le prix de l'option baisse d'environ 0,012. La position courte gagne 1 200 euros.
5. Lorsque les taux d'intérêt augmentent de 1 % (100 points de base), toutes choses égales par ailleurs, le prix de l'option augmente de 0,089. La position courte perd 8 900 euros.

Tableau 7.4 : Grecques calculées avec le logiciel Derivagem ($S = 49$, $r = 5\,\%$, $K = 50$, $\sigma = 20\,\%$, $T = 20$).

	Option unique	Position courte sur 100 000 options
Valeur (€)	2,40	–240 000
Delta (par €)	0,522	–52 200
Gamma (€)	0,066	–6 600
Vega (par %)	0,121	–12 100
Thêta (par jour)	–0,012	1 200
Rhô (par %)	0,089	–8 900

7.7 Le développement en série de Taylor

Un développement en série de Taylor (voir annexe G) de la variation de la valeur d'un portefeuille permet de mettre en lumière le rôle joué par chacune des « lettres grecques » dans cette variation. Considérons un portefeuille dont la valeur dépend d'une seule variable de marché, notée S. Si la volatilité de l'actif sous-jacent et le taux d'intérêt sont constants, la valeur du portefeuille Π dépend de S et de t. Le développement en série de Taylor s'écrit :

$$\Delta P = \frac{\partial P}{\partial S}\Delta S + \frac{\partial P}{\partial t}\Delta t + \frac{1}{2}\frac{\partial^2 P}{\partial S^2}\Delta S^2 + \frac{1}{2}\frac{\partial^2 P}{\partial t^2}\Delta t^2 + \frac{\partial^2 P}{\partial t \partial S}\Delta S \Delta t + ... \quad (7.1)$$

où ΔP et ΔS sont les variations de P et de S pendant un petit intervalle de temps Δt. La couverture en delta élimine le premier membre de droite de l'équation. Le deuxième terme, à savoir thêta multiplié par Δt, n'est pas stochastique. Le troisième terme est annulé pour un portefeuille à la fois gamma-neutre et delta-neutre. En se fondant sur des arguments de calculs stochastiques, ΔS est de l'ordre de $\sqrt{\Delta t}$, ce qui signifie que le troisième terme du membre de droite de l'équation est de l'ordre de Δt. Les autres termes du développement en série de Taylor sont d'ordre supérieur à Δt. Pour un portefeuille delta-neutre, le premier terme de droite de l'équation (7.1) est nul, et l'on peut écrire :

$$\Delta P = \Theta \Delta t + \frac{1}{2}\Gamma \Delta S^2 \quad (7.2)$$

Si l'on néglige les termes d'ordre supérieur à 1 en Δt, dès lors, il existe une relation quadratique entre la variation de la valeur du portefeuille et celle du cours du sous-jacent (voir figure 7.9). Lorsque le gamma est positif, le détenteur du portefeuille est gagnant pour de fortes variations de la variable de marché, et perdant dans le cas contraire. L'inverse est vrai pour des gammas négatifs, et d'importantes variations positives ou négatives de la variable de marché entraînent des pertes importantes sur le portefeuille.

Lorsque la volatilité n'est pas constante, P est fonction de S, σ et t. L'équation (7.1) s'écrit alors :

$$\Delta P = \frac{\partial P}{\partial S}\Delta S + \frac{\partial P}{\partial \sigma}\Delta \sigma + \frac{\partial P}{\partial t}\Delta t + \frac{1}{2}\frac{\partial^2 P}{\partial S^2}\Delta S^2 + \frac{1}{2}\frac{\partial^2 P}{\partial \sigma^2}\Delta \sigma^2 + ...$$

où $\Delta\sigma$ est la variation de σ pendant la période Δt. Dans ce cas, la couverture en delta élimine le premier membre de droite de l'équation. Le deuxième terme est éliminé par une couverture vega-neutre. Le troisième terme n'est pas stochastique et le quatrième est éliminé pour un portefeuille gamma-neutre.

Les traders calculent parfois d'autres « lettres grecques » (ordres supérieurs du développement en série de Taylor). Par exemple, on note généralement $\frac{\partial^2 P}{\partial \sigma^2}$ le « gamma du vega ».

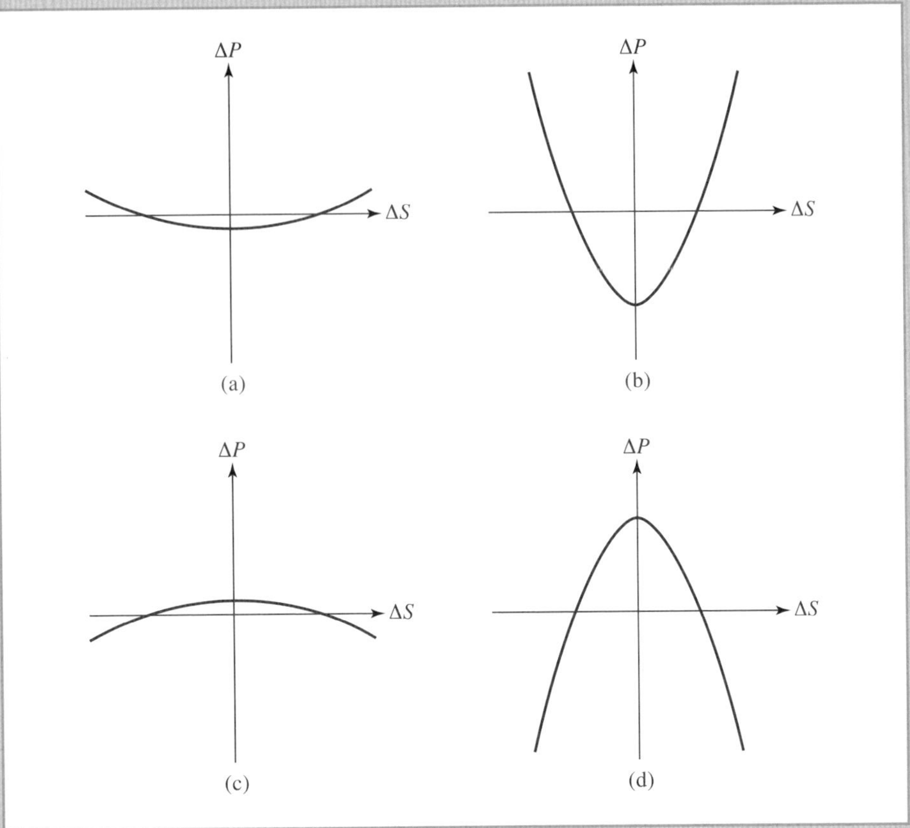

Figure 7.9 – Relations entre ΔP et ΔS pour un portefeuille delta-neutre avec (a) un gamma faiblement positif, (b) un gamma fortement positif, (c) un gamma faiblement négatif et (d) un gamma fortement négatif.

7.8 La réalité de la couverture

Dans un monde idéal, les traders employés par les institutions financières sont capables de réajuster leurs portefeuilles très fréquemment afin de maintenir un delta-neutre, un gamma-neutre, un vega-neutre, et ainsi de suite. En pratique, cela n'est pas réalisable. Lorsque le portefeuille géré est important et dépend d'un seul actif sous-jacent, les traders maintiennent le delta-neutre au moins une fois par jour en échangeant l'actif sous-jacent. Malheureusement, un gamma-neutre et un vega-neutre sont moins faciles à maintenir, en raison de la difficulté à trouver des options ou autres produits dérivés non linéaires, dans les volumes requis et à des prix compétitifs (voir encadré 7.2).

Un trader sur options peut réaliser d'importantes économies d'échelle. Comme nous l'avons souligné précédemment, maintenir quotidiennement une position delta-neutre pour une option sur un actif engendre un coût prohibitif. Mais il est réaliste de le faire pour un portefeuille de plusieurs centaines d'options sur cet actif. Dans ce cas, les résultats obtenus sur les nombreux autres échanges absorbent les coûts de transaction.

Encadré 7.2

La couverture dynamique en pratique

L'organisation interne d'une institution financière suppose généralement de donner à un trader ou à un groupe de traders la responsabilité du portefeuille d'actifs dérivés portant sur un sous-jacent donné. Par exemple, un trader de Goldman Sachs peut avoir sous sa responsabilité l'ensemble des actifs dérivés dont le support est le dollar australien. Un système informatique calcule la valeur du portefeuille et les « lettres grecques » qui lui sont associées. Les limites sont définies pour chaque coefficient et un trader doit obtenir une autorisation pour les dépasser. La limite en delta se définit souvent comme la valeur maximale équivalente exprimée en unités de sous-jacent. Par exemple, la limite en delta chez Goldman Sachs sur les dérivés de Microsoft est de 10 millions de dollars. Si Microsoft cote 50 dollars, la valeur absolue de delta ne peut excéder 200 000. La limite en vega se définit souvent comme le montant maximal en dollars exposé à une variation de 1 % de la volatilité. Les positions des traders sont souvent delta-neutres, ou ont un delta proche de 0, à la fin de chaque journée. Les gammas et vegas sont aussi gérés, mais pas sur une base journalière. Avec leurs clients, les institutions financières réalisent de nombreuses transactions en vendant des *calls* ou des *puts*, et accumulent alors des gammas et des vegas négatifs. Pour acquérir un gamma et un vega positif, les traders sont donc souvent à la recherche de moyens pour acheter des options à des prix compétitifs. Ce problème est toutefois atténué par le fait que les options vendues initialement sur le marché sont souvent proches de la monnaie et ont donc des gammas et des vegas relativement élevés. Lorsque le temps passe, elles peuvent devenir en dehors de la monnaie ou dans la monnaie, et leurs gammas et vegas deviennent petits et portent peu à conséquence. Un scénario « cauchemar » pour un trader est une option vendue proche de la monnaie lorsque la maturité approche.

7.9 Couvrir les produits exotiques

Les méthodes que nous venons de décrire peuvent souvent couvrir les options exotiques (voir section 5.8). Comme le souligne l'encadré 7.3, la couverture en delta est parfois plus simple et parfois plus complexe.

Encadré 7.3

La couverture en delta est-elle plus simple ou plus complexe pour les options exotiques ?

La couverture des options exotiques peut être envisagée par la création d'une position delta-neutre, réajustée à intervalles réguliers. Lorsque l'on opère de la sorte, certaines options exotiques sont plus simples à couvrir et d'autres plus complexes. L'option d'achat sur prix moyen (voir options asiatiques à la section 5.8) constitue un exemple d'option exotique relativement simple à couvrir. Les prix servant au calcul du prix moyen sont connus au fur et à mesure que le temps passe. Cela signifie que l'incertitude quant au paiement final de l'option diminue avec le temps et que cette option est de plus en plus facile à couvrir.

Encadré 7.3 (Suite)

Dans les derniers jours, le delta de ces options est proche de zéro, puisque les derniers prix ont peu d'impact sur le paiement final. À l'opposé, les options barrières (voir section 5.8) sont plutôt délicates à couvrir. Considérons une option d'achat *knock-out* sur devise lorsque le taux de change a une valeur de 0,0005 au-dessus de la barrière. Si la barrière est atteinte, l'option n'a plus de valeur, et si elle n'est pas atteinte, l'option aura une valeur positive. Cette discontinuité du delta rend les techniques traditionnelles de couverture difficiles à utiliser.

Lorsque, pour un portefeuille d'options exotiques, la couverture en delta est impossible, une approche alternative consiste à utiliser ce que l'on nomme la *réplication statique des options* (voir figure 7.10). Supposons que S désigne le prix de l'actif, t le temps et S_0 la valeur courante de l'actif. La réplication statique des options conduit à choisir une barrière dans l'espace (S, t) pouvant être atteinte et à construire ensuite un portefeuille Π d'options standard ayant la même valeur que le portefeuille d'options exotiques sur la barrière.

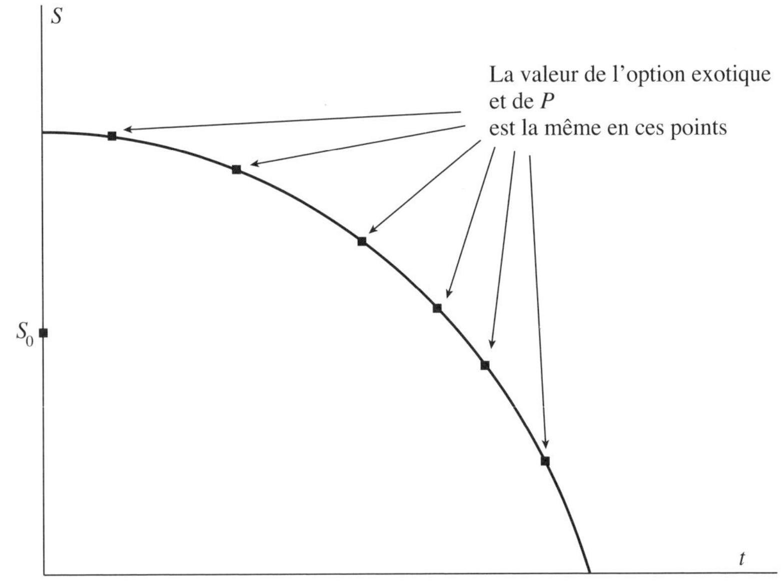

Figure 7.10 – Réplication statique d'options. Un portefeuille « répliquant » P a la même valeur que le portefeuille d'options exotiques à chacun des points.

Voici le principe fondamental qui sous-tend la réplication statique d'options : si deux portefeuilles ont la même valeur sur une certaine frontière, ils doivent aussi avoir la même valeur en tout point intérieur à la frontière. En pratique, on tente d'égaliser la valeur des deux.

7.10 L'analyse de scénarios

Outre le fait que les traders d'options surveillent des risques tels que les deltas, gammas et vegas, ils procèdent souvent à une analyse de scénarios. Celle-ci permet de calculer le gain ou la perte des portefeuilles sur une période spécifiée avec une variété de scénarios. La période d'étude choisie dépend en général de la liquidité des instruments. Les scénarios peuvent être sélectionnés par la direction de la société ou engendrés par un modèle.

Considérons un trader détenant un portefeuille d'options sur une devise étrangère. Deux variables influencent essentiellement la valeur du portefeuille : le taux de change et sa volatilité. Supposons que le taux de change soit actuellement de 1,0000 et que sa volatilité soit de 10 % par an. La banque peut construire un tableau sur le modèle du tableau 7.4 qui permet de mesurer les gains et les pertes potentiels durant une période de deux semaines sous différents scénarios. Ce tableau analyse sept taux de change différents et trois niveaux de volatilité. Puisque la variation d'un écart-type du taux de change de deux semaines est de 0,02, les variations du taux de change considérées ici sont d'environ un, deux et trois écarts-types.

La perte la plus importante se situe dans le coin en bas à droite du tableau 7.4 et correspond à une hausse de la volatilité à 12 % et du taux de change jusqu'à 1,06. Dans un tableau de ce type, les plus grandes pertes se situent souvent dans les coins, mais ce n'est pas toujours le cas. Par exemple, comme nous l'avons vu à la figure 7.9, lorsque le gamma est positif, la perte la plus importante sera subie si le taux de change reste constant.

Tableau 7.4 : Gains ou pertes réalisés en deux semaines dans différents scénarios (en millions d'euros).

Volatilité	Taux de change						
	0,94	0,96	0,98	1,00	1,02	1,04	1,06
8 %	+102	+55	+25	+6	−10	−34	−80
10 %	+80	+40	+17	+2	−14	−38	−85
12 %	+60	+25	+9	−2	−18	−42	−90

Résumé

Les responsables des échanges de titres mesurent généralement leur exposition au risque à partir des « lettres grecques » et s'assurent que leurs valeurs sont dans les limites autorisées par leurs employeurs.

Le delta d'un portefeuille, noté Δ, est le taux de variation de sa valeur en fonction du cours de l'actif sous-jacent. La couverture consiste à créer une position delta-neutre (avec un delta égal à zéro). Puisque le delta de l'actif sous-jacent est égal à 1,0, une des façons de se couvrir consiste à prendre une position dans $-\Delta$ unités de l'actif sous-jacent. Pour des portefeuilles composés d'options et/ou d'actifs dérivés plus complexes, il faut ajuster la position dans l'actif sous-jacent de façon périodique (ajustements de portefeuille).

Quand un portefeuille est rendu delta-neutre, l'étape suivante consiste à définir son gamma. Le gamma d'un portefeuille représente le taux de variation du delta en fonction du cours de l'actif sous-jacent. C'est une mesure de la courbure de la fonction liant la valeur du portefeuille et le cours du sous-jacent. Le vega du risque associé à un portefeuille représente une autre mesure importante. Il mesure le taux de variation de sa valeur en fonction de la volatilité de l'actif sous-jacent.

En pratique, les traders d'actifs dérivés ajustent leurs portefeuilles au moins une fois par jour pour maintenir un delta-neutre. Il est généralement impossible de maintenir un gamma et un vega-neutre sur une base régulière. La plupart du temps, lorsque les traders constatent que les valeurs de ces paramètres deviennent trop importantes, ils ajustent leur position ou réduisent son volume.

Références complémentaires

Derman, E., Ergener, D. et Kani, I., « Static Options Replication », *Journal of Derivatives*, 2, n° 4, été 1995, p. 78-95.

François, P., *Les Produits financiers dérivés : Méthodes d'évaluation*, Dunod, 2005.

Taleb, N., *Dynamic Hedging: Managing Vanilla and Exotic Options*, New York, Wiley, 1996.

Hull, J., Roger, P., Hénot, C. et Deville, L., *Options, futures et autres actifs dérivés*, 8e éd., Pearson France, 2011.

Problèmes et exercices (corrigés en fin d'ouvrage)

7.1. Le delta d'un portefeuille d'actifs dérivés sur l'indice S&P 500 vaut –2 100. L'indice cote 1 000. Comment évolue la valeur du portefeuille si l'indice S&P 500 passe à 1 005 ?

7.2. Le vega d'un portefeuille d'actifs dérivés sur le taux de change dollar-euro est de 200 (euros par %). Comment évolue la valeur du portefeuille si la volatilité du taux de change passe de 12 à 14 % ?

7.3. Le gamma d'un portefeuille delta-neutre vaut 30 (par euro). Comment évolue la valeur du portefeuille si (a) le prix du sous-jacent augmente de 2 euros, (b) baisse de 2 euros ?

7.4. Que signifie l'affirmation selon laquelle le delta d'un *call* est égal à 0,7 ? Comment une position courte sur 1 000 options peut-elle être établie en delta-neutre si le delta de chaque option est de 0,7 ?

7.5. Que signifie l'affirmation selon laquelle le thêta d'une position en options est de –100 par jour ? Si un trader pense que ni le cours de l'action, ni sa volatilité ne changeront, quel type de position en options est approprié ?

7.6. Qu'entend-on par gamma d'une position d'options ? Quel est le risque encouru lorsque le gamma d'une position est élevé et négatif, et le delta nul ?

7.7. « La création d'une option synthétique nécessite la procédure inverse de celle employée pour la couverture d'une position en options. » Expliquez cette phrase.

7.8. Une entreprise utilise une couverture delta-neutre pour assurer un portefeuille constitué de positions longues en options de vente et d'achat sur une devise. Laquelle des propositions suivantes permettra d'obtenir le résultat le plus favorable : (a) un taux spot virtuellement constant, (b) des variations violentes du taux spot ? Justifiez votre réponse.

7.9. La position d'une banque sur options de change dollar-euro a un delta de 30 000 et un gamma de –80 000. Comment interprétez-vous ces nombres ? Le taux de change (dollars par euro) est de 0,90. Quelle position pouvez-vous adopter pour établir une position delta-neutre ? Après une courte période, le taux de change devient 0,93. Estimez le nouveau delta. Quel ordre d'achat ou de vente devez-vous passer pour revenir à une position delta-neutre ? Supposons que la banque soit en position delta-neutre à l'origine. A-t-elle gagné ou perdu de l'argent après cette variation du taux de change ?

7.10. « La réplication statique des options suppose que la volatilité de l'actif sous-jacent soit constante. » Commentez cette phrase.

7.11. Un trader utilise la technique de réplication statique des options pour évaluer un portefeuille d'options exotiques. Il désire faire coïncider la valeur de ce portefeuille et celle d'un portefeuille d'options classiques en 10 points. Combien d'options classiques nécessite cette construction ?

7.12. Pourquoi les options asiatiques sont-elles plus simples à couvrir que les options classiques ?

7.13. Pourquoi existe-t-il des économies d'échelle dans la couverture des options ?

7.14. Considérons une option de vente américaine sur devise de maturité six mois. Le taux de change vaut 0,74 (devise domestique par devise étrangère), le taux sans risque domestique est de 5 %, le taux d'intérêt étranger vaut 3 % et la volatilité du taux de change est de 14 % en base annuelle. Utilisez le logiciel DerivaGem (arbre binomial à 100 périodes) pour calculer le prix, le delta, le gamma, le vega, le thêta et le rhô de cette option. Vérifiez que le delta est correct en changeant le taux de change à 0,751 et en recalculant le prix de l'option.

Questions complémentaires

7.15. Le gamma et le vega d'un portefeuille delta-neutre sont respectivement de 50 et 25. Quel est l'impact sur la valeur du portefeuille d'un choc entraînant une baisse de 3 euros du cours du support et une hausse de la volatilité de 4 % ?

7.16. Soit un *call* européen à un an portant sur une action cotée actuellement 30 euros. Le prix d'exercice est de 30 euros, le taux sans risque de 5 % et la volatilité de 25 % par an. Utilisez le logiciel DerivaGem pour calculer la valeur de l'option, ainsi que son delta, son gamma, son vega, son thêta et son rhô. Vérifiez que son delta est exact en recalculant la valeur de l'option lorsque le cours de l'action vaut 30,10 euros. Vérifiez également que le gamma est exact en recalculant le delta, alors que le cours de l'action est de 30,10 euros. Procédez de même et vérifiez que le vega, le thêta et le rhô sont exacts.

7.17. Une institution financière dispose du portefeuille suivant, composé d'options OTC sur la livre sterling :

Type	Position	Delta de l'option	Gamma de l'option	Vega de l'option
Call	–1 000	0,50	2,2	1,8
Call	–500	0,80	0,6	0,2
Put	–2 000	–0,40	1,3	0,7
Call	–500	0,70	1,8	1,4

Une option est disponible avec un delta de 0,6, un gamma de 1,5 et un vega de 0,8. (a) Quelle position sur l'option et sur la livre sterling permet d'obtenir un portefeuille delta et gamma-neutre ? (b) Quelle position sur l'option et sur la livre sterling permet d'obtenir un portefeuille delta et vega-neutre ?

7.18. Reprenons la situation de l'exercice 7.17 et supposons qu'une seconde option présentant un delta de 0,1, un gamma de 0,5 et un vega de 0,6 soit échangée. Comment peut-on rendre le portefeuille à la fois delta, gamma et vega-neutre ?

7.19. Reproduisez le tableau 7.2. (Dans le tableau 7.2, on arrondit la position en actions à la centaine d'actions la plus proche). Calculez le gamma et le thêta de la position chaque semaine. Calculez la variation de la valeur du portefeuille chaque semaine, et vérifiez si l'équation (7.2) est approximativement satisfaite. (Note : DerivaGem produit une valeur de thêta par « jour calendaire ». Le thêta dans la formule de l'équation 7.2 est « par an ».)

Chapitre 8

Le risque de taux d'intérêt

Le risque de taux d'intérêt est plus délicat à gérer que le risque lié à d'autres variables de marché, comme le prix des actions, les taux de change ou le prix des matières premières. Une des difficultés est due à l'existence de nombreux taux différents dans chacune des devises (taux associés aux bons du Trésor et aux emprunts immobiliers, taux des prêts et emprunts interbancaires, taux de dépôts, par exemple). Même si ces taux varient conjointement, leur corrélation n'est pas parfaite. Une autre difficulté réside dans le fait que la description d'un taux d'intérêt ne peut être réduite à un nombre. Il est nécessaire de décrire la fonction liant le niveau de taux d'intérêt et la durée de l'emprunt (ou maturité), nommée structure par termes des taux d'intérêt ou gamme des taux d'intérêt.

Considérons, par exemple, le cas d'un trader sur obligations du Trésor. Un grand nombre d'obligations, dont les maturités sont différentes, constitue son portefeuille. La position de ce trader est alors sensible aux variations du taux d'intérêt à un an, deux ans, trois ans, et ainsi de suite. Le delta associé à sa position est plus complexe que celui du trader sur le marché de l'or du tableau 7.1 et il doit envisager toutes les déformations possibles au cours du temps de la structure par termes des taux d'intérêt.

Nous consacrons la première partie de ce chapitre à la manière dont les institutions gèrent le risque de taux d'intérêt. Nous abordons en particulier l'importance des taux Libor et de *swaps* pour ces institutions. Dans une deuxième partie, nous décrivons les mesures de duration et de convexité. Pour des mouvements parallèles de la gamme des taux, ces mesures sont analogues aux deltas et gammas abordés au chapitre 7. Nous présentons enfin un certain nombre de techniques permettant de gérer les mouvements plus complexes de la courbe des taux (non parallèles). Citons, par exemple, l'utilisation de la duration partielle, le calcul de deltas multiples ou encore l'utilisation de l'analyse en composantes principales.

8.1 La marge nette d'intérêts

Une activité clé de la gestion du risque dans une banque concerne la gestion de la marge nette d'intérêts. Cette marge est liée à la différence entre les intérêts créditeurs et débiteurs d'une institution financière. La gestion actif/passif a pour rôle d'éviter des fluctuations trop importantes de ce revenu. Pour illustrer ces propos, imaginons une banque qui offre à ses clients deux taux de dépôts et deux taux de prêts. Le tableau 8.1 indique les maturités et les valeurs de ces taux.

Tableau 8.1 : Exemple de taux offerts par une banque.

Maturité (années)	Taux de dépôts	Taux de prêts
1	3 %	6 %
5	3 %	6 %

Nous supposons, en outre, que les individus anticipent des taux futurs de maturité un an identiques au taux observé aujourd'hui sur le marché. Autrement dit, les participants attribuent une probabilité identique au fait que le taux d'intérêt augmente ou baisse. Les taux du tableau 8.1 sont finalement à leur « juste » valeur et traduisent l'anticipation du marché. Sur ce marché, un investissement sur une période de cinq ans offre un rendement total identique à celui obtenu pour cinq investissements successifs d'une durée d'un an. De même, le coût d'un emprunt à cinq ans est identique à celui associé à cinq emprunts successifs d'une durée d'un an.

Si vous avez des liquidités à déposer et si vous pensez que les taux d'intérêt ont une chance identique d'augmenter ou de baisser, choisissez-vous de placer votre argent pour une période d'un an à 3 % ou pour une période de cinq ans au taux annuel de 3 % ? Il y a fort à parier que votre choix se porte sur le placement à un an, puisqu'il offre une plus grande souplesse et bloque vos fonds pendant une durée plus courte. Si vous avez maintenant un emprunt à négocier, préférez-vous qu'il soit sur une période d'un an à 6 % pouvant être renouvelé tous les ans pendant cinq ans, ou sur une période de cinq ans au taux de 6 % annuel ? Il est fort probable que votre choix porte sur l'emprunt de cinq ans, puisqu'il fixe le niveau du taux pendant l'ensemble de la période et vous évite le risque de refinancement. La banque est tout à fait consciente de ce phénomène lorsqu'elle propose des taux tels que ceux du tableau 8.1. Il est évident que cet état de fait crée un décalage actif/passif (*mismatching*) et expose sa marge nette d'intérêts à un risque. La baisse des taux n'a pas de conséquences défavorables puisque la banque continue à se financer à 6 % (emprunt à cinq ans), alors que son coût lié au dépôt est inférieur à 3 % ; sa marge nette d'intérêts s'accroît. L'augmentation des taux peut être grave puisque si, par exemple, les taux augmentent de 3 %, le coût des dépôts égalise le taux réalisé sur les prêts et sa marge d'intérêts s'annule. Le rôle de la gestion actif/passif consiste alors à faire coïncider (*matching*) les maturités des actifs pour lesquels des intérêts sont payés ou reçus. Augmenter les taux de dépôts et de prêts de maturité cinq ans peut constituer l'une des façons d'atteindre cet objectif, et le tableau 8.2 en offre une illustration. Dans ce cas, les prêts à un an et les dépôts à cinq ans deviennent tous deux plus attractifs.

Tableau 8.2 : Modification des taux cinq ans.

Maturité (années)	Taux de dépôts	Taux de prêts
1	3 %	6 %
5	4 %	7 %

Certains clients de la banque pourront alors opter pour des dépôts à cinq ans mieux rémunérés plutôt qu'à un an, et d'autres choisir des emprunts à un an plutôt qu'à cinq ans, dont le coût est plus faible. Cela peut conduire à une meilleure adéquation des maturités des produits proposés. Si tel n'est pas le cas, la banque peut encore augmenter les taux de dépôts et d'emprunts à cinq ans. L'une des conséquences est que les taux à long terme ont tendance à être plus élevés que les taux à court terme futurs anticipés. Ce raisonnement est connu sous le nom de théorie de la préférence pour la liquidité et conduit à des taux à long terme plus élevés que ceux à court terme. Même dans le cas où l'on anticipe une faible baisse des taux courts, la préférence pour la liquidité conduit à des taux à long terme plus élevés que les taux à court terme. Dans le cadre de la gestion actif/passif, les banques disposent de moyens de plus en plus sophistiqués qui permettent des réajustements rapides des taux proposés. En outre, dans ce cadre, on utilise également des produits dérivés, tels que les *swaps* de taux d'intérêt (voir exemple 5.1 à la section 5.4). Par ces moyens, les banques gèrent de plus en plus finement la marge d'intérêt en la rendant très stable au cours du temps. Ce n'est malheureusement pas toujours le cas (voir encadré 8.1).

Encadré 8.1

Échecs coûteux d'institutions financières aux États-Unis

Dans les années 1960, 1970 et 1980, les caisses d'épargne (*Saving and Loans*) aux États-Unis ont très mal géré le risque de taux d'intérêt. Elles proposaient des dépôts à court terme et des emprunts à taux fixe à long terme. L'augmentation des taux d'intérêt en 1966, 1969-1970, 1974 et 1972-1982 les a violemment heurtées. Elles étaient protégées par des garanties d'État et 1 700 d'entre elles ont fait faillite dans les années 1980. Le coût total pour les contribuables a été, selon les estimations, de l'ordre de 100 à 500 milliards de dollars. La plus grande faillite bancaire aux États-Unis a été celle de Continental Illinois Corporation, et la raison essentielle était, comme précédemment, une très mauvaise gestion du risque de taux d'intérêt. Au cours de la période 1980-1983, ses actifs (prêts) de maturité un an étaient de l'ordre de 7 à 8 milliards de dollars, alors que son passif (dépôts) avait une valeur comprise entre 1,4 et 2,5 milliards de dollars. Cette banque a fait défaut en 1984 et a coûté très cher au gouvernement américain.

Liquidité

Outre l'érosion de la marge nette d'intérêts, l'inadéquation des actifs et des passifs peut conduire à des problèmes de liquidité. Une banque qui finance des prêts à long terme avec des dépôts à court terme doit régulièrement trouver de nouveaux dépôts. Si les déposants perdent confiance, cela peut devenir très difficile. Northern Rock, au Royaume-Uni, constitue un exemple bien connu d'une institution financière ayant échoué en raison de problèmes de liquidité. Une grande partie de son portefeuille de prêts immobiliers était financée par des dépôts, dont certains de durée de seulement trois mois. À partir de septembre 2007, l'inquiétude des déposants a considérablement dégradé la situation de Northern Rock qui n'a pas pu financer ses actifs. Début 2008, le gouvernement britannique a finalement repris cette banque (voir encadré 21.1). Aux États-Unis, Bear Stearns et Lehman Brothers ont connu des problèmes similaires.

Le manque de liquidités a été à l'origine de nombreuses difficultés survenues au cours de la crise débutée en 2007. La fuite vers la qualité, qui accompagne généralement les périodes de tension sur les marchés, a conduit les investisseurs à rechercher des investissements très sûrs et à ne pas prendre de risques. Les régulateurs bancaires ont reconnu la nécessité de fixer des exigences de liquidité, ainsi que des exigences de fonds propres pour les banques. Le chapitre 13 décrit les exigences de liquidités prévu par Bâle III et le chapitre 21 aborde plus en détail les problèmes de liquidité.

8.2 Libor et taux de *swap*

Le Libor coté par une banque est le taux contre lequel celle-ci consent à prêter des liquidités à une autre banque[1]. À partir des informations transmises par les banques, la *British Bankers Association* (BBA)[2] cote quotidiennement des Libor un mois, deux mois, six mois et un an dans les principales devises internationales. Le taux Libor trois mois correspond alors au taux pour un prêt de liquidités d'une durée de trois mois. On peut souligner que le taux *Euro InterBank Offered Rate* (Euribor), qui a remplacé le *Paris InterBank Offered Rate* (Pibor) en janvier 1999, est en fait l'équivalent du Libor en euros.

De nombreux prêts aux gouvernements ou aux entreprises sont des prêts à taux variable indexés sur le Libor. On pourrait par exemple proposer un prêt en livres à une entreprise à « Libor trois mois + 40 points de base ». Dans ce cas, les paiements ont lieu tous les trois mois et l'on calcule les intérêts à partir de la valeur du Libor trois mois, auquel on ajoute 0,40 %.

On peut considérer un dépôt de liquidités dans une banque comme un prêt et, de ce fait, les banques doivent avoir un bon niveau de qualité de crédit pour pouvoir négocier un taux Libor. Généralement, leur notation doit être AA[3]. Les taux Libor sont finalement des taux d'emprunts de banques (et d'autres entreprises) de notation AA pour des durées variant d'un mois à un an. Comment peut-on étendre la gamme des taux Libor à des durées supérieures à un an ? On peut envisager deux méthodes :

1. construire une gamme de taux représentant les taux d'emprunts de maturité supérieure à un an d'entreprises notées AA ;
2. construire une gamme de taux représentant les taux à court terme futurs pour des entreprises notées AA.

Il est important de comprendre la différence entre ces deux approches. Supposons que le niveau des taux d'intérêt soit de 4 %, quelle que soit la maturité retenue. Si la gamme des taux est construite selon la première méthode, cela signifie qu'une entreprise notée AA peut emprunter sur ce marché à 4 %, quelle que soit la maturité choisie. Dans la seconde approche, cette gamme de taux donne le taux *forward* à court terme qui sera offert à une entreprise notée AA au début de la période couverte par le contrat *forward*.

Dans la pratique, on construit la gamme des taux Libor selon la seconde méthode, et on la qualifie généralement de courbe *swap* ou courbe *swap*/Libor. Les taux de *swap* (voir tableau 5.5) permettent d'étendre la courbe Libor à des maturités supérieures à un an,

1. Les banques cotent également des taux Libid (*London Interbank Bid rate*). Ils correspondent aux taux auxquels une banque est prête à rémunérer des liquidités déposées par une autre banque. Le taux Libor est légèrement plus élevé que le taux Libid.
2. Durant la crise de 2008, cette cotation a été très délicate car de nombreuses banques ne voulaient plus transmettre d'informations, afin de ne pas signaler quel était leur taux réel d'emprunt.
3. La meilleure note de qualité de crédit qu'une entreprise peut obtenir est AAA pour l'agence de notation Standard & Poor's. La deuxième est AA. Cela correspond chez Moody's à des notes respectivement de Aaa et Aa. Nous aborderons en détail ces notations au chapitre 11.

avec une méthode décrite en annexe B[1]. Pour le comprendre, supposons une banque qui :

1. prête un certain principal pour six mois à un emprunteur noté AA et renouvelle cette opération pour des périodes successives de six mois ;
2. négocie un *swap* afin d'échanger le Libor contre le taux de *swap* cinq ans.

Le taux d'intérêt effectif associé à cette série de transactions est alors le taux de *swap* cinq ans. Cela traduit le fait que la courbe *swap* et la courbe Libor sont identiques (si l'on retient la seconde approche).

Le taux sans risque

Le taux sans risque est important lorsque l'on cherche à évaluer des contrats financiers. La pratique conduit généralement les institutions financières à considérer que la courbe *swap* est représentative de la gamme des taux sans risque. Les taux associés aux émissions d'État sont trop faibles pour être retenus comme taux sans risque pour plusieurs raisons :

1. Les institutions financières achètent les bons et obligations du Trésor pour respecter une grande variété de contraintes réglementaires. Cela augmente la demande de ce type d'actifs et conduit à une augmentation de leur prix et à une baisse de leur taux actuariel.
2. Pour les banques, le montant de capital requis lors de l'achat d'obligations d'État est généralement beaucoup plus faible que celui imposé pour d'autres actifs financiers, même peu risqués.
3. Aux États-Unis, la fiscalité des titres d'État est très favorable comparée à celle retenue pour d'autres titres à taux fixe.

Le taux OIS

L'*overnight indexed swap* (OIS, taux de *swap* contre taux au jour le jour) est un *swap* pour lequel un taux fixe est échangé pendant une période (un mois, deux mois, …, deux ans) contre la moyenne géométrique des taux au jour le jour. Les taux de référence sont ceux pratiqués sur le marché interbancaire où des banques en excédent de liquidité prêtent à d'autres banques cherchant à satisfaire leurs contraintes réglementaires de liquidité. Aux États Unis, le taux de référence pour un jour est le taux moyen payé par ces institutions et s'appelle le *Fed Funds rate*. Le même type de taux existe pour d'autres marchés, l'*Euro OverNight Index Average* (EONIA) pour l'Europe ou encore le *Sterling OverNight Index Average* (SEONIA) pour la Grande-Bretagne. Si, pendant une certaine période, une banque emprunte (prête) au taux au jour le jour, elle paie (encaisse) sur la période la moyenne géométrique des taux au jour le jour. Le taux de *swap* OIS est le taux fixe contre lequel l'emprunteur ou le prêteur est prêt à échanger sa position à taux variable contre une position à taux fixe.

On considère généralement le taux de *swap* OIS comme une meilleure estimation du taux sans risque que le Libor. Une façon de le constater est d'observer le *spread* Libor-OIS qui représente la différence entre le taux Libor trois mois et le taux de *swaps* OIS maturité trois mois. Comme nous l'avons dit, le premier est le taux d'intérêt pratiqué

1. Les contrats eurodollars, qui sont des contrats sur la valeur future du taux Libor, peuvent également servir de support à l'extension de cette courbe.

pour une durée de trois mois à une contrepartie risquée notée AA. Le second est le taux d'intérêt auquel les fonds peuvent être empruntés pendant trois mois en utilisant les taux au jour le jour conjointement à un *swap* qui transforme l'emprunt au jour le jour en emprunt de trois mois. Le Libor-OIS*spread* mesure donc le risque de défaut associé à une contrepartie notée AA. Dans une situation normale de marché, le Libor-OIS *spread* est de l'ordre de 10 points de base. Pendant la crise financière et en l'absence de lisibilité sur le risque de crédit, les banques étaient très réticentes à se prêter de l'argent. Au cours du second semestre 2007 et en 2008, le Libor-OIS *spread* a très fortement augmenté pour atteindre une valeur de 364 points de base en octobre 2008. Depuis un an, il est revenu à des niveaux normaux.

8.3 La duration

La duration est la mesure la plus courante de l'exposition d'un portefeuille aux variations de taux d'intérêt. Comme son nom l'indique, la duration d'un actif financier mesure la durée moyenne pendant laquelle un investisseur doit patienter avant de recevoir les paiements de l'actif financier détenu. On donne la duration D d'une obligation par :

$$\frac{\Delta B}{\Delta y} = -D\Delta y$$

ou de façon équivalente :

$$\Delta B = -DB\Delta y \tag{8.1}$$

où Δy est une faible variation de taux actuariel et ΔB la variation du prix de l'obligation. La duration permet de mesurer la sensibilité en pourcentage du changement de prix de l'obligation suite à une variation du taux actuariel. On peut écrire :

$$D = -\frac{1}{B}\frac{dB}{dy} \tag{8.2}$$

Considérons une obligation de taux actuariel continu y, payant des flux c_i, $i = 1, ..., n$ aux dates t_i, $i = 1, ..., n$. La relation suivante lie le prix B et le taux actuariel (voir annexe A) :

$$B = \sum_{i=1}^{n} c_i\, e^{-yt_i}$$

On définit la duration D de l'obligation par :

$$D = \frac{\sum_{i=1}^{n} t_i\, c_i\, e^{-yt_i}}{B}$$

Cela permet d'écrire :

$$D = \sum_{i=1}^{n} t_i \left[\frac{c_i\, e^{-yt_i}}{B}\right] \tag{8.3}$$

Les termes entre crochets sont les ratios des différents *cash-flows* actualisés rapportés au prix de l'obligation (égal à la somme des *cash-flows* actualisés). La duration est donc une moyenne pondérée des dates auxquelles les flux sont payés, et le poids affecté à la date t_i est alors le rapport du *cash-flow* actualisé, payé à cette date, et du prix de l'obligation. La somme de ces poids vaut 1. Cela explique pourquoi on nomme cette mesure duration car, comme son nom l'indique, la duration d'un actif financier mesure la durée moyenne pendant laquelle un investisseur doit patienter avant de recevoir les paiements de l'actif financier détenu. Une obligation zéro-coupon de maturité n années a, de ce fait, une duration de n années. Une obligation classique de maturité n années a cependant une duration plus faible que n années car son détenteur reçoit des paiements intermédiaires avant la maturité du titre.

Considérons une obligation américaine de maturité trois ans payant un taux de coupon semestriel de 5 % (5 dollars pour un nominal de 100 dollars) et caractérisée par un taux actuariel de 12 %. Le tableau 8.3 montre le détail des calculs permettant d'obtenir la duration. La troisième colonne donne la valeur présente des flux à recevoir. Par exemple, la valeur présente du premier flux vaut $5e^{-0,12\times 0,5} = 4,709$. La somme des éléments de la colonne 3 correspond au prix de marché de l'obligation et vaut 94,3213. On calcule les poids en divisant les nombres de la colonne 3 par le prix de l'obligation. Enfin, la somme des nombres de la colonne 5 donne la duration, qui vaut 2,653 années. On exprime généralement les faibles changements de taux d'intérêt en points de base et, par convention, un point de base vaut 0,01 %. L'exemple 8.1 illustre la précision de l'équation (8.1).

Tableau 8.3 : Calcul de la duration.

Maturité (années)	Flux (dollars)	Valeur présente (dollars)	Poids (en %)	Date × Poids
0,5	5	4,709	0,050	0,025
1,0	5	4,435	0,047	0,047
1,5	5	4,176	0,044	0,066
2,0	5	3,933	0,042	0,083
2,5	5	3,704	0,039	0,098
3	105	73,256	0,778	2,333
Total	130	94,213	1	2,653

Exemple 8.1

Pour l'obligation du tableau 8.3, le prix B vaut 94,213, et la duration est égale à 2,653. L'équation (8.1) permet d'écrire :

$$\Delta B = -94,213 \times 2,653 \Delta y = -249,95 \Delta y$$

Quand le taux actuariel augmente de 10 points de base (soit 0,1 %), le prix de l'obligation diminue de 0,24995 (arrondi à 0,250). Par conséquent, avec un taux actuariel de 12,1 %, on doit avoir un prix de 93,663 (soit 94,213 – 0,250). Quelle est la qualité de cette estimation ? Avec un taux actuariel valant 12,1 % après variation, le prix de l'obligation s'écrit :

$$5e^{-0,121\times 0,5} + 5e^{-0,121\times 1,} + 5e^{-0,121\times 1,5} + 5e^{-0,121\times 2} + 5e^{-0,121\times 2,5} + 105e^{-0,121\times 3} = 93,963$$

La différence est donc négligeable, et l'on retrouve la valeur obtenue par la duration.

La duration modifiée (ou sensibilité)

Macaulay a introduit pour la première fois en 1938 la définition de la duration donnée à l'équation (8.3) (*Macaulay's duration*). Lorsque l'on mesure le taux actuariel en taux continu, cette définition est équivalente à celle offerte par les équations (8.1) et (8.2). Lorsque l'on utilise les équations (8.1) et (8.2) et que d'autres compositions pour y sont envisagées, un ajustement est nécessaire. Par exemple, lorsque la composition est annuelle, on peut montrer qu'il faut diviser par $1 + y$ l'expression de D à l'équation (8.3). Plus généralement, lorsque y compose m fois dans l'année, l'ajustement est $1 + y/m$. La duration définie en (8.3) tenant compte des ajustements, on l'appelle duration modifiée (ou sensibilité).

Exemple 8.2

L'obligation du tableau 8.3 a un prix de 94,213 et une duration de 2,653 années. Le taux actuariel, exprimé en composition semestrielle, vaut 12,3673 % (voir annexe A). La duration modifiée est :

$$D^* = -\frac{2{,}653}{1 + (0{,}123673 / 2)} = 2{,}4985$$

Si l'on applique l'équation (8.1), la variation du prix de l'obligation en cas de variation du taux actuariel est :

$$\Delta B = -94{,}213 \times 2{,}4985 \Delta y$$

$$\Delta B = -235{,}39 \Delta y$$

Par conséquent, si l'augmentation du taux actuariel (composé semestriellement) est de 10 points de base, la variation du prix de l'obligation arrondie à trois chiffres après la virgule est –0,235. Le prix devrait donc baisser à 93,742 = 94,213 – 0,471. Si l'on recalcule le prix réel après variation du taux actuariel, on obtient 93,742, ce qui est identique au prix calculé par la duration.

Dollar duration

La dollar duration d'une obligation est sa duration multipliée par son prix. Si on la note D_d, on peut écrire en suivant l'équation (8.1) que :

$$\Delta B = -D_d \Delta y$$

ou encore :

$$-D_d = \frac{dB}{dy}$$

De la même manière que la duration mesure le changement en pourcentage du prix suite à une variation du taux actuariel, la dollar duration mesure le changement de prix de l'obligation suite à cette même variation (voir delta abordé au chapitre 7).

8.4 La convexité

La duration offre des résultats satisfaisants lorsque les variations de taux d'intérêt sont de faible amplitude. La figure 8.1 décrit la relation entre la variation des taux d'intérêt et celle du prix des obligations pour deux titres de même duration.

Les gradients des deux courbes sont identiques à l'origine. Cela signifie que les prix des deux titres varient d'un même pourcentage lorsque les taux changent, ce qui est en accord avec l'équation (8.1). Lorsque les mouvements de taux sont importants, les prix des deux titres ne varient cependant pas de la même façon. On remarque à la figure 8.1 que la « courbure » est plus prononcée pour le titre X que pour le titre Y. Un facteur nommé *convexité* mesure cette courbure et permet d'améliorer la relation (8.1).

On mesure la convexité par :

$$C = \frac{1}{B}\frac{d^2B}{dy^2} = \frac{\sum_{i=1}^{n} c_i t_i^2 e^{-yt_i}}{B}$$

où y est le taux actuariel de l'obligation.

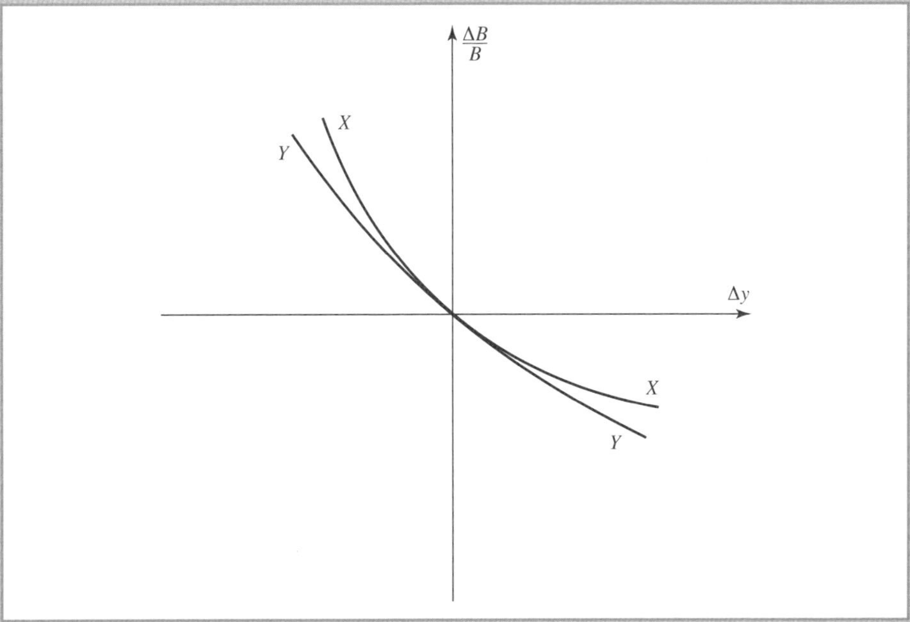

Figure 8.1 – Deux obligations de même duration.

Elle représente la moyenne pondérée du carré des « dates » auxquelles sont reçus les flux payés par l'obligation. Par la formule de Taylor (voir annexe G), on obtient une relation plus précise qui s'écrit :

$$\Delta B = \frac{dB}{dy}\Delta y + \frac{1}{2}\frac{d^2B}{dy^2}(\Delta y)^2$$

ce qui conduit à :

$$\frac{\Delta B}{B} = -D(\Delta y) + \frac{1}{2}C(\Delta y)^2 \quad (8.4)$$

Exemple 8.3

L'obligation du tableau 8.3 a un prix de 94,213 et une duration de 2,653 années. La convexité est :

$$0{,}05 \times 0{,}5^2 + 0{,}047 \times 1^2 + 0{,}044 \times 1{,}5^2 + 0{,}042 \times 2^2 + 0{,}039 \times 2{,}5^2 + 0{,}779 \times 3^2 = 7{,}570$$

L'équation (8.4) s'écrit ici :

$$\frac{\Delta B}{B} = -2{,}653(\Delta y) + \frac{1}{2} \times 7{,}570 \times (\Delta y)^2$$

Si l'on suppose que les taux d'intérêt augmentent de 2 % ($\Delta y = 0{,}02$), c'est-à-dire que le taux actuariel passe de 12 % à 14 %, cette équation offre une variation de prix de –4,856.

On peut vérifier que le changement du prix de l'obligation mesuré par la duration est de $-94{,}213 \times 2{,}653 \times 0{,}02 = -4{,}999$ et que la variation « réelle » est de –4,856. On remarque finalement que l'équation (8.4) offre un résultat plus précis que la duration lorsque les variations de taux d'intérêt sont importantes.

Convexité dollar

La convexité dollar d'une obligation est sa convexité multipliée par son prix. Si on la note C_d, alors :

$$C_d = \frac{d^2 B}{dy^2}$$

On peut remarquer que cette expression est semblable à celle du gamma introduit au chapitre 7.

8.5 Généralisation

On peut utiliser la duration pour tout portefeuille d'actifs dont le prix dépend du niveau des taux d'intérêt. Notons P la valeur d'un tel portefeuille et envisageons un faible mouvement parallèle de la gamme des taux zéro-coupon (voir figure 8.2). La duration se définit comme suit :

$$D = -\frac{1}{P}\frac{\Delta P}{\Delta y} \quad (8.5)$$

où Δy est l'ampleur de la variation de taux. L'équation (8.5) peut être réécrite :

$$\frac{\Delta P}{P} = -D\Delta y \quad (8.6)$$

Considérons un portefeuille composé d'actifs financiers. Notons X_i le $i^{\text{ème}}$ actif de ce portefeuille et D_i la duration de cet actif. Si ΔX_i est la variation du prix de cet actif consécutive à la variation du taux d'intérêt Δy, alors $P=\sum_{i=1}^{n} X_i$ et $\Delta P=\sum_{i=1}^{n} \Delta X_i$.

La duration du portefeuille s'écrit alors :

$$D=-\frac{1}{P}\sum_{i=1}^{n}\frac{\Delta X_i}{\Delta y}$$

La duration du $i^{\text{ème}}$ actif est :

$$D_i = -\frac{1}{X_i}\frac{\Delta X_i}{\Delta y}$$

Et finalement :

$$D=\sum_{i=1}^{n}\frac{X_i}{P}D_i$$

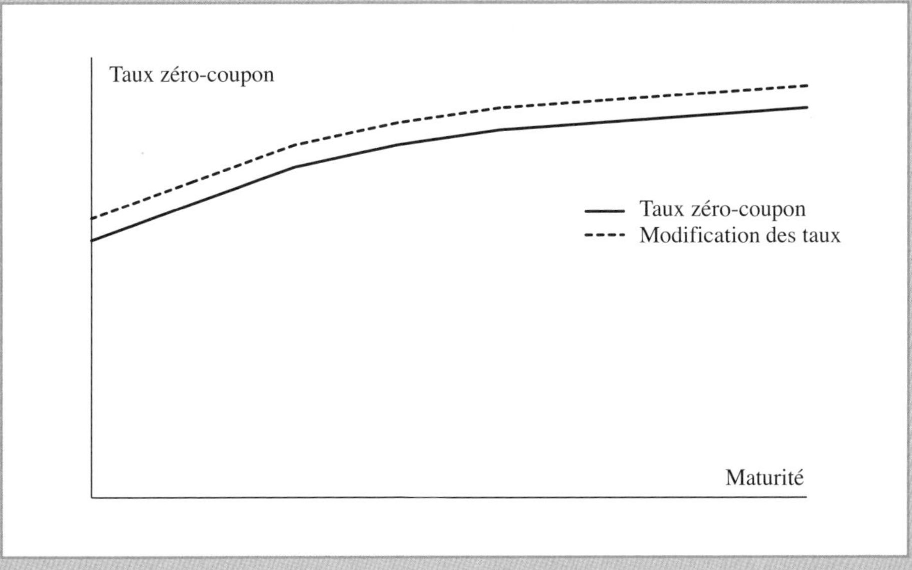

Figure 8.2 – Mouvement parallèle de la structure par termes.

Cette relation montre que la duration d'un portefeuille est une moyenne pondérée des durations des actifs qui le composent, et que le poids de chacun des titres dans ce calcul dépend de son prix.

La dollar duration d'un portefeuille mesure le delta du portefeuille par rapport au taux d'intérêt et on peut la définir comme suit :

$$D_d=-\frac{\Delta P}{\Delta y}$$

La dollar duration d'un portefeuille est la somme des dollar durations des actifs qui le composent.

On peut montrer que la convexité du portefeuille P peut s'obtenir par un raisonnement analogue. L'équation (8.4) est correcte si l'on remplace B par P :

$$\frac{\Delta P}{P} = -D(\Delta y) + \frac{1}{2}C(\Delta y)^2$$

La relation entre la convexité des titres et la convexité d'un portefeuille est alors de même type que celle obtenue pour la duration. Finalement, la convexité d'un portefeuille est une moyenne pondérée des convexités des titres qui le composent, et cette pondération dépend du prix de chacun des actifs. On peut souligner que la convexité d'un portefeuille est d'autant plus forte que les flux qu'il verse sont espacés dans le temps. Inversement, cette convexité est faible pour des portefeuilles dont les flux sont concentrés autour d'une date.

Immunisation de portefeuille

Un portefeuille composé de positions courtes et de positions longues sur des actifs sensibles aux variations de taux d'intérêt est immunisé contre de faibles variations parallèles de la gamme des taux si sa duration est nulle. Il peut être, en outre, immunisé contre de fortes variations parallèles de la gamme des taux si sa duration et sa convexité sont nulles ou proches de zéro. Dans cette optique, duration et convexité jouent le même rôle que le delta et le gamma des options, présentés au chapitre 7.

8.6 Mouvements plus complexes de la gamme des taux

Comme nous l'avons souligné, l'équation (8.6) permet de mesurer l'exposition d'un portefeuille aux variations parallèles de la gamme des taux. En introduisant la convexité, on peut quantifier l'exposition à de fortes variations parallèles de la gamme des taux. Des chercheurs ont dès lors étendu la notion de duration dans le but de pouvoir appréhender des mouvements plus complexes de la courbe des taux. Reitano[1] a proposé une duration partielle lorsqu'un seul point de la courbe est soumis à la variation de taux.

Supposons que la structure par termes des taux zéro-coupon soit celle décrite au tableau 8.4 et représentée à la figure 8.3. Une variation du taux zéro-coupon cinq ans (cinquième point de la courbe) est décrite à la figure 8.4.

Tableau 8.4 : Structure par termes zéro-coupon (taux continus).

Maturité	1	2	3	4	5	7	10
Duration	4,0	4,5	4,8	5,0	5,1	5,2	5,3

1. Voir Reitano, R., « Non-Parallel Yield Curve Shifts and Immunization », *Journal of Portfolio Management*, printemps 1992, p. 36-43.

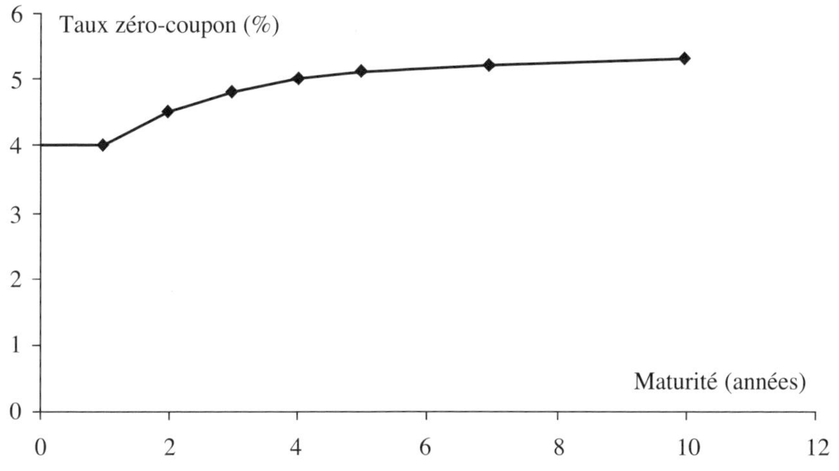

Figure 8.3 – Structure par termes ZC (données du tableau 8.4).

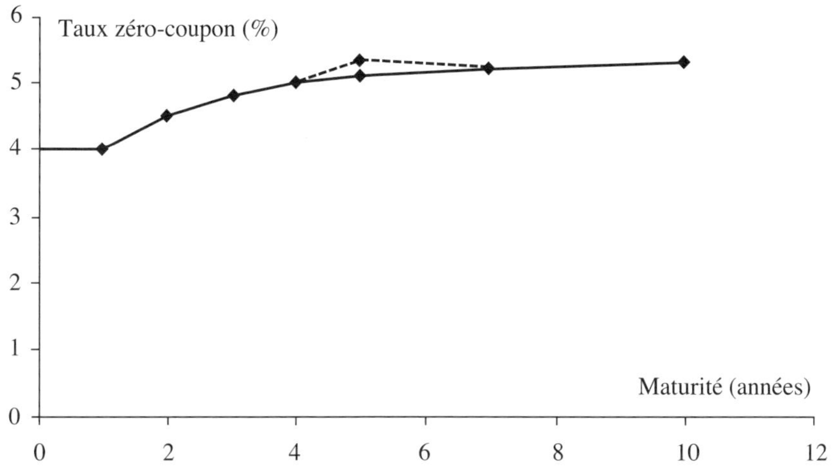

Figure 8.4 – Variation d'un point de la structure par termes.

La duration partielle du portefeuille associée à une variation du $i^{\text{ème}}$ point de la courbe est :

$$D_i = -\frac{1}{P}\frac{\Delta P_i}{\Delta y_i}$$

où Δy_i est l'ampleur de la variation du taux zéro-coupon (exprimée sous forme décimale) et ΔP_i la variation de la valeur du portefeuille. On peut écrire cette relation :

$$\frac{\Delta P_i}{P} = -D_i \Delta y_i$$

Dans le cas précédent, le portefeuille est peu sensible aux variations parallèles de la structure par termes des taux, puisque sa duration vaut 0,2. Cependant, les durations partielles pour les maturités courtes sont positives, alors que celles associées aux maturités longues sont négatives. Cela signifie que la valeur de ce portefeuille décroît (croît) lorsque les taux courts augmentent (baissent). Inversement, ce portefeuille se valorise (dévalorise) lorsque les taux à long terme augmentent (baissent).

On peut alors mesurer l'impact de variations plus complexes de la gamme des taux. Supposons que la structure par termes actuelle soit celle représentée à la figure 8.5, et envisageons une rotation de cette dernière. Choisissons une rotation telle que les variations des taux un an, deux ans, trois ans, quatre ans, cinq ans, sept ans et dix ans sont du type –3z, –2z, –z, 0, z, 3z et 6z, où z = 0,0001 est un point de base. Les valeurs des durations partielles données au tableau 8.5 permettent alors de mesurer la variation en pourcentage de la valeur du portefeuille suite à cette déformation qui vaut :

$$-[0,2 \times (-3z) + 0,6 \times (-2z) + 0,9 \times (-z) + 1,6 \times (z) + 2,0 \times (3z) - 2,1 \times (3z) - 3,0 \times (6z)]$$
$$= +25,0z$$

On peut alors remarquer que ce portefeuille est plus sensible à ce type de rotations qu'à des déformations parallèles de la structure par termes des taux zéro-coupon.

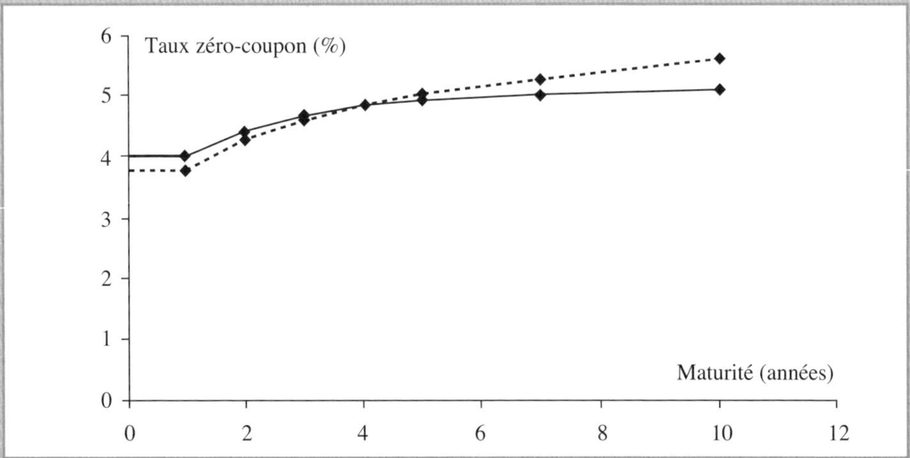

Figure 8.5 – Rotation de la structure par termes.

8.7 Le delta des positions de taux en pratique

On peut calculer les lettres grecques, et en particulier les deltas abordés au chapitre 7, pour des portefeuilles de titres contingents aux taux d'intérêt. La première méthode consiste à définir le delta du portefeuille comme la variation de la valeur du portefeuille suite à un déplacement d'un point de base de la gamme des taux. On le nomme généralement DV01 et il correspond au produit de la duration et de la valeur du portefeuille, multiplié par 0,0001.

En pratique, les analystes calculent plusieurs deltas qui permettent de quantifier l'impact des déformations possibles de la structure par termes sur la valorisation de leur portefeuille. Il existe de nombreuses façons de faire ce calcul. L'une se fonde sur le calcul des durations partielles et permet de mesurer l'impact d'une variation d'un point de base de chaque point de la courbe (voir figure 8.4). Le delta est alors le produit de la duration partielle (calculée au tableau 8.5) par la valeur du portefeuille multiplié par 0,001. La somme des deltas associés à chacun des points est égale à DV01. Le tableau 8.6 illustre la valeur de ces deltas pour le portefeuille du tableau 8.5 si sa valeur est de 1 million de dollars.

Tableau 8.5 : Durations partielles du portefeuille.

Maturité (années)	1	2	3	4	5	7	10	Total
Taux (%)	0,2	0,6	0,9	1,6	2,0	–2,1	–3,0	0,2

Tableau 8.6 : Delta du portefeuille du tableau 8.5 (valeur du portefeuille : 1 million de dollars).

Maturité (années)	1	2	3	4	5	7	10	Total
Delta	–20	–60	–90	–160	–200	210	200	0,2

Une variante possible de cette approche consiste à découper la courbe des taux en segments et de mesurer l'impact d'une variation d'un point de base des taux zéro-coupon dont la maturité appartient à ce segment, toutes choses égales par ailleurs. On utilise souvent cette approche dans la gestion actif/passif (voir section 8.1) et elle se réfère à la gestion des impasses (*gap management*). La figure 8.6 décrit un type de variations que l'on peut envisager pour le segment [2 ans, 3 ans] de la figure 8.3.

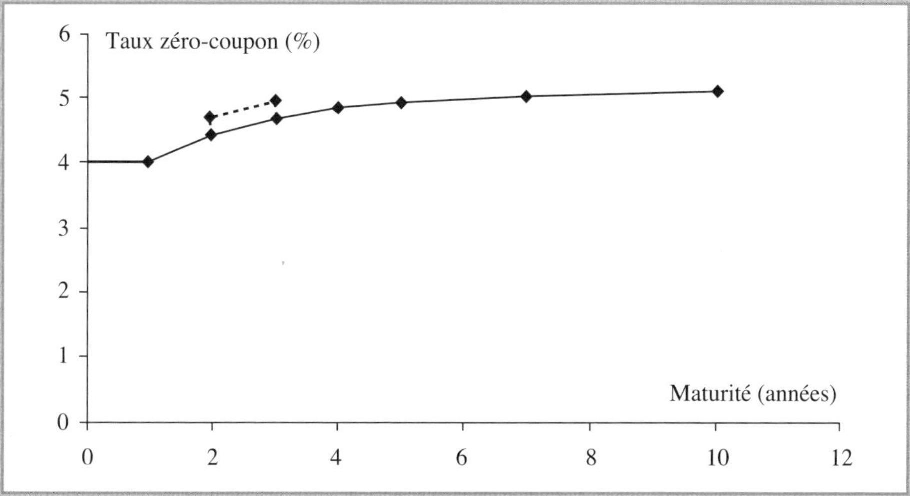

Figure 8.6 – Variation d'un segment de la structure par termes.

Le calcul des deltas pour la couverture

La mesure des deltas abordée précédemment n'est pas satisfaisante pour couvrir un portefeuille. Considérons les deltas du tableau 8.6. Si l'on désire couvrir le portefeuille avec des obligations zéro-coupon, on peut prendre une position sur le zéro-coupon de maturité un an, afin de couvrir la variation de 200 dollars consécutive à la variation d'un point de base du taux à un an, puis prendre une position sur le zéro-coupon de maturité deux ans, afin de couvrir le portefeuille des variations du taux de maturité deux ans, et ainsi de suite.

Si l'on utilise cependant d'autres instruments, une analyse plus complexe est nécessaire. En pratique, les traders prennent généralement des positions sur les titres qui ont servi à la construction de la courbe zéro-coupon. Par exemple, un opérateur sur obligations d'État va couvrir sa position avec les titres d'État les plus liquides utilisés pour la construction de la courbe zéro-coupon d'État. Un opérateur sur un actif dont la valeur dépend de la courbe *swap*/Libor prendra, par exemple, position sur des contrats *futures* eurodollars ou des *swaps*. De ce fait, pour faciliter leur couverture, les opérateurs mesurent l'impact de faibles variations des prix des titres sous-jacent à la construction de la gamme des taux. Considérons un trader responsable d'une position de *caps* et de *swaptions*. L'exposition de ce trader à une variation d'un point de base de la cotation de l'eurodollar *futures* est de 500 dollars. Sachant qu'une variation d'un point de base de l'eurodollar *futures* entraîne une variation de 25 dollars du contrat eurodollars *futures*, une position sur 20 contrats peut couvrir son portefeuille. Supposons que la variation d'un point de base du taux de *swap* cinq ans entraîne une variation de sa position de 4 000 dollars et que la valeur d'un *swap* de notionnel 1 million de dollars varie de 400 dollars lors d'un changement d'un point de base du taux de *swap* cinq ans. Un *swap* d'un notionnel de 10 millions de dollars peut alors couvrir la position du trader.

8.8 Analyse en composantes principales (ACP)

L'approche précédente conduit à calculer dix à 15 deltas différents pour chaque structure par termes de taux. Une partie de ces calculs peut être inutile puisque certaines variables sont ici fortement corrélées. Par exemple, lorsque le taux actuariel associé à une obligation de maturité cinq ans varie de quelques points de base, celui associé à des obligations de maturité dix ans varie également. De ce fait, un portefeuille dont l'exposition est positive aux variations du taux de maturité cinq ans et négative aux variations de taux de maturité dix ans ne porte pas un risque important. L'analyse en composantes principales (voir annexe I) constitue une approche permettant de tenir compte de corrélations non négligeables entre variables de marché. Cette méthode se fonde sur l'analyse des évolutions passées des variables de marché, afin de déterminer des facteurs explicatifs de ces évolutions. Un exemple illustre cette méthode : les variables analysées sont huit taux de *swap* pour des maturités comprises entre trois mois et 30 ans. Les tableaux 8.7 et 8.8 donnent les résultats obtenus pour 2 780 observations journalières de ces taux entre 2000 et 2011.

La première colonne du tableau 8.7 indique les maturités considérées. Les huit colonnes suivantes donnent les huit facteurs F1 à F8 (ou composantes principales) qui expliquent les variations des taux d'intérêt. Le premier facteur, F1, correspond à une variation parallèle de l'ensemble de la gamme des taux d'intérêt. Si les taux sont mesurés en points de base, une augmentation d'une unité du premier facteur entraîne une hausse de 0,216 point de base du taux à trois mois, une hausse de 0,331 du taux à deux ans, et ainsi de suite. Le deuxième facteur, F2, correspond à une augmentation de la pente de la courbe des taux. Les taux d'intérêt de trois mois à deux ans varient dans un sens, alors que les taux d'intérêt de trois ans à 30 ans évoluent dans le sens opposé. Le troisième facteur F3 caractérise la courbure de la structure par termes des taux d'intérêt. Les taux d'intérêt à court terme et long terme se déplacent dans une direction, alors que ceux de maturité moyenne évoluent dans le sens opposé. On appelle « saturation », ou plus couramment *loading*, la variation des taux d'intérêt pour un facteur particulier. Dans notre exemple, le *loading* sur le premier facteur pour le taux d'intérêt un an vaut 0,216[1].

Tableau 8.7 : *Loadings* pour les taux de *swap* américains.

	F1	F2	F3	F4	F5	F6	F7	F8
1 an	0,216	–0,501	0,627	0,487	0,122	0,237	0,011	–0,034
2 ans	0,331	–0,428	0,129	–0,354	–0,212	–0,674	–0,100	0,236
3 ans	0,372	–0,267	–0,157	–0,414	–0,096	0,311	0,413	–0,564
4 ans	0,392	–0,110	–0,256	0,174	–0,019	0,051	–0,416	0,512
5 ans	0,404	0,019	–0,355	–0,269	0,595	–0,278	–0,316	–0,327
7 ans	0,394	0,194	–0,195	–0,336	0,007	–0,100	0,685	0,422
10 ans	0,376	0,371	–0,068	–0,305	–0,684	–0,039	–0,278	–0,278
30 ans	0,305	0,554	0,575	0,398	0,331	0,022	0,007	0,032

On compte ici huit facteurs et huit variables ; les variations de taux peuvent alors s'exprimer comme des combinaisons linéaires de ces huit facteurs. Pour un jour donné, on appelle « score factoriel » la quantité d'un facteur particulier dans les mouvements de taux d'intérêt. On mesure alors l'importance de chacun des facteurs par l'écart-type de son score factoriel sur la période étudiée.

Le tableau 8.8 donne l'écart-type exprimé en points de base de chacun des facteurs classés par ordre d'importance décroissante.

Tableau 8.8 : Écart-type des composantes principales.

F1	F2	F3	F4	F5	F6	F7	F8
17,55	4,77	2,08	1,29	0,91	0,73	0,56	0,53

D'après ce tableau, une variation sur le premier facteur d'un écart-type entraîne une variation du taux un an égale à $17{,}55 \times 0{,}216 = 3{,}78$ points de base, et du taux deux ans de $17{,}55 \times 0{,}331 = 5{,}81$ points de base, et ainsi de suite.

Le logiciel permettant les calculs des tableaux 8.7 et 8.8 est disponible sur le site de l'auteur et la méthodologie est abordée en annexe I, à la fin de l'ouvrage. Pour mettre en

1. Pour chaque facteur, la somme des carrés des *loadings* est égale à 1.

œuvre une ACP, il faut dans un premier temps construire une matrice de variance-covariance (voir chapitre 15) qui, dans notre exemple, comprend huit lignes et huit colonnes. Elle est construite à partir de la variation quotidienne des huit taux d'intérêt. Les scores factoriels correspondent aux vecteurs propres de la matrice, et les variances des scores factoriels sont les valeurs propres de la matrice (voir annexe H). On choisit les composantes principales de manière à ce que leurs scores factoriels ne soient pas corrélés. Une propriété est importante : la somme des variances (carré de l'écart-type) des différents scores factoriels correspond à la variance totale de l'échantillon initial.

Dans notre exemple, celle-ci vaut :

$$17{,}55^2 + 4{,}77^2 + \ldots + 0{,}53^2 = 338{,}8$$

Par conséquent, le pourcentage de variance expliqué par le premier axe est égal à :

$$\frac{17{,}55^2}{338{,}8} = 90{,}9\,\%$$

De même, les deux premiers axes expliquent $\frac{17{,}49^2 + 4{,}77^2}{338{,}8} = 97{,}7\,\%$ de la variance totale et le troisième axe environ 2,8 %. Ces calculs montrent que deux ou trois facteurs sont suffisants pour rendre compte de l'information contenue dans les variations des huit taux d'intérêt. Par conséquent, l'évaluation du risque associé à une position sensible à l'évolution des taux n'exige pas forcément la prise en compte de l'ensemble des maturités, mais simplement celle des trois facteurs les plus significatifs. La figure 8.7 représente les données du tableau 8.7 pour les trois premiers axes factoriels[1].

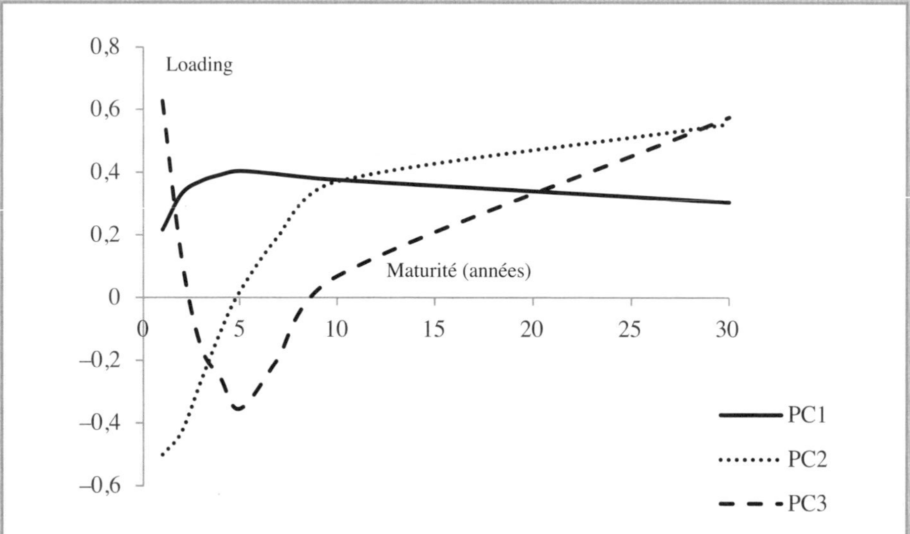

Figure 8.7 – Trois premiers facteurs.

1. Des résultats analogues à ceux décrits sont obtenus sur n'importe quelle courbe de taux dans n'importe quel pays en ce qui concerne les trois premiers axes, essentiels pour l'explication des mouvements de taux.

Utilisation de l'ACP dans le calcul des deltas

Afin d'illustrer l'utilisation de l'ACP dans le calcul des deltas, supposons que le tableau 8.9 décrive l'exposition aux mouvements des taux d'intérêt d'un portefeuille. Par exemple, une variation d'un point de base du taux un an entraîne un gain de 10 millions de dollars, alors qu'une variation d'un point de base du taux d'intérêt deux ans entraîne une hausse de la valeur du portefeuille de 4 millions de dollars. Utilisons ensuite les deux premiers facteurs de l'étude précédente, puisque l'on a vu que ceux-ci expliquent plus de 97 % de la variance des taux d'intérêt.

Tableau 8.9 : Variation de la valeur du portefeuille (en millions de dollars) pour une variation d'un point de base du taux.

Taux 3 ans	Taux 4 ans	Taux 5 ans	Taux 7 ans	Taux 10 ans
+10	+4	-8	-7	+2

En utilisant les données du tableau 8.7, le delta de l'exposition au premier facteur vaut :

$$10 \times 0{,}372 + 4 \times 0{,}392 - 8 \times 0{,}404 - 7 \times 0{,}394 + 2 \times 0{,}376 = -0{,}05$$

alors que le delta associé au second facteur vaut :

$$10 \times (-0{,}267) + 4 \times (-0{,}110) - 8 \times 0{,}019 - 7 \times 0{,}194 + 2 \times 0{,}371 = -3{,}87$$

Cette approche est semblable à celle tenant compte des durations partielles (voir section 8.6) lorsque l'on envisage des déformations non parallèles de la gamme des taux. L'avantage de l'ACP est de renseigner le gestionnaire de portefeuille sur le type de mouvements de la courbe à envisager et de mesurer leur importance relative. Dans l'exemple retenu, l'exposition du portefeuille au deuxième type de mouvement est 50 fois plus élevée que celle à un mouvement parallèle de la courbe des taux (premier type). On peut cependant remarquer que les variations sur le premier facteur ont un impact trois fois plus important sur la structure par termes des taux si l'on s'appuie sur les écarts-types des scores factoriels du tableau 8.8.

8.9 Gamma et vega

Lorsque l'on calcule plusieurs deltas, il existe de nombreuses possibilités pour évaluer les gammas. Supposons que l'on utilise dix instruments pour construire la structure par termes des taux et que l'on mesure les deltas par rapport à la variation de chacun d'entre eux. Le gamma est alors la dérivée seconde (partielle) du type $\partial^2 P / \partial x_i \partial x_j$, où P est la valeur du portefeuille. Il existe ici dix choix pour x_i et dix choix pour x_j pour un total de 55 gammas différents, et cela peut constituer une « surcharge d'information ». Une première approche consiste à ignorer les dérivées croisées et à ne se focaliser que sur les dérivées partielles, telles que $i = j$. Une deuxième approche implique de mesurer un gamma unique fondé sur la dérivée seconde (partielle) associée à un changement parallèle de la gamme des taux. Une dernière possibilité est de calculer les gammas par rapport au premier facteur obtenu par l'analyse en composantes principales. Le vega d'un portefeuille mesure son exposition aux variations de volatilité. Les opérateurs utilisent différentes volatilités pour évaluer les dérivés de taux d'intérêt. Une première approche consiste à supposer une variation identique de toutes les volatilités et à en mesurer l'impact sur le portefeuille. Une seconde méthode s'appuie sur l'analyse en composantes principales des variations de volatilité associées à différents instruments de taux; on peut alors évaluer le vega du portefeuille sur un, deux ou trois facteurs.

Résumé

La marge nette d'intérêts représente la différence entre les intérêts créditeurs et débiteurs d'une institution financière. La gestion actif/passif a pour rôle d'éviter des fluctuations trop importantes de ce revenu. Cela consiste essentiellement à ajuster les taux offerts aux clients, afin de s'assurer d'une bonne adéquation entre l'actif et le passif du bilan. Les taux Libor servent de référence variable à de nombreux emprunts à travers le monde. On construit une structure par termes complète de la gamme Libor à partir des taux Libor, des contrats eurodollars et des taux de *swap*. Les taux *forward* construits à partir de cette gamme de taux sont applicables aux emprunts d'entreprises notées AA sur la période couverte par le contrat et non au moment de la signature du contrat. La courbe *swap*/Libor sert de courbe sans risque pour de nombreuses institutions financières.

La duration est un concept important : elle mesure la sensibilité d'un portefeuille aux faibles variations parallèles de la gamme des taux. Une relation approximative est donnée par :

$$\Delta P = -PD(\Delta y)$$

où P est la valeur du portefeuille, D la duration, Δ_y la variation de taux et ΔP l'impact sur la valeur du portefeuille. Une relation plus précise est :

$$\frac{\Delta P}{P} = -D(\Delta y)+\frac{1}{2}C(\Delta y)^2$$

où C est la convexité du portefeuille. Cette relation est pertinente pour de fortes variations parallèles de la gamme des taux, mais ne permet pas d'envisager des déformations plus complexes de cette dernière.

Pour quantifier l'impact de ces déformations, on utilise d'autres mesures de duration et de delta. De nombreuses méthodes existent pour construire ces mesures, et l'analyse en composantes principales est une méthode classique pour l'estimation de deltas multiples. Cette technique permet de montrer que deux ou trois facteurs sont à l'origine des déformations de la gamme des taux observés sur les marchés. En d'autres termes, si un gestionnaire de portefeuille se couvre contre les variations de ces trois facteurs, son portefeuille est alors immunisé contre les variations observées en pratique.

Références complémentaires

Duffie, D., « Debt Management and Interest Rate Risk », in Beaver, W. et Parker, G., *Risk Management: Challenges and Solutions*, McGraw-Hill, New York, 1995.

Fabozzi, F. J., *Bond Markets, Analysis and Strategies*, Pearson, Prentice-Hall, 7e éd., 2009.

Fabozzi, F. J., *Duration, Convexity, and Other Bond Risk Measures*, Frank J. Fabozzi Assoc., 1999.

Quittard-Pinon, F. et Rolando, T., *La Gestion du risque de taux d'intérêt*, Economica, 2000.

Reitano, R., « Non-Parallel Yield Curve Shifts and Immunization », *Journal of Portfolio Management*, printemps 1992, p. 36-43.

Problèmes et exercices (corrigés en fin d'ouvrage)

8.1. Considérons une banque dont les prêts de maturités un an et cinq ans s'élèvent respectivement à 5 milliards d'euros et 20 milliards d'euros. Cette banque est financée par des dépôts à un an et cinq ans de valeurs respectives 15 milliards d'euros et 10 milliards d'euros. Quel est l'impact d'une hausse de taux de 1 % pendant trois années consécutives?

8.2. Expliquez pourquoi, la plupart du temps, les taux longs sont supérieurs aux taux courts. Dans quelles circonstances l'inverse pourrait-il se produire ?

8.3. Pourquoi les taux des obligations d'État américaines sont-ils significativement plus faibles que d'autres taux proches du taux sans risque?

8.4. Expliquez comment le taux de *swap* OIS est calculé.

8.5. Expliquez comment le *spread* Libor-OIS est une mesure de tension sur le marché.

8.6. Que nous dit la duration d'un portefeuille d'obligations sur sa sensibilité aux taux d'intérêt ? Quelles sont les limites de cette mesure?

8.7. Une obligation de maturité cinq ans a un taux actuariel (continu) de 11 % et paie un coupon annuel de 8 %. (a) Quel est le prix de l'obligation? (b) Que vaut la duration de cette obligation? (c) Quel est l'impact d'une baisse de 0,2 % des taux d'intérêt sur le prix de l'obligation? (d) Recalculez le prix de cette obligation pour un taux actuariel de 10,8 %, afin de vérifier votre réponse à la question (c).

8.8. Refaites le problème 8.7 pour un taux actuariel en composition annuelle. Utilisez la sensibilité.

8.9. Une obligation de maturité six ans a un taux actuariel (continu) de 4 % et paie un coupon annuel de 5 %. En utilisant la duration et la convexité, quel est l'impact sur le prix de ce titre d'une variation de 1 % des taux d'intérêt ? Quelle est la fiabilité de cette estimation?

8.10. Donnez trois méthodes par lesquelles un vecteur de delta peut être calculé pour gérer des mouvements de courbe des taux non parallèles.

8.11. Estimez le delta du portefeuille du tableau 8.6 en vous aidant des deux premiers facteurs du tableau 8.7.

8.12. Utilisez les durations partielles du tableau 8.5 pour calculer l'impact sur un portefeuille de 10 millions d'euros d'une variation de la structure par termes du type +10, +8, +7, +6, +5, +3 et +1.

8.13. Définissez les termes « dollar duration » et « convexité dollar ».

8.14. Quelle est la relation entre (a) la duration, (b) la duration partielle et (c) le DV01 d'un portefeuille ?

Questions complémentaires

8.15. Considérons une banque dont les prêts de maturités un an et cinq ans s'élèvent respectivement à 10 milliards d'euros et 30 milliards d'euros. Cette banque est financée par des dépôts à un an et cinq ans de valeurs respectives 35 milliards d'euros et 5 milliards d'euros. La banque a un montant de capitaux propres de 2 milliards d'euros et leur espérance de rentabilité vaut 12 %. Quel est le changement de taux d'intérêt qui conduit à une valeur nulle des capitaux propres de cette banque en fin d'année ? Vous supposerez une fiscalité à 30 %.

8.16. Un portefeuille A se compose d'une obligation zéro-coupon à un an de nominal 2 000 euros et d'une obligation ZC à dix ans de nominal 6 000 euros. Un portefeuille B comprend un titre ZC à 5,95 ans de nominal 5 000 euros. Toutes ces obligations ont un taux actuariel (continu) de 10 %. (a) Montrez que les deux portefeuilles ont la même duration. (b) Montrez que les variations en pourcentage des deux portefeuilles sont identiques si le taux actuariel varie de 0,1 %. (c) Si les taux actuariels augmentaient de 5 %, quelles seraient les variations en pourcentage des deux portefeuilles ?

8.17. Quelle est la convexité du portefeuille du problème 8.16 ? Dans quelle mesure (a) la duration, (b) la convexité explique la différence de pourcentage de variation calculé à la question (c) du problème 8.16 ?

8.18. Si l'on suppose que les durations partielles sont celles du tableau 8.5, quel est l'impact sur le portefeuille si le taux dix ans reste identique, si le taux un an augmente de 9z et si les variations des taux intermédiaires sont estimées par interpolation entre 9z et 0 ?

8.19. La valeur d'un portefeuille varie de +5, –3, –1, +2, +5, +7 et +8 (millions d'euros) pour une variation d'un point de base des taux trois mois, six mois, un an, deux ans, trois ans, quatre ans et cinq ans. Estimez le delta du portefeuille à partir des trois premiers facteurs du tableau 8.7. Quelle est l'importance relative de ces trois facteurs pour ce portefeuille ?

Chapitre 9
La *Value at Risk*

Nous avons vu aux chapitres 7 et 8 comment un trader responsable d'une exposition à une variable de marché (indice boursier, taux d'intérêt, prix des matières premières, par exemple) quantifie et gère les risques en calculant des grecques comme le delta, le gamma et le vega. Une institution financière calcule ces différentes mesures chaque jour et pour chaque variable de marché qui influence son exposition au risque. Il s'agit en général de prendre en compte des centaines, voire des milliers de variables ; une analyse en termes de delta, gamma et vega requiert ainsi chaque jour la production d'une quantité énorme de mesures. Celles-ci ne permettent pas néanmoins d'estimer le risque total de l'institution.

La *Value at Risk* (VaR), appelée parfois valeur à risque ou encore valeur en risque, vise à synthétiser en un seul nombre le risque total d'un portefeuille d'actifs financiers[1]. JP Morgan a contribué à sa création (voir encadré 9.1) et cette mesure a été, par la suite, largement acceptée par les trésoriers d'entreprise, les gérants de fonds, ainsi que les institutions financières. Le Comité de Bâle utilise également la mesure de VaR sur le plan de la régulation pour le calcul du capital requis par les banques pour les risques de marché, de crédit et opérationnels (voir chapitre 12).

Dans ce chapitre, nous expliquons la mesure de VaR, ainsi que ses avantages et ses inconvénients. Nous présenterons les deux principales approches d'estimation de la VaR de marché aux chapitres 14 et 15, puis nous aborderons le calcul de la VaR de crédit au chapitre 18.

9.1 Définition de la VaR

L'affirmation suivante peut synthétiser l'objectif de la mesure de VaR : « Nous sommes certains à X % que nous ne perdrons pas plus de V euros dans les T prochains jours ».

La variable V est la VaR du portefeuille et est fonction de deux paramètres : l'horizon temporel (T jours) et le seuil de confiance (X %). Il s'agit en fait du niveau de pertes dans les T prochains jours que l'on est certain de ne pas dépasser avec une probabilité de X %.

On peut calculer la VaR à partir de la distribution de probabilité des gains ou des pertes sur une période T. (Les pertes sont des gains négatifs, tandis que les gains sont des pertes négatives.) Avec une distribution des gains, la VaR est égale à la perte correspondant au $(100 - X)$ quantile de la distribution (voir figure 9.1). Si l'on utilise une distribution des pertes, alors

1. L'appellation anglo-saxonne *Value at Risk*, ou VaR, est généralement retenue, comme dans cet ouvrage.

la VaR est égale à la perte correspondante au X quantile de la distribution (voir figure 8.2). Par exemple, lorsque $T = 5$ et $X = 97$ %, la VaR est le 97ᵉ centile de la distribution des pertes de la valeur du portefeuille sur les cinq prochains jours.

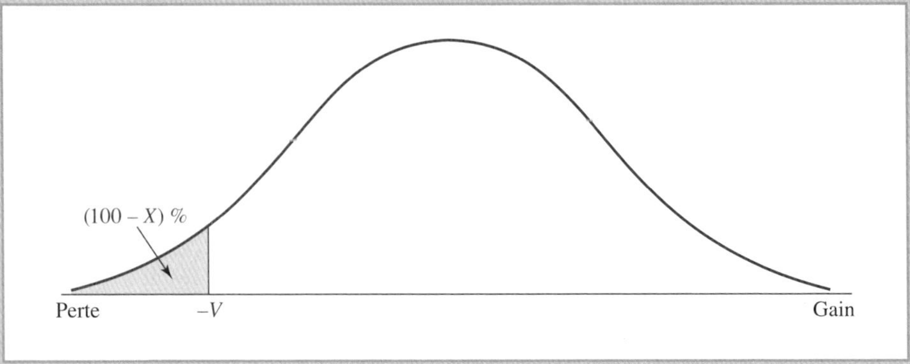

Figure 9.1 – Calcul de la VaR à partir de la distribution de probabilité des gains de la valeur du portefeuille sur une période T. Les pertes sont des gains négatifs, X % est le seuil de confiance et le niveau de la VaR est V.

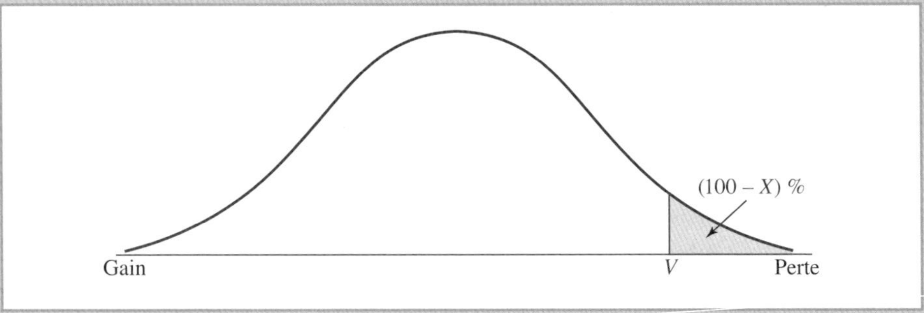

Figure 9.2 – Calcul de la VaR à partir de la distribution de probabilité des pertes de la valeur du portefeuille sur une période T. Les gains sont des pertes négatives, X % est le seuil de confiance et le niveau de la VaR est V.

Encadré 9.1

Historique de la VaR

On considère JP Morgan comme le pionnier de la VaR. Son P-DG, Dennis Weatherstone, était mécontent des rapports de risque volumineux qu'il recevait chaque jour, contenant de nombreux détails sur les « grecques » pour les différentes expositions, mais très peu d'informations utiles pour la direction. Il a donc demandé à ses collaborateurs un document plus simple, centré sur l'exposition totale de la banque sur 24 heures, mesurée à partir du portefeuille de marché global. Au premier abord, ses employés ont déclaré qu'il était impossible de fournir ce type de document, mais ils ont finalement pu produire un rapport de VaR en adaptant la théorie du portefeuille de Markowitz (voir section 1.1).

Encadré 9.1

On connaît ce document sous le nom de rapport 4:15 car il a été déposé sur le bureau du P-DG à 16 h 15, après la clôture des cotations.

La production de ce document a impliqué le traitement d'une quantité considérable de données sur les positions détenues par la banque dans le monde entier, la prise en compte de plusieurs fuseaux horaires, l'estimation des corrélations et des volatilités, et le développement de systèmes informatiques. Le travail a été achevé au début des années 1990. L'avantage principal de ce système résidait dans le fait qu'il offrait à la direction une meilleure compréhension des risques de la banque et, par ce biais, une meilleure capacité d'allocation des fonds propres dans l'institution financière. D'autres banques ont également travaillé sur l'agrégation des risques et, en 1993, la VaR était devenue une mesure du risque largement acceptée et bien établie dans la profession.

Les détails concernant les modèles internes des banques relèvent du secret bancaire. Cependant, en 1994, JP Morgan a produit une version simplifiée de son propre système interne, appelée RiskMetrics, et l'a rendue publique. RiskMetrics incluait les variances et les covariances de nombreuses variables de marché. Cette opération a suscité un débat important sur les avantages et les inconvénients des différents modèles de VaR. Des sociétés informatiques ont commencé à commercialiser leurs propres modèles de VaR, certains inspirés de RiskMetrics. Par la suite, les institutions financières, et même non financières, ont rapidement adopté la VaR comme une mesure standard du risque. L'amendement de la BRI (Banque des Règlements Internationaux), fondé sur la VaR, a été présenté en 1996 et adopté en 1998 (voir section 11.6). JP Morgan a transformé RiskMetrics en une société à part entière qui a développé CreditMetrics pour gérer les risques de crédit en 1997 et CorporateMetrics pour gérer les risques des entreprises non financières en 1999.

9.2 Exemples de calcul de la VaR

Dans cette section, nous présentons quatre exemples de calcul de la VaR. Dans les deux premiers, la distribution de probabilité des gains (ou des pertes) est continue, alors qu'elle est discrète dans les deux derniers.

Exemple 9.1

Supposons que le gain sur six mois pour un portefeuille ait une distribution normale de moyenne 2 millions d'euros et d'écart-type 10 millions d'euros. À partir des propriétés de la loi normale, on peut déduire que le 1er centile de cette distribution vaut $2 - 2{,}33 \times 10$, soit $-21{,}3$ millions d'euros. La VaR au seuil de 99 % à l'horizon de six mois pour ce portefeuille vaut donc 21,3 millions d'euros.

Exemple 9.2

Supposons que les réalisations d'un projet sur un an soient équiprobables, avec des valeurs de –50 millions d'euros et +50 millions d'euros. La perte sur ce projet a une distribution uniforme sur un intervalle de –50 millions à +50 millions. Il existe une chance de 1 % que la perte dépasse 49 millions d'euros. La VaR au seuil de 99 % à l'horizon d'un an vaut donc 49 millions d'euros.

Exemple 9.3

Un projet sur un an a 98 % de chances de générer un gain de 2 millions d'euros, 1,5 % de chances d'engendrer une perte de 4 millions d'euros et 0,5 % de chances de conduire à une perte de 10 millions d'euros. La figure 9.3 présente la distribution des pertes cumulées. Le point qui correspond à la probabilité cumulée de 99 % est de 4 millions d'euros. La VaR au seuil de 99 % à l'horizon d'un an vaut donc 4 millions d'euros.

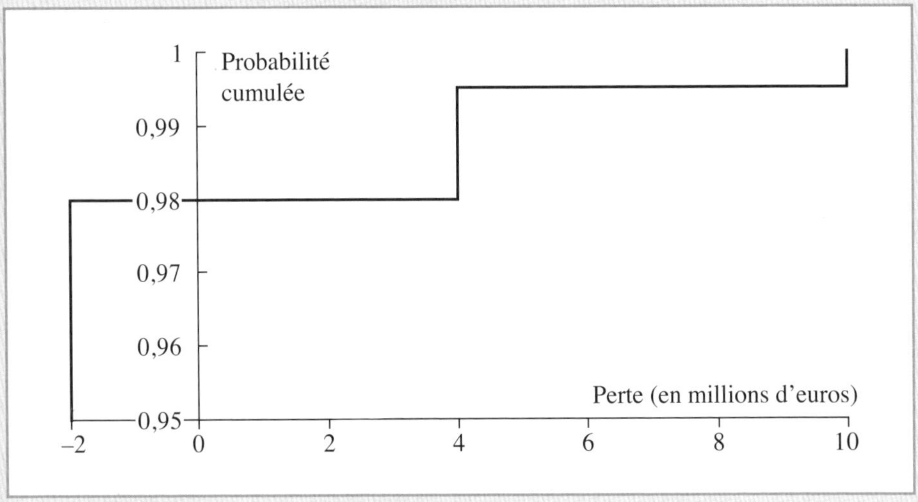

Figure 9.3 – Distribution des pertes cumulées pour les exemples 9.3 et 9.4.

Exemple 9.4

Considérons à nouveau les données de l'exemple 9.3. Supposons que l'on soit intéressé par le calcul de la VaR au seuil de 99,5 %. Dans ce cas, d'après la figure 9.3, on peut déduire que les pertes comprises entre 4 et 10 millions d'euros ont une probabilité cumulée de 99,5 % de ne pas être dépassées. La probabilité d'une perte V dépassant les pertes comprises dans cet intervalle vaut 0,5 %. La VaR n'est donc pas définie de façon unique. Une manière de procéder consiste à considérer le milieu de l'intervalle des VaR comme la valeur de la VaR. Cela implique que la VaR vaut 7 millions.

9.3 VaR et *expected shortfall*

La VaR est une mesure attractive car facilement compréhensible. De façon synthétique, elle pose une question simple : « Dans quelle mesure la valeur d'un portefeuille peut-elle se dégrader ? » Tous les dirigeants souhaitent connaître la réponse, et la synthèse de toutes les « grecques » pour toutes les variables de marché en un seul nombre leur paraît très séduisante. Enfin, la VaR est également très facile à tester *ex post*, comme nous le verrons dans la suite de ce chapitre.

Cependant, lorsque la VaR sert à limiter les risques d'un trader, elle peut se révéler très dangereuse. Considérons une banque qui limite la VaR au seuil de 99 % à un jour du portefeuille d'un trader à 10 millions d'euros. Ce dernier peut alors construire un portefeuille qui respecte cette limite dans 99 % des cas, mais qui engendre une perte journalière de 500 millions d'euros dans 1 % des cas ! La limite imposée au trader est respectée, mais la banque s'expose à des risques clairement non acceptables.

Ce comportement n'est pas totalement irréaliste car de nombreux traders prennent des risques importants dans l'espoir de réaliser des rendements élevés, et ce malgré les limites imposées par les banques. « Je n'ai jamais rencontré de système de contrôle des risques que je n'ai pu contourner », affirme un trader rencontré par l'auteur de cet ouvrage. Les figures 9.1 et 9.4 illustrent le problème évoqué ici.

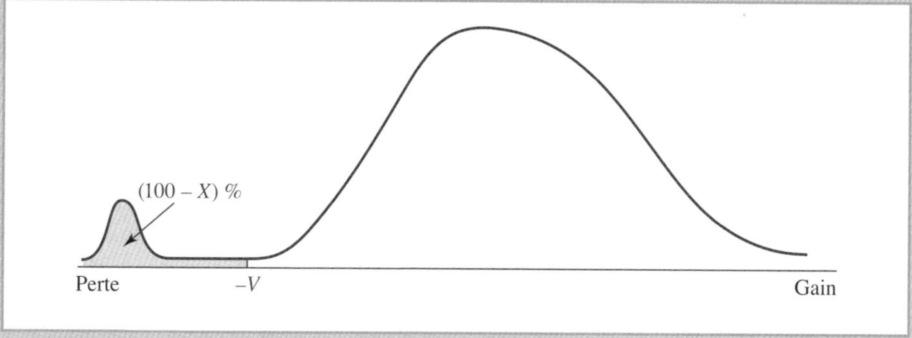

Figure 9.4 – Distribution de probabilité des gains sur une durée T ; X % est le seuil de confiance. Le portefeuille a le même niveau de VaR qu'à la figure 9.1, mais une perte importante est plus probable.

Ces figures représentent la distribution de probabilité pour les gains et les pertes d'un portefeuille sur N jours. Les deux portefeuilles ont la même VaR, mais celui illustré à la figure 9.4 est nettement plus risqué, puisque les pertes potentielles sont plus élevées.

Expected shortfall

Dans le but de limiter les risques pris par les traders, l'*expected shortfall* (on garde communément l'appellation anglo-saxonne) fournit de meilleures incitations. On l'appelle également VaR conditionnelle ou perte de queue. La question posée par l'*expected shortfall* est la suivante : « En cas de dégradation de la valeur d'un portefeuille, quelle est la perte attendue ? » Comme la VaR, l'*expected shortfall* est une fonction de deux paramètres : T l'horizon temporel en jours, et X le seuil de confiance. Elle correspond à la perte attendue sur T jours conditionnellement au fait que celle-ci soit supérieure au X quantile de la distribution. Par exemple, avec $X = 99$ et $T = 10$, l'*expected shortfall* correspond à la perte moyenne sur une période de dix jours sous l'hypothèse d'une perte supérieure au 99e centile.

Comme nous le verrons à la section suivante, les propriétés de l'*expected shortfall* sont meilleures que celles de la VaR puisqu'elles encouragent, en particulier, la diversification.

Un des inconvénients réside cependant dans la complexité et une compréhension moins aisée. Cette mesure est également plus difficile à tester *ex post*.

Pour ces raisons, la VaR est devenue la mesure la plus populaire pour les régulateurs et les gestionnaires du risque. Ce chapitre ainsi que les suivants sont centrés sur son évaluation et son utilisation. Soulignons qu'une grande partie des considérations qui suivent s'appliquent également à l'*expected shortfall*, ainsi qu'à d'autres mesures du risque.

9.4 VaR et fonds propres

Comme nous le verrons dans les chapitres suivants, les régulateurs et les institutions financières utilisent la VaR pour calculer le niveau des fonds propres réglementaires. Les régulateurs déterminent le capital requis pour le risque de marché comme un multiple de la VaR au seuil de 99 % à l'horizon de dix jours. En ce qui concerne les risques de crédit et opérationnels, on utilise la VaR au seuil de 99,9 % à l'horizon d'un an.

Supposons que la VaR au seuil de 99,9 % à l'horizon d'un an pour un portefeuille soit de 50 millions d'euros. Cela signifie que, dans des conditions extrêmes (une fois tous les 1 000 ans en théorie), l'institution financière peut perdre plus de 50 millions d'euros dans une année. Cela signifie également que si cette institution détient 50 millions d'euros de fonds propres, sa probabilité de conserver ses ressources à l'horizon d'un an vaut 99,9 %.

Supposons que l'on souhaite mettre en œuvre une mesure du risque qui corresponde au capital requis pour une institution financière. La VaR est-elle la meilleure mesure possible ? Artzner *et al.* ont étudié cette question. Ils ont été les premiers à proposer un certain nombre de propriétés qu'une mesure du risque doit respecter dans ce contexte[1] :

1. *Monotonicité* : sa valeur doit être plus importante pour un portefeuille ayant des rendements plus faibles dans tous les États du monde.
2. *Invariance de la translation* : si l'on ajoute un montant de liquidités K à un portefeuille, alors sa valeur doit diminuer de K.
3. *Homogénéité* : la variation de la taille d'un portefeuille d'un facteur λ doit multiplier sa valeur par λ, en gardant constants les montants des composantes de ce portefeuille.
4. *Sous-additivité* : la valeur associée à cette mesure pour deux portefeuilles ne doit pas être supérieure à la somme des valeurs associées à chacun des portefeuilles.

Les trois premières propriétés sont intuitives, puisque la mesure du risque correspond au montant de liquidités à ajouter à un portefeuille pour rendre son risque acceptable. La quatrième concerne la diversification des risques. En effet, lorsque l'on agrège deux risques, le total de leur mesure du risque devrait soit diminuer, soit rester constant.

1. Voir Artzner, P., Delbaen, F., Eber, J.-M. et Heath, D., « Coherent Measures of Risk », *Mathematical Finance*, 1999, vol. 9, p. 203-228.

La VaR satisfait les trois premières propriétés, mais pas toujours la quatrième (voir exemples 9.5 et 9.6).

Exemple 9.5

Considérons deux projets indépendants ayant une probabilité de 0,02 de perdre 10 millions d'euros et une probabilité de 0,98 de perdre 1 million d'euros sur une année. La VaR au seuil de 97,5 % à l'horizon d'un an pour un projet vaut 1 million d'euros. Lorsque les projets sont regroupés dans un portefeuille, la probabilité de perdre 20 millions d'euros vaut 0,02 × 0,02 = 0,0004, celle de perdre 11 millions d'euros vaut 2 × 0,02 × 0,98 = 0,0392 et celle de perdre 2 millions d'euros vaut 0,98 × 0,98 = 0,9604. La VaR au seuil de 97,5 % à l'horizon d'un an pour ce portefeuille vaut 11 millions d'euros, alors que la somme des VaR de chaque projet vaut 2 millions d'euros, soit un écart de 9 millions d'euros. D'après ce résultat, on constate que la condition de sous-additivité n'est pas respectée.

Exemple 9.6

Considérons deux prêts de 10 millions d'euros et de probabilité de défaut de 1,25 % chacun. Si un des prêts fait défaut, son taux de recouvrement est incertain et compris entre 0 % et 100 %. En l'absence de défaut, le profit sur un prêt vaut 0,2 million d'euros. Pour simplifier, on suppose que, si l'un des prêts fait défaut, il est certain que l'autre ne fera pas défaut.

La VaR au seuil de 99 % à un an vaut 2 millions d'euros pour un prêt. En effet, la probabilité de perte vaut 1,25 % et la probabilité conditionnelle d'une perte supérieure à 2 millions d'euros vaut 80 %. La probabilité inconditionnelle d'une perte supérieure à 2 millions d'euros vaut 1 %, soit 80 % fois 1,25 %.

Considérons un portefeuille composé de ces deux prêts. Chaque prêt fait défaut avec 1,25 % de chances et ils ne font jamais défaut simultanément. Un défaut a donc 2,5 % de chances de se réaliser. Dans ce cas, la VaR est de 5,8 millions d'euros. En effet, la probabilité qu'un des prêts fasse défaut est de 2,5 % et la probabilité conditionnelle à une perte supérieure à 6 millions d'euros vaut 40 %. Enfin, la probabilité inconditionnelle que la perte sur le prêt défaillant dépasse 6 millions est donc 40 % fois 2,5 %, soit 1 %. Comme un profit est enregistré sur le prêt non défaillant, la VaR au seuil de 99 % à un an est égale à 5,8 millions.

En revanche, la somme des VaR des deux prêts est 2 + 2 = 4 millions. La VaR du portefeuille des deux prêts vaut 5,8 millions, soit 1,8 million de plus, malgré la diversification.

9.5 Mesures cohérentes du risque

Les mesures du risque qui satisfont les quatre propriétés énoncées précédemment sont dites *cohérentes*. Par conséquent, la VaR n'est pas une mesure cohérente (voir exemples 9.5 et 9.6), contrairement à l'*expected shortfall* (voir exemples 9.7 et 9.8).

Exemple 9.7

Considérons les données de l'exemple 9.5. La VaR individuelle pour un projet est de 1 million d'euros. Afin de calculer l'*expected shortfall* au seuil de 97,5 %, on note que sur les 2,5 % de la queue de distribution des pertes, 2 % correspondent à une perte de 10 millions et 0,5 % à une perte de 1 million. Conditionnellement au fait de se situer dans la queue de distribution, il existe alors 80 % de chances de perdre 10 millions d'euros et 20 % d'en perdre 1 million. La perte espérée vaut donc $0{,}8 \times 10 + 0{,}2 \times 1$, soit 8,1 millions d'euros.

Lorsque l'on combine les deux projets, pour les 2,5 % de queue de distribution des pertes, 0,04 % correspondent à une perte de 20 millions d'euros et 2,46 % à une perte de 11 millions d'euros. Conditionnellement à la présence dans ces 2,5 %, la perte espérée est égale à $(0{,}04 \div 2{,}5) \times 20 + (2{,}46 \div 2{,}5) \times 11$, soit 11,144 millions d'euros. Puisque $8{,}1 + 8{,}1 > 11{,}144$, l'*expected shortfall* satisfait la condition de sous-additivité.

Exemple 9.8

Considérons les données de l'exemple 9.6. La VaR pour un prêt vaut 2 millions d'euros. L'*expected shortfall* au niveau de confiance 99 % et à l'horizon d'un an pour un prêt est la perte attendue sur ce prêt, conditionnellement au fait qu'elle soit supérieure à 2 millions d'euros. Si la distribution des pertes est uniforme (0 – 10 millions d'euros), l'*expected shortfall* est la moyenne de 2 millions d'euros et 10 millions d'euros, soit 6 millions d'euros.

La VaR pour le portefeuille des deux prêts vaut 5,8 millions d'euros (voir exemple 9.6). L'*expected shortfall* du portefeuille est donc la perte attendue conditionnellement au fait que la perte potentielle soit supérieure à 5,8 millions d'euros. Les défauts sont indépendants par hypothèse et les réalisations possibles sont distribuées de manière uniforme entre un gain de 0,2 million d'euros et une perte de 9,8 millions d'euros. La perte attendue s'établit entre 5,8 millions d'euros et 9,8 millions d'euros, soit une moyenne de 7,8 millions d'euros, ce qui correspond à l'*expected shortfall* du portefeuille. Celui-ci respecte la propriété de sous-additivité, puisque $6 + 6 > 7{,}8$.

Les poids qu'elle assigne aux quantiles de la distribution des pertes peuvent également caractériser une mesure du risque. La VaR assigne une pondération de 100 % au X quantile et zéro à tous les autres. En revanche, l'*expected shortfall* assigne des pondérations égales à tous les quantiles supérieurs au X quantile et des pondérations nulles à tous les quantiles inférieurs. On peut également définir une *mesure spectrale du risque* en posant d'autres hypothèses sur les pondérations des quantiles. Un résultat général stipule qu'une mesure spectrale du risque est cohérente (c'est-à-dire qu'elle respecte la propriété de sous-additivité) si la pondération assignée au q quantile de la distribution des pertes est une fonction non décroissante de q. L'*expected shortfall* respecte cette condition, mais pas la VaR. En effet, celle-ci assigne aux quantiles supérieurs à X des pondérations inférieures à la pondération du X quantile. Certains chercheurs ont également proposé des mesures pour lesquelles les pondérations assignées au q quantile augmentent rapidement avec ce dernier. Une des intuitions consiste à rendre la pondération du q quantile proportionnelle à $e^{-(1-q)/\gamma}$, avec γ constant. On parle dans ce cas de *mesure spectrale exponentielle du risque*. La figure 9.5 représente les pondérations des quantiles pour l'*expected shortfall* et la mesure spectrale exponentielle du risque avec deux valeurs pour γ.

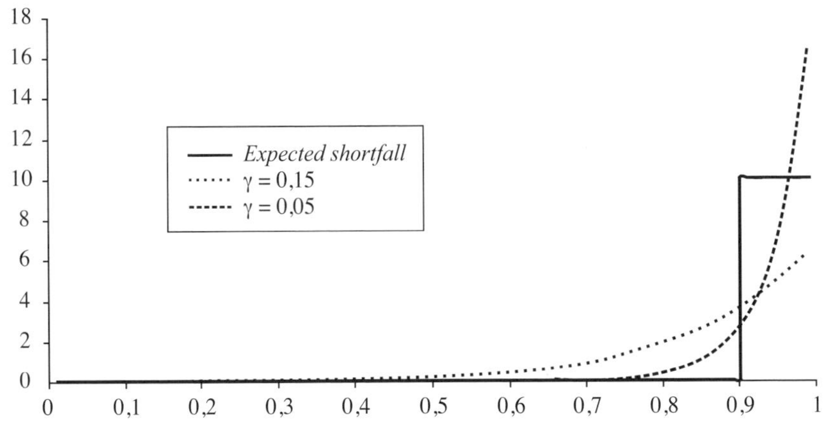

Figure 9.5 – Pondérations en fonction des quantiles pour (a) l'*expected shortfall* avec X = 90 %, (b) la mesure spectrale exponentielle du risque avec $\gamma = 0{,}15$, et (c) la mesure spectrale exponentielle du risque avec $\gamma = 0{,}05$.

9.6 Choix des paramètres de la VaR

L'utilisateur de la VaR doit choisir deux paramètres : l'horizon temporel et le seuil de confiance. Une hypothèse largement adoptée, quoique discutable, consiste à admettre que les variations de la valeur du portefeuille sur la période de l'horizon temporel ont une distribution normale. Ainsi, la variation moyenne est supposée nulle. Ces hypothèses sont pratiques, puisqu'elles simplifient le calcul de la VaR :

$$VaR = \sigma N^{-1}(X) \tag{9.1}$$

avec X le seuil de confiance, σ l'écart-type de la variation du portefeuille sur la période de l'horizon temporel et $N^{-1}(.)$ la fonction de répartition inverse d'une loi normale (que l'on peut obtenir en utilisant la commande LOI.NORMALE.INVERSE dans Excel). D'après cette équation, la VaR est proportionnelle à σ pour un seuil de confiance donné, quel que soit l'horizon temporel.

Exemple 9.9

Supposons que les variations de la valeur du portefeuille sur un horizon temporel de dix jours soient normales, de moyenne nulle et d'écart-type de 20 millions d'euros. La VaR au seuil de 99 % à dix jours vaut :

$$20N^{-1}(0{,}99) = 46{,}5$$

ou 46,5 millions d'euros.

L'horizon temporel

Le choix de l'horizon temporel dépend de l'utilisation de la VaR. Un trader calcule les pertes et les profits chaque jour. Sa position est généralement liquide et activement gérée. Pour un usage interne, il semble donc judicieux de calculer la VaR sur un horizon temporel d'un jour ouvré. Si celle-ci est inacceptable, le portefeuille peut être réajusté assez rapidement. Par ailleurs, une VaR sur un horizon plus long aurait peu de sens, compte tenu des variations dans la composition du portefeuille.

Un gérant d'un fonds de pension choisit un horizon temporel d'un mois car son portefeuille est géré de manière moins active et certains des instruments qui le composent sont peu liquides. De plus, on évalue souvent les performances d'un fonds sur une base mensuelle.

Quelle que soit l'utilisation de la VaR, lorsque les risques de marché sont pris en considération, les analystes calculent en premier lieu la VaR sur un horizon temporel d'un jour. L'hypothèse habituelle est :

$$\text{VaR à } N \text{ jours} = \text{VaR à 1 jour} \times \sqrt{N} \tag{9.2}$$

Cette formule est exacte si les variations de la valeur du portefeuille sont indépendantes et ont une distribution normale, de moyenne nulle, sur N jours successifs. Dans les autres cas, cette formule est approximative. Elle est déduite de l'équation (9.1) et des propriétés suivantes :

1. L'écart-type de la somme de N distributions identiques et indépendantes est égal à $\sqrt{N}$ fois l'écart-type de chaque distribution.
2. La somme de variables normalement distribuées et indépendantes suit une loi normale.

Influence de l'autocorrélation

En pratique, les variations journalières de la valeur du portefeuille ne sont pas toujours indépendantes. Soit ΔP_i la variation de la valeur du portefeuille le jour i. Une hypothèse simple consiste à admettre l'existence d'une autocorrélation d'ordre 1 (c'est-à-dire la corrélation entre ΔP_i et ΔP_{i-1} vaut ρ pour tout i). Supposons que la variance de ΔP_i soit σ^2 pour tout i. En utilisant la formule usuelle pour le calcul de la variance d'une somme de deux variables, on obtient la variance de $\Delta P_{i-1} + \Delta P_i$:

$$\sigma^2 + \sigma^2 + 2\rho\sigma^2 = 2(1+\rho)\sigma^2$$

Supposons que la corrélation entre ΔP_{i-j} et ΔP_i vaut ρ^j. On peut alors calculer la variance de $\sum_{i=1}^{N} \Delta P_i$ (voir problème 9.11). Elle s'écrit :

$$\sigma^2\left[N + 2(N-1)\rho + 2(N-2)\rho^2 + 2(N-3)\rho^3 + \ldots + 2\rho^{N-1}\right] \tag{9.3}$$

Le tableau 9.1 montre l'influence de l'autocorrélation sur la VaR à N jours, calculée à partir de la VaR à un jour.

Tableau 9.1 : Ratio VaR à *N* jours/VaR à un jour pour différentes valeurs de *N* en présence d'autocorrélation d'ordre 1. La distribution des variations de la valeur du portefeuille pour chaque jour est supposée normale de moyenne nulle. ρ est le coefficient d'autocorrélation.

	$N = 1$	$N = 2$	$N = 5$	$N = 10$	$N = 50$	$N = 250$
$\rho = 0$	1,00	1,41	2,24	3,16	7,07	15,81
$\rho = 0{,}05$	1,00	1,45	2,33	3,31	7,43	16,62
$\rho = 0{,}1$	1,00	1,48	2,42	3,46	7,80	17,47
$\rho = 0{,}2$	1,00	1,55	2,62	3,79	8,62	19,35

On suppose que les distributions des variations journalières du portefeuille sont identiques et normales de moyenne nulle. On remarque que le ratio VaR à *N* jours/VaR à un jour ne dépend pas de l'écart-type journalier σ, ni du seuil de confiance. Cela découle du résultat de l'équation (9.1) et de la propriété de l'équation (9.2) qui stipule que l'écart-type à *N* jours est proportionnel à celui à un jour. En comparant la première ligne du tableau 9.1 aux autres lignes, on remarque également que la présence d'une autocorrélation induit des estimations plus faibles de la VaR.

Exemple 9.10

Supposons que l'écart-type des variations journalières de la valeur du portefeuille soit 3 millions d'euros et que le coefficient d'autocorrélation d'ordre 1 des variations journalières soit 0,1. À partir de l'équation (9.3), on obtient la variance des variations de la valeur du portefeuille sur cinq jours :

$$3^2[5 + 2 \times 4 \times 0{,}1 + 2 \times 3 \times 0{,}1^2 + 2 \times 2 \times 0{,}1^3 + 2 \times 1 \times 0{,}1^4] = 52{,}7778$$

On en déduit l'écart-type qui vaut $\sqrt{52{,}7778}$, soit 7,265. La VaR au seuil de 95 % à cinq jours est donc $7{,}265 \times N^{-1}(0{,}95) = 11{,}95$, soit 11,95 millions d'euros. Le rapport des écarts-types des variations du portefeuille à cinq jours et à un jour vaut $7{,}265/3 = 2{,}42$. Compte tenu de l'hypothèse de proportionnalité des écarts-types, on retrouve bien ce résultat au tableau 9.1 pour $\rho = 0{,}1$ et $N = 5$.

Seuil de confiance

Un certain nombre de facteurs influencent le choix du seuil de confiance de la VaR. Considérons une banque qui souhaite maintenir une notation de crédit AA. (Les entreprises notées AA ont une probabilité de défaut à un an de 0,03 %.) Cette banque peut choisir un seuil de confiance à 99,97 % et un horizon temporel d'un an pour son système interne de gestion du risque. (Elle peut, en outre, communiquer son choix aux agences de notation pour prouver qu'elle « mérite » bien sa notation.)

Le seuil de confiance effectivement utilisé pour le calcul de la VaR est cependant inférieur à celui finalement communiqué, car l'estimation de la VaR avec un seuil de confiance élevé est difficile. Si l'on suppose des variations journalières du portefeuille normales et de moyenne nulle, on peut alors convertir des mesures de VaR calculées avec différents seuils de confiance en utilisant l'équation (9.1). Supposons que σ est l'écart-type des variations de la valeur du portefeuille sur un horizon temporel donné et que l'espérance de ces variations est nulle. On note VaR(X) la VaR au seuil de confiance X. À partir de l'équation (9.1), on peut écrire :

$$\text{VaR}(X) = \sigma N^{-1}(X)$$

pour tout seuil de confiance X. On en déduit :

$$\text{VaR}(X^*) = \text{VaR}(X)\frac{N^{-1}(X^*)}{N^{-1}(X)} \qquad (9.4)$$

Cette formule est malheureusement très sensible à la forme des queues de distribution des pertes, supposée normale. Lorsque cette hypothèse n'est pas vérifiée, les résultats obtenus avec l'équation (9.4) sont fortement biaisés. La théorie des valeurs extrêmes offre une alternative pour l'extrapolation des queues de distribution des pertes (voir chapitre 14).

L'équation (9.4) postule que les deux mesures de VaR ont le même horizon temporel. Pour contourner cette hypothèse, on peut combiner cette formule avec les équations (9.2) ou (9.3).

Exemple 9.11

Considérons une VaR au seuil de confiance 95 % à un jour de 1,5 million d'euros. Sous l'hypothèse de distribution normale de moyenne nulle des variations de la valeur du portefeuille, la VaR à 99 % à un jour vaut :

$$1{,}5 \times \frac{2{,}326}{1{,}645} = 2{,}12$$

ou 2,12 millions d'euros. Si l'on suppose que les variations journalières sont indépendantes, la VaR à 99 % à dix jours est égale à $\sqrt{10}$ fois ce résultat, soit 6,71 millions d'euros et la VaR à 99 % à 250 jours vaut $\sqrt{250}$ fois 2,12, soit 33,54 millions d'euros.

9.7 VaR marginale, incrémentale et partielle

Souvent, les analystes calculent des mesures supplémentaires pour mieux comprendre la VaR. Considérons un portefeuille composé de plusieurs sous-portefeuilles correspondant à différentes classes d'actif (actions, obligations, dérivés) ou à différents départements d'une institution financière (banque de détail, banque d'investissement, *trading* en compte propre). Considérons alors l'actif i, noté x_i, d'un portefeuille.

La *VaR marginale* correspond à la sensibilité de la VaR au montant investi dans cet actif :

$$\frac{\partial(\text{VaR})}{\partial x_i}$$

La VaR marginale est étroitement liée au bêta du MEDAF (voir section 1.3). Elle est élevée (respectivement faible) pour un actif ayant un bêta élevé (respectivement faible). Dans certains cas, la VaR marginale est négative, indiquant que l'augmentation de la pondération d'un actif réduit le risque du portefeuille.

La *VaR incrémentale* correspond à l'effet induit sur la VaR d'une nouvelle transaction ou de son dénouement. Elle intéresse particulièrement les traders, soucieux de connaître l'impact d'une nouvelle position sur le capital réglementaire associé à leur portefeuille.

La formule de la VaR *partielle* pour l'actif i peut alors s'écrire :

$$\frac{\partial(\text{VaR})}{\partial x_i} x_i \qquad (9.5)$$

Dans de nombreux cas, cette formule fournit une approximation correcte de la VaR incrémentale. En effet, si une composante est résiduelle par rapport à la taille du portefeuille, il est alors raisonnable de supposer que sa VaR marginale demeure constante lorsque x_i est réduit à zéro. Sous cette hypothèse, l'impact d'une réduction x_i à zéro équivaut x_i fois la VaR marginale, qui correspond alors à la VaR partielle.

On peut calculer de façon analogue les *expected shortfall* marginal, incrémental et partiel.

9.8 Le théorème d'Euler

Le célèbre mathématicien Leonhard Euler a obtenu un résultat dont l'importance est capitale lorsqu'une mesure du risque d'un portefeuille est par la suite allouée à ses composantes. Considérons V comme une mesure du risque d'un portefeuille et x_i l'actif i de ce portefeuille . Supposons que lorsque x_i varie et passe à pour tous les x_i (la taille du portefeuille est multipliée par), alors V devient . Ce résultat correspond à la condition d'homogénéité linéaire définit à la section 9.4. Elle est vraie pour la plupart des mesures du risque[1].

Le théorème d'Euler permet de démontrer que :

$$V = \sum_{i=1}^{M} \frac{\partial V}{\partial x_i} x_i \qquad (9.6)$$

Ce résultat permet d'allouer V aux composantes du portefeuille.

Lorsque la mesure du risque est la VaR, le théorème d'Euler implique que :

$$VaR = \sum_{i=1}^{M} C_i$$

où est la VaR partielle pour l'actif i, ce qui correspond à l'équation suivante (voir section 9.7) :

$$C_i = \frac{\partial(\text{VaR})}{\partial x_i} x_i$$

Ce résultat démontre que la VaR totale pour un portefeuille est égale à la somme de ses VaR partielles. La VaR partielle apparaît donc comme un moyen utile d'allouer la VaR totale aux composantes du portefeuille. Comme nous l'avons expliqué dans la section précédente, la VaR partielle possède une propriété intéressante : la VaR partielle pour l'actif i d'un portefeuille important est approximativement égale à la VaR incrémentale pour cet actif.

1. Une mesure du risque incorporant la liquidité pourrait faire figure d'exception. En effet, plus la taille d'un portefeuille augmente, plus sa liquidité diminue.

On peut utiliser le théorème d'Euler pour allouer d'autres mesures du risque aux composantes d'un portefeuille. On peut par exemple définir un *expected shortfall* partiel en remplaçant la VaR dans l'équation (9.5). L'*expected shortfall* total est alors égal à la somme des *expected shortfalls* partiels.

Nous verrons au chapitre 23 comment le théorème d'Euler peut servir à allouer le capital économique d'une banque à ses différents départements.

9.9 L'agrégation des VaR

Une entreprise ayant calculé les VaR (avec le même seuil de confiance et le même horizon temporel) pour ses différents départements peut être intéressée par le calcul de la VaR totale. La formule suivante permet d'effectuer ce calcul :

$$VaR_{totale} = \sqrt{\sum_i \sum_j VaR_i \rho_{ij}} \quad (9.7)$$

où est la VaR du département i, la VaR du département j, la VaR totale, et le coefficient de corrélation entre les pertes des départements i et j. Cette équation est parfaitement exacte lorsque les pertes (gains) suivent une distribution normale à espérance nulle, mais fournit aussi des approximations satisfaisantes par ailleurs.

Exemple 9.12

Supposons que les VaR de deux départements soient égales à 60 et 100 millions d'euros respectivement. On estime à 0,4 la corrélation entre les pertes. Une estimation de la VaR totale est égale à :

$$\sqrt{60^2 \times 100^2 \times 2 \times 60 \times 100 \times 0{,}4} = 135{,}6$$

9.10 *Back testing* (tests *ex post*)

Quelle que soit la méthode de calcul de la VaR, le *back testing* est vivement recommandé et consiste à tester les performances des estimations de la VaR sur des données passées. Supposons que nous ayons développé une procédure de calcul de la VaR au seuil de 99 % à un jour. Le *back testing* consiste à vérifier le nombre de fois où la perte journalière a effectivement dépassé la VaR. Dans ce contexte, les jours où ce dépassement a lieu sont appelés des exceptions. Si celles-ci représentent 1 % des jours, on peut considérer que la méthodologie de calcul de la VaR est fiable. En revanche, si elles représentent 7 % des jours, le calcul n'est pas fiable et sous-estime vraisemblablement la VaR et le capital réglementaire. Symétriquement, si les exceptions représentent, par exemple, 0,3 % des jours, on surestime alors la VaR et les fonds propres sont trop élevés.

Prendre en compte ou non les variations de la composition du portefeuille sur la période étudiée représente un choix important dans cette procédure. Deux méthodes sont ici envisageables. La première consiste à comparer la VaR avec la variation hypothétique de la valeur du portefeuille, calculée sous l'hypothèse de composition fixe sur la période considérée. La seconde consiste à comparer la VaR à la variation effective de la valeur du portefeuille sur cette période. Comme on calcule la VaR elle-même sous l'hypothèse de composition fixe du portefeuille, la première méthode semble plus logique. Ce sont cependant bien les variations effectives qui sont importantes. En pratique, les gestionnaires du risque utilisent les deux méthodes (les régulateurs préconisent également le recours aux deux méthodes). Les variations effectives sont ajustées des éléments non affectés par le risque de marché (commissions et gains des transactions effectuées à des prix différents du marché).

Considérons un horizon temporel d'un jour et un seuil de confiance de X %. Si le modèle de VaR est fiable, la probabilité que la VaR soit dépassée est p = 1 – X. Supposons maintenant que l'on dispose d'observations sur *n* jours et que la VaR ait été dépassée à *m* reprises, avec m/n > p. Doit-on rejeter ce modèle ? Pour répondre à cette question, considérons deux hypothèses alternatives :

1. La probabilité d'une exception est égale à *p*.
2. La probabilité d'une exception est supérieure à *p*.

À partir des propriétés de la loi binomiale, on peut écrire la probabilité que la VaR soit dépassée durant *m* jours ou plus :

$$\sum_{k=m}^{n} \frac{n!}{k!(n-k)!} p^k (1-p)^{n-k}$$

On peut obtenir la valeur de cette probabilité avec la commande LOI.BINOMIALE dans Excel. Un seuil de confiance couramment utilisé dans les tests statistiques est 5 %. Si la probabilité de dépassement de la VaR à *m* reprises ou plus est inférieure à 5 %, on rejette la première hypothèse ci-dessus.

Lorsque le nombre d'exceptions, *m*, est inférieur au nombre attendu, on peut tester si la probabilité d'une exception est 1 %. (Dans ce cas, l'hypothèse alternative est que la probabilité d'une exception soit inférieure à 1 %.) La probabilité associée à l'événement « nombre d'exceptions supérieur ou égal à *m* » est :

$$\sum_{k=0}^{m} \frac{n!}{k!(n-k)!} p^k (1-p)^{n-k}$$

que l'on doit comparer au seuil de 5 %.

Exemple 9.13

Supposons que l'on souhaite tester *ex post* un modèle de VaR en utilisant des données sur 600 jours. Le seuil de confiance de la VaR vaut 99 % et l'on a observé neuf exceptions. Le nombre d'exceptions attendues est six. Doit-on rejeter ce modèle ? Pour répondre à cette question, on calcule la probabilité de neuf exceptions ou plus avec Excel :

$$1 - LOI.BINOMIALE(8;600;0{,}01;VRAI)$$

qui vaut 0,152. Par conséquent, on ne peut pas rejeter ce modèle au seuil de 5 %. En revanche, avec douze exceptions, ce modèle est rejeté, puisque la probabilité de douze exceptions ou plus vaut 0,019. En fait, à partir de onze exceptions ou plus, ce modèle est rejeté. (La probabilité de dix ou plus exceptions est supérieure à 5 %, mais la probabilité de onze exceptions ou moins est inférieure à 5 %.)

Exemple 9.14

Supposons que l'on souhaite tester *ex post* un modèle de VaR en utilisant des données sur 600 jours lorsque le seuil de confiance est de 99 % et que l'on observe une exception. Le calcul de la probabilité associée à une exception ou moins s'écrit (avec Excel) :

$$LOI.BINOMIALE(1;600;0,01;VRAI)$$

et vaut 0,017. Par conséquent, on rejette ce modèle au seuil de 5 %. En revanche, avec deux exceptions ou plus, ce modèle ne peut pas être rejeté.

Les tests considérés jusqu'à présent sont unilatéraux. Dans les exemples (9.13) et (9.14), on a supposé que la vraie probabilité associée à une exception était respectivement supérieure ou égale et inférieure ou égale à 1 %. Kupiec propose un test bilatéral relativement performant[1]. En notant p la probabilité d'une exception et m le nombre d'exceptions observées sur n jours, alors :

$$-2\ln[(1-p)^{n-m}p^m]+2\ln[(1-m/n)^{n-m}(m/n)^m] \quad (9.8)$$

a une distribution de khi-deux à un degré de liberté. Les valeurs de cette statistique sont élevées pour des exceptions très rares ou très fréquentes. La valeur d'une variable suivant une loi khi-deux à un degré de liberté est supérieure à 3,84 avec une probabilité de 5 %. On rejette donc le modèle de VaR si le résultat de l'équation (9.8) est supérieur à 3,84.

Exemple 9.15

Reprenons les données des exemples précédents. La statistique obtenue avec l'équation (9.8) est supérieure à 3,84 lorsque le nombre d'exceptions m est inférieur ou égal à un, et lorsqu'il est supérieur ou égal à 12. On peut donc accepter ce modèle de VaR lorsque $2 \le m \le 11$.

En règle générale, la difficulté du *back testing* augmente avec le seuil de confiance de la VaR, ce qui suggère de retenir des seuils faibles dans le cadre de la théorie des valeurs extrêmes (voir chapitre 14).

La concentration *(bunching)*

La concentration constitue un autre élément important. Si les variations journalières du portefeuille sont indépendantes, les exceptions devraient être réparties de manière homogène sur la période de temps utilisée pour le *back testing.* En pratique, les exceptions sont souvent concentrées, et les pertes risquent de ne plus être indépendantes dans le temps. Christofferson a proposé une statistique pour tester la concentration[2] :

avec u_{ij} le nombre de jours où l'état i précède l'état j. Cette statistique suit une loi de khi-deux à un degré de liberté s'il n'y a pas de concentration. L'état 0 correspond à un jour

1. Voir Kupiec, P., « Techniques for Verifying the Accuracy of Risk Management Models », *Journal of Derivatives*, 1995, vol. 3, p. 73-84.

2. Voir Christofferson, P. F., « Evaluation Interval Forecasts », *International Economic Review*, 1998, vol. 39, p. 841-862.

sans exception, tandis que l'état 1 correspond au jour avec une exception. Par ailleurs, on a :

$$\pi = \frac{u_{01} + u_{11}}{u_{00} + u_{10} + u_{01} + u_{11}}$$

$$\pi_{01} = \frac{u_{01}}{u_{00} + u_{01}}$$

$$\pi_{11} = \frac{u_{11}}{u_{10} + u_{11}}$$

Résumé

L'objectif d'un calcul de VaR répond à l'affirmation suivante : « Nous sommes certains à X % que nous ne perdrons pas plus de V euros dans les T prochains jours ». V correspond à la VaR, X % au seuil de confiance et T à l'horizon temporel. La VaR est une mesure du risque largement acceptée. L'*expected shortfall* est une mesure alternative présentant des propriétés théoriques plus solides. Il s'agit de la perte attendue conditionnelle à une perte supérieure à la VaR.

Lorsque les variations de la valeur du portefeuille sont normalement distribuées, le calcul de la VaR à un seuil donné permet d'inférer l'ensemble des VaR, quel que soit le seuil retenu. De même, si les variations journalières sont indépendantes et normalement distribuées, la VaR à N jours est égale à $\sqrt{N}$ fois la VaR à un jour. Lorsque l'hypothèse d'indépendance est relâchée, des formules plus compliquées permettent de calculer ces valeurs.

La VaR marginale par rapport à la position i est la dérivée partielle de la VaR par rapport à la taille de cette position. La VaR incrémentale correspond à l'effet de l'augmentation de cette position sur la VaR. Les VaR partielles correspondent à la somme des VaR, et chacune des composantes correspond à la VaR incrémentale s'il s'agit d'un portefeuille de taille importante et bien diversifié.

Le *back testing* est un élément important de tout système de VaR. Il permet d'étudier les performances du modèle sur des données passées. À cet effet, deux méthodes peuvent être mises en œuvre. La première repose sur le pourcentage d'exceptions, c'est-à-dire le nombre de fois où la perte réalisée dépasse la VaR. La seconde s'appuie sur la concentration des exceptions. En outre, des tests statistiques permettent de rejeter ou d'accepter le modèle en fonction du pourcentage d'exceptions ou de leur concentration. Les régulateurs disposent de multiplicateurs applicables à la VaR pour accroître le capital requis si les résultats du *back testing* (sur 250 jours) sont jugés insatisfaisants (voir chapitre 12).

Références complémentaires

Artzner, P., Delbaen, F., Eber, J. M. et Heath, D., « Coherent Measures of Risk », *Mathematical Finance*, 1999, vol. 9, p. 203-228.

Basak, S. et Shapiro, A., « Value-at-Risk-Based Risk Management: Optimal Policies and Asset Prices », *Review of Financial Studies*, 2001, vol. 14, p. 371-405.

Beder, T., « VaR: Seductive but Dangerous », *Financial Analysts Journal*, 1995, vol. 51, p. 12-24.

Boudoukh, J., Richardson, M. et Whitelaw, R., « The Best of Both Worlds », *Risk*, mai 1998, p. 64-67.

Dowd, K., *Beyond Value at Risk: The New Science of Risk Management*, Wiley, 1998.

Duffie, D. et Pan, J., « An Overview of Value at Risk », *Journal of Derivatives*, printemps 1997, vol. 4, p. 7-49.

Hopper, G., « Value at Risk: A New Methodology for Measuring Portfolio Risk », *Business Review*, Federal Reserve Bank of Philadelphia, juillet/août 1996, p. 19-29.

Hua, P. et Wilmott, P., « Crash Courses », *Risk*, juin 1997, p. 64-67.

Jackson, P., Maude, D. J. et Perraudin, W., « Bank Capital and Value at Risk », *Journal of Derivatives*, printemps 1997, vol. 4, p. 73-90.

Jorion, P., *Value at Risk: The New Benchmark for Controlling Market Risk*, Irwin, 1997.

Longin, F., « Beyond the VaR », *Journal of Derivatives*, été 2001, vol. 8, p. 36-48.

Marshall, C. et Siegel, M., « Value at Risk: Implementing a Risk Measurement Standard », *Journal of Derivatives*, printemps 1997, vol. 4, p. 91-111.

Roncalli, T., *La Gestion des risques financiers*, Economica, 2004.

Problèmes et exercices (corrigés en fin d'ouvrage)

9.1. Quelle est la différence entre l'*expected shortfall* et la VaR ? Quel est l'avantage théorique de l'*expected shortfall* sur la VaR ?

9.2. Qu'est-ce qu'une mesure spectrale du risque ? Quelles conditions doit satisfaire cette mesure pour respecter la condition de sous-additivité (voir section 9.3) ?

9.3. Selon un gérant de fonds, la VaR au seuil de 95 % à un mois d'un fonds de placement vaut 6 % de son portefeuille d'actifs. Vous avez investi 100 000 euros dans ce fonds. Comment interprétez-vous la mesure de la VaR ?

9.4. Un gérant de fonds vous indique que l'*expected shortfall* au seuil de 95 % à un mois d'un fonds de placement vaut 6 % de son portefeuille d'actifs. Vous avez investi 100 000 euros dans ce fonds. Comment interprétez-vous la mesure de l'*expected shortfall* ?

9.5. Considérons deux investissements indépendants, dont les montants et les probabilités de pertes sont les suivants : 10 millions d'euros à 0,9 % et 1 million d'euros à 99,1 %. La probabilité d'un gain est nulle. (a) Quelle est la VaR au seuil de 99 % d'un des investissements ? (b) Quelle est l'*expected shortfall* au seuil de 99 % d'un des investissements ? (c) Quelle est la VaR au seuil de 99 % des deux investissements ? (d) Quelle est l'*expected shortfall* au seuil de 99 % des deux investissements ?

(e) Montrez que l'*expected shortfall* respecte la contrainte de sous-additivité, contrairement à la VaR.

9.6. Supposons que les variations de la valeur d'un portefeuille sur un jour aient une distribution normale de moyenne nulle et d'écart-type 2 millions d'euros. Quelle est (a) la VaR au seuil de 97,5 % à un jour, (b) la VaR au seuil de 97,5 % à cinq jours, (c) la VaR au seuil de 99 % à cinq jours?

9.7. Quelle est l'incidence sur vos réponses à l'exercice 9.6 de l'existence d'une autocorrélation journalière d'ordre 1 de 0,16?

9.8. Expliquez minutieusement les différences entre la VaR marginale, incrémentale et partielle.

9.9. Considérons le *back testing* d'un modèle de VaR en utilisant des données sur 1 000 jours. Le seuil de la VaR est de 99 % et l'on observe 17 exceptions. Doit-on rejeter le modèle au seuil de 5 %? Utilisez un test unilatéral.

9.10. Expliquez le terme de concentration *(bunching)*.

9.11. Démontrez l'équation (9.3).

Questions complémentaires

9.12. Considérons deux investissements indépendants, dont les montants et les probabilités de pertes sont les suivants : 10 millions d'euros à 4 % et 1 million d'euros à 2 %. La probabilité d'un gain de 1 million est de 94 %. (a) Quelle est la VaR au seuil de 95 % d'un des investissements? (b) Quelle est l'*expected shortfall* au seuil de 95 % d'un des investissements? (c) Quelle est la VaR au seuil de 95 % des deux investissements? (d) Quelle est l'*expected shortfall* au seuil de 95 % des deux investissements? (e) Montrez que l'*expected shortfall* respecte la contrainte de sous-additivité, contrairement à la VaR.

9.13. Supposons que les variations journalières d'un portefeuille ont une autocorrélation d'ordre 1 de coefficient 0,12. La VaR à dix jours, calculée par multiplication de la VaR à un jour par $\sqrt{10}$, vaut 2 millions d'euros. Quelle est l'estimation de la VaR en tenant compte de l'autocorrélation?

9.14. Considérons le *back testing* d'un modèle de VaR en utilisant des données sur 1 000 jours. Le seuil de la VaR est de 99 % et l'on observe quinze exceptions. Doit-on rejeter le modèle au seuil de 5 %? Utilisez un test bilatéral de Kupiec.

Chapitre 10
La volatilité

À chaque instant, une institution financière est exposée (au moins de façon résiduelle) à la variation d'une centaine, voire de milliers de variables différentes comme les taux d'intérêt, les taux de change ou encore la valeur des actions. L'évolution future d'une variable de marché est incertaine, et la mesure la plus courante de cette incertitude est la volatilité. Il est très important pour un *risk manager* de surveiller cette volatilité, afin d'évaluer au mieux les pertes auxquelles il est potentiellement exposé. Ce chapitre s'attache à décrire les procédures mises en place dans cet objectif.

Nous débutons ce chapitre par une définition de la volatilité. Ensuite, nous expliquons comment la déduire du prix des options (volatilité implicite) ou l'estimer à partir d'historiques de données (volatilité historique). Nous examinons alors l'hypothèse standard de normalité des rentabilités, et présentons la loi puissance comme une alternative à cette hypothèse. Nous abordons ensuite des modèles aux noms impressionnants : moyenne mobile à pondération exponentielle (*Exponentially Weighted Moving Average*, EWMA), hétéroscédasticité conditionnelle autorégressive (*Autoregressive Conditional Heteroscedasticity*, ARCH) et hétéroscédasticité conditionnelle autorégressive généralisée (*Generalized Autoregressive Conditional Heteroscedasticity*, GARCH). La caractéristique distinctive de ces modèles est de ne pas imposer la constance de la volatilité ou des corrélations qui peuvent être faibles ou élevées selon les périodes, et finalement de capturer leurs variations temporelles.

10.1 Définition de la volatilité

On définit la volatilité σ comme l'écart-type de la rentabilité par unité de temps lorsque les rentabilités sont exprimées en composition continue (voir annexe A pour une étude de la composition continue). Lorsque l'on utilise la volatilité pour évaluer des options, l'unité de temps est généralement l'année. Dans le cadre de la gestion des risques, on évalue cependant la volatilité en base journalière et elle représente l'écart-type du rendement continu journalier. On traduit la rentabilité d'une variable sur une journée exprimée en composition continue avec $\ln(S_i / S_{i-1})$, où S_i est la valeur de marché de la variable à la fin de la journée i. Cette rentabilité est proche de $\dfrac{S_i - S_{i-1}}{S_i}$.

L'écart-type du changement proportionnel de la valeur de la variable pendant une journée constitue une définition alternative de la volatilité d'une variable. On retient généralement cette définition en management des risques.

Exemple 10.1

Supposons que le cours coté d'une action soit de 60 euros et que sa volatilité soit de 2 % par jour. Une variation du cours de l'action d'un écart-type sur une journée est alors de $60 \times 0{,}02 = 1{,}2$ euro. Si les rendements sont gaussiens, on est certain à 95 % que le cours de l'action se situera entre $60 - 1{,}96 \times 1{,}2 = 57{,}65$ euros et $60 + 1{,}96 \times 1{,}2 = 62{,}35$ euros à la fin de la journée.

Supposons que les rendements sont indépendants et que la variance est constante. La variance des rendements sur T jours est alors T fois la variance sur un jour. Cela signifie que l'écart-type sur T jours s'écrit comme $\sqrt{T}$ fois l'écart-type journalier. L'incertitude sur la valeur future d'une action, mesurée par son écart-type, augmente avec l'horizon temporel, et cette augmentation est proportionnelle à la racine carrée de l'horizon considéré (au moins approximativement). Cela correspond à l'adage classique : « L'incertitude augmente avec la racine carrée du temps. »

Exemple 10.2

Supposons que le cours coté d'une action soit de 60 euros et que sa volatilité soit de 2 % par jour. L'écart-type du rendement sur cinq jours s'écrit alors $2 \times \sqrt{5} = 4{,}47$ %. Une variation du cours de l'action d'un écart-type sur cinq jours est alors de $60 \times 0{,}0447 = 2{,}68$ euros. Si les rendements sont gaussiens, on est certain à 95 % que le cours de l'action se situera entre $60 - 1{,}96 \times 2{,}68 = 54{,}74$ euros et $60 + 1{,}96 \times 2{,}68 = 65{,}26$ euros à la fin de cinq journées.

Le taux de variance

Dans le cadre de la gestion des risques, les professionnels utilisent généralement le taux de variance, défini comme le carré de la volatilité. À titre d'exemple, le taux de variance annuel est la variance de la rentabilité exprimée en composition continue de l'action sur une période d'un an. Contrairement à l'écart-type de rentabilité qui croît proportionnellement à la racine carrée du temps, la variance de la rentabilité croît linéairement avec la durée.

Jours ouvrés et jours calendaires

Lorsque les volatilités sont calculées et utilisées, la difficulté est de savoir s'il faut retenir des jours ouvrés ou calendaires. Les recherches montrent que la volatilité est plus élevée lorsque le marché est ouvert plutôt que fermé (voir encadré 10.1). De ce fait, lorsque les analystes estiment les volatilités, ils ont tendance à négliger les jours de fermeture du marché. L'hypothèse classique est de retenir une année de 252 jours.

Si l'on désigne par σ_{an} la volatilité annuelle d'un actif financier et σ_j la volatilité journalière associée, l'écart-type de rentabilité annuelle est alors σ_{an} ou $\sigma_j\sqrt{252}$, ce qui s'écrit :

$$\sigma_{an} = \sigma_j\sqrt{252}$$

ou encore :

$$\sigma_j = \frac{\sigma_{an}}{\sqrt{252}}$$

Encadré 10.1

Les raisons de la volatilité

Il est naturel de supposer que l'arrivée d'informations nouvelles sur le marché conditionne la volatilité. Ces informations conduisent les opérateurs à réviser leurs anticipations de la valeur future des titres. Cela entraîne des modifications de prix et donc de la volatilité. Les études empiriques ne confirment pourtant pas ce raisonnement. Lorsque l'on dispose de plusieurs années de données journalières, on peut calculer :

1. la variance des rentabilités entre la fermeture du marché un jour donné et la fermeture du jour suivant lorsque les jours successifs sont des jours ouvrés ;
2. la variance des rentabilités entre la clôture du vendredi et la clôture du lundi suivant.

La seconde variance correspond à une période de trois jours, alors que la première est une variance journalière. On pourrait donc s'attendre à ce que la seconde soit trois fois plus élevée que la première. Fama (1965), French (1980), et French et Roll (1986) ont montré que ce n'était pas le cas. Dans ces trois articles, la seconde variance dépasse la première de 22 %, 19 % et 10,7 % respectivement. À ce stade, on pourrait envisager que les informations soient plus nombreuses quand le marché est ouvert que quand il est fermé. Roll (1984) ne confirme cependant pas cette conclusion dans son article. Il a analysé les prix des contrats à terme sur le jus d'orange. La valeur de ces contrats est très sensible aux informations « climatiques » et l'arrivée de celles-ci n'est pas liée à l'ouverture ou à la fermeture du marché. Lorsque Roll mène la même analyse que celle décrite plus haut sur le marché des actions, la variance sur trois jours est seulement 1,54 fois plus élevée que celle des jours ouvrés consécutifs.

Il existe une seule conclusion raisonnable à ces résultats : les échanges eux-mêmes engendrent en grande partie la volatilité (les traders sont souvent d'accord avec cette interprétation !).

10.2 La volatilité implicite

Même si les gestionnaires de risque mesurent des volatilités historiques, ils utilisent également une autre forme de volatilité appelée volatilité implicite. Comme le montre l'annexe E en fin d'ouvrage, la volatilité est l'un des paramètres de la formule d'évaluation des options de Black et Scholes. Les traders peuvent donc la déduire de la valeur des options. La volatilité implicite est alors le niveau de volatilité à entrer dans le modèle d'évaluation permettant de retrouver le prix des options cotées sur le marché.

L'indice VIX

Le CBOE publie des indices de volatilité implicite et le plus populaire est le SPX VIX. Il est calculé à partir de la volatilité d'un grand nombre de *puts* et de *calls* 30 jours sur le S&P 500[1]. Les *futures* sur VIX ont fait leur apparition en 2004 et deux ans plus tard, en 2006, des options sur cet indice ont été introduites.

Un achat ou une vente d'options (ou de *futures*) sur l'indice S&P 500 est un pari sur l'évolution de l'indice. À l'inverse, un achat ou une vente d'options (ou de *futures*)

1. De la même façon, l'indice VXN porte sur le NASDAQ 100 et le VXD sur le *Dow Jones Industrial Average*.

sur l'indice VIX est un pari sur l'évolution de la volatilité de l'indice S&P 500. On peut noter que le gain ou la perte en dollars s'élève à 1 000 fois la valeur de l'indice. La figure 10.1 illustre l'évolution de cet indice entre 2004 et 2011. Celui-ci s'est situé entre 10 et 20 entre 2004 et mi-2007. Sa valeur est de l'ordre de 30 au second semestre 2007 pour atteindre 80 en novembre 2008, ce qui illustre l'incertitude importante régnant sur les marchés après la faillite de Lehman Brothers. Cet indice est ensuite revenu à des niveaux standard jusqu'en mai 2010 et la crise des dettes souveraines européennes. Les fortes incertitudes de 2011 se traduisent également par des niveaux de VIX très élevés, ce qui explique pourquoi certains opérateurs nomment cet indice « indice de la peur ».

Exemple 10.3

Supposons un trader achetant un contrat *futures* VIX échéance avril au prix de 18,5 dollars. Ce prix correspond à une volatilité à 30 jours de 18,5 % sur l'indice S&P 500. Supposons qu'il revende le contrat à un prix de 19,3 %. Il gagne alors 800 dollars.

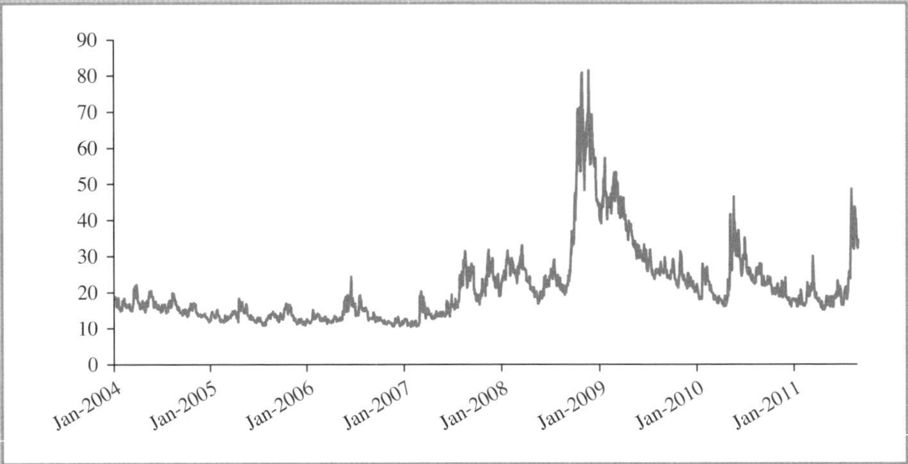

Figure 10.1 – L'indice VIX, de janvier 2004 à décembre 2011.

10.3 Les pourcentages quotidiens de variation des variables financières sont-ils normalement distribués ?

Une hypothèse classique consiste à supposer que les distributions des rendements sur le marché sont gaussiennes. Il est alors possible de mesurer des intervalles de confiance pour la volatilité, comme le montrent les exemples 10.1 et 10.2. Dans la pratique, les taux de change, ainsi que d'autres variables financières, ont tendance à avoir des queues de distribution plus épaisses que la loi normale. Nous consacrons le tableau 10.1 à l'analyse des variations journalières de 12 taux de change pendant une période de dix ans. La première étape de construction de ce tableau a consisté en l'évaluation des pourcentages de variation quotidienne de chacun des taux de change. Dans un second temps, nous avons mesuré les fréquences des variations excédant un écart-type, deux écarts-types, etc., et comparé ces résultats à ceux obtenus dans le cadre d'une loi normale pour ces variations (mesurées en pourcentage)[1].

Tableau 10.1 : Pourcentage du nombre de jours durant lesquels la variation du taux de change est plus importante qu'un, deux... six écarts-types (EC = écart-type des variations quotidiennes).

	Univers réel (données constatées)	Modèle « normal »
> 1 EC	25,04	31,73
> 2 EC	5,27	4,55
> 3 EC	1,34	0,27
> 4 EC	0,29	0,01
> 5 EC	0,08	0,00
> 6 EC	0,03	0,00

Les variations quotidiennes excèdent trois écarts-types pour 1,34 % du nombre total de jours étudiés. Le modèle « normal » prévoit un pourcentage de seulement 0,27 %. Les variations excèdent quatre, cinq et six écarts-types pour, respectivement, 0,29 %, 0,08 % et 0,03 % de l'ensemble des jours. Le modèle « normal » prévoit que de tels écarts sont extrêmement rares. Le tableau conduit donc à souligner l'existence de queues de distribution plus épaisses. L'encadré 10.1 montre comment on pouvait gagner de l'argent avec ce type d'analyse en 1985 !

Encadré 10.2

Gagner de l'argent avec les options de change

Supposez que la plupart des intervenants sur le marché pensent que les taux de change suivent une loi log-normale. Ils utiliseront alors la même volatilité pour évaluer toutes les options sur une même devise. Vous venez de faire l'analyse qui a conduit à la construction du tableau 10.1 et vous savez que l'hypothèse de log-normalité n'est pas vérifiée. Que devez-vous faire ?

La réponse consiste à acheter des options (*calls* et *puts*) très en dehors de la monnaie sur toutes les devises et de patienter. Ces options sont relativement peu chères et la proportion d'entre elles qui finira dans la monnaie est plus importante que celle déduite de l'hypothèse de log-normalité. Par conséquent, la valeur actuelle des flux futurs devrait être plus importante que le coût de ces options. Au milieu des années 1980, peu de traders savaient que la distribution de probabilité des taux de change présentait des queues épaisses, et de nombreux intervenants pensaient que l'hypothèse de log-normalité était raisonnable. Les traders ayant opté pour la stratégie décrite précédemment ont alors gagné beaucoup d'argent. À la fin des années 1980, tous les intervenants ont pris conscience de ce phénomène et de telles opportunités ont disparu.

1. Ce tableau est extrait de Hull, J. C. et White, A., « Value at Risk When Daily Changes Variables are not Normally Distributed », *Journal of Derivatives*, 5, 3, printemps 1998, p. 9-19.

La figure 10.2 compare une distribution à queue épaisse et une distribution normale de même moyenne et de même écart-type[1]. La distribution à queue épaisse est plus pointue que la distribution normale. À la figure 10.2, on distingue trois zones : le centre, les queues et une zone intermédiaire. Lorsque l'on passe de la distribution normale à la seconde distribution, la masse de probabilités se déplace de la zone intermédiaire vers le centre et les queues. Si l'on s'intéresse à la variation d'une variable de marché, de faibles et fortes variations sont alors plus probables que dans une distribution log-normale. Les variations intermédiaires sont, en revanche, moins fréquentes.

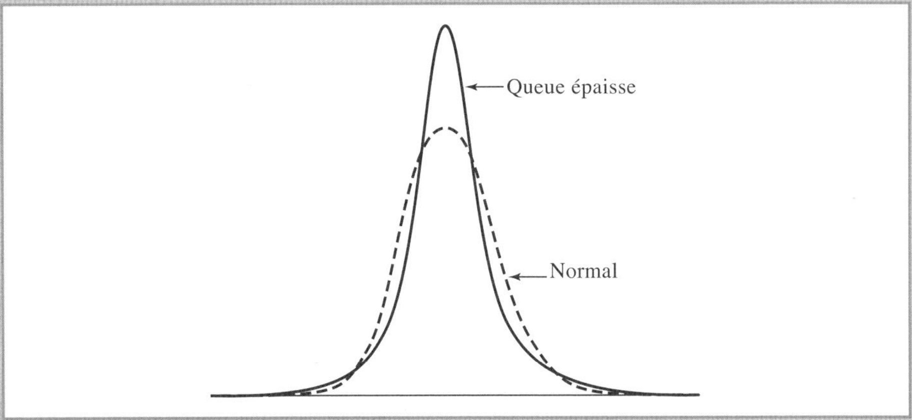

Figure 10.2 – Comparaison d'une distribution normale avec une distribution à queues épaisses de même espérance et de même écart-type.

10.4 Une alternative aux distributions normales : la loi puissance

La loi puissance suppose que pour de nombreuses variables rencontrées, il est approximativement vrai que la valeur v de cette variable vérifie, lorsque x est grand,

$$\Pr(v > x) - Kx^{-\alpha} \qquad (10.1)$$

où K et α sont des constantes. Cette équation est approximativement vraie pour diverses variables, comme le revenu des individus, la taille des villes ou encore le nombre de visites dans un musée.

Exemple 10.4

Supposons que $\alpha = 3$ et que la probabilité que $v > 10$ soit égale à 0,05. Dans ce cas, $K = 50$, et l'on peut estimer la probabilité que $v > 20$ à 0,00625, la probabilité que $v > 30$ à 0,0019, et ainsi de suite.

1. Le kurtosis mesure la taille des queues de distribution. Une distribution leptokurtique a des queues plus épaisses que la loi normale. Dans le cas contraire, on parle de distribution platykurtique. Pour des queues de distribution identiques à la loi normale, on parle de distribution mesokurtique.

L'équation (10.1) implique que :

$$\ln[\Pr(v > x)] = \ln(K) - \alpha \ln(x)$$

On peut alors opérer un test rapide de la validité de cette relation en traçant la fonction liant $\ln[\Pr(v > x)]$ et $\ln(x)$. La figure 10.3 offre une illustration de cette relation pour les taux de change. Pour construire la figure 10.3, nous supposons que la distribution des variations de taux de change du tableau 10.1 est symétrique, et donc que la probabilité associée à une variation supérieure à un écart-type vaut $0{,}5 \times 25{,}04 = 12{,}52\,\%$, que celle associée à une variation supérieure à deux écarts-types vaut $0{,}5 \times 5{,}27 = 2{,}635\,\%$, et ainsi de suite. Le tableau 10.3 résume l'ensemble de ces valeurs.

Tableau 10.2 : Valeurs calculées à partir du tableau 10.1.

x	Ln(x)	Pr(*v* > *x*)	ln[Pr(*v* > *x*)]
1	0,000	0,12520	–2,078
2	0,693	0,02652	–3,636
3	1,099	0,00670	–5,006
4	1,386	0,00154	–6,536
5	1,609	0,00040	–7,824
6	1,792	0,00015	–8,805

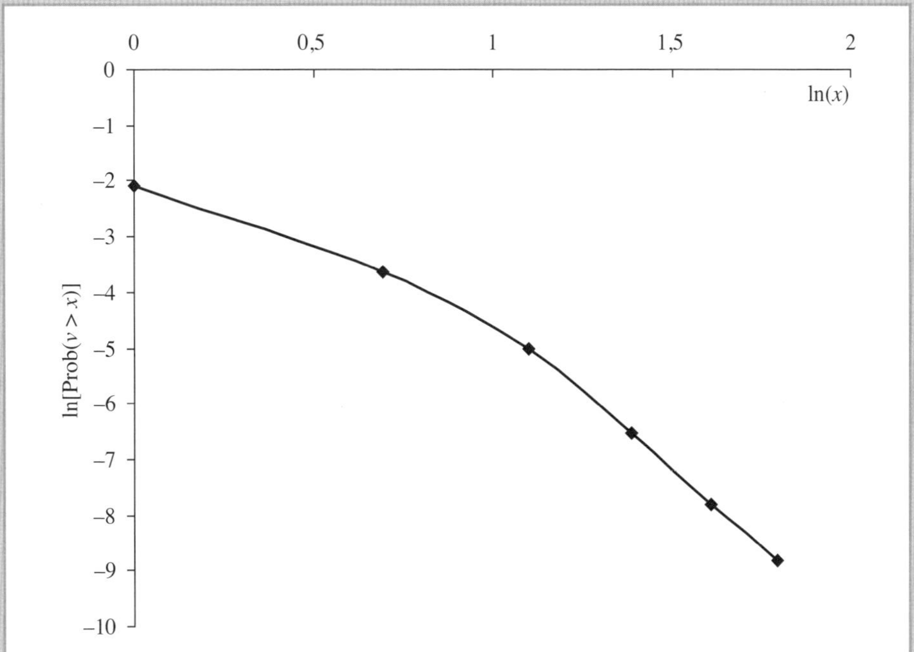

Figure 10.3 – Accroissement du taux de change. v est l'augmentation du taux de change et x, le nombre d'écarts-types.

La relation entre le logarithme de la probabilité que le taux de change varie de plus de x écarts-types et le logarithme de x est linéaire pour $x > 3$; cela valide le choix d'une loi puissance. Plus précisément, une régression linéaire permet de retenir comme relation :

$$\Pr(v > x) = 1{,}06 - 5{,}51 \ln(x)$$

Cela traduit une estimation de $K = e^{1,06} = 2{,}88$. Nous examinerons la loi puissance de façon plus formelle et expliquerons plus précisément la manière d'estimer les paramètres associés à cette loi au chapitre 20.

10.5 Gérer la volatilité journalière

Le *risk manager* ne peut se contenter d'une hypothèse de constance de la volatilité ; il est donc généralement contraint à en faire un suivi quotidien.

Notons s_n la volatilité d'une variable de marché pour le jour n, estimée à la fin du jour $n - 1$. Le taux de variance est σ_n^2. Comme à la section 10.3, nous définissons la variable u_i comme la rentabilité composée en continu pendant le jour i (entre la fin de la journée $i - 1$ et la fin de la journée i) :

$$u_i = \ln\left(\frac{S_i}{S_{i-1}}\right)$$

On peut calculer une estimation du taux de variance quotidien σ_n^2 à partir des volatilités historiques. Lorsque m observations sont disponibles, on peut écrire :

$$\sigma_n^2 = \frac{1}{m-1}\sum_{i=1}^{m}\left(u_{n-i} - \bar{u}\right)^2 \tag{10.2}$$

où $\bar{u}$ est la moyenne des u_i :

$$\bar{u} = \frac{1}{m}\sum_{i=1}^{m} u_{n-i}$$

Tableau 10.3 : Données pour le calcul de la volatilité.

Jours	Prix de clôture (euros)	Prix relatif $\frac{S_i}{S_{i-1}}$	Rentabilités journalières $u_i = \ln\left(\frac{S_i}{S_{i-1}}\right)$
0	20,00		
1	20,10	1,00500	0,00499
2	19,90	0,99005	−0,01000
3	20,00	1,00503	0,00501
4	20,50	1,02500	0,02469

Jours	Prix de clôture (euros)	Prix relatif $\frac{S_i}{S_{i-1}}$	Rentabilités journalières $u_i = \ln\left(\frac{S_i}{S_{i-1}}\right)$
5	20,25	0,98780	–0,01227
6	20,90	1,03210	0,03159
7	20,90	1,00000	0,00000
8	20,90	1,00000	0,00000
9	20,60	0,98565	–0,01446
10	20,50	0,99515	–0,00487
11	21,00	1,02439	0,02410
12	21,10	1,00476	0,00475
13	20,70	0,98104	–0,01914
14	20,50	0,99034	–0,00971
15	20,70	1,00976	0,00971
16	20,90	1,00966	0,00962
17	20,40	0,97608	–0,02421
18	20,50	1,00490	0,00489
19	20,60	1,00488	0,00487
20	20,30	0,98544	–0,01467

Exemple 10.5

Le tableau 10.3 offre une séquence possible du prix d'une action. Supposons que nous voulions estimer la volatilité sur 21 jours à partir de 20 observations des u_i (ici $n = 21$ et $m = 20$). Dans ce cas : $\bar{u} = \frac{1}{m}\sum_{i=1}^{m} u_{n-i} = 0{,}00074$, avec $\sum_{i=1}^{m} u_{n-i} = 0{,}01489$

D'après (10.2), l'écart-type journalier est de 1,49 %.

Dans une optique de gestion des risques, la formule de l'équation (10.2) est généralement modifiée de plusieurs façons :

1. u_i est défini comme le pourcentage de variation de la variable de marché entre la fin de la journée $i - 1$ et la fin de la journée i :

$$u_i = \frac{S_i - S_{i-1}}{S_{i-1}} \qquad (10.3)$$

2. $\bar{u}$ est supposé nul. Une justification possible est ici que la variation espérée d'une variable sur une journée est très petite par rapport à l'écart-type des variations.

3. $m - 1$ est remplacé par m. Cela permet le passage d'une estimation sans biais à une estimation du maximum de vraisemblance (voir section 9.9).

Ces trois modifications permettent une simplification de la formule du taux de variance, ainsi :

$$\sigma_n^2 = \frac{1}{m}\sum_{i=1}^{m} u_{n-i}^2 \tag{10.4}$$

L'équation (10.3) donne les u_i.

Exemple 10.6

Considérons à nouveau l'exemple 10.5.

$\sum_{i=1}^{m} u_{n-i}^2 = 0{,}00424$ et l'équation (10.4) donne $\sigma_n^2 = \frac{1}{m}\sum_{i=1}^{m} u_{n-i}^2 = 0{,}000214$

De ce fait, $\sigma_n = 0{,}014618 = 1{,}46\,\%$.

L'écart est très faible avec le résultat de l'exemple 10.5.

Schémas de pondération

L'équation (10.4) accorde un poids égal à tous les u_i^2. Notre objectif étant d'estimer le niveau actuel de la volatilité, s_n, il paraît pertinent de surpondérer les données les plus récentes. Le modèle suivant permet cela :

$$\sigma_n^2 = \sum_{i=1}^{m} \alpha_i u_{n-i}^2 \tag{10.5}$$

La variable α_i est le poids attribué à l'observation i jours auparavant. Les α sont positifs, et lorsque $\alpha_i < \alpha_j$ pour $i > j$, alors un poids plus faible est affecté aux observations plus anciennes. Enfin, la somme des pondérations doit être égale à l'unité, ce qui s'écrit :

$$\sum_{i=1}^{m} \alpha_i = 1$$

Une extension du principe précédent consiste à supposer qu'il existe un taux de variance moyen de long terme auquel il convient d'attribuer un poids. Le modèle est alors de la forme :

$$\sigma_n^2 = \gamma V_L + \sum_{i=1}^{m} \alpha_i u_{n-i}^2 \tag{10.6}$$

où V_L est le taux de variance de long terme et γ le poids attribué à V_L. Comme la somme de l'ensemble des pondérations doit être égale à l'unité, on a :

$$\gamma + \sum_{i=1}^{m} \alpha_i = 1$$

On connaît cette formulation sous le nom de modèle ARCH(m). C'est Engle qui l'a proposé le premier[1]. L'estimation de la variance repose sur la variance moyenne de long terme et m observations. Plus une observation est lointaine et moins son poids est élevé. Si l'on définit $\omega = \gamma V_L$, le modèle de l'équation (10.6) peut s'écrire :

$$\sigma_n^2 = \omega + \sum_{i=1}^{m} \alpha_i u_{n-i}^2 \tag{10.7}$$

Dans les deux sections suivantes, nous présentons successivement deux approches de suivi de la volatilité qui reposent sur les idées sous-jacentes aux équations (10.5) et (10.6).

10.6 Le modèle de moyenne mobile à pondération exponentielle

Le modèle de moyenne mobile à pondération exponentielle (EWMA) est un cas particulier du modèle de l'équation (10.5), dans lequel les pondérations α_i diminuent exponentiellement lorsque l'on remonte dans le temps. Plus précisément, $\alpha_{i+1} = \lambda\alpha_i$, avec λ une constante comprise entre 0 et 1.

Le schéma de pondération retenu conduit à une formule très simple de mise à jour des estimations de volatilité. Cette formule s'écrit :

$$\sigma_n^2 = \lambda\sigma_{n-1}^2 + (1-\lambda)u_{n-1}^2 \tag{10.8}$$

On obtient l'estimation s_n de la volatilité du jour n (effectuée à la fin du jour $n-1$) à partir de s_{n-1} (estimation de la volatilité du jour $n-1$ calculée en fin de journée $n-2$) et de u_{n-1} (pourcentage de variation quotidienne la plus récente). Pour comprendre en quoi l'équation (10.8) correspond à des poids qui diminuent exponentiellement, il suffit de remplacer σ_{n-1}^2 par sa valeur, alors :

$$\sigma_n^2 = \lambda\left[\lambda\sigma_{n-2}^2 + (1-\lambda)u_{n-2}^2\right] + (1-\lambda)u_{n-1}^2$$

ou encore :

$$\sigma_n^2 = (1-\lambda)\left(u_{n-1}^2 + \lambda u_{n-2}^2\right) + \lambda^2\sigma_{n-2}^2$$

De la même façon, en substituant σ_{n-2}^2, on obtient :

$$\sigma_n^2 = (1-\lambda)\left(u_{n-1}^2 + \lambda u_{n-2}^2 + \lambda^2 u_{n-3}^2\right) + \lambda^3\sigma_{n-3}^2$$

En continuant de la sorte, on aboutit à :

$$\sigma_n^2 = (1-\lambda)\sum_{i=1}^{m} \lambda^{i-1}u_{n-i}^2 + \lambda^m\sigma_{n-m}^2$$

1. Voir Engle, R., « Autoregressive Conditional Heteroscedasticity with Estimates of the Variance of UK Inflation », in *Econometrica*, 50, 1982, p. 987-1008. R. Engle s'est vu attribuer le prix Nobel d'économie en 2003 pour ses travaux sur les *modèles ARCH*.

Pour m suffisamment grand, le terme $\lambda^m \sigma_{n-m}^2$ est suffisamment petit et peut être ignoré, de sorte que l'équation (10.8) est identique à l'équation (10.5), avec $\alpha_i = (1-\lambda)\lambda^{i-1}$. Les pondérations des u_i diminuent au taux λ à mesure que l'on s'éloigne dans le temps. Chaque poids vaut λ fois le poids précédent.

Le modèle EWMA est attractif car il impose le stockage d'une quantité réduite de données. À chaque instant, il suffit de garder en stock l'estimation actuelle du taux de variance et la dernière valeur de la variable de marché. À chaque nouvelle observation de la valeur de cette variable, la nouvelle variation relative est calculée et l'équation (10.8) permet l'estimation immédiate du taux de variance. La précédente estimation du taux de variance et l'ancienne valeur de la variable de marché peuvent alors être abandonnées.

Le modèle EWMA permet le suivi des évolutions de volatilité. Supposons qu'une importante modification de la variable de marché se produise durant la journée $n-1$, conduisant à un u_{n-1}^2 important. D'après l'équation (10.8), cela conduit à une hausse de l'estimation de la volatilité actuelle. La valeur de λ détermine la sensibilité de la volatilité quotidienne à la plus récente variation en pourcentage. Un λ faible donne une forte pondération à u_{n-1}^2 dans le calcul de s_n. Dans ce cas, les estimations successives de la volatilité quotidienne sont également hautement volatiles. Un λ élevé (c'est-à-dire d'une valeur proche de 1) conduit à des estimations de la volatilité qui intègrent progressivement les nouvelles informations apportées par le pourcentage de variation quotidienne.

Exemple 10.7

Supposons que λ soit égal à 0,90. La volatilité estimée pour la variable de marché au jour $n-1$ est de 1 % par jour. Supposons que la variable de marché augmente de 2 % pendant la journée $n-1$. Avec ces données, $\sigma_{n-1}^2 = 0{,}01^2 = 0{,}0001$ et $u_{n-1}^2 = 0{,}02^2 = 0{,}0004$. L'équation (9.8) permet d'écrire :

$$\sigma_n^2 = 0{,}9 \times 0{,}0001 + 0{,}1 \times 0{,}0004 = 0{,}00013$$

De ce fait, l'estimation de la volatilité pour la journée n, s_n, est donc $\sqrt{0{,}00013}$, soit 1,14 % par jour. On peut souligner que la valeur espérée de u_{n-1}^2 est σ_{n-1}^2 ou 0,0001. Dans cet exemple, la valeur observée u_{n-1}^2 est supérieure à la valeur espérée, et la conséquence est une augmentation de la volatilité estimée. Si la valeur observée de u_{n-1}^2 était inférieure à son espérance, la volatilité estimée aurait diminué.

La base de données RiskMetrics, créée par JPMorgan et rendue publique depuis 1994, utilise le modèle EWMA avec $\lambda = 0{,}94$ pour ses estimations de la volatilité quotidienne. La société a trouvé que cette valeur de λ offre des estimations du taux de variance anticipé proches du taux de variance effectivement réalisé (pour un ensemble de variables de marché distinctes)[1].

1. Voir JPMorgan *RiskMetrics Monitor*, 4e trimestre, 1995. Ce chapitre expose plus loin une approche alternative d'estimation des paramètres (le maximum de vraisemblance).

10.7 Le modèle GARCH(1,1)

Nous présentons dans cette section un modèle connu sous le nom de GARCH(1,1), proposé par Bollerslev[1] en 1986. La différence entre les modèles GARCH(1,1) et EWMA est semblable à celle entre les équations (10.5) et (10.6). Dans un modèle GARCH(1,1), σ_n^2 est calculé à partir de σ_{n-1} et de u_{n-1}, mais tient également compte du taux de variance moyen de long terme, V_L. L'équation d'un modèle GARCH(1,1) s'écrit :

$$\sigma_n^2 = \gamma V_L + \alpha u_{n-1}^2 + \beta\sigma_{n-1}^2 \tag{10.9}$$

où γ, α et β sont les poids attribués respectivement à V_L, u_{n-1}^2 et σ_{n-1}^2. Comme la somme des pondérations doit être égale à l'unité, on a :

$$\gamma + \alpha + \beta = 1$$

Le modèle EWMA est finalement un cas particulier du modèle GARCH(1,1), avec $\gamma = 0$, $\alpha = 1 - \lambda$ et $\beta = \lambda$.

Le « (1,1) » de GARCH(1,1) signifie que le calcul de σ_n^2 se fonde sur la dernière observation de u^2 et sur l'estimation la plus récente du taux de variance. Le modèle plus général, GARCH(p,q), utilise les p dernières observations de u^2 et les q estimations les plus récentes du taux de variance dans le calcul[2] de σ_n^2. Le GARCH(1,1) demeure de très loin le plus populaire des modèles GARCH.

Pour $\omega = V_L$, on peut réécrire le modèle GARCH(1,1) sous la forme :

$$\sigma_n^2 = \omega + \alpha u_{n-1}^2 + \beta\sigma_{n-1}^2 \tag{10.10}$$

On utilise généralement cette dernière pour l'estimation des paramètres. Lorsque ω, α et β sont estimés, on peut calculer γ qui vaut $1 - \alpha - \beta$, et la variance de long terme V_L s'écrit alors ω/γ. On obtient la stabilité du processus GARCH(1,1) en imposant $\alpha + \beta < 1$. Si tel n'est pas le cas, la variance de long terme est affectée d'une pondération négative.

Les pondérations

En substituant σ_{n-1}^2 à l'équation (10.10), on obtient :

$$\sigma_n^2 = \omega + \alpha u_{n-1}^2 + \beta\left(\omega + \alpha u_{n-2}^2 + \beta\sigma_{n-2}^2\right)$$

ou encore :

$$\sigma_n^2 = \omega + \beta\omega + \alpha u_{n-1}^2 + \alpha\beta u_{n-2}^2 + \beta^2\sigma_{n-2}^2$$

---

1. Voir Bollerslev, T., « General Autoregressive Conditional Heteroscedasticity », *Journal of Econometrics*, 31, 1986, p. 307-327.

2. D'autres modèles GARCH ont été proposés, dans lesquels les variations quotidiennes sont traitées de façon asymétrique. Dans ceux-ci, s_n dépend du signe de u_{n-1}. Ces modèles sont certainement plus adaptés aux marchés des actions que le GARCH(1,1), car la volatilité du prix d'une action a tendance à être inversement liée à son prix (un u_{n-1} négatif devrait avoir un effet plus important sur s_n qu'un u_{n-1} de même valeur, mais positif). Pour une discussion sur ce type de modèles, on peut se référer à Nelson, D., « Conditional Heteroscedasticity and Asset Returns: A New Approach », *Econometrica*, 59, 1990, p. 347-370 ; Engle, R. F. et NG, V., « Measuring and Testing the Impact of News on Volatility », *Journal of Finance*, 48, 1993, p. 1749-1778.

En substituant σ_{n-2}^2 de la même façon, on obtient :

$$\sigma_n^2 = \omega + \beta\omega + \beta^2\omega + \alpha u_{n-1}^2 + \alpha\beta u_{n-2}^2 + \alpha\beta u_{n-3}^2 + \beta^3\sigma_{n-3}^2$$

En réitérant cette démarche, on peut démontrer que le poids affecté à u_{n-i}^2 est ab^i – 1. Les pondérations diminuent exponentiellement au taux β. On peut considérer ce paramètre comme un « taux de déclin » (comme le paramètre λ dans le modèle EWMA). Il mesure l'importance relative des différentes observations de u dans le calcul du taux de variance actuel. Par exemple, pour $\beta = 0{,}9$, le poids de u_{n-2}^2 n'est plus que 90 % de celui de u_{n-1}^2, celui de u_{n-3}^2 n'est plus que 81 % de celui de u_{n-1}^2, et ainsi de suite. Le modèle GARCH(1,1) a donc des attributs communs avec le modèle EWMA quant à la propriété de diminution exponentielle des pondérations attribuées aux u^2, mais accorde, en revanche, un poids positif à la volatilité moyenne de long terme.

Exemple 10.8

Supposons le modèle GARCH(1,1) suivant, estimé à partir de données quotidiennes :

$$\sigma_n^2 = 0{,}000002 + 0{,}13u_{n-1}^2 + 0{,}86\sigma_{n-1}^2$$

Il correspond à $\alpha = 0{,}13$, $\beta = 0{,}86$ et ω = 0,000002. Comme $\gamma = 1 - \alpha - \beta$, on a γ = 0,01. En outre, $\omega = gV_L$ et donc $V_L = 0{,}0002$. En d'autres termes, la variance moyenne de long terme induite par le modèle est de 0,0002 par jour. La volatilité quotidienne est alors de $\sqrt{0{,}0002} = 0{,}014$, soit 1,4 %.

Supposons que la volatilité quotidienne pour la journée $n - 1$ soit de 1,6 % :

$$\sigma_{n-1}^2 = 0{,}016^2 = 0{,}000256$$

et que la variable de marché ait diminué de 1 % ce jour-là :

$$u_{n-1}^2 = 0{,}01^2 = 0{,}0001$$

Alors :

$$\sigma_n^2 = 0{,}000002 + 0{,}13 \times 0{,}0001 + 0{,}86 \times 0{,}000256 = 0{,}00023516$$

Finalement, la nouvelle estimation de la volatilité quotidienne pour la journée n est $\sqrt{0{,}00023516} = 0{,}0153$, soit 1,53 %.

10.8 Choisir entre les modèles

En pratique, les taux de variance ont une tendance au retour à la moyenne de long terme (processus qualifié de *mean reverting*), ce qu'intègre le modèle GARCH(1,1), contrairement au modèle EWMA. De ce fait, le premier modèle semble théoriquement plus adapté que le second.

Dans la section suivante, nous verrons comment estimer au mieux les paramètres ω, α et β d'un GARCH(1,1). Lorsque la valeur du paramètre ω est nulle, ce dernier s'apparente à un EWMA. En outre, lorsque la valeur optimale de ω est négative, le modèle GARCH(1,1) n'est pas stable et il convient de basculer sur un modèle EWMA.

10.9 Les méthodes du maximum de vraisemblance

Afin d'analyser comment estimer les paramètres des modèles présentés précédemment à partir de données historiques, nous utilisons la *méthode du maximum de vraisemblance*. Celle-ci consiste à rechercher la valeur des paramètres qui maximise la probabilité d'occurrence des données historiques (ou leur vraisemblance).

Considérons tout d'abord une illustration très simple du principe qui sous-tend cette approche. Supposons que les prix de dix titres sur une journée particulière soient sélectionnés. Supposons, en outre, que le prix d'un de ces titres ait baissé pendant la journée et que celui des neuf autres ait augmenté ou soit resté stable. Quelle est la meilleure estimation de la proportion de titres pour lesquels le prix a baissé ? La réponse naturelle est 10 %. Qu'obtenons-nous avec la méthode du maximum de vraisemblance ?

Si l'on note p la proportion des titres dont le prix baisse, alors la probabilité qu'un titre particulier voie son prix baisser et que les autres prix restent stables ou augmentent est égale à $p(1-p)^9$. Il existe, en effet, une probabilité p que son prix baisse et une probabilité $(1-p)$ que le prix des autres titres ne baisse pas. Si l'on se fonde sur la méthode du maximum de vraisemblance, la meilleure estimation de p est celle qui maximise $p(1-p)^9$. En dérivant cette expression par rapport à p et en annulant cette dérivée, $p = 0{,}1$ maximise cette expression. Cela montre que l'estimation du maximum de vraisemblance de p est bien 10 %, comme on l'attendait.

L'estimation d'une variance constante

Considérons maintenant l'estimation par la méthode du maximum de vraisemblance de la variance d'une variable X, à partir de m observations de X, dans le cas où la distribution sous-jacente est normale et de moyenne nulle. Notons $u_1, u_2, \ldots, u_m$ les m observations et v la variance. La fonction de densité de X en $X = u_i$ détermine la probabilité d'observer u_i, c'est-à-dire :

$$\frac{1}{\sqrt{2\pi v}}\exp\left(\frac{-u_i^2}{2v}\right)$$

La vraisemblance des m observations dans leur ordre d'apparition est :

$$\prod_{i=1}^{m}\left[\frac{1}{\sqrt{2\pi v}}\exp\left(\frac{-u_i^2}{2v}\right)\right] \tag{10.11}$$

Selon la méthode du maximum de vraisemblance, la meilleure estimation de v est la valeur qui maximise cette expression. La maximisation de cette expression est équivalente à la maximisation de son logarithme. Si l'on retient le logarithme de l'équation (10.11) et que l'on ignore les facteurs multiplicatifs constants, on doit maximiser :

$$\sum_{i=1}^{m}\left(-\ln(v) - \frac{u_i^2}{2v}\right) \tag{10.12}$$

ou encore :

$$-m\ln(v) - \sum_{i=1}^{m}\frac{u_i^2}{v}$$

En annulant la dérivée par rapport à v, on obtient alors l'estimateur du maximum de vraisemblance de v. Il vaut[1] :

$$\frac{1}{m}\sum_{i=1}^{m} u_i^2$$

L'estimation des paramètres d'un GARCH(1,1)

Nous montrons ici comment utiliser la méthode du maximum de vraisemblance pour estimer les paramètres d'un modèle GARCH(1,1) ou d'autres modèles. Notons $\frac{1}{m}\sum_{i=1}^{m} u_i^2$ la variance estimée pour le jour i et supposons que la distribution de probabilité de u_i conditionnelle à la variance soit normale. En procédant comme précédemment, les meilleurs paramètres sont ici ceux qui maximisent :

$$\prod_{i=1}^{m}\left[\frac{1}{\sqrt{2\pi v_i}}\exp\left(\frac{-u_i^2}{2v_i}\right)\right]$$

Après passage aux logarithmes, il est équivalent de maximiser :

$$\sum_{i=1}^{m}\left(-\ln(v_i)-\frac{u_i^2}{v_i}\right) \tag{10.13}$$

Cette expression est équivalente à l'équation (10.12), hormis le remplacement de v par v_i. On peut obtenir par itérations successives les paramètres du modèle qui maximisent l'équation (10.13).

Le tableau 10.4 décrit les calculs nécessaires à l'obtention des paramètres du modèle GARCH(1,1). Les données illustrées par la figure 10.4 concernent le taux de change JPY/USD entre le 6 janvier 1988 et le 15 août 1997. Les valeurs obtenues dans le tableau sont fondées sur des estimations « possibles » des trois paramètres du modèle GARCH(1,1), ω, α et β. La première colonne décrit les dates, la deuxième compte les jours et la troisième donne le taux de change, S_i, à la fin de la journée i. La quatrième colonne répertorie la variation relative du taux de change entre la fin de la journée $i-1$ et la fin de la journée i (c'est-à-dire $u_i = (S_i - S_{i-1})/S_{i-1}$). La cinquième colonne donne l'estimation du taux de variance pour le jour i, $v_i = \sigma_i^2$, calculée à la fin de la journée $i-1$. À partir du jour 3, la procédure démarre en fixant le taux de variance à u_2^2. L'équation (10.10) permet son ajustement pour les jours suivants. La sixième colonne calcule la mesure de vraisemblance, $-\ln(v_i) - u_i^2/v_i$. Les valeurs données dans les cinquième et sixième colonnes sont calculées à partir des valeurs « possibles » de ω, α et β. L'objectif est finalement de déterminer ω, α et β qui maximisent la somme des valeurs de la sixième colonne, et cela implique l'utilisation d'une procédure itérative[2].

1. On remplace m par $m-1$ pour une estimation sans biais.
2. Comme nous le verrons plus loin, on peut utiliser un algorithme d'optimisation comme le solveur de Microsoft Excel. Alternativement, on peut envisager le recours à un algorithme plus spécifique comme celui de Levenberg-Marquardt. On peut par exemple se référer à Press, W. H., Flannery, B. P., Teukolsky, S. A. et Vetterling, W. T., *Numerical Recipes in C: The Art of Scientific Computing*, Cambridge University Press, Cambridge, 1988.

Dans notre exemple, les valeurs optimales des paramètres sont les suivantes :

$$\omega = 0{,}0000017528 \qquad \alpha = 0{,}061827 \qquad \beta = 0{,}89855$$

et la valeur maximale de la fonction de l'équation (9.13) est 22 063,5833. Les données du tableau 10.4 sont celles obtenues lors de la dernière itération de la recherche des ω, α et β optimaux.

Tableau 10.4 : Estimation des paramètres du modèle GARCH(1,1).

Date	Jour i	S_i	u_i	$v_i = \sigma_i^2$	$-\ln(v_i) - u_i^2/v_i$
06 janv. 88	1	0,007728			
07 janv. 88	2	0,007779	0,006599		
08 janv. 88	3	0,007746	–0,004242	0,00004355	9,6283
11 janv. 88	4	0,007816	0,009037	0,00004198	8,1329
12 janv. 88	5	0,007837	0,002687	0,00004455	9,8568
13 janv. 88	6	0,007924	0,011101	0,00004220	7,1529
...	...	...	...	...	...
13 août 97	2421	0,008643	0,003374	0,00007626	9,3321
14 août 97	2422	0,008493	–0,017309	0,00007092	5,3294
15 août 97	2423	0,008495	0,000144	0,00008417	9,3824
					22 063,583763

Valeurs possibles des paramètres du modèle GARCH		
ω	α	β
0,000001756	0,061826	0,89976

Dans notre exemple, le taux de variance de long terme, V_L, vaut :

$$\frac{\omega}{1-\alpha-\beta} = \frac{0{,}00000175}{0{,}0383} = 0{,}0000442$$

La volatilité de long terme est finalement $\sqrt{0{,}0000442}$, soit 0,665 % par jour.

Le ciblage de la variance (*variance targeting*[1]) est une procédure plus robuste pour l'estimation des paramètres des modèles GARCH(1,1). Cette méthode consiste à retenir la variance de l'échantillon (ou une autre valeur jugée raisonnable) comme taux de variance moyen de long terme, V_L. La valeur de ω est alors $V_L(1-\alpha-\beta)$, et il ne reste que deux paramètres à estimer. À partir des données du tableau 10.4, la variance de l'échantillon est égale à 0,00004341, ce qui correspond à une volatilité quotidienne de 0,659 %. Si l'on retient la variance de l'échantillon comme valeur de V_L, la fonction objectif [donnée par l'équation (9.13)] est maximale pour des valeurs de α et β valant respectivement 0,0607 et 0,8990. La fonction objectif vaut alors 22 063,5274, ce qui est très légèrement inférieur aux 22 063,5763 obtenus avec la procédure précédente.

1. Voir Engle, R. et Mezrich, J., « GARCH for Groups », *RISK*, août 1996, p. 36-40.

Pour un modèle EWMA, la procédure d'estimation est relativement simple. Il suffit de fixer $\omega = 0$, $\alpha = 1 - \lambda$ et $\beta = \lambda$, et il ne reste qu'un seul paramètre à estimer. Avec les données du tableau 9.4, la valeur de λ qui maximise la fonction objectif [voir équation (10.13)] est égale à 0,9686 et la valeur maximale de la fonction objectif vaut 21 995,8377.

On peut utiliser le solveur d'Excel pour rechercher les valeurs des paramètres qui maximisent la fonction de vraisemblance dans les deux modèles GARCH(1,1) et EWMA. Le programme fonctionne bien lorsque les paramètres recherchés ont des valeurs du même ordre de grandeur. Par exemple, dans un modèle GARCH(1,1), on peut retenir les cellules A1, A2 et A3 pour les paramètres 105 ω, α et 0,1 β. On pose alors B1 = A1/100 000, B2 = A2 et B3 = 10 × A3. On utilise ensuite B1, B2 et B3 pour calculer la fonction de vraisemblance, et les valeurs de A1, A2 et A3 (qui maximisent la fonction de vraisemblance) sont déterminées grâce au solveur.

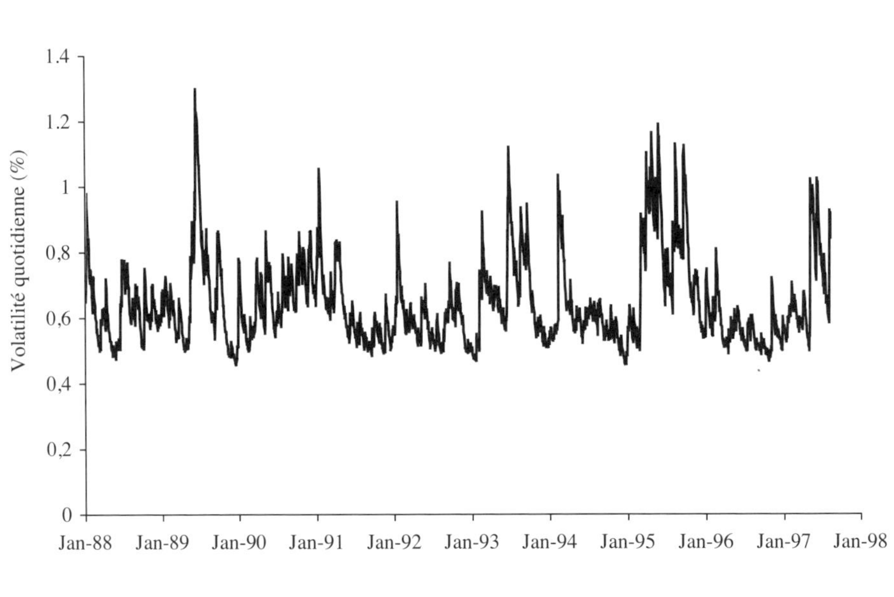

Figure 10.4 – Volatilité quotidienne du taux de change yen/dollar américain (1988-1997).

Quelle est la qualité du modèle ?

L'hypothèse qui sous-tend le modèle GARCH est que la volatilité varie au cours du temps. À certaines périodes, elle est relativement élevée et à d'autres, beaucoup plus faible. En d'autres termes, lorsque u_i^2 est élevé, u_{i+1}^2, u_{i+2}^2, etc. ont tendance à être élevés, et lorsque u_i^2 est faible, u_{i+1}^2, u_{i+2}^2, etc. ont tendance à être faibles. Afin de vérifier la pertinence de cet argument, un examen de la structure d'autocorrélation des u_i^2 est nécessaire.

Supposons que les u_i^2 soient effectivement autocorrélés. Si le modèle GARCH fonctionne bien, il devrait faire disparaître cette autocorrélation. On peut le tester en analysant la structure d'autocorrélation des variables u_i^2/σ_i^2. Si l'on obtient une très faible autocorrélation, le modèle retenu pour s_i explique alors de manière satisfaisante les autocorrélations des u_i^2.

Le tableau 10.5 offre les résultats pour les données de taux de change JPY/USD décrites précédemment. La première colonne répertorie les décalages envisagés pour le calcul de l'autocorrélation[1]. La deuxième colonne donne les autocorrélations pour les u_i^2, la troisième celles associées aux u_i^2/σ_i^2. Le tableau montre que les autocorrélations entre les u_i^2 sont positives pour tous les décalages compris entre 1 et 15. Pour les u_i^2/σ_i^2, certaines autocorrélations sont positives et d'autres négatives. Soulignons que ces autocorrélations sont toutes plus faibles que celles obtenues pour les u_i^2.

Tableau 10.5 : Autocorrélations avant et après l'utilisation d'un modèle GARCH.

Décalage	Autocorrélation pour u_i^2	Autocorrélation pour u_i^2/σ_i^2
1	0,072	0,004
2	0,041	–0,005
3	0,057	0,008
4	0,107	0,003
5	0,075	0,016
6	0,066	0,008
7	0,019	–0,033
8	0,085	0,012
9	0,054	0,010
10	0,030	–0,023
11	0,038	–0,004
12	0,038	–0,021
13	0,057	–0,001
14	0,040	0,002
15	0,007	–0,028

Le modèle GARCH semble avoir joué son rôle. Un test plus pertinent peut s'appuyer sur la statistique de Ljung-Box[2]. Pour une série composée de m observations, la statistique de Ljung-Box est :

$$m\sum_{k=1}^{K}\omega_k\eta_k^2$$

où η_k désigne l'autocorrélation pour le décalage k, K est le nombre de décalages retenu et

$$\omega_k = \frac{m+2}{m-k}$$

1. Pour une série x_i, l'autocorrélation avec un décalage k est le coefficient de corrélation entre x_i et x_{i+k}.
2. Voir Ljung, G. M. et Box, G. E. P., « On a Measure of Lack of Fit in Time Series Models », *Biometrica*, 65, 1978, p. 297-303.

Pour $K = 15$, on peut rejeter l'hypothèse de corrélation nulle au seuil de confiance de 95 % si la statistique de Ljung-Box est supérieure à 25.

Pour les données du tableau 10.5, la valeur de la statistique de Ljung-Box calculée pour la série des u_i^2 est proche de 123. Cela traduit une autocorrélation évidente. Pour la série des u_i^2/σ_i^2, la statistique de Ljung-Box vaut 8,2, et le modèle GARCH semble largement atténuer l'autocorrélation.

10.10 La prévision de la volatilité future par le modèle GARCH(1,1)

Le taux de variance estimé à la fin de la journée $n - 1$ pour la journée n s'écrit dans un modèle GARCH(1,1) :

$$\sigma_n^2 = (1 - \alpha - \beta)V_L + \alpha u_{n-1}^2 + \beta\sigma_{n-1}^2$$

ce qui donne :

$$\sigma_n^2 - V_L = \alpha\left(u_{n-1}^2 - V_L\right) + \beta\left(\sigma_{n-1}^2 - V_L\right)$$

Pour la journée future $n + t$, on a :

$$\sigma_{n+t}^2 - V_L = \alpha\left(u_{n+t-1}^2 - V_L\right) + \beta\left(\sigma_{n+t-1}^2 - V_L\right)$$

La valeur espérée de u_{n+t-1}^2 est σ_{n+t-1}^2, par conséquent :

$$E\left(\sigma_{n+t}^2 - V_L\right) = (\alpha + \beta)E\left(\sigma_{n+t-1}^2 - V_L\right)$$

où E représente l'espérance mathématique. L'utilisation itérative de cette équation conduit à :

$$E\left(\sigma_{n+t}^2 - V_L\right) = (\alpha + \beta)^t\left(\sigma_n^2 \quad V_L\right)$$

ou encore :

$$E\left(\sigma_{n+t}^2\right) = V_L + (\alpha + \beta)^t\left(\sigma_n^2 - V_L\right) \tag{10.14}$$

Cette équation permet une prévision de la volatilité pour la journée $n + t$ à partir des informations disponibles à la fin de la journée n. Dans le modèle EWMA, $\alpha + \beta = 1$ et l'équation (10.14) montre que le taux de variance futur espéré est égal au taux de variance actuel. Pour $\alpha + \beta < 1$, le dernier terme de l'équation diminue lorsque t augmente. La figure 10.5 décrit la trajectoire espérée du taux de variance quand sa valeur actuelle est différente de V_L. Comme nous l'avons mentionné précédemment, il existe une tendance au retour à la moyenne, avec un niveau de retour V_L et un taux de retour de $1 - \alpha - \beta$. Les prévisions du taux de variance tendent vers V_L lorsqu'elles sont de plus en plus lointaines. Pour que le processus GARCH(1,1) soit stable, il est nécessaire que $\alpha + \beta < 1$. En effet, si $\alpha + \beta > 1$, le poids attribué à la variance moyenne de long terme est négatif et le processus a tendance à s'éloigner de la moyenne, ce qui n'est pas satisfaisant.

Si l'on revient à l'exemple du taux de change JPY/USD, $\alpha + \beta = 0{,}9602$ et $V_L = 0{,}00004422$. Supposons que l'estimation du taux de variance courant par jour soit 0,00006 (ce qui correspond à une volatilité de 0,77 % par jour). Le taux de variance espéré dans dix jours est :

$$0{,}00004422 + 0{,}9602^{10}(0{,}00006 - 0{,}00004422) = 0{,}00005473$$

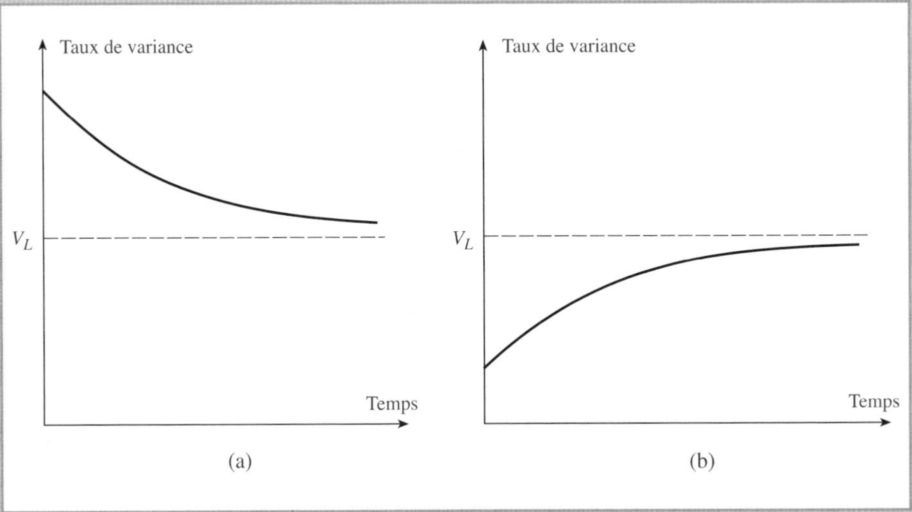

Figure 10.5 – Trajectoire espérée du taux de variance pour (a) un taux de variance actuel supérieur au taux de variance de long terme, et (b) un taux de variance actuel inférieur au taux de variance de long terme.

Les structures par termes des volatilités

Supposons que le jour « courant » soit le jour n. Définissons :

$$V(t) = E\left(\sigma_{n+t}^2\right)$$

et :

$$a = \ln\left(\frac{1}{\alpha + \beta}\right)$$

L'équation (10.14) devient :

$$V(t) = V_L + e^{-at}[V(0) - V_L]$$

où $V(t)$est une estimation du taux de variance instantané dans t jours. Le taux de variance moyen entre aujourd'hui et la date T est alors :

$$\frac{1}{T}\int_0^T V(t)\,dt = V_L + \frac{1 - e^{-aT}}{aT}[V(0) - V_L]$$

Si nous nous intéressons à une option, plus celle-ci a une échéance éloignée, plus l'expression ci-dessus est proche de V_L. Notons $\sigma(T)$ la volatilité annuelle déduite d'un processus GARCH(1,1) et qui devrait être retenue pour évaluer une option d'échéance T. Si l'année compte 252 jours de cotation, $\sigma(T)^2$ vaut 252 fois le taux de variance moyen journalier, c'est-à-dire :

$$\sigma(T)^2 = 252\left(V_L + \frac{1-e^{-aT}}{aT}[V(0) - V_L]\right) \tag{10.15}$$

On utilise généralement les primes des différents contrats d'options sur un même actif sous-jacent pour extraire une structure par termes des volatilités. Cette structure décrit la relation existant entre les volatilités implicites des options et leurs maturités. L'équation (10.15) permet l'estimation d'une structure par termes des volatilités à partir d'un modèle GARCH(1,1). On peut souligner que la structure par termes des volatilités estimée est généralement différente de la structure par termes observée. Elle permet toutefois souvent de prédire la réaction de la structure par termes des volatilités aux variations de la volatilité.

Lorsque la volatilité actuelle est supérieure à son niveau de long terme, la structure par termes des volatilités déduite du modèle GARCH(1,1) est décroissante. Dans le cas contraire, elle est croissante. Pour les données de taux de change JPY/USD, on a :

$$a = \ln\left(\frac{1}{0{,}9617}\right) = 0{,}0391 \text{ et } V_L = 0{,}0000442$$

Supposons que le taux de variance courant $V(0)$ soit égal à 0,00006. L'équation (10.15) permet d'écrire :

$$\sigma(T)^2 = 252\left(0{,}00004422 + \frac{1-e^{-0{,}0406T}}{0{,}0406T}(0{,}00006 - 0{,}00000442)\right)$$

où T est mesuré en jours. Le tableau 10.6 décrit la volatilité annuelle pour différentes valeurs de T.

Tableau 10.6 : Structure par termes des volatilités du taux de change yen/dollar américain [modèle GARCH(1,1)].

Durée de vie de l'option (jours)	10	30	50	100	500
Volatilité de l'option (% annuel)	12,00	11,59	11,33	11,00	10,65

L'impact des changements de volatilité

L'équation (10.15) peut être écrite :

$$\sigma(T)^2 = 252\left(V_L + \frac{1-e^{-at}}{aT}\left[\frac{\sigma(0)^2}{252} - V_L\right]\right)$$

Quand $\sigma(0)$ varie de $\Delta\sigma(0)$, $\sigma(T)$ varie de :

$$\frac{1-e^{-at}}{aT}\frac{\sigma(0)}{\sigma(T)}\Delta\sigma(0) \tag{10.16}$$

Le tableau 10.7 décrit, dans le cadre de l'exemple relatif au taux de change JPY/USD, l'impact d'un changement de volatilité sur des options d'échéances différentes. Nous supposons, comme précédemment, que $V(0) = 0{,}00006$ (ou $\sigma(0) = 12{,}3\ \%$). Ce tableau envisage une variation de 100 points de base de la volatilité instantanée (12,3 % à 13,3 %, en base annuelle), ce qui s'écrit $\Delta\sigma(0) = 0{,}01 = 1\ \%$.

De nombreuses institutions financières utilisent des analyses semblables afin de déterminer l'exposition de leurs positions aux variations de volatilité. Au lieu de considérer une hausse uniforme de 1 % de la volatilité implicite pour le calcul du vega, elles retiennent l'augmentation de la volatilité correspondant aux échéances des différentes options. En se fondant sur le tableau 10.7, une hausse de volatilité de 0,84 % serait retenue pour une option à dix jours, une hausse de 0,61 % pour une option à 30 jours, une hausse de 0,46 % pour une option à 50 jours, et ainsi de suite.

Tableau 10.7 : Estimation de l'impact d'une hausse de 1 % de la volatilité instantanée [modèle GARCH(1,1)].

Durée de vie de l'option (jours)	10	30	50	100	500
Accroissement de la volatilité (%)	0,85	0,61	0,46	0,27	0,06

Résumé

Dans les modèles d'évaluation d'options, on définit généralement la volatilité d'une variable comme l'écart-type de sa rentabilité annuelle (exprimée en composition continue). On peut estimer les volatilités sur des données historiques ou les déduire du prix des options cotées. En gestion des risques, la volatilité journalière d'une variable de marché mesure son pourcentage de variation quotidien, et le taux de variance quotidien est le carré de cette volatilité. Cette dernière tend à être plus importante les jours d'ouverture du marché que lors des jours de clôture. En conséquence, on ignore généralement ces derniers lors de son calcul. Il est tentant de supposer que les changements quotidiens d'une variable de marché sont normalement distribués. Les distributions des variations relatives quotidiennes de nombreuses variables ont cependant des queues plus épaisses que la distribution normale. La loi puissance permet de rendre compte de ce phénomène ; on l'utilise souvent pour de nombreuses variables de marché.

Les modèles d'option standard, comme celui de Black et Scholes, supposent la constance de la volatilité de l'actif sous-jacent, et cette hypothèse est loin d'être satisfaisante. En pratique, la volatilité d'un actif, comme son prix, est une variable aléatoire. Malheureusement, contrairement au prix, la volatilité n'est pas observable. Ce chapitre a mis en lumière les procédures permettant d'appréhender le niveau courant de volatilité. Si l'on définit u_i comme la variation relative d'une variable de marché pendant le jour i (entre la fin de la journée $i - 1$ et la fin de la journée i), on calcule le taux de variance de cette variable en pondérant les u_i^2. Le point clé des procédures présentées est qu'elles n'accordent pas le même poids à chaque u_i^2. En effet, plus une observation est récente, plus son poids sera important. Dans les modèles EWMA et GARCH(1,1), la pondération des observations diminue exponentiellement en fonction de leur « ancienneté ». La différence entre ces deux modèles réside dans le fait que le premier tient compte de la moyenne de long terme du taux de variance en lui accordant un poids. Ces deux modèles permettent d'estimer relativement facilement des taux de variance futurs.

On peut utiliser l'estimation par le maximum de vraisemblance pour calibrer le modèle GARCH(1,1) à partir de données historiques. Cette approche nécessite l'utilisation de procédures itératives, afin de rechercher les paramètres qui maximisent la probabilité d'occurrence des données historiques (ou leur vraisemblance). Une fois les paramètres estimés, on peut évaluer la qualité d'un modèle par sa capacité à annuler les autocorrélations des u_i^2.

Références complémentaires

Sur les causes de la volatilité

Fama, E. F., « The Behavior of Stock Market Prices », *Journal of Business*, 38, janvier 1965, p. 34-105.

French, K. R., « Stocks Returns and the Weekend Effect », *Journal of Financial Economics*, 8, mars 1980, p. 55-69.

French, K. R. et Roll, R., « Stock Return Variances: the Arrival of Information and the Reaction of Traders », *Journal of Financial Economics*, 17, septembre 1986, p. 5-26.

Roll, R., « Orange Juice and Weather », *American Economic Review*, 74, 5, décembre 1984, p. 861-880.

Sur les modèles GARCH

Bollerslev, T., « General Autoregressive Conditional Heteroscedasticity », *Journal of Econometrics*, 31, 1986, p. 307-327.

Cumby, R., Figlewski, S. et Hasbrouck, J., « Forecasting Volatilities and Correlations with EGARCH Models », *Journal of Derivatives*, 1, 1993, p. 51-63.

Engle, R. F., « Autoregressive Conditional Heteroscedasticity with Estimates of the Variance of UK Inflation », *Econometrica*, 50, 1982, p. 987-1008.

Engle, R. F. et Mezrich, J., « Grappling with GARCH », *RISK*, septembre 1995, p. 112-117.

Engle, R. F. et Mezrich, J., « GARCH for Groups », *RISK*, août 1996, p. 36-40.

Engle, R. F. et Ng, V., « Measuring and Testing the Impact of News on Volatility », *Journal of Finance*, 48, 1993, p. 1749-1778.

Greene, W., Schlachter, D., Azomahou, T., Couderc, N., Monjon, S. et Phu, N.V., *Économétrie*, Pearson France, 2005, 5e éd.

Nelson, D., « Conditional Heteroscedasticity and Asset Returns: A New Approach », *Econometrica*, 59, 1990, p. 347-370.

Noh, J., Engle, R. F. et Kane, A., « Forecasting Volatility and Option Prices of the S&P 500 Index », *Journal of Derivatives*, 2, 1994, p. 17-30.

Problèmes et exercices (corrigés en fin d'ouvrage)

10.1. La volatilité du prix d'une action est de 2 % par jour. Quel est l'écart-type du pourcentage de variation de ce prix sur une semaine ?

10.2. La volatilité d'un actif est de 25 % par an. Quel est l'écart-type du pourcentage de variation de ce prix sur un jour ouvré ? En supposant une distribution normale, estimez la limite de variation de ce prix pour un seuil de confiance à 95 %.

10.3. Pourquoi les traders choisissent-ils une année de 252 jours dans le calcul de la volatilité ?

10.4. Qu'est-ce que la volatilité implicite ? Comment la calcule-t-on ? En pratique, les options sur le même sous-jacent ont des volatilités implicites différentes. Qu'en concluez-vous ?

10.5. Supposons que les valeurs d'un taux de change à la fin de 11 jours d'observation soient de 0,7000, 0,7010, 0,7070, 0,6999, 0,6970, 0,7003, 0,6951, 0,6953, 0,6934, 0,6923 et 0,6922. Estimez la volatilité quotidienne en utilisant l'approche de la section 10.3 et l'approche simplifiée de la section 10.4.

10.6. Le nombre de visites d'un site Web suit une loi puissance [voir équation (9.3)] avec $\alpha = 2$. En supposant que 1 % des sites aient un nombre de visites supérieur ou égal à 500, quel est le pourcentage de sites ayant un nombre de visites supérieur ou égal à (a) 1 000, (b) 2 000 ?

10.7. Expliquez le fonctionnement du modèle EWMA d'estimation de la volatilité à partir de données historiques.

10.8. Quelle différence faites-vous entre les modèles EWMA et GARCH(1,1) pour la mise à jour des volatilités ?

10.9. L'estimation la plus récente de la volatilité quotidienne est de 1,5 % et le prix de l'actif à la clôture de la veille était de 30 euros. Le paramètre λ du modèle EWMA est fixé à 0,94. Supposez que le prix de l'actif aujourd'hui à la clôture soit de 30,50 euros. Quel effet cela aura-t-il sur la nouvelle valeur de la volatilité dans le modèle EWMA ?

10.10. Une entreprise utilise un modèle EWMA pour prévoir la volatilité. Elle décide de changer son paramètre λ qui passe de 0,95 à 0,85. Quelles sont les conséquences vraisemblables de cette modification sur les prévisions ?

10.11. Supposez que l'indice S&P 500 ait clôturé hier à 1 040 et que sa volatilité quotidienne soit estimée à ce moment-là à 1 %. Les paramètres du modèle GARCH(1,1) sont $\omega = 0{,}000002$, $\alpha = 0{,}06$ et $\beta = 0{,}92$. Si l'indice clôture aujourd'hui à 1 060 points, quelle est la nouvelle estimation de la volatilité ?

10.12. L'observation la plus récente de la volatilité quotidienne du taux de change USD/GBP est 0,6 % et le taux de change hier à 16 heures valait 1,5000. Le paramètre λ du modèle EWMA est 0,9. En supposant qu'aujourd'hui à 16 heures, le taux de change soit de 1,4950, comment évolue l'estimation de la volatilité ?

10.13. Une entreprise utilise un modèle GARCH(1,1) pour prévoir la volatilité. Les trois paramètres sont ω, α et β. Quel est l'impact d'une faible variation de chacun des paramètres, toutes choses égales par ailleurs ?

10.14. Les paramètres d'un modèle GARCH(1,1) sont estimés à $\omega = 0{,}000004$, $\alpha = 0{,}05$ et $\beta = 0{,}92$. Quel est le niveau moyen de long terme de la volatilité et comment l'équation décrit-elle le caractère de retour à la moyenne du processus ? Si le niveau actuel de volatilité est de 20 % par an, quel est le niveau espéré de volatilité dans 20 jours ?

10.15. Supposons que la volatilité quotidienne de l'indice FTSE 100 (mesuré en GBP) soit de 1,8 % et que la volatilité quotidienne du taux de change USD/GBP soit de 0,9 %. Supposons, en outre, que la corrélation entre l'indice FTSE 100 et le taux de change USD/GBP soit 0,4. Quelle est la volatilité de l'indice FTSE 100 exprimé en USD ? Vous supposerez que le taux de change USD/GBP est donné en quantité d'USD par GBP. (Indication : quand $Z = XY$, la variation relative de Z est à peu près égale à la somme des variations relatives de X et de Y.)

10.16. Les paramètres d'un modèle GARCH(1,1) sont estimés à $\omega = 0{,}000003$, $\alpha = 0{,}04$ et $\beta = 0{,}94$. Le niveau actuel de volatilité est de 1 % par jour. Quel est le niveau espéré de volatilité dans 30 jours ?

10.17. Les paramètres d'un modèle GARCH(1,1) sont estimés à $\omega = 0{,}000002$, $\alpha = 0{,}04$ et $\beta = 0{,}94$. Le niveau actuel de volatilité est de 1,3 % par jour. Quel est le niveau espéré de volatilité annuelle que vous devez utiliser pour évaluer une option de maturité 20 jours ?

Questions complémentaires

10.18. Supposons que les données concernant le prix d'un actif (exprimé en euros) sur 15 jours consécutifs soient 30,2, 32, 31,1, 30,1, 30,2, 30,3, 30,6, 33, 32,9, 33,0, 33,5, 33,5, 33,7, 33,5 et 33,2. Quelle est la volatilité du prix de cet actif? Quelle est l'erreur-type de votre estimation ?

10.19. Supposons que le prix spot de l'or la veille à la clôture ait été de 300 dollars l'once et que sa volatilité soit estimée à 1,3 % par jour. Le prix de clôture est aujourd'hui de 298 dollars. Ajustez l'estimation de la volatilité en utilisant (a) un modèle EWMA avec $\lambda = 0{,}94$, (b) un modèle GARCH(1,1) avec $\omega = 0{,}000002$, $\alpha = 0{,}04$ et $\beta = 0{,}94$.

10.20. Une feuille de calcul Excel qui compte 900 valeurs quotidiennes de différents taux de change et indices boursiers est téléchargeable sur le site Internet de l'auteur : http://www-2.rotman.utoronto.ca/~hull/. Choisissez un taux de change et un indice boursier. Déterminez la valeur du λ du modèle EWMA qui minimise la valeur de :

$$\sum_i (v_i - \beta_i)^2$$

avec v_i la prévision de la variance effectuée à la fin de la journée $i - 1$ et b_i la variance des données observée entre la journée i et la journée $i + 25$. Afin de lancer les calculs du modèle EWMA, utilisez le solveur d'Excel et retenez comme prévision de la variance à la fin de la première journée le carré de la rentabilité observée ce jour-là.

10.21. Les paramètres d'un modèle GARCH(1,1) sont estimés à $\omega = 0{,}000002$, $\alpha = 0{,}03$ et $\beta = 0{,}95$. (a) Quel est le niveau moyen de long terme de la volatilité ? (b) Si le niveau actuel de volatilité est de 1,5 % par jour, quel est le niveau espéré de volatilité dans 20, 40 et 60 jours ? (c) Quel est le niveau de volatilité que vous devez utiliser pour évaluer des options de maturité 20, 40 et 60 jours ? (d) En supposant que le niveau de volatilité quotidienne augmente de 0,5 % à 2 %, quel est l'impact sur la volatilité dans 20, 40 et 60 jours ? Quel est l'impact sur le niveau de volatilité que vous devez utiliser pour évaluer des options de maturité 20, 40 et 60 jours ?

10.22. Utilisez les données de l'exercice 10.20 et la méthode du maximum de vraisemblance pour estimer les paramètres optimaux des modèles EWMA et GARCH(1,1) pour le taux de variance de l'indice *S*.

Chapitre 11

Corrélations et copules

Supposons qu'une entreprise soit exposée aux variations de deux variables de marché. Si l'une de ces variables augmente d'un écart-type, l'entreprise perd 10 millions d'euros. Dans le cas contraire, elle gagne 10 millions d'euros. Dans ce contexte, si la corrélation entre les variations de ces deux variables est élevée et positive, le risque supporté par l'entreprise est très élevé. Si cette corrélation est nulle, le risque est plus faible, mais demeure important. En revanche, si la corrélation est fortement négative, le risque supporté par l'entreprise est faible, puisqu'un gain sur l'autre variable peut compenser la perte due à la variation d'une variable. Cet exemple montre que la mesure de la corrélation entre les variables de marché est importante pour le *risk manager*, au même titre que l'estimation de la volatilité.

Ce chapitre décrit comment les corrélations peuvent être gérées et évaluées. Il aborde également un concept connu sous le nom de copules. Ce sont des outils permettant de définir la structure de corrélation entre deux variables ou plus, à partir de la forme de leur distribution de probabilité. Les copules tiennent une place importante dans les chapitres qui suivent. Leur connaissance est par exemple nécessaire à la compréhension de certaines règles préconisées par le Comité de Bâle quant au niveau du capital réglementaire, ainsi que pour le calcul du capital économique. Les copules sont aussi utiles pour l'estimation des corrélations de défaut et l'évaluation des dérivés de crédit.

11.1 Définition de la corrélation

La corrélation ρ entre deux variables V_1 et V_2 est définie par :

$$\rho = \frac{E(V_1V_2) - E(V_1)E(V_2)}{SD(V_1)SD(V_2)} \tag{11.1}$$

où $E(.)$ est l'opérateur d'espérance et $SD(.)$ l'écart-type. Si les deux variables ne sont pas corrélées, alors $E(V_1V_2) = E(V_1)E(V_2)$ et $\rho = 0$. Si $V_1 = V_2$, alors le dénominateur et le numérateur sont tous deux égaux à la variance de V_1 et $\rho = 1$.

La covariance entre V_1 et V_2 est définie par :

$$\text{cov}(V_1, V_2) = E(V_1V_2) - E(V_1)E(V_2) \tag{11.2}$$

et peut être reliée à la corrélation sous la forme :

$$\rho = \frac{\text{cov}(V_1, V_2)}{SD(V_1)SD(V_2)}$$

Même s'il est plus simple de donner un contenu intuitif à ce que représente la corrélation, la covariance sera la variable centrale de notre analyse. Par analogie, la variance est la variable fondamentale des approches EWMA ou GARCH abordées au chapitre 10, même si l'interprétation de la volatilité est plus évidente.

Corrélation *versus* dépendance

Deux variables sont statistiquement indépendantes si la connaissance de l'une n'a aucune incidence sur la distribution de probabilité de l'autre. Formellement, V_1 et V_2 sont indépendantes si :

$$f(V_2 \,/\, V_1 = x) = f(V_2)$$

pour tout x, où $f(.)$ désigne la fonction de densité. Si le coefficient de corrélation entre deux variables est nul, la dépendance entre ces deux variables est-elle inexistante ? La réponse est négative, et un exemple simple peut servir d'illustration. Supposons que V_1 puisse prendre trois valeurs équiprobables, –1, 0 et +1. Si $V_1 = -1$ ou si $V_1 = +1$, alors $V_2 = 1$. En revanche, si $V_1 = 0$, alors $V_2 = 0$. Dans ce cas, les deux variables sont clairement dépendantes. En effet, l'observation de V_1 donne de l'information sur les valeurs possibles de V_2. De même, la connaissance de V_2 entraîne une modification de la distribution de probabilité de V_1. Malgré cela, le coefficient de corrélation entre ces deux variables est nul. Cet exemple souligne que le coefficient de corrélation mesure une dépendance particulière entre V_1 et V_2 : la dépendance linéaire. En pratique, deux variables peuvent être « liées » de nombreuses façons. On peut illustrer la nature de la dépendance entre V_1 et V_2 en traçant sur une figure $E(V_2)$ en fonction de V_1 ; la figure 11.1 en offre trois illustrations.

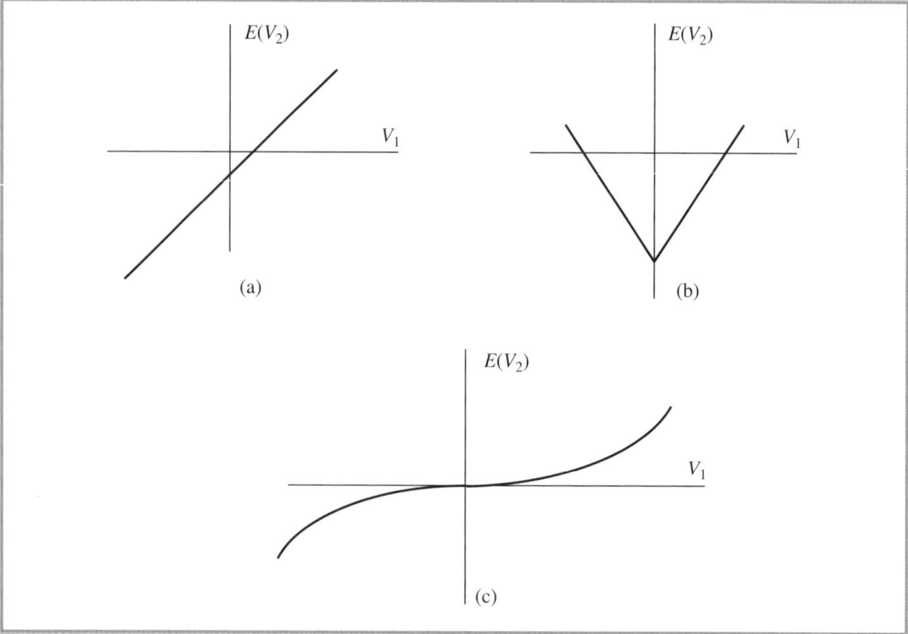

Figure 11.1 – Exemples de dépendance entre V_1 et V_2.

La figure 11.1a décrit une relation de dépendance linéaire dans laquelle l'espérance de V_2 dépend linéairement de V_1. La figure 11.1b traduit une relation en forme de V entre $E(V_2)$ et V_1. Cela est semblable à l'exemple que nous venons de considérer ; une relation symétrique en forme de V, même forte, conduit à un coefficient de corrélation nul. On obtient souvent la relation illustrée à la figure 10.1c lorsque l'on s'intéresse aux pourcentages de variation de variables de marché. Pour des valeurs « normales » de la variable V_1, il existe une faible relation entre V_1 et V_2. En revanche, des valeurs extrêmes de la variable V_1 ont tendance à s'accompagner de valeurs extrêmes de V_2. Pour citer un commentateur : « Pendant les crises, toutes les corrélations tendent vers 1 ».

11.2 Gérer la corrélation

Le chapitre 10 expose de quelle façon on peut utiliser les modèles EWMA et GARCH dans la gestion du taux de variance. On peut mettre en place des approches similaires pour gérer le taux de covariance entre deux variables. Comme le taux de variance journalier pour une variable de marché décrit la variance de sa rentabilité en base journalière, le taux de covariance journalier entre deux variables se définit comme la covariance entre les rentabilités journalières de ces deux variables.

Supposons que X_i et Y_i représentent les variations relatives respectives de deux variables X et Y à la fin de la journée i. Les rentabilités associées à ces deux variables sont :

$$x_i = \frac{X_i - X_{i-1}}{X_{i-1}} \quad \text{et} \quad y_i = \frac{Y_i - Y_{i-1}}{Y_{i-1}}$$

Notons aussi :

- $\sigma_{x,n}$: la volatilité quotidienne de la variable X, estimée pour le jour n ;
- $\sigma_{y,n}$: la volatilité quotidienne de la variable Y, estimée pour le jour n ;
- cov_n : l'estimation de la covariance entre les variations quotidiennes de X et de Y calculée le jour n.

D'après l'équation (11.2), le taux de covariance entre X et Y pour le jour n est :

$$\text{cov}_n = E(x_n y_n) - E(x_n)E(y_n)$$

À la section 10.5 nous avons expliqué que les *risk managers* supposaient une rentabilité journalière nulle dans le calcul du taux de variance. Ils opèrent le même choix dans le calcul des covariances, ce qui implique :

$$\text{cov}_n = E(x_n y_n)$$

Avec une pondération identique des m dernières observations, on obtient :

$$\text{cov}_n = \frac{1}{m}\sum_{i=1}^{m} x_{n-i}y_{n-i} \tag{11.3}$$

Avec les mêmes hypothèses, un estimateur du taux de variance pour X le jour n s'écrit :

$$\sigma_{x,n}^2 = \frac{1}{m}\sum_{i=1}^{m} x_{n-i}^2$$

et pour Y :

$$\sigma_{y,n}^2 = \frac{1}{m}\sum_{i=1}^{m} y_{n-i}^2$$

L'estimateur de la corrélation le jour n est alors :

$$\frac{\text{cov}_n}{\sqrt{\sigma_{x,n}^2 \sigma_{y,n}^2}}$$

Utilisation d'un modèle EWMA

De nombreux *risk managers* acceptent l'idée que les observations récentes doivent avoir un poids plus important que celles plus anciennes. Au chapitre 10, nous avons abordé l'utilité des modèles EWMA dans le calcul de la variance. En particulier, nous avons souligné que ces modèles imposent, pour ce calcul, une pondération des observations qui décroît exponentiellement en fonction de leur ancienneté. On peut utiliser le même type de pondération dans le cadre du calcul des covariances. La formule de mise à jour des estimations de la covariance dans le cadre d'un modèle EWMA est semblable à celle de l'équation (9.8) et s'écrit :

$$\text{cov}_n = \lambda \text{cov}_{n-1} + (1-\lambda) x_{n-1} y_{n-1}$$

Une analyse semblable à celle présentée pour le modèle de volatilité EWMA permet de montrer que les pondérations attribuées aux observations des $x_i y_i$ diminuent lorsqu'il croît (à mesure que l'on remonte dans le temps). Ici, plus la valeur de λ est faible, plus les pondérations associées aux observations récentes sont élevées.

Exemple 11.1

Supposons que $\lambda = 0{,}95$ et que l'estimation de la corrélation pour la journée $n-1$ entre deux variables X et Y soit égale à 0,6. Supposons également que les volatilités de X et Y soient estimées à 1 % et 2 % pour ce même jour. D'après la relation liant la corrélation et la covariance, on peut estimer la covariance entre X et Y pour la journée $n-1$, par :

$$0{,}6 \times 0{,}01 \times 0{,}02 = 0{,}00012$$

Supposons que les variations relatives de X et Y sur la journée $n-1$ soient respectivement 0,5 % et 2,5 %. Le taux de variance et le taux de covariance pour la journée n devront être mis à jour de la façon suivante :

$$\sigma_{x,n}^2 = 0{,}95 \times 0{,}01^2 + 0{,}05 \times 0{,}005^2 = 0{,}00009625$$

$$\sigma_{y,n}^2 = 0{,}95 \times 0{,}02^2 + 0{,}05 \times 0{,}025^2 = 0{,}00041125$$

$$\text{cov}_n = 0{,}95 \times 0{,}00012 + 0{,}05 \times 0{,}005 \times 0{,}025 = 0{,}00012025$$

Lesnouvellesvolatilitéssont $\sqrt{0{,}00009625} = 0{,}981\,\%$ pour X et $\sqrt{0{,}00041125} = 2{,}028\ \%$ pour Y. Le nouveau coefficient de corrélation entre X et Y est :

$$\frac{0{,}00012025}{0{,}00981 \times 0{,}02028} = 0{,}6044$$

Exemple 11.1

Utilisation d'un modèle GARCH

On peut aussi employer les modèles GARCH à des fins de mise à jour des estimations et prévisions des niveaux futurs des taux de covariance. Par exemple, le modèle GARCH(1,1) de mise à jour du taux de covariance entre X et Y s'écrit :

$$\text{cov}_n = \omega + ax_{n-1}y_{n-1} + b\text{cov}_{n-1}$$

Cette équation, comme l'équation (10.10) ayant trait à la variance, donne du poids à la moyenne de long terme de la covariance, et aux estimations et observations les plus récentes de la covariance. La covariance moyenne de long terme est $\omega/(1-\alpha-\beta)$. On peut développer des formules semblables à celles des équations (10.14) et (10.15) pour la prévision des covariances futures et le calcul de la covariance moyenne pour la durée de vie d'une option.

La condition de cohérence pour les covariances

Une fois les variances et covariances estimées, on peut construire une matrice de variance-covariance. Lorsque $i \neq j$, l'élément (i, j) de la matrice correspond à la covariance entre la variable i et la variable j, et pour $i = j$, il correspond à la variance de la variable i.

Toutes les matrices de variance-covariance Ω n'ont pas une cohérence interne satisfaisante. La condition de cette cohérence pour une matrice $N \times N$ est que :

$$\mathbf{w}'\Omega\mathbf{w} \geq 0 \qquad (11.4)$$

pour tout vecteur $\mathbf{w}$ (de taille $N \times 1$), où $\mathbf{w}'$ est le transposé de $\mathbf{w}$. Une matrice qui satisfait cette propriété est dite *semi-définie positive*.

Pour comprendre pourquoi l'équation (11.4) doit être satisfaite, supposons que $\mathbf{w}' = [w_1, w_2, \ldots, w_n]$.

L'expression $\mathbf{w}'\Omega\mathbf{w}$ est le taux de variance de $w_1z_1 + w_2z_2 + \ldots + w_nz_n$, où z_i est la valeur de la variable i et ne peut, de ce fait, être négatif.

Pour être sûr de construire une matrice semi-définie positive, il faut calculer les variances et covariances de façon cohérente. Par exemple, lorsque l'on calcule les variances en attribuant un poids identique aux m dernières observations, il doit en être de même pour le calcul des covariances. Si les variances sont mises à jour avec un modèle EWMA de paramètre $\lambda = 0{,}94$, les covariances doivent être évaluées à partir du même paramètre.

Des modèles GARCH multivariés, dans lesquels les taux de variance et de covariance associés aux variables sont mis à jour de façon cohérente, peuvent également être développés[1]. Voici un exemple de matrice non cohérente :

$$\begin{pmatrix} 1 & 0 & 0{,}9 \\ 0 & 1 & 0{,}9 \\ 0{,}9 & 0{,}9 & 1 \end{pmatrix}$$

La variance de chaque variable est 1,0 et, dans ce cas, les covariances sont aussi des coefficients de corrélation. La première variable est fortement corrélée à la troisième variable, ainsi qu'à la deuxième. La corrélation entre la première et la deuxième variable est toutefois inexistante, ce qui paraît très étrange. En posant $\mathbf{w} = (1, 1, -1)$, la condition de l'équation (11.4) n'est pas vérifiée et, de ce fait, la matrice n'est pas semi-définie positive[2]. Les matrices de variance-covariance calculées à l'aide d'une méthode cohérente sont toujours semi-définies positives. Par exemple, la matrice évaluée à partir de 500 observations de données journalières de trois variables de marché différentes avec un modèle EWMA de paramètre $\lambda = 0{,}94$ sera semi-définie positive. Lorsque l'on opère une faible modification de cette matrice, en vue d'une analyse de scénario par exemple, la matrice demeure généralement semi-définie positive. En revanche, si l'estimation de la matrice associée à 1 000 variables est faite à partir de 500 observations de chacune des variables, il faut être très prudent. La matrice 1 000 × 1 000 est semi-définie positive, mais lors d'un changement, même marginal, cette propriété peut ne plus être vérifiée.

11.3 Les distributions normales multivariées

Les distributions normales multivariées sont très connues et d'utilisation assez simple. Comme nous le verrons à la section suivante, elles peuvent être utiles dans l'estimation des corrélations entre variables, même lorsque ces dernières ne sont pas normalement distribuées. Nous débutons par le cas d'une distribution normale bivariée, où deux variables sont étudiées, V_1 et V_2. Supposons que V_1 soit connue et que sa valeur soit v_1. Conditionnellement à cette valeur, la valeur de V_2 suit une loi normale de moyenne :

$$\mu_2 + \rho\sigma_2 \frac{v_1 - \mu_1}{\sigma_1}$$

et d'écart-type :

$$\sigma_2\sqrt{1-\rho^2}$$

où μ_1 et $\mu_2$sont les moyennes inconditionnelles de V_1 et V_2, σ_1 et σ_2 les écarts-types inconditionnels, et ρ le coefficient de corrélation entre les deux variables. On peut souligner que l'espérance conditionnelle de V_2 dépend linéairement de v_1, ce qui correspond à la figure 11.1a. En outre, l'écart-type conditionnel de V_2 ne dépend pas de v_1.

1. Pour une discussion sur les approches alternatives, voir Engle, R. et Mezrich, J., « GARCH for Groups », *Risk*, août 1996, p. 36-40.
2. Pour une matrice de corrélation de taille 3 × 3, on peut montrer qu'elle est semi-définie positive si :

$$\rho_{12}^2 + \rho_{13}^2 + \rho_{23}^2 - 2\rho_{12}\rho_{13}\rho_{23} \leq 1$$

où r_{ij} est le coefficient de corrélation entre les variables i et j.

Construction d'échantillons aléatoires à partir de distributions normales

De nombreux programmes informatiques existent pour tirer de façon aléatoire un nombre entre 0 et 1[1] ; certains permettent de générer des échantillons aléatoires à partir de distributions normales. Si l'on ne dispose pas de tels programmes, on peut obtenir un échantillon aléatoire de la façon suivante :

$$\varepsilon = \sum_{i=1}^{12} R_i - 6 \tag{11.5}$$

où $R_i (1 \leq i \leq 12)$ sont des nombres aléatoires indépendants compris entre 0 et 1, et ε est l'échantillon aléatoire obtenu. Lorsque deux échantillons corrélés sont nécessaires (ε_1 et ε_2), on peut utiliser la procédure suivante. Dans un premier temps, on construit deux échantillons aléatoires indépendants, z_1 et z_2, par la méthode précédente. Dans un second temps, on obtient les échantillons ε_1 et ε_2 par le calcul suivant : $\varepsilon_1 = z_1$ et

$$\varepsilon_2 = \rho z_1 + z_2\sqrt{1-\rho^2}$$

Supposons maintenant que n échantillons corrélés soient nécessaires, et que l'on note $\rho_{i,j}$ la corrélation entre les échantillons i et j. Dans un premier temps, on construit les échantillons de n variables indépendantes centrées réduites $z_i (1 \leq i \leq n)$. On obtient ensuite les échantillons finaux $\varepsilon_i (1 \leq i \leq n)$:

$$\varepsilon_i = \sum_{k=1}^{i} \alpha_{ik} z_k$$

Les paramètres α_{ik} sont choisis pour offrir le bon niveau de variance et de covariance. Pour $1 \leq j < i$, on a :

$$\sum_{k=1}^{i} \alpha_{ik}^2 = 1$$

et pour tout $j < i$:

$$\sum_{k=1}^{j} \alpha_{ik}\alpha_{jk} = \rho_{ij}$$

Le premier échantillon est tel que $\varepsilon_1 = z_1$. On résout ensuite ces équations de telle sorte que ε_2 soit obtenu à partir de z_1 et z_2, ε_3 à partir de z_1, z_2 et z_3, et ainsi de suite. On connaît cette méthode sous le nom de *décomposition de Cholesky*. Si, lors de l'utilisation de cette décomposition, la racine carrée d'un nombre négatif doit être calculée, alors la matrice de variance-covariance n'est pas cohérente. Comme nous l'avons expliqué précédemment, cela signifie que cette matrice n'est pas semi-définie positive.

1. Par exemple, dans Excel, l'instruction ALEA() permet cela.

Les modèles factoriels

Parfois, les corrélations entre des variables normalement distribuées sont définies à l'aide d'un modèle factoriel. Supposons que U_1, U_2, …, U_N suivent des lois normales centrées réduites. Dans une approche factorielle, chaque U_i a une composante qui dépend d'un facteur commun F et une composante indépendante des autres variables. Formellement :

$$U_i = a_i F + \sqrt{1 - a_i^2} Z_i \tag{11.6}$$

où F et Z_i suivent des lois normales centrées réduites et a_i est une constante comprise entre −1 et +1. Les Z_i sont non corrélées entre elles et non corrélées au facteur F. Dans ce modèle, la corrélation entre les U_i et U_j vient de leur dépendance au facteur F et vaut $a_i a_j$. L'avantage du modèle à un facteur est d'imposer une structure de corrélation. Sans cette hypothèse, lorsque l'on tient compte de N variables, on doit estimer N (N-1)/2 corrélations. Dans le choix de portefeuille, le MEDAF est un exemple de modèle à un facteur où la rentabilité des titres dépend d'une part de celle du marché, et d'autre part d'une composante indépendante de la rentabilité des autres titres (voir section 1.1). On peut étendre le modèle à un facteur à deux, trois ou M facteurs. Dans le cadre d'un modèle à M facteurs :

$$U_i = a_{i1}F_1 + a_{i2}F_2 + \ldots + a_{iM}F_M + \sqrt{1 - a_{i1}^2 - a_{i2}^2 - \ldots - a_{iM}^2} Z_i \tag{11.7}$$

Les facteurs F_1, F_2, …, F_M sont non corrélés et normalement distribués, et les Z_i sont indépendantes les unes des autres et indépendantes des facteurs F. Dans ce modèle, la corrélation entre les U_i et U_j est :

$$\sum_{m=1}^{M} a_{im} a_{jm}$$

11.4 Les copules

Considérons deux variables corrélées V_1 et V_2. La distribution marginale de V_1 (ou distribution inconditionnelle) est la distribution de V_1 lorsque aucune information sur V_2 n'est connue. Si les distributions marginales de V_1 et V_2 sont connues, quelles hypothèses peuvent être faites sur la structure de corrélation entre ces deux variables afin de déterminer leur loi jointe ?

Lorsque les distributions marginales de V_1 et V_2 sont normales, une hypothèse commode et facilement exploitable est de considérer que la loi jointe des deux variables est normale bivariée[1]. On peut retenir des hypothèses semblables dans le cadre d'autres types de distributions marginales, même s'il n'existe pas de méthode standard pour définir les structures de corrélation entre deux variables. C'est dans ce contexte que les copules sont des outils très utiles.

Afin d'illustrer simplement l'utilisation des copules, supposons que les distributions marginales de V_1 et V_2 soient décrites par les fonctions de densité triangulaires à la figure 11.2.

1. Même si cette hypothèse est commode, ce n'est pas la seule qui puisse être formulée. Il existe de nombreuses façons dont deux variables normalement distribuées peuvent dépendre l'une de l'autre (voir problème 10.11).

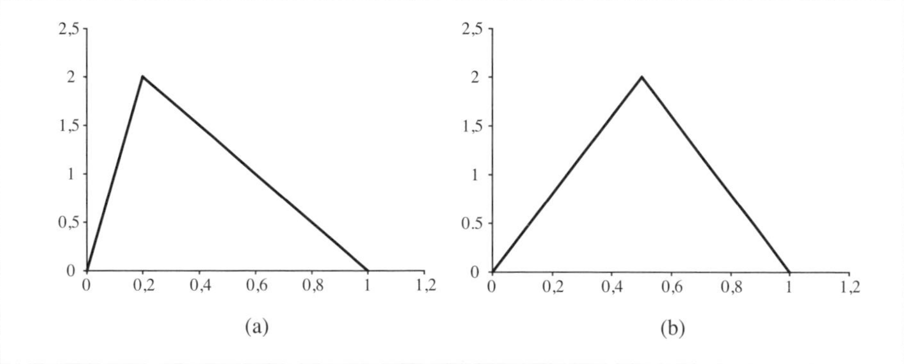

Figure 11.2 – Distributions triangulaires pour (a) V_1 et (b) V_2.

Les deux variables ont des valeurs comprises entre 0 et 1, la fonction de densité de V_1 présente un sommet en 0,2 et celle de V_2 en 0,5. Pour les deux fonctions, le maximum est atteint en 2. Pour utiliser ce que l'on appelle une copule gaussienne, les variables V_1 et V_2 sont transformées en variables équivalentes U_1 et U_2 suivant des lois normales centrées réduites. Cette transformation est opérée centile par centile. Le premier centile de la distribution de V_1 correspond au premier centile de la distribution de U_1, le deuxième centile de la distribution de V_1 correspond au deuxième centile de la distribution de U_1, et ainsi de suite. La variable V_2 est transformée de la même façon. Les tableaux 11.1 et 11.2 montrent comment V_1 et V_2 sont transformées en variables équivalentes U_1 et U_2.

Tableau 11.1 : Transformation de V_1 (fonction de densité de la figure 11.2a) en U_1 (distribution centrée réduite).

Valeur V_1	Centile de distribution	Valeur U_1
0,1	5,00	–1,64
0,2	20,00	–0,84
0,3	38,75	–0,29
0,4	55,00	0,13
0,5	68,75	0,49
0,6	80,00	0,84
0,7	88,75	1,21
0,8	95,00	1,64
0,9	98,75	2,24

Tableau 11.2 : Transformation de V_2 (fonction de densité de la figure 11.2b) en U_2 (distribution centrée réduite).

Valeur V_2	Centile de distribution	Valeur U_2
0,1	2,00	–2,05
0,2	8,00	–1,41
0,3	18,00	–0,92

Valeur V_2	Centile de distribution	Valeur U_2
0,4	32,00	–0,47
0,5	50,00	0,00
0,6	68,00	0,47
0,7	82,00	0,92
0,8	92,00	1,41
0,9	98,00	2,05
0,9	98,00	2,05

Prenons par exemple la première ligne du tableau 11.1, dans laquelle $V_1 = 0{,}1$. La probabilité que $V_1 \leq 0{,}1$ s'écrit, d'après la figure 10.2a, $0{,}5 \times 0{,}1 \times 1 = 0{,}05$, soit 5 %. La valeur 0,1 pour V_1 correspond au 5e centile de la distribution normale centrée réduite, soit –1,64[1]. Les variables U_1 et U_2 sont normalement distribuées, et nous supposons que la loi jointe associée est également normale. Cela impose une loi jointe et une structure de corrélation aux variables V_1 et V_2. L'essence des copules est finalement d'imposer de manière indirecte une structure de corrélation entre les variables V_1 et V_2. Dans cet objectif, V_1 et V_2 sont transformées en deux variables dont la loi est parfaitement connue et pour lesquelles une structure de corrélation est facilement applicable. La figure 11.3 illustre la méthode par laquelle une copule définit une loi jointe.

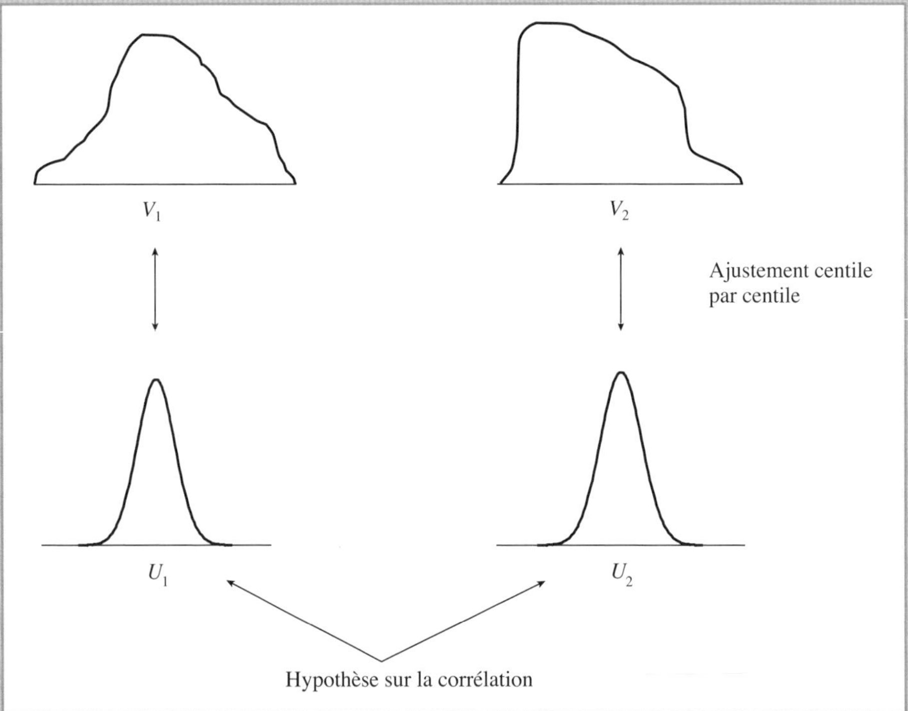

Figure 11.3 – Obtention d'une loi jointe par un modèle de copule.

1. On peut calculer, sous Excel, par la fonction LOI. NORMALE.INVERSE.

Supposons que la corrélation entre les variables U_1 et U_2 soit de 0,5. Le tableau 11.3 illustre la fonction de répartition associée à la loi jointe de V_1 et V_2. Par exemple, considérons la première entrée du tableau qui correspond à la probabilité que $V_1 < 0{,}1$ et $V_2 < 0{,}1$. D'après les tableaux 11.1 et 11.2, cette probabilité est identique à la probabilité que $U_1 < -1{,}64$ et $U_2 < -2{,}05$ et vaut 0,006 lorsque $\rho = 0{,}5$ d'après la fonction de répartition de la loi normale bivariée[1]. Notons que cette probabilité s'élèverait seulement à $0{,}02 \times 0{,}05 = 0{,}001$ pour un coefficient de corrélation nul.

Tableau 11.3 : Fonction de répartition pour la loi jointe de V_1 et V_2 dans le cadre d'une copule gaussienne. Le coefficient de corrélation est fixé à 0,5.

V_1	V_2								
	0,1	**0,2**	**0,3**	**0,4**	**0,5**	**0,6**	**0,7**	**0,8**	**0,9**
0,1	0,006	0,017	0,028	0,037	0,044	0,048	0,049	0,050	0,050
0,2	0,013	0,043	0,081	0,120	0,156	0,181	0,193	0,198	0,200
0,3	0,017	0,061	0,124	0,197	0,273	0,331	0,364	0,381	0,387
0,4	0,019	0,071	0,149	0,248	0,358	0,449	0,505	0,535	0,548
0,5	0,019	0,076	0,164	0,281	0,417	0,537	0,616	0,663	0,683
0,6	0,020	0,078	0,173	0,301	0,456	0,600	0,701	0,763	0,793
0,7	0,020	0,079	0,177	0,312	0,481	0,642	0,760	0,837	0,877
0,8	0,020	0,080	0,179	0,318	0,494	0,667	0,798	0,887	0,936
0,9	0,020	0,08	0,180	0,320	0,499	0,678	0,816	0,913	0,970

Couramment, on nomme *corrélation de copule* la corrélation entre les variables U_1 et U_2. En général, elle ne correspond pas à la corrélation entre V_1 et V_2. Si la loi jointe de U_1 et U_2 est une loi normale bivariée, alors la moyenne conditionnelle de U_1 dépend linéairement de U_2 et son écart-type conditionnel est constant (voir section 11.3). Un tel résultat n'est généralement pas vérifié pour V_1 et V_2.

Expression algébrique de cette approche

Supposons que F_1 et F_2 soient les fonctions de répartition marginales de V_1 et V_2. Transformons $V_1 = v_1$en $U_1 = u_1$ et $V_2 = v_2$en $U_2 = u_2$, de telle sorte que :

et

$$F_2(v_2) = N(u_2)$$

avec N la fonction de répartition de la loi normale centrée réduite. Cela signifie que :

$$u_1 = N^{-1}[F_1(v_1)] \qquad u_2 = N^{-1}[F_2(v_2)]$$
$$v_1 = F_1^{-1}[N(u_1)] \qquad v_2 = F_2^{-1}[N(u_2)]$$

Les variables U_1 et U_2 sont ensuite supposées suivre une loi normale bivariée. La propriété essentielle d'une copule est de préserver les distributions marginales de V_1 et V_2 en leur imposant une structure de corrélation.

1. Une fonction Excel permettant ce calcul est téléchargeable sur le site Internet de l'auteur : **http://www-2.rotman.utoronto.ca/~hull/** .

D'autres copules

On peut utiliser d'autres copules que la copule gaussienne pour imposer une structure de corrélation entre V_1 et V_2 ; ces copules impliquent des formes différentes de cette structure. On retient parfois la *copule t de Student*, où les lois suivies par U_1 et U_2 sont des lois de Student. Pour construire un échantillon aléatoire à partir d'une loi bivariée de Student à f degrés de liberté et de corrélation ρ, on peut suivre les étapes suivantes :

1. construire un échantillon aléatoire à partir de la loi inverse du khi-deux, afin d'obtenir une valeur χ (fonction KHIDEUX.INVERSE sous Excel) ;
2. construire un échantillon aléatoire à partir d'une loi normale bivariée de corrélation ρ(voir section 10.3) ;
3. multiplier l'échantillon 2 par $\sqrt{f / \chi}$.

La figure 11.4 décrit un échantillon aléatoire de taille 5 000 construit à partir d'une loi normale bivariée, tandis que la figure 11.5 décrit l'échantillon obtenu lorsque la loi retenue est une loi de Student. Le paramètre de corrélation est fixé à 0,5 et le nombre de degrés de liberté est de 4. Définissons par valeur de queue d'une distribution, une valeur située dans les premiers ou derniers centiles de la distribution. Pour une distribution normale centrée réduite, on peut qualifier une valeur de valeur de queue lorsque sa valeur est supérieure à 2,33 ou inférieure à –2,33.

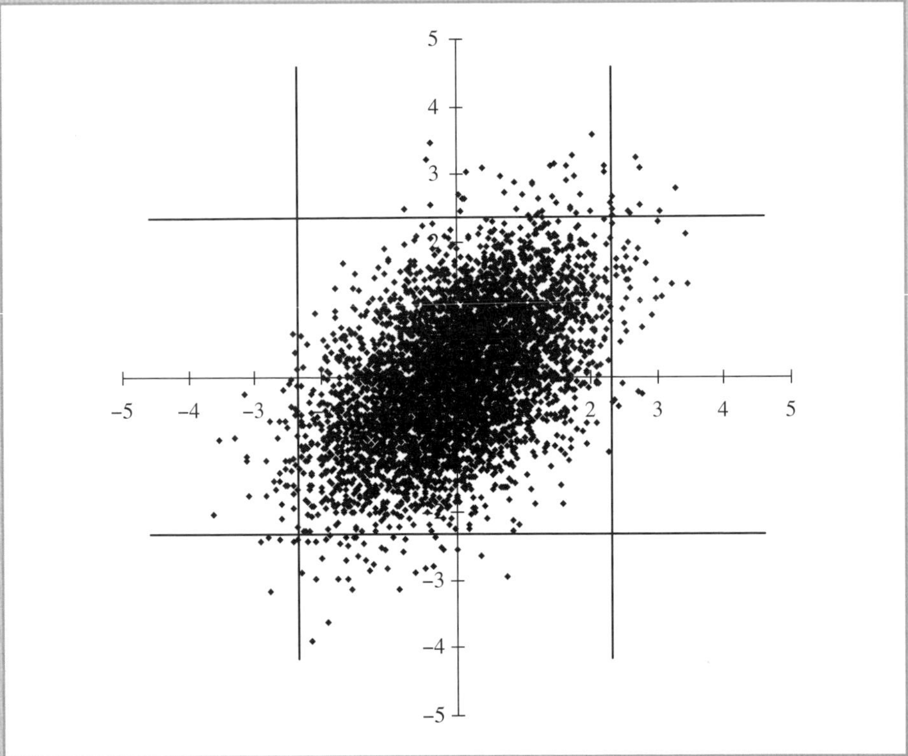

Figure 11.4 – Échantillon aléatoire construit à partir d'une loi normale bivariée.

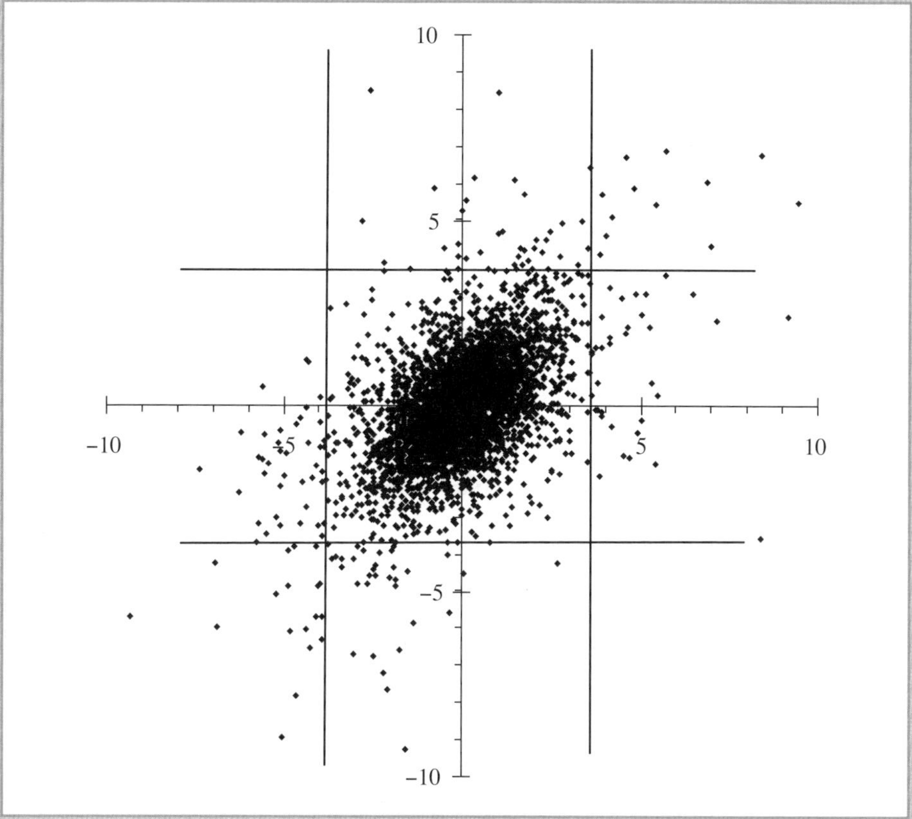

Figure 11.5 – Échantillon aléatoire construit à partir d'une loi de Student.

Dans le cas de la distribution de Student, les valeurs de référence sont 3,75 et –3,75. Les lignes horizontales et verticales sur les figures indiquent le niveau où les valeurs de queue sont atteintes. On voit que ces valeurs sont plus fréquemment dépassées lorsque l'on retient la distribution de Student, plutôt que la distribution normale. Autrement dit, la corrélation de queue est ici plus importante dans le cadre d'une loi de Student. Comme nous l'avons souligné, dans des conditions extrêmes de marché, les corrélations entre les variables ont tendance à augmenter et, de ce fait, la figure 10.1c semble une meilleure représentation des corrélations entre deux variables que la figure 10.1a. Cela a conduit certains chercheurs à dire que la loi de Student est mieux à même de décrire les variations des variables de marché que la loi normale.

Copules multivariées

Les copules peuvent permettre de définir une structure de corrélation entre de nombreuses variables. L'exemple le plus simple est la copule gaussienne multivariée. Supposons qu'il existe N variables, V_1, V_2, ..., V_N dont nous connaissons les distributions marginales. Pour chaque i ($1 \leq i \leq N$), on transforme centile par centile chaque V_i en U_i, où U_i suit une loi normale centrée réduite. Reste alors à supposer que les U_i suivent une loi normale multivariée.

Un modèle factoriel de copule

Dans les modèles de copules multivariées, les analystes retiennent généralement une approche factorielle dans la détermination de la structure de corrélation entre les U_i. Lorsque l'on retient un seul facteur, l'équation (11.6) s'écrit :

$$U_i = a_i F + \sqrt{1 - a_i^2}\, Z_i \tag{11.8}$$

où F et Z_i suivent des lois normales centrées réduites. Les Z_i sont non corrélées entre elles et indépendantes de F. On peut retenir d'autres modèles factoriels pour sortir du cadre gaussien. Par exemple, si les Z_i suivent des lois normales centrées réduites et que F suit une loi de Student, on obtient une distribution de Student multivariée pour les U_i. On peut noter que le choix des distributions affecte la nature de la dépendance entre les différentes variables.

11.5 Application aux portefeuilles de prêts

Nous présentons dans cette section un exemple d'application du modèle à un facteur de copule gaussienne qui se révèle très utile dans la compréhension du calcul du capital réglementaire préconisé par Bâle II (voir chapitre 12). Imaginons qu'une banque détienne un très large portefeuille de prêts, où chaque prêt a une probabilité de défaut de 1 % par an. Si les prêts étaient indépendants les uns des autres, on pourrait anticiper un taux de défaut de 1 % tous les ans. Dans la pratique, ce n'est pas le cas et, certaines années, le taux de défaut est très largement supérieur. Le tableau 11.4 l'illustre bien et offre les taux de défaut globaux par année de 1970 à 2010. D'autres années, telles que 1990, 1991, 1999, 2000, 2001, 2002 et 2008, ont été des années à forts taux de défaillance.

Tableau 11.4 : Pourcentage de défaut pour toutes les entreprises notées, 1970-2010.

Année	Taux de défaut	Année	Taux de défaut	Année	Taux de défaut
1970	2,641	1984	0,927	1998	1,255
1971	0,285	1985	0,950	1999	2,214
1972	0,455	1986	1,855	2000	2,622
1973	0,454	1987	1,558	2001	3,978
1974	0,275	1988	1,365	2002	3,059
1975	0,360	1989	2,361	2003	1,844
1976	0,175	1990	3,588	2004	0,855
1977	0,351	1991	3,009	2005	0,674
1978	0,352	192	1,434	2006	0,654
1979	0,087	1993	0,836	2007	0,367
1980	0,343	1994	0,614	2008	2,028
1981	0,163	1995	0,935	2009	5,422
1982	1,036	1996	0,533	2010	1,283
1983	0,967	1997	0,698		

Considérons un portefeuille de N entreprises et notons $T_i(1 \leq i \leq N)$ la date à laquelle l'entreprise i fait défaut. (Nous supposons que toutes les entreprises peuvent éventuellement faire défaut, mais que cela ne peut se produire que sur des longues périodes, peut-être une centaine d'années au moins). Supposons que l'ensemble des prêts a la même fonction de répartition du temps de défaut noté Q. Afin de définir une structure de corrélation entre les T_i à partir d'un modèle de copule gaussienne à un facteur, chaque variable T_i est transformée, centile par centile, en une variable U_i normalement distribuée (la loi est normale centrée réduite). Retenons le modèle factoriel décrit à l'équation (11.8) pour la structure de corrélation :

$$U_i = a_i F + \sqrt{1 - a_i^2} Z_i$$

où F et Z_i suivent des lois normales centrées réduites indépendantes. La corrélation entre chaque paire de prêts est dans ce cas la même :

$$\rho = a^2$$

On peut alors écrire :

$$U_i = \rho F + \sqrt{1 - \rho^2} Z_i \tag{11.9}$$

Le lien entre les variables U_i et T_i implique :

$$\text{Prob}(U_i < U) = \text{Prob}(T_i < T)$$

avec

$$U = N^{-1}[Q(T)] \tag{11.10}$$

La probabilité de défaut dépend de la valeur d'un facteur F qui représente les conditions macroéconomiques. Si F est élevé, les conditions sont bonnes, si F est faible, elles sont mauvaises. D'après l'équation (11.9), la probabilité que $U_i < U$ conditionnellement à la valeur de F est :

$$\text{Prob}(U_i < U \,/\, F) = \text{Prob}(Z_i < \frac{U - \sqrt{\rho} F}{\sqrt{1 - \rho}}) = N\left[\frac{U - \sqrt{\rho} F}{\sqrt{1 - \rho}}\right]$$

L'équation (11.10) est également l'expression de $\text{Prob}(T_i < T)$ et donc :

$$\text{Prob}(T_i < T \,/\, F) = N\left[\frac{U - \sqrt{\rho} F}{\sqrt{1 - \rho}}\right] \tag{11.11}$$

D'après l'équation (11.10) :

$$U = N^{-1}[Q\ (T)]$$

$Q\ (T)$est la probabilité inconditionnelle que le prêt fasse défaut au temps T. Nous la notons PD, ainsi l'équation (11.11) peut alors s'écrire :

$$\text{Prob}(T_i < T \,/\, F) = N\left[\frac{N^{-1}[PD] - \sqrt{\rho} F}{\sqrt{1 - \rho}}\right] \tag{11.12}$$

Pour un portefeuille contenant un grand nombre de prêts, cette équation offre une bonne estimation de la proportion d'entre eux pouvant faire défaut en date T. Nous appellerons cette proportion le taux de défaut.

Lorsque F décroît, le taux de défaut augmente. Quel niveau le taux de défaut peut-il atteindre ? Puisque F suit une loi normale centrée réduite, la probabilité que F ait une valeur inférieure à $N^{-1}(Y)$ est Y. De ce fait, il existe une probabilité Y que le taux de défaut soit supérieur à :

$$N\left[\frac{N^{-1}[PD]-\sqrt{\rho}N^{-1}[Y]}{\sqrt{1-\rho}}\right]$$

Notons $WCDR(T,X)$ le taux de défaut qui ne sera pas dépassé avec une probabilité X. En d'autres termes, nous sommes sûrs à X % que le taux de défaut $WCDR(T,X)$ ne sera pas dépassé. On obtient la valeur de $WCDR(T,X)$ en substituant $1-X$ à Y dans l'expression précédente :

$$WCDR(T,X)=N\left[\frac{N^{-1}[PD]+\sqrt{\rho}N^{-1}[X]}{\sqrt{1-\rho}}\right] \qquad (11.13)$$

Vasicek a développé pour la première fois ce résultat en 1987[1]. Les fonctions NORMDIST et NORMSINV sous Excel peuvent calculer le membre de droite de l'équation. Si l'on est en présence d'un portefeuille de prêts de même taille et de même probabilité de défaut, le résultat de Vasicek permet une estimation de la VaR au niveau de confidence X à l'horizon T,

$$\text{VaR}(T\ /\ X)=L\times LGD\times WDCR(T,X)$$

LGD représente le taux de perte en cas de défaut et L est le principal des prêts.

Gordy a rédigé un article important qui montre que ce résultat peut être étendu[2]. Dans un portefeuille où la taille des prêts est petite par rapport à celle du portefeuille, on peut écrire :

$$\text{VaR}(T\ /\ X)=\sum\nolimits_{i=1}^{M}L_i\times LGD_i\times WDCR_i(T,X)$$

où L_i est la taille du $i^{\text{ème}}$ prêt, LGD_i la perte en cas de défaut du prêt i, et $WDCR_i(T,X)$ le taux de défaut qui ne sera pas dépassé pour le prêt i.

Exemple 11.2

Supposons que le portefeuille de prêts d'une banque s'élève à 100 millions d'euros. La probabilité de défaut à un an sur l'ensemble de ces prêts est de 2 % et le montant recouvré en cas de défaillance est de 60 %. On estime la corrélation de copule à 0,1. Dans ce cas :

$$V(1,\,0{,}999)=N\left[\frac{N^{-1}[0{,}02]+\sqrt{0{,}1}N^{-1}[0{,}999]}{\sqrt{1-0{,}1}}\right]=0{,}128$$

La banque est finalement certaine à 99,9 % que le taux de défaut ne sera pas supérieur à 12,8 %. Les pertes, dans ce cas, s'élèveront à $0{,}128\times100\times(1-0{,}6)$, soit 5,13 millions d'euros.

1. Voir Vasicek, O., « Probability of Loss on a Loan Portfolio », *Document de travail*, KMV, 1987. *Risk* a publié les résultats de Vasicek en décembre 2002 sous le titre « Loan Portfolio Value ».
2. Voir Gordy, M. B., « A risk-Factor Model Foudation for Rating-Based Bank Capital Ratios », *Journal of Financial Intermediation*, 12, 2003, 199-232.

Estimation de PD et ρ

On peut utiliser la méthode du maximum de vraisemblance présentée au chapitre 10 pour estimer *PD* et ρ. Utilisons l'équation (11.13) pour calculer un centile élevé de la distribution des taux de défaut (cette relation est vraie pour tous les déciles). Si *DR* est le taux de défaut et *G(DR)* la fonction de répartition, l'équation (11.13) implique :

$$DR = N\left[\frac{N^{-1}[PD] - \sqrt{\rho}N^{-1}[G(DR)]}{\sqrt{1-\rho}}\right]$$

ou encore :

$$G(DR) = N\left[\frac{\sqrt{1-\rho}N^{-1}[DR] - N^{-1}[PD]}{\sqrt{\rho}}\right] \tag{11.14}$$

La fonction de densité du taux de défaut est alors :

$$g(DR) = \frac{\sqrt{1-\rho}}{\rho}\exp\left\{\frac{1}{2}\left[(N^{-1}[PD])^2 - \left[\frac{\sqrt{1-\rho}N^{-1}[DR] - N^{-1}[PD]}{\sqrt{\rho}}\right]^2\right]\right\} \tag{11.15}$$

La procédure pour estimer le maximum de vraisemblance pour estimer *PD* et ρ à partir de données historiques est la suivante :

1. Choisir des valeurs pour *PD* et ρ.
2. Calculer le logarithme de la densité pour chaque observation de *DR* (équation 11.15).
3. Utiliser le Solver pour déterminer les valeurs de *PD* et ρqui maximise la somme des valeurs de 2.

On peut construire une application à partir du tableau 11.4. Les maximums de vraisemblance pour *PD* et ρsont 0,110 et 1,34 % (voir feuille Excel sur le site de l'auteur http://www-2.rotman.utoronto.ca/~hull/). La figure 11.6 donne la distribution du taux de défaut. Le taux de défaut associé au seuil de 99,9 % s'écrit :

$$N\left[\frac{N^{-1}[0{,}0134] - \sqrt{0{,}110}N^{-1}[0{,}999]}{\sqrt{1-0{,}110}}\right] = 0{,}104 = 10{,}4\ \%$$

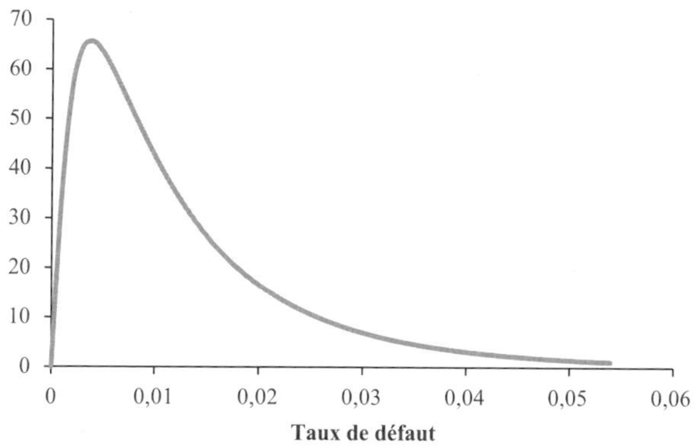

Figure 11.6 – Distribution de probabilités des taux de défaut lorsque les paramètres sont estimés par les données du tableau 11.4.

Copules alternatives

Le modèle à un facteur de copules gaussiennes choisi peut poser un certain nombre de difficultés. En particulier, il offre une très faible dépendance de queue. Autrement dit, un taux de défaut prématuré d'une entreprise n'arrive presque jamais en même temps que celui d'une autre entreprise. Il est alors parfois difficile d'ajuster le modèle aux données historiques. Il n'existe par exemple pas de ρcompatible avec une *PD* de 1 % et une situation dans laquelle une année sur dix le taux de défaut est supérieur à 3 %. D'autres copules gaussiennes avec une dépendance de queue plus importante donnent de meilleurs résultats. Notre approche est de choisir F et Z_i, ou les deux, avec des distributions à queue plus épaisses que la distribution normale (équation 11.9). On détermine alors (numériquement par exemple) la distribution des U_i à partir des distributions de F et Z_i selon l'équation :

$$WCDR(T,X) = \Phi\left[\frac{\Psi^{-1}[PD] + \sqrt{\rho}\,\Theta^{-1}[X]}{\sqrt{1-\rho}}\right]$$

Ψ, Θ, Φ, sont les fonctions de répartitions de F, $Z_i$et U_i. L'équation (11.4) s'écrit alors[1] :

$$G(DR) = \Theta\left[\frac{\sqrt{1-\rho}\,\Phi^{-1}[DR] - \Psi^{-1}[PD]}{\sqrt{\rho}}\right]$$

Résumé

Pour décrire la relation entre deux variables, les *risk managers* mesurent généralement le taux de covariance. Le taux de covariance quotidien établit la relation entre les rentabilités de deux variables mesurées en base journalière. Les méthodes de gestion du taux de covariance sont proches de celles décrites au chapitre 10 pour la gestion du taux de variance ; on peut par exemple retenir les approches EWMA et GARCH. En pratique, les *risk managers* évaluent des matrices de variance-covariance pour toutes les variables auxquelles ils sont exposés.

La distribution marginale d'une variable est la distribution inconditionnelle de cette variable. Très souvent, les *risk managers* estiment les distributions marginales de chacune des variables et sont dans l'obligation de faire des hypothèses sur la structure de corrélation de ces variables. Lorsque les distributions marginales sont normales, il est alors naturel de considérer que les variables suivent des lois normales multivariées. Dans les autres cas, les copules sont utilisées. Les variables sont transformées en variables normales à partir d'un ajustement centile par centile. La corrélation est alors définie de manière indirecte en se fondant sur la corrélation entre les variables transformées.

Lorsque les analystes étudient de nombreuses variables, ils utilisent un modèle factoriel. Cette approche permet de réduire le nombre de corrélations à estimer. Les corrélations de chacune des variables aux facteurs communs décrivent les corrélations entre ces variables. On peut modéliser la corrélation de défaut entre différentes entreprises à partir d'un modèle factoriel de copule gaussienne du temps de défaut.

---

1. On utilise cette approche pour estimer les tranches créées à partir de prêts dans J. Hull et A. White, « The Risk Created from Mortgages », *Financial Analysts Journal*, 66, 5, 2010, 54-67. L'ajustement aux données historiques est de meilleure qualité dans de nombreuses situations.

Références complémentaires

Cherubini, U., Luciano, E. et Vecchiato, W., *Copula Methods in Finance*, John Wiley and Sons, 2004.

Demarta, S. et McNeil, A. J., « The *t* Copula and Related Copulas », *Document de travail*, Département de mathématiques, Zurich, ETH Zentrum.

Engle, R. F. et Mezrich, J., « GARCH for Groups », *RISK*, août 1996, p. 36-40.

Roncalli, T., *La Gestion des risques financiers*, Economica, 2004.

Vasicek, O., « Probability of Loss on a Loan Portfolio », *Document de travail*, KMV, 1987 (publié dans *Risk* en décembre 2002 sous le titre « Loan Portfolio Value »).

Problèmes et exercices (corrigés en fin d'ouvrage)

11.1. Si vous connaissez la corrélation entre deux variables, de quelle information supplémentaire devez-vous disposer pour calculer la covariance ?

11.2. Quelles différences faites-vous entre dépendance et corrélation ? Si $y = x^2$ et que x suit une loi normale centrée réduite, quelle est la corrélation entre x et y ?

11.3. Qu'appelle-t-on un modèle factoriel ? En quoi ce type de modèle peut-il être utile à la définition d'une structure de corrélation entre des variables ?

11.4. Qu'entend-on par matrice semi-définie positive ? Quelles sont les conséquences d'une matrice qui n'a pas cette propriété ?

11.5. Supposons que les volatilités journalières de deux actifs A et B soient respectivement 1,6 % et 2,5 %. Les cours de clôture de la veille des deux titres étaient de 20 et 40 euros, et le coefficient de corrélation entre les rentabilités de ces deux actifs a été estimé à 0,25. Le paramètre λ du modèle EWMA est 0,95. (a) Estimez la covariance entre ces deux actifs. (b) Si les prix de clôture s'établissent en fin de journée à 20, 50 et 40,50 euros, quelle est la nouvelle estimation de cette covariance ?

11.6. Supposons que les volatilités journalières de deux actifs X et Y valent respectivement 1,0 % et 1,2 %. Les cours de clôture de la veille des deux titres étaient de 30 et 50 euros, et le coefficient de corrélation entre les rentabilités de ces deux actifs a été estimé à 0,50. Les corrélations et les volatilités sont mises à jour à partir d'un modèle GARCH(1,1). Les paramètres de ce modèle sont $\alpha = 0{,}04$ et $\beta = 0{,}94$; pour les corrélations $w = 0{,}000001$ et pour les volatilités $w = 0{,}000003$. Si les prix de clôture s'établissent aujourd'hui respectivement à 31 et 51 euros, comment les corrélations sont-elles mises à jour ?

11.7. Supposez qu'au problème 10.15, la corrélation entre le S&P 500 (mesuré en dollars) et le FTSE 100 (mesuré en livres) soit de 0,7, la corrélation entre le S&P 500 et le taux de change USD/GBP soit de 0,3 et la volatilité du S&P 500 soit de 1,6 %. Quelle est la corrélation entre le S&P 500, mesuré en dollars, et le FTSE 100, mesuré en dollars ? (Note : pour trois variables X, Y et Z, la covariance entre $X + Y$ et Z est égale à la covariance entre X et Z, à laquelle s'ajoute la corrélation entre Y et Z.)

11.8. Supposons que deux variables V_1 et V_2suivent une loi uniforme sur l'intervalle [0, 1]. Utilisez une copule gaussienne de corrélation 0,3 afin de définir une structure de corrélation entre ces deux variables. Construisez un tableau identique au tableau 11.3 en considérant des valeurs de 0,25, 0,5 et 0,75 pour V_1 et V_2. (Une feuille de calcul Excel permettant le calcul de la fonction de distribution gaussienne bivariée est téléchargeable sur le site Internet de l'auteur : http://www-2.rotman.utoronto.ca/~hull.)

11.9. Supposons que vous disposiez d'échantillons aléatoires z_1, z_2 et z_3 construits à partir de distributions normales centrées réduites. Vous voulez transformer ces échantillons en trois échantillons e_1, e_2 et e_3 de distributions normales trivariées à l'aide de la décomposition de Cholesky. Donnez les expressions analytiques des e_i en fonction des z_i, et des corrélations nécessaires à la définition de la loi normale trivariée.

11.10. Expliquez ce que signifie l'expression « dépendance de queue ». Comment le choix du type de copule peut-il modifier cette dépendance?

11.11. Supposons que les distributions marginales de deux variables V_1 et V_2 soient normales centrées réduites, mais qu'une copule *t* de Student à 4 degrés de liberté et un paramètre de corrélation de 0,5 soient choisis pour définir la structure de corrélation. Comment construiriez-vous une figure représentant la distribution jointe?

11.12. Au tableau 11.3, quelle est la fonction de densité de V_2 conditionnelle à $V_1 < 0{,}1$? Comparez cette distribution à la distribution marginale de V_2.

11.13. Quelle est la médiane de la distribution de V_2 lorsque $V_1 = 0{,}2$ dans l'exemple des tableaux 11.1 et 11.2?

11.14. Supposons qu'une banque détienne un portefeuille de prêts important d'un montant total de 500 millions d'euros. La probabilité de défaut à un an sur l'ensemble de ces prêts est de 1,5 % et le montant non recouvré en cas de défaillance est de 70 %. La banque utilise une copule gaussienne du temps de défaut, et la corrélation de copule vaut 0,2. Estimez la perte sur le portefeuille qui ne sera pas dépassée avec une probabilité de 99,5 %.

11.15. Supposons que le taux de défaut d'un portefeuille de prêts à la consommation a été lors des dix dernières années 1 %, 9 %, 2 %, 3 %, 5 %, 1 %, 6 %, 7 %, 4 % et 1 %. Quelle est l'estimation par le maximum de vraisemblance des paramètres du modèle de Vasicek ?

Questions complémentaires

11.16. Supposons que la volatilité journalière du prix de l'or soit de 1,3 % et que les cours de clôture de la veille et d'aujourd'hui soient respectivement de 300 et 298 dollars. Supposons, en outre, que la volatilité journalière du prix de l'argent soit de 1,5 % et que les cours de clôture de la veille et d'aujourd'hui soient égaux à 8 dollars. La corrélation du prix de l'argent et du prix de l'or est estimée à 0,8. Mettez à jour les estimations des volatilités de l'or et de l'argent, ainsi que la corrélation en utilisant (a) un modèle EMWA de paramètre 0,95, (b) un modèle

GARCH(1,1) de paramètres $\beta = 0{,}94$ et $w = 0{,}000002$. En pratique, pensez-vous que le paramètre w est identique pour l'or et l'argent ?

11.17. La fonction de densité d'une distribution exponentielle s'écrit $\lambda e^{-\lambda x}$, où x est la valeur de la variable et λ un paramètre. La fonction de répartition est de la forme $1 - e^{-\lambda x}$. Supposons que deux variables V_1 et V_2 aient des distributions exponentielles de paramètres respectifs 1,0 et 2,0. Utilisez une copule gaussienne de corrélation 0,2 pour établir la structure de corrélation entre V_1 et V_2. Construisez un tableau semblable au tableau 11.3 pour des valeurs de 0,25, 0,5, 0,75, 1, 1,25 et 1,5 pour V_1 et V_2. (Une feuille de calcul Excel permettant le calcul de la fonction de distribution gaussienne bivariée est téléchargeable sur le site Internet de l'auteur : http://www-2.rotman.utoronto.ca/~hull.)

11.18. Construisons une feuille Excel pour produire une figure semblable à la figure 11.5 décrivant un échantillon aléatoire construit à partir d'une copule t de Student à 4 degrés de liberté et de corrélation 0,5. Supposons ensuite que les distributions marginales des deux variables soient des lois de Student à 4 degrés de liberté, mais que la copule choisie soit gaussienne de paramètre de corrélation 0,5. Construisez un échantillon aléatoire à partir de la loi jointe. Comparez les deux figures.

11.19. Supposons qu'une banque détienne un portefeuille de prêts important. La probabilité de défaut à un an sur l'ensemble de ces prêts est de 1,2 %. La banque utilise une copule gaussienne du temps de défaut. Montrez comment le pourcentage de perte associé à une probabilité de 99,97 % varie avec la corrélation de copule.

Chapitre 12

Bâle I, Bâle II et Solvabilité II

En 1988, le premier Accord de Bâle (Bâle I) marqua le début de la mise en place de normes internationales en matière de régulation bancaire. Afin de mieux comprendre l'environnement réglementaire actuel, il est nécessaire d'étudier l'évolution historique de la régulation bancaire. Ce chapitre présente cette évolution jusqu'à la crise du crédit de 2007. Nous étudierons au chapitre 13 l'évolution de la régulation après 2007.

Nous procéderons tout d'abord à une présentation de l'évolution de la réglementation bancaire sur la période 1980-2000, en expliquant l'Accord de Bâle de 1988 (Bâle I), la compensation et l'Amendement de 1996. Puis, nous développerons l'Accord de Bâle II, appliqué par les banques entre 2007 et 2009. Enfin, nous présenterons Solvabilité II. Il s'agit d'un nouveau cadre réglementaire appliqué aux compagnies d'assurance, semblable à Bâle II, et qui devrait être mis en place en 2013 à l'échelle de l'Union européenne.

12.1 Motivations de la réglementation des banques

L'objectif de la régulation bancaire est de s'assurer que les banques sont suffisamment capitalisées au regard des risques pris. Même s'il est impossible d'éliminer complètement le risque de faillite bancaire, les autorités publiques mettent tout en œuvre pour réduire au minimum la probabilité de défaut bancaire, afin de créer un environnement économique stable, caractérisé par un niveau de confiance important des individus et des entreprises dans le système bancaire.

Il est tentant d'avancer l'argument suivant : « La régulation bancaire est inutile. En effet, même en son absence, les banques géreraient leurs risques de manière efficace en conservant un niveau de fonds propres adéquat par rapport à leur prise de risque. » L'histoire montre malheureusement le contraire et la régulation bancaire a largement contribué à la recapitalisation des banques, en les incitant à une gestion des risques plus prudente.

Les gouvernements fournissent un système d'assurance des dépôts (voir section 2.3) sans lequel les banques excessivement risquées ne pourraient pas attirer les déposants. L'existence d'un tel système réduit cependant la discipline exercée par les déposants sur les banques, puisque celles-ci peuvent prendre des risques importants sans perdre leurs dépôts[1]. Le dernier souhait d'un gouvernement est de créer un système d'assurance des dépôts qui encourage l'excès de risque des banques. Il est donc nécessaire de compléter ce système par une réglementation des fonds propres bancaires.

1. Il s'agit d'un problème d'aléa moral : l'existence d'un contrat d'assurance modifie le comportement de l'assuré (voir chapitre 3).

Le risque systémique représente un enjeu important pour les gouvernements. C'est le risque que la faillite d'une grande banque entraîne d'autres faillites bancaires et éventuellement l'effondrement du système financier dans son ensemble (voir encadré 12.1). Lorsqu'une banque se trouve en difficulté, le gouvernement est face à une décision délicate : en laissant l'établissement faire faillite, les autorités augmentent le risque systémique ; en renflouant la banque, elles envoient un mauvais signal au marché. En effet, de grandes institutions financières peuvent devenir plus laxistes en matière de contrôle des risques si elles savent que leur survie est garantie par le gouvernement, quoi qu'il arrive (« *too big to fail* »).

Au début de la crise de 2007-2008, de nombreuses grandes banques ont été sauvées aux États-Unis et en Europe, à l'exception de Lehman Brothers qui a fait faillite en septembre 2008. Peut-être que le gouvernement américain a voulu ainsi envoyer un signal au marché du type : « Le sauvetage des grandes banques n'est pas automatique ». La décision de ne pas renflouer Lehman Brothers a cependant été critiquée car elle a renforcé la crise.

Encadré 12.1

Le risque systémique

Le risque systémique correspond au risque que le défaut d'une institution financière soit « contagieux » et conduise d'autres institutions à faire défaut. La stabilité globale du système financier est, dans un tel contexte, compromise. Ce système a pu survivre aux défauts de la banque Drexel en 1990 et de la banque Barings en 1995, mais les régulateurs demeurent vigilants à l'égard de ce risque. Le nombre de transactions de gré à gré entre les banques est extrêmement élevé et si la banque A fait défaut, la banque B peut enregistrer une perte colossale *via* ce type de transactions. Ce phénomène peut à son tour entraîner le défaut de la banque B et mettre en danger la banque C, qui a des transactions avec les banques A et B, et ainsi de suite. Durant la crise de 2007-2008, de nombreuses grandes banques ont été renflouées plutôt que de faire faillite car les gouvernements étaient très soucieux du risque systémique.

12.2 Régulation bancaire avant 1988

Avant 1988, la réglementation du capital bancaire dans de nombreux pays consistait à mettre en place un niveau minimal du ratio de fonds propres sur le total des actifs. Cependant, les définitions des fonds propres et des ratios eux-mêmes étaient différentes d'un pays à l'autre. Par ailleurs, la réglementation était plus ou moins laxiste selon les pays. Les banques étant en concurrence à l'échelle mondiale, un établissement qui opérait dans un pays où la régulation bancaire était laxiste disposait d'un avantage comparatif par rapport à ses concurrents. De plus, les prêts massifs de grandes banques internationales aux pays en développement comme le Mexique, le Brésil et l'Argentine, ainsi que la comptabilité créative des banques, ont mis en doute la pertinence de la réglementation du capital bancaire en vigueur (voir encadré 2.3).

Une autre difficulté provenait de la complexité des transactions effectuées par les banques. La croissance très rapide des marchés de produits dérivés, comme les *swaps* de taux et les options de change, augmentait le risque de crédit des banques. Considérons, par exemple, un *swap* de taux d'intérêt. Si la contrepartie fait défaut lorsque le *swap* a une valeur positive pour la banque, alors celle-ci subit une perte. Or, ce type de transaction est comptabilisé hors bilan et n'a donc pas d'incidence sur le niveau des actifs et des fonds propres bancaires. Les régulateurs ont rapidement constaté que le total des actifs ne pouvait servir d'indicateur fiable du risque total des banques. Une approche plus sophistiquée était nécessaire pour la mise en place de niveaux minimaux de ratios de fonds propres bancaires.

Ces différents problèmes ont conduit les autorités de surveillance prudentielle (Allemagne, Belgique, Canada, États-Unis, France, Italie, Japon, Luxembourg, Pays-Bas, Royaume-Uni, Suède, Suisse) à former en 1974 le Comité de Bâle sur le contrôle bancaire, qui se réunit régulièrement à Bâle, en Suisse, au sein de la Banque des Règlements Internationaux (BRI). Le premier résultat majeur de ces réunions a été un document intitulé « Convergence internationale de la mesure et des normes de fonds propres » ou « l'Accord de la BRI 1988 », ou tout simplement « l'Accord », par la suite qualifié de Bâle I.

12.3 L'Accord de la BRI 1988

L'Accord de la BRI 1988 a représenté la première tentative pour mettre en place des normes internationales de capitalisation adéquate ajustée au risque. Cet accord a été vivement critiqué pour sa trop grande simplicité et le problème d'arbitrage qu'il induisait. Ce document signé par les douze membres du Comité de Bâle a cependant été très important, en constituant une première étape vers l'accroissement des ressources bancaires, ainsi que vers la compréhension et la gestion des risques.

L'Accord de la BRI définissait deux normes minimales du capital requis. La première était semblable à celle qui existait avant 1988 et exigeait des banques que le rapport actifs-fonds propres soit inférieur à 20. La seconde introduisait le ratio connu par la suite sous le nom de ratio Cooke[1]. La majorité des banques pouvait satisfaire la première norme, la seconde a donc été au cœur de la régulation bancaire.

Le ratio Cooke

Le ratio Cooke fait intervenir à la fois des postes du bilan et hors bilan dans le calcul des actifs pondérés au risque de la banque (également appelés montants pondérés au risque), permettant de mesurer le risque de crédit total de l'établissement.

Considérons tout d'abord les postes du bilan. Chaque actif au bilan est pondéré selon son niveau de risque (voir tableau 12.1). Les liquidités et les titres émis par des États membres de l'OCDE sont considérés comme sans risque et ont une pondération nulle. En revanche, les prêts aux entreprises sont pondérés à 100 %, ceux aux banques et aux entreprises publiques des États membres de l'OCDE à 20 % et, enfin, les prêts hypothécaires sont pondérés à 50 %. Le total de N actifs au bilan pondérés au risque est égal à :

$$\sum_{i=1}^{N} w_i L_i$$

avec L_i le montant de l'actif i et w_i, sa pondération au risque.

1. Du nom de Peter Cooke, de la Banque d'Angleterre.

Tableau 12.1 : Les pondérations au risque des postes au bilan.

Pondération au risque (%)	Classe d'actifs
0	Encaisse, or métallique, créances sur les administrations centrales et les banques centrales des États membres de l'OCDE
20	Créances sur les banques et les entités du secteur public national, autres que l'administration centrale des États membres de l'OCDE
50	Prêts hypothécaires intégralement couverts par un bien immobilier à usage résidentiel
100	Autres créances (secteur privé, banques enregistrées hors de l'OCDE, administrations centrales de pays extérieurs à l'OCDE, immeubles, installations et autres immobilisations, etc.)

Exemple 12.1

Les actifs d'une banque sont les suivants : 100 millions d'euros de prêts aux entreprises, 10 millions d'euros d'obligations d'États membres de l'OCDE et 50 millions d'euros de prêts hypothécaires. Le total des actifs pondérés au risque vaut :

$$1{,}0 \times 100 + 0{,}0 \times 10 + 0{,}5 \times 50 = 125$$

soit 125 millions d'euros.

On exprime les engagements hors bilan en *équivalent risque de crédit*. Sans entrer dans les détails, cet équivalent correspond à un montant de prêt de risque de crédit similaire. On obtient l'équivalent risque de crédit des produits non dérivés en multipliant la valeur notionnelle du produit par un facteur de conversion. Les produits considérés comme semblables à des prêts bancaires, comme les acceptations bancaires, sont multipliés par un facteur égal à 100 %, tandis que les produits comme les facilités d'émission de billets (la banque donne l'accord à une entreprise d'émettre des titres à court terme avec des caractéristiques prédéterminées) sont pondérés par un facteur plus faible.

L'équivalent risque de crédit pour des produits dérivés (*swap* de taux d'intérêt ou contrat *forward*) se calcule comme suit :

$$\max(V,0) + aL \tag{12.1}$$

avec V la valeur actuelle du produit dérivé, a un *facteur de conversion* et L le montant notionnel. Le premier terme de l'équation (12.1) correspond à l'exposition actuelle, alors que le facteur a est introduit afin de tenir compte de l'augmentation possible de cette exposition. Le tableau 12.2 fournit les valeurs des facteurs de conversion.

Tableau 12.2 : Les facteurs de conversion pour les produits dérivés (en pourcentage du notionnel).

Maturité résiduelle (en années)	Taux d'intérêt	Taux de change et or	Actions	Métaux précieux (sauf or)	Autres matières premières
< 1	0,0	1,0	6,0	7,0	10,0
1 à 5	0,5	5,0	8,0	7,0	12,0
> 5	1,5	7,5	10,0	8,0	15,0

Exemple 12.2

Une banque est entrée dans un *swap* de taux d'intérêt de 100 millions d'euros, avec une durée de vie restant à courir de quatre ans. La valeur actuelle du *swap* est de 2 millions d'euros. Dans ce cas, le facteur de conversion est de 0,5 % du notionnel, et l'équivalent risque de crédit est égal à 2 millions d'euros plus 0,5 million d'euros, soit 2,5 millions d'euros.

On multiplie l'équivalent risque de crédit pour un engagement hors bilan par la pondération de la contrepartie. Les facteurs de conversion pour ce type d'actif sont semblables à ceux figurant au tableau 12.1, à l'exception de la pondération d'une entreprise non financière, qui passe de 1,0 à 0,5.

Exemple 12.3

Reprenons l'exemple 12.2. Si le *swap* de taux a pour contrepartie une entreprise non financière, alors le montant de l'actif pondéré au risque vaut $2{,}5 \times 0{,}5$, soit 1,25 million d'euros. En revanche, si la contrepartie est une banque d'un État membre de l'OCDE, alors ce montant devient $2{,}5 \times 0{,}2$, soit 0,5 million d'euros.

En regroupant l'ensemble de ces éléments, le total de N actifs au bilan et M actifs hors bilan pondérés au risque d'une banque est :

$$\sum_{i=1}^{N} w_i L_i + \sum_{j=1}^{M} w_j^* C_j \qquad (12.2)$$

avec L_i le montant de l'actif i au bilan, w_i la pondération au risque de sa contrepartie, C_j l'équivalent risque de crédit pour l'actif j hors bilan et w_j^* la pondération au risque de sa contrepartie.

Capital requis

L'Accord exige que les banques détiennent des fonds propres égaux à au moins 8 % de leurs actifs pondérés au risque. En France, on compte :

1. des fonds propres de base *(Tier 1 capital)*, composés de capitaux propres au sens comptable et des fonds pour risques bancaires généraux, diminués du capital non versé, des actions propres détenues, des actifs incorporels et du report à nouveau débiteur ;
2. des fonds propres complémentaires *(Tier 2 capital)* ou des fonds propres supplémentaires, composés des réserves de réévaluation, de subventions non remboursables, de titres subordonnés à durée indéterminée et de dette subordonnée de maturité initiale supérieure à cinq ans.

Les capitaux propres jouent un rôle crucial pour absorber les pertes. Les autres types de fonds propres sont également importants car ils sont subordonnés aux déposants et fournissent un coussin de protection en cas de faillite de la banque.

Au moins 50 % du capital requis (c'est-à-dire 4 % des actifs pondérés au risque) doit être composé de fonds propres de base. Les capitaux propres doivent représenter 2 % des actifs pondérés au risque. Notons que le Comité de Bâle a mis à jour la liste des éléments éligibles au titre des fonds propres de base, ainsi que la définition des capitaux propres réglementaires dans le cadre de Bâle III.

Dans certains pays, les régulateurs bancaires exigent la détention d'un fonds propre supérieur à celui prévu par le Comité de Bâle. Certaines banques font également le choix de détenir davantage de fonds propres que ne l'exigent leurs régulateurs.

12.4 Les recommandations du G30

En 1993, un groupe de travail composé d'utilisateurs finaux, de courtiers, d'universitaires, de comptables et de juristes spécialistes des produits dérivés a publié un rapport. Celui-ci contenait 20 recommandations pour les courtiers et les utilisateurs finaux des produits dérivés, et quatre recommandations pour les législateurs et les régulateurs. Ce rapport est fondé sur une enquête détaillée (questionnaires et entretiens) auprès de 80 courtiers et 72 utilisateurs finaux à travers le monde. Il ne constitue pas un document réglementaire, mais a été très influent dans le développement des pratiques de gestion du risque.

Voici une synthèse des recommandations majeures :

1. Les dirigeants d'une entreprise doivent clairement définir et valider la politique de gestion du risque, idéalement au niveau du conseil d'administration. Les managers de tous les niveaux hiérarchiques doivent en faire de même.
2. Les positions sur produits dérivés doivent être évaluées à leur valeur de marché (*marked-to-market*) au moins une fois par jour.
3. Les courtiers en produits dérivés doivent évaluer le risque de marché en utilisant une mesure comme la *Value at Risk*. Des limites du risque de marché doivent être clairement définies.
4. Les courtiers en produits dérivés doivent effectuer des *stress tests* (simulations de crise), afin de déterminer les pertes potentielles induites par des conditions de marché extrêmes.
5. La fonction gestion du risque doit être indépendante de la fonction *trading*.
6. Les positions sur produits dérivés doivent être évaluées à partir de leurs valeurs actuelles et futures de remplacement.
7. Les expositions au risque de crédit doivent être agrégées pour refléter les accords de compensation en vigueur (voir section 12.5).
8. Les personnes en charge des limites des risques doivent travailler indépendamment de celles intervenant directement sur le marché.
9. Les courtiers et les utilisateurs finaux doivent minutieusement évaluer les coûts et les bénéfices des techniques de gestion du risque, telles que le nantissement (*collateralization*) ou les clauses en cas de dégradation (*downgrading triggers*). Ils doivent être particulièrement attentifs à leur capacité, ainsi qu'à celle de leurs contreparties, de pouvoir faire face à l'augmentation des charges financières en cas de dégradation de la notation (nous présentons au chapitre 17 les techniques de gestion du risque).
10. Seules les personnes suffisamment expérimentées et possédant les compétences et les connaissances requises doivent être autorisées à entrer dans des transactions sur produits dérivés, à surveiller ces positions, à effectuer les tâches du *back office,* etc.

11. Des systèmes adéquats de stockage, de traitement et de *reporting* des données doivent être implantés.
12. Les courtiers et les utilisateurs finaux doivent tenir compte des transactions sur produits dérivés utilisés pour la gestion des risques, afin d'avoir une vision claire et cohérente des revenus issus de ces produits et des activités.

12.5 La compensation (*netting*)

Les intervenants dans le marché de gré à gré des dérivés signent généralement un accord-cadre du *International Swaps and Derivatives Association* (ISDA) portant sur leurs transactions sur dérivés. Dans ce cadre, la compensation correspond à une clause des contrats négociés au gré à gré qui stipule qu'une contrepartie ayant fait défaut sur une transaction avec une institution financière fait également défaut sur l'ensemble des transactions avec cette institution.

Le chapitre 17 présente la compensation et les accords de l'ISDA. Cette technique permet de réduire le risque de crédit. Supposons qu'une banque ait trois *swaps* avec une contrepartie, qui valent respectivement +24 millions d'euros, –17 millions d'euros et +8 millions d'euros. La contrepartie rencontre des difficultés financières et fait défaut sur l'ensemble de ses engagements. Notons que pour celle-ci, les *swaps* ont des valeurs respectives de –24 millions d'euros, +17 millions d'euros et –8 millions d'euros. Sans clause de compensation, cette contrepartie fait uniquement défaut sur le premier et le dernier *swap*. La perte subie par la banque est alors de 32 millions d'euros (= 24 + 8). Avec la compensation, la contrepartie fait également défaut sur le deuxième *swap* et la perte enregistrée par la banque vaut 15 millions d'euros (= 24 – 17 + 8).

Considérons une institution financière ayant un portefeuille de N produits dérivés avec une contrepartie et que la valeur actuelle du produit i soit V_i. Sans compensation, l'exposition de la banque en cas de défaut est :

$$\sum_{i=1}^{N} \max(V_i, 0)$$

Avec compensation, elle vaut :

$$\max\left(\sum_{i=1}^{N} V_i, 0\right)$$

Ainsi, sans compensation, l'exposition correspond au flux d'un portefeuille d'options, alors qu'avec compensation, elle correspond à celui d'une option sur le portefeuille.

L'Accord de 1988 ne tient pas compte des clauses de compensation dans le capital requis. Selon cet accord, l'équivalent risque de crédit d'un portefeuille de produits dérivés avec une contrepartie est le suivant [voir équation (12.1)] :

$$\sum_{i=1}^{N} [\max(V_i, 0) + a_i L_i]$$

avec a_i le facteur de conversion et L_i le notionnel pour la transaction i.

Jusqu'en 1995, de nombreuses législations ont accepté la compensation. En conséquence, l'Accord de 1988 a été modifié afin de permettre aux banques de réduire leur équivalent risque de crédit lorsque des accords de compensation bilatéraux étaient en place. Un ratio de remplacement net (RRN) a été instauré, qui correspond au rapport de l'exposition actuelle avec compensation et sans compensation :

$$\text{RRN} = \frac{\max(\sum_{i=1}^{N} V_i, 0)}{\sum_{i=1}^{N} \max(V_i, 0)}$$

Tableau 12.3 : Portefeuille de dérivés.

Transaction	Notionnel L_i	Valeur actuelle	Montant de conversion $a_i L_i$ (voir tableau 12.2)
Swap de taux d'intérêt 3 ans	1 000	–60	5
Forward de taux de change 6 ans	1 000	70	75
Option sur action 9 mois	500	55	30

L'équivalent risque de crédit a été modifié :

$$\max\left(\sum_{i=1}^{N} V_i, 0\right) + (0{,}4 + 0{,}6 \times \text{RRN}) \sum_{i=1}^{N} a_i L_i$$

Exemple 12.4

Considérons l'exemple du tableau 12.3, qui présente un portefeuille de trois produits dérivés d'une banque. Les valeurs actuelles au cours du marché de ces transactions figurent dans la troisième colonne, et les montants avec facteur de conversion (calculés à partir des données du tableau 12.2) dans la quatrième colonne. L'exposition actuelle avec compensation vaut –60 + 70 + 55 = 65, alors qu'elle est égale à 0 + 70 + 55 = 125 sans compensation. Le ratio de remplacement net est donc :

$$RRN = \frac{65}{125} = 0{,}52$$

Le total des montants de conversion, , vaut 5 + 75 + 30 = 110. L'équivalent risque de crédit avec compensation est $65 + (0{,}4 + 0{,}6 \times 0{,}52) \times 110 = 143{,}32$, alors qu'il vaut 125 + 110 = 235 sans compensation. Supposons que la contrepartie soit une banque d'un État membre de l'OCDE, avec une pondération égale à 0,2. Dans ce cas, les actifs pondérés au risque avec compensation s'établissent à $0{,}2 \times 143{,}32 = 28{,}66$ contre $0{,}2 \times 235 = 47$ sans compensation.

12.6 L'Amendement de 1996

En 1995, le Comité de Bâle a proposé un document consultatif, connu sous le nom d'« Amendement de 1996 », modifiant l'Accord de 1988. Ce document, devenu opérationnel en 1998, est parfois désigné par « BIS 98 ».

L'évaluation en valeur de marché, ou comptabilité en juste valeur (*marking-to-market* ou *fair-value accounting*), consiste à réévaluer quotidiennement au cours du marché les actifs et les passifs. Les banques doivent utiliser cette méthode pour tous les actifs détenus dans le cadre de leur activité de *trading* (dérivés, actions, devises étrangères, matières premières) et qui composent le portefeuille de marché (*trading book*). Elles ne sont en revanche pas tenues d'appliquer cette méthode pour les actifs qui ont vocation à être détenus jusqu'à maturité dans le cadre de leur activité d'investissement. Ces actifs (prêts, obligations) constituent le portefeuille bancaire (*banking book*). À moins d'anticiper un défaut de paiement sur le principal, ils sont évalués à leur coût historique (voir section 2.7).

Selon l'Amendement de 1996, la charge en capital pour le risque de crédit de l'Accord de 1988 reste valable pour les postes au bilan et hors bilan du portefeuille bancaire et de marché, à l'exception des positions de marché suivantes : (a) obligations et actions, (b) matières premières et change. De plus, une charge en capital pour le risque de marché pour les éléments du portefeuille de marché (au bilan ou hors bilan) est exigée[1].

L'Amendement de 1996 propose une approche standard pour le calcul de la charge en capital pour le risque de marché. Selon cette approche, chaque produit (obligation, action, position de change, matière première et option) est couvert par des fonds propres. Les corrélations entre les différents produits ne sont pas prises en compte. Les grandes banques disposant de techniques avancées en matière de gestion du risque sont autorisées à utiliser une approche fondée sur les modèles internes (*internal model-based approach*). Celle-ci implique le calcul d'une mesure de VaR, puis sa conversion en capital requis selon une formule spécifiée par l'Amendement. La majorité des grandes institutions financières préfèrent cette approche car elle permet une meilleure prise en compte des bénéfices de la diversification et des niveaux de capital requis moins élevés.

La mesure de la VaR pour le risque de marché préconisée par les régulateurs est la perte sur le portefeuille de marché au seuil de 1 % sur une période de dix jours. Cela signifie que la perte probable subie par la banque a 1 % de chance d'être dépassée dans les dix jours suivants. Le capital requis pour le risque de marché selon l'approche des modèles internes est calculé selon la formule :

$$\max(\text{VaR}_{t-1}, m_c \times \text{VaR}_{\text{moy}}) + \text{SRC} \qquad (12.3)$$

avec un facteur multiplicatif et SRC la charge de risque spécifique. correspond à la VaR de la veille et à la VaR moyenne des 60 derniers jours. La valeur minimale pour vaut 3, mais le régulateur peut exiger une valeur plus élevée s'il apparaît que le modèle de VaR de la banque est inadéquat.

Le calcul de la VaR reflète les fluctuations des variables de marché comme les taux d'intérêt, les taux de change, les indices boursiers et les prix des matières premières. Il n'intègre en revanche pas les risques spécifiques aux entreprises (comme l'évolution de son cours boursier ou de son *spread* de crédit). Ces risques sont pris en compte à travers la charge de risque spécifique SRC. Celle-ci correspond à la charge en capital pour les risques idiosyncratiques des produits financiers, comme une obligation par exemple, dont le risque se décompose en deux éléments : le risque de taux d'intérêt et le risque de crédit. Le premier est capturé par la mesure de la VaR, alors que le second est un

1. On peut inclure certaines positions au bilan utilisées pour la couverture des éléments du portefeuille de marché dans le calcul de la charge en capital pour le risque de marché.

risque spécifique[1]. L'Amendement de 1996 propose des méthodes standard pour évaluer la charge en capital pour le risque spécifique, mais autorise également les banques à utiliser leurs propres modèles internes.

Le modèle interne pour le SRC doit inclure le calcul d'une VaR pour les risques spécifiques au seuil de 99 % à l'horizon de dix jours. Les régulateurs calculent le capital requis en appliquant un facteur multiplicatif (similaire à). Ce facteur doit être au moins égal à 4 et le capital requis ainsi calculé doit représenter au moins 50 % du capital calculé selon l'approche standard.

Le capital total requis après la mise en place de l'Amendement de 1996 est la somme (pour les banques ayant adopté l'approche fondée sur les modèles internes) (a) des fonds propres pour le risque de crédit, égal à 8 % des actifs pondérés au risque (*risk weighted assets*, RWA) et (b) des fonds propres pour le risque de marché, selon l'équation (12.3). Pour des raisons pratiques, on calcule un actif pondéré au risque de marché en multipliant le résultat de l'équation (12.3) par 12,5. Ainsi, les fonds propres totaux pour les risques de crédit et de marché sont :

$$\text{Fonds propres totaux} = 0{,}08 \times (\text{RWA risque de crédit} + \text{RWA risque de marché}) \quad (12.4)$$

Une banque dispose de davantage de flexibilité spour intégrer les différentes composantes des fonds propres pour le risque de marché, qui peuvent être les fonds propres de base et complémentaires, mais également les fonds propres surcomplémentaires (*Tier 3 capital*). Ceux-ci sont constitués des dettes subordonnées à court terme de maturité initiale d'au moins deux ans et non garanties (notons que Bâle III a abandonné le *Tier 3*).

VaR à un jour et VaR à dix jours

Généralement, les banques calculent la VaR au seuil de 99 % à un jour. D'après les régulateurs, la VaR au seuil de 99 % à dix jours est égale à la VaR à un jour multipliée par $\sqrt{10}$, ce qui implique que le capital requis vaut k fois cette VaR à dix jours, soit $k \times \sqrt{10} = 3{,}16\,k$ fois la VaR à un jour.

Back testing (tests *ex post*)

D'après l'Amendement de la BRI, les banques doivent procéder au *back testing* de la VaR au seuil de 99 % à un jour sur les 250 jours précédant le calcul. Si la perte actuelle journalière est supérieure à cette VaR, une « exception » est enregistrée. Ces calculs sont généralement effectués soit en tenant compte des modifications du portefeuille, soit en supposant que le portefeuille ne change pas (les régulateurs sont surtout attentifs aux résultats de la première méthode).

Si le nombre d'exceptions est inférieur à 5, est égal à 3. Si les exceptions sont plus fréquentes (de 5 à 9), la valeur de est plus importante (de 3,4 à 3,85). Le régulateur dispose d'un certain degré de latitude pour fixer cé paramètre. Normalement, la banque est soumise à des pénalités si l'origine des exceptions provient d'une déficience du modèle de VaR. Si les variations du portefeuille au jour du *back testing* engendrent les exceptions,

1. Comme nous l'avons évoqué précédemment, la charge en capital pour le risque de crédit selon l'Accord 1988 ne s'applique pas aux obligations dans le portefeuille de marché.

la banque peut être contrainte d'utiliser un plus élevé. Rien n'est en revanche prévu si les exceptions résultent de la malchance. Lorsque le nombre d'exceptions dépasse dix, l'Amendement de la BRI prévoit un multiplicateur égal à 4 (voir problème 12.18).

12.7 Bâle II

L'application de l'Accord de Bâle de 1988 a conduit les banques à augmenter leur capitalisation sur les dix années qui ont suivi et a permis d'accroître la stabilité du système bancaire mondial. Cet accord présente cependant un certain nombre de faiblesses. En effet, tous les prêts accordés à des entreprises ont une pondération au risque de 100 % et requièrent donc le même montant de capital. Un prêt à une entreprise notée AAA est traité de la même manière qu'un prêt à celle disposant d'une notation B[1]. De plus, aucun modèle de corrélation des défauts n'est proposé par Bâle I.

En juin 1999, le Comité de Bâle a proposé de nouvelles règles, connues sous le nom de Bâle II, révisées en janvier 2001 et avril 2003. Un certain nombre d'études d'impact quantitatif (*quantitative impact studies*, QIS) ont été menées afin de tester l'application de ces nouvelles règles en matière de capital requis[2]. Un ensemble de règles définitives, validé par tous les membres du Comité de Bâle, a été publié en juin 2004, et actualisé en novembre 2005. L'application de Bâle II est effective depuis fin 2007, suite à des études supplémentaires d'impact quantitatif. Notons que les États-Unis ont plusieurs années de retard par rapport au reste du monde dans l'application de Bâle II.

Cet accord concerne essentiellement les grandes banques internationales. Aux États-Unis, les autorités de régulation ont décidé que ce nouvel accord ne s'appliquera pas aux petites banques régionales (ces établissements seront soumis à Bâle IA, très semblable à Bâle I). Certaines banques régionales de taille plus importante vont sans doute volontairement appliquer Bâle II, pour signaler, par exemple, à leurs actionnaires qu'elles gèrent le risque de manière sophistiquée. En Europe, toutes les banques, ainsi que les sociétés financières seront soumises aux règles de Bâle II. La CAD III (*Capital Adequacy Directive* ou directived'adéquation des fonds propres) du 14 juillet 2004 vise à transposer l'Accord de Bâle II à l'Union européenne. Celui-ci se décompose en trois piliers :

1. exigence minimale de fonds propres ;
2. processus de surveillance prudentielle ;
3. discipline de marché.

Dans le cadre du pilier 1, le capital minimal requis pour le risque de crédit du portefeuille de prêts est calculé selon une nouvelle formule qui tient compte des notations de crédit des différentes contreparties. Le capital requis pour le risque de marché demeure inchangé par rapport à l'Amendement de 1996, et une charge supplémentaire en capital pour le risque opérationnel est instaurée. La règle fondamentale de Bâle I, selon laquelle une banque doit détenir un montant des fonds propres égal à 8 % des actifs pondérés

1. La section 1.7 a présenté les notations de crédit.
2. Ces études ne tiennent pas compte des modifications des portefeuilles des banques, afin de minimiser le capital requis suite à l'adoption de Bâle II.

au risque, demeure inchangée. Le RWA pour le risque opérationnel est défini comme 12,5 fois le montant de fonds propres pour ce risque. On obtient alors :

$$\text{Fonds propres totaux} = 0{,}08 \times (\text{RWA risque de crédit} + \text{RWA risque de marché} + \text{RWA risque opérationnel}) \quad (12.5)$$

Le pilier 2 porte sur le processus de surveillance prudentielle et offre un certain degré de latitude aux régulateurs dans la mise en place des règles de Bâle II au niveau local. Il vise toutefois à assurer une cohérence globale de leur application. Ce pilier insiste sur l'intervention précoce du régulateur en cas de difficultés des banques. Désormais, le rôle du régulateur va au-delà de la surveillance du respect des exigences minimales de fonds propres. Il consiste également à évaluer les techniques de gestion du risque des banques, dont il doit encourager le développement. En particulier, le régulateur est tenu d'engager un dialogue soutenu avec les banques lorsque des défaillances sont repérées dans leur processus de gestion des risques. Enfin, les banques doivent mesurer les risques qui sortent du champ d'application du pilier 1.

Le troisième pilier ayant trait à la discipline de marché exige des banques plus de transparence au niveau de leur allocation des fonds propres et de leur prise de risque. L'idée sous-jacente est que les banques sont davantage incitées à prendre des décisions efficaces si elles sont soumises à la pression d'actionnaires mieux informés.

12.8 Fonds propres et risque de crédit selon Bâle II

Les banques se voient offrir trois choix en matière de gestion du risque de crédit selon Bâle II :

1. l'approche standard (*standardized approach*) ;
2. l'approche par les notations internes ou IRB fondation (*foundation internal ratings based approach*, IRB) ;
3. l'approche IRB avancée ou IRBA (*advanced IRB approach*).

Aux États-Unis, où seules les grandes banques sont soumises à Bâle II, le régulateur a décidé que l'approche IRB pouvait uniquement être utilisée.

L'approche standard

Les banques peu sophistiquées (aux yeux des régulateurs) devront adopter l'approche standard. La structure globale des calculs reste ici semblable à celle de Bâle I, à l'exception du calcul des pondérations au risque[1]. Le tableau 12.4 est un résumé de quelques règles de calcul des pondérations au risque.

En comparant les tableaux 12.4 et 12.1, on remarque que le statut d'État membre de l'OCDE n'a plus aucune importance dans Bâle II. La pondération au risque pour une exposition souveraine est comprise entre 0 % et 150 %, alors qu'elle s'étend de 20 % à

1. Les ratios ainsi calculés sont parfois appelés ratios de McDonough, du nom du président du Comité de Bâle (William McDonough).

150 % pour une exposition banque ou entreprise. Selon le tableau 12.1, les banques des États membres de l'OCDE étaient jugées moins risquées que les entreprises, avec une pondération au risque de 20 % pour les premières et de 100 % pour les secondes. Selon les données du tableau 12.4, le traitement des banques et des entreprises est désormais plus équitable. Il est également important de remarquer qu'il peut être préférable pour un pays, une banque ou une entreprise de ne pas être noté, plutôt que d'avoir une mauvaise notation ! Les régulateurs sont autorisés à appliquer des pondérations au risque plus faibles (20 %, 50 % et 100 %, au lieu de 50 %, 100 % et 150 % respectivement) lorsque les expositions concernent le pays d'enregistrement de la banque ou une banque centrale.

Tableau 12.4 : Pondérations au risque (en pourcentage du principal) pour des expositions souveraines, banques et entreprises en fonction de leur notation selon l'approche standard de Bâle II.

	AAA jusqu'à AA–	**A+ jusqu'à A–**	**BBB+ jusqu'à BBB–**	**BB+ jusqu'à BB–**	**B+ jusqu'à B–**	**Inférieur à B–**	**Absence de notation**
Pays*	0	20	50	100	100	150	100
Banques**	20	50	50	100	100	150	50
Entreprises	20	50	100	100	150	150	100

* Expositions banques centrales incluses. ** Les régulateurs disposent d'une certaine marge de manœuvre (voir ci-dessus).

Les règles sont plus compliquées en ce qui concerne les banques. Les régulateurs peuvent utiliser la notation du pays où la banque est enregistrée pour la définition de la pondération au risque, plutôt que les données du tableau 12.4. Ainsi, la pondération au risque sera de 20 %, 50 %, 100 % et 150 % si le pays d'enregistrement de la banque a une notation comprise respectivement entre AAA et AA–, A+ et A–, BBB+ et B–, inférieure à B–, et égale à 100 % si le pays en question n'est pas noté. Un autre problème réside dans le fait que si les régulateurs adoptent les pondérations du tableau 12.4, alors ils peuvent considérer les expositions de maturité inférieure à trois mois de manière plus favorable. Leurs pondérations sont égales à 20 %, 50 %, 150 % et 20 % si la notation est comprise respectivement entre AAA+ et BBB–, BB+ et B–, inférieure à B– et absente.

La règle standard pour les expositions clientèle de détail est une pondération au risque égale à 75 % (100 % selon l'Accord de 1988). Lorsque les prêts sont garantis par des hypothèques, cette pondération passe à 35 % (50 % selon l'Accord de 1988). Compte tenu du faible historique concernant les pertes sur prêts hypothécaires couverts par un bien immobilier à usage commercial, leur pondération au risque est de 100 %.

Exemple 12.5

Supposons que les actifs d'une banque soient composés de prêts à des entreprises notées A (100 millions d'euros), d'obligations d'État notées AAA (10 millions d'euros) et de prêts hypothécaires (50 millions d'euros). Selon l'approche standard de Bâle II, le total des actifs pondérés au risque vaut :

$$0{,}5 \times 100 + 0{,}0 \times 10 + 0{,}35 \times 50 = 67{,}5$$

soit 67,5 millions d'euros, à comparer aux 125 millions d'euros selon Bâle I (voir exemple 12.1).

Prise en compte des sûretés

Les banques disposent de deux méthodes pour tenir compte des sûretés dans le calcul des pondérations au risque : l'approche simple (*simple approach*), proche de celle préconisée par Bâle I, et l'approche avancée (*comprehensive approach*). Elles peuvent choisir celle retenue pour leur portefeuille de prêts, mais sont contraintes d'utiliser la seconde dans le calcul des fonds propres pour le risque de crédit du portefeuille de marché.

Selon l'approche simple, la pondération de la part de l'exposition au risque couverte par une sûreté (on calcule l'exposition après la prise en compte de la compensation) remplace la pondération au risque. La pondération minimale appliquée à la sûreté est de 20 %[1]. Cette dernière doit en outre être réévaluée tous les six mois et adossée à l'exposition jusqu'à maturité.

Selon la seconde approche, les banques réajustent leur exposition et la valeur de la sûreté à la baisse pour tenir compte de leur évolution[2] (l'ajustement dépend de la volatilité de l'exposition au risque). La pondération au risque est appliquée à la nouvelle exposition, égale à la différence entre cette dernière et la valeur ajustée de la sûreté. On peut déterminer les ajustements en utilisant les règles préconisées par Bâle II ou, après validation par le régulateur, à partir des modèles internes de la banque. Lorsque la compensation s'applique, les ajustements correspondent à des moyennes pondérées de l'exposition et de la sûreté.

Exemple 12.6

Considérons une exposition de 80 millions d'euros, à laquelle est adossée une sûreté d'une valeur de 70 millions d'euros. Celle-ci est constituée d'obligations émises par une entreprise notée A. La contrepartie a une notation B+. Les pondérations au risque sont de 150 % pour la contrepartie et de 50 % pour la sûreté. Selon l'approche simple, les actifs pondérés au risque valent alors :

$$0{,}5 \times 70 + 1{,}50 \times 10 = 50$$

soit 50 millions d'euros.

Dans le cadre de l'approche avancée, on suppose que les ajustements de l'exposition et de la sûreté valent respectivement +10 % et –15 %. La nouvelle exposition devient alors :

$$1{,}1 \times 80 - 0{,}85 \times 70 = 28{,}5$$

soit 28,5 millions d'euros. Avec une pondération au risque à 150 %, les actifs pondérés au risque correspondants valent finalement 42,75 millions d'euros.

L'approche IRB

La figure 12.1 illustre le modèle sous-jacent à l'approche fondée sur les notations internes (IRB). Le capital requis est fondé sur la VaR au seuil de 99,9 % à un an, puisque les pertes espérées sont généralement couvertes par la tarification de la banque (par exemple, le taux d'intérêt facturé sur un prêt tient compte des pertes espérées). Ainsi, le capital requis est égal à la VaR diminuée des pertes espérées.

1. Sauf si la sûreté est en liquide ou en titres publics dans la même devise.
2. Un ajustement est davantage nécessaire pour un produit de gré à gré que pour un prêt.

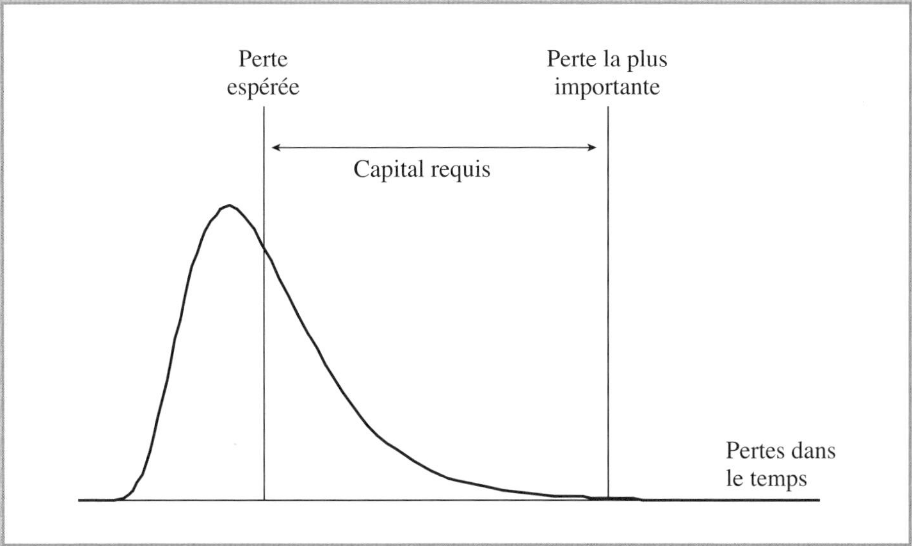

Figure 12.1 – Fonction de densité des probabilités de perte et capital requis par une institution financière.

On calcule la VaR selon le modèle de copule gaussienne à un facteur (voir section 11.5). Considérons une banque ayant un grand nombre de créanciers, dont chacun a la même probabilité de défaut à un an, notée *PD*. On note ρ la corrélation entre chaque paire de prêteurs[1]. Le pourcentage de défauts sur une période d'un an est inférieur à :

$$WCDR = N\left[\frac{N^{-1}(PD) + \sqrt{\rho}N^{-1}(0{,}999)}{\sqrt{1-\rho}}\right] \tag{12.6}$$

avec une probabilité de 99,9 %. *WCDR* correspond au taux de défaut dans le scénario le plus pessimiste à un an (au seuil de 99,9 %). D'après les résultats de Gordy (2003)[2], on en déduit que pour un portefeuille de taille importante composé d'actifs (pertes, dérivés, etc.) ayant les mêmes *PD* et ρ, il existe 99,9 % de chances que la perte soit inférieure à :

$$\sum_i EAD_i \times LGD_i \times WCDR$$

avec EAD_i l'exposition en cas de défaut de la contrepartie i et LGD_i la perte en cas de défaut sur la contrepartie i. *EAD* correspond au montant en euros de l'exposition à la contrepartie au moment du défaut. Si cette exposition est par exemple un prêt, *EAD* est alors égale au montant du principal net des remboursements. Lorsqu'il s'agit d'un *swap* ou autre dérivé, il faut estimer un équivalent risque de crédit (voir section 12.3). Avec une exposition plus complexe, on doit effectuer des calculs de compensation pour déterminer *EAD* (voir section 12.5). La variable *LGD* correspond à la proportion de *EAD* qui

1. Les documents publiés par le Comité de Bâle utilisent la notation *R* et non ρ pour désigner la corrélation.
2. Voir Gordy M. B., « A Risk-Factor Model Foundation for Ratings-Based Bank Capital Ratios », *Journal of Financial Intermediation*, 2003, vol. 12, p. 199-232.

peut être perdue en cas de défaut. Par exemple, si une banque espère recouvrir 30 % du montant au moment du défaut, alors $LGD = 0{,}7$. La perte espérée est :

$$\sum_i EAD_i \times LGD_i \times PD$$

Le capital requis à la figure 12.1 correspond à l'excès de la perte la plus importante (probabilité de 99,9 %), moins la perte espérée :

$$\sum_i EAD_i \times LGD_i \times (WCDR_i - PD_i) \tag{12.7}$$

Désormais, nous faisons abstraction des indices et nous définissons pour une contrepartie donnée :

- *PD* : probabilité de défaut à un an de la contrepartie ;
- *EAD* : exposition en cas de défaut de chaque prêt (en euros) ;
- *LGD* : perte en cas de défaut ou proportion de l'exposition perdue en cas de défaut.

Le tableau 12.5 montre comment le *WCDR* dépend de *PD* et de ρ. Lorsque ce dernier coefficient est nul, $WCDR = PD$, puisque dans ce cas, il n'existe pas de corrélation de défaut et le taux de défaut est identique pour toutes les années. En revanche, *WCDR* augmente avec ρ.

Tableau 12.5 : Dépendance du *WCDR* par rapport à *PD* et ρ.

	PD = 0,1 %	*PD* = 0,5 %	*PD* = 1 %	*PD* = 1,5 %	*PD* = 2,0 %
ρ = 0,0 %	0,1 %	0,5 %	1,0 %	1,5 %	2,0 %
ρ = 0,2 %	2,8 %	9,1 %	14,6 %	18,9 %	22,6 %
ρ = 0,4 %	7,1 %	21,1 %	31,6 %	39,0 %	44,9 %
ρ = 0,6 %	13,5 %	38,7 %	54,2 %	63,8 %	70,5 %
ρ = 0,8 %	23,3 %	66,3 %	83,6 %	90,8 %	94,4 %

Les expositions entreprises, souveraines et bancaires

Dans le cas des expositions entreprises, souveraines et bancaires, Bâle II préconise l'utilisation d'une relation entre ρ et *PD* résultant de travaux empiriques[1]. La formule est :

$$\rho = 0{,}12\frac{1-\exp(-50\times PD)}{1-\exp(-50)} + 0{,}24\left[1-\frac{1-\exp(-50\times PD)}{1-\exp(-50)}\right]$$

Comme $\exp(-50)$ est petit, cette formule devient finalement :

$$\rho = 0{,}12(1+e^{-50\times PD}) \tag{12.8}$$

1. Voir Lopez, J., « The Empirical Relationship Between Average Asset Correlation, Firm Probability of Default and Asset Size », *Journal of Financial Intermediation*, 2004, vol. 13, p. 265-283.

ρ décroît avec *PD*, puisque à mesure que la qualité de crédit d'une entreprise se détériore, sa *PD* augmente et devient plus idiosyncratique. Elle est finalement moins sensible aux conditions du marché.

En combinant les équations (12.8) et (12.6), on obtient la relation entre *WCDR* et *PD* (voir tableau 12.6). Comme attendu, on remarque que *WCDR* est une fonction croissante de *PD*. En revanche, *WCDR* augmente moins vite que lorsque ρ et *PD* sont indépendantes.

Tableau 12.6 : Relations entre *WCDR* et *PD* pour des expositions entreprises, souveraines et bancaires.

PD	0,1 %	0,5 %	1,0 %	1,5 %	2,0 %
WCDR	3,4 %	9,8 %	14,0 %	16,9 %	19,0 %

La formule pour le calcul du capital requis est :

$$EAD \times LGD \times (WCDR - PD) \times MA \qquad (12.9)$$

La variable *MA* correspond à la maturité ajustée, qui se calcule comme suit :

$$MA = \frac{1 + (M - 2{,}5) \times b}{1 - 1{,}5 \times b} \qquad (12.10)$$

avec :

$$b = [0{,}11852 - 0{,}05478 \times \ln(PD)]^2$$

et *M* la maturité de l'exposition au risque. Si la maturité de l'instrument financier est supérieure à un an, l'ajustement permet de tenir compte de la possible dégradation de la qualité de crédit et de la hausse de la probabilité de défaut de la contrepartie (notons que lorsque $M = 1$, *MA* vaut 1,0 et n'a pas d'impact sur le capital requis). On calcule de la manière suivante les actifs pondérés au risque [voir section 12.7, équation (12.5)] :

$$RWA = 12{,}5 \times EAD \times LGD \times (WCDR - PD) \times MA$$

Les fonds propres correspondent à 8 % des *RWA*, dont 4 % doivent être composés de fonds propres *Tier 1*.

Selon l'approche IRB, les banques calculent *PD*, tandis que le Comité de Bâle détermine *LGD*, *EAD* et *M*. *PD* résulte de l'estimation interne à la banque de la qualité de crédit de la contrepartie, avec un plancher à 0,03 % pour les expositions bancaires et entreprises. *LGD* s'établit à 45 % pour les créances seniors et à 75 % pour les créances subordonnées. En présence de sûreté, *LGD* est réduite d'un ratio correspondant au rapport des valeurs ajustées de la sûreté et de l'exposition (calculées selon l'approche avancée). *EAD* est déterminée de manière semblable à celle utilisée pour l'équivalent risque de crédit sous Bâle I et tient compte de la compensation. Enfin, *M* vaut 2,5 dans la majorité des cas.

Selon l'approche IRB avancée, les banques estiment *PD*, *LGD*, *EAD* et *M*. *PD* peut être réduite en présence de seuils de crédit par exemple (elle est toujours soumise à un plancher de 0,03 %, comme dans le cas de l'approche IRB fondation). Le rang du créancier et la présence de sûretés sont les deux facteurs qui influencent *LGD*. Après validation par le régulateur, les banques peuvent appliquer leurs propres facteurs de conversion de crédit pour le calcul de *EAD*.

Le capital requis [voir équation (12.9)] est censé couvrir les pertes non attendues à un an, qui ne seront pas dépassées avec une probabilité de 99 %. La tarification des produits bancaires doit couvrir les pertes résultant de la probabilité de défaut « moyenne » à un an (*PD*). Notons que *WCDR* est la probabilité de défaut qui se réalise une fois tous les 1 000 ans. Enfin, le Comité de Bâle se réserve le droit d'appliquer un facteur d'échelonnement (supérieur ou inférieur à 1,0) au résultat de l'équation (12.9) s'il estime que le capital requis est trop élevé ou trop faible. Au moment de la publication de cet ouvrage, on estime ce facteur à 1,06.

Exemple 12.7

Considérons une banque dont les actifs sont des prêts de 100 millions d'euros à des entreprises notées A. On estime *PD* à 0,1 % et *LGD* à 60 %. La maturité moyenne est de 2,5 ans. Cela implique que :

$$b=[0{,}11852-0{,}05478\times\ln(0{,}001)]^2=0{,}247$$

et

$$\text{MA}=\frac{1}{1-1{,}5\times 0{,}247}=1{,}59$$

WCDR vaut 3,4 % (voir tableau 12.6). Selon l'approche IRB, les actifs pondérés au risque valent donc :

$$12{,}5\times 100\times 0{,}6\times(0{,}034-0{,}001)\times 1{,}59=39{,}3$$

soit 39,3 millions d'euros, que l'on peut comparer aux 100 millions d'euros selon Bâle I et 50 millions d'euros selon l'approche standard de Bâle II (voir exemples 12.1 et 12.5).

Les expositions clientèle de détail

Le modèle sous-jacent au calcul des fonds propres pour les activités de type clientèle de détail est semblable à celui pour les expositions entreprises, souveraines et bancaires. Les approches IRB et IRBA sont cependant fusionnées et les banques sont, dans ce cas, autorisées à déterminer elles-mêmes *PD*, *EAD* et *LGD*, sans ajustement de maturité. Le capital requis est donc :

$$EAD\times LGD\times(WCDR-PD)$$

et les actifs pondérés au risque sont :

$$12{,}5\times EAD\times LGD\times(WCDR-PD)$$

avec *WCRD* obtenu à partir de l'équation (12.6). Pour les prêts hypothécaires, ρ est égale à 0,15, alors qu'elle s'établit à 0,04 pour les crédits *revolving*. Pour toutes les autres expositions clientèle de détail, la relation entre ρ et PD est donnée par :

$$\rho=0{,}03\frac{1-\exp(-35\times PD)}{1-\exp(-35)}+0{,}16\left[1-\frac{1-\exp(-35\times PD)}{1-\exp(-35)}\right]$$

Comme exp(−35)est petit, cette formule se simplifie comme suit :

$$\rho = 0{,}03 + 0{,}13(1 + e^{-35 \times PD}) \tag{12.11}$$

En comparant les équations (12.11) et (12.8), on constate que les coefficients de corrélation sont nettement plus faibles pour ces expositions. Le tableau 12.7 fournit les données correspondant à celles du tableau 12.6, mais dans le cadre de la clientèle de détail.

Tableau 12.7 : Relations entre *WCDR* et *PD* pour des expositions clientèle de détail.

PD	0,1 %	0,5 %	1,0 %	1,5 %	2,0 %
WCDR	2,1 %	6,3 %	9,1 %	11,0 %	12,3 %

Exemple 12.8

Considérons une banque dont les actifs sont des prêts hypothécaires de 50 millions d'euros, avec *PD* égale à 0,005 % et *LGD* à 20 %. Dans ce cas, $\rho = 0{,}15$ et on a :

$$\text{WCDR} = N\left[\frac{N^{-1}(0{,}005) + \sqrt{0{,}15}N^{-1}(0{,}999)}{\sqrt{1-0{,}15}}\right] = 0{,}067$$

Les actifs pondérés au risque valent :

$$12{,}5 \times 50 \times 0{,}2 \times (0{,}067 - 0{,}005) = 7{,}8$$

soit 7,8 millions d'euros, que l'on peut comparer aux 25 millions d'euros selon Bâle I et 17,5 millions d'euros selon l'approche standard de Bâle II (voir exemples 12.1 et 12.5).

Garanties et dérivés de crédit

L'approche préconisée par le Comité de Bâle pour le traitement des garanties est celle de la substitution de crédit. Supposons qu'une entreprise notée AA garantisse un prêt à une entreprise notée BBB. Pour le calcul des fonds propres, on substitue la notation du garant à celle de l'emprunteur, ce qui revient à calculer le capital requis pour un prêt accordé à une entreprise notée AA. Cette approche surestime le risque de crédit, puisque le garant et l'emprunteur doivent faire défaut pour que le prêteur subisse des pertes (le garant doit faire défaut avant l'emprunteur)[1]. Le Comité de Bâle a donc publié un document en juillet 2005 pour répondre au problème du double défaut dans le cadre de Bâle II[2]. Une alternative à l'approche de la substitution de crédit consiste à calculer le capital requis pour un prêt sans garantie, puis à multiplier ce montant par $0{,}15 + 160 \times PD_G$, où PD_G est la probabilité de défaut à un an du garant.

1. Les *swaps* de défaut (voir chapitre 16) fournissent une forme d'assurance contre le risque de défaut et sont traités de la même façon que les garanties dans le calcul du capital réglementaire.
2. Voir *The Application of Basel II to Trading Activities and the Treatment of Double Default*, juillet 2005, disponible sur www.bis.org.

12.9 Risque opérationnel et Bâle II

Bâle II exige des banques l'allocation de fonds propres pour le risque opérationnel, et ce pour trois raisons. Premièrement, compte tenu d'un environnement de plus en plus complexe, les banques font face à de nombreux risques provenant des erreurs humaines et informatiques. Deuxièmement, le régulateur souhaite que les banques soient plus sensibles aux problèmes inhérents à leur fonctionnement interne, afin d'éviter des désastres comme ceux de la banque Barings. Troisièmement, comme Bâle II permet de réduire le capital requis pour le risque de crédit, le régulateur souhaite ajouter une charge en capital supplémentaire. Actuellement, trois approches sont possibles pour le calcul du capital requis pour le risque opérationnel :

1. l'approche d'indicateur de base (*basic indicator approach*) ;
2. l'approche standard (*standardized approach*) ;
3. l'approche de mesure avancée (*advanced measurement approach*).

Le niveau de sophistication de la banque conditionne le choix d'une de ces approches. L'approche d'indicateur de base est la plus simple et consiste à évaluer le capital requis comme la moyenne du revenu brut des trois dernières années, multipliée par 0,15[1]. L'approche standard est semblable à la précédente, à la différence près du facteur multiplicatif appliqué au revenu brut. Enfin, l'approche de mesure avancée autorise la banque à utiliser son modèle interne pour le calcul de la perte due au risque opérationnel à un an, qui ne peut être dépassée avec une probabilité de 99,9 %. Un des avantages de cette approche est de permettre à la banque, sous certaines conditions, de prendre en compte l'impact de l'assurance dans le calcul du capital requis. Nous abordons au chapitre 20 le calcul des fonds propres pour le risque opérationnel.

12.10 Pilier 2 : surveillance prudentielle

Le pilier 2 de Bâle II porte sur le processus de surveillance prudentielle, qui peut être résumé en quatre principes clés :

1. Les banques doivent mettre en place des processus d'évaluation de l'adéquation de leurs fonds propres à leur risque et maintenir ce niveau.
2. Les régulateurs doivent évaluer les stratégies des banques en matière d'adéquation de leurs fonds propres. La surveillance porte également sur la capacité des institutions financières à contrôler et à assurer la conformité des ratios utilisés. Si tel n'est pas le cas, les régulateurs doivent prendre des mesures appropriées.
3. Les banques doivent détenir des fonds propres supérieurs au minimum réglementaire et les régulateurs doivent avoir la capacité d'imposer aux banques la détention d'un « coussin » de fonds propres au-delà de ce niveau minimal.

---

1. On définit le revenu brut comme la somme du revenu net des produits de taux et des autres. Le revenu net des produits de taux correspond à la différence entre les intérêts perçus sur les prêts et les intérêts dus sur les dépôts et les autres ressources utilisées pour financer les prêts. On ne prend pas en compte dans le calcul les années où le revenu brut est négatif.

4. Les régulateurs doivent intervenir de façon précoce, afin d'éviter que les fonds propres ne tombent sous leur niveau minimal, et doivent exiger des mesures rapides de restauration et de maintien des fonds propres au-delà du niveau minimal.

Le Comité de Bâle suggère aux régulateurs d'être particulièrement attentifs au risque de taux, de crédit et opérationnel. Les éléments clés pour l'évaluation du risque de crédit sont les *stress tests* (simulation de crise), les définitions du défaut, la concentration du risque de crédit, ainsi que les risques associés aux sûretés, garanties et dérivés de crédit.

Le Comité de Bâle préconise également la transparence et la fiabilité dans les procédures mises en œuvre par les régulateurs. Cela est particulièrement important lorsque le régulateur évalue les processus utilisés ou encore le capital requis au-delà du niveau minimal.

12.11 Pilier 3 : discipline de marché

Le pilier 3 de Bâle II porte sur la discipline de marché. Le Comité de Bâle souhaite encourager les banques à communiquer au marché leurs procédures d'évaluation du risque et de l'adéquation des fonds propres. La capacité des régulateurs à renforcer la communication des banques varie selon l'environnement légal en vigueur. Les banques devraient cependant se plier à cette obligation compte tenu du pouvoir coercitif du régulateur. En outre, elles devront accroître leur transparence afin d'être autorisées à utiliser une méthodologie à elles pour le calcul des fonds propres.

La communication réglementaire est différente de la communication comptable en termes de forme et ne doit pas être incluse dans les rapports annuels. La banque a donc le choix des éléments qu'elle souhaite communiquer. Parmi ceux-ci, on peut trouver :

1. les filiales du groupe bancaire auxquelles Bâle II s'applique et les ajustements administrés aux filiales qui ne sont pas soumises à Bâle II ;
2. les termes et les conditions des principaux postes constitutifs des fonds propres ;
3. une liste des postes constitutifs des fonds propres de base (*Tier 1*) et leurs montants respectifs ;
4. le montant total des fonds propres complémentaires (*Tier 2*) ;
5. les capitaux requis pour les risques de crédit, de marché et opérationnels ;
6. toute autre information générale sur les risques auxquels la banque est exposée et leur méthode d'évaluation ;
7. la structure des fonctions de gestion du risque et leur mode de fonctionnement.

12.12 Solvabilité II

Il n'existe pas de normes internationales en matière de réglementation des compagnies d'assurance (voir section 3.11). Aux États-Unis, les assureurs sont régulés au niveau de l'État plutôt qu'au niveau fédéral, avec une assistance de la part de la *National Association of Insurance Commissioners*. En Europe, c'est l'Union européenne qui effectue la réglementation des compagnies d'assurance. Solvabilité II est en passe de supplanter le cadre réglementaire qui prévalait pendant longtemps, Solvabilité I. Des études d'impact quantitatif sont effectuées et l'application de Solvabilité II est prévue pour 2013. Contrairement à Solvabilité I, Solvabilité II prend également en compte les risques d'investissement et opérationnels.

Solvabilité II et Bâle II partagent de nombreux points communs. Trois piliers sont également proposés : le pilier 1 concerne le calcul du capital requis et les formes de fonds propres éligibles, le pilier 2 le processus de surveillance réglementaire et le pilier 3 la transparence de la gestion du risque.

Le pilier 1 de Solvabilité II spécifie un capital requis minimal (*minimum capital requirement*, MCR) et un capital requis de solvabilité (*solvency capital requirement*, SCR). Si les fonds propres d'une compagnie d'assurance sont inférieurs au niveau SCR, celle-ci doit au minimum fournir un plan de recapitalisation au régulateur, qui a le droit d'exiger des mesures correctives. On considère le MCR comme un niveau absolu de fonds propres minimaux. Si les fonds propres sont inférieurs au niveau MCR, le régulateur peut empêcher l'assureur de vendre de nouveaux contrats, voire liquider la compagnie en transférant ses polices d'assurance à une autre institution.

Il existe deux méthodes de calcul du SCR : l'approche standardisée et l'approche par les modèles internes. Cette dernière implique le calcul d'une VaR au seuil de 99,5 % à un an (ce seuil est donc plus faible que celui du pilier 1 de Bâle II, à savoir 99,9 %). Des horizons temporels plus longs avec des seuils plus faibles sont autorisés si les résultats produits assurent une protection équivalente. Le SCR inclut une charge en capital pour les risques de souscription, d'investissement et opérationnels. Le risque d'investissement est scindé en risque de marché et de crédit, tandis que le risque de souscription comprend les risques d'assurance vie, non-vie et santé.

Les assureurs doivent également tenir compte des événements extrêmes, comme :

1. une baisse de 32 % des marchés des actions ;
2. une baisse de 20 % de l'immobilier ;
3. une variation de 20 % des taux de change ;
4. des scénarios catastrophes influençant les indemnisations en assurance non-vie ;
5. une augmentation des coûts des soins (multiplicateur égal à l'écart-type historique de ces coûts) ;
6. une hausse de 10 % des taux de mortalité ;
7. une baisse de 25 % des taux de mortalité ;
8. une hausse de 10 % des charges.

Les modèles internes doivent passer trois tests. Le premier est un test statistique lié à la qualité des données et de la méthodologie de calcul de la VaR. Le deuxième est un test de calibrage pour juger si l'évaluation des risques a été faite en accord avec les critères du SRC. Enfin, le troisième concerne l'usage du modèle, afin de savoir s'il est pertinent du point de vue des gestionnaires des risques.

Plusieurs approches sont possibles pour calculer le MCR : soit comme un pourcentage du SRC, soit évalué de la même manière que le SRC, mais avec un seuil plus faible que 99,5 %.

Trois formes de fonds propres sont éligibles selon Solvabilité II. Le *Tier 1* est composé du capital social, des bénéfices retenus et d'autres formes de capital équivalentes. Le *Tier 2* inclut les engagements subordonnés aux assurés et qui satisfont certains critères de disponibilité dans les scénarios extrêmes. Enfin, le *Tier 3* est composé des engagements subordonnés aux assurés sans exigence de critères. Comme dans le cas de Bâle II, des limites seront spécifiées quant au montant du SCR pouvant satisfaire ces différentes formes de fonds propres.

Résumé

Dans ce chapitre, nous avons présenté un panorama de la réglementation du capital bancaire. La manière dont les régulateurs calculent les fonds propres minimaux d'une banque a considérablement évolué depuis les années 1980. Avant 1988, les régulateurs spécifiaient des ratios minimaux de fonds propres au bilan. À la fin des années 1980, les régulateurs et les banques ont procédé à des modifications. En effet, l'échange de produits dérivés comptabilisés hors bilan s'est fortement développé. De plus, la concurrence bancaire devenait internationale et il était donc essentiel d'uniformiser la réglementation.

L'Accord de Bâle de 1988 exigeait de détenir des fonds propres pour le risque de crédit sur les engagements au bilan et hors bilan, par le biais du calcul d'actifs pondérés au risque pour chaque poste. On calculait ces actifs en multipliant le nominal du prêt inscrit au bilan par une pondération dépendant du risque de la contrepartie. En ce qui concerne les produits dérivés comme les *swaps*, les banques devaient en premier lieu calculer leur équivalent risque de crédit. Elles obtenaient l'actif pondéré au risque correspondant en multipliant ce montant par une pondération au risque de contrepartie. Les banques devaient détenir des fonds propres à hauteur de 8 % de leurs actifs pondérés au risque. En 1995, les clauses de compensation ont été prises en compte dans la détermination du capital réglementaire. En 1996, l'Accord a été modifié pour inclure une charge en capital pour le risque de marché. Les banques sophistiquées pouvaient utiliser la mesure de la VaR pour calculer ces fonds propres.

Bâle II a été proposé en 1999 et appliqué en 2007. Les fonds propres pour le risque de marché restent inchangés, tandis que ceux pour le risque de crédit sont calculés d'une manière plus adéquate qui reflétera (a) les notations de crédit des contreparties ou (b) les estimations internes à la banque des probabilités de défaut. De plus, des fonds propres doivent également couvrir le risque opérationnel. Une charge supplémentaire en capital, connue sous le nom de charge pour risque incrémental, devrait être introduite pour les produits de crédit structurés.

Solvabilité II est un cadre réglementaire pour les compagnies d'assurance qui devrait être mis en pratique dans l'Union européenne d'ici à 2014. Il exigera des niveaux de fonds propres minimaux pour les risques de souscription, d'investissement et opérationnels. L'architecture globale de Solvabilité II est proche de celle de Bâle II.

Références complémentaires

Bank for International Settlements, *Basel II: International Convergence of Capital Measurement and Capital Standards: A Revised Framework*, novembre 2005, www.bis.org.

Crouhy, M., Galai, D. et Mark, R., *Risk Management*, Mc Graw-Hill, 2001.

Gordy, M. B., « A Risk-Factor Model Foundation for Ratings-Based Bank Capital Ratios », *Journal of Financial Intermediation*, 2003, vol. 12, p. 199-232.

Lopez, J. A., « The Empirical Relationship Between Average Asset Correlation, Firm Probability of Default, and Asset Size », *Journal of Financial Intermediation*, 2004, vol. 13, p. 265-283.

Vasicek, O., « Probability of Loss on a Loan Portfolio », *Document de travail*, KMV, 1987 (publié dans *Risk* en décembre 2002 sous le titre « Loan Portfolio Value »).

Problèmes et exercices (corrigés en fin d'ouvrage)

12.1. « Lorsqu'une aciérie fait faillite, d'autres entreprises du même secteur en tirent un bénéfice car elles ont un concurrent de moins. Mais lorsqu'une banque fait faillite, les autres établissements n'en bénéficient pas forcément. » Expliquez cette phrase.

12.2. « L'existence de l'assurance des dépôts rend la réglementation des fonds propres bancaires particulièrement importante. » Expliquez cette phrase.

12.3. Un *swap* de taux d'intérêt implique l'échange d'un taux d'intérêt fixe contre un taux d'intérêt variable, les deux s'appliquant au même principal. Quelle est la nature du risque de crédit pour une banque lorsqu'elle entre dans un *swap* de taux d'intérêt cinq ans avec un notionnel de 100 millions d'euros ? Vous supposerez que la valeur initiale du *swap* est nulle.

12.4. Dans le cadre d'un *swap* de devises, l'intérêt sur le principal dans une devise est échangé contre l'intérêt sur le principal dans une autre devise. Les montants sont échangés à l'échéance du *swap*. Pourquoi le risque de crédit d'un *swap* de devises est-il plus important que celui d'un *swap* de taux d'intérêt ?

12.5. La valeur actuelle d'un *swap* de taux d'intérêt quatre ans est négative pour une institution financière. Est-ce que cette institution est exposée au risque de crédit sur cette transaction ? Expliquez. Comment le capital requis pourrait-il être calculé selon Bâle I ?

12.6. Estimez le capital requis selon Bâle I pour une banque qui a les engagements suivants avec une même contrepartie (vous supposerez l'absence de compensation) :

a. un *swap* de taux d'intérêt neuf ans avec un notionnel de 250 millions d'euros et une valeur actuelle de marché de –2 millions d'euros ;

b. un *swap* de taux d'intérêt quatre ans avec un notionnel de 100 millions d'euros et une valeur actuelle de marché de 3,5 millions d'euros ;

c. un dérivé sur matière première six mois avec un principal de 50 millions d'euros qui vaut actuellement 1 million d'euros.

12.7. À la question 12.6, quel est le capital requis si l'on tient compte des amendements de 1995 en matière de compensation?

12.8. Tous les engagements entre une banque et une entreprise sont constitués de prêts. Quelle est la valeur des provisions de compensation pour cette institution financière?

12.9. Expliquez pourquoi l'étape finale du calcul du capital réglementaire pour les risques de crédit, de marché et opérationnels selon Bâle II implique une multiplication par 12,5.

12.10. Quelle est la différence entre le portefeuille bancaire et de marché pour une banque? Une banque a prêté 10 millions d'euros à une entreprise. À la maturité du prêt, le client souhaiterait vendre des obligations à la banque plutôt que de s'endetter. Comment ce changement affecte-t-il la nature du calcul du capital réglementaire de la banque?

12.11. Selon Bâle I, les banques n'aiment pas prêter à des entreprises de bonne qualité de crédit et préfèrent les aider à émettre des obligations. Pourquoi? Ce comportement des banques va-t-il changer avec Bâle II?

12.12. Qu'est-ce que l'arbitrage réglementaire?

12.13. L'équation (12.9) fournit la formule de calcul du capital requis selon Bâle. Expliquez chacun de ses quatre termes.

12.14. Expliquez la différence entre les approches simple et avancée d'ajustement de la sûreté.

12.15. Expliquez la différence entre les approches standard, IRB fondation et IRB avancée pour le calcul des fonds propres pour le risque de crédit selon Bâle II.

12.16. Expliquez la différence entre les approches d'indicateur de base, standard et de mesure avancée pour le calcul des fonds propres pour le risque opérationnel selon Bâle II.

12.17. Considérons une banque dont les actifs sont constitués de prêts de type clientèle de détail de 200 millions d'euros (pas de prêts hypothécaires). PD et LGD valent respectivement 1 % et 70 %. Quels sont les actifs pondérés au risque selon l'approche IRB de Bâle II? Combien de fonds propres de base (*Tier 1*) et complémentaires (*Tier 2*) sont nécessaires?

12.18 Des statistiques peuvent être utilisées pour accepter ou rejeter un modèle de VaR (voir section 9.10). Les régulateurs suivent certaines règles pour définir le multiplicateur de la VaR (voir section 12.6). Lorsque le nombre d'exceptions est supérieur à 5 ou plus, augmente. Quelle est la probabilité de cinq exceptions ou plus lorsque le modèle de VaR fonctionne correctement ?

Questions complémentaires

12.19. Pourquoi y a-t-il un montant de charge supplémentaire pour les transactions sur produits dérivés dans Bâle I? « Bâle I pourrait être amélioré si les montants de charge supplémentaire pour les transactions sur produits dérivés dépendaient de leur valeur. » Examinez ce point de vue.

12.20. Estimez le capital requis selon Bâle I pour une banque qui a les engagements suivants avec une autre banque (vous supposerez l'absence de compensation) :

a. un contrat *forward* sur devise deux ans portant sur l'achat de devises pour 50 millions d'euros, de valeur actuelle 2 millions d'euros ;

b. une position longue sur option S&P 500 six mois avec un principal de 20 millions d'euros et de valeur actuelle 4 millions d'euros ;

c. un *swap* sur pétrole deux ans de principal 30 millions d'euros et de valeur actuelle 5 millions d'euros.

Quel est l'impact des amendements en matière de compensation sur vos résultats ?

12.21. Une banque a les engagements suivants avec une entreprise notée AA :

a. un *swap* de taux d'intérêt deux ans de principal 100 millions d'euros valant actuellement 3 millions d'euros ;

b. un contrat *forward* sur devise neuf mois de principal 150 millions d'euros valant 5 millions d'euros ;

c. une position longue sur option sur l'or six mois avec un principal de 50 millions d'euros et de valeur actuelle 11 millions d'euros.

Quel est le capital requis par Bâle I sans compensation ? Avec compensation ? Quel est le capital requis par Bâle II selon l'approche standard ?

12.22. Considérons une banque dont les actifs sont constitués de 500 millions d'euros de prêts à des entreprises notées BBB. *PD* est égale à 0,3 %, la maturité moyenne est de trois ans et *LGD* vaut 60 %. Calculez les actifs pondérés au risque de crédit selon l'approche IRB avancée de Bâle II. Combien de fonds propres de base (*Tier 1*) et complémentaires (*Tier 2*) sont nécessaires ? Comparez les résultats avec ceux obtenus selon l'approche standard de Bâle II et Bâle I.

Chapitre 13

Bâle 2.5, Bâle III et Dodd-Frank

La mise en place de Bâle II coïncide malencontreusement avec le début de la plus importante crise que les marchés financiers aient connu depuis les années 1930. Bâle II a même été accusé d'avoir provoqué cette crise puisque la nouvelle réglementation déléguait aux banques l'estimation des principaux paramètres des modèles (comme *PD*, *LGD* et *EAD*) pour déterminer le capital réglementaire ! En fait, les racines de la crise actuelle sont antérieures à la mise en place de Bâle II (voir chapitre 6)[1].

Ce chapitre démarre par une discussion sur un ensemble de modifications, connu sous le nom de Bâle 2.5, appliquées au calcul du capital réglementaire pour le risque de marché. Le Comité de Bâle les a mises en place le 31 décembre 2011, suite aux pertes importantes enregistrées par les banques au début de la crise.

Nous étudierons ensuite Bâle III (publié par le Comité de Bâle en décembre 2010), qui représente un changement jugé majeur dans la régulation bancaire. Ce nouvel accord contient un grand nombre de nouvelles règles visant à augmenter les fonds propres bancaires pour le risque de crédit, à modifier la définition du capital réglementaire et à intégrer désormais des exigences en matière de risque de liquidité. La mise en place de Bâle III est programmée sur une période s'achevant le 31 décembre 2019.

Nous examinerons également le *Dodd-Frank Act*, signé par le président Barack Obama le 21 juillet 2010. Cette loi prévoit des mesures visant à modifier les règles de fonctionnement des marchés des dérivés, à réguler les activités des agences de notation, à revoir l'octroi des prêts immobiliers, et à limiter les activités de *trading* en compte propre des banques.

13.1 Bâle 2.5

Suite à la récente crise de crédit, des modifications des règles de calcul des fonds propres pour le risque de marché ont été proposées. Elles sont connues sous le nom de Bâle 2.5 et ont été mises en place le 31 décembre 2011[2]. Voici les trois principales modifications :

1. le calcul d'une VaR extrême (*stressed VaR*) ;
2. une nouvelle charge pour risque incrémental ;
3. une mesure du risque global tenant compte de la corrélation de crédit.

Ces mesures ont pour effet d'accroître de façon considérable les fonds propres pour le risque de marché que les banques doivent désormais détenir.

1. Rappelons que les États-Unis étaient déjà très en retard dans la mise en place de Bâle II.
2. Voir Basel Committee on Bank Supervision, *Revisions to the Basel II Market Risk Framework*, février 2011.

VaR extrême

L'amendement à Bâle I (1996) autorise les banques à déterminer leurs fonds propres réglementaires (initialement pour le risque de marché) à partir d'une mesure de VaR à dix jours au seuil de 99 %. La majorité des banques estiment cette VaR par l'approche de simulation historique (voir chapitre 14). L'hypothèse sous-jacente à cette approche est que les variations futures des variables de marché correspondent à un tirage aléatoire de leurs variations passées (sur un historique de un à quatre ans). Durant la période 2003-2006, les volatilités des variables de marché étaient faibles. Les VaR de marché calculées durant cette période étaient donc faibles, et ce même après le début de la crise.

Cela a conduit le Comité de Bâle à introduire une mesure de VaR extrême (*stressed VaR*) calculée par simulation historique sur 250 jours de conditions de marché extrêmes. Dans ce cadre, on suppose que les variations des variables de marché correspondent à un tirage aléatoire de leurs variations passées, mais durant une période de variations extrêmes.

Bâle 2.5 exige des banques le calcul de deux VaR : une VaR standard (fondée sur un historique de un à quatre ans) et une VaR extrême (fondée sur 250 jours extrêmes). Ces deux VaR sont ensuite combinées pour calculer une charge en fonds propres selon la formule suivante :

$$\max(\text{VaR}_{t-1}, m_c \times \text{VaR}_{\text{moy}}) + \max(s\text{VaR}_{t-1}, m_s \times s\text{VaR}_{\text{moy}})$$

VaR_{t-1} et $s\text{VaR}_{t-1}$ correspondent aux VaR standard et extrême respectivement (à l'horizon de dix jours au seuil de 99 %) calculées sur le jour précédent. VaR_{moy} et $s\text{VaR}_{\text{moy}}$ sont les moyennes de ces deux VaR calculées sur 60 jours. Les paramètres m_c et m_s sont des facteurs multiplicatifs déterminés par le régulateur de valeur minimale égale à trois. Le capital réglementaire requis par Bâle 2.5 est égal à (voir section 12.6) :

$$\max(\text{VaR}_{t-1}, m_c \times \text{VaR}_{\text{moy}})$$

Puisque la VaR extrême est toujours au moins égale à la VaR standard, la formule ci-dessous implique que le capital requis doit au moins doubler selon Bâle 2.5 (en supposant que $m_c = m_s$).

Initialement, l'année 2008 a été considérée comme une période adaptée pour le calcul de la VaR extrême, mais on s'est rendu compte que la période retenue devrait plutôt refléter l'évolution de la qualité du portefeuille de la banque. Désormais, chaque banque doit trouver une période d'un an durant laquelle son portefeuille a connu des pertes importantes. Par conséquent, les périodes de stress peuvent être différentes d'une banque à l'autre.

Charge pour risque incrémental

En 2005, le Comité de Bâle s'est intéressé au différentiel de capital pour les portefeuilles de marché et bancaire. Considérons par exemple une obligation. Si cet instrument fait partie du portefeuille de marché, son capital réglementaire correspond au produit de la VaR à dix jours au seuil de 99 % et d'un facteur multiplicatif (voir section 12.6). S'il fait en revanche partie du portefeuille bancaire, alors son capital réglementaire correspond à la VaR à un an au seuil de 99,9 % (voir section 12.8). Dans ce cadre, le capital réglementaire pour le portefeuille de marché était généralement inférieur à celui associé au portefeuille bancaire, et les banques exploitaient cet arbitrage en comptabilisant des instruments sensibles au risque de crédit dans le portefeuille de marché[1].

En 2005, les régulateurs ont donc instauré une charge pour risque de défaut incrémental (IDRC). Elle doit être calculée sur la base d'une VaR à un an au seuil de 99,9 % pour tous les instruments du portefeuille de marché sensibles au risque de défaut. Cela devait harmoniser le capital réglementaire requis pour les portefeuilles de marché et bancaire. En 2008, le Comité de Bâle a reconnu que la majorité des pertes durant la crise de 2007 et 2008 étaient principalement dues aux dégradations des notations de crédit, à l'élargissement des *spreads* de crédit et à une perte de liquidité, plutôt qu'aux défauts uniquement. Le Comité de Bâle a donc amendé l'IDRC en proposant une charge pour risque incrémental (IRC)[2].

L'IRC requiert le calcul d'une VaR à un an au seuil de 99,9 % pour les pertes de crédit dans le portefeuille de marché. Les banques doivent tenir compte à la fois des dégradations des notations et des défauts. Comme les instruments en question font partie du portefeuille de marché, on suppose que les banques ont la possibilité de modifier leurs portefeuilles durant l'année pour mitiger le risque de défaut. Elles doivent par conséquent également estimer un horizon de liquidité pour chaque instrument soumis à l'exigence de l'IRC. Cet horizon correspond au temps nécessaire pour dénouer ou couvrir une position dans des conditions de marché extrêmes.

Considérons une obligation notée A dont l'horizon de liquidité est de trois mois. Pour calculer une VaR à un an, la banque suppose qu'au bout de trois mois la qualité de l'obligation a changé (dégradation ou défaut) et qu'elle est remplacée par une nouvelle obligation notée A (hypothèse de niveau de risque constant).

Dans le cadre de cette procédure, le défaut est moins probable. Lorsque le portefeuille est modifié, les pertes dues aux dégradations de l'obligation sont faibles. Ainsi, cette hypothèse réduit la VaR à un an au seuil de 99,9 %[3]. L'horizon de liquidité minimum spécifié par le Comité de Bâle est de trois mois.

L'IRC fournit une mesure des risques de défaut et de transition d'instruments de crédit sur un horizon d'un an au seuil de 99,9 % en prenant en compte l'horizon de liquidité. Les banques doivent généralement calculer à part une charge pour risque spécifique pour les variations des *spreads* de crédit.

Mesure globale du risque

La mesure globale du risque (CRM) vise à prendre en compte les risques de corrélation comme ceux inhérents à des instruments tels que les ABS ou les CDO, très sensibles à la corrélation entre les risques de défauts des différents actifs (voir chapitre 6). Considérons une banque qui détient une tranche notée AAA d'un ABS. Dans des conditions de

1. Si une banque crée un ABS à partir de prêts du portefeuille bancaire (voir chapitre 6), puis rachète certaines tranches et les comptabilise dans le portefeuille de marché, le capital réglementaire résultant est faible, même si l'exposition au risque de la banque demeure inchangée. C'est une des raisons pour lesquelles les banques titrisaient des prêts de leur portefeuille bancaire.
2. Basel Committee on Banking Supervision, *Guidelines for Computing Capital for Incremental Risk in the Trading Book*, juillet 2009.
3. Voir Finger C., « CreditMetrics and Constant Level of Risk », *MSCI*, 2010.

marché normales, le risque de perte sur cette tranche est faible. Lorsqu'elles deviennent cependant extrêmes et que les corrélations augmentent, le risque de perte augmente, comme ce fut le cas entre 2007 et 2009.

Le CRM est une charge en capital unique qui remplace les charges pour risque incrémental et spécifique pour les instruments sensibles aux corrélations de crédit. Le tableau 13.1 illustre une méthode standard du calcul du CRM. Compte tenu de l'évolution du marché de la titrisation pendant la crise (voir chapitre 6), il n'est pas surprenant de constater que les charges en capital sont plus importantes pour les retitrisations (ABS CDO) que pour les titrisations (ABS). Une déduction signifie que le montant du principal est soustrait au capital qui équivaut à une charge de 100 %.

Tableau 13.1 : Charge standardisée en capital pour des instruments sensibles aux corrélations.

Évaluation externe du crédit	AAA à AA–	A+ à A–	BBB+ à BBB–	BB+ à BB–	Inférieure à BB– ou non noté
Titrisations	1,6 %	4 %	8 %	28 %	Déduction
Retitrisations	3,2 %	8 %	18 %	52 %	Déduction

Le Comité de Bâle autorise les banques à utiliser leurs propres modèles internes pour calculer le CRM pour les positions non notées, à condition qu'ils soient suffisamment sophistiqués pour être validés par le régulateur. Ils doivent par exemple prendre en compte l'impact cumulatif de défauts multiples, le risque de *spread* de crédit, la volatilité des corrélations implicites, la relation entre *spreads* de crédit et corrélations implicites, la volatilité des taux de recouvrement, le risque de couverture erronée et les coûts de modification de la couverture. Des stress tests rigoureux et réguliers sont également exigés.

13.2 Bâle III

Suite à la crise du crédit de 2007-2009, le Comité de Bâle a décidé qu'une refonte en profondeur des Accords de Bâle II était nécessaire. Bâle 2.5 a permis d'accroître le capital requis pour le risque de marché, mais il fallait également l'accroître pour le risque de crédit. De plus, il est apparu nécessaire de redéfinir les notions de fonds propres réglementaires et d'établir une régulation du risque de liquidité.

Une première version des propositions de Bâle III a été publiée en décembre 2009. Suite aux commentaires des banques, à une étude d'impact quantitative et à plusieurs sommets internationaux, la version finale a été publiée en décembre 2010[1]. Le nouvel accord comporte six parties :

1. définition des fonds propres requis ;
2. coussin de conservation en fonds propres ;
3. coussin contracyclique ;
4. ratio de levier ;

1. Voir Basel Committee for Bank Supervision, *Basel III: A Global Regulatory Framework for More Resilient Bank and Banking Systems*, décembre 2010 ; *Basel III: International Framework for Liquidity Risk Measurement Standards and Monitoring*, décembre 2010.

5. risque de liquidité ;
6. risque de crédit de contrepartie.

Bâle III sera mis en place entre 2013 et 2019.

Définition des fonds propres requis

Selon Bâle III, les fonds propres totaux d'une banque se décomposent en :

1. fonds propres de base (*Tier 1*) ;
2. fonds propres de base additionnels ;
3. fonds propres complémentaires (*Tier 2*).

Il n'y a pas de fonds propres surcomplémentaires (*Tier 3*).

Les fonds propres de base (également qualifiés de fonds propres de base de catégorie 1) sont composés du capital social et des bénéfices non répartis, mais n'incluent pas l'écart d'acquisition positif (*goodwill*) ni les impôts différés à l'actif. Ces fonds propres doivent être ajustés à la baisse pour tenir compte des déficits des plans de retraite à prestations définies, mais pas à la hausse en cas de surplus (voir section 3.12). Les variations des bénéfices non répartis dues aux titrisations et au risque de crédit de la banque ne sont pas prises en compte (voir chapitre 17). Des règles encadrent également la prise en compte des intérêts minoritaires et des émissions d'actions par les filiales consolidées. Les fonds propres de base additionnels incluent des composantes comme les actions privilégiées à dividende non cumulatif. Les fonds propres complémentaires incluent la dette subordonnée de maturité initiale de cinq ans.

D'après Bâle III, les capitaux propres ordinaires sont considérés comme des capitaux propres en continuité d'exploitation (*going concern capital*) puisqu'ils absorbent les pertes tant qu'ils sont positifs. Les fonds propres complémentaires sont considérés comme des capitaux propres en liquidation (*gone concern capital*) puisque ce sont eux qui absorbent les pertes dans ce cas. Le rang des fonds propres complémentaires est inférieur à celui des déposants en cas de liquidation et ils devraient être remboursés en totalité (du moins en théorie), du moment que le *Tier 2* demeure positif.

Les exigences en matière d'adéquation des fonds propres sont les suivantes :

1. Les fonds propres de base de catégorie 1 doivent toujours être égaux à au moins 4,5 % des actifs pondérés au risque.
2. Les fonds propres de base totaux (fonds propres de catégorie 1 plus fonds propres de base additionnels) doivent toujours être égaux à 6 % des actifs pondérés au risque.
3. Les fonds propres totaux (*Tier 1* et *Tier 2*) doivent toujours être égaux à au moins 8 % des actifs pondérés au risque.

Bâle I imposait que les fonds propres de catégorie 1 et les fonds propres de base totaux soient au moins égaux à 2 % et 4 % respectivement des actifs pondérés au risque. Les règles de Bâle III sont plus contraignantes car (a) ces pourcentages ont été augmentés et (b) la définition des fonds propres prudentiels est plus restrictive. Les fonds propres totaux sont cependant identiques à ceux de Bâle I et Bâle II.

Dans une phase transitoire, les fonds propres de catégorie 1 et de base doivent être égaux à 3,5 % et 4,5 % des actifs pondérés au risque respectivement au 1er janvier 2013, puis s'établir à 4 % et 5,5 % au 1er janvier 2014, et enfin respecter complètement Bâle III en janvier 2015. Les nouvelles règles concernant la composition des fonds propres prudentiels s'appliqueront de manière plus progressive jusqu'en janvier 2018.

Le Comité de Bâle appelle également à ce que les banques « systémiques » détiennent davantage de fonds propres, mais ce terme n'a pas été harmonisé. Aux États-Unis, toutes les banques dont le total bilan dépasse 50 milliards de dollars sont par exemple considérées comme « systémiques ».

Coussin de conservation en fonds propres

Bâle III exige également un coussin de conservation en fonds propres de base de catégorie 1, représentant 2,5 % des actifs pondérés au risque lorsque les conditions sont normales. Les banques doivent donc constituer ce coussin de conservation en période économique normale pour pouvoir absorber des pertes en cas de difficultés financières (il est en effet plus facile pour les banques de lever des capitaux lorsque les conditions de marché sont normales). En cas d'utilisation complète ou partielle de ce coussin, les banques sont tenues de réduire leurs dividendes jusqu'à ce qu'elles soient adéquatement recapitalisées. Le tableau 13.2 résume les règles concernant les dividendes. Par exemple, lorsque les fonds propres de catégorie 1 sont égaux à 5,5 % des actifs pondérés au risque, les bénéfices non attribués doivent être égaux à 80 % au minimum, de manière à ce que le dividende représente 20 % au maximum.

Tableau 13.2 : Restrictions sur le dividende liées au coussin de conservation en fonds propres.

Ratio de fonds propres de base de catégorie 1	Pourcentage minimum de bénéfices non attribués
4,000 % à 5,125 %	100 %
5,125 % à 5,750 %	80 %
5,750 % à 6,375 %	60 %
6,375 % à 7,000 %	40 %
> 7 %	0 %

Le coussin de conservation en fonds propres implique que les fonds propres de catégorie 1 que les banques doivent détenir dans des conditions normales (excluant tous fonds propres supplémentaires pour des banques systémiques) représentent 7 % des actifs pondérés au risque ; les fonds propres de base totaux et les fonds propres totaux doivent être au moins égaux à 8,5 % et 10,5 % des actifs pondérés au risque respectivement. Ces chiffres peuvent diminuer à 4,5 %, 6 % et 8 % dans des conditions extrêmes (à cause de pertes), mais les banques doivent se recapitaliser pour respecter les ratios prudentiels « normaux ». Bâle III a notamment pour conséquence que les banques vont sans doute difficilement afficher des niveaux de rentabilité des fonds propres similaires à ceux de la période 1990-2006. Les actionnaires des banques peuvent cependant tenter de se consoler en détenant des titres moins risqués.

La mise en place du coussin de conservation en fonds propres est prévue entre janvier 2016 et janvier 2019.

Coussin contracyclique

Bâle III exige également la détention d'un coussin contracyclique, similaire au coussin de conservation, mais dont la mise en place est laissée à la discrétion des autorités nationales. Ce coussin a vocation à fournir une protection contre la cyclicité des résultats bancaires. Il doit représenter de 0 % à 2,5 % des actifs pondérés au risque et se composer de fonds propres de base de catégorie 1.

Pour les pays où ce coussin est supérieur à zéro, les données du tableau 13.2 sont modifiées. Par exemple, lorsque le coussin contracyclique est à 2,5 %, les règles régissant la distribution des bénéfices sont modifiées (voir tableau 13.3). Comme c'est le cas pour le coussin de conservation, la mise en place du coussin contracyclique est prévue sur une période allant de janvier 2016 à janvier 2019.

Tableau 13.3 : Restrictions sur le dividende liées au coussin de conservation en fonds propres et au coussin contracyclique à 2,5 %.

Ratio de fonds propres de base de catégorie 1	Pourcentage minimum de bénéfices non attribués
4,50 % à 5,75 %	100 %
5,75 % à 7,00 %	80 %
7,00 % à 8,25 %	60 %
8,25 % à 9,50 %	40 %
> 9,50 %	0 %

Certains pays exigent que les banques détiennent davantage de fonds propres prudentiels que ce qu'implique Bâle III, et ce même en tenant compte du coussin contracyclique. En Suisse, par exemple, les grandes banques (comme UBS et Crédit Suisse) doivent détenir des fonds propres de base de catégorie 1 et des fonds propres totaux correspondant à 10 % et 19 % des actifs pondérés au risque. Ce phénomène s'explique par la taille de ces banques par rapport à celle de l'économie suisse. La faillite de l'une d'entre elles aurait des conséquences désastreuses pour toute l'économie !

Ratio de levier

Bâle III spécifie également un ratio de levier minimum à 3 %, égal au rapport entre les fonds propres et l'exposition totale. Lorsque les règles ont été publiées en 2010, Bâle III n'a pris aucune décision finale concernant la définition des fonds propres dans ce ratio. L'exposition totale inclut tous les éléments au bilan (sans pondération au risque) et certains éléments hors bilan. La mise en place du ratio de levier est prévue au 1er janvier 2018, après une période de transition.

Risque de liquidité

Avant la crise, la régulation bâloise était focalisée sur l'adéquation en fonds propres des banques par rapport à leurs risques. La crise a démontré que les problèmes des banques n'étaient pas exclusivement dus aux insuffisances en termes de capitalisation, mais également aux risques de liquidité.

Ces risques proviennent de la tendance des banques à financer des actifs à long terme par des ressources à court terme. Cela ne pose généralement pas de problème si les marchés perçoivent la banque comme étant en bonne santé[1]. Considérons une banque qui se refinance en émettant des billets à ordre à 90 jours. Lorsque l'un des billets à ordre arrive à maturité, la banque se refinance en émettant un nouveau billet à ordre, et ainsi de suite. Cependant, dès que la banque connaît des difficultés financières ou que le marché la perçoit comme fragile, il devient très difficile pour elle de se refinancer de cette manière. C'est ce qui est arrivé aux banques Northern Rock au Royaume-Uni et Lehman Brothers aux États-Unis.

Bâle III a introduit des règles *via* deux ratios de liquidité :

1. ratio de liquidité à court terme (*Liquidity Coverage Ratio – LCR*) ;
2. ratio structurel de liquidité à long terme (*Net Stable Funding Ratio – NSFR*).

Le LCR porte sur la capacité d'une banque à survivre à une période de perte de liquidité sur 30 jours et se définit comme suit :

$$\frac{\text{Actifs liquides de haute qualité}}{\text{Sorties nettes de trésorerie sur 30 jours}} \geq 100\ \%$$

L'horizon de 30 jours correspond à une période de stress comprenant une dégradation de la notation de trois crans (par exemple de AA– à A–, une perte partielle des dépôts, une impossibilité totale de refinancement interbancaire, une hausse des *haircuts* sur les financements sécurisés (la valorisation des collatéraux diminue), et des utilisations accrues des lignes de crédit. Bâle III exige que ce ratio soit supérieur à 100 %.

Le NFSR porte sur la gestion de la liquidité sur un an et se définit comme suit :

$$\frac{\text{Ressources stables disponibles}}{\text{Besoins en financements stables}} \geq 100\ \%$$

On calcule le numérateur en multipliant chaque catégorie de ressources (fonds propres, financement interbancaire, dépôts, etc.) par un facteur de financement stable disponible (*Available Stable Funding*, ASF). Celui-ci est par exemple plus faible pour les dépôts de gros que pour les dépôts de détail (voir tableau 13.4). On calcule le dénominateur à partir des actifs et des éléments hors bilan nécessitant un financement. Chacun de ces éléments est multiplié par un facteur de financement stable requis (*Required Stable Funding*, RSF) (voir tableau 13.5). Bâle III exige que le NSFR soit supérieur à 100 %.

1. Si les ressources servent à financer des prêts à taux fixe de maturité importante et que les taux augmentent, la marge nette sur taux est réduite, mais les banques peuvent couvrir ce risque par le biais de *swaps* de taux (voir section 8.1).

Tableau 13.4 : Facteurs ASF pour le ratio structurel de liquidité à long terme (NSFR).

Facteur ASF	Catégorie
100 %	Fonds propres de base et complémentaires (*Tier 1* et *Tier 2*) ; actions préférentielles et emprunts de maturité supérieure à un an
90 %	Dépôts à vue « stables » et dépôts à termes avec maturité restante inférieure à un an (clientèle de détail et PME)
80 %	Dépôts à vue « moins stables » et dépôts à termes avec maturité restante inférieure à un an (clientèle de détail et PME)
50 %	Dépôts à vue de gros et dépôts à terme avec maturité restante inférieure à un an (entreprises non financières, États, banques centrales, banques de développement, entreprises publiques)
0 %	Autres dettes et capitaux

Tableau 13.5 : Facteurs RSF pour le ratio structurel de liquidité à long terme (NSFR).

Facteur RSF	Catégorie
0 %	Liquidités, instruments, titres et prêts à court terme à des institutions financières de maturité résiduelle inférieure à un an
5 %	Titres négociables de maturité résiduelle supérieure à un an à condition qu'il s'agisse de créances sur des états ou des entités publiques avec une pondération au risque de 0 %
20 %	Obligations privées notées AA– ou plus de maturité résiduelle supérieure à un an ; créances sur des États ou des entités publiques avec une pondération au risque de 20 %
50 %	Or métal, actions, obligations notées A+ à A–
65 %	Prêts hypothécaires au logement
85 %	Prêts aux particuliers et PME de maturité résiduelle inférieure à un an
100 %	Autres actifs

Les nouvelles règles semblent sévères et peuvent modifier considérablement les bilans bancaires. Une période de transition est cependant prévue pendant laquelle les effets de la nouvelle réglementation seront surveillés et pourront être éventuellement modifiés avant leur mise en place définitive. La mise en place du LCR est prévue pour le 1er janvier 2015, tandis que celle du NSFR est prévue pour le 1er janvier 2018.

Exemple 13.1

Considérons une banque dont le bilan se présente comme suit :

Liquidités	5	Dépôts de détail (stables)	40
Obligations du Trésor (maturité > 1 an)	5	Dépôts de gros	48
Hypothèques	20	Fonds propres complémentaires (*Tier 2*)	4
Prêts aux PME	60	Fonds propres de base (*Tier 1*)	8
Actifs fixes	10		
	100		100

Exemple 13.1 (Suite)

Les ressources stables disponibles sont égales à :

$$40 \times 0{,}9 + 48 \times 0{,}5 + 4 \times 1{,}0 + 8 \times 1{,}0 = 72$$

Les besoins en financements stables sont :

$$5 \times 0 + 5 \times 0{,}05 + 20 \times 0{,}65 + 60 \times 0{,}85 + 10 \times 10 = 74{,}25$$

Le ratio structurel de liquidité à long terme (NSFR) s'établit donc à :

$$\frac{72}{74{,}25} = 0{,}970$$

soit 97 %. Cette banque ne satisfait pas l'exigence du NSFR.

Risque de crédit de contrepartie

Pour chaque contrepartie en dérivés, une banque doit calculer l'ajustement de valeur de crédit (*credit value adjustment*, CVA). Il s'agit de la perte espérée suite au défaut de la contrepartie (voir chapitre 17). Les profits rapportés sont réduits de la valeur totale du CVA pour toutes les contreparties.

Le CVA peut varier car (a) les variables de marché sous-jacentes aux dérivés ont changé ou (b) les *spreads* de crédit ont changé. Bâle III exige d'inclure le risque lié au CVA dans les calculs de la VaR de marché. Après le calcul du CVA, il est relativement aisé d'évaluer le delta et le gamma relatifs à un déplacement parallèle de la courbe des taux du *spread* de crédit de la contrepartie. Le calcul de VaR peut incorporer ces éléments.

13.3 Obligations convertibles contingentes

L'arrivée des obligations convertibles contingentes ou conditionnelles (*contingent convertible bonds*, *CoCos*) a constitué un aspect intéressant concernant la capitalisation des banques. Les obligations convertibles standard autorisent son détenteur à convertir ses titres de dette en actions à un taux de conversion prédéterminé. En principe, la conversion a lieu lorsque l'entreprise émettrice se porte bien et que la valorisation de ses actions est forte. Les CoCos sont en revanche automatiquement converties en actions lorsque certaines conditions sont satisfaites, à savoir lorsque l'entreprise émettrice connaît des difficultés financières.

Les CoCos sont donc des titres attractifs pour les banques car, en temps normal, ils s'apparentent à de la dette et permettent donc d'accroître la rentabilité des fonds propres. En revanche, lorsque la banque connaît des difficultés financières et subie des pertes, les CoCos sont converties en actions permettant de maintenir un certain niveau de coussin en fonds propres et d'éviter l'insolvabilité. Du point de vue de la régulation, les CoCos sont des instruments attractifs car ils permettent d'éviter un renflouement. En effet, on qualifie parfois la conversion de ces titres de *bail-in* : un « renflouement » par les obligataires privés plutôt qu'une intervention publique.

Voici les aspects clés des CoCos : la spécification des seuils entraînant la conversion et la manière dont le taux de conversion est défini (nombre d'actions reçues en échange d'une obligation). Le ratio de fonds propres de base de catégorie 1 est un seuil souvent utilisé, mais on rencontre également des seuils relatifs au ratio capitalisation boursière/valeur comptable des actifs.

Des institutions financières comme Lloyd's Banking Group, Rabobank Netherlands et Crédit Suisse ont été parmi les premières à émettre des CoCos. L'encadré 13.1 fournit une description de l'émission effectuée par Crédit Suisse en 2011. Ces titres sont convertis en actions lorsque le ratio de fonds propres *Tier 1* est inférieur à 7 % ou lorsque le régulateur Suisse constate que la banque a besoin de soutien public. On estime à 1 000 milliards de dollars la valeur des CoCos à émettre par les banques à partir de 2010 suite aux nouvelles règles de Bâle III.

Encadré 13.1

L'émission de CoCos par le Crédit Suisse

Le régulateur suisse exige que deux des plus grandes banques de la place (UBS et Crédit Suisse) respectent des ratios de fonds propres *Tier 1* et *Tier 1* + *Tier 2* au moins égaux à 10 % et 19 % respectivement avant 2019. Crédit Suisse a annoncé qu'il compte satisfaire la seconde contrainte réglementaire (les 9 % supplémentaires en fonds propres complémentaires) en émettant des obligations convertibles contingentes (CoCos).

Le 14 février 2011, la banque a annoncé l'échange de 6,2 milliards de dollars d'investissements effectués par Qatar Holding LLC et Olayan Group LLC contre des CoCos. Ces titres sont automatiquement convertis en actions si une des conditions suivantes est satisfaite :

1. Le ratio de fonds propres *Tier 1* passe en dessous de 7 %.
2. Le régulateur suisse estime que la banque a besoin d'un soutien public pour empêcher son insolvabilité.

Le 17 février 2011, Crédit Suisse a émis pour 2 milliards de dollars de CoCos. Ces titres ont des caractéristiques similaires à celles des titres déjà détenus par les investisseurs du Moyen-Orient et ont été notés BBB+ par Fitch. Ils arrivent à maturité en 2041, peuvent être convertis à tout moment après août 2015 et versent un coupon de 7,875 %. Les doutes concernant l'appétit du marché pour ce type de titre ont été levés au moment de l'émission, sursouscrite 11 fois.

Par ailleurs, Crédit Suisse a indiqué qu'il va satisfaire les nouvelles exigences en matière de fonds propres prudentiels à hauteur de 1/3 par l'émission de CoCos comme ceux décrits précédemment et de 2/3 par l'émission de CoCos avec un seuil de conversion à 5 % des actifs pondérés au risque.

13.4 *Dodd-Frank Act*

Le *Dodd-Frank Act* a été adopté aux États-Unis en juillet 2010 et vise à prévenir les renflouements publics des institutions financières et à protéger le consommateur. On peut résumer les principales régulations comme suite :

1. Deux nouvelles agences sont créées – *Financial Stability Oversight Council* (FSOC) et *Office of Financial Research* (OFR) – pour surveiller le risque systémique et l'état de

l'économie. Leurs principales missions consistent à identifier les risques pesant sur la stabilité financière des États-Unis, promouvoir la discipline de marché et maintenir la confiance des investisseurs.

2. Les pouvoirs en matière de liquidation du *Federal Deposit Insurance Corporation* (FDIC) ont été étendus. L'*Office of Thrift Supervision* (OTS) a été fermé.
3. L'assurance des dépôts par le FDIC a été augmentée de façon permanente à 250 000 dollars.
4. Les institutions financières comme les fonds spéculatifs doivent désormais s'enregistrer auprès de la *Securities Exchange Commission* (SEC) et fournir régulièrement des rapports sur leurs activités.
5. Une agence de surveillance de l'industrie des assurances (*Federal Insurance Office*) a été créée ; elle travaillera avec les régulateurs de chaque État fédéral.
6. Les activités de *trading* en compte propre sont limitées (il s'agit de la « règle de Volcker » proposée par un ancien président de la Réserve fédérale des États-Unis, Paul Volcker). La principale difficulté pour mettre en place cette règle concerne la distinction des transactions de couverture et spéculatives.
7. Certaines activités de *trading* fortement risquées doivent être isolées dans des filiales.
8. Les dérivés standardisés échangés sur le marché de gré à gré doivent être compensés par des chambres de compensation centralisées (*central clearing parties, CCP*) ou des marchés. Des plates-formes de négociation des *swaps* (*swap execution facilities, SEF*) ont été mises en place pour faciliter les transactions de gré à gré et fournir davantage de transparence sur les prix. La *Commodity Futures Trading Commission* (CFTC) a reçu davantage de pouvoirs en matière de surveillance des activités des CCP et des SEF.
9. La Réserve fédérale doit mettre en place des normes de gestion des risques pour les institutions financières jugées systémiques qui effectuent des activités de paiement, de règlement et de compensation.
10. La protection des investisseurs a été accrue et la réglementation des titres renforcée.
11. Les agences de notation doivent rendre plus transparentes leurs hypothèses et leurs méthodologies, et leur responsabilité légale a été accrue. Une agence, l'*Office of Credit Ratings*, a été créée auprès de la SEC pour surveiller leurs activités.
12. L'utilisation de notations de crédit externes dans la régulation des institutions financières a été interdite (cette règle est en conflit avec le Comité de Bâle qui repose sur ces notations).
13. Le *Bureau of Financial Protection* a été créé auprès de la Réserve fédérale pour veiller à ce que les consommateurs de produits financiers (tels que les prêts hypothécaires et les cartes de crédit) soient mieux informés.
14. Les émetteurs de produits titrisés doivent conserver 5 % de chaque instrument créé (à quelques exceptions près).
15. Les régulateurs de banques fédérales doivent mettre en place des règles qui découragent l'utilisation de modes de rémunération qui favorisent une prise de risque excessive (comme ceux fondés sur des mesures de performance à court terme par exemple). Les actionnaires se sont vus attribuer un droit de vote concernant la

rémunération des dirigeants. Une règle instaure la présence de membres indépendants au sein des comités de rémunération.

16. Les organismes de prêts hypothécaires doivent fournir « un engagement de bonne foi » fondé sur une l'information vérifiée et documentée concernant la capacité de remboursement de l'emprunteur. En son absence, la saisie peut ne pas être autorisée.
17. Les grandes institutions financières doivent avoir au moins un membre de leur comité de direction qui possède une expérience en matière de gestion des risques acquise dans une grande entreprise.
18. Le FDIC est autorisé à reprendre une institution financière en faillite et à vendre ses actifs en imposant des pertes aux actionnaires et aux créanciers et en faisant supporter les coûts de la procédure à l'industrie financière dans son ensemble.
19. Le FSOC et le OFR (voir règle 1) ont la responsabilité de surveiller le risque systémique et d'identifier les institutions financières revêtant une importance systémique (*systemically important financial institutions*, SIFI). Toute banque ayant un bilan total supérieur à 50 milliards de dollars est considérée comme SIFI au États-Unis (voir section 13.2).
20. La Réserve fédérale et le FDIC exigent de tous les SIFI la rédaction de « dispositions testamentaires » précisant la manière de gérer leur faillite. En effet, les SIFI ont développé des structures organisationnelles complexes pour des raisons fiscales et réglementaires. L'existence de ces « dispositions » pourrait simplifier ces structures, avec la filiation de chaque activité des SIFI. Les régulateurs peuvent forcer l'abandon de certaines activités, voire la séparation complète de toutes les activités des SIFI si les « dispositions testamentaires » sont jugées insuffisantes.

Le *Dodd-Frank Act* n'a pas défini le rôle futur de Fannie Mae et de Freddie Mac, acteurs majeurs sur le marché hypothécaire aux États-Unis. Ces agences ont été nationalisées en septembre 2008, faisant supporter un coût très important aux contribuables américains.

Un objectif phare des régulateurs est d'accroître la transparence des marchés dérivés. Une manière d'y parvenir consiste à créer un référentiel central de toutes les transactions en dérivés, avec la création d'un nouveau système d'identification : le *Legal Entity Identifier*, dont la responsabilité incombera à l'*Office of Financial Research* aux États-Unis. En effet, rappelons que les différentes positions en produits dérivés d'American International Group (AIG) étaient *a priori* inconnues aux régulateurs avant son renflouement en septembre 2008. La mise en place d'un référentiel central éviterait donc à l'avenir des surprises aux régulateurs !

13.5 La législation hors États-Unis

Les grandes banques sont des acteurs globaux et peuvent donc profiter d'arbitrages réglementaires dans le monde entier si les règles varient d'un pays à un autre. Même si Bâle III s'applique à tous les pays, la charge en fonds propres supplémentaires laissée à la discrétion des régulateurs peut varier selon la juridiction. En 2011, la banque suisse UBS avait suggéré qu'elle déplacerait le siège de sa banque d'investissement à Londres, Singapour ou New York pour éviter une hausse des fonds propres prudentiels requis par le régulateur national.

La législation dans de nombreux pays a tenté de proposer des règles similaires à celles du *Dodd-Frank Act*. Par exemple, la directive sur l'adéquation des fonds propres (CRD2) de l'Union européenne met en place une règle similaire à la règle 14 (voir section 13.4), obligeant les émetteurs d'instruments titrisés à en conserver 5 % dans leurs bilans. La restriction du *trading* en compte propre (règle de Volcker) n'est en revanche pas prévue dans d'autres pays[1].

La plupart des législateurs sont convenus que les dérivés standardisés échangés au gré à gré devaient être compensés par une chambre centralisée, mais les règles de compensation diffèrent selon les pays. Ainsi, une banque peut trouver une juridiction plus favorable et éviter une compensation centralisée sur certaines transactions.

Mais le souci principal de tous les régulateurs concerne la garantie implicite du « *too-big-to-fail* » des banques, qui engendre de l'aléa moral et encourage l'excès de risque avec un renflouement à la clé en cas de difficultés. Les augmentations des ratios prudentiels de Bâle III devraient modérer le problème d'aléa moral. Les « dispositions testamentaires » sont également un élément important pour mieux réguler les grandes banques systémiques. Le souhait des régulateurs est que les banques soient structurées de telle manière que la faillite d'une partie (par exemple les activités de *trading*) n'entraîne pas la faillite des autres parties (comme les activités de dépôts). C'est pour cette raison que de nombreux pays cherchent à instaurer des règles similaires à celles sur ces dispositions.

La rémunération est également un problème important. Avant la crise, le bonus annuel représentait une grande partie de la rémunération des traders, en les incitants à adopter un horizon court-termiste dans leurs décisions. La réalisation de pertes après le versement des bonus n'obligeait pas les traders à les rembourser. De nombreuses banques ont compris ce problème et ont mis en place des systèmes de bonus déferrés sur trois à cinq ans. Toutes les performances des traders sont ainsi prises en compte, qu'elles soient bonnes ou mauvaises. Notons que les restrictions sur les rémunérations dans le secteur financier sont néanmoins assez timides dans le *Dodd-Frank Act*. Lorsque les banques américaines ont été renflouées *via* le *Troubled Asset Relief Program* (TARP), les rémunérations ont été restreintes. Mais dès que les institutions financières ont remboursé ces aides, elles ont été plus libres dans leur politique de rémunération[2]. D'autres pays ont également mis en place des restrictions sur les rémunérations, souvent temporaires. Par exemple, une « super-taxe » exceptionnelle a été introduite au Royaume-Uni sur les bonus supérieurs à 25 000 livres. Bien évidemment, les législations nationales se heurtent à des limites puisque si un pays restreint ou taxe fortement les bonus, les banques vont tout simplement transférer le personnel clé dans un autre pays.

L'Union européenne a mis en place une vaste réforme de son dispositif de régulation et de supervision bancaire pour deux raisons principales. La première renvoie au problème d'aléa moral (conséquence du « *too-big-to-fail* ») et de l'excès de risque de la part des banques évoqués précédemment. La seconde est une conséquence indirecte de la première : les coûts élevés des sauvetages des institutions financières. Selon la Commission européenne, les aides d'État pour le secteur financier ont atteint 4 100 milliards d'euros dans l'Union européenne.

1. À l'exception de l'Allemagne qui a d'ailleurs relevé le seuil à 10 %.
2. C'était d'ailleurs la principale motivation pour rembourser les fonds du TARP le plus rapidement possible !

La révision de la supervision financière au sein de l'Union européenne a été adoptée en octobre 2010. Elle prévoit la création d'une instance de surveillance macro-prudentielle et la création de trois autorités sectorielles. Le Comité européen du risque systémique (CERS) est chargé de la surveillance macro-prudentielle et doit prévenir et atténuer les risques systémiques. Il est présidé par le Président de la Banque centrale européenne (BCE). Les trois nouvelles Autorités européennes sont opérationnelles depuis 2011 ; il s'agit de l'Autorité bancaire européenne, l'Autorité européenne des assurances et des pensions professionnelles et l'Autorité européenne des marchés financiers. Leurs rôles consistent à coordonner l'application des normes européennes de supervision et à assurer une meilleure coopération entre les superviseurs européens. Ces autorités disposent de pouvoirs contraignants sur les institutions financières.

Au niveau du cadre législatif européen, on peut noter trois changements majeurs. Le premier concerne la transparence et a déjà abouti à un règlement sur les agences de notation adopté en 2009. Une initiative législative sur les produits dérivés a également été prise, avec une révision en cours de la Directive sur les marchés d'instruments financiers (MiFID). Le deuxième a trait à la résilience et la stabilité du secteur financier, avec des règles visant la prévention et la résolution des crises, comme la transposition de Bâle III par la 4e directive sur l'adéquation des fonds propres (DAPF IV). Enfin, le troisième changement concerne la protection des consommateurs, avec notamment des mesures sur les ventes à découvert et les CDS, de même que la révision des systèmes de garantie.

Résumé

La crise financière débutée en 2007 a été l'une des plus importantes crises qu'a connues le monde depuis les années 1930. Certaines institutions financières ont fait faillite, d'autres ont été renflouées aux frais du contribuable. Le Comité de Bâle et de nombreux gouvernements ont décidé une refonte profonde de la régulation financière.

Bâle 2.5 a augmenté le niveau du capital réglementaire des banques pour le risque de marché. Les fonds propres devaient désormais tenir compte des volatilités et des corrélations durant les périodes normales, mais également extrêmes sur les marchés. Certains arbitrages réglementaires, à l'instar de la comptabilisation en portefeuille de marché ou bancaire, ont été atténués. Enfin, des règles spécifiques ont été promulguées en matière de capital requis pour les dérivés sensibles à la corrélation de crédit, qui se sont révélés particulièrement problématiques durant la crise. Bâle III a augmenté de façon importante les montants de fonds propres prudentiels des banques. Des règles concernant la gestion de la liquidité par les banques ont également été mises en œuvre.

Les gouvernements ont introduit de nouvelles réglementations pour les institutions financières. Aux États-Unis, le *Dodd-Frank Act* instaure de nombreuses règles visant à protéger les consommateurs et les investisseurs, afin d'éviter de futurs renflouements des banques, et à surveiller le système financier de plus près. L'Union européenne a également mis en place un vaste chantier de réformes du dispositif européen de régulation et de supervision financière.

La manière dont Bâle III, le *Dodd-Frank Act* et les réformes dans différents pays seront effectivement mis en place demeure encore incertaine et c'est bien cette incertitude qui représente un risque majeur pour les banques. Dans quelle mesure ces réformes seront-elles efficaces ? Nous ne le saurons qu'avec le temps. Un des problèmes auxquels font face les régulateurs peut être qualifié de conséquence inattendue. Bâle I a en effet eu pour conséquence inattendue de désinciter les banques à octroyer des prêts aux entreprises à cause de la pondération au risque à 100 % de ce type d'actif. L'amendement de 1996 et le développement du marché des dérivés de crédit qui s'en est suivi ont encouragé les banques à transférer le risque de crédit du portefeuille bancaire vers le portefeuille de marché. On peut donc penser que l'application de Bâle III risque également d'avoir des conséquences inattendues (par exemple, les exigences en fonds propres prudentiels pourront inciter les banques à prendre davantage de risques pour maintenir le niveau de leur rentabilité des fonds propres). On ne peut qu'espérer que les bénéfices de ces réformes compenseront largement les coûts associés à ces conséquences inattendues.

Références complémentaires

Acharya, V. V., Cooley T. F., Richardson M. P. et Walter I., *Regulating Wall Street: The Dodd-Frank Act and the New Architecture of Global Finance*, Hoboken, NJ : John Wiley & Sons, 2011.

Basel Committee on Bank Supervision, *Revisions to the Basel II Market Risk Framework*, février 2011.

Basel Committee on Bank Supervision, *Guidelines for Computing Capital for Incremental Risk in the Trading Book*, juillet 2009.

Basel Committee on Bank Supervision, *Basel III: A Global Regulatory Framework for More Resilient Banks and Banking Systems*, décembre 2010.

Basel Committee on Bank Supervision, *Basel III: International Framework for Liquidity Risk Measurement Standards and Monitoring*, décembre 2010.

Finger, C., *CreditMetrics and Constant Level of Risk*, MSCI, 2010.

Problèmes et exercices (corrigés en fin d'ouvrage)

13.1. Quelles sont les trois composantes principales de Bâle 2.5 ?

13.2. Quelles sont les six composantes principales de Bâle III ?

13.3. Quelle est la différence entre la VaR traditionnelle et la VaR extrême ?

13.4. Expliquez comment la charge pour risque incrémental est calculée. Pourquoi cette charge a-t-elle été introduite par le Comité de Bâle ?

13.5. Quelle est la différence entre le capital requis pour un ABS noté AAA de principal 100 millions d'euros et un ABS CDO noté AAA de même principal si l'on utilise l'approche standard ?

13.6. De combien les fonds propres de base de catégorie 1 (incluant le coussin de conservation) ont-ils augmenté sous Bâle III par rapport à Bâle I et II ?

13.7. Considérons une banque dont le ratio *Tier 1* est égal à 6 %. Quel est le dividende maximal (en pourcentage des bénéfices) qu'elle peut distribuer (a) si elle n'a aucun coussin contracyclique, et (b) si son coussin contracyclique est de 2,5 % ?

13.8. Expliquez comment le ratio de levier diffère des ratios de fonds propres réglementaires usuels.

13.9. Expliquez comment le ratio de liquidité à court terme (LCR) et le ratio structurel de liquidité à long terme (NSFR) sont définis.

13.10. Quelle serait la modification du NSFR de l'exemple 13.1 si la moitié des dépôts de gros étaient remplacés par des dépôts de détail stables ?

13.11. Qu'est-ce que l'ajustement de valeur de crédit (CVA) ? Quelles nouvelles règles concernant le CVA ont été introduites par Bâle III ?

13.12. Expliquez comment fonctionnent les obligations convertibles contingentes (CoCos). Pourquoi sont-elles attractives pour (a) les banques et (b) les régulateurs ?

Questions complémentaires

13.13. Expliquez comment le *Dodd-Frank Act* est en conflit avec (a) la régulation de Bâle et (b) les régulations nationales.

13.14. Le bilan d'une banque se présente comme suit :

Liquidités	3	Dépôts de détail (stables)	25
Obligations du Trésor (maturité > 1 an)	5	Dépôts de détail (moins stables)	15
Obligations *corporate* notées A	4	Dépôts de gros	44
Hypothèques	18	Actions préférentielles (maturité > 1 an)	4
Prêts aux PME	60	Fonds propres complémentaires (*Tier 2*)	3
Actifs fixes	10	Fonds propres de base (*Tier 1*)	9
	100		100

(a) Quel est le NSFR de cette banque ?

(b) La banque décide de satisfaire aux exigences de Bâle III en augmentant ses dépôts de détail. De combien doit-elle les augmenter ?

Chapitre 14

VaR de marché : estimation par la simulation historique

Dans ce chapitre, ainsi que dans les deux suivants, nous traitons des principales approches de calcul de la VaR pour le risque de marché, ou VaR de marché. Ce chapitre est dédié à l'approche par la simulation historique. Elle repose sur l'utilisation directe des historiques des variations journalières des variables de marché pour estimer la distribution de probabilité des variations de la valeur du portefeuille.

Après une description de cette approche, ce chapitre abordera plus particulièrement l'estimation de l'écart-type d'échantillonnage de la VaR et les modifications possibles de la procédure d'estimation pour tenir compte de la volatilité. Nous présenterons également l'apport de la théorie des valeurs extrêmes à la simulation historique en matière d'amélioration des estimations de la VaR et de traitement des seuils de confiance élevés.

Toutes les applications des modèles présentés dans ce chapitre utilisent des données réelles d'un portefeuille composé de quatre indices boursiers. Les historiques et les calculs de la VaR sont disponibles sur le site Internet de l'auteur :

www.rotman.utoronto.ca/~hull/RMFI3e/VaRExample.

14.1 Méthodologie

La simulation historique repose sur l'utilisation de données observées pour estimer les réalisations futures des variables de marché. Supposons que l'on souhaite calculer la VaR au seuil de 99 % à un jour à partir d'un échantillon aléatoire de 501 données journalières (l'horizon temporel, le seuil de confiance et la taille de l'échantillon retenus sont ceux d'une VaR de marché standard). La première étape consiste à identifier les variables de marché qui influencent le portefeuille. Il s'agit généralement des taux d'intérêt, des taux de change, des prix d'actions, etc. On collecte des données pour ces variables sur les 501 jours écoulés, ce qui conduit à 500 scénarios possibles pour la variation des variables entre aujourd'hui et demain. Pour chacun des scénarios et cet intervalle de temps, on calcule la variation de la valeur du portefeuille. On note jour 0 le premier jour pour lequel on dispose d'informations, jour 1 le deuxième, etc. Le scénario 1 correspond au scénario dans lequel les variations des valeurs de toutes les variables de marché sont constantes entre le jour 0 et le jour 1 ; le scénario 2 correspond au scénario dans lequel ces variations sont constantes entre le jour 1 et le jour 2, etc. On calcule ensuite pour chaque scénario la variation en euros de la valeur du portefeuille entre aujourd'hui et demain. On obtient ainsi la distribution de probabilité des variations de la valeur du portefeuille analysé. La VaR estimée correspond à la perte au premier centile, défini par la cinquième variation la plus défavorable[1]. Nous sommes certains à 99 % que la perte réalisée ne dépassera pas la VaR.

Analytiquement, on note v_i la valeur d'une variable de marché au jour i. Le scénario n° i pour cette variable est défini par :

$$v_n \frac{v_i}{v_{i-1}} \tag{14.1}$$

Illustration

Pour illustrer cette approche, prenons le cas d'un portefeuille d'une valeur de 10 millions de dollars composé de quatre indices boursiers : le *Dow Jones Industrial Average* (DJIA) (États-Unis), le FTSE 100 (Royaume-Uni), le CAC 40 (France) et le Nikkei 225 (Japon), en date du 25 septembre 2008 (voir tableau 14.1). Une feuille Excel contenant 501 jours d'historique des prix de clôture pour ces indices, ainsi que l'ensemble des calculs de la VaR sont disponibles sur le site Internet de l'auteur : www.rotman.utoronto.ca/~hull/RMFI3e/VaRExample[2]. Les données du tableau 14.1 en sont extraites.

Puisque nous considérons un investisseur américain, les valeurs des indices doivent être exprimées en USD. Par exemple, le FTSE 100 cotait 5 823,40 le 10 août 2008 lorsque le taux de change était de 1,8918 USD par GBP. Dans ce cas, la valeur de cet indice exprimée en USD valait 5 823,40 × 1,8918 = 11 016,71. Le tableau 14.2 propose un extrait des données sur indices boursiers en USD.

Tableau 14.1 : Portefeuille utilisé pour le calcul de la VaR.

Indice	Valeur du portefeuille (en milliers USD)
DJIA	4 000
FTSE 100	3 000
CAC 40	1 000
Nikkei 225	2 000
Total	10 000

Tableau 14.2 : Données sur indices boursiers pour la simulation historique.

Jour	Date	DJIA	FTSE 100	CAC 40	Nikkei 225
0	07/08/2006	11 219,38	11 131,84	6 373,89	131,77
1	08/08/2006	11 173,59	11 096,28	6 378,16	134,38
2	09/08/2006	11 076,18	11 184,35	6 474,04	135,94
3	10/08/2006	11 124,37	11 016,71	6 357,49	135,44
⋮	⋮	⋮	⋮	⋮	⋮
499	24/09/2008	10 825,17	9 438,58	6 033,93	114,26
500	25/09/2008	11 022,06	9 599,90	6 200,40	112,82

1. Il existe plusieurs possibilités à ce niveau. On peut utiliser la cinquième ou la sixième variation la plus défavorable, ou une moyenne des deux, comme premier centile de la distribution. Avec la commande CENTILE dans Excel, le $k/(n-1)$ centile correspond à l'observation $k+1$, avec n observations et k, un nombre entier.
2. Afin de rendre l'exemple le plus clair possible, nous avons gardé uniquement les jours où les quatre indices étaient cotés. C'est pourquoi l'historique de données commence le 7 août 2006 pour se terminer le 25 septembre 2008.

La date du 25 septembre 2008 est intéressante pour valoriser un portefeuille de marché car, à cette date, la crise financière sévissait déjà depuis un an. On remarque que la valeur des indices a baissé pendant plusieurs mois et que leur volatilité a augmenté. Lehman Brothers a fait faillite le 15 septembre 2008, tandis que le *Troubled Asset Relief Program* (TARP) de 700 milliards de dollars n'avait pas encore été voté par le Congrès américain.

Le tableau 14.3 contient les valeurs des indices (en USD) au 26 septembre 2008 générées selon 500 scénarios. Selon le scénario 1 (première ligne du tableau 14.3), la variation des indices entre le 25 et le 26 septembre 2008 est égale à celle observée entre les 7 et 8 août 2006 ; selon le scénario 2 (deuxième ligne du tableau 14.3), cette variation est égale à celle observée entre les 8 et 9 août 2006, et ainsi de suite. En général, selon le scénario i, la variation des indices entre les 25 et 26 septembre 2008 est égale à celle des jours j-i et i pour $1 \leq i \leq 500$, et les 500 lignes du tableau 14.3 correspondent aux 500 scénarios ainsi générés.

Tableau 14.3 : Scénarios générés pour le 26 septembre 2008 sur la base des données du tableau 14.2.

Scénario	DJIA	FTSE 100	CAC 40	Nikkei 225	Valeur du portefeuille (en milliers USD)	Pertes (en milliers USD)
1	10 977,08	9 569,23	6 204,55	115,05	10 014,334	−14,334
2	10 925,97	9 676,96	6 293,60	114,13	10 027,481	−27,481
3	11 070,01	9 455,16	6 088,77	112,40	9 946,736	53,264
⋮	⋮	⋮	⋮	⋮	⋮	⋮
499	10 831,43	9 383,49	6 051,94	113,85	9 857,465	142,535
500	11 222,53	9 763,97	6 371,45	111,40	10 126,439	−126,439

Le DJIA valait respectivement 11 022,06, 11 173,59 et 11 219,38 les 25 septembre 2008, 8 août 2006 et 7 août 2006. Ainsi, la valeur du DJIA selon le scénario 1 est :

$$11\,022,06 \times \frac{11\,173,59}{11\,219,38} = 10\,977,08$$

De même, les valeurs du FTSE 100, du CAC 40 et du Nikkei 225 (en USD) sont 9 569,23, 6 204,55 et 115,05 respectivement. La valeur du portefeuille selon le scénario 1 (en milliers USD) est égale à :

$$4\,000 \times \frac{10\,977,08}{11\,022,06} + 3\,000 \times \frac{9\,569,23}{9\,599,90} + 1\,000 \times \frac{6\,204,55}{6\,200,40} + 2\,000 \times \frac{115,05}{112,82} = 10\,014,334$$

On constate un gain de 14 334 USD selon le scénario 1. On répète ces calculs pour chaque scénario. La figure 14.1 représente un histogramme des pertes (les bâtonnets incarnent des pertes en milliers USD dans des intervalles de 450-550, 350-450, 250-350, et ainsi de suite).

On classe ensuite les pertes par ordre décroissant (voir tableau 14.4 pour un extrait). Le « plus mauvais » scénario est le 494. La VaR au seuil de 99 % à un jour correspond à la perte selon le cinquième « plus mauvais » scénario, soit 253 385 USD.

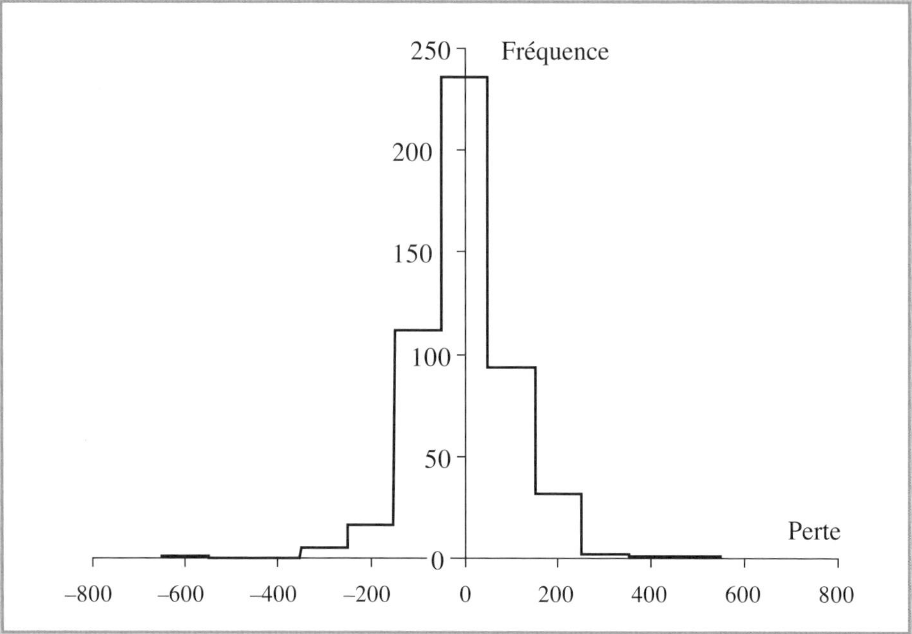

Figure 14.1 – Histogramme des pertes selon les scénarios considérés entre le 25 et le 26 septembre 2008.

Tableau 14.4 : Pertes classées par ordre décroissant pour les 500 scénarios.

Scénario	Pertes (en milliers USD)
494	477,841
339	345,435
349	282,204
329	277,041
487	253,385
227	217,974
131	205,256
238	201,389
473	191,269
306	191,050
477	185,127
495	184,450
376	182,707
237	180,105
365	172,224
⋮	⋮

La VaR au seuil de 99 % à dix jours correspond à la VaR au même seuil à un jour multipliée par $\sqrt{10}$, soit dans ce cas :

$$\sqrt{10} \times 253\,385 = 801\,274$$

On actualise chaque jour l'estimation de la VaR en utilisant l'historique des 501 jours les plus récents. Considérons, par exemple, ce qui survient le 26 septembre 2008 (jour 501). On dispose d'une nouvelle observation pour chaque variable de marché et l'on peut calculer la nouvelle valeur du portefeuille. On utilise la procédure décrite ci-dessus pour estimer la VaR en utilisant les données du 8 août 2006 au 26 septembre 2008 (jours 1 à 501), afin d'élaborer les nouveaux scénarios (cela garantit les 500 observations nécessaires sur les variations des variables de marché ; on n'utilise pas les valeurs du 7 août 2006 – jour 0). De même, au jour suivant – 29 septembre 2008 (jour 502) –, on effectuera les calculs avec les données du 9 août 2006 au 29 septembre 2009 (jours 2 à 502), et ainsi de suite.

En pratique, le portefeuille d'une banque est nettement plus complexe, puisqu'il compte des milliers, voire des dizaines de milliers de positions, incluant des *forward*, des options, etc. On emploie parfois une procédure de *simulation partielle* pour accélérer l'évaluation des scénarios. Si l'activité de *trading* de la banque engendre un portefeuille plus (moins) risqué, la VaR au seuil de 99 % à dix jours augmente (diminue). On calcule la VaR sous l'hypothèse de composition fixe du portefeuille jusqu'au prochain jour ouvré.

Les variables de marché considérées dans le calcul de la VaR sont des taux de change, des prix de matières premières et des taux d'intérêt. Pour ces derniers, la banque doit disposer d'informations sur la structure zéro-coupon des taux d'intérêt du Trésor et Libor/*swap* pour différentes devises, afin d'évaluer sa position. Les variables de marché considérées sont celles à partir desquelles on calcule ces structures par terme (voir annexe B). Il est possible qu'il existe dix variables de marché pour chaque courbe zéro-coupon.

VaR extrême (*stressed VaR*)

Bâle 2.5 exige des banques le calcul d'une VaR extrême en plus de la VAR historique (voir section 13.1). Pour y parvenir, la banque sélectionne une période de 251 jours pendant laquelle son portefeuille a subi des pertes importantes. On utilise ensuite ces données de la même manière que dans l'illustration précédente. Les variations des variables de marché entre le jour 0 et le jour 1 des 251 jours retenus servent à l'élaboration du scénario 1. Les variations entre le jour 1 et le jour 2 servent pour le scénario 2, et ainsi de suite. Au total, on crée 259 scénarios et la VaR extrême au seuil de 99 % correspond à la perte comprise entre celles du 2e et du 3e pire scénario.

14.2 Précision de l'estimation

La simulation historique permet d'estimer la distribution des variations du portefeuille à partir d'un nombre fini d'observations. En conséquence, l'estimation des quantiles n'est pas très précise.

Kendall et Stuart ont proposé une méthode pour calculer l'intervalle de confiance pour le quantile d'une distribution de probabilité à partir d'un échantillon[1]. Supposons que l'estimation du q quantile soit x, et son écart-type d'échantillonnage soit :

$$\frac{1}{f(x)} \times \sqrt{\frac{q(1-q)}{n}}$$

avec n le nombre d'observations et $f(x)$ la fonction de densité des pertes en x. On peut estimer celle-ci en calibrant les données empiriques sur une distribution standard.

Exemple 14.1

On cherche à estimer le 0,99 quantile (= 99e centile) d'une distribution de pertes à partir de 500 observations. On a donc $n = 500$ et $q = 0{,}99$. On peut estimer $f(x)$ de manière approximative à partir d'une distribution standard. Supposons que celle-ci soit normale, de moyenne nulle et d'écart-type 10 millions d'euros. En utilisant Excel, on calcule le 0,99 quantile qui vaut 23,26 (commande LOI.NORMALE. INVERSE(0,99;0;10)). On obtient la valeur de $f(x)$, 0,0027, avec la commande LOI. NORMALE(23,26;0;10;FAUX). L'écart-type d'échantillonnage de l'estimation vaut :

$$\frac{1}{0{,}0027} \times \sqrt{\frac{0{,}01 \times 0{,}99}{500}} = 1{,}67$$

Avec une estimation du 0,99 quantile à 25 millions d'euros, l'intervalle de confiance à 95 % correspondant est [25 – 1,96 × 1,67 ; 25 + 1,96 × 1,67], soit [21,7 millions d'euros ; 28,3 millions d'euros].

L'écart-type d'échantillonnage d'une VaR estimée par simulation historique peut être assez élevé (voir exemple 14.1) et augmente avec le seuil de confiance. Avec un seuil à 95 %, l'écart-type d'échantillonnage de l'exemple 12.1 devient 0,95 million d'euros, au lieu de 1,67 million d'euros. En revanche, l'écart-type d'échantillonnage diminue avec la taille de l'échantillon. Si la taille de l'exemple 12.1 est de 2 000 (ce qui correspond à huit années d'observations), l'écart-type d'échantillonnage diminue à 0,83 million d'euros.

Soulignons également que, dans le cadre de la simulation historique, la distribution jointe des variations journalières des variables de marché est supposée stationnaire dans le temps. Cette hypothèse n'est pas forcément validée dans la réalité et rend la VaR ainsi estimée moins précise.

Avec nos données historiques (voir tableaux 14.1 à 14.4), la perte moyenne (en milliers USD) est de 0,870, avec un écart-type de 93 698 dollars. Sous l'hypothèse d'une distribution normale, un calcul semblable à celui de l'exemple 14.1 donne $f(x)$ égale à 0,000284 et un écart-type (en milliers USD) de :

$$\frac{1}{0{,}000284} \times \sqrt{\frac{0{,}01 \times 0{,}99}{500}} = 15\ 643$$

La VaR est alors égale à 253 385 USD et l'intervalle de confiance à 95 % correspondant est [220 000 ; 280 000].

1. Voir Kendall, M. G. et Stuart, A., *The Advanced Theory of Statistics*, vol. 1, *Distribution Theory*, Griffin, 1972, 4e éd.

La distribution normale n'est pas très adaptée pour les pertes car celles-ci ont une distribution à queues plus épaisses (le kurtosis vaut 4,2 pour une distribution de pertes, alors qu'il est nul pour une distribution normale). L'utilisation d'une distribution de Pareto, présentée dans la suite de ce chapitre, constitue une approche plus sophistiquée pour estimer $f(x)$.

14.3 Développements possibles

L'hypothèse clé sous-jacente à la simulation historique est la capacité de prévoir le futur à partir du passé, ou plus exactement, que la distribution empirique des probabilités des variables de marché sur les années passées fournisse une bonne indication du comportement futur de ces variables. Malheureusement, les variables de marché ne sont pas stationnaires et la volatilité peut être très élevée ou très faible. Dans cette section, nous présentons diverses extensions possibles de la méthodologie élémentaire de la simulation historique (voir section 14.1) pour tenir compte de cette non-stationnarité.

Pondération des observations

La simulation historique standard suppose une pondération égale de chaque observation passée. Avec n observations des variations journalières, chacune a une pondération $1/n$. Boudoukh *et al.* ont suggéré de pondérer davantage les observations récentes, qui reflètent bien mieux les conditions macroéconomiques et les volatilités observées[1]. Dans ce cas, le schéma de pondération adapté est de type exponentiel (voir section 10.6). Si l'on se place au jour n, la pondération de la variation du portefeuille pour le scénario 1 est λ fois le poids attribué à la variation pour le scénario 2, et ainsi de suite. La somme des poids étant 1, la pondération de la variation pour le scénario i est :

$$\frac{\lambda^{n-i}(1-\lambda)}{1-\lambda^n}$$

avec n le nombre de jours. Comme $\lambda \to 1$, ce schéma de pondération est proche de celui de la simulation historique (voir problème 14.2).

Dans un premier temps, on calcule la VaR en triant les observations par ordre croissant. Dans un second temps, on obtient les pondérations cumulées en commençant par l'observation la plus défavorable jusqu'au quantile souhaité. Par exemple, pour calculer la VaR au seuil de 99 %, on retient la somme des pondérations jusqu'à 0,01. On obtient la valeur optimale de λ par le biais de tests *ex post*. Par rapport à la simulation historique, la taille de l'échantillon est plus faible, ce qui peut constituer un désavantage. Cependant, dans l'approche exponentielle, cela peut être compensé par la conservation de l'ensemble des observations (un poids plus faible est attribué aux plus anciennes).

Le tableau 14.5 présente les résultats de cette procédure pour le portefeuille considéré à la section 14.1 pour $\lambda = 0{,}995$. La VaR au seuil de 99 % correspond désormais à la troisième perte, soit 282 204 USD, et non plus à la cinquième perte de 253 385 USD.

---

1. Voir Boudoukh, J., Richardson, M. et Whitelaw, R., « The Best of Both Worlds: A Hybrid Approach to Calculating Value at Risk », *Risk*, mai 1998, vol. 11, p. 64-67.

Tableau 14.5 : Pertes classées dans l'ordre décroissant pour les 500 scénarios avec pondérations.

Scénario	Pertes (en milliers USD)	Pondération	Pondération cumulée
494	477,841	0,00528	0,00528
339	345,435	0,00243	0,00771
349	282,204	0,00255	0,01027
329	277,041	0,00231	0,01258
487	253,385	0,00510	0,01768
227	217,974	0,00139	0,01906
131	202,256	0,00086	0,01992
238	201,389	0,00146	0,02138
473	191,269	0,00476	0,02614
⋮	⋮	⋮	⋮

Les observations plus récentes, pour lesquelles de grandes pertes se sont réalisées, étant davantage pondérées, cela explique ce résultat. Pour le calcul standard (voir section 14.1), toutes les observations ont une pondération de 1/500 = 0,002. Le scénario 494 de la perte maximale a une pondération de :

$$\frac{0,995^6 \times 0,005}{1 - 0,995^{500}} = 0,00528$$

Structure de la volatilité

Hull et White (1998) ont suggéré une méthode pour tenir compte de la structure de la volatilité dans la simulation historique[1]. Elle repose sur les modèles de type EWMA ou GARCH(1,1) (voir chapitre 10). Notons σ_i la volatilité journalière des variables de marché estimée le jour $i - 1$, qui correspond en fait à l'estimation de la volatilité entre les jours $i - 1$ et i. Le jour n, l'estimation de la volatilité est σ_{n+1} et s'applique à la période de calcul de la VaR entre aujourd'hui et demain.

Supposons que σ_{n+1} soit deux fois plus élevée que σ_i. Cela signifie soit que la volatilité journalière est deux fois plus importante aujourd'hui que le jour $i - 1$, soit que l'on anticipe une variation entre aujourd'hui et demain deux fois plus élevée qu'entre les jours $i - 1$ et i. Avec cette approche, l'équation (14.1) devient :

$$v_n \frac{v_{i-1} + (v_i - v_{i-1})\sigma_{n+1} / \sigma_i}{v_{i-1}} \tag{14.2}$$

Le traitement de chaque variable de marché permet de prendre en compte les variations de la volatilité d'une façon intuitive et incorpore davantage d'informations récentes dans le calcul de la VaR. Ici, sa valeur peut être supérieure à toutes les estimations des pertes. Hull et White ont testé cette méthode sur des taux de change et des indices boursiers, et démontrent qu'elle se révèle plus performante que la simulation historique standard ou le schéma de pondération exponentielle. On peut développer des modélisations plus complexes, intégrant l'information récente sur les corrélations et les volatilités.

1. Voir Hull, J. C. et White, A., « Incorporating Volatility Updating into the Historical Simulation Method for Value-at-Risk », *Journal of Risk*, automne 1998, vol. 1, p. 5-19.

Le tableau 14.6 présente les estimations des volatilités journalières pour les données du tableau 14.2 (calculs effectués avec $\lambda = 0{,}94$)[1]. Les ratios de la volatilité estimée le 26 septembre 2008 (dernière ligne) par rapport à celle estimée le 8 août 2006 (première ligne) valent 1,94, 2,26, 2,21 et 1,15 pour le DJIA, le FTSE 100, le CAC 40 et le Nikkei 225 respectivement. On utilise ces ratios comme multiplicateurs des variations actuelles des indices entre les 7 et 8 août 2006. De même, les ratios des volatilités des 26 septembre 2008 et 9 août 2006 (deuxième ligne) sont 2,03, 2,33, 2,28 et 1,12 pour les quatre indices et sont utilisés comme multiplicateurs des variations des indices entre les 8 et 9 août 2006. On réitère cette procédure pour les 498 variations journalières restantes.

Tableau 14.6 : Volatilités (%/jour) estimées pour le jour suivant en utilisant un EWMA avec $\lambda = 0{,}94$.

Jour	Date	DJIA	FTSE 100	CAC 40	Nikkei 225
0	07/08/2006	1,11	1,42	1,40	1,38
1	08/08/2006	1,08	1,38	1,36	1,43
2	09/08/2006	1,07	1,35	1,36	1,44
3	10/08/2006	1,04	1,36	1,39	1,37
⋮	⋮	⋮	⋮	⋮	⋮
499	24/09/2008	2,21	3,28	3,11	1,61
500	25/09/2008	2,19	3,21	3,09	1,59

Comme les volatilités sont plus élevées à la fin de l'historique, la prise en compte de la structure de volatilité entraîne une plus forte variation des gains et des pertes pour les 500 scénarios. Le tableau 14.7 présente un extrait des pertes classées par ordre décroissant. En comparant ces résultats avec ceux du tableau 14.4, on constate que les pertes sont désormais beaucoup plus importantes. La VaR au seuil de 99 % à un jour est égale à 602 968 dollars, soit près de deux fois la VaR calculée par la méthode standard.

Tableau 14.7 : Pertes ajustées à la volatilité classées par ordre décroissant.

Scénario	Pertes (en milliers USD)
131	1 082,969
494	715,512
227	687,720
98	661,221
329	602,968
339	546,540
74	492,764
193	470,092
487	458,177
⋮	⋮

1. Il est nécessaire de prendre une décision concernant la variance initiale de la série temporelle. Les résultats sont peu sensibles à l'approche utilisée. Dans notre cas, nous avons utilisé la variance de l'échantillon sur toute la période.

Dans ce cas en particulier, la volatilité des indices boursiers s'est maintenue à un niveau élevé pour le restant de l'année 2008, avec des variations journalières comprises entre 5 % et 10 %. L'estimation de la VaR en incorporant la structure de volatilité donne alors des résultats plus probants que l'approche standard.

Méthode du *bootstrap*

La méthode du *bootstrap* (ou méthode de proche en proche) est une autre variante de la simulation historique. Elle consiste à construire un certain nombre de variations de la valeur du portefeuille à partir d'observations passées. Ensuite, par tirage avec remise, on construit des échantillons pour lesquels on calcule les VaR. L'intervalle de confiance à 95 % correspond à l'étendue entre les 2,5 et 97,5 quantiles de la distribution des VaR ainsi obtenues.

Supposons que l'on dispose d'un échantillon de 500 observations journalières. On effectue 500 000 tirages avec remise pour obtenir 1 000 nouveaux échantillons de 500 observations. Puis, on calcule et l'on trie les VaR de ces échantillons. Supposons que les 25e et 475e plus grandes VaR valent respectivement 5,3 millions d'euros et 8,9 millions d'euros. Ces valeurs correspondent aux bornes de l'intervalle de confiance à 95 % de la VaR. Cet intervalle est généralement plus faible que celui obtenu avec la procédure présentée à la section 14.2.

14.4 Temps de calcul

La simulation historique nécessite d'effectuer de nombreuses évaluations (500 dans notre illustration) du portefeuille entier d'une institution financière. Cet exercice peut être très gourmand en temps de calcul, et ce d'autant plus que l'on évalue les instruments du portefeuille par la simulation de Monte-Carlo. Dans ce cas, on fait face au problème de « la simulation dans la simulation » puisque chaque tirage de la simulation historique implique une simulation de Monte-Carlo.

Afin de réduire le temps de calcul, les institutions financières utilisent parfois l'approximation delta-gamma (voir chapitre 7). Considérons un instrument dont le prix est P, fonction d'une seule variable de marché S. Une estimation par approximation de la variation de P, suite à une variation de S, s'écrit :

$$\Delta P = \delta \Delta S + \frac{1}{2}\gamma(\Delta S)^2 \tag{14.3}$$

où δ et γ sont le delta et le gammagamma de P par rapport à S. Les grecques δ et γ sont toujours connues car on évalue chaque jour l'instrument en valeur de marché. On peut alors utiliser l'équation (14.3) pour évaluer rapidement les variations de la valeur de l'instrument suite aux variations de S.

Lorsqu'un instrument dépend de plusieurs variables de marché $S_i (1 \leq i \leq n)$, l'équation (14.3) devient :

$$\Delta P = \sum_{i=1}^{n} \delta_i \Delta S_i + \sum_{i=1}^{n} \sum_{j=1}^{n} \frac{1}{2} \gamma_{ij} \Delta S_i \Delta Sj \ \ldots \tag{14.4}$$

où δ_i et γ_{ij} sont définis par :

$$\delta_i = \frac{\partial P}{\partial S_i} \dots \gamma_{ij} = \frac{\partial^2 P}{\partial S_i \partial S_j}$$

14.5 Théorie des valeurs extrêmes

Nous avons présenté la loi puissance et son utilité pour l'estimation des queues de distribution à la section 10.4. Nous présentons ici les fondements théoriques de cette loi, ainsi que des procédures d'estimation plus abouties. La théorie des valeurs extrêmes (*extreme value theory*) s'applique à l'estimation des queues de distribution ; dans cette section, nous montrons comment cette théorie permet d'améliorer les estimations de la VaR et de traiter des seuils de confiance élevés en extrapolant les queues des distributions empiriques.

Résultat principal

Gnedenko a démontré en 1943 le résultat principal de la théorie des valeurs extrêmes[1]. Il s'applique aux propriétés des queues de nombreuses distributions de probabilité.

Notons $F(x)$ la fonction de répartition d'une variable x. u est une valeur de x située dans la queue droite de la distribution. La probabilité que x soit comprise entre u et $u + y$ $(y > 0)$ est $F(u + y) - F(u)$. La probabilité que x soit supérieure à u est $1 - F(u)$. On définit par $F_u(y)$ la probabilité conditionnelle que x soit comprise entre u et $u + y$, sachant que $x > u$. Cette probabilité s'écrit :

$$F_u(y) = \frac{F(y+u) - F(u)}{1 - F(u)}$$

Sa valeur définit la queue droite de la distribution de probabilité. Il s'agit en fait de la distribution de probabilité cumulée pour une valeur de x supérieure à u.

D'après les résultats de Gnedenko, pour un grand nombre de distributions $F(x)$, $F_u(y)$ converge vers une distribution généralisée de Pareto au fur et à mesure que u augmente. Cette distribution est définie par :

$$G_{\xi,\beta}(y) = 1 - \left[1 + \xi \frac{y}{\beta}\right]^{-1/\xi} \tag{14.5}$$

Les deux paramètres ξ et β sont à estimer. Le premier est le paramètre de forme, qui détermine l'épaisseur de la queue de distribution. Le second est un paramètre d'échelle.

1. Voir Gnedenko, D. V., « Sur la distribution limite du terme d'une série aléatoire », *Ann. Math.*, 1943, vol. 44, p. 423-453.

Lorsque x a une distribution normale, $\xi = 0$[1]. La valeur de ξ augmente avec l'épaisseur des queues et elle est positive, comprise entre 0,1 et 0,4, pour la plupart des données financières[2].

Estimation de ξ et β

On peut estimer les paramètres ξ et β par la méthode du maximum de vraisemblance (voir section 10.9). On obtient la fonction de densité $g_{\xi,\beta}(y)$ en dérivant l'équation (14.5) par rapport à y, et elle vaut :

$$g_{\xi,\beta}(y) = \frac{1}{\beta}\left(1 + \frac{\xi y}{\beta}\right)^{-1/\xi - 1} \tag{14.6}$$

On peut par exemple retenir une valeur d'u proche du 95e centile de la distribution empirique. On trie les observations de x par ordre décroissant pour obtenir les observations telles que $x > u$, que l'on note $x_i (1 \le i \le n_u)$ et leur nombre n_u. La fonction de vraisemblance (sous l'hypothèse que $\xi \neq 0$) s'écrit :

$$\prod_{i=1}^{n_u} \frac{1}{\beta}\left(1 + \frac{\xi(x_i - u)}{\beta}\right)^{-1/\xi - 1}$$

Maximiser cette fonction revient à maximiser son logarithme :

$$\sum_{i=1}^{n_u} \ln\left[\frac{1}{\beta}\left(1 + \frac{\xi(x_i - u)}{\beta}\right)^{-1/\xi - 1}\right] \tag{14.7}$$

On peut utiliser des procédures numériques standard pour obtenir les valeurs de ξ et β qui maximisent cette équation.

Estimation de la queue de distribution

$1 - G_{\xi,\beta}(y)$ est la probabilité conditionnelle de $x > u + y$, sachant $x > u$. La probabilité que $x > u$ est $1 - F(u)$, et la probabilité inconditionnelle de $x > u$ est alors :

$$[1 - F(u)][1 - G_{\xi,\beta}(x - u)]$$

Pour un échantillon de n observations, l'estimation de $1 - F(u)$ est n_u / n. Dans ce cas, la probabilité inconditionnelle de $x > u$ vaut :

$$Prob(x > u) = \frac{n_u}{n}\left[1 - G_{\xi,\beta}(x - u)\right] = \frac{n_u}{n}\left(1 + \xi\frac{x - u}{\beta}\right)^{-1/\xi} \tag{14.8}$$

1. Lorsque $\xi = 0$, la distribution généralisée de Pareto devient : $G_{\xi,\beta}(y) = 1 - \exp(-y/\beta)$.
2. Le moment d'ordre k de x, noté $E(x^k)$, est infini pour $k \ge 1/\xi$. Tous les moments d'une distribution normale sont finis. Lorsque $\xi = 0{,}25$, seuls les trois premiers moments sont finis ; lorsque $\xi = 0{,}5$, seul le premier moment est fini, et ainsi de suite.

Équivalence avec la loi puissance

En posant $u = \beta / \xi$, l'équation (14.8) devient :

$$Prob(x > u) = \frac{n_u}{n}\left(\frac{\xi x}{\beta}\right)^{-1/\xi}$$

et peut s'écrire (pour une valeur supérieure à x) :

$$Kx^{-\alpha}$$

avec :

$$K = \frac{n_u}{n}\left(\frac{\xi}{\beta}\right)^{-1/\xi}$$

et $\alpha = 1 / \xi$. L'équation (14.8) est bien équivalente à la loi puissance (voir section 10.4).

La queue gauche de la distribution

On peut appliquer la méthodologie présentée ci-dessus à l'estimation de la queue gauche de la distribution en remplaçant x par $-x$ dans les notations. Supposons qu'une compagnie pétrolière ait collecté des données sur les augmentations journalières du prix du pétrole et souhaite estimer la VaR au seuil de 99,9 % à un jour d'une baisse de prix. On calcule cette valeur à partir de la queue gauche de la distribution des augmentations du prix du pétrole. La compagnie doit donc modifier les signes dans ses données et utiliser la méthodologie décrite ci-dessus.

Calcul de la VaR et de l'*expected shortfall*

Pour calculer la VaR au seuil q, on doit résoudre l'équation :

$$F(VaR) = q$$

À partir de l'équation (14.8), on obtient :

$$q = 1 - \frac{n_u}{n}\left(1 + \xi\frac{VaR - u}{\beta}\right)^{-1/\xi}$$

tel que :

$$VaR = u + \frac{\beta}{\xi}\left[\left(\frac{n}{n_u}(1-q)\right)^{-\xi} - 1\right] \qquad (14.9)$$

L'*expected shortfall* (voir section 9.3) est donné par :

$$Expected\ Shortfall = \frac{VaR + \beta - \xi u}{1 - \xi} \qquad (14.10)$$

14.6 Application

Considérons à nouveau les données des tableaux 14.1 à 14.4. Lorsque $u = 160$, on peut voir à partir du tableau 14.4 que (c'est-à-dire qu'il existe 22 scénarios pour lesquels la perte en milliers de dollars est supérieure à 160). Le tableau 14.8 présente les calculs pour des valeurs $\beta = 40$ et $\xi = 0{,}3$. La valeur de la fonction de log-vraisemblance de l'équation (14.7) vaut –108,37.

Avec l'aide du solveur d'Excel pour chercher les valeurs de ξ et β qui maximisent la fonction de log-vraisemblance, on obtient :

$$\beta = 32{,}532$$

$$\xi = 0{,}436$$

et le maximum de la fonction est –108,21.

Supposons que l'on souhaite estimer la probabilité que la perte sur le portefeuille entre les 25 et 26 septembre 2008 soit supérieure à 300 000 USD (soit 3 % de sa valeur). Selon l'équation (14.8), cette probabilité est égale à :

$$\frac{22}{500}\left[1 + 0{,}436\frac{300 - 160}{32{,}532}\right]^{-1/0{,}436} = 0{,}0039$$

Tableau 14.8 : Estimation des paramètres de la théorie des valeurs extrêmes pour le tableau 14.4 ; $u = 160$, $\beta = 40$, $\xi = 0{,}3$.

Scénario	Pertes (en milliers USD)	Rang	$\ln\left[\frac{1}{\beta}\left(1+\frac{\xi(x_i - u)}{\beta}\right)^{-1/\xi-1}\right]$
494	477,841	1	–8,94
339	345,435	2	–7,47
349	282,204	3	–6,51
329	277,041	4	–6,42
487	253,385	5	–5,99
227	217,974	6	–5,25
131	202,256	7	–4,88
238	201,389	8	–4,86
⋮	⋮	⋮	⋮
⋮	⋮	⋮	⋮
⋮	⋮	⋮	⋮
304	160,778	22	–3,71
Total			–108,37
Estimations des paramètres			
ξ	β		
0,3	40		

C'est bien plus précis que le simple comptage des observations. La probabilité que la perte dépasse 500 000 USD (5 % de sa valeur) est égale à 0,00086.

En utilisant l'équation (14.9), la VaR au seuil de 99 % est :

$$160+\frac{32,532}{0,436}\left\{\left[\frac{500}{22}(1-0,99)\right]^{-0,436}-1\right\}=227,8$$

soit 227 800 dollars. (Dans ce cas, l'estimation de la VaR est inférieure de près de 25 000 dollars à la cinquième « pire » perte.) Lorsque le seuil de la VaR passe à 99,9 %, on obtient :

$$160+\frac{32,532}{0,436}\left\{\left[\frac{500}{22}(1-0,999)\right]^{-0,436}-1\right\}=474,0$$

soit 474 000 dollars. Lorsque le seuil passe à 99,97 %, on obtient :

$$160+\frac{32,532}{0,436}\left\{\left[\frac{500}{22}(1-0,9997)\right]^{-0,436}-1\right\}=742,5$$

soit 742 500 dollars.

La formule de l'équation (14.10) fournit une application utile de la théorie des valeurs extrêmes, parce qu'il est souvent difficile d'estimer l'*expected shortfall* avec précision. Dans notre exemple, lorsque le seuil est de 99 %, l'*expected shortfall* est :

$$\frac{227,8+32,532-0,436\times 160}{1-0,436}=337,9$$

soit 337 900 dollars. Avec un seuil à 99,9 %, on obtient :

$$\frac{474,0+32,532-0,436\times 160}{1-0,436}=774,9$$

soit 774 800 dollars.

On peut également utiliser la théorie des valeurs extrêmes avec la prise en compte de la structure de volatilité (voir section 14.3 et problème 14.11), ainsi qu'avec la procédure de pondération des observations (voir section 14.3). Dans ce cas, on doit multiplier les termes de l'équation (14.7) par les pondérations.

On peut utiliser un dernier calcul pour affiner le seuil de 99 % de la VaR (voir section 14.2). À partir de l'équation (14.6), la fonction de densité évaluée au niveau de la VaR pour la distribution de probabilité de perte, conditionnelle (supérieure à 160), est :

$$32,532\left[1+\frac{0,436\times(227,8-160)}{32,532}\right]^{-1/0,436-1}=0,0037$$

La fonction de densité inconditionnelle évaluée au niveau de la VaR est égale à $n_u / n = 22/500$ fois ce nombre, soit 0,00016. Sans surprise, ce résultat est inférieur à 0,000284, obtenu à la section 14.2. Cela conduit à augmenter le seuil de la VaR d'environ 70 %.

Choix de *u*

Une question importante concerne l'influence du choix de u sur les résultats. Souvent, les estimations de $F(x)$ demeurent stables, même si les paramètres ξ et β dépendent de u (voir problème 14.10). Généralement, on souhaite que u soit suffisamment élevé pour capter la forme de la queue de la distribution, et suffisamment faible pour que le nombre d'éléments inclus dans le calcul du maximum de vraisemblance ne soit pas trop faible. Davantage de données conduit à plus de précision. Nous avons appliqué la procédure avec 500 données, mais l'idéal serait d'en avoir plus.

Une règle générale consiste à choisir u tel qu'il soit environ égal au 95e centile de la distribution empirique (soit 156,5 dans notre exemple). Les valeurs optimales de ξ et β devraient être positives. Si ξ se révèle négatif, cela signifie que (a) la queue de la distribution n'est pas plus épaisse que celle d'une loi normale ou (b) qu'une valeur inappropriée de u a été choisie.

Résumé

La simulation historique est une approche couramment utilisée pour estimer la VaR. Elle nécessite la constitution d'une base de données des variations journalières des variables de marché pertinentes sur une période de temps déterminée. La première simulation suppose que le pourcentage de variation de chaque variable soit identique à celui du premier jour. La deuxième suppose que ce pourcentage soit identique à celui du deuxième jour, et ainsi de suite. Pour chaque simulation, on calcule la variation de la valeur du portefeuille, ainsi que la VaR, qui correspond à un centile de la distribution de probabilité de la variation du portefeuille. Selon cette procédure, les conditions futures sont supposées être déterminées par les conditions passées. L'écart-type de la VaR ainsi estimée est relativement important et croît avec le seuil de confiance choisi.

Des développements méthodologiques sont possibles. Les pondérations assignées aux observations passées peuvent diminuer de manière exponentielle. On peut introduire la structure de volatilité, afin de mieux tenir compte des différences entre les volatilités présentes et passées.

La théorie des valeurs extrêmes est une méthode qui permet de lisser les queues de distribution de probabilité des variations journalières du portefeuille obtenues avec la simulation historique. Cette méthode permet d'estimer la VaR en tenant compte de la forme des queues de la distribution, et non seulement de certains points. On peut également l'utiliser pour estimer la VaR avec des seuils de confiance élevés (à 99,99 %) sur la base d'un échantillon de 500 observations seulement.

Références complémentaires

Boudoukh, J., Richardson, M. et Whitelaw, R., « The Best of Both Worlds », *Risk*, mai 1998, vol. 11, p. 64-67.

Embrechts, P., Kluppelberg, C. et Mikosch, T., *Modeling Extremal Events for Insurance and Finance*, Springer, 1997.

Hendricks, D., « Evaluation of Value-at-Risk Models Using Historical Data », *Economic Policy Review*, Federal Reserve Bank of New York, avril 1996, vol. 2, p. 39-69.

Hull, J. C. et White, A., « Incorporating Volatility Updating into the Historical Simulation Method for Value at Risk », *Journal of Risk*, automne 1998, vol. 1, p. 5-19.

McNeil, A. J., « Extreme Value Theory for Risk Managers », *Internal Modeling and CAD II*, Risk Books, 1999. Voir aussi http://www.ma.hw.ac.uk/~mcneil/.

Neftci, S. N., « Value at Risk Calculations, Extreme Events and Tails Estimation », *Journal of Derivatives*, printemps 2000, vol. 7, p. 23-28.

Problèmes et exercices (corrigés en fin d'ouvrage)

14.1. Quelles sont les hypothèses sous-jacentes au calcul de la VaR par la simulation historique sur un échantillon de 500 observations?

14.2. Montrez que lorsque λ tend vers 1, le schéma de pondération de la section 14.3 tend vers la simulation historique standard.

14.3. Considérons une VaR au seuil de 95 % à un jour de 5 millions d'euros estimée sur un échantillon de 1 000 observations. En calibrant les observations par une distribution standard, on estime à 0,01 la fonction de densité des pertes au 95e centile lorsque l'on mesure les pertes en millions. Quel est l'écart-type de la VaR?

14.4. La VaR au seuil de 99 % à un jour calculée à la section 14.1 vaut 253 385 dollars. En vous servant des feuilles Excel sur le site Internet de l'auteur, calculez : (a) la VaR au seuil de 95 % à un jour et (b) la VaR au seuil de 97 % à un jour.

14.5. En utilisant les feuilles Excel sur le site Internet de l'auteur, calculez la VaR au seuil de 99 % à un jour selon la méthode standard lorsque le portefeuille est composé à part égale des quatre indices (voir section 14.1).

14.6. La procédure de pondération des observations utilisée à la section 14.3 donne une VaR au seuil de 99 % à un jour égale à 282 204 dollars. En utilisant les feuilles Excel sur le site Internet de l'auteur, calculez la VaR au seuil de 99 % à un jour avec $\lambda = 0{,}99$.

14.7. La procédure de prise en compte de la structure de volatilité utilisée à la section 14.3 donne une VaR au seuil de 99 % à un jour égale à 602 968 dollars. En utilisant les feuilles Excel sur le site Internet de l'auteur, calculez la VaR au seuil de 99 % à un jour avec $\lambda = 0{,}96$.

14.8. Dans l'application de la théorie des valeurs extrêmes (voir section 14.6), quelle est la probabilité que la perte dépasse 400 000 dollars ?

14.9. Dans l'application de la théorie des valeurs extrêmes (voir section 14.6), quelle est la VaR au seuil de 97 % ?

14.10. Modifiez le paramètre u de 160 à 150 dans l'application de la théorie des valeurs extrêmes (voir section 14.6). Comment cette modification affecte-t-elle les estimations de ξ et β ? Quel est l'impact sur la VaR au seuil de 99 % à un jour lorsque le seuil est de (a) 99 % et (b) 99,9 % ?

14.11. Procédez à une analyse par la théorie des valeurs extrêmes en utilisant les données du tableau 14.7 et du site Internet de l'auteur, avec $u = 400$. Quelles sont les valeurs optimales de ξ et β ? Calculez la VaR au seuil de 99 % à un jour avec un seuil de confiance à 99 % et 99,9 %. Quelle est la probabilité que la perte dépasse 600 000 dollars ?

Questions complémentaires

14.12. Supposons que la VaR au seuil de 97,5 % à un jour soit estimée à 13 millions d'euros sur un échantillon de 2 000 observations. Celles-ci sont normalement distribuées, de moyenne nulle et d'écart-type 6 millions d'euros. Estimez l'intervalle de confiance à 99 % de la VaR.

14.13. Supposons que le portefeuille considéré à la section 14.1 soit composé (en milliers USD) de 3 000 en DJIA, 3 000 en FTSE 100, 1 000 en CAC 40 et 3 000 en Nikkei 225. Utilisez les feuilles Excel sur le site Internet de l'auteur pour calculer :

a. la VaR au seuil de 99 % à un jour ;

b. la VaR au seuil de 99 % à un jour avec une procédure de pondération des observations ;

c. la VaR au seuil de 99 % à un jour avec une procédure de prise en compte de la structure de volatilité ;

d. la VaR au seuil de 99 % à un jour avec une application de la théorie des valeurs extrêmes.

14.14. Étudiez l'impact de l'application de la théorie des valeurs extrêmes sur les résultats avec une procédure de prise en compte de la structure de volatilité à la section 14.3, avec $u = 350$.

14.15. La procédure de pondération des observations utilisée à la section 14.3 donne une VaR au seuil de 99 % à un jour égale à 282 204 dollars. En utilisant les feuilles Excel sur le site Internet de l'auteur, calculez la VaR au seuil de 99 % à un jour avec $\lambda = 0{,}985$.

14.16. La procédure de prise en compte de la structure de volatilité utilisée à la section 14.3 donne une VaR au seuil de 99 % à un jour égale à 602 968 dollars. En utilisant les feuilles Excel sur le site Internet de l'auteur, calculez la VaR au seuil de 99 % à un jour avec $\lambda = 0{,}92$.

14.17. Les valeurs de l'indice composite Nasdaq sur 1 500 jours jusqu'au 10 mars 2006 sont téléchargeables sur le site Internet de l'auteur. Calculez la VaR au seuil de 99 % à un jour le 10 mars 2006 d'un portefeuille de 10 millions de dollars investis dans cet indice en utilisant :

a. l'approche de la simulation historique standard ;

b. le schéma de pondération exponentielle, avec $\lambda = 0{,}995$ (voir section 14.3) ;

c. la structure de volatilité (voir section 14.3), avec $\lambda = 0{,}94$ (vous supposerez que la volatilité initiale est égale à l'écart-type des rentabilités journalières de l'échantillon) ;

d. la théorie des valeurs extrêmes, avec $u = 300$;

e. un modèle où les rentabilités journalières sont supposées normalement distribuées (utilisez une approche avec pondération identique des observations et un EWMA avec $\lambda = 0{,}94$ pour estimer l'écart-type des rentabilités).

Étudiez les origines des différences de ces résultats.

Chapitre 15

VaR de marché : estimation par l'approche variance-covariance

L'approche variance-covariance (*model-building*) est la principale alternative pour estimer la VaR de marché. Elle repose à la fois sur la modélisation de la distribution jointe des variations des variables de marché et sur des données historiques pour estimer les paramètres du modèle.

Cette approche est adaptée à un portefeuille composé de positions longues et courtes sur actions, obligations, etc. Elle est fondée sur les travaux pionniers d'Harry Markowitz. L'évaluation du couple rentabilité-risque des portefeuilles repose également sur ces travaux (voir section 1.1), mais on peut également utiliser ces derniers pour le calcul de la VaR. On peut estimer l'espérance et l'écart-type de la valeur du portefeuille à partir des moyennes et des écarts-types des rentabilités des instruments composant le portefeuille. Le calcul de la VaR est rapide si l'on suppose, d'une part, que les distributions de probabilité des variations des variables de marché sont normales et, d'autre part, que la relation entre les variations de la valeur du portefeuille et celles des variables de marché est linéaire.

L'approche variance-covariance est plus difficile à mettre en œuvre dans le cas d'un portefeuille composé d'instruments non linéaires, comme les options. Il est également difficile de relâcher l'hypothèse de rendements normaux sans accroître de façon considérable le temps de calcul.

15.1 Méthodologie de base

Considérons pour l'instant le cas le plus simple d'un portefeuille contenant une seule action pour calculer la VaR par l'approche variance-covariance. Le portefeuille se compose de 10 millions d'euros d'actions Alcatel-Lucent. L'horizon temporel est de dix jours et le seuil de confiance de la VaR vaut 99 %. On s'intéresse au niveau de perte dans dix jours que l'on est certain de ne pas dépasser avec 99 % de chances ; on cherche dans un premier temps à calculer la VaR à un jour.

Par hypothèse, la volatilité journalière d'Alcatel-Lucent est de 2 % (correspondant à une volatilité annuelle de 32 %)[1]. Compte tenu de la valeur de l'exposition de 10 millions d'euros, l'écart-type des variations journalières du portefeuille est de 200 000 euros.

---

1. Dans les modèles d'évaluation d'options, on exprime les volatilités en base annuelle. Dans l'approche variance-covariance pour le calcul de la VaR, on exprime la volatilité en base journalière. On peut convertir cette dernière en base annuelle en la multipliant par $\sqrt{252}$, soit 16 environ (voir section 10.1).

Dans le cadre de l'approche variance-covariance, il est courant de supposer que l'espérance des variations est nulle sur la période considérée. Cette hypothèse est raisonnable, quoiqu'inexacte. Elle se justifie par le fait que l'espérance sur un intervalle court est négligeable face aux variations dues à la volatilité. Si, par exemple, Alcatel-Lucent a une rentabilité annuelle espérée de 20 %, la rentabilité journalière espérée est de 20 %/252 = 0,08 %, alors que l'écart-type journalier est de 2 %. À l'horizon de dix jours, la rentabilité espérée est de 0,8 % et l'écart-type de $2\ \% \times \sqrt{10} = 6{,}3\ \%$.

Jusqu'à présent, on a supposé que l'écart-type de la variation de la valeur du portefeuille sur un jour est de 200 000 euros, alors que sa moyenne est (approximativement) nulle. Si les variations de la valeur du portefeuille sont normalement distribuées[1], la variation de la valeur du portefeuille a une probabilité inférieure à 1 % d'être supérieure à 2,33 fois l'écart-type, puisque $N(-2{,}33) = 0{,}01$. En d'autres termes, on est certain à 99 % que la valeur du portefeuille ne baissera pas de plus de 2,33 fois l'écart-type. Par conséquent, pour un portefeuille de 10 millions d'euros d'actions Alcatel-Lucent, la VaR à 99 % à un jour est :

$$2{,}33 \times 200\ 000 = 466\ 000 \text{ euros}$$

En supposant que les variations du prix de l'action sont indépendantes, on obtient la VaR à N jours en multipliant par la VaR à un jour. Ainsi, la VaR à 99 % à dix jours vaut :

$$\sqrt{10} \times 466000 = 1\ 473\ 621 \text{ euros}$$

Considérons maintenant un portefeuille de 5 millions d'euros d'actions France Télécom, dont la volatilité journalière est de 1 % (soit 16 % en base annuelle). Les mêmes calculs montrent que l'écart-type de la variation de la valeur du portefeuille sur un jour vaut :

$$5\ 000\ 000 \times 0{,}01 = 50\ 000$$

En supposant que la variation est normalement distribuée, la VaR à 99 % à un jour est :

$$2{,}33 \times 50\ 000 = 116\ 500 \text{ euros}$$

et la VaR à dix jours est quant à elle égale à :

$$\sqrt{10} \times 116500 = 368\ 405 \text{ euros}$$

Le cas de deux actifs

Considérons désormais un portefeuille composé de 10 millions d'euros d'actions Alcatel-Lucent et de 5 millions d'euros d'actions France Télécom. On suppose que les rentabilités des deux actions suivent une distribution normale bivariée, avec un coefficient de corrélation 0,3. D'après un résultat statistique standard, l'écart-type de $X + Y$ s'écrit :

$$\sigma_{X+Y} = \sqrt{\sigma_X^2 + \sigma_Y^2 + 2\rho\sigma_X\sigma_Y}$$

1. On pourrait supposer que le prix d'Alcatel-Lucent à l'horizon d'un jour suit une loi log-normale. En fait, sur un intervalle très court (un jour), la différence avec l'hypothèse de variations normales est quasi inexistante.

où les écarts-types respectifs sont σ_X et σ_Y, et le coefficient de corrélation est ρ. En assimilant X à l'action Alcatel-Lucent et Y à l'action France Télécom sur une période d'un jour, alors :

$$\sigma_X = 200\ 000$$

$$\sigma_Y = 50\ 000$$

L'écart-type de la variation de valeur du portefeuille composé de ces deux actions sur un jour est alors égal à :

$$\sqrt{200\ 000^2 + 50\ 000^2 + 2 \times 0{,}3 \times 200\ 000 \times 50\ 000} = 220\ 227$$

La variation est normalement distribuée de moyenne nulle. La VaR à 99 % à un jour est donc :

$$2{,}33 \times 220\ 227 = 513\ 129 \text{ euros}$$

et la VaR à 99 % à dix jours est égale à $\sqrt{10}$ fois 513 129 euros, soit 1 622 657 euros.

Les bénéfices de la diversification

Dans l'exemple considéré ci-dessus, on a donc :

1. une VaR au seuil de 99 % à dix jours d'Alcatel-Lucent de 1 473 621 euros ;
2. une VaR au seuil de 99 % à dix jours de France Télécom de 368 405 euros ;
3. une VaR au seuil de 99 % à dix jours pour le portefeuille des deux titres qui vaut 1 622 657 euros.

Le montant 1 473 621 + 368 405 – 1 622 657 = 219 369 euros représente le gain de la diversification. Si les rentabilités d'Alcatel-Lucent et de France Télécom étaient parfaitement corrélées, la VaR du portefeuille serait égale à la somme des VaR des deux titres individuels. Dès que cette corrélation n'est pas parfaite, il existe des gains de diversification[1].

15.2 Généralisation

Les exemples qui viennent d'être traités sont de simples illustrations de l'utilisation d'un modèle linéaire dans le calcul de la VaR. Considérons un portefeuille P composé de n actifs avec des montants $\alpha_i, 1 \leq i \leq n$ investis dans ces actifs. Notons Δx_i la rentabilité journalière de l'actif i. La variation journalière de l'investissement dans l'actif i est $\alpha_i \Delta x_i$ et :

$$\Delta P = \sum_{i=1}^{n} \alpha_i \Delta x_i \qquad (15.1)$$

avec ΔP la variation journalière de la valeur du portefeuille.

1. La VaR reflète les bénéfices de la diversification lorsque la distribution des variations de la valeur du portefeuille est normale, mais ce n'est pas toujours le cas (voir section 9.4). En effet, la VaR de deux portefeuilles peut être supérieure à la somme de leur VaR.

Dans l'exemple de la section précédente, puisque $a_1 = 10$ et $a_2 = 5$, 10 millions d'euros et 5 millions d'euros étaient respectivement investis dans Alcatel-Lucent et France Télécom, de manière que (en millions d'euros) :

$$\Delta P = 10\Delta x_1 + 5\Delta x_2$$

Si les Δx_i de l'équation (15.1) suivent une loi normale multivariée, alors ΔP est normalement distribuée. Pour calculer la VaR, il suffit donc de calculer la moyenne et l'écart-type de ΔP. De plus, comme nous l'avons déjà mentionné, il est d'usage de supposer que l'espérance de chaque Δx_i est nulle, ce qui implique que la moyenne de ΔP est également nulle.

Pour calculer l'écart-type de ΔP, on note s_i l'écart-type de la variation journalière de i et r_{ij} la corrélation entre les rentabilités des actifs i et j[1]. Cela signifie que s_i est l'écart-type de Δx_i et r_{ij} le coefficient de corrélation entre Δx_i et Δx_j. La variance de ΔP, notée σ_P^2, est alors définie par :

$$\sigma_P^2 = \sum_{i=1}^{n}\sum_{j=1}^{n}\rho_{ij}\alpha_i\alpha_j\sigma_i\sigma_j \qquad (15.2)$$

Cette équation peut encore s'écrire :

$$\sigma_P^2 = \sum_{i=1}^{n}\alpha_i^2\sigma_i^2 + 2\sum_{i=1}^{n}\sum_{j<i}\rho_{ij}\alpha_i\alpha_j\sigma_i\sigma_j$$

L'écart-type de ΔP sur N jours vaut $\sigma_P\sqrt{N}$ et la VaR à 99 % à l'horizon temporel de N jours est égale à $2{,}33\sigma_P\sqrt{N}$.

Dans l'exemple de la section précédente, $s_1 = 0{,}02$, $s_2 = 0{,}01$ et $r_{12} = 0{,}3$. Comme $a_1 = 10$ et $a_2 = 5$, on peut écrire :

$$\sigma_P^2 = 10^2 \times 0{,}02^2 + 5^2 \times 0{,}01^2 + 2 \times 10 \times 5 \times 0{,}3 \times 0{,}02 \times 0{,}01 = 0{,}0485$$

et $s_P = 0{,}22$. Il s'agit de l'écart-type en millions d'euros de la variation de valeur journalière du portefeuille. La VaR à dix jours à 99 % vaut donc $2{,}33 \times\sqrt{10} \times 0{,}22 = 1{,}623$ million d'euros. C'est bien sûr le résultat trouvé précédemment.

La rentabilité du portefeuille sur un jour est $\Delta P\ /\ P$. À partir de l'équation (15.2), la variance s'écrit :

$$\sum_{i=1}^{n}\sum_{j=1}^{n}\rho_{ij}w_iw_j\sigma_i\sigma_j$$

avec $w_i = \alpha_i\ /\ P$ la pondération de l'actif i dans le portefeuille. Il s'agit du résultat de Markowitz de 1952 (vois section 1.1).

15.3 Matrices de corrélation et de covariance

Une matrice de corrélation contient le coefficient de corrélation r_{ij} entre la variable i et j à la ligne i et à la colonne j (voir tableau 15.1). Comme une variable est toujours parfaitement corrélée avec elle-même, la diagonale de la matrice compte uniquement des 1.

1. On calcule parfois les ρ_{ij} avec un modèle factoriel (voir section 11.3).

De plus, comme $\rho_{ij} = \rho_{ji}$, la matrice est symétrique. La matrice de corrélation et les écarts-types journaliers des variables permettent de calculer la variance du portefeuille en utilisant l'équation (15.2).

Tableau 15.1 : Matrice de corrélation : ρ_{ij} est le coefficient de corrélation entre les variables *i* et *j*.

$$\begin{bmatrix} 1 & \rho_{12} & \rho_{13} & \cdots & \rho_{1n} \\ \rho_{21} & 1 & \rho_{23} & \cdots & \rho_{2n} \\ \rho_{31} & \rho_{32} & 1 & \cdots & \rho_{3n} \\ \vdots & \vdots & \vdots & \vdots & \vdots \\ \rho_{n1} & \rho_{n2} & \rho_{n3} & \cdots & 1 \end{bmatrix}$$

Au lieu de travailler avec des corrélations et des volatilités, les analystes utilisent fréquemment des variances et des covariances. La variance journalière var_i de la variable *i* est égale au carré de la volatilité journalière :

$$var_i = \sigma_i^2$$

La covariance cov_{ij} entre les variables *i* et *j* est le produit des volatilités journalières des variables *i* et *j* et de la corrélation entre *i* et *j* :

$$cov_{ij} = \sigma_i \sigma_j \rho_{ij}$$

La variance du portefeuille à l'équation (15.2) peut alors s'écrire :

$$\sigma_P^2 = \sum_{i=1}^{n} \sum_{j=1}^{n} cov_{ij} \alpha_i \alpha_j \tag{15.3}$$

Dans une matrice de covariance, le terme de la ligne *i* et de la colonne *j* correspond à la covariance entre les variables *i* et *j*. La covariance d'une variable avec elle-même est sa variance ; c'est pourquoi la diagonale de cette matrice compte les variances (voir tableau 15.2). La matrice de covariance est de ce fait parfois appelée matrice variance-covariance. Cette matrice est également symétrique. En adoptant une notation matricielle, la variance du portefeuille à l'équation (15.3) devient :

$$\sigma_P^2 = \alpha^{\mathrm{T}} \mathbf{C} \alpha$$

avec α le vecteur (colonne) dont l'élément *i* est α_i, **C** la matrice variance-covariance et α^{T} le vecteur transposé de α.

On calcule généralement les variances et les covariances à partir de données historiques. Une approche consiste à effectuer ce calcul en attribuant une pondération identique à toutes les rentabilités. Une autre approche utilise la méthode EWMA. Dans ce cas, il faut utiliser le même paramètre λ pour tous les calculs, afin de garantir une matrice semi-définie positive (voir section 11.2). On peut également utiliser les modèles GARCH, mais garantir la « semi-positivité » de la matrice est alors plus compliqué.

Tableau 15.2 : Matrice variance-covariance : cov_{ij} est la covariance entre les variables *i* et *j*. Les variances sont en diagonale et $var_i = cov_{ii}$.

$$\begin{bmatrix} var_1 & cov_{12} & cov_{13} & \cdots & cov_{1n} \\ cov_{21} & var_2 & cov_{23} & \cdots & cov_{2n} \\ cov_{31} & cov_{32} & var_3 & \cdots & cov_{3n} \\ \vdots & \vdots & \vdots & \vdots & \vdots \\ cov_{n1} & cov_{n2} & cov_{n3} & \cdots & var_n \end{bmatrix}$$

Exemple avec quatre actifs

Revenons à l'exemple présenté au chapitre 14, où un portefeuille se compose d'investissements dans le DJIA (4 millions de dollars), le FTSE 100 (3 millions de dollars), le CAC 40 (1 million de dollars) et le Nikkei 225 (2 millions de dollars) au 25 septembre 2008. Les rentabilités journalières sur 500 jours et les calculs sont disponibles sur : www.rotman.utoronto.ca/~hull/RMFI3e/VaRExample.

Le tableau 15.3 présente la matrice de corrélation avec pondération identique de toutes les rentabilités. On remarque que le FTSE 100 et le CAC 40 sont fortement corrélés, alors que le DJIA est peu corrélé avec ces deux indices, de même que le Nikkei 225. Le tableau 15.4 présente la matrice de covariance.

Tableau 15.3 : Matrice de corrélation avec pondération identique des rentabilités : la variable 1 est le DJIA, la variable 2 est le FTSE 100, la variable 3 est le CAC 40 et la variable 4 est le Nikkei 225.

$$\begin{bmatrix} 1 & 0{,}489 & 0{,}496 & -0{,}062 \\ 0{,}489 & 1 & 0{,}918 & 0{,}201 \\ 0{,}496 & 0{,}918 & 1 & 0{,}211 \\ -0{,}062 & 0{,}201 & 0{,}211 & 1 \end{bmatrix}$$

Tableau 15.4 : Matrice de covariance avec pondération identique des rentabilités : la variable 1 est le DJIA, la variable 2 est le FTSE 100, la variable 3 est le CAC 40 et la variable 4 est le Nikkei 225.

$$\begin{bmatrix} 0{,}0001227 & 0{,}0000768 & 0{,}0000767 & -0{,}0000095 \\ 0{,}0000768 & 0{,}0002010 & 0{,}0001817 & 0{,}0000394 \\ 0{,}0000767 & 0{,}0001817 & 0{,}0001950 & 0{,}0000407 \\ -0{,}0000095 & 0{,}0000394 & 0{,}0000407 & 0{,}0001909 \end{bmatrix}$$

En utilisant l'équation (15.3) et les données du tableau 15.4, on peut calculer la variance des pertes du portefeuille (en milliers de dollars) qui est de 8 761,833 et l'écart-type, égal à 93,60. La VaR au seuil de 99 % à un jour est donc de 2,33 × 93,60 = 217,757, soit 217 757 dollars. Par l'approche par la simulation historique, la VaR était de 253 385 dollars (voir chapitre 14).

Utilisation de l'EWMA

Au lieu de calculer les variances et les covariances en supposant une pondération égale des rentabilités, on utilise désormais la méthode EWMA, avec $\lambda = 0{,}94$. Le tableau 15.5 présente la nouvelle matrice de covariance[1]. À partir de l'équation (15.3), on peut déduire la variance (en milliers de dollars) et l'écart-type du portefeuille : 40 995 765 et 202,474 respectivement. La VaR au seuil de 99 % à un jour est alors égale à $2{,}33 \times 202{,}474 = 471{,}025$, soit 471 025 dollars. Ce résultat est doublement supérieur à celui obtenu avec pondération égale des rentabilités. Les données des tableaux 15.6 et 15.7 expliquent cette différence. L'écart-type d'un portefeuille long augmente avec les écarts-types des rentabilités des actifs et avec les corrélations entre les actifs. D'après le tableau 15.6, les écarts-types journaliers sont beaucoup plus importants avec la méthode EWMA car les volatilités étaient plus importantes sur la période proche du 25 septembre 2008 que les autres jours. Les corrélations ont également augmenté (voir tableaux 15.7 et 15.3)[2].

Tableau 15.5 : Matrice de covariance avec la méthode EWMA et $\lambda = 0{,}94$: la variable 1 est le DJIA, la variable 2 est le FTSE 100, la variable 3 est le CAC 40 et la variable 4 est le Nikkei 225.

$$\begin{bmatrix} 0{,}0004801 & 0{,}0004303 & 0{,}0004257 & -0{,}0000396 \\ 0{,}0004303 & 0{,}0010314 & 0{,}0009630 & 0{,}0002095 \\ 0{,}0004257 & 0{,}0009630 & 0{,}0009535 & 0{,}0001681 \\ -0{,}0000396 & 0{,}0002095 & 0{,}0001681 & 0{,}0002541 \end{bmatrix}$$

Tableau 15.6 : Volatilités (%/jour) avec pondération égale et EWMA.

	DJIA	FTSE 100	CAC 40	Nikkei 225
Pondération égale	1,11	1,42	1,40	1,38
EWMA	2,19	3,21	3,09	1,59

Tableau 15.7 : Matrice de corrélation avec la méthode EWMA : la variable 1 est le DJIA, la variable 2 est le FTSE 100, la variable 3 est le CAC 40 et la variable 4 est le Nikkei 225.

$$\begin{bmatrix} 1 & 0{,}611 & 0{,}629 & -0{,}113 \\ 0{,}611 & 1 & 0{,}971 & 0{,}409 \\ 0{,}629 & 0{,}971 & 1 & 0{,}342 \\ -0{,}113 & 0{,}409 & 0{,}342 & 1 \end{bmatrix}$$

1. Avec cette méthode, la variance initiale est supposée égale à la variance de la population. Les résultats sont peu sensibles au choix de la variance initiale. Tout compte fait, c'est la variance finale qui est importante.
2. Cela illustre également le phénomène d'accroissement de la corrélation en présence de conditions de marché défavorables.

15.4 Le cas des instruments de taux

Il est impossible de définir une variable de marché pour chaque obligation ou chaque taux d'intérêt, et des simplifications sont nécessaires dans le cadre de l'approche variance-covariance. Dans le cas des taux d'intérêt, une des possibilités consiste à envisager uniquement des déplacements parallèles de la courbe des taux. Dans ce cas, une seule variable de marché est nécessaire, à savoir l'amplitude de ce déplacement. On peut alors calculer la variation de valeur du portefeuille considéré grâce à la relation de duration [voir équation (8.6)] :

$$\Delta P = -\, DP\Delta y$$

où P désigne la valeur du portefeuille, ΔP sa variation, D sa duration modifiée et Δy le déplacement de la courbe des taux. Cette approche décrit une relation linéaire entre ΔP et Δy, et n'est donc pas suffisamment précise, puisqu'elle ne permet pas d'appréhender des déplacements non parallèles de la courbe des taux.

La procédure habituelle consiste plutôt à choisir, comme variables de marché, des prix d'obligations zéro-coupon (ZC) avec des maturités usuelles : 1 mois, 3 mois, 6 mois, 1 an, 2 ans, 5 ans, 7 ans, 10 ans et 30 ans. Pour calculer la VaR, les flux engendrés par le portefeuille sont alors transformés en flux équivalents reçus aux dates d'échéance des ZC de référence.

Considérons un portefeuille de 1 million d'euros d'obligations d'État, payant des coupons semestriels au taux annuel de 10 % et d'échéance 0,8 an. Les coupons sont payés dans 0,3 an et 0,8 an, et le principal est payé dans 0,8 an. Ce portefeuille est équivalent à un portefeuille contenant 50 000 zéro-coupon d'échéance 0,3 an et 1 050 000 zéro-coupon d'échéance 0,8 an. La première composante du portefeuille est transformée en une position équivalente en zéro-coupon à 3 mois et 6 mois. De même, la seconde composante est transformée en une position équivalente en zéro-coupon à 6 mois et 1 an. Pour le calcul de la VaR, on peut analyser la détention de l'obligation initiale d'échéance 0,8 an comme un portefeuille de zéro-coupon d'échéances 3, 6 et 12 mois. On qualifie cette procédure de *cash-flow mapping*.

Illustration d'ajustement des flux *(cash-flow mapping)*

Illustrons le fonctionnement du *cash-flow mapping* (ou ajustement des flux) à partir de l'exemple précédent. Soulignons qu'il existe de nombreuses autres procédures disponibles en dehors de celle présentée ici.

Considérons tout d'abord les 1 050 000 zéro-coupon à 0,8 an et supposons que le tableau 15.8 donne les taux zéro-coupon, les volatilités journalières et les corrélations des rentabilités des zéro-coupon. La première étape consiste en une interpolation entre des taux à 6 mois (6,0 %) et à 1 an (7,0 %), qui permet d'obtenir un taux à 0,8 an égal à 6,6 % (les taux sont supposés composés annuellement). La valeur actuelle de 1 050 000 euros à recevoir dans 0,8 an est donc :

$$\frac{1\,050\,000}{1{,}066^{0{,}8}} = 997\,662$$

Tableau 15.8 : Données pour l'ajustement des flux.

Maturité	3 mois	6 mois	1 an
Taux ZC (%, composition annuelle) :	5,50	6,00	7,00
Volatilité de l'obligation (en % par jour) :	0,06	0,10	0,20
Corrélations des rentabilités journalières	**3 mois**	**6 mois**	**1 an**
3 mois	1,0	0,9	0,6
6 mois	0,9	1,0	0,7
1 an	0,6	0,7	1,0

Le même type d'interpolation sur la volatilité (0,1 % à 6 mois et 0,2 % à 1 an) conduit à une volatilité de 0,16 % pour le zéro-coupon à 0,8 an.

Supposons qu'une proportion α de la valeur actuelle soit investie dans le ZC à 6 mois et une proportion $(1 - \alpha)$ dans le ZC à 1 an. Par l'équation (15.2) et en faisant correspondre les variances, on obtient :

$$0{,}0016^2 = 0{,}001^2\alpha^2 + 0{,}002^2(1-\alpha)^2 + 2\times 0{,}7\times 0{,}001\times 0{,}002\alpha(1-\alpha)$$

Il s'agit d'une équation du second degré que l'on peut résoudre selon la méthode usuelle. La solution est $\alpha = 0{,}320337$, ce qui signifie que 32,0337 % de la valeur actuelle devrait être investie dans le ZC à 6 mois et 67,9663 % dans le ZC à 1 an. L'obligation à 0,8 an de valeur 997 662 euros est ainsi équivalente à un investissement de :

$$997\,662 \times 0{,}320337 = 319\,589\ €$$

dans le ZC à 6 mois et un investissement de :

$$997\,662 \times 0{,}679663 = 678\,074\ €$$

dans le ZC à 1 an.

Ce schéma d'ajustement des flux présente l'avantage de calibrer à la fois la valeur actuelle des flux et la volatilité. On peut aussi montrer que les poids affectés aux deux ZC permettant de construire le portefeuille équivalent sont positifs.

Concernant le flux de 50 000 euros d'échéance 0,3 an, l'application de la même technique (voir problème 15.7) donne une valeur actuelle du flux égale à 49 189 euros. Le portefeuille équivalent consiste à investir 37 397 euros en ZC à 3 mois et 11 793 euros en ZC à 6 mois.

Le tableau 15.9 résume les résultats. L'obligation initiale de maturité 0,8 an est équivalente à un portefeuille de 37 397 euros investis en ZC à 3 mois, 331 382 euros en ZC à 6 mois et 678 074 euros en ZC à 1 an. Avec les informations sur les volatilités et les corrélations du tableau 15.9, l'équation (15.2) donne la variance des variations de prix de l'obligation de maturité 0,8 an en posant $n = 3$; $a_1 = 37\,937$; $a_2 = 331\,382$; $a_3 = 678\,074$; $s_1 = 0{,}0006$; $s_2 = 0{,}001$; $s_3 = 0{,}002$; $r_{12} = 0{,}9$; $r_{13} = 0{,}6$ et $r_{23} = 0{,}7$. On obtient une variance égale à 2 628 518, ce qui correspond à un écart-type de $\sqrt{2\ 628\ 518} = 1\ 621{,}3$. Comme cette obligation est l'unique actif du portefeuille, la VaR au seuil de 99 % à dix jours est égale à :

$$1\ 621{,}3 \times \sqrt{10} \times 2{,}33 = 11\ 946$$

soit environ 11 950 euros.

Tableau 15.9 : *Cash-flows* ajustés.

	50 000 € à recevoir dans 0,3 an	1 050 000 € à recevoir dans 0,8 an	Total
Position en ZC 3 mois (€)	37 397		37 397
Position en ZC 6 mois (€)	11 793	319 589	331 382
Position en ZC 1 an (€)		678 074	678 074

Analyse en composantes principales

Comme nous l'avons vu à la section 8.8, on peut utiliser l'analyse en composantes principales (ACP) pour réduire le nombre de variations de taux à calculer pour les déplacements des courbes de taux. Une ACP peut être mise en œuvre (conjointement avec un ajustement des flux) dans le calcul d'une VaR par l'approche variance-covariance. On peut convertir un ensemble d'expositions aux variations de taux (voir tableau 8.9) en une exposition au premier facteur, au deuxième facteur, et ainsi de suite (voir section 8.8). D'après les données du tableau 15.10 (identiques à celles du tableau 8.9), l'exposition au premier facteur vaut –0,05 et celle au deuxième facteur est égale à –3,87 (plus de 97 % des variations de taux sont expliquées par ces deux facteurs).

Tableau 15.10 : Variation de la valeur du portefeuille pour une variation d'un point de base des taux (en millions d'euros).

Taux 3 ans	Taux 4 ans	Taux 5 ans	Taux 7 ans	Taux 10 ans
+10	+4	-8	-7	+2

Supposons que $f1$ et $f2$ désignent les valeurs des deux premières composantes principales. La variation de la valeur du portefeuille s'écrit :

$$\Delta P = -0{,}05 f_1 - 3{,}87 f_2$$

Les composantes principales ne sont pas corrélées et leurs écarts-types valent respectivement 17,55 et 4,77 (voir tableau 8.8). L'écart-type de ΔP s'écrit :

$$\sqrt{0{,}05^2 \times 17{,}552 + 3{,}872 \times 4{,}772} = 18{,}48$$

La VaR du portefeuille à un jour au seuil de 99 % est donc égale à $18{,}48 \times 2{,}33 = 42{,}99$.

Il est important de remarquer que l'on considère ici un portefeuille ayant une faible exposition au premier facteur et une exposition importante au deuxième. L'utilisation d'un seul facteur conduirait à calculer une VaR largement sous-évaluée (voir problème 15.9). Notons que la méthode de duration conduit également à sous-évaluer la VaR, ce qui est dû à l'hypothèse implicite d'un déplacement parallèle de la courbe des taux.

15.5 Applications du modèle linéaire

Le modèle linéaire s'applique aisément aux portefeuilles ne contenant pas d'actifs dérivés, c'est-à-dire aux portefeuilles d'actions, d'obligations, de devises et de matières premières. Dans ce contexte, la variation de la valeur du portefeuille est une fonction linéaire des variations en pourcentage des prix des actifs qui le composent. Soulignons également que, pour le calcul de la VaR, toutes les valeurs sont exprimées en devise domestique. Si une banque française retient la valeur du Nikkei 225 et celle d'obligations d'État britanniques comme variables de marché, les deux seront exprimées en euros.

Les contrats *forward* sur devises et les *swaps* de taux sont des actifs qui peuvent être analysés dans le cadre du modèle linéaire. Notons T l'échéance du contrat *forward* sur devises ; on peut le considérer comme l'échange d'une obligation étrangère d'échéance T contre une obligation domestique de même échéance. Dans le calcul de la VaR, ce contrat est donc équivalent à une position longue sur l'obligation étrangère combinée à une position courte sur l'obligation domestique (l'obligation étrangère est évaluée en monnaie domestique). Chaque obligation peut être transformée en utilisant le *cash-flow mapping*, chacune étant une combinaison linéaire d'obligations d'échéances standard.

Considérons maintenant un *swap* de taux. Il peut s'interpréter comme l'échange d'une obligation à taux variable contre une obligation à taux fixe (voir annexe D). La première cote le pair après chaque date de paiement et la seconde est une obligation classique à coupons. Le *swap* se réduit donc à un portefeuille d'obligations combinant une position longue et une position courte, et peut ainsi être traité par le modèle linéaire et le *cash-flow mapping.*

15.6 Modèle linéaire et options

Le modèle linéaire peut également être mis en œuvre pour analyser un portefeuille d'options. Imaginons un portefeuille contenant des options de sous-jacent unique coté S aujourd'hui, et notons δ le delta de la position[1] (voir chapitre 7). Comme δ est le taux de variation de la valeur du portefeuille par rapport à S, on peut écrire, en première approximation :

$$\delta = \frac{\Delta P}{\Delta S}$$

1. Au chapitre 6, le delta et le gamma d'un portefeuille sont notés avec des lettres grecques majuscules (Δ et Γ respectivement). Dans cette section, nous utilisons des minuscules (δ et γ respectivement) pour éviter toute confusion, Δ étant déjà utilisé à d'autres fins.

ou encore :

$$\Delta P = \delta \Delta S \qquad (15.4)$$

où ΔS est la variation en euros du prix de l'action sur un jour, et ΔP la variation en euros de la valeur du portefeuille sur un jour. Si l'on note Δx la rentabilité de l'action sur un jour, avec :

$$\Delta x = \frac{\Delta S}{S}$$

une relation approximative entre ΔP et Δx est :

$$\Delta P = S\delta\Delta x$$

Lorsqu'une position dépend de plusieurs variables de marché et d'options, une relation linéaire approximative entre ΔP et Δx_i est de la forme :

$$\Delta P = \sum_{i=1}^{n} S_i \delta_i \Delta x_i \qquad (15.5)$$

où S_i est la valeur de la variable de marché i et δ_i le delta du portefeuille par rapport à cette variable. Cette relation correspond à l'équation (15.1) :

$$\Delta P = \sum_{i=1}^{n} \alpha_i \Delta x_i \qquad (15.6)$$

où $\alpha_i = S_i \delta_i$. On peut alors utiliser l'équation (15.6) pour calculer l'écart-type de ΔP.

Exemple 15.1

Un portefeuille contient des options PPR et Safran. Les options PPR ont un delta global égal à 1 000 et les options Safran, un delta global de 20 000. L'action PPR cote 120 euros et l'action Safran 30 euros. L'équation (15.5) permet, en première approximation, d'écrire :

$$\Delta P = 120 \times 1\,000 \times \Delta x_1 + 30 \times 20\,000\, \Delta x_2$$

ou encore :

$$\Delta P = 120\,000\, \Delta x_1 + 600\,000\, \Delta x_2$$

où Δx_1 et Δx_2 sont les rentabilités journalières des deux actions considérées, et ΔP la variation de la valeur du portefeuille. Dans ce contexte, le portefeuille d'options est considéré équivalent à un investissement de 120 000 euros dans PPR et de 600 000 euros dans Safran. La volatilité journalière est de 2 % pour PPR et de 1 % pour Safran, et la corrélation vaut 0,3. Dans ces conditions, l'écart-type de ΔP (en milliers d'euros) est donné par :

$$\sqrt{(120 \times 0{,}02)^2 + (600 \times 0{,}01)^2 + 2 \times 120 \times 0{,}02 \times 600 \times 0{,}01 \times 0{,}3} = 7{,}099$$

Comme $N(-1{,}65) = 0{,}05$, la VaR au seuil de 95 % à cinq jours vaut :

$$1{,}65 \times \sqrt{5} \times 7\,099 = 26\,193\ €$$

Faiblesses du modèle

Quand un portefeuille contient des options, le modèle linéaire est très approximatif. En particulier, il ne tient pas compte du gamma du portefeuille. Comme nous l'avons vu au chapitre 7, le delta du portefeuille mesure le taux de variation du portefeuille par rapport à une variable de marché (le prix d'une action par exemple), et le gamma mesure le taux de variation du delta par rapport à cette même variable. Le gamma caractérise donc la courbure de la fonction qui lie la valeur du portefeuille à celle de la variable de marché considérée.

La figure 15.1 montre l'impact d'un gamma non nul sur la distribution de probabilité de la valeur du portefeuille. Quand le gamma est positif (négatif), cette distribution a une asymétrie (*skewness*) positive (négative). Les figures 15.2 et 15.3 illustrent cette remarque. La figure 15.2 montre l'évolution du prix d'un *call* en fonction du prix du support. L'achat d'un *call* est la position la plus simple ayant un gamma positif. La figure montre que si la loi suivie par le prix est log-normale, celle du prix du *call* a une asymétrie positive. La figure 15.3 illustre la relation entre la valeur d'une position courte sur un *call* et celle du support. Cette position a un gamma négatif et l'on constate que la loi suivie par le prix du *call* a une asymétrie négative[1].

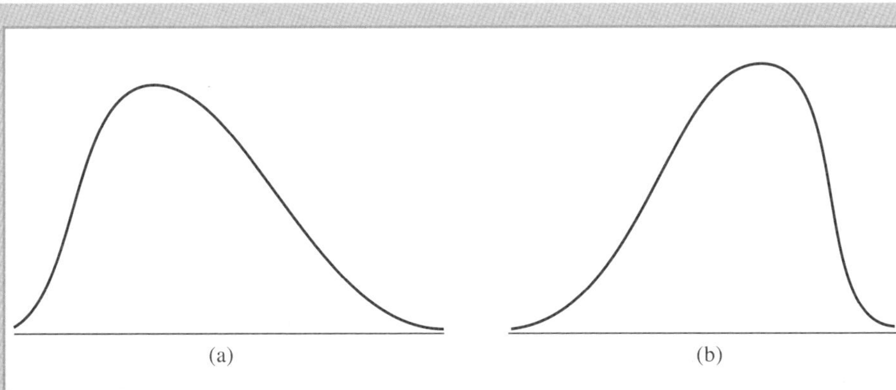

Figure 15.1 – Distribution de la valeur du portefeuille pour (a) un gamma positif et (b) un gamma négatif.

La VaR d'une position dépend de manière cruciale de la queue gauche de la distribution de probabilité de la valeur du portefeuille considéré. Par exemple, au seuil de 99 %, la VaR est la valeur située en dessous du 1er centile de la queue gauche de la distribution. Comme on peut le voir aux figures 15.1(a) et 15.2, un gamma positif est associé à une queue de distribution plus fine à gauche. En supposant que la loi est normale, la VaR calculée sera surévaluée. De même, aux figures 15.1(b) et 15.3, le gamma est négatif et la queue de distribution est plus épaisse à gauche. Une approximation gaussienne aura tendance, dans ce cas, à sous-évaluer la VaR.

1. La distribution log-normale est très proche de la distribution normale sur un horizon court.

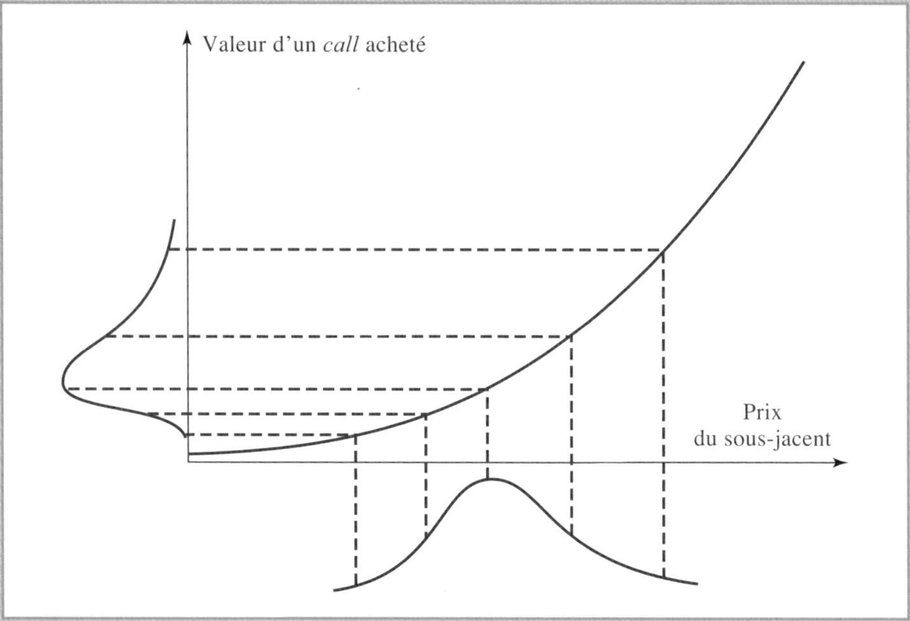

Figure 15.2 – Transformation de la distribution normale pour le prix du support en distribution de la valeur d'un *call* acheté.

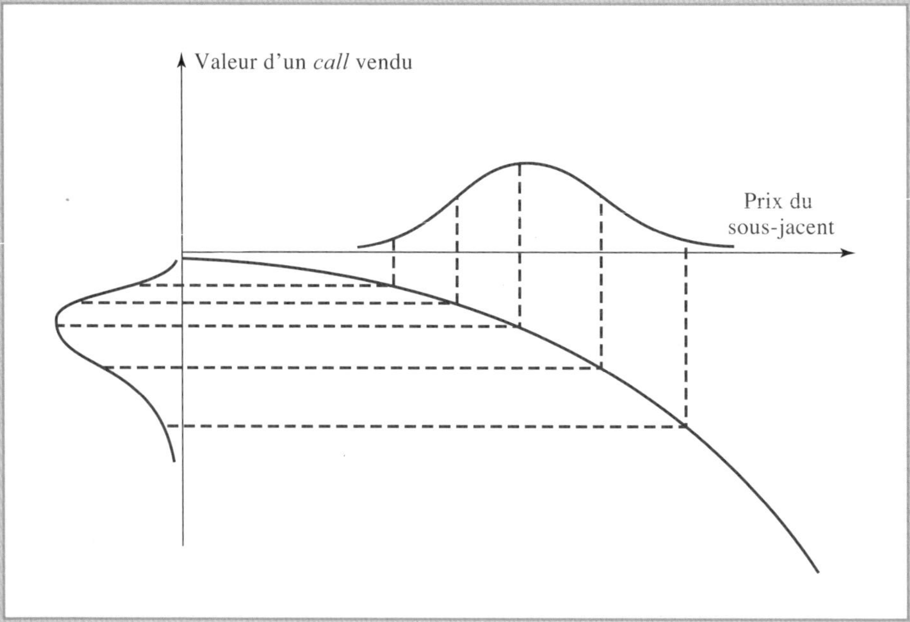

Figure 15.3 – Transformation de la distribution normale pour le prix du support en distribution de la valeur d'un *call* vendu.

15.7 Le modèle quadratique

Pour améliorer cette estimation, on peut utiliser le delta et le gamma du portefeuille. Considérons un portefeuille dépendant d'un seul actif, dont le prix est noté S, et notons δ et γ les delta et gamma du portefeuille. D'après les résultats du chapitre 7 et l'annexe G, on déduit grâce au développement en série de Taylor[1] :

$$\Delta P = \delta\Delta S + \frac{1}{2}\gamma(\Delta S)^2$$

En posant

$$\Delta x = \frac{\Delta S}{S}$$

cette relation devient :

$$\Delta P = S\delta\Delta x + \frac{1}{2}S^2\gamma(\Delta x)^2 \qquad (15.7)$$

Dans ce cas :

$$E(\Delta P) = 0{,}5S^2\gamma\sigma^2$$
$$E(\Delta P^2) = S^2\delta^2\sigma^2 + 0{,}75S^4\gamma^2\sigma^4$$

où σ est la volatilité journalière.

Pour un portefeuille composé de n instruments liés chacun à une seule variable de marché, l'équation (15.7) s'écrit :

$$\Delta P = \sum_{i=1}^{n} S_i\delta_i\Delta x_i + \sum_{i=1}^{n}\sum_{j=1}^{n}\frac{1}{2}S_iS_j\gamma_{ij}\Delta x_i\Delta x_j \qquad (15.8)$$

où g_{ij} est un gamma « croisé », c'est-à-dire :

$$\gamma_{ij} = \frac{\partial^2 P}{\partial S_i \partial S_j}$$

Développement de Cornish-Fisher

L'équation (15.8) est moins simple à manipuler que l'équation (15.6), mais elle est utile pour calculer les moments de ΔP.

Un résultat connu en statistique sous le nom de « développement de Cornish-Fisher » fournit une relation entre les moments d'une distribution et ses quantiles. Illustrons ce résultat en estimant une VaR qui tient compte de l'asymétrie de la distribution de probabilité à partir de ses trois premiers moments. Soit μ_P et σ_P la moyenne et l'écart-type de ΔP tels que :

$$\mu_P = E(\Delta P)\, et\, \sigma_P^2 = E[(\Delta P)^2] - E[(\Delta P)]^2$$

1. Le développement en série de Taylor suggère l'approximation : $\Delta P = \Theta\Delta t + \delta\Delta S + \frac{1}{2}\gamma(\Delta S)^2$ quand les termes d'ordre supérieur à 1 par rapport à Δt sont négligés. En pratique, le terme $\Theta\Delta t$ est très faible ; il est donc également négligé.

désignent l'asymétrie de la distribution de probabilité de ΔP :

$$\xi_P = \frac{1}{\sigma_P^3} E[(\Delta P - \mu_P)^3] = \frac{E[(\Delta P)^3] - 3E[(\Delta P)^2]\mu_P + 2\mu_P^3}{\sigma_P^3}$$

Le développement de Cornish-Fisher donnant l'estimation du quantile q de la distribution de ΔP à partir de ses trois premiers moments est :

$$\mu_P + w_q \sigma_P$$

avec :

$$w_q = z_q + \frac{1}{6}(z_q^2 - 1)\xi_P$$

et z_q le quantile q d'une distribution normale standard.

Exemple 15.2

Supposons que $\mu_P = -0{,}2$, $\sigma_P = 2{,}2$ et $\xi_P = -\ 0{,}4$. On souhaite estimer le 1er centile de la distribution de probabilité ($q = 0{,}01$). Dans ce cas, $z_q = -2{,}33$. Sous l'hypothèse de distribution de probabilité normale pour ΔP, le 1er centile est égal à :

$$-0{,}2 - 2{,}33 \times 2{,}2 = -5{,}326$$

En d'autres termes, on est certain à 99 % que :

$$\Delta P > -5{,}326$$

Le développement de Cornish-Fisher donne (en tenant compte de l'asymétrie de la distribution et $q = 0{,}01$) :

$$w_q = -2{,}33 - \frac{1}{6}(2{,}33^2 - 1) \times 0{,}4 = -2{,}625$$

tel que le 1er centile de la distribution est égal à :

$$-0{,}2 - 2{,}625 \times 2{,}2 = -5{,}976$$

Par conséquent, la prise en compte de l'asymétrie modifie l'estimation de la VaR, qui passe de 5,326 à 5,976.

15.8 La simulation de Monte-Carlo

Dans le cadre de l'approche variance-covariance, la distribution de probabilité de ΔP peut être construite par une simulation de Monte-Carlo. Supposons que l'on souhaite calculer la VaR à un jour d'un portefeuille. La procédure est la suivante :

1. évaluer le portefeuille aujourd'hui à partir des valeurs observées des variables de marché ;
2. tirer un échantillon de la loi jointe des Δx_i[1] ;

1. La section 11.3 décrit une façon de réaliser ce tirage.

3. utiliser les valeurs obtenues à l'étape 2 pour calculer les valeurs de fin de journée des variables de marché ;
4. réévaluer le portefeuille en fin de journée avec ces nouvelles valeurs ;
5. soustraire de la valeur du portefeuille ainsi calculée la valeur calculée à l'étape 1 pour disposer d'une simulation de ΔP ;
6. répéter les étapes 2 à 5 un grand nombre de fois pour estimer la distribution de probabilité de ΔP.

On calcule ensuite la VaR au seuil de confiance souhaité. Considérons un échantillon de 5 000 valeurs de ΔP, obtenu par la méthode décrite ci-dessus. La VaR au seuil de 99 % à un jour correspond à la 50e valeur la plus défavorable de ΔP ; de même, la VaR à 95 % correspond à la 250e valeur la plus défavorable, et ainsi de suite[1]. On obtient la VaR à N jours en multipliant la VaR à un jour par $\sqrt{N}$[2].

L'inconvénient essentiel de la simulation de Monte-Carlo est le temps de calcul nécessaire. Le portefeuille d'une banque peut contenir des centaines, voire des milliers de titres différents. Il doit être évalué de nombreuses fois dans le cadre de la simulation[3]. Un moyen d'accélérer les calculs consiste à retenir l'équation (15.8) dans la description de la relation entre ΔP et les Δx_i. On peut alors passer directement de l'étape 2 à l'étape 5 et éviter une réévaluation complète du portefeuille à chaque étape. Cette méthode est parfois appelée « simulation partielle » (*partial simulation approach*).

15.9 Les distributions non normales

Les approches décrites précédemment supposent que les variables de marché ont des distributions normales. Cela constitue une faiblesse importante du modèle variance-covariance. En effet, dans la réalité, les variables de marché ont des distributions à queue épaisse, ce qui conduit à sous-estimer la VaR avec ce modèle variance-covariance.

On peut étendre l'approche par simulation de Monte-Carlo aux distributions non normales, par exemple aux distributions de Student multivariées. Cela a pour conséquence une probabilité plus élevée de la réalisation simultanée de valeurs extrêmes pour plusieurs variables de marché (voir figures 11.4 et 11.5).

On peut supposer n'importe quel ensemble de distributions dans le cadre d'un modèle de copule[4]. Considérons, par exemple, une copule gaussienne (voir chapitre 11). Dans ce cadre, les Δx_i sont transformés centile par centile en des variables u_i normalement distribuées. On peut alors appliquer la procédure décrite ci-dessus, en modifiant l'étape 2 et en insérant une étape supplémentaire entre les étapes 2 et 3, qui consiste à :

2. tirer un échantillon de la loi jointe des u_i ;

2a. transformer chaque u_i en Δx_i centile par centile.

---

1. Comme pour la simulation historique, la théorie des valeurs extrêmes permet de lisser les queues de distribution pour mieux estimer les centiles extrêmes de la loi de ΔP.
2. Cela n'est vrai que de manière approchée quand le portefeuille contient des options, même si les praticiens retiennent habituellement cette hypothèse.
3. Une méthode permettant de réduire le nombre d'évaluations du portefeuille est proposée par Jamshidian, F. et Zhu, Y., « Scenario Simulation Model: Theory and Methodology », *Finance and Stochastics*, 1997, vol. 1, p. 43-67.
4. Voir Hull, J. C. et White, A., « Value at Risk When Daily Changes are not Normally Distributed », *Journal of Derivatives*, printemps 1998, vol. 5, p. 9-19.

Une banque qui utilise déjà la simulation de Monte-Carlo peut relativement facilement mettre en œuvre ces modifications. On peut estimer les distributions marginales de Δx_i en calibrant les données observées avec une distribution plus générale que la distribution normale.

15.10 Avantages et inconvénients des approches de variance-covariance et de simulation historique

Dans ce chapitre, ainsi que dans le précédent, nous avons abordé deux méthodes de calcul de la VaR : la simulation historique et l'approche variance-covariance. Les avantages de cette dernière résident dans la rapidité d'obtention des résultats et la possibilité de mettre à jour les structures de volatilité et de corrélation (voir chapitres 10 et 11). On peut introduire d'une manière assez artificielle la mise à jour des volatilités dans l'approche de simulation historique (voir section 14.3). L'inconvénient principal de l'approche variance-covariance (dans la version simplifiée du moins) est l'hypothèse de normalité du vecteur des variables de marché. En pratique, les variations journalières des variables de marché ne suivent pas une loi normale (voir par exemple le tableau 10.2). L'utilisateur final de cette approche espère que les propriétés statistiques du théorème central limite s'appliquent au portefeuille. Ainsi, la distribution de probabilités des gains ou des pertes est normale, même si les gains ou les pertes de certaines composantes du portefeuille ne sont pas normalement distribués.

La simulation historique a l'avantage d'estimer la distribution jointe des variables de marché à partir des observations passées. Elle permet également de traiter les instruments de taux plus facilement, puisqu'une courbe des taux des ZC (pour aujourd'hui et demain) est calculée à chaque tirage. On évite le recours à la procédure peu rigoureuse de *cash-flow mapping* (voir section 15.4). À l'inverse, cette méthode nécessite de longs calculs.

On utilise souvent l'approche variance-covariance pour les portefeuilles d'investissement (en effet, elle est très proche de la théorie du portefeuille de Markowitz) et plus rarement pour calculer la VaR des transactions boursières d'une institution financière. En effet, les banques préfèrent conserver des deltas proches de zéro (voir chapitre 7). Lorsque ceux-ci sont quasi nuls et les portefeuilles non linéaires, les modèles linéaire et quadratique ne fournissent pas de résultats probants (voir problème 15.22).

Résumé

La simulation historique permet d'estimer la distribution de probabilité jointe des variations journalières des variables de marché, alors que l'approche variance-covariance impose une forme à cette distribution. L'hypothèse la plus répandue est une distribution normale. Le calcul de la VaR est direct lorsque les variations de la valeur du portefeuille sont linéaires par rapport à celles des variables de marché. Des approximations sont nécessaires dans d'autres cas de figure, comme par exemple une approximation quadratique ou une simulation de Monte-Carlo (beaucoup plus lente).

On utilise fréquemment l'approche variance-covariance pour les portefeuilles d'investissement, alors qu'elle est nettement moins appliquée aux portefeuilles de marché, en raison de ses mauvais résultats en présence de deltas faibles.

Références complémentaires

Frye, J., « Principals of Risk: Finding VAR through Factor-Based Interest Rate Scenarios », *VAR: Understanding and Applying Value at Risk*, Risk Publications, 1997, p. 275-288.

Hull, J. C. et White, A., « Value at Risk When Daily Changes in Market Variables are not Normally Distributed », *Journal of Derivatives*, printemps 1998, vol. 5, p. 9-19.

Jamshidian, F. et Zhu, Y., « Scenario Simulation Model, Theory and Methodology », *Finance and Stochastics*, 1997, vol. 1, p. 43-67.

Rich, D., « Second Generation VaR and Risk-Adjusted return on Capital », *Journal of Derivatives*, été 2003, vol. 10, p. 51-61.

Problèmes et exercices (corrigés en fin d'ouvrage)

15.1. Considérons un portefeuille constitué de 100 000 euros investis dans l'actif A et 100 000 euros dans l'actif B. Les volatilités journalières de A et B sont égales à 1 %, et le coefficient de corrélation est de 0,3. Quelle est la VaR au seuil de 99 % à cinq jours de ce portefeuille ?

15.2. Décrivez trois méthodes pour modéliser le comportement des instruments dépendant des taux d'intérêt quand l'approche variance-covariance est retenue pour le calcul de la VaR.

15.3. Pour le calcul de la VaR, expliquez comment un *swap* de taux peut être assimilé à un portefeuille d'obligations zéro-coupon aux maturités bien choisies.

15.4. Une banque possède un portefeuille d'options sur le taux de change USD/GBP. Le delta du portefeuille est de 56, alors que le taux de change est 1,5000. Donnez une approximation linéaire de la relation entre les variations de valeur du portefeuille et les variations (en pourcentage) du taux de change. Si la volatilité journalière du taux de change est de 0,7 %, quelle est la VaR au seuil de 99 % à dix jours du portefeuille ?

15.5. On suppose que le gamma du portefeuille de l'exercice précédent est 16,2. En quoi cette information modifie-t-elle votre estimation de la relation entre variation de valeur du portefeuille et variation en pourcentage du taux de change ?

15.6. Les taux à 5 et 7 ans sont respectivement 6 % et 7 % (en composition annuelle). Les volatilités journalières des ZC pour ces deux maturités sont 0,5 % et 0,58 %. La corrélation des rentabilités journalières de ces deux ZC est 0,6. Ajustez un flux de 1 000 euros dans 6,5 ans à un portefeuille d'obligations 5 ans et un portefeuille d'obligations 7 ans. Quels sont les flux dans 5 et 7 ans équivalant aux flux dans 6,5 ans ?

15.7. Dans l'exemple du tableau 15.9, vérifiez que le ZC de maturité 0,3 an est équivalent à 37 397 euros de nominal d'une obligation à trois mois, et 11 793 euros de nominal d'une obligation à six mois.

15.8. Supposons que la variation journalière de valeur d'un portefeuille dépende linéairement de deux facteurs, déduits d'une ACP. Les deltas du portefeuille par rapport à chacun de ces facteurs sont respectivement 6 et –4. Les écarts-types des facteurs sont 20 et 8. Quelle est la VaR au seuil de 90 % à cinq jours du portefeuille ?

15.9. Dans l'exemple du calcul de VaR effectué avec les données du tableau 15.10 (deux facteurs), quels seraient les changements si l'on considérait (a) un seul facteur et (b) trois facteurs ?

15.10. Une banque détient un portefeuille d'options sur un même actif sous-jacent. Le delta des options est –30 et le gamma est –5. Quelle est l'interprétation de ces deux nombres ? Le sous-jacent est coté 20 et sa volatilité journalière est 1 %. En utilisant le modèle quadratique, calculez les trois premiers moments de la variation de valeur du portefeuille. Déterminez la VaR au seuil de 99 % à un jour en utilisant (a) les deux premiers moments et (b) les trois premiers moments.

15.11. Dans le problème 15.10, supposez que le véga du portefeuille soit égal à –2 pour chaque hausse de 1 % de la volatilité journalière. Construisez un modèle reliant la variation journalière de valeur du portefeuille à delta, gamma, véga.

15.12. Expliquez pourquoi le modèle linéaire ne peut donner que des résultats approximatifs dans le calcul de la VaR lorsque le portefeuille considéré contient des options.

15.13. Une entreprise a conclu un contrat *forward* à 6 mois l'engageant à acheter 1 million de GBP contre paiement de 1,5 million d'USD. Les volatilités journalières des ZC à 6 mois en GBP (mais exprimés en USD) et des ZC à 6 mois en USD sont respectivement 0,06 % et 0,05 %. La corrélation des rentabilités de ces deux titres est de 0,8 et le taux de change aujourd'hui est à 1,53 USD/GBP. Quel est l'écart-type de la variation journalière (en USD) du contrat *forward* ? Quelle est la VaR au seuil de 99 % à dix jours du contrat ? Les taux à 6 mois, en composition annuelle, sont supposés égaux à 5 % dans les deux pays.

15.14. Les calculs de la section 15.3 supposent des investissements de 4 millions USD, 3 millions USD, 1 million USD et 2 millions USD dans les indices DJIA, FTSE 100, CAC 40 et Nikkei 225 respectivement. Quelle est la VaR si l'investissement dans chaque indice est de 2,5 millions USD ? Effectuez vos calculs lorsque (a) les volatilités et les corrélations sont estimées avec des pondérations identiques et (b) la méthode EWMA avec $\lambda = 0{,}94$ est retenue. Utilisez les feuilles Excel du site de l'auteur.

15.15. Quel est l'effet d'une modification de λ de 0,94 à 0,97 dans les calculs avec EWMA à la section 15.3. Utilisez les feuilles Excel du site de l'auteur.

Questions complémentaires

15.16. Un portefeuille compte 300 000 euros investis en or et 500 000 euros investis en argent. Les volatilités journalières de ces deux actifs sont 1,8 % et 1,2 %, et la corrélation vaut 0,6. Quelle est la VaR du portefeuille au seuil de 97,5 % à dix jours ? De quel montant la diversification réduit-elle la VaR ?

15.17. Considérons un portefeuille d'options sur un actif sous-jacent. Le delta du portefeuille est 12, le sous-jacent vaut 10 euros; sa volatilité journalière est 2 %. Estimez la VaR au seuil de 95 % à un jour du portefeuille.

15.18. Supposons que le gamma de l'exercice 15.17 soit égal à –2,6. Déterminez une relation quadratique entre la variation de la valeur du portefeuille et la variation en pourcentage du prix de l'actif sous-jacent dans un jour.

a. Calculez les trois premiers moments de la variation de la valeur du portefeuille.

b. En utilisant les deux premiers moments et sous l'hypothèse d'une distribution normale des variations du portefeuille, calculez la VaR au seuil de 95 % à un jour du portefeuille.

c. Utilisez le troisième moment et le développement de Cornish-Fisher pour mieux répondre à la question (b).

15.19. Une entreprise possède un portefeuille consistant en une position longue sur une obligation à deux ans, une position longue sur une obligation à trois ans et une position courte sur une obligation à cinq ans. Chaque obligation a un nominal de 100 euros et un taux de coupon de 5 %. Évaluez l'exposition au risque à chacun des taux ZC des maturités un à cinq ans. Utilisez les données des tableaux 8.7 et 8.8 pour calculer la VaR au seuil de 95 % à vingt jours sous l'hypothèse que les variations de taux sont expliquées par (a) un facteur, (b) deux facteurs et (c) trois facteurs. La courbe des taux ZC est supposée plate à 5 %.

15.20. Une entreprise a un portefeuille d'obligations de 6 millions d'euros, dont la duration modifiée est de 5,2 ans. Seuls des déplacements parallèles de la courbe des taux sont envisagés. La volatilité journalière du taux actuariel est 0,09 %. Utilisez la duration pour estimer la VaR au seuil de 90 % à vingt jours du portefeuille. Expliquez précisément les faiblesses de cette approche dans le cadre du calcul de VaR. Indiquez deux approches alternatives qui amélioreraient les résultats.

15.21. Une banque a vendu un *call* sur une action A et un *put* sur une autre action. A cote 50 euros, le prix d'exercice du *call* est 51 euros, la volatilité annuelle 28 % et la maturité de l'option 9 mois. Les données correspondantes pour le *put* sont un prix du sous-jacent de 20 euros, un prix d'exercice de 19 euros, une volatilité annuelle de 25 % et une maturité d'un an. Ces actions ne paient pas de dividendes pendant la durée de vie des options et le taux sans risque est de 6 % par an. La corrélation des rentabilités est 0,4. Calculez la VaR au seuil de 99 % à dix jours (a) en utilisant seulement le delta, (b) en utilisant l'approche de simulation partielle et (c) en utilisant l'approche de simulation complète.

15.22. Un reproche fréquemment adressé par les *risk managers* à l'égard de l'approche variance-covariance (linéaire ou quadratique) est qu'elle ne fonctionne pas très bien lorsque le delta tend vers 0. Testez l'effet d'un delta proche de 0 en utilisant le *Sample Application* E du *Deriva Gem Application Builder* (vous pouvez utiliser différentes positions sur option et les ajuster dans le sous-jacent pour atteindre un delta nul). Expliquez vos résultats.

15.23. Les calculs de la section 15.3 supposent des investissements de 4 millions USD, 3 millions USD, 1 million USD et 2 millions USD dans les indices DJIA,

FTSE 100, CAC 40 et Nikkei 225 respectivement. Quelle est la VaR si les investissements deviennent 3 millions USD, 3 millions USD, 1 million USD et 3 millions USD respectivement ? Effectuez vos calculs lorsque (a) les volatilités et les corrélations sont estimées avec des pondérations égales et (b) la méthode EWMA est retenue. Quel est l'effet d'une modification de λ de 0,94 à 0,90 dans les calculs avec EWMA ? Utilisez les feuilles Excel du site de l'auteur.

Chapitre 16
Risque de crédit : évaluation des probabilités de défaut

Le risque de crédit traduit la défaillance possible d'un emprunteur, d'un émetteur d'obligations ou d'une contrepartie dans une transaction financière. Comme nous l'avons vu au chapitre 11, le régulateur a depuis longtemps demandé aux banques de détenir du capital face à ce risque. Dans Bâle II, les banques sont libres d'utiliser leur propre modèle d'évaluation des probabilités de défaut, préalablement validé par le régulateur, afin de déterminer le montant de fonds propres à détenir. Cela a conduit ces institutions à dépenser des ressources importantes afin de choisir le modèle le plus adéquat.

Dans ce chapitre, nous étudions certaines approches possibles et insistons sur la différence entre l'évaluation dans l'univers risque-neutre et celle dans l'univers réel. Les points abordés ici seront utilisés au chapitre 17 lorsque nous examinerons le risque de crédit associé à une transaction de gré à gré d'actifs dérivés et son évaluation, ainsi qu'au chapitre 18 quand nous aborderons le calcul de la VaR de crédit.

16.1 La notation du risque de crédit

Comme nous l'avons vu en section 1.7, les agences de notation comme Moody's et Standard & Poor's (S&P) ont pour rôle essentiel d'attribuer une note de crédit (ou *rating*) qui traduit la qualité de crédit d'un titre obligataire. La notation d'un émetteur fournit de l'information sur les probabilités de défaut qui lui sont associées. Dès lors, on peut s'attendre à ce que les changements de notation d'un émetteur aient un impact sur le prix des titres cotés[1]. Dans leur exercice de notation, un des objectifs des agences est d'assurer une stabilité des notations et d'éviter ainsi des changements de notes successifs trop fréquents (abaissement suivi d'un relèvement sur une période courte, par exemple). De ce fait, les changements de notes n'interviennent que si les agences sont convaincues que la qualité de crédit de l'entreprise est affectée à long terme. Ce comportement s'explique notamment par le fait que de nombreux traders sur obligations sont réglementairement contraints par la notation des titres qu'ils peuvent détenir. Dans un tel contexte, de trop nombreux changements de notation les conduiraient à des ajustements de portefeuille trop fréquents et très coûteux.

Les agences de notation cherchent à évaluer les notations en fonction de la conjoncture économique (*through the cycle*). Supposons que l'économie subisse un retournement de tendance et que celui-ci augmente la probabilité de défaut d'une entreprise à six mois

1. En théorie, la notation est une caractéristique d'une obligation, et non d'une entreprise. Cependant, dans de nombreux cas, l'ensemble des titres émis par une société a la même notation et l'on peut considérer que cette note est celle de l'émetteur.

tout en ayant peu d'effet sur sa probabilité de défaut à long terme. Dans une telle situation, les agences de notation ne dégraderont pas la notation de cet émetteur.

D'autres compagnies, comme Moody's KMV et Kamakura, offrent des estimations des probabilités de défaut des entreprises à partir du prix des actions et d'autres variables. Ces estimations sont moins stables et ont pour but de réagir plus rapidement (que les notations) aux informations de marché. Nous étudierons à la section 16.8 les modèles usités pour produire de telles estimations.

Notation interne

De nombreuses banques disposent de méthodes pour évaluer le risque de crédit de leurs clients (entreprises ou particuliers). C'est une nécessité car les notes publiées par les agences concernent essentiellement des entreprises de grande taille. La plupart des petites ou moyennes entreprises n'ont aucune obligation émise et cotée sur les marchés financiers et, de ce fait, ne sont pas notées. Comme nous l'avons vu au chapitre 12, l'approche des notations internes proposée par Bâle II permet aux banques d'utiliser leur propre modèle d'évaluation des probabilités de défaut (*PD*). Dans sa forme avancée, cette approche permet en outre à ces banques d'utiliser leur propre méthodologie d'évaluation en ce qui concerne la perte en cas de défaillance (*LGD*), l'exposition au défaut (*EAD*) et la maturité (*M*). L'approche interne des probabilités de défaut se fonde généralement sur des ratios, comme la rentabilité des fonds propres, et des ratios comptables, comme le levier d'endettement. Les banques admettent généralement que les *cash-flows* dégagés par l'entreprise sont primordiaux dans l'évaluation de la capacité de cette entreprise à rembourser ses dettes. Les banques construisent dès lors, à partir des comptes publiés par les entreprises, différentes mesures de ces *cash-flows*.

Le Z-score d'Altman

Edward Altman a été le premier à préconiser l'utilisation des ratios comptables dans la prévision des défaillances des entreprises. En 1968, il a développé ce qui est couramment nommé le Z-score[1]. À partir d'une technique statistique d'analyse discriminante, il tente de prévoir la défaillance de l'entreprise à partir de cinq ratios comptables :

- X_1 : besoin en fonds de roulement (*BFR*)/actif total ;
- X_2 : réserves/actif total ;
- X_3 : résultat d'exploitation/actif total ;
- X_4 : capitalisation boursière/valeur comptable des dettes ;
- X_5 : ventes/actif total.

On calcule le Z-score comme suit :

$$Z = 1{,}2X_1 + 1{,}4X_2 + 3{,}3X_3 + 0{,}6X_4 + 0{,}999X_5 \qquad (16.1)$$

Si le Z-score est supérieur à 3, l'entreprise a peu de « chances » de faire défaut ; s'il se situe entre 2,7 et 3, l'entreprise est à surveiller. Pour un score compris entre 1,8 et 2,7, la

1. Voir Altman, E. I., « Financial Ratios, Discriminant Analysis, and the Prevision of Corporate Bankruptcy », *Journal of Finance*, septembre 1968, vol. 23, p. 589-609.

probabilité d'un défaut est importante. Enfin, pour un score inférieur à 1,8, la probabilité d'un problème financier est très élevée. On a mesuré le Z-score sur un échantillon de 66 entreprises industrielles cotées, dont 33 avaient fait défaut dans l'année. Ce modèle offre de très bons résultats sur des échantillons d'entreprises qui n'ont pas servi à la construction du score. Les erreurs de type I (entreprises classées « saines » et faisant faillite) et les erreurs de type II (entreprises classées en défaut potentiel et ne faisant pas faillite) sont très rares[1]. On peut souligner que ce modèle a été étendu à des entreprises d'autres secteurs, ainsi qu'à des entreprises non cotées.

Exemple 16.1

L'entreprise que vous étudiez a un BFR de 170 000 euros, un actif total de 670 000 euros et un résultat d'exploitation de 60 000 euros. En outre, ses ventes ont une valeur de 2 200 000 euros, sa capitalisation boursière est de 380 000 euros, la valeur comptable des dettes s'élève à 240 000 euros et ses réserves valent 300 000 euros.

Dans ce cas, $X_1 = 1{,}583$, $X_2 = 0{,}448$, $X_3 = 0{,}0896$, $X_4 = 1{,}583$ et $X_5 = 3{,}284$, le Z-score vaut ici :

$$1{,}2 \times 0{,}254 + 1{,}4 \times 0{,}448 + 3{,}3 \times 0{,}0896 + 0{,}6 \times 1{,}583 + 0{,}999 \times 3{,}284 = 5{,}46$$

D'après ce résultat, cette entreprise n'a aucune « chance » de faire défaut dans un futur proche.

16.2 Probabilités de défaut historique

Le tableau 16.1 est une bonne illustration des données fournies par les agences de notation. Il répertorie l'évolution des taux de défaillance en fonction d'un horizon donné pour une entreprise (ou une obligation) située en début de période à un niveau de *rating* donné.

Par exemple, le tableau 16.1 montre qu'une obligation notée Baa a une probabilité de 0,181 % de faire défaut dans l'année, une probabilité de 0,510 % de faire défaut dans les deux ans, etc. Ce tableau permet de déduire la probabilité qu'une obligation fasse défaut pendant une année donnée. Par exemple, la probabilité pour une obligation notée Baa de faire défaut la deuxième année est d'environ 0,510 % – 0,181 % = 0,328 %.

Le tableau 16.1 montre que, pour la catégorie investissement, la probabilité de défaut tend à être une fonction croissante de l'horizon (les probabilités de défaut de la catégorie Aa durant l'année 1, 2, 3, 4 et 5 sont respectivement 0,021 %, 0,038 %, 0,044 %, 0,064 % et 0,089 %). Cela vient du fait que l'on considère initialement l'emprunteur comme peu risqué et que, avec le temps, la possibilité de voir sa solvabilité se dégrader s'accroît. Au contraire, pour les obligations risquées en date initiale, la probabilité de défaut est souvent une fonction décroissante de l'horizon (les probabilités de défaut de la catégorie Caa durant l'année 1, 2, 3, 4 et 5 sont respectivement 18,163 %, 12,041 %, 9,505 %, 7,608 % et 6,451 %). Cela se justifie par le fait que, pour ces entreprises (et les titres qui sont émis), l'année ou les deux années à venir sont critiques. Si elles se passent sans encombre, la situation financière s'améliore ensuite dans la majorité des cas.

1. Pour une banque commerciale, les erreurs de type I sont évidemment plus « coûteuses » que les erreurs de type II.

Tableau 16.1 : Probabilités de défaut cumulées (en %), 1970-2010..

Notation	Années								
Maturité	**1**	**2**	**3**	**4**	**5**	**7**	**10**	**15**	**20**
Aaa	0,000	0,013	0,013	0,037	0,104	0,244	0,494	0,918	1,090
Aa	0,021	0,059	0,103	0,184	0,273	0,443	0,619	1,260	2,596
A	0,055	0,177	0,362	0,549	0,756	1,239	2,136	3,657	6,019
Baa	0,181	0,510	0,933	1,427	1,953	3,031	4,904	8,845	12,411
Ba	1,157	3,191	5,596	8,146	10,453	14,440	20,101	29,702	36,867
B	4,465	10,432	16,344	21,510	26,173	34,721	44,573	56,345	62,693
Caa	18,163	30,204	39,709	47,317	53,768	61,181	72,384	76,162	78,993

Source : Moody's.

L'intensité de défaut

Grâce au tableau 16.1, on peut déduire de la façon suivante la probabilité qu'une obligation notée Caa fasse défaut pendant la troisième année : 39,709 % – 30,204 % = 9,505 %. Cette probabilité sera appelée « probabilité non conditionnelle de défaut » et représente la probabilité de défaut la troisième année, vue de la date 0. Cependant, la probabilité que l'entreprise survive jusqu'à la fin de l'année 2 est égale à 100 % – 30,204 % = 69,796 %. De ce fait, la probabilité que le défaut survienne durant la troisième année, sachant que l'entreprise n'a pas fait défaut avant, est égale à 0,09505/0,69796 = 13,62 %. Ce pourcentage est exprimé pour une période d'un an. Lorsque l'on considère la probabilité que le défaut survienne durant la période $[t,t + \Delta t]$ conditionnellement au fait que l'entreprise n'a pas fait défaut avant t, on obtient ce que l'on appelle un taux d'intensité du défaut à la date t. Cette intensité du défaut, notée $\lambda(t)$ à la date t, est définie de sorte que le produit $\lambda(t)\Delta t$ soit la probabilité de défaut dans l'intervalle compris entre t et $t + \Delta t$ conditionnelle à l'absence de défaut avant t. Si $V(t)$ est la probabilité de survie cumulée jusqu'à la date t (pas de défaut avant t), on a :

$$V(t + \Delta t) - V(t) = -\lambda(t)V(t)\Delta t$$

En passant à la limite, on obtient :

$$\frac{dV(t)}{dt} = -\lambda(t)V(t)$$

On peut alors déduire que :

$$V(t) = \exp\left(-\int_0^t \lambda(\tau)\,d\tau\right)$$

ou encore que : $V(t) = \exp(-\bar{\lambda}(t))$

où $\bar{\lambda}(t)$ est l'intensité de défaut moyenne entre 0 et t.

Si l'on note $Q(t)$ la probabilité de défaut jusqu'à la date t, alors :

$$Q(t) = 1 - \exp\left(-\int_0^t \lambda(\tau)\,d\tau\right) = 1 - \exp\left(-\bar{\lambda}(t)t\right) \tag{16.2}$$

Exemple 16.2

Supposons une entreprise ayant une intensité de défaut de 1,5 % par an. La probabilité de défaut à la fin de la première année vaut $1 - \exp(-0,015 \times 1) = 0,0149$. La probabilité de défaut à la fin de la deuxième année est $1 - \exp(-0,015 \times 2) = 0,0296$. Les probabilités de défaut pour les années 3, 4 et 5 valent alors respectivement 0,0440, 0,0582 et 0,0723. La probabilité inconditionnelle de défaut pendant les quatre premières années vaut $0,0582 - 0,0440 = 0,0142$et la probabilité de faire défaut la quatrième année sachant que le défaut n'a pas eu lieu avant est de $0,0142 / (1 - 0,0440) = 0,0149$.

16.3 Les taux de recouvrement

Lorsqu'une entreprise fait défaut, les différentes parties prenantes vont essayer de récupérer les sommes qui leur sont dues, par exemple par des moyens judiciaires[1]. Dans certains cas, l'entreprise défaillante subit une restructuration et les créanciers acceptent de ne recouvrer qu'une partie de leurs engagements. Dans d'autres situations, l'entreprise est liquidée et les actifs sont vendus ; les montants de la vente servent alors à rembourser tout ou partie des créanciers. Certaines créances sont prioritaires et sont alors remboursées avant d'autres.

Le taux de recouvrement pour une obligation est généralement défini comme la valeur de l'obligation juste après le défaut et est exprimé en pourcentage de sa valeur faciale. Il est égal à un moins la perte en cas de défaut (*LGD*). Le tableau 16.2 donne les taux de recouvrement historiques moyens en fonction de l'ordre de priorité de l'obligation considérée. Il indique que la dette senior est garantie à un taux de recouvrement moyen de 50,8 %, alors que celui de la dette junior subordonnée n'est que de 23,95 %. Le taux de recouvrement le plus élevé est associé aux emprunts bancaires de premier rang avec un taux de 65,8 %.

Tableau 16.2 : Taux de recouvrement moyens des emprunts bancaires et des obligations *corporate* en pourcentage de la valeur faciale, 1982-2010.

Classe	Taux de recouvrement moyen (en %)
Emprunts bancaires de premier rang	65,8
Emprunts bancaires de second rang	29,1
Emprunts bancaires seniors non garantis	47,8
Obligation senior garantie	50,8
Obligation senior non garantie	36,7
Obligation senior subordonnée	30,7
Obligation subordonnée	31,3
Obligation junior subordonnée	24,7

Source : Moody's.

1. Aux États-Unis, les détenteurs d'obligations ont le droit de réclamer la valeur faciale de l'obligation plus le coupon couru.

Historiquement, les taux de recouvrement ont une corrélation négative (et significative) avec les taux de défaut[1]. Cette relation signifie qu'une mauvaise année pour les défauts (taux de défaillance élevé) est également une mauvaise année pour les taux de recouvrement. Par exemple, lorsque le taux de défaut moyen pour une année est de seulement 1 %, on anticipe un taux de recouvrement moyen de 55 %. En revanche, si le taux de défaut moyen pour l'année est de 10 %, le taux de recouvrement n'est alors que de 30 %.

16.4 Les *swaps* de défaut

Le *swap* de défaut (*Credit Default Swap*), connu sous le sigle CDS, est un instrument très utile dans l'estimation des probabilités de défaut. Cet actif dérivé est un contrat qui procure une assurance contre le défaut éventuel d'une entreprise donnée. On appelle l'entreprise en question « entité de référence » et la survenance d'un défaut « un aléa de crédit ». L'acheteur de l'assurance acquiert le droit de vendre une obligation particulière (appelée obligation de référence), émise par l'entité de référence, à sa valeur nominale[2] en cas d'occurrence d'un aléa de crédit. La valeur totale des obligations qui peuvent être vendues est qualifiée de principal du CDS.

L'acheteur du CDS paie au vendeur, à intervalles réguliers, des montants convenus lors de la survenance d'un aléa de crédit ou bien jusqu'à l'échéance du CDS. Ces paiements réguliers sont généralement trimestriels, semestriels ou annuels selon le type de contrat. Lorsqu'un aléa de crédit survient, l'acheteur effectue un ultime paiement et le *swap* est dénoué, soit par livraison du sous-jacent, soit en cash.

En guise d'illustration, supposons que le 20 décembre 2012, deux entreprises signent un contrat de *swap* de défaut pour cinq ans. Le principal vaut 100 millions d'euros et l'acheteur s'engage à payer 90 points de base par an, payables par trimestre pour être protégé contre le défaut de l'entité de référence. La figure 16.1 illustre le fonctionnement du CDS.

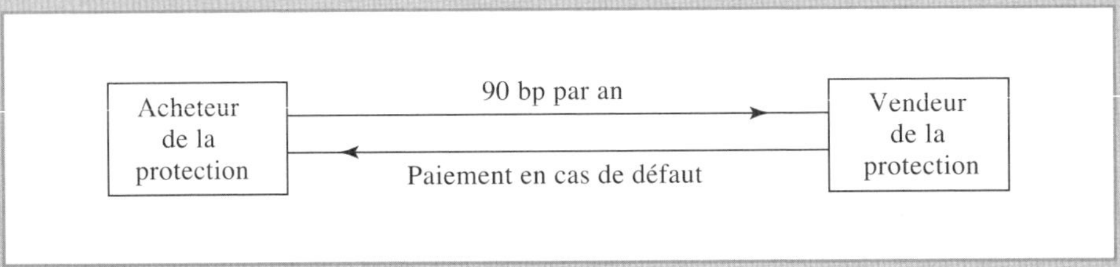

Figure 16.1 – *Swap* de défaut.

Si l'entité de référence ne fait pas défaut, l'acheteur ne reçoit rien, mais paie 225 000 euros chaque 20 mars, 20 juin, 20 septembre et 20 décembre des années 2013 à 2017. Si un aléa de crédit survient, l'acheteur reçoit un montant substantiel. Supposons que

1. Voir E. I. Altman, B. Brady, A. Resti, et A. Sironi, « The Link Between Default and Recovery Rates: Theory, Empirical Evidence, and Implications », *Journal of Business*, novembre 2005, p. 2203-2228. La corrélation est également examinée dans les publications de *Moody's Investors Service*. La corrélation entre le taux de recouvrement moyen annuel et le taux de défaut des titres « non-investissement » est de l'ordre de 0,5.
2. La valeur nominale d'une obligation est le montant de principal remboursé par l'émetteur du titre s'il ne fait pas défaut.

l'acheteur signale au vendeur un aléa de crédit le 20 mai 2015 (cinquième mois de la troisième année). Si le contrat spécifie la livraison du sous-jacent, l'acheteur a le droit de livrer 100 millions de nominal de l'obligation de référence et de recevoir en contrepartie 100 millions d'euros en cash. Si un dénouement en cash est prévu, un agent indépendant va réunir un *pool* de vendeurs, afin de déterminer le prix milieu de fourchette du titre quelques jours après l'événement de crédit. Si le prix milieu de fourchette de l'obligation de référence est de 35 euros pour 100 euros de nominal, le vendeur paiera à l'acheteur 65 millions d'euros.

Encadré 16.1

Le marché des CDS

En 1998 et 1999, l'*International Swaps and Derivatives Association* (ISDA) a développé un contrat standard pour l'échange de CDS sur le marché de gré à gré. Depuis, le marché s'est développé très rapidement. En novembre 2004, la BIS a commencé à produire des statistiques concernant ce marché. À cette époque, on avait estimé le principal des positions à 6 000 milliards de dollars. Le sommet fut atteint en décembre 2007 avec 58 000 milliards de dollars, pour revenir à 30 000 milliards de dollars en décembre 2010.

Les banques et les compagnies d'assurance sont acheteuses et vendeuses de protection. Les premières sont cependant acheteuses nettes, alors que les secondes sont vendeuses nettes. L'une des raisons du succès de ces produits est, en particulier, que l'institution portant le risque de crédit peut être différente de l'originateur du prêt.

Durant la crise financière débutée en 2007, les régulateurs ont eu très peur du risque systémique induit par ces produits (voir encadré 12.1). En effet, ils craignaient que la défaillance d'une institution financière n'entraîne des pertes énormes pour les contreparties sur le marché des CDS, conduisant à leur tour à la faillite de la contrepartie. En particulier, la compagnie d'assurance AIG était très active sur ce marché en tant que vendeuse de protection sur les tranches AAA issues de la titrisation des prêts immobiliers (voir chapitre 6). De ce fait, le gouvernement américain a décidé de « sauver » AIG de la faillite.

On a beaucoup critiqué les CDS durant la crise des dettes souveraines. Certains législateurs ont eu le sentiment que les activités spéculatives sur ce marché ont amplifié la crise et que les positions nues sur CDS (sans position sur l'actif sous-jacent) devaient être interdites.

En 2007 et 2008, les transactions sur le marché des CDS n'ont pas cessé mais, bien sûr, elles ont été réalisées à des niveaux de *spread* beaucoup plus importants. L'avantage des CDS sur d'autres dérivés de crédit est leur relative simplicité si on les compare à d'autres produits développés (voir chapitre 6).

Lors de la faillite de Lehman Brothers en septembre 2008, on a échangé de nombreux CDS avec pour entité de référence cette banque. Le taux de recouvrement a seulement été de 8 *cents* par dollar et, de ce fait, le paiement dû aux acheteurs de protection s'élevait à 92 % du nominal. Malgré de nombreuses craintes sur l'aptitude des vendeurs à honorer leur engagement, les règlements ont eu lieu à la date de liquidation (le 21 octobre 2008).

Dans tous les cas, l'acheteur doit payer au vendeur les 90 points de base au prorata de la durée écoulée entre le dernier paiement et la date de l'aléa de crédit. Comme deux mois se sont écoulés entre le 20 mars et le 20 mai, il devra payer environ 150 000 euros pour clore l'opération.

On appelle « *spread* du CDS » le montant total annuel payé par l'acheteur lorsqu'il est exprimé en pourcentage de nominal. De nombreuses grandes banques sont teneurs de marché sur le marché des *swaps* de défaut. Une banque qui cote un *swap* de crédit de durée cinq ans sur une entreprise pourrait afficher une fourchette exprimée en points de base du type [250, 260]. Cela signifie que cette banque est prête à acheter la protection contre le défaut pour 250 points de base par an (soit 2,5 % du principal par an) et à vendre cette protection pour 260 points de base (soit 2,6 % par an).

De nombreuses entreprises et de nombreux pays sont des entités de référence sur le marché du CDS. Dans les cas les plus fréquents, les paiements ont lieu trimestriellement et l'échéance est de cinq ans. Bien sûr, des maturités de 1, 2, 3, 7 et 10 ans existent également. Les dates de maturité sont couramment dans le cycle IMM (20 mars, 20 juin, 20 septembre et 20 décembre).

Par exemple, supposons que le 15 novembre 2012, vous cherchiez une protection sur le marché de maturité cinq ans. Le contrat aura certainement pour échéance le 20 décembre 2017. Le premier paiement aura certainement lieu le 20 décembre 2012 et couvrira la période du 15 novembre 2012 au 20 décembre 2012. Le cycle normal des paiements trimestriels sera ensuite engagé.

La définition de retenue du défaut est une variable clé pour l'évaluation et l'utilisation des CDS. Pour les contrats européens, la restructuration d'une entreprise constitue un événement de défaut, ce qui n'est pas le cas sur le marché nord-américain. L'encadré 16.2 souligne la présence d'asymétries d'information sur ce marché, ce qui n'est pas le cas pour d'autres marchés de gré à gré.

Encadré 16.2

Le marché des CDS est-il un jeu équilibré ?

Il existe une différence importante entre les *swaps* de défaut et les autres actifs dérivés abordés dans cet ouvrage. Ces derniers dépendent de taux d'intérêt, de prix d'actions, de taux de change, d'indices boursiers, de prix des matières premières, etc. Pour ces variables, rien ne nous conduit à penser que certains opérateurs ont de meilleures informations que d'autres. En revanche, les prix des CDS dépendent de la probabilité de défaut d'une entreprise donnée pendant une période future. On peut ici raisonnablement penser que certains acteurs ont plus d'informations que d'autres. Une institution financière qui a pour client une entreprise donnée, qui la conseille ou lui octroie des prêts, est susceptible d'avoir une meilleure information sur la solvabilité de cette entreprise qu'un autre acteur de marché. Les économistes parlent alors d'*asymétrie d'information*. Ce problème est-il susceptible de ralentir ou de stopper le développement des marchés de CDS aujourd'hui ? La réponse n'est pas tranchée. Les institutions financières se défendent généralement en soulignant que c'est le *risk manager* qui prend la décision d'acheter une protection par un CDS sur une entreprise donnée et que celle-ci n'est fondée sur aucune information détenue par d'autres départements de l'institution.

L'obligation la moins chère à livrer

Comme nous l'avons vu à la section 16.3, le taux de recouvrement d'une obligation correspond à la valeur de cette dernière, exprimée en pourcentage de nominal, juste après le défaut. Cela signifie que le paiement du CDS, en cas de défaut, s'écrit $L(1 - R)$, où L est le principal et R le taux de recouvrement. Généralement, dans un contrat CDS, un nombre de titres différents peut être livré en cas de défaillance. Ces titres ont le même rang de priorité, mais peuvent avoir des prix différents après l'événement de crédit[1]. Cela donne au détenteur du CDS une option sur l'obligation la moins chère à livrer. Lorsque le défaut survient, l'acheteur de protection (ou l'agent indépendant responsable du calcul du prix) va passer en revue l'ensemble des titres pouvant être livrés, et retenir celui dont le prix est le plus faible. Dans ce contexte, l'évaluation du CDS doit se faire à partir du taux de recouvrement le plus faible.

Les indices de crédit

Les opérateurs sur dérivés de crédit ont développé des indices qui permettent de suivre les *spreads* des CDS. En 2004, les concepteurs d'indices se sont accordés, ce qui conduit aujourd'hui à l'utilisation des indices suivants :

1. les indices CDX NA IG à cinq et dix ans, qui évaluent les *spreads* de crédit de 125 entreprises américaines de la catégorie « investissement » ;
2. les indices iTraxx Europe, qui évaluent les *spreads* de crédit de 125 entreprises européennes de la catégorie « investissement ».

Les portefeuilles sous-jacents sont mis à jour les 20 mars et 20 septembre. Les entreprises ayant quitté la catégorie « investissement » sont exclues du panier et de nouvelles y sont introduites.

Ces indices sont utiles à la gestion des *spreads* de crédit et fournissent également une information aux opérateurs quant à la possibilité d'acheter ou de vendre des portefeuilles de CDS. Par exemple, une banque d'investissement qui joue le rôle de teneur de marché peut proposer une fourchette 165-166 bp. Un investisseur peut alors acheter pour 800 000 dollars de CDS à cinq ans sur chacune des 125 entreprises pour 1 660 000 dollars par an ou vendre cette protection à cinq ans sur chacune des 125 entreprises pour 1 650 000 dollars. Si une des entreprises fait défaut, le paiement annuel est réduit[2] de 1 660 000/125 = 13 280 dollars.

Le marché de l'achat et de la vente de protection de maturité trois, cinq, sept et dix ans est très actif et les maturités sont généralement le 20 décembre ou le 20 juin. Cela signifie

1. Différentes raisons peuvent expliquer cela. Le montant exigé par le souscripteur en cas de défaut correspond à la valeur faciale de l'obligation, à laquelle s'ajoute le coupon couru. Les obligations avec un coupon couru élevé tendent à avoir un prix plus élevé immédiatement après le défaut. On peut aussi envisager que le marché juge qu'en cas de réorganisation, certaines obligations seront mieux traitées que d'autres.
2. L'indice est légèrement inférieur à la moyenne des *spreads* des CDS pour les entreprises du portefeuille. Pour comprendre cela, considérons deux entreprises ; la première a un *spread* de 1 000 bp et la seconde un *spread* de 10 bp. Pour couvrir le portefeuille constitué des deux entreprises, le coût serait légèrement inférieur à 505 bp, puisque l'on s'attend à payer moins longtemps les 1 000 bp que les 10 bp, ce qui revient à pondérer plus faiblement le *spread* élevé. Il existe une autre complication pour le CDX NA IG (et non pour l'iTraxx Europe) : la définition applicable du défaut inclut les restructurations, alors que celle pour les contrats CDS ne l'inclut pas pour les entreprises sous-jacentes.

qu'un contrat cinq ans a une maturité comprise entre 4,75 et 5,25 années. La façon précise dont le contrat fonctionne est légèrement plus compliquée que ce que nous venons de décrire. Un indice de crédit s'échange comme une obligation et, pour chaque indice et chaque maturité, un coupon est spécifié. Si le *spread* coté est supérieur au coupon, l'acheteur de protection paie la valeur présente de l'excès de *spread* sur la durée de vie du contrat. Dans le cas contraire, le vendeur paie la valeur présente de l'excès de coupon sur le *spread*. L'acheteur de protection paie alors le coupon multiplié par le principal pour les entreprises n'ayant pas fait défaut.

16.5 Les *spreads* de crédit

Les *spreads* de crédit représentent le supplément de rentabilité annuelle exigé par un investisseur pour prendre un risque de crédit particulier. Les *spreads* CDS, que nous venons de décrire, représentent un type de *spread* de crédit. On peut mesurer un autre *spread* de crédit à partir de la cotation des obligations. Il mesure alors l'excès de taux actuariel exigé par les investisseurs pour acheter une obligation risquée plutôt qu'une obligation sans risque de mêmes caractéristiques[1]. Nous montrons, dans ce qui suit, que les deux peuvent être approximativement égaux.

Spreads CDS et taux actuariel des obligations

On peut utiliser un CDS pour la couverture d'une position en obligations *corporate* (ou obligations privées). Considérons un investisseur qui détient en portefeuille une obligation *corporate* de maturité cinq ans versant un coupon annuel de 7 %. Supposons que cet investisseur entre dans un *swap* de défaut d'une durée de cinq ans afin d'assurer la faillite potentielle de l'émetteur de l'obligation et que le *spread* du CDS cote 2 %. Le CDS permet alors de convertir l'obligation *corporate* en obligation sans risque (approximativement au moins). Dans le cas où l'émetteur ne fait pas défaut, l'investisseur reçoit alors 5 % par an. Si l'émetteur fait défaut, l'investisseur reçoit alors 5 % jusqu'à la date de défaut et peut échanger l'obligation en portefeuille contre la valeur nominale du titre. Cette somme peut alors être réinvestie au taux sans risque jusqu'à la cinquième année.

Le *spread* associé au CDS de maturité n années doit être approximativement égal à l'écart de rendement au pair[2] entre l'obligation *corporate* et une obligation sans risque équivalente. Si le *spread* est inférieur à cette valeur, un investisseur peut construire un portefeuille sans risque (achats de l'obligation et du CDS), dont la rentabilité est supérieure au taux sans risque. Dans le cas contraire, l'investisseur peut emprunter à taux plus faible que le taux sans risque en vendant le titre et la protection. Il n'existe pas d'arbitrages parfaits, comme nous le verrons plus tard, mais la valeur du *spread* ne peut s'éloigner très fortement de l'écart de rendement au pair entre l'obligation *corporate* et une obligation sans risque équivalente.

---

1. Ici, nous supposons que l'ensemble du *spread* est dû au risque de crédit. Nous verrons plus loin que la liquidité et le risque de crédit peuvent influencer la valeur du *spread*. Plus la liquidité est faible, plus le *spread* est élevé.
2. Le rendement au pair d'une obligation de maturité n années correspond au coupon qui devrait être versé par cette obligation pour que son prix égalise sa valeur nominale.

Le taux sans risque

Les CDS offrent une cotation directe du risque de crédit. Pour calculer un *spread* à partir du prix d'une obligation, il convient de définir le taux sans risque. Lorsque les traders cotent un *spread* en obligations, le taux sans risque est généralement le taux actuariel d'une obligation d'État de même maturité que l'obligation cotée. Par exemple, une cotation de 250 points de base signifie 250 points de base au-dessus du taux actuariel des obligations d'État. Un grand nombre de chercheurs ont comparé les taux actuariels et *spreads* CDS pour estimer un taux sans risque. Si les maturités des deux titres sont identiques, un raisonnement d'arbitrage permet de produire une estimation du taux sans risque. Par exemple, si le taux actuariel d'une obligation est de 4,7 % et que le *spread* sur le CDS est de 80 points de base, alors le taux sans risque est de 3,9 %.

Les recherches indiquent que les taux sans risque induits sont plus proches des taux de la courbe *swap*/Libor que ceux de la courbe d'État. Ils se situent en moyenne dix points de base en dessous de ceux estimés par la courbe *swap*[1]. Comme nous l'avons vu à la section 8.2, les traders utilisent souvent la courbe *swap*/Libor comme référence sans risque. Le risque de crédit contenu dans cette courbe *swap* correspond à celui d'une succession de prêts à une contrepartie notée AA, et dix points de base semble une rémunération adéquate.

Les *swaps* d'actifs (*asset swaps*)

En pratique, les traders utilisent souvent les cotations des *swaps* d'actifs pour extraire de l'information sur le risque de crédit. Ils permettent une estimation directe de l'excès du taux actuariel de l'obligation au-dessus de la courbe *swap*/Libor.

Pour montrer comment fonctionnent ces *swaps*, considérons le cas d'un *swap* d'actifs qui affiche un *spread* de 150 bp. Trois situations sont envisageables :

1. L'obligation cote sa valeur faciale, disons 100. Le *swap* met en jeu une entreprise, notée A, qui paie le coupon et une autre, notée B, qui paie Libor + 150 bp[2].
2. L'obligation cote moins que sa valeur faciale, disons 95. Le *swap* est alors construit de sorte que, en plus des coupons, l'entreprise A paie, à la sortie, 5 dollars par tranche de 100 dollars de nominal.
3. L'obligation cote plus que sa valeur faciale, disons 108. L'entreprise B doit alors payer, à la sortie, 8 dollars de principal en plus.

Le résultat est que la valeur actuelle liée au *spread* du *swap* d'actifs correspond à la différence de prix entre une obligation sans risque et une obligation risquée de mêmes caractéristiques. Ici, le taux sans risque est supposé égal au taux de *swap*/Libor (voir exercice 16.16).

---

1. Voir J. Hull, M. Predescu et A. White, « The Relationship between Credit Default Swap Spreads, Bond Yields, and Credit Rating Announcements », *Journal of Banking and Finance*, novembre 2004, p. 2789-2811.
2. Notons que ce sont les coupons attendus qui sont échangés. Les échanges ont lieu indépendamment de la survenance d'un défaut.

La *CDS-Bond Basis* (ou base CDS-Obligation)

La *CDS-Bond Basis* est l'excès de *spread* CDS sur le *spread* du *swap* d'actifs de la même entreprise, soit :

CDS-Bond Basis = *spread* CDS – *spread* du *swap* d'actifs

L'argument d'arbitrage évoqué plus haut suggère que cette différence devrait être nulle. En fait, de nombreuses raisons viennent modérer cet argument :

1. L'obligation peut être vendue à un prix très éloigné du pair (les obligations au-dessus du pair tendent à avoir des bases positives et *vice versa*).
2. Il existe un risque de contrepartie pour le CDS (ce qui diminue la base).
3. Il existe une option « moins chère à livrer » dans le CDS (ce qui augmente plutôt la base).
4. Le paiement du CDS ne prend pas en compte les intérêts courus (ce qui diminue plutôt la base).
5. La clause de restructuration peut engendrer des paiements sur le CDS, même en absence de défaut (ce qui augmente plutôt la base).
6. Le Libor est au-dessus du taux sans risque (ce qui augmente la base).

Avant la crise financière, la base était en moyenne positive. Par exemple, De Witt estime pour les années 2004 à 2005 une base d'environ 16 points de base. Pendant la crise, cette valeur a été négative. La probabilité de faillite de la contrepartie a paru certainement élevée dans l'esprit des investisseurs et trouver les fonds nécessaires à l'opération d'arbitrage a pu être très délicat pour certains investisseurs.

16.6 L'estimation des probabilités de défaut à partir des *spreads* de crédit

Nous examinons dans cette section l'estimation des probabilités de défaut à partir des *spreads* de crédit.

Un calcul approximatif

Supposons que le *spread* de crédit (CDS ou *swap* d'actifs) pour un horizon de cinq ans soit de 240 points de base et que le taux de recouvrement espéré en cas de défaillance s'élève à 40 %. Le détenteur d'une obligation doit estimer sa perte potentielle à 2,4 % par an. Étant donné le taux de recouvrement de 40 %, cela offre une estimation de la probabilité de défaut à une année donnée, conditionnelle à l'absence de défaut préalable, égale à 0,024 / (1 – 0,4) = 4 %. Plus généralement, on peut écrire :

$$\bar{\lambda} = \frac{s(T)}{1-R} \tag{16.3}$$

où $\bar{\lambda}$ est l'intensité moyenne de défaut entre 0 et T, $s(T)$ est le *spread* entre l'obligation *corporate* pour une maturité T et l'obligation sans risque équivalente, et R le taux de recouvrement anticipé. Si l'on dispose des *spreads* de crédit pour différentes maturités, la méthode du *bootstrap* peut estimer la structure par termes des intensités de défaut, comme le souligne l'exemple 16.3.

Exemple 16.3

Supposons que les *spreads* de crédit (CDS ou *swap* d'actifs) pour des horizons de trois, cinq et dix ans soient égaux à 50, 60 et 100 points de base, et que le taux de recouvrement espéré en cas de défaillance s'élève à 60 %. Le taux d'intensité de défaut moyen pour la période de trois ans vaut 0,005/(1 – 0,6) = 0,0125. Pour cinq ans, il vaut 0,006/(1 – 0,6) = 0,015, et pour dix ans, 0,01/(1 – 0,6) = 0,0025. À partir de ces données, on peut estimer l'intensité annuelle moyenne de défaut entre trois et cinq ans à (5 × 0,015 – 3 × 0,0125)/2 = 0,01875. De même, cette intensité s'élève à 0,035 pour la période de cinq à dix ans.

Un calcul plus précis

Le calcul qui vient d'être présenté fonctionne bien pour les *spreads* CDS et les *spreads* associés au *swap* d'actifs lorsque le prix de l'obligation est proche du pair. Décrivons maintenant un calcul pouvant être opéré pour des obligations qui ne cotent pas au pair.

Supposons que le *spread* associé au *swap* d'actifs pour une obligation de maturité cinq ans s'élève à 200 points de base et que le taux sans risque (Libor/*swap*) ait une valeur de 5 % (en composition continue).

L'obligation a une maturité de cinq ans, paie un coupon de 6 % par an (versé semestriellement) et le taux de recouvrement anticipé est de 40 %.

Notons Q la probabilité de défaut annuelle (supposée ici constante par simplification). Le tableau 16.3 donne la perte espérée en fonction de Q sous l'hypothèse de défauts qui peuvent survenir (immédiatement avant le paiement du coupon) aux dates 0,5, 1,5, 2,5, 3,5 et 4,5.

Pour illustrer nos propos, considérons la ligne correspondant à la date 3,5 du tableau 16.3. La valeur espérée (calculée à partir des taux *forward*) de l'obligation sans risque à cette date s'écrit :

$$3 + 3e^{-0,05\times 0,5} + 3e^{-0,05\times 1} + 103e^{-0,05\times 1,5} = 104,34$$

Si l'on retient la définition du taux de recouvrement de la section précédente, le montant reçu en cas de défaut est 40, ce qui conduit à une perte en cas de défaut de 104,34 – 40 = 64,34. La valeur actuelle de ce montant est 54,01. Finalement, la perte espérée vaut 54,01 Q.

La perte espérée totale vaut 288,48 Q. La perte espérée est la valeur actuelle des paiements de *spreads* du *swap* d'actifs, ce qui s'écrit :

$$1\times e^{-0,05\times 0,5} + 1\times e^{-0,05\times 1,0} + 1\times e^{-0,05\times 1,5} + ... + 1\times e^{-0,05\times 5} = 8,738\ \$$$

Tableau 16.3 : Calcul de la perte liée au défaut en fonction de la probabilité de défaut annuelle *Q*. Principal = 100 $.

Date (années)	Probabilité de défaut	Recouvrement (en $)	Valeur sans risque	Perte en cas de défaut (en $)	Coefficient d'actualisation	Valeur actuelle espérée de la perte
0,5	Q	40	106,73	66,73	0,9753	65,08 Q
1,5	Q	40	105,97	65,97	0,9277	61,20 Q
2,5	Q	40	105,17	65,17	0,8825	57,52 Q
3,5	Q	40	104,34	64,34	0,8395	54,01 Q
4,5	Q	40	103,46	63,46	0,7985	50,67 Q
Total						288,48 Q

En égalisant cette expression à 8,75, on obtient une probabilité $Q = 3{,}03\ \%$. On suppose ici que la probabilité de défaut est constante et que les défauts éventuels surviennent une fois dans l'année. On peut étendre ces calculs à des défauts plus fréquents. En outre, au lieu de supposer que la probabilité non conditionnelle est fixe, on peut supposer une intensité de défaut fixe ou des fonctions variées liant temps et niveau des probabilités de défaut. Si l'on relève le prix de plusieurs obligations d'échéances différentes, on peut construire une structure par termes des probabilités de défaut. Supposons, par exemple, que nous disposions d'obligations de maturité trois, cinq, sept et dix ans. La première peut permettre d'estimer la probabilité de défaut annuelle sur les trois premières années, la deuxième pour les années 4 et 5, la troisième pour les années 6 et 7 et la dernière pour les années 8, 9 et 10 (voir exercices 16.15 et 16.24). La technique est ici analogue à la méthode de *bootstrap* abordée en annexe B pour construire la courbe des taux zéro-coupon.

16.7 Comparaison des estimations de probabilités de défaut

Les probabilités de défaut estimées à partir de données historiques sont plus faibles que celles déduites des prix des obligations. Cette différence a été particulièrement marquée lors de la crise au milieu de l'année 2007, où l'ensemble des investisseurs voulait détenir des bons du Trésor (fuite vers la qualité). Les prix des obligations *corporate* étaient alors très faibles et leurs taux actuariels très élevés. Un calcul de la probabilité de défaut par l'équation 16.3 offrait alors des valeurs très élevées.

Le tableau 16.4 donne une illustration de la différence entre les probabilités de défaut historiques et calculées à partir des prix de marchés des obligations[1]. Ce dernier contient, pour les entreprises de notations données en début de période, l'intensité moyenne de défaut sur une période de sept ans.

1. Les tableaux 16.4 et 16.5 proviennent de l'article de Hull, J. C., Predescu, M. et White, A., « Bond Prices, Default Probabilities and Risk Premiums », *Journal of Credit Risk*, 2004, vol. 1, p. 53-60.

Le calcul des intensités de défaut sur données historiques est fondé sur l'équation (16.2) et le tableau 16.1. D'après l'équation (16.2), on peut écrire :

$$\bar{\lambda}(t) = -\frac{1}{t}\ln[1 - Q(t)]$$

où $\bar{\lambda}(t)$ désigne l'intensité moyenne de défaut à la date t et Q(t), la probabilité cumulée de défaut jusqu'en t. On obtient directement les valeurs des probabilités Q(7) à partir du tableau 16.1. Considérons, par exemple, une entreprise notée A. Q(7) = 0,01239 et l'intensité moyenne de défaut est alors :

$$\bar{\lambda}(7) = -\frac{1}{7}\ln(1 - 0{,}01239) = 0{,}0018 = 0{,}18\ \%$$

On peut remarquer, en analysant les données du tableau 16.4, que le ratio des probabilités calculées selon les deux méthodes est élevé pour la catégorie investissement et tend à décroître lorsque le la notation des entreprises se dégrade. En revanche, la différence des probabilités calculées selon ces mêmes méthodes augmente lorsque la notation se dégrade[1].

Tableau 16.4 : Intensités moyennes de défaut (en % par an) pour des obligations à 7 ans.

Notations	Intensité de défaut (données historiques)	Intensité de défaut (prix des obligations)	Ratio	Différence
Aaa	0,03	0,60	17,2	0,57
Aa	0,06	0,73	11,5	0,67
A	0,18	1,15	6,5	0,97
Baa	0,44	2,13	4,8	1,69
Ba	2,23	4,67	2,1	2,44
B	6,09	8,02	1,3	1,93
Caa	13,52	18,39	1,4	4,87

Le tableau 16.5 permet une autre interprétation de ces résultats et donne les excès de rentabilité par rapport au taux sans risque (défini comme le taux de *swap* à sept ans moins 10 bp), exigés pour différentes catégories d'obligations. Examinons une nouvelle fois les obligations notées A, dont le *spread* par rapport aux obligations d'État vaut 111 bp. La décomposition de ce *spread* est la suivante : 42 bp sont dus à la différence entre les taux actuariels des obligations d'État et le proxy retenu, 11 bp sont liés à la couverture des défauts attendus (calculés à partir des données historiques du tableau 16.4 et tenant compte du taux de recouvrement de 40 %), enfin 58 bp représentent l'excès de rentabilité exigé compte tenu du risque. Les tableaux 16.4 et 16.5 montrent que des différences importantes entre les probabilités de défaut estimées conduisent à des écarts assez faibles

1. On obtient les calculs fondés sur les prix des obligations à partir de l'équation (16.3) et des taux actuariels publiés par Merrill Lynch. On calcule les taux de hasard historiques sur la période 1970-2010, alors que l'on estime les *spreads* de crédit sur la période décembre 1996-octobre 2007. C'est essentiellement dû à l'absence de données avant 1996 et à la volonté d'éviter la crise financière pendant laquelle les *spreads* de crédit ont été très chahutés. Des résultats similaires sont obtenus par J. S. Fons, « The Default Premium and Corporate Bond Experience », *Journal of Finance*, 42, 1, mars 1987, p. 81-97 ; et E. I. Altman, « Measuring Corporate Bond Mortality and Performance », *Journal of Finance*, 44, 4, septembre 1989, p. 909-922.

en termes d'excès de rentabilité. En outre, on peut noter que ces excès de rentabilité tendent cependant à augmenter quand la qualité du crédit diminue[1]. Enfin, soulignons que les excès de rentabilité sont variables selon les périodes. Ils étaient importants en 2001, 2002 et dans la première moitié de l'année 2003. Ensuite, après une période de niveaux bas, ils ont à nouveau fortement augmenté au début de la crise financière en 2007.

Tableau 16.5 : Rentabilités en excès du taux sans risque (en bp).

Notation	*Spread* sur obligations du Trésor	*Spread* sur obligations du Trésor et taux sans risque	*Spread* sur données historiques	Excès de rentabilité
Aaa	78	42	2	34
Aa	86	42	4	40
A	111	42	11	58
Baa	169	42	26	101
Ba	322	42	132	148
B	523	42	355	125
Caa	1 146	42	759	345

Univers risque-neutre *versus* univers réel

L'encadré 16.3 décrit le principe d'évaluation risque-neutre. L'idée est d'évaluer les *cash-flows* associés à un actif financier en faisant l'hypothèse que les investisseurs sont neutres au risque (c'est-à-dire ne demandent aucune prime de risque sur le marché). On obtient alors une évaluation compatible dans deux univers : l'univers risque-neutre et l'univers réel. Les probabilités de défaut déduites des prix des obligations sont des probabilités risque-neutre. Autrement dit, ce sont des probabilités de défaut dans un monde où les investisseurs sont neutres au risque. La raison en est simple ; considérons les calculs réalisés pour construire les probabilités de défaut du tableau 16.3. Ils supposent que les pertes consécutives au défaut peuvent être actualisées au taux sans risque. Comme nous l'avons déjà souligné, cette démarche est valide si l'espérance des pertes est évaluée dans l'univers risque-neutre, c'est-à-dire si la probabilité Q du tableau 16.3 est une probabilité risque-neutre.

À l'opposé, les probabilités de défaut déduites des données historiques sont des probabilités réelles (dites « physiques » ou « historiques »). De ce fait, l'excès de rentabilité calculé dans la dernière colonne du tableau 16.5 provient directement de la différence entre l'univers risque-neutre et l'univers réel. Lorsque l'excès de rentabilité est nul, il n'existe alors aucune différence entre les deux univers.

Pourquoi existe-t-il de telles différences entre les probabilités de défaut dans les deux univers ? Comme nous l'avons évoqué, répondre à cette question revient un peu à se demander pourquoi les obligations *corporate* ont un taux actuariel plus élevé que les

1. Les résultats présentés aux tableaux 16.4 et 16.5 pour les sociétés notées B vont à l'encontre de la tendance générale.

obligations d'État. Quelques arguments peuvent être avancés. Les obligations *corporate* sont moins liquides et les traders demandent une prime de risque en compensation de cette « illiquidité », ce qui peut se traduire par un excès de rentabilité de l'ordre de 25 bp. Cela représente une part importante de l'excès de rentabilité pour des obligations notées AAA, mais une part très faible de l'excès de rentabilité associé à des obligations dont les notes sont inférieures à Baa.

Encadré 16.3

Évaluation risque-neutre

L'idée centrale dans la valorisation des actifs dérivés est celle de l'évaluation risque-neutre. Selon cette approche, on peut évaluer un actif dérivé de la manière suivante :

1. supposer que les investisseurs sont neutres au risque ;
2. calculer les *cash-flows* espérés de cet actif ;
3. actualiser les *cash-flows* au taux sans risque.

Pour illustrer de façon simple ce type d'évaluation, supposons que le prix d'une action ne versant pas de dividende soit de 30 euros, et considérons un actif dérivé payant 100 euros si la valeur de l'action est supérieure à 40 euros en fin d'année et une somme nulle dans les autres cas. Supposons, en outre, que le taux sans risque (continu) soit de 5 %, que la volatilité annuelle de l'action soit de 30 % et que son taux de rentabilité espéré sur une année s'élève à 10 %. Dans l'univers risque-neutre, le taux de rentabilité espéré de l'action est de 5 %. On peut démontrer (à partir des hypothèses classiques de log-normalité du modèle Black-Scholes) que, lorsque ce taux vaut 5 %, la probabilité que la valeur de l'action soit supérieure à 40 euros dans un an vaut 0,1730. L'espérance de paiements de l'actif dérivé est alors $100 \times 0{,}1730 = 17{,}30$ euros et sa valeur actualisée à 5 % est finalement de 16,46 euros. Dans l'univers réel où le taux de rentabilité espéré est de 10 %, la probabilité que la valeur de l'action soit supérieure à 40 euros dans un an vaut 0,2190. L'espérance des paiements de l'actif dérivé est alors de 21,90 euros. L'inconvénient de l'univers réel est que l'on ne connaît pas la valeur exacte du taux d'actualisation à retenir. En premier lieu, l'action présente un risque dont les opérateurs tiennent compte lors de leurs interventions. En second lieu, l'actif dérivé présente un risque plus important encore qu'il faut intégrer le taux d'actualisation à appliquer à cet actif. Maintenant que nous savons que la valeur de l'actif dérivé sur le marché est de 16,46 euros, on peut déduire le taux d'actualisation adéquat. En effet, un taux d'actualisation de 28,6 % (appliqué à la valeur espérée de 21,90 euros) est nécessaire afin de retrouver la valeur de marché de l'actif dérivé.

Les probabilités de défaut subjectives estimées par les opérateurs de marché peuvent être plus élevées que celles fournies par le tableau 16.1. Ces opérateurs peuvent en effet intégrer des scénarios très pessimistes n'apparaissant pas dans les données. En outre, les défauts ne sont pas indépendants les uns des autres et les résultats des tableaux 16.4 et 16.5 sont essentiellement dus à cette raison. Il existe des périodes où les taux de défaut sont globalement importants et d'autres où ils sont globalement faibles. Si l'on étudie les données sur plusieurs années, les statistiques de Moody's montrent qu'entre 1970 et 2007, le taux de défaut a varié considérablement. Pour l'ensemble des entreprises notées, par exemple, la valeur la plus faible est atteinte en 1979 avec 0,087 %, et la valeur la plus élevée est de

5,422 % en 2001. Ces corrélations impliquent l'existence d'un risque systématique (ou non diversifiable) qui conduit les opérateurs à exiger une prime de risque. La variation des taux de défaut dans le temps peut s'expliquer par les conditions économiques générales ou des phénomènes de contagion (impact du défaut d'une entreprise sur d'autres entreprises), comme le montre l'encadré 16.4. Enfin, pour les obligations, la distribution de probabilités des rentabilités est très asymétrique et bornée supérieurement. Il est de ce fait plus difficile de diversifier les risques d'un portefeuille obligataire que ceux d'un portefeuille composé d'actions[1]. Un très grand nombre d'obligations est nécessaire et, en pratique, les portefeuilles détenus ne sont pas pleinement diversifiés. Les intervenants vont en conséquence exiger une rentabilité supplémentaire pour détenir ces titres.

Encadré 16.4

Contagion

La contagion décrite comment un événement de crédit dans un secteur économique peut se propager à d'autres secteurs de l'économie parfois très éloignés. Durant la crise de la dette russe de 1998, la fuite vers la qualité a engendré une augmentation des *spreads* de l'ensemble des obligations. En 2007, la même fuite vers la qualité a eu pour conséquence un nombre record de faillites d'entreprises en 2009. En 2011, les problèmes de la Grèce ont conduit les investisseurs à être très prudents dans l'achat d'autres dettes souveraines comme celles de l'Irlande, de l'Italie, de l'Espagne ou du Portugal. Les *spreads* de crédit ont alors augmenté sur l'ensemble de ces dettes souveraines. Les études montrent que plusieurs facteurs peuvent expliquer ces phénomènes de contagion. L'aversion au risque des opérateurs peut augmenter suite à un événement défavorable ou bien ceux-ci peuvent devenir globalement plus pessimistes lors de tels événements. Quelle qu'en soit la raison, des secteurs *a priori* éloignés de celui en difficulté peuvent voir leur situation se dégrader.

Quelle estimation faut-il utiliser ?

Suite à ce qui vient d'être écrit, il est naturel de se demander s'il est plus pertinent d'utiliser des probabilités estimées sur des données historiques ou des probabilités risque-neutre. La réponse dépend de l'objectif de l'analyse. Si c'est l'évaluation d'actifs dérivés ou la mesure de l'impact du risque de défaut sur le prix des actifs financiers, les probabilités risque-neutre seront utilisées. Si l'objectif est en revanche d'évaluer les pertes potentielles dans divers scénarios, les probabilités historiques seront privilégiées. Les *PD* servant de base au calcul du capital réglementaire sont par exemple des probabilités réelles de défaut.

16.8 Prix des actions et probabilités de défaut

Lorsque l'on estime les probabilités de défaut à partir de données comme celles du tableau 16.1, la variable importante est la notation des entreprises. Malheureusement, la fréquence de révision des notations est faible et certains analystes se sont tournés

1. Voir Amato, J. D. et Remolona, E. M., « The Credit Spread Puzzle », *BIS Quarterly Review*, décembre 2003, vol. 5, p. 51-63.

vers le prix des actions, qui peut offrir des informations pertinentes sur les probabilités de défaut. En 1974, Merton a proposé un modèle dans lequel les actions sont vues comme des options sur la valeur des actifs de la société[1]. Supposons, par mesure de simplification, que la dette de l'entreprise soit composée d'une obligation zéro-coupon de maturité T. Notons :

- V_0 : la valeur des actifs de l'entreprise aujourd'hui ;
- V_T : la valeur des actifs à la date T ;
- E_0 : la valeur des actions aujourd'hui ;
- E_T : la valeur des actions en T ;
- D : le montant des intérêts et du principal de la dette à rembourser en date T ;
- σ_V: la volatilité des actifs ;
- σ_E: la volatilité des actions.

Si $V_T < D$, il est rationnel pour l'entreprise de faire défaut sur la dette à la date T (au moins en théorie). Dans ce cas, la valeur des actions est nulle. Si $V_T > D$, l'entreprise rembourse sa dette en T ; la valeur des actions est $V_T - D$. Le modèle de Merton décrit alors la valeur des actions de l'entreprise comme :

$$E_T = \max(V_T - D \ ; \ 0)$$

Les actions sont finalement un *call* sur la valeur des actifs, avec un prix d'exercice égal à la valeur de la dette à la date T. La formule de Black-Scholes (voir annexe E en fin d'ouvrage) donne alors la valeur des actions en date initiale :

$$E_0 = V_0 N(d_1) - De^{-rT} N(d_2) \tag{16.4}$$

avec

$$d_1 = \frac{\ln(V_0 / D) + (r + \sigma_V^2 / 2)T}{\sigma_V \sqrt{T}}$$

et

$$d_2 = d_1 - \sigma_V \sqrt{T}$$

où $N(.)$ est la fonction de répartition de la loi normale centrée réduite. La valeur de la dette est égale à $V_0 - E_0$ en date 0. La probabilité risque-neutre associée au défaut de l'entreprise est alors égale à $N(-d_2)$, et son calcul nécessite la connaissance de V_0 et σ_V, qui ne sont pas directement observables. En revanche, si la société est cotée, E_0 est connue et l'équation (14.4) offre une première condition imposée à V_0 et σ_V. En outre, on peut estimer σ_E et, si l'on s'appuie sur le lemme d'Itô, on peut écrire :

$$\sigma_E E_0 = \frac{\partial E}{\partial V} \sigma_V V_0$$

ou encore :

$$\sigma_E E_0 = N(d_1) \sigma_V V_0 \tag{16.5}$$

1. Voir Merton, R., « On the Pricing of Corporate Debt: The Risk Structure of Interest Rates », *Journal of Finance*, 1974, vol. 29, p. 449-470.

ce qui offre une seconde contrainte imposée aux variables V_0 et σ_V. Les équations (16.4) et (16.5) permettent alors d'estimer simultanément[1] V_0 et σ_V.

Exemple 16.4

Les actions d'une entreprise valent 3 millions d'euros et leur volatilité est de 80 %. La dette à rembourser dans un an vaut 10 millions d'euros et le taux sans risque est de 5 %. Ici, $E_0 = 3$, $\sigma_E = 0{,}8$, $r = 0{,}05$ et $D = 10$. La résolution des équations (16.4) et (16.5) donne $V_0 = 12{,}4$ et $\sigma_V = 0{,}2123$. Le paramètre d_2 est égal à 1,1408 et la probabilité de défaut est $N(-d_2) = 0{,}127 = 12{,}7$ %. La valeur de la dette est $V_0 - E_0 = 9{,}40$, alors qu'une dette sans risque équivalente vaut $10 \times e^{-0{,}05\times 1} = 9{,}51$. L'espérance de perte sur cette dette est donc $\frac{9{,}51 - 9{,}40}{9{,}51} = 1{,}2$ % de la valeur de la dette sans risque. En utilisant l'estimation de la probabilité de défaut, le taux de recouvrement espéré en cas de défaut vaut (12,7 – 1,2) / 12,76, soit 91 %.

Extensions du modèle de base

Le modèle de Merton que nous venons de présenter a été étendu dans plusieurs directions. Dans certaines approches, on envisage que le défaut puisse survenir à chaque instant si la valeur de l'actif passe sous un certain niveau (ou barrière). D'autres considèrent que les flux liés à la dette de l'entreprise ne sont pas versés à une date unique. De nombreuses analyses mettent en évidence que la volatilité implicite des actions de l'entreprise est un indicateur pertinent de son défaut potentiel. Hull *et al.* montrent que ce résultat est compatible avec l'approche de Merton[2]. Ces auteurs appliquent le modèle de Merton à partir de deux volatilités implicites et montrent que les résultats obtenus sont comparables à ceux obtenus par la mise en œuvre standard.

Performance du modèle

Les probabilités de défaut obtenues par le modèle de Merton et de ses extensions sont-elles compatibles avec les défauts observés ? Le résultat principal est que ces différentes modélisations offrent un classement satisfaisant des probabilités de défaut (neutres au risque et réelles). Cela signifie que l'on peut convertir (par une transformation monotone à estimer) les probabilités de défaut obtenues dans le modèle de Merton en mesures satisfaisantes de la probabilité de défaut risque-neutre et réelle des entreprises[3]. Il peut paraître surprenant d'utiliser $N(-d_2)$ qui, par définition, est une probabilité risque-neutre de défaillance. L'hypothèse principale est que les classements obtenus à partir des probabilités risque-neutre et des probabilités réelles sont identiques.

1. Pour résoudre deux équations non linéaires de la forme $F(x, y) = 0$ et $G(x,y) = 0$, on peut utiliser le solveur d'Excel en cherchant x et y qui minimisent $[F(x, y)]^2 + [G(x, y)]^2$.
2. Voir Hull, J. C., Nelken, I. et White, A., « Merton's Model, Credit Risk, and Volatility Skews », *Journal of Credit Risk*, 2004, vol. 1, p. 1-27.
3. KMV propose une méthode de transformation des probabilités de défaut obtenues par le modèle de Merton en probabilités réelles de défaut (appelées *Expected Default Frequency*, EDF). CreditGrades utilise le modèle de Merton dans l'estimation des *spreads* (très liés aux probabilités risque-neutre de défaut).

La distance au défaut

La société KMV (filiale de Moody's) utilise le modèle de Merton pour définir une distance au défaut. Elle est définie comme le nombre d'écarts-types nécessaires à la variation de la valeur de l'actif pour qu'un défaut survienne en date T et s'écrit :

$$\frac{\ln(V_0) - \ln(D) + \left(r - \sigma_V^2 / 2\right)T}{\sigma_V \sqrt{T}}$$

Lorsque la distance au défaut décroît, le risque de défaillance de l'entreprise augmente. Dans l'exemple 16.4, et pour un horizon d'un an, cette distance vaut 1,14 écart-type.

Résumé

L'estimation des probabilités de défaut et des taux de recouvrement représente une part importante de l'activité des gestionnaires de risque. Si une entreprise a émis des obligations, alors les notations offrent de l'information sur la qualité de crédit de l'émetteur. Les agences de notation telles que Moody's fournissent de nombreuses statistiques quant à l'évolution des probabilités de défaut et des taux de recouvrement. Ces derniers représentent la part du principal effectivement perçu par les créanciers lors de défaillances. De nombreuses autres sources d'information existent comme, par exemple, le marché des *Credit Default Swap* (CDS). Un CDS est un instrument financier qui permet d'acheter (ou de vendre) une assurance contre le défaut potentiel d'une entreprise. Le flux versé par cet instrument lors du défaut correspond généralement à la différence entre la valeur de la dette émise par l'entreprise et sa valeur juste après le défaut. Le *spread* des CDS, dont le niveau est directement lié à celui de la probabilité de défaut, est le montant annuel payé pour cette assurance. Une autre source d'information est le marché des *swaps* d'actifs. Le *spread* associé à cet instrument financier offre une estimation de l'excès de rentabilité d'une obligation par rapport à la courbe *swap*/Libor. Enfin, le marché des actions peut également être utile. En effet, le modèle de Merton (1974) permet une estimation des probabilités de défaut à partir du prix et de la volatilité du prix des actions.

Les probabilités de défaut mesurées sur des données historiques, comme celles fournies par les agences de notation, sont des probabilités réelles de défaut. *A contrario*, les probabilités de défaut estimées à partir du prix des actifs (*swaps*, obligations, actions) sont des probabilités risque-neutre. Il existe des différences importantes entre ces mesures, car le risque systématique associé aux obligations (et autres actifs) ne peut pas être diversifié. De ce fait, les traders exigent une compensation plus importante que celle correspondant à l'espérance des coûts de défaut. Le modèle de Merton peut être calibré de façon à produire des probabilités de défaut réelles.

On peut utiliser les probabilités de défaut réelles pour l'analyse de scénario et le calcul des VaR de crédit. On utilise cependant le plus souvent les probabilités risque-neutre.

Références complémentaires

Altman, E. I., « Measuring Corporate Bond Mortality and Performance », *Journal of Finance*, 1989, vol. 44, p. 902-922.

De Servigny, A., Métayer, B. et Zelenko, I., *Le Risque de crédit*, Dunod, 2010, 4e éd.

De Servigny, A. et Renault, O., *Measuring and Managing Credit Risk*, McGraw Hill, 2004.

Duffie, D. et Singleton, K., « Modeling Term Structures of Defaultable Bonds », *Review of Financial Studies*, 1999, vol. 12, p. 687-720.

Hull, J. C., Predescu, M. et White, A., « Relationship between Credit Default Swap Spreads, Bond Yields, and Credit Rating Announcement », *Journal of Banking and Finance*, novembre 2004, vol. 28, p. 2789-2811.

Hull, J. C., Predescu, M. et White, A., « Bonds Prices, Default Probabilities, and Risks Premiums », *Journal of Credit Risk*, 2004, vol. 1, p. 53-60.

Kealhofer, S., « Quantifying Default Risk I: Default Prediction », *Financial Analysts Journal*, 2003, vol. 59, p. 30-44.

Kealhofer, S., « Quantifying Default Risk II: Debt Valuation », *Financial Analysts Journal*, 2003, vol. 59, p. 78-92.

Litterman, R. et Iben, T., « Corporate Bond Valuation and the Term Structure of Credit Spreads », *Journal of Portfolio Management*, printemps 1991, p. 52-64.

Merton, R. C., « On the Pricing of Corporate Debt: The Risk Structure of Interest Rates », *Journal of Finance*, 1974, vol. 2, p. 449-470.

Rodriguez, R. J., « Default Risk, Yield Spreads, and Time to Maturity », *Journal of Financial and Quantitative Analysis*, 1988, vol. 23, p. 111-117.

Problèmes et exercices (corrigés en fin d'ouvrage)

16.1. Combien de notes utilise Moody's pour la notation des émetteurs qui n'ont pas fait défaut ? Quelles sont-elles ?

16.2. Combien de notes utilise Standard & Poor's pour la notation des émetteurs qui n'ont pas fait défaut ? Quelles sont-elles ?

16.3. À partir du tableau 16.1, calculez l'intensité moyenne de défaut pour les entreprises notées B pendant la première année.

16.4. À partir du tableau 16.1, calculez l'intensité moyenne de défaut pour les entreprises notées Ba pendant la première année.

16.5. Un *spread* de CDS cote 60 points de base payables semestriellement. Le principal est de 300 millions d'euros et le CDS donne lieu à un dénouement en cash. Un défaut survient après quatre ans et deux mois, et le prix de l'obligation de référence la moins chère à livrer est estimé à 40 % de la valeur nominale juste après le défaut. Donnez l'ensemble des *cash-flows* et leur date de paiement pour ce CDS.

16.6. Expliquez les deux façons de dénouer un CDS.

16.7. Expliquez la différence entre probabilités risque-neutre et réelles.

16.8. Quelle équation lie le paiement d'un CDS au principal et au taux de recouvrement ?

16.9. Le *spread* entre le taux actuariel des obligations *corporate* de maturité trois ans et celui des obligations d'État de même maturité est de 50 bp. En supposant un taux de recouvrement de 30 %, estimez l'intensité du défaut pour les années 1 à 3.

16.10. Le *spread* entre le taux actuariel des obligations *corporate* de maturité cinq ans et celui des obligations d'État de même maturité est de 80 bp. En supposant un taux de recouvrement de 40 %, estimez l'intensité du défaut pour les années 1 à 5. Si le *spread* pour les obligations de maturité trois ans vaut 70 bp, que pouvez-vous dire sur l'intensité moyenne de défaut des années 4 et 5 ?

16.11. Les chercheurs doivent-ils utiliser des probabilités de défaut risque-neutre ou réelles pour (a) évaluer une VaR de crédit, (b) ajuster le prix d'une obligation au risque de crédit ?

16.12. Comment le taux de recouvrement est-il généralement défini ?

16.13. Vérifiez (a) que les valeurs de la deuxième colonne du tableau 16.4 sont compatibles avec celles du tableau 16.1, (b) que les valeurs de la quatrième colonne du tableau 16.4 sont compatibles avec celles du tableau 11.1 et un taux de recouvrement de 40 %.

16.14. Une obligation *corporate* de maturité cinq ans paie un coupon de 4 % annuel (payé semestriellement) et à un taux actuariel exprimé en continu de 5 %. Le taux sans risque est de 3 % en composition continue (la courbe de taux est plate). Supposons que les défauts aient lieu à la fin de chaque année (après le paiement des coupons ou du principal) et que le taux de recouvrement soit de 30 %. Estimez la probabilité de défaut risque-neutre en supposant qu'elle est identique chaque année.

16.15. Les taux actuariels des obligations de maturité trois ans et cinq ans d'une entreprise valent respectivement 4,5 % et 4,75 % Les obligations paient un coupon de 4 % annuel (versé semestriellement). Le taux sans risque est de 3,5 % en composition continue (la courbe de taux est plate). Supposons que les défauts aient lieu deux fois par an (après le paiement des coupons ou du principal) et que le taux de recouvrement soit de 40 %. $Q(1)$ désigne la probabilité de défaut risque-neutre pour les années 1 à 3 et $Q(2)$, la probabilité de défaut risque-neutre pour les années 4 et 5. Estimez $Q(1)$ et $Q(2)$.

16.16. Supposons que dans un *swap* d'actifs, B désigne le prix de marché d'une obligation, par euro de nominal, que B^* soit le prix sans risque de cette obligation, par euro de nominal, et que V représente la valeur du *swap* d'actifs par euro de nominal. Montrez que $V = B^* - B$.

16.17. Montrez que dans le modèle de Merton de la section 16.8, le *spread* de crédit sur un zéro-coupon de maturité T s'écrit :

$$-\ln[N(d_2) + N(-d_1) / L] / T$$

où $L = De^{-rT} / V_0$

16.18. La valeur des capitaux propres d'une entreprise est de 2 millions d'euros et la volatilité de ses actions est estimée à 50 %. Le montant des dettes à rembourser dans un an est de 5 millions d'euros et le taux sans risque vaut 4 % par an. En utilisant le modèle de Merton, que vaut la probabilité de défaut (vous pouvez utiliser le solveur d'Excel) ?

16.19. Un CDS de principal 100 millions d'euros et de maturité cinq ans signé le 20 juin 2012 engendre des paiements trimestriels de 400 bp. Un défaut survient après quatre ans et deux mois et le prix de l'obligation la moins chère à livrer est de 30 % de la valeur nominale. Quels sont les flux pour le vendeur de protection ?

16.20. « La position d'un acheteur de CDS est identique à une position longue sur une obligation sans risque de défaut et une position courte sur une obligation *corporate.* » Expliquez cette affirmation.

16.21. Pourquoi existe-t-il un problème d'asymétrie d'information dans les CDS ?

16.22. Supposons que la courbe *swap*/Libor soit plate à 6 % (taux continu) et qu'une obligation de coupon 5 % (payé semestriellement) se négocie sur le marché à 90,00. Comment pourriez-vous structurer un *swap* d'actifs sur cette obligation ? Quel est le *spread* du *swap* d'actifs dans ce cas ?

Questions complémentaires

16.23. Un *swap* d'actifs de maturité trois ans a un *spread* de 100 points de base (versé semestriellement). Supposons que l'obligation offre un coupon de 7 % payable semestriellement. La courbe de taux zéro-coupon est plate à un niveau de 4 % (exprimé en composition semestrielle). Les défauts peuvent avoir lieu tous les six mois avant versement du coupon et le taux de recouvrement est de 45 %. Estimez la probabilité de défaut en supposant (a) que la probabilité inconditionnelle de défaut est identique à chaque date de défaut possible, (b) que la probabilité conditionnelle au non-défaut (préalable) est identique à chacune des dates de défaut.

16.24. Une entreprise a émis des obligations de maturité un an et deux ans qui paient un coupon annuel de 8 %, et les *swaps* d'actifs de maturité un an et deux ans sur cette entreprise ont un *spread* de 150 et 200 points de base. La courbe des taux zéro-coupon est plate à un niveau de 4,5 %. Le taux de recouvrement est estimé à 35 % et les défauts peuvent avoir lieu deux fois par an. Estimez les probabilités risque-neutre de défaut pour chacune des années.

16.25. La valeur des capitaux propres d'une entreprise est de 4 millions d'euros et la volatilité de ses actions est estimée à 60 %. Le montant des dettes à rembourser dans deux ans est de 15 millions d'euros et le taux sans risque vaut 6 % par an. En utilisant le modèle de Merton, que valent l'espérance de perte en cas de défaut, la probabilité de défaut et le taux de recouvrement en cas de défaillance ? Expliquez pourquoi le modèle de Merton conduit à un taux de recouvrement élevé (vous pouvez utiliser le solveur d'Excel).

Chapitre 17

Risque de crédit de contrepartie et actifs dérivés

Évaluer le risque de crédit associé à une transaction sur actifs dérivés est plus complexe que sur un prêt car le montant potentiellement perdu lors du défaut est inconnu. Si une banque prête de l'argent pour 10 millions d'euros sur cinq ans, elle sait que son exposition maximale est de 10 millions d'euros. Si elle entre dans un contrat de *swap* avec son client, l'exposition future est plus incertaine. Ce phénomène s'explique par la sensibilité de la valeur du *swap* à l'évolution des taux d'intérêt. Dans le cas où le *swap* a une valeur positive, l'exposition de la banque à la faillite de sa contrepartie est la valeur du *swap*. Si, en revanche, les taux d'intérêt sont tels que la valeur du *swap* est négative pour l'institution, son exposition est nulle. Lorsque les actifs dérivés sont échangés sur des marchés organisés, le risque de crédit est très faible. En effet, comme nous l'avons expliqué au chapitre 5, la présence de dépôts de garantie et d'appels de marges sécurise les transactions. Comme mentionné au chapitre 13, les législateurs à travers le monde tentent d'augmenter la normalisation des produits échangés sur les marchés de gré à gré et d'imposer la présence de chambres de compensation (ou de compensation centralisée), ce qui permettrait de réduire considérablement le risque de crédit associé à ces produits. Ce chapitre aborde les compensations centralisées, mais se concentre davantage sur les actifs dérivés échangés sur les marchés de gré à gré, ces derniers étant beaucoup plus exposés au risque de crédit. Nous verrons également la nature des accords passés entre les contreparties, la façon dont le risque de crédit peut être limité et comment le risque de contrepartie affecte les bilans financiers.

17.1 Risque de crédit sur actifs dérivés

Commençons par analyser la nature du risque de crédit associé à une transaction sur actifs dérivés. Supposons, par mesure de simplification, qu'il existe une seule transaction entre un intermédiaire et sa contrepartie pouvant faire défaut. Il n'existe pas de compensation centralisée. On peut distinguer trois situations :

1. L'actif dérivé est toujours au passif pour l'intermédiaire.
2. L'actif dérivé est toujours à l'actif pour l'intermédiaire.
3. L'actif dérivé peut être soit à l'actif, soit au passif pour l'intermédiaire.

Un exemple pour le cas 1 (respectivement 2) est une vente d'options (respectivement un achat d'options). On peut citer par exemple les contrats *forward* ou les *swaps* pour le cas 3.

Dans le premier cas, l'intermédiaire n'est pas exposé au risque de crédit. Si la contrepartie fait défaut, cela n'engendrera pas de pertes. Généralement, ce défaut n'engendrera pas de gains non plus. C'est lié au fait que l'actif est l'un des titres financiers détenus par la contrepartie. Il est susceptible d'être retenu, liquidé ou transféré à un tiers lors de la faillite.

Dans le deuxième cas, l'intermédiaire est toujours exposé au risque de crédit et, lors de la faillite de la contrepartie, il subira une perte. Le montant de cette perte dépendra alors du collatéral lié à cette opération et de la valeur de l'actif au moment de la défaillance.

Le troisième cas est plus complexe. En effet, si la contrepartie fait défaut lorsque l'actif dérivé a une valeur positive pour l'intermédiaire, ce dernier subira une perte. En revanche, si la valeur est négative, il ne subira aucune perte lors de la faillite de la contrepartie. Cet exemple simple montre qu'en absence de collatéral, l'exposition s'écrit à chaque instant :

$$\max(V,0)$$

avec V la valeur de marché de l'actif dérivé. On appelle cette valeur « valeur *mark-to-market* (MTM) de l'actif ». Lorsque qu'il existe de nombreuses transactions sur actifs dérivés entre l'intermédiaire et la contrepartie, on mesure l'exposition par la valeur *mark-to-market* de la position nette après compensation des positions entre elles (ou *netting*, voir chapitre 12). Lorsque l'intermédiaire évalue le risque de crédit, il tient compte de son exposition actuelle, mais également de la valeur que celle-ci peut prendre dans le futur. Comme nous allons le voir, l'intermédiaire a en sa possession des procédures sophistiquées permettant d'évaluer la distribution de probabilités de l'exposition future.

17.2 Compensation bilatérale

Traditionnellement, les transactions sur les marchés de gré à gré sont compensées bilatéralement. Cela implique une paire de participants A et B qui entrent dans un accord-cadre agréé par l'*International Swaps and Derivatives Association Master Agreement* (ISDA) qui couvre l'ensemble de leurs transactions sur actifs dérivés. Le *netting* est une composante importante de ce contrat et permet de considérer l'ensemble des transactions entre ces deux parties comme une seule en cas d'événement pouvant entraîner une résiliation anticipée. Celui-ci peut être déclaré par l'une des parties lorsqu'un événement de défaut survient. C'est le cas, par exemple, si une partie se déclare en défaut, ne paie pas un flux dû contractuellement ou encore ne répond pas aux obligations de collatéral[1].

Nous avons étudié le *netting* à la section 12.5. et de nombreuses juridictions l'ont expérimenté. Cette technique permet de réduire considérablement le risque de crédit. Supposons qu'il n'existe pas de collatéral, le *netting* réduit l'exposition de la partie B à la partie A de :

$$\sum_{i=1}^{N} \max(V_i,0)$$

à

$$\max\left(\sum_{i=1}^{N} V_i,0\right)$$

1. Une entreprise n'est jamais contrainte de déclarer une fin anticipée de la relation lorsque de tels événements se produisent. Elle peut choisir de ne pas le faire, en particulier lorsque sa position nette est négative vis-à-vis de cette contrepartie. Cette position l'obligerait alors à réaliser un paiement immédiat.

où N est le nombre de transactions entre A et B et V_i la valeur de la transaction i pour B. Le comité de Bâle a reconnu en 1995 le rôle du *netting* dans la diminution du risque de crédit et a réduit les exigences en capital lorsque des accords de *netting* étaient en place (voir section 12.5).

L'utilisation d'un collatéral

Une annexe (*credit support annex*, CSA) à l'accord-cadre de l'ISDA aborde la question du collatéral. Un accord classique sur un montant de collatéral nécessite le calcul régulier (généralement journalier) de la valeur MTM des transactions en jeu. Ce calcul peut conduire une partie à devoir augmenter la valeur du collatéral déposé chez sa contrepartie. On utilise la terminologie suivante :

1. Seuil (*threshold*) : valeur MTM pour laquelle le collatéral est requis. Par exemple, si la valeur du seuil applicable (dans son annexe, CSA) à la partie A par la partie B est de 5 millions d'euros, aucun collatéral n'est demandé tant que la valeur nette des transactions avec B ne dépasse pas 5 millions d'euros. Le collatéral requis est donc la différence entre la valeur de marché et 5 millions d'euros.
2. Montant indépendant : marge initiale requise par une des deux parties. Elle s'apparente à un seuil négatif.
3. Montant minimum à transférer : montant minimum transféré lors d'un ajustement de la valeur du collatéral. Ce dernier permet d'éviter un nombre trop fréquent de petites transactions après le calcul de la valeur nette MTM des transactions. Si, par exemple, le montant minimum est de 1 million d'euros, une transaction n'aura lieu que si le montant supplémentaire exigé dépasse 1 million d'euros.
4. Titres éligibles et devises : les devises et titres acceptés comme collatéral.
5. Marge de sécurité sur les actifs (*haircut*) : pourcentage déduit de la valeur d'un actif lorsqu'il sert de collatéral. Par exemple, un *haircut* de 20 % appliqué à un actif de 100 millions d'euros engendre une valorisation en collatéral de 80 millions d'euros.

Les accords sur le collatéral peuvent concerner une seule partie ou les deux. Dans le second cas, les deux parties sont contraintes de déposer un collatéral. Lorsqu'un intermédiaire a un risque de crédit beaucoup plus faible que sa contrepartie, il est probable que l'accord ne concerne qu'une seule des deux parties et que seule la contrepartie soit contrainte de déposer un collatéral. Lorsque le niveau de risque de crédit est équivalent (pour les deux parties), le dépôt de collatéral concerne alors les deux contractants.

Supposons un accord où seule la partie A est contrainte de déposer un collatéral auprès de la partie B. Le seuil est de 10 millions d'euros, l'évaluation de la position nette est quotidienne et il n'existe pas de montant indépendant. Si la valeur de la position nette est de 9 millions d'euros pour B, aucun collatéral n'est requis. Si, le jour suivant, cette valeur passe à 12 millions d'euros, la valeur du collatéral due à B est de 2 millions d'euros (nous supposons que cette valeur est supérieure au montant minimum de transfert). Si, le jour suivant, la valeur nette continue à augmenter et atteint 15 millions d'euros, A devra déposer 3 millions supplémentaires en collatéral. De la même façon, si la valeur nette diminue le jour suivant à 11 millions d'euros, A rendra à B un montant de 4 millions d'euros.

Soulignons que des intérêts sont généralement payés lorsque le collatéral est déposé en cash.

Les règles peuvent être différentes en fonction des juridictions. Dans le cas des États-Unis, la partie A conserve un droit de propriété sur les titres transférés. Au Royaume-Uni, le transfert de propriété accompagne celui des titres et, lorsque le collatéral est rendu, des titres différents (des titres initiaux) peuvent être choisis. Une pratique nommée réhypothèque complique encore les opérations de collatéral. Nous aborderons ce point à l'encadré 17.1.

Résiliation anticipée et paiements

Continuons avec l'exemple dans lequel seule la partie A est dans l'obligation de déposer un collatéral. Si la partie B déclare une résiliation anticipée suite à un événement de défaut lié à la partie A, celle-ci doit alors calculer ses pertes. Elles correspondent au montant qu'un tiers demanderait pour reprendre la position de la partie A dans les opérations en cours. Si ce montant est négatif, la perte de B est négative et B doit aux liquidateurs un montant équivalent à cette valeur négative. Si le montant est positif et plus important que le collatéral déposé par A, B est en droit de garder le collatéral et de réclamer l'excédent. Si le montant est inférieur au collatéral, B doit abandonner une partie du collatéral ou payer un montant à A.

Il existe deux façons de calculer la perte. La première est la cotation par le marché (*Market Quotation Method*), où la partie B envoie une description des opérations en cours à d'autres intermédiaires (juste après la résiliation anticipée) et leur demande un devis pour reprendre les positions de A. Si plus de trois cotations sont obtenues, on calcule une moyenne pour obtenir le résultat. Si exactement trois cotations sont obtenues, la cotation médiane sert de point de départ à l'estimation de la perte de B. Si moins de trois cotations sont offertes, la méthode de cotation par le marché ne peut pas être utilisée et, dans le cadre de l'accord ISDA, une estimation par B de sa propre perte est nécessaire.

Clause de dégradation (*Downgrade Triggers*)

La clause de dégradation est parfois incluse dans la CSA. Elle implique que lorsque la notation de la partie A passe sous un certain niveau, la partie B est en droit de demander davantage de collatéral.

AIG est un exemple d'inclusion dans les contrats de la clause de dégradation. Les contrats signés par AIG stipulaient que cette entreprise n'avait pas à verser de collatéral tant que sa note restait au-dessus de AA. L'ensemble des agences de notation ont dégradé AIG sous AA le 15 septembre 2008. Cet événement a été suivi par un appel massif de collatéral qu'AIG n'a pu honorer. La faillite d'AIG a été évitée grâce aux aides gouvernementales.

D'autres entreprises ont rencontré des difficultés liées à la présence de cette clause (citons Enron, Xerox ou encore Ambac). Celle-ci n'offre pas une bonne protection lorsque la dégradation de notes est très importante (par exemple de AA au défaut). Elle fonctionne bien en revanche lorsque seuls quelques contrats signés la mentionnent. Si une entreprise détient de nombreux contrats contenant cette clause, une situation proche de celle d'AIG peut alors apparaître car, au moment de la dégradation, un montant très important est exigé en collatéral. Cette demande de collatéral peut entraîner l'entreprise vers la faillite si sa situation financière n'est pas assez solide.

Encadré 17.1

La réhypothèque

La pratique de réhypothèque dans les opérations de collatéral pose de nombreuses difficultés. Lorsque la ré-hypothèque est autorisée et que la partie B reçoit un collatéral de la partie A, elle peut s'en servir dans une transaction avec une partie C. Cette dernière peut ensuite faire de même avec une partie D, et ainsi de suite. En 2007, on a estimé que le montant global déposé en collatéral pour les banques américaines était de 4 000 milliards de dollars, mais que cette somme était le fruit de réhypothèques à partir d'un montant initial de 1 000 milliards de dollars. Cette pratique est couramment employée au Royaume-Uni, où le transfert des titres s'accompagne d'un transfert de propriété. Après la chute de Lehman Brothers en 2008, les clients (particulièrement, les clients européens des *hedges funds*) ont eu beaucoup de difficultés car les collatéraux avaient été réhypothéqués. Suite à ces événements, les annexes aux contrats ont été renforcées, limitant (ou interdisant) cette pratique.

17.3 Compensation centralisée

Comme nous l'avons évoqué au chapitre 13, de nombreuses juridictions tentent d'imposer une centralisation des transactions sur les marchés de gré à gré. Deux entreprises sont d'accord pour effectuer une transaction de gré à gré sur un actif dérivé. En présence d'une contrepartie centrale de compensation (*central clearing party*, CCP), cette dernière s'interpose entre l'acheteur et le vendeur, et compense les positions de A et de B. Supposons, par exemple, que la transaction porte sur un *swap* de taux d'intérêt de nominal 100 millions d'euros dans lequel l'entreprise A paie un taux fixe de 5 % et reçoit le taux variable Libor (payé par B). En présence d'une compensation centralisée, A paie le taux fixe à la CCP et reçoit le taux variable de la CCP. De la même façon, B paie le taux variable à la CCP et reçoit le taux fixe de cette entité. De ce fait, les deux contreparties ne sont plus exposées au risque de crédit, comme l'illustre la figure 17.1. La CCP demande une marge initiale et celle-ci est ajustée en fonction des variations de la valeur des positions de chacune des contreparties.

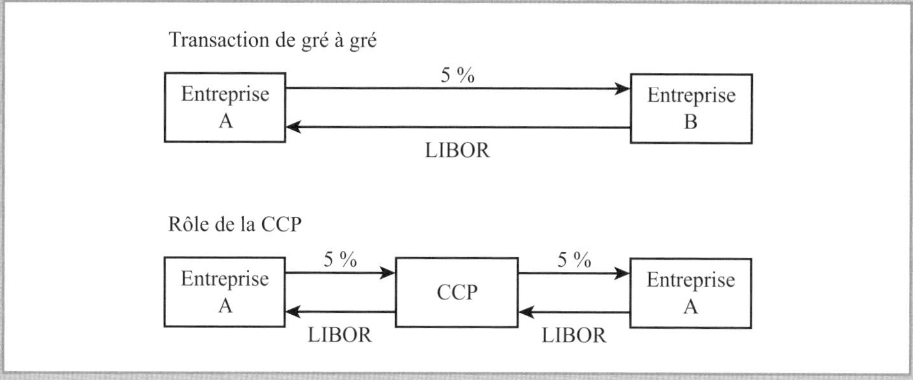

Figure 17.1 – Rôle joué par une CCP sur les marchés de gré à gré.

En guise d'illustration, la contrepartie centrale de compensation peut demander une marge initiale de 0,5 million d'euros aux deux parties. Si, le premier jour, le niveau des taux d'intérêt baisse, la valeur du *swap* pour A peut par exemple baisser de 100 000 euros. A peut être tenue de payer ce montant à la CCP qui, à son tour, devra le payer à B. Si la marge n'est pas versée, la contrepartie centrale de compensation solde sa position avec l'une où l'autre des parties. De façon générale, les titres d'État ainsi que le cash peuvent généralement être utilisés pour les dépôts de marge. Des intérêts (proches des taux au jour le jour) sont payés sur les montants déposés.

En pratique, les participants peuvent avoir de nombreuses transactions avec l'entité de compensation. La marge demandée reflète alors la volatilité de la position globale du participant. L'entité de compensation joue exactement le même rôle que la chambre de compensation sur les marchés organisés. La différence essentielle est que les transactions sont moins standardisées que sur les marchés organisés et, de ce fait, les calculs de marge sont souvent plus complexes. Les membres de la contrepartie centrale de compensation alimentent un fonds commun permettant de pallier les difficultés de l'un d'entre eux, ce qui permet de répartir les pertes entre les membres.

La figure 17.2 illustre la différence entre une compensation bilatérale et une compensation centralisée en présence de huit courtiers en actifs dérivés. Dans le cas d'une centralisation des transactions, on suppose l'existence d'une seule entité de compensation. On remarque aisément que la présence d'une centralisation améliore la qualité du *netting*. En effet, au lieu d'avoir neuf *nettings* différents, le vendeur réalise un seul *netting*.

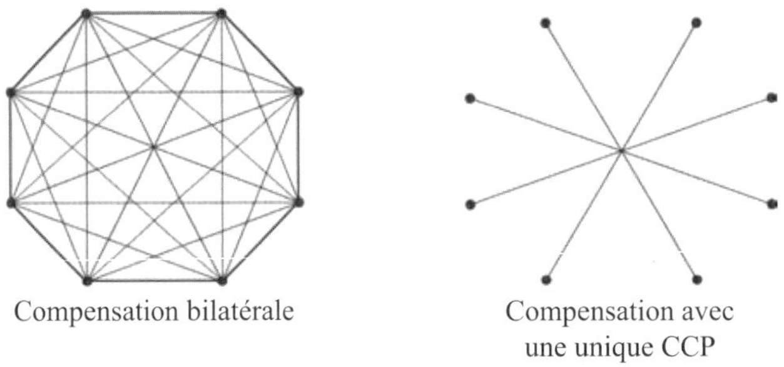

Figure 17.2 – Compensations bilatérale et centralisée.

En pratique, il existe de nombreuses contreparties centrales de compensation à travers le monde, et de nombreuses transactions sont opérées en dehors de système centralisé. Cela signifie que les bénéfices de la compensation ne sont pas aussi élevés qu'ils devraient l'être. La situation peut même être dégradée en présence de CCP[1]. La figure 17.3 en apporte une illustration, avec trois participants et une entité de compensation.

1. Voir Duffie B D. et Zhu H., « Does Central Clearing Reduce Counterparty Credit Risk? », *Working Paper*, université de Stanford, 2005.

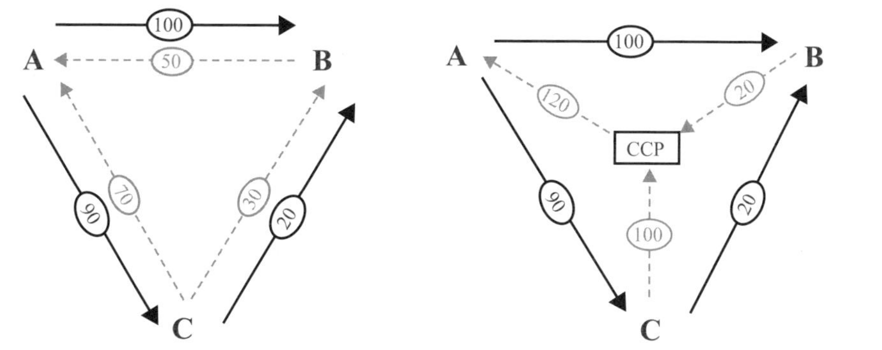

Inter-médiaire	Exposition après compensation bilatérale
A	0
B	100
C	20
Moyenne	40

Inter-médiaire	Exposition après *netting* en présence d'une contrepartie centrale de compensation	Exposition après *netting* sans contrepartie centrale de compensation
A	120	0
B	120	120
C	90	90
Moyenne	110	70

Figure 17.3 – Exemple avec trois participants, une contrepartie centrale de compensation et deux produits.

Les transactions en pointillés sont celles pouvant être compensées de façon centralisée. Les autres sont des transactions non standard, ne pouvant faire l'objet d'une compensation centralisée. Par exemple, dans les échanges de B avec A, les transactions non standard ont une valeur de 100 pour B et de –100 pour A. Sans compensation centralisée, l'exposition moyenne des trois parties est de 40. Avec compensation centralisée, l'exposition moyenne est de 110 lorsque l'on tient compte de la CCP, et de 70 sinon. La compensation centralisée n'améliore pas le montant du collatéral requis dans ce cas. Si les transactions sont négociées avec un seuil nul, le montant de collatéral requis en présence de compensation centralisée est plus élevé.

17.4 Ajustement de crédit (*credit value ajustment*)

Nous nous intéressons ici au cas où une compensation bilatérale est à l'œuvre entre un intermédiaire et sa contrepartie. La question est de savoir comment ce premier évalue le risque de crédit[1].

L'intermédiaire calcule ce que l'on appelle la valeur d'ajustement de crédit (*credit value adjustment*, CVA) pour chaque contrepartie avec laquelle une compensation bilatérale

1. Pour plus de détails sur le CVA, voir Hull J. et White A., « CVA and Wrong Way Risk », *Working Paper*, université de Toronto, Canada, 2011 ; Canabarro E. et Duffie D., « Measuring and Marking Counterparty Risk », Chapitre 9 in *Asset/Liability Management for Financial Institutions*, éd. L. Tilman, New York : Institutional Investor Books, 2003 ; Picault E., « Calculating and Hedging Exposure, CVA, and Economic Capital », in *Counterparty Credit Risk Modeling*, éd. M. Pykhtin, Londres : Risk Books, 2005 ; et Gregory J., *Counterparty Credit Risk: the New Challenge for Financial Markets*, Hoboken, NJ : John Wiley & Sons, 2009.

est en cours. Il s'agit d'une estimation de son espérance de pertes si l'une des contreparties fait défaut.

La valeur de l'encours des dérivés dans le bilan de l'intermédiaire est réduite de la somme des CVA (pour toutes les contreparties) et le changement de CVA pendant l'exercice est une charge au compte de résultat. Supposons que T soit la maturité la plus longue associée aux actifs dérivés échangés avec une contrepartie. Pour calculer la CVA, la période [0,T] est décomposée en un certain nombre d'intervalles (par exemple, 0 à 1 mois, 0 à 3 mois). Supposons que le $i^{\text{ème}}$ intervalle s'étale de la date t_{i-1} à la date t_i et qu'il existe n intervalles. Notons :

- q_i la probabilité risque-neutre d'une perte consécutive à un défaut durant le $i^{\text{ème}}$ intervalle ;
- v_i la valeur présente de l'exposition nette du vendeur avec la contrepartie (après collatéral) au milieu de l'intervalle i, conditionnellement au défaut ;
- R le taux de recouvrement en cas de défaut.

Si l'on suppose que l'exposition nette est indépendante de la probabilité de défaut, on peut estimer la valeur présente de l'espérance de perte liée au défaut pendant le $i^{\text{ème}}$ intervalle par :

$$(1-R)q_i v_i$$

Et l'espérance de perte totale s'écrit,

$$CVA = \sum_{i=1}^{n}(1-R)q_i v_i \tag{17.1}$$

Les q_i sont estimées à partir des *spreads* de crédit (voir section 16.6). Supposons que s_i soit une estimation du *spread* de crédit de la contrepartie pour une maturité t_i. D'après la section 16.6, voici une estimation du taux de hasard entre la date 0 et t_i :

$$\lambda_i = \frac{s_i}{(1-R)}$$

La probabilité de ne pas faire défaut entre 0 et t_i est,

$$e^{-\lambda_i t_i}$$

De ce fait,

$$q_i = e^{-\lambda_{i-1}t_{i-1}} - e^{-\lambda_i t_i}$$

Ou encore,

$$q_i = \exp\left(-\frac{s_{i-1}t_{i-1}}{1-R}\right) - \exp\left(-\frac{s_i t_i}{1-R}\right) \tag{17.2}$$

On calcule les v_i de façon classique par simulations de Monte-Carlo. Les variables de marché qui déterminent la valeur future de l'exposition de l'intermédiaire sont simulées dans un environnement risque-neutre entre 0 et T. Pour chaque jeu de simulation, on estime l'exposition à la contrepartie pour chaque intervalle. On réalise ensuite une moyenne et la valeur de v_i est égale à la valeur présente de la moyenne de l'exposition pour le $i^{\text{ème}}$ intervalle. Dans la pratique, quelques approximations sont parfois nécessaires afin de permettre les calculs.

Collatéral et période de remède

On peut inclure des accords de collatéral dans le calcul de v_i. Supposons que $w(t)$ représente la valeur nette MTM en date t des transactions en cours avec la contrepartie. En l'absence de collatéral, l'exposition nette $E_{NC}(t)$ est donnée par

$$E_{NC}(t) = \max(w(t),0)$$

S'il existe un seuil K et qu'une résiliation anticipée peut survenir dès que la contrepartie ne dépose pas son collatéral, le collatéral en date t s'écrit $\max(w(t) - K,0)$.

En pratique, une période de remède (*cure period*) ou période en risque de marge (*margin period at risk*) existe. Elle s'écoule entre le moment où la contrepartie cesse de fournir des garanties et celui où le vendeur est en mesure de couvrir son risque. Une période de dix à 25 jours ouvrables est communément admise.

La période de remède signifie que, même si le CSA entre les parties A et B spécifie qu'un seuil nul s'applique à la partie A, la partie B est encore soumise à un risque de crédit car la valeur des opérations en cours peut se déplacer en sa faveur, créant une exposition non garantie. Supposons que la longueur de la période de remède soit notée c. Le collatéral disponible en date t est,

$$C(t) = \max(w(t - c) - K,0) \tag{17.3}$$

On peut traiter un montant indépendant I comme un seuil négatif. Dans ce cas,

$$C(t) = \max(w(t - c) + I,0) \tag{17.4}$$

L'exposition nette du collatéral en date t est alors,

$$E_{NET}(t) = \max(E_{NC}(t) - C(t),0) \tag{17.5}$$

Supposons que l'on note t_i^* la date de la $i^{\text{ème}}$ période telle que $t_i^* = \left(t_{i-1} + t_i\right) / 2$. On peut

calibrer la simulation de Monte-Carlo pour calculer v_i de telle sorte que la valeur du portefeuille de dérivés en date $t_i^* - c$ ainsi qu'à l'instantt_i $(i = 1,2,...,n)$ soit calculée. Pour chaque simulation, on utilise la valeur au temps $t_i^* - c$ pour calculer le collatéral disponible au temps t_i par les équations (17.3) et (17.4). L'équation (17.5) calcule l'exposition nette en date t_i^*.

Exposition maximale

En plus de calculer la CVA, les intermédiaires calculent l'exposition maximale au milieu de chaque intervalle. C'est un centile élevé de la distribution des expositions obtenues par simulations de Monte-Carlo. Supposons par exemple que le centile choisi soit de 97,5 % et que 10 000 jeux de simulation de Monte-Carlo soient utilisés. On peut obtenir l'exposition maximale à deux mois lors du 250e tirage. Il s'agit alors du maximum des pics d'exposition pour toutes les périodes considérées.

Voici une question théorique généralement ignorée. Pour calculer la CVA, on estime le comportement de la variable de marché dans l'univers risque-neutre et l'actualisation se fait au taux sans risque (comme expliqué au chapitre 16, c'est tout à fait correct).

Lorsque l'on calcule l'exposition maximale, on devrait normalement étudier l'analyse de scénarios et le comportement des variables du marché dans le monde réel, et non pas dans l'univers risque-neutre. Pour des maturités courtes, ce phénomène ne devrait cependant pas entraîner de trop grandes différences.

17.5 L'impact d'une nouvelle transaction

Une nouvelle transaction négociée par l'intermédiaire influence généralement la CVA. Lorsque la valeur de cette nouvelle transaction est positivement corrélée avec d'autres transactions négociées avec la contrepartie, il est probable que son impact soit positif. Dans le cas d'une corrélation négative, cette nouvelle transaction peut réduire la CVA.

Supposons qu'une seule transaction soit en cours avec une contrepartie. Elle porte sur un contrat *forward* sur devises dans lequel la contrepartie est acheteuse de la devise. Si la contrepartie désire entrer dans une nouvelle transaction sur un *forward* sur devises de maturité trois ans, son impact sur la CVA va dépendre du sens de la transaction. Si la contrepartie est acheteuse de la devise, la CVA sera influencée positivement. Si elle est en revanche vendeuse de devises, cela peut réduire la CVA. La prise en compte de la CVA suggère qu'une contrepartie trouvera souvent un meilleur prix auprès d'un intermédiaire avec lequel elle est déjà en transactions. Cela s'explique car l'impact de la nouvelle transaction sera certainement plus faible que lorsqu'il n'existe encore aucune transaction entre l'intermédiaire et la contrepartie. Les arguments ici sont valides en l'absence de collatéral et lorsque les transactions sont compensées de façon bilatérale.

Le calcul de la CVA est généralement très lourd. Les intermédiaires ont souvent des centaines, voire des milliers de transactions avec une contrepartie[1]. Le calcul de l'impact d'une nouvelle transaction par un nouveau calcul de la CVA n'est pas toujours réalisable. Heureusement, il existe une méthode efficace.

Lorsque l'on calcule la CVA avec l'équation (17.4), le chemin suivi par chaque variable de marché pour chaque simulation est stocké, ainsi que la valeur du portefeuille pour chaque simulation. Lorsque l'on considère une nouvelle transaction, on estime sa valeur future à partir des variables de marché obtenues par simulation. On peut ainsi estimer l'impact différentiel de la transaction sur la valeur future du portefeuille pour chacun des jeux de simulation. On évalue alors l'impact sur la valeur de l'exposition à chaque instant, et l'équation (17.1) permet une estimation de l'impact de la nouvelle transaction sur la CVA.

En guise d'illustration, supposons que la valeur du portefeuille avec une contrepartie dépende simplement de l'évolution du prix de l'or. Lors de la 254e simulation, le prix de l'or en date 2,5 est de 1 572 dollars, avec une valeur de portefeuille de 2,4 millions de dollars. En l'absence de collatéral, il s'agit également de la valeur de l'exposition. Si 2,5 est le 20e point de simulation, v_{20}est la valeur actuelle de 2,4 millions de dollars reçu en date 2,5. On suppose que cette valeur est de 2,3 millions de dollars.

Juste après le calcul de la CVA, on envisage une nouvelle transaction dont la valeur dépend du prix de l'or. On estime la valeur de cette transaction pour l'ensemble des points simulés dans l'étape précédente. Supposons que, lors de la 254e simulation, la

1. Au moment de sa faillite, Lehman Brothers avait, par exemple, environ 1,5 million de transactions en actifs dérivés, avec plus de 8 000 contreparties.

valeur de cette transaction en date 2,5 soit estimée à –4,2 millions de dollars. La valeur du portefeuille baisse alors de 2,3 millions à –1,9 million de dollars en date 2,5 pour la 254e simulation, ce qui annule l'exposition. La valeur de v_{20} est maintenant nulle. On répète cette opération pour chaque jeu de simulation et l'on calcule une moyenne du changement de v_{20} (notée Δv_{20}). On répète l'opération pour tous les v_i et l'impact de la nouvelle transaction sur la CVA peut alors s'écrire :

$$\sum_{i=1}^{n}(1-R)q_i\Delta v_i$$

17.6 Le risque lié à la CVA

Un courtier a une CVA par contrepartie. On peut considérer ces CVA comme des actifs dérivés particulièrement complexes car leur valeur est contingente à l'ensemble des transactions avec la contrepartie. Lorsque les CVA augmentent (diminuent), le résultat du courtier diminue (augmente). C'est une des raisons pour lesquelles il observe de très près ses variations et tente de les gérer avec des techniques de couverture proches de celles utilisées sur d'autres actifs dérivés. Il calcule en particulier les grecques (delta, gamma, véga, etc.) abordées au chapitre 7.

Les valeurs qui affectent les v_i sont des variables de marché telles que les taux d'intérêt, les prix des matières premières ou encore les taux de change. Le calcul des grecques pour ces variables peut être coûteux en temps. Les valeurs qui affectent les q_i sont les *spreads* de crédit de la contrepartie pour différentes maturités. D'après l'équation (17.2),

$$q_i = \exp\left(-\frac{s_{i-1}t_{i-1}}{1-R}\right) - \exp\left(-\frac{s_i t_i}{1-R}\right)$$

Et d'après l'équation (17.1),

$$CVA = \sum_{i=1}^{n}(1-R)q_i v_i$$

En utilisant une approximation, le changement de la valeur de la CVA pour un mouvement parallèle de la structure par termes des *spreads* de crédit Δs (toutes choses égales par ailleurs) est alors,

$$\Delta CVA = \sum_{i=1}^{n}\left[t_i\left(-\frac{s_i t_i}{1-R}\right) - t_{i-1}\exp\left(-\frac{s_{i-1}t_{i-1}}{1-R}\right)\right]v_i\Delta s + \frac{1}{2(1-R)}\sum_{i=1}^{n}\left[t_{i-1}^2\exp\left(-\frac{s_{i-1}t_{i-1}}{1-R}\right) - t_i^2\left(-\frac{s_i t_i}{1-R}\right)\right]v_i(\Delta s)^2 \quad (17.6)$$

On peut facilement effectuer le calcul une fois les v_i connues. Bâle III, dans son approche avancée, demande aux intermédiaires d'utiliser cette équation afin d'incorporer le risque associé aux *spreads* de crédit dans le calcul du capital associé au risque de marché. Ce n'est pas le cas pour le risque associé aux variables de marché affectant la valeur des v_i, sans doute parce que le calcul est plus délicat.

Les intermédiaires les plus sophistiqués, capables d'estimer le risque associé à v_i, savent également que s'ils couvrent ce risque, les exigences en fonds propres vont augmenter. Cela s'explique car les opérations de couverture entrent dans le calcul du capital réglementaire, alors que ce n'est pas le cas de l'exposition à la CVA.

17.7 Le risque de corrélation

Jusqu'ici, nous avons supposé que la probabilité de défaillance était indépendante de l'exposition de l'intermédiaire à la contrepartie. On appelle « *wrong way risk* » (ou risque de corrélation dans la suite) une situation dans laquelle cette exposition augmente lorsque la probabilité de défaut de la contrepartie augmente. On qualifie la situation inverse de « *right way risk* ». Dans les deux cas, l'estimation de l'exposition nécessite une très bonne connaissance de la contrepartie et de la nature de son activité, en particulier des risques qui affectent cette dernière. Cela demande également une connaissance des autres transactions que la contrepartie peut avoir avec d'autres intermédiaires. Ce point est très délicat, mais le renforcement de la transparence exigé depuis la crise pourrait le faciliter.

Dans le cas où la contrepartie utilise des *swaps* de crédit pour vendre de la protection à l'intermédiaire, un risque de corrélation peut apparaître. Lorsque cet intermédiaire achète de la protection et que le *spread* de crédit de l'entité de référence augmente, la valeur de la protection devient positive. Comme les *spreads* de crédit de différentes entreprises ont cependant tendance à être positivement corrélés, lorsque le *spread* de crédit augmente pour l'entité, il est probable qu'il augmente également pour la contrepartie, ce qui entraîne une augmentation de la probabilité de défaillance de cette dernière. La situation inverse apparaît lorsque le courtier est vendeur de protection.

Une situation dans laquelle une entreprise spécule en entrant dans des échanges identiques avec un ou plusieurs intermédiaires est susceptible d'engendrer un risque de corrélation pour ces derniers. La situation financière de l'entreprise peut être affectée négativement par un revers sur ses transactions. Si l'entreprise prend des positions afin de couvrir partiellement une exposition, une situation inverse peut théoriquement se produire. En effet, si un revers se produit, il devrait jouer favorablement sur la portion non couverte de son exposition, et la probabilité de défaut devrait être relativement faible[1]. Une façon de tenir compte du risque de corrélation est d'utiliser ce que l'on appelle le multiplicateur « alpha », qui augmente la valeur des v_i (estimés dans un modèle où v_i et q_i sont supposés indépendants). L'impact est une augmentation de la CVA du multiplicateur. Bâle II avait fixé sa valeur à 1,4, mais permet aux banques d'utiliser leur propre multiplicateur, avec un plancher à 1,2, ce qui signifie que la CVA doit être supérieure de 20 % par rapport à l'estimation obtenue par le modèle. L'estimation de ce paramètre par les banques donne des valeurs allant de 1,07 à 1,1.

Des modèles ont été proposés afin de capturer le lien entre l'exposition et la probabilité de défaut. Par exemple, Hull et White (2011) proposent un modèle simple dans lequel le taux de hasard de date t est fonction des variables observables à cette date[2]. Une dépendance positive engendre un risque de corrélation. La mise en œuvre du modèle implique des modifications relativement mineures aux calculs décrits à la section 17.4.

1. On peut mentionner une exception si la contrepartie est exposée à des problèmes de liquidité. Même si les actifs ont vu leur valeur augmenter, la contrepartie peut être incapable d'honorer le collatéral. L'encadré 21.2 en propose un exemple.
2. Hull J. et White A., « CVA and Wrong Way Risk », *Working Paper*, université de Toronto, 2011.

17.8 DVA

La *Debit Value Adjustement*, ou encore *Debt Value Ajustement* (DVA), est une autre mesure, plus controversée que la CVA. La DVA mesurée par un intermédiaire pour une contrepartie reflète le coût espéré pour la contrepartie d'une défaillance de l'intermédiaire. La possibilité de défaut est en théorie un bénéfice pour l'intermédiaire et les normes de comptabilité exigent un calcul de la valeur comptable des positions en cours (avec une contrepartie) par la valeur comptable exempte de défaut moins la CVA plus la DVA. La raison de la controverse tient au fait que l'intermédiaire ne peut monétiser la DVA que s'il fait défaut. On peut calculer la DVA de la même façon que la CVA. L'équation (17.1) donne la valeur de la DVA si les paramètres retenus sont ceux associés à l'intermédiaire et non à la contrepartie. On peut également calculer l'exposition de la contrepartie de la même façon que celle de l'intermédiaire à la contrepartie. Il est intéressant de constater que lorsque le *spread* de crédit de l'intermédiaire s'accroît, la DVA s'accroît également, ce qui augmente la valeur des actifs dérivés et de ses profits. Certaines banques ont réalisé des milliards de profit par ce biais en 2008. De façon peu surprenante, on a exclu les gains et pertes sur la DVA de la définition des fonds propres pour la détermination du capital réglementaire.

17.9 Quelques exemples simples

Afin d'illustrer nos propos concernant la CVA, nous abordons dans la suite quelques exemples simples.

Transaction unique à valeur positive

Supposons dans un premier temps qu'un intermédiaire soit engagé avec une contrepartie sur une unique transaction portant sur un actif dérivé dont la valeur est toujours positive (et toujours négative pour la contrepartie). Un achat par l'intermédiaire d'une option à la contrepartie pourrait constituer un bon exemple. Supposons qu'il n'existe pas de collatéral et que les flux versés par l'actif dérivé soient concentrés à l'échéance.

L'exposition future est alors la valeur de l'actif à une date future. La valeur actualisée de l'exposition à une date future t_i, que nous avons notée v_i, est de ce fait la valeur présente de la transaction en date t_i. Comme il n'existe aucun flux avant la maturité, la valeur présente de la valeur espérée future de la transaction est toujours la valeur actuelle. L'équation (17.1) devient

$$CVA = (1 - R) f_0 \sum_{i=1}^{n} q_i$$

où f_0 est la valeur actuelle de l'actif lorsque le défaut n'est pas envisagé. Si f_0^* est sa valeur lorsque les défauts sont pris en compte,

$$f_0^* = f_0 - CVA$$

ou

$$f_0^* = f_0 \left[1 - (1 - R) \sum_{i=1}^{n} q_i \right] \qquad (17.7)$$

Cela signifie que l'impact du risque de défaut est une réduction proportionnelle de la valeur de l'actif dérivé d'un montant égal à la probabilité de défaut risque-neutre cumulée durant la vie de l'actif moins le taux de recouvrement.

Considérons maintenant un zéro-coupon risqué émis par une contrepartie promettant 1 000 euros en date T. Notons B_0 la valeur du zéro-coupon sans risque équivalent et B_0^* la valeur actuelle du zéro-coupon. Supposons que l'obligation soit notée au même niveau que l'actif dérivé lors d'un défaut et ait le même taux de recouvrement. Comme pour l'équation (17.7),

$$B_0^* = B_0\left[1-(1-R)\sum_{i=1}^{n} q_i\right] \tag{17.8}$$

De l'équation (17.7) et (17.8), on déduit que

$$\frac{B_0^*}{B_0} = \frac{f_0^*}{f_0} \tag{17.9}$$

Si y est le taux actuariel du taux zéro-coupon sans risque de maturité T et y^* celui de l'obligation risquée de maturité T, alors l'équation (17.9) donne,

$$f_0^* = f_0 \exp(-(y^* - y)T) \tag{17.10}$$

Cette équation montre que l'on peut estimer l'actif dérivé en actualisant la valeur sans risque au taux $y^* - y$.

Exemple 17.1

Considérons une option de maturité deux ans vendue par une entreprise qui a une valeur de 3 euros en absence de risque de défaut. Supposons que le taux actuariel d'un zéro-coupon émis par cette entreprise soit 1,5 % au-dessus du taux actuariel sans risque. La valeur de l'option est alors

$$2{,}91 = 3\exp(-0{,}015 \times 2)$$

Swap de taux d'intérêt et de devises

Considérons la situation dans laquelle l'intermédiaire est entré dans une transaction sur deux *swaps* qui se compensent entre eux avec deux contreparties distinctes. La figure 17.4 compare la valeur future totale de l'exposition pour les deux transactions lorsque ce sont (a) des *swaps* de devises, (b) des *swaps* de taux d'intérêt.

L'exposition sur la position en *swaps* de taux d'intérêt démarre à zéro, croît, puis décroît. C'est à l'opposé de l'exposition sur les *swaps* de devises, qui augmente dans le temps. L'explication résulte essentiellement dans le fait que le principal est échangé à l'échéance du *swap* de devises et qu'il existe une incertitude sur le taux de change à cet instant. L'impact du risque de crédit pour l'intermédiaire est de ce fait plus important pour les *swaps* de devises que pour les *swaps* de taux[1].

1. Les q_i sont identiques pour les deux contreparties, mais les v_i sont en moyenne supérieurs pour les *swaps* de devises.

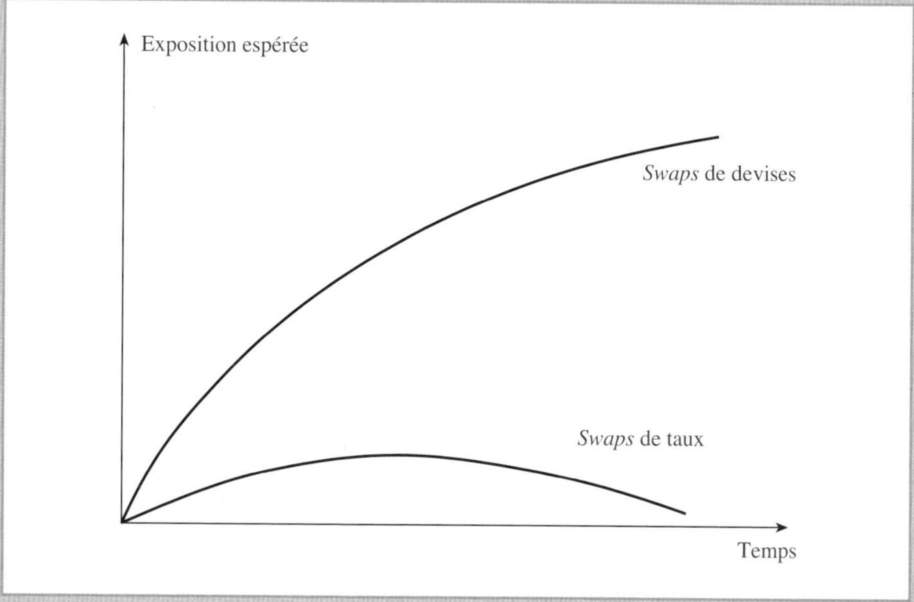

Figure 17.4 – Exposition espérée future sur une paire de swaps de taux d'intérêt (qui se compensent) ou de *swaps* de devises (qui se compensent).

Transaction simple sur *forward*

L'intermédiaire a ici une unique transaction en cours avec la contrepartie qui lui donne le droit d'acheter un actif à une date T à un prix K. Il n'existe pas de collatéral. Le prix *forward* de l'actif sur le marché est F_0 et F_t (inconnu) en date$t \leq T$. Comme nous l'avons mentionné en annexe C, la valeur de la transaction en date t s'écrit

$$(F_t - K)e^{-r(T-t)}$$

où r est le taux sans risque (supposé constant).

L'exposition en date t est,

$$\max\left[(F_t - K)e^{-r(T-t)}, 0\right] = e^{-r(T-t)} \max[(F_t - K), 0]$$

La valeur présente de l'exposition est alors $e^{-r(T-t)}$ fois la valeur d'un actif dérivé qui paie $[\max(F_t - K), 0]$ en date t. C'est une option sur le prix *forward*. D'après l'annexe E, la valeur de l'actif dérivé est

$$e^{-rT}[F_0 N(d_1) - KN(d_2)]$$

où

$$d_1 = \frac{\ln(F_0 / K) + \sigma^2 t / 2}{\sigma\sqrt{t}}$$

$$d_2 = \frac{\ln(F_0 / K) - \sigma^2 t / 2}{\sigma\sqrt{t}}$$

σ est la volatilité du prix *forward* de l'actif. D'après l'équation (17.11), on peut écrire la valeur présente de l'exposition en date t comme

$$e^{-rT}\left[F_0N(d_1) - KN(d_2)\right]$$

En suivant l'équation (17.1),

$$v_i = e^{-rT}\left[F_0N(d_{1,i}) - KN(d_{2,i})\right]$$

avec

$$d_{1,i} = \frac{\ln(F_0 / K) + \sigma^2 t_i / 2}{\sigma\sqrt{t_i}}$$

$$d_{2,i} = \frac{\ln(F_0 / K) - \sigma^2 t_i / 2}{\sigma\sqrt{t_i}}$$

Exemple 17.2

Supposons qu'une banque soit entrée dans un contrat *forward* pour acheter 1 million d'onces d'or à une compagnie minière dans deux ans à un prix de 1 500 euros l'once. Le prix *forward* du contrat est aujourd'hui de 1 600 euros l'once. La probabilité de défaut de la compagnie pendant la première année est de 2 %, et de 3 % pour la seconde année. Les défauts ont lieu en milieu d'année, le taux sans risque vaut 5 % et le taux de recouvrement anticipé est de 30 % en cas de défaut. On estime la volatilité du prix *forward* pour un contrat à deux ans à 20 %. Dans ce cas,

$$v_1 = e^{-0,05\times 2}\left[1\,600N(d_{1,1}) - 1\,500N(d_{2,1})\right] = 132,38$$

et

$$d_{1,1} = \frac{\ln(1\,600 / 1\,500) + 0,2^2(0,5 / 2)}{0,2\sqrt{0,5}} = 0,5271$$

$$d_{2,1} = \frac{\ln(1\,600 / 1\,500) - 0,2^2(0,5 / 2)}{0,2\sqrt{0,5}} = 0,3856$$

De la même façon,

$$v_2 = e^{-0,05\times 2}\left[1\,600N(d_{1,2}) - 1\,500N(d_{2,2})\right] = 186,65$$

et

$$d_{1,1} = \frac{\ln(1\,600 / 1\,500) + 0,2^2(1,5 / 2)}{0,2\sqrt{1,5}} = 0,3860$$

$$d_{2,1} = \frac{\ln(1\,600 / 1\,500) - 0,2^2(1,5 / 2)}{0,2\sqrt{1,5}} = 0,1410$$

Les autres variables sont $q_1 = 0,02$, $q_2 = 0,03$ et $R = 0,3$

$$CVA = (1 - 0,3) \times (0,02 \times 132,38 + 0,03 \times 186,65) = 5,77$$

La valeur (sans défaut) du contrat *forward* est :

$$(1\,600 - 1\,500)e^{-0,05(2)} = 90,48$$

La valeur en tenant compte du défaut est de 84,71 = 90,48 – 5,77.

Résumé

Il existe trois façons d'échanger des actifs dérivés. La première est réalisée sur un marché organisé, la deuxième sur un marché de gré à gré avec compensation centralisée, et la troisième sur un marché de gré à gré avec compensation bilatérale. Cette dernière est la plus exposée au risque de crédit le plus important pour les institutions financières. Ce risque est difficile à quantifier car l'exposition future à la contrepartie dépend de nombreuses variables.

De nombreuses techniques ont été développées sur les marchés de gré à gré afin de limiter le risque de crédit. Le *netting* est la plus importante ; en cas de difficulté, elle permet de considérer l'ensemble des transactions de la contrepartie comme une unique transaction. La deuxième technique est la présence de collatéral (ou de garantie). Lorsque la valeur de la position évolue, un montant supplémentaire de collatéral peut être exigé. La troisième (plus discutable) est une clause de dégradation de notation. Lorsque la note de la contrepartie se dégrade ou passe sous un certain niveau de notation, un montant supplémentaire de collatéral peut être demandé.

La CVA mesurée pour une contrepartie représente la valeur présente de la perte espérée future consécutive à la défaillance de la contrepartie. Généralement, cette CVA est évaluée régulièrement pour chacune des contreparties et est fondée sur l'évolution potentielle de nombreuses variables de marché. L'hypothèse simplificatrice souvent formulée est l'indépendance entre la probabilité de défaut de la contrepartie et l'exposition à cette dernière. Des techniques ont cependant été développées afin de tenir compte du risque de corrélation entre ces deux variables. La CVA est un actif dérivé complexe et de nombreux intermédiaires couvrent l'évolution de sa valeur avec des techniques de couvertures classiques. Une fois la CVA calculée, il est assez simple de mesurer l'impact qu'a sur elle un mouvement du *spread* de crédit de la contrepartie. L'impact d'autres variables de marché demeure difficile à estimer.

Références complémentaires

Basel Committee on Banking Supervision, *Basel III: A Global Regulatory Framework for More Resilient Banks and Banking Systems*, http://www.bis.org/publ/bcbs189.htm, décembre 2010.

Canabarro, E. et Duffie D., « Measuring and Marking Counterparty Risk », chapitre 9 in *Asset/Liability Management for Financial Institutions*, New York : Institutional Investor Books, 2003.

Cepedes, J. C. G., de J. Herrero J. A., Rosen D. et Saunders D., « Effective Modeling of Wrong Way Risk, Counterparty Credit Risk Capital and Alpha in Basel II », *Journal of Risk Model Validation*, 4, 1, 2010, p. 71-98.

Duffie, D. et Zhu H., « Does Central Clearing Reduce Counterparty Credit Risk? », *Working Paper*, université de Stanford, 2009.

Gregory, J., *Counterparty Credit Risk: The New Challenge for Financial Markets*, Hoboken, NJ : John Wiley & Sons, 2009.

Hull, J. et White A., « The Impact of Default Risk on the Prices of Options and Other Derivative Securities », *Journal of Banking and Finance*, vol. 19, 1995, p. 299-322.

Pengelley, M., « CVA Melee », *Risk*, 24, 2, 2011, p. 37-39.

Picault, E., « Calculating and Hedging Exposure, CVA, and Economic Capital for Counterparty Credit Risk », in *Counterparty Credit Risk Modeling*, Londres : Risk Books, 2005.

Singh, M. et Aitken J., « The (Sizeable) Role of Rehypothecation in the Shadow Banking System », *IMF*, juillet 2010.

Sokol, A, « A Practical Guide to Monte Carlo CVA », chapitre 14 in *Lessons From the Crisis*, Londres : Risk Books, 2010.

Problèmes et exercices (corrigés en fin d'ouvrage)

17.1. Expliquez pourquoi une nouvelle transaction avec une contrepartie peut soit augmenter soit diminuer l'exposition à la contrepartie ?

17.2. Qu'appelle-t-on *haircut* dans une négociation de collatéral ?

17.3. Une entreprise décide de placer ses propres actions en collatéral. Qu'en dites-vous ?

17.4. Imaginons qu'une institution ait deux transactions en actifs dérivés en cours, avec deux contreparties *X* et *Y*. Les affirmations suivantes sont-elles vraies ? Expliquez vos réponses

(a) L'exposition espérée globale à un an est la somme des expositions à la contrepartie *X* et à la contrepartie *Y*.

(b) La valeur présente totale des coûts de défaut est la somme de la valeur présente des coûts de défaut associés à *X* et à *Y*.

(c) Le centile à 95 % de l'exposition espérée globale à un an est la somme des centiles à 95 % des expositions à la contrepartie *X* et à la contrepartie *Y*.

17.5. « En l'absence de collatéral et d'autres transactions entre les parties, une position longue sur un contrat *forward* sujet au risque de crédit est une combinaison d'une position courte sur un *put* sans risque et d'une position longue sur un *call* sujet au risque de crédit. » Commentez.

17.6. Imaginons que le *spread* entre une obligation zéro-coupon sans risque et une obligation risquée (de la même entreprise) de maturités trois ans est de 120 points de base. Que vaut la surestimation d'une option de maturité trois ans émise par cette entreprise lorsqu'elle est évaluée par un modèle classique du type Black et Scholes ? Supposez qu'il s'agisse de la seule transaction en cours et qu'il n'existe pas de collatéral.

17.7. La présence d'une clause de dégradation peut-elle augmenter l'exposition au risque de crédit ?

17.8. Quelle est la différence dans un contrat ISDA entre un événement de défaut et une résiliation anticipée ?

17.9. Donnez un exemple pour lequel un risque de corrélation existe. Donnez un exemple pour lequel un risque de corrélation n'existe pas.

17.10. Sur la figure 17.3, lorsque la CCP est présente, supposez que la moitié des transactions entre A et B (trait plein) passe par la CCP. Quel est l'impact de ce changement sur (a) la moyenne de l'exposition des trois parties en intégrant l'exposition à la CCP, (b) la moyenne de l'exposition des trois parties en excluant l'exposition à la CCP ?

17.11. Quel risque de crédit prend une entreprise lorsqu'elle décide de devenir membre d'une CCP et de compenser ses positions par une CCP ?

17.12. Expliquer les termes « seuil », « période de remède » et « montant minimum transféré ».

17.13. « Le *netting* a un impact sur le collatéral à déposer et sur le règlement en cas de défaut. » Commentez.

17.14. « La DVA peut augmenter le résultat financier lorsqu'une banque a des difficultés financières. » Expliquez.

17.15. Quelle est la part du risque de CVA incluse dans le calcul du risque de marché dans Bâle III ?

17.16. La CSA d'un contrat précise qu'un montant indépendant de 5 millions d'euros est requis de la contrepartie. Si la période de remède est de 15 jours, dans quelles circonstances le modèle de calcul de la CVA affichera-t-il une perte ?

17.17. Qu'est-ce que la ré-hypothèque ?

Questions complémentaires

17.18. Refaites les calculs de la CVA de l'exemple 17.2 lorsque le défaut peut se produire tous les mois (en milieu de mois). La probabilité de défaut le premier mois est de 0,01667 % et de 0,25 % le second mois.

17.19. Considérons une option d'achat européenne de maturité un an sur une action (ne payant pas de dividendes) de prix 52 euros et de prix d'exercice 50 euros. Le taux sans risque vaut 5 % et la volatilité est de 30 %. Répondez aux questions suivantes, en supposant que : cette transaction est unique, le taux de recouvrement est nul et il n'existe pas de collatéral.

(a) Quelle est la valeur de l'option lorsque le risque de défaut est nul ?

(b) Quelle est la valeur de l'option pour l'acheteur si la probabilité de défaillance du vendeur de l'option est de 2 % à la maturité ?

(c) Supposons que l'acheteur de l'option soit prêt à payer la valeur *forward* (plutôt que *spot*) de l'option à son échéance. Quelle est la réduction du coût de défaut pour l'acheteur si la probabilité de défaillance du vendeur de l'option est de 2 % à la maturité ?

(d) Si, dans le cas (c), l'acheteur de l'option a une probabilité de défaut de 1 % à l'échéance de l'option, quel est le risque de crédit pour le vendeur ? Examinez la nature du risque pour les deux contreparties.

17.20. Imaginons que le *spread* entre une obligation zéro-coupon sans risque et une obligation zéro-coupon risquée de maturités trois ans émises par une banque est de 210 points de base. L'estimation d'une option de maturité trois ans par le modèle de Black et Scholes vaut 4,10 euros. Combien devriez-vous payer pour l'acheter à cette banque ?

17.21. Sur la figure 17.3, lorsqu'une CCP est présente sur le marché, supposons qu'une nouvelle transaction entre A et C de valeur 140 pour A soit compensée de façon centralisée. Quel est l'impact sur les tableaux associés à la figure 17.3 ?

Chapitre 18
VaR de crédit

La *Value at Risk* occupe une place centrale dans la détermination du capital réglementaire et la gestion du risque dans les entreprises financières et non financières. Nous avons présenté l'évaluation de la VaR de marché dans les chapitres 14 et 15, tandis que ce chapitre est dédié à l'évaluation de la VaR de crédit.

La VaR de crédit se définit de manière similaire à celle de marché : elle correspond à la perte de crédit qui ne sera pas dépassée avec un certain seuil de confiance sur un certain horizon temporel. Certains modèles de VaR de crédit ne considèrent que les pertes sur les défauts, d'autres prennent également en compte les pertes sur les dégradations des notations et les variations des *spreads* de crédit.

Les banques calculent la VaR de crédit afin de déterminer leurs fonds propres réglementaires (voir chapitres 12 et 13) et économiques. Ces derniers correspondent à l'estimation interne à la banque des fonds propres nécessaires compte tenu des risques encourus. Ils servent également à l'évaluation de la rentabilité du capital des différents départements de la banque (voir chapitre 23). Parfois, les modèles de VaR utilisés par les banques diffèrent selon qu'ils calculent les fonds propres réglementaires ou économiques.

Nous avons présenté les principales différences entre les probabilités de défaut réelles et risque-neutre au chapitre 16. Les premières sont estimées à partir des données historiques, alors que les secondes sont estimées à partir des prix des obligations. Nous utilisons les probabilités risque-neutre pour le calcul des pertes espérées de crédit, puisque la valeur actualisée des flux futurs est estimée. C'est ce que nous avons fait lors du calcul de l'ajustement de l'évaluation de crédit (voir chapitre 17). Les probabilités de défaut réelles sont mobilisées dans le cadre de l'analyse de scénarios et la VaR de crédit devrait toujours être calculée à partir de ces probabilités réelles[1].

L'horizon temporel de la VaR de crédit est généralement plus long que celui de la VaR de marché. Pour des instruments dans le portefeuille bancaire, l'horizon temporel est d'un an alors qu'il est d'un jour pour la VaR de marché. On évalue souvent cette dernière par l'approche de simulation historique (voir chapitre 14), alors qu'il est nécessaire d'adopter des approches plus élaborées pour calculer la VaR de crédit.

La corrélation de crédit est un élément clé de toute modélisation de la VaR de crédit. Les défauts, les dégradations de notations ou les variations des *spreads* de crédit pour différentes entreprises ne surviennent pas de manière indépendante. Les fluctuations du cycle

1. Dans le cadre d'un calcul de VaR, l'évaluation d'un instrument financier à l'horizon T devrait se faire en employant des probabilités de défaut risque-neutre. On peut ainsi utiliser des probabilités de défaut réelles jusqu'à cet horizon, puis des probabilités de défaut risque-neutre au-delà afin d'estimer la valeur de l'instrument financier en T selon différents scénarios.

des affaires exercent un impact sur les entreprises et leurs taux de défaut. En période de récession (de croissance), celles-ci sont plus (moins) susceptibles de faire défaut. Cette relation entre les taux de défaut et des facteurs économiques détermine la corrélation de crédit et augmente les risques d'une institution financière[1].

18.1 Les matrices de transition des notations

Les méthodes de calcul de la VaR de crédit par les banques font souvent intervenir des matrices de transition des notations. Celles-ci contiennent les probabilités qu'une entreprise migre d'une catégorie de notation vers une autre sur un certain horizon temporel, et se fondent sur des données historiques. Les catégories de notation peuvent être soit internes aux banques soit externes, comme celles des agences de notations telles que Moody's, S&P ou Fitch. Le tableau 18.1 contient la matrice de transition à un an de Moody's en 2011, établie à partir des notations d'entreprises entre 1970 et 2010. Par exemple, une entreprise notée A a une probabilité de 90,88 % de conserver cette notation à la fin de l'année. Elle a 2,82 % de chances de passer à une notation Aa, 5,52 % de chances d'être dégradée à Baa, etc. Sa probabilité de défaut durant l'année est seulement de 0,06 %, soit six chances sur 10 000.

On peut se servir des données du tableau 18.1 afin d'obtenir une matrice de transition pour des périodes de plus d'un an. Par exemple, en élevant cette matrice au carré, on obtient la matrice de transition pour un horizon de deux ans. La matrice de transition à cinq ans présentée dans le tableau 18.2 correspond à la matrice du tableau 18.1 élevée à la puissance cinq. On remarque que la probabilité qu'une entreprise conserve sa notation sur cinq ans est nettement plus faible que sur un horizon d'un an et, qu'en conséquence, les probabilités de défaut sont plus élevées.

Le changement des notations de crédit à l'horizon d'un an est difficile à évaluer. Par exemple, l'estimation de la matrice de transition à six mois implique de prendre la racine carrée de la matrice du tableau 18.1. Nous expliquons la méthodologie employée dans ce cadre dans l'annexe J et le logiciel de calcul est disponible sur le site Internet de l'auteur. Le tableau 18.3 présente les transitions des notations sur une période d'un mois, obtenues à partir du tableau 18.1. La probabilité de conserver sa notation est dans ce cas très élevée.

Tableau 18.1 : Matrice de transition à un an des notations (1970-2010) avec les probabilités en pourcentage et après ajustements aux transitions vers la catégorie sans notation (WR).

Notation initiale	Notation à la fin de l'année								
	Aaa	Aa	A	Baa	Ba	B	Caa	Ca – C	Défaut
Aaa	90,42	8,92	0,62	0,01	0,03	0,00	0,00	0,00	0,00
Aa	1,02	90,12	8,38	0,38	0,05	0,02	0,01	0,00	0,02
A	0,06	2,82	90,88	5,52	0,51	0,11	0,03	0,01	0,06
Baa	0,05	0,19	4,79	89,41	4,35	0,82	0,18	0,02	0,19

1. La corrélation de crédit est parfois la conséquence d'une « contagion de crédit » lorsque le défaut d'une entreprise ou d'un État augmente la probabilité de défaut d'autres entreprises ou États (voir encadré 16.4).

Notation initiale	Notation à la fin de l'année								
	Aaa	Aa	A	Baa	Ba	B	Caa	Ca – C	Défaut
Ba	0,01	0,06	0,41	6,22	83,43	7,97	0,59	0,09	1,22
B	0,01	0,04	0,14	0,38	5,32	82,19	6,45	0,74	4,73
Caa	0,00	0,02	0,02	0,16	0,53	9,41	68,43	4,67	16,76
Ca – C	0,00	0,00	0,00	0,00	0,39	2,85	10,66	43,54	42,56
Défaut	0,00	0,00	0,00	0,00	0,00	0,00	0,00	0,00	100,00

Source : Moody's.

Tableau 18.2 : Matrice de transition à cinq ans des notations calculée à partir des données du tableau 18.1 avec les probabilités en pourcentage.

Notation initiale	Notation à la fin de l'année								
	Aaa	Aa	A	Baa	Ba	B	Caa	Ca – C	Défaut
Aaa	61,12	29,99	7,70	0,89	0,21	0,05	0,01	0,00	0,03
Aa	3,45	61,89	28,70	4,71	0,73	0,25	0,07	0,01	0,19
A	0,44	9,72	65,78	18,88	3,24	1,06	0,24	0,04	0,60
Baa	0,22	1,69	16,38	60,98	12,93	4,64	0,97	0,13	2,06
Ba	0,07	0,44	3,40	18,20	44,69	20,07	3,70	0,52	8,92
B	0,04	0,20	0,83	3,27	13,28	43,05	11,49	1,64	26,21
Caa	0,01	0,08	0,23	0,93	3,52	16,80	18,67	2,93	56,84
Ca – C	0,00	0,02	0,06	0,31	1,39	5,89	6,78	2,40	83,15
Défaut	0,00	0,00	0,00	0,00	0,00	0,00	0,00	0,00	100,00

Tableau 18.3 : Matrice de transition à un mois des notations calculée à partir des données du tableau 18.1 avec les probabilités en pourcentages.

Notation initiale	Notation à la fin de l'année								
	Aaa	Aa	A	Baa	Ba	B	Caa	Ca – C	Défaut
Aaa	99,16	0,82	0,02	0,00	0,00	0,00	0,00	0,00	0,00
Aa	0,09	99,12	0,77	0,01	0,00	0,00	0,00	0,00	0,00
A	0,00	0,26	99,18	0,51	0,04	0,01	0,00	0,00	0,00
Baa	0,00	0,01	0,44	99,05	0,41	0,06	0,02	0,00	0,01
Ba	0,00	0,00	0,02	0,59	98,46	0,79	0,03	0,01	0,09
B	0,00	0,00	0,01	0,02	0,53	98,32	0,70	0,07	0,36
Caa	0,00	0,00	0,00	0,01	0,02	1,01	96,79	0,67	0,48
Ca – C	0,00	0,00	0,00	0,00	0,04	0,28	1,53	93,23	4,92
Défaut	0,00	0,00	0,00	0,00	0,00	0,00	0,00	0,00	100,00

Dans les tableaux 18.2 et 18.3, on fait l'hypothèse que la modification de la notation de crédit sur une période est indépendante dans le temps, ce qui n'est pas forcément vrai. En effet, moins la dégradation de la notation est éloignée dans le temps, plus l'entreprise a de chances d'être rapidement dégradée à nouveau (on qualifie parfois ce phénomène de « *rating momentum* »)[1]. Cette hypothèse d'indépendance temporelle n'est cependant pas complètement irréaliste[2].

18.2 Le modèle de Vasicek

L'approche fondée sur les notations internes (IRB) de Bâle II pour le calcul du capital réglementaire requis pour le risque de crédit s'appuie sur le modèle de copule gaussienne de Vasicek (voir sections 11.5 et 12.8). Il s'agit d'une méthode de calcul des centiles supérieurs de la distribution du taux de défaut sur un portefeuille de prêts. On définit *WCDR(T,X)* comme le centile *X* de la distribution du taux de défaut sur une période *T* (voir chapitre 11). Rappelons que *WCDR* correspond au taux de défaut dans le pire scénario. Le modèle de Vasicek établit un lien entre *WCDR(T,X)*, la probabilité de défaut *PD* et un paramètre décrivant la corrélation de crédit. Sa formulation est la suivante (voir section 11.5) :

$$WCDR(T,X) = N\left(\frac{n^{-1}(PD) + \sqrt{\rho}N^{-1}(X)}{\sqrt{1-\rho}}\right) \tag{18.1}$$

Si *EAD* est l'exposition en cas de défaut et *LGD* la perte en cas de défaut, le centile *X* de la distribution des pertes est égal à :

$$WCDR(T,X) \times EAD \times LGD$$

Comme nous l'avons expliquée à la section 11.5, un résultat de Gordy (2003) permet de développer cette expression[3]. Dans le cas d'un portefeuille de *n* prêts, où chaque prêt représente un faible pourcentage du portefeuille, le centile *X* de la distribution des pertes est approximativement égal à :

$$\sum_{i=1}^{n} WCDR_i(T,X) \times EAD_i \times LGD_i \tag{18.2}$$

sous l'hypothèse d'un paramètre unique, avec $WCDR_i(T,X)$, EAD_i et LGD_i correspondant aux valeurs de *WCDR, EAD* et *LGD* pour le prêt *i* du portefeuille respectivement.

Le capital réglementaire pour le portefeuille bancaire correspond à l'équation (18.2) avec *T* et *X* égal à un an et 99,9 % respectivement (voir chapitre 12). On peut également multiplier l'expression (18.2) par un facteur d'ajustement de la maturité (MA) pour prendre en compte une détérioration du prêt *i* (sans qu'il n'y ait défaut) si la maturité est supérieure à un an. Dans le cadre de l'approche IRB, les banques estiment *PD*, mais

1. Voir E. Altman et D. Kao, « The Implications of Corporate Bond Rating Drift », *Financial Analysts Journal*, mai-juin 1992, p. 64-75 ; D. Lando et T. Skodeberg, « Analyzing Rating Transitions and Rating Drift with Continuous Observations », *Journal of Banking and Finance*, 26 (2002), p. 423-444.
2. La matrice du tableau 18.2 est assez proche de la matrice de transition effective publiée par Moody's, sachant que les probabilités de défaut sont légèrement inférieures à celles de cette dernière.
3. Voir M. Gordy, « A Risk-factor Model Foundation for Ratings-Based Capital Rules », *Journal of Financial Intermediation*, 12, 3, juillet 2003, p. 199-233.

les paramètres *EAD*, *LGD* et *MA* sont déterminés par Bâle II. Avec l'approche IRB avancée, les banques estiment l'ensemble des paramètres. Dans tous les cas, les règles de Bâle II déterminent .

Lorsque l'on emploie le modèle de Vasicek pour déterminer le capital économique, les banques estiment également le paramètre . Des modèles structurels peuvent être mis en œuvre pour montrer que ρ pour deux sociétés devrait être approximativement égal au coefficient de corrélation entre les rentabilités de leurs actifs (voir section 16.8)[1]. Cela équivaut à considérer la corrélation entre les rentabilités de leurs actions. Une manière de déterminer pour un portefeuille de prêts à des sociétés consiste à calculer la corrélation moyenne entre les rentabilités de leurs actions. Si ces sociétés ne sont pas cotées, on peut utiliser le coefficient de corrélation moyen pour des sociétés cotées comparables. Une autre approche consiste à adopter le maximum de vraisemblance ou les copules (voir section 11.5).

18.3 Credit Risk Plus

En 1997, Credit Suisse Financial Products a proposé une méthodologie de calcul de la VaR nommée Credit Risk Plus[2]. Celle-ci exploite des techniques utilisées couramment dans le monde de l'assurance. Nous présenterons une version simplifiée de cette approche.

Supposons qu'une institution financière ait n contreparties et que la probabilité de défaut de chacune d'entre elles à l'horizon T soit notée p. Le nombre espéré de défauts, noté μ, pour l'ensemble du portefeuille est égal à np. En supposant que les occurrences des défauts soient des événements indépendants, la probabilité qu'il y ait m défauts s'écrit :

$$\frac{n!}{m!(n-m)!}p^m(1-p)^{n-m}$$

Si p est petit et n grand, cette expression peut être approximée par la distribution de Poisson :

$$\frac{e^{-\mu}\mu^m}{m!}$$

Combinée à la distribution de probabilité des pertes d'une contrepartie quelconque, la distribution du nombre de défauts permet de déterminer la distribution de probabilité des pertes globales relatives à l'ensemble des contreparties. Pour estimer la distribution de probabilité des pertes à partir du défaut d'une contrepartie quelconque, on peut utiliser la distribution de probabilité courante des expositions aux contreparties et l'ajuster en utilisant les taux de recouvrement historiques.

1. Voir J. Hull, M. Predescu, et A. White, « The Valuation of Correlation Dependent Derivatives Using Structural Model », *Journal of Credit Risk*, 6, 3, automne 2010, p. 99-132.
2. Voir Credit Suisse Financial Products, *Credit Risk Management Framework*, octobre 1997.

Une complexité supplémentaire vient de la variabilité des taux de défaut annuels. Les données fournies par Moody's mettent en évidence que les proportions de défaut sur obligations ont varié de manière importante : de 0,087 % en 1979 à 5,422 % en 2009 (voir tableau 11.4). Pour en tenir compte, on peut recourir à une distribution de probabilité du taux de défaut historique pour inférer *p*. Les taux de défaut utilisés peuvent provenir de données soit internes, soit externes.

On peut également considérer une distribution de probabilité du taux de défaut global conforme aux données historiques des agences de notation (voir tableau 11.4). Une fonction linéaire du taux de défaut global modélise alors la distribution du défaut par catégorie. Par exemple, on suppose que le taux de défaut d'une catégorie est égal à 70 % du taux de défaut global, celui d'une autre catégorie à 120 % du taux de défaut global, et ainsi de suite.

D'après les données des agences de notation, le taux de défaut à un an dépend du taux de défaut de l'année précédente. Un tirage aléatoire du taux de défaut à partir des données du tableau 11.4 pour déterminer le taux de défaut de l'année suivante n'est donc pas la meilleure approche. Il est ainsi préférable de développer un modèle reliant les taux de défaut dans le temps ainsi que d'autres facteurs économiques observables.

Credit Suisse Financial Products montre que, sous certaines hypothèses, on peut exprimer analytiquement la distribution de la perte totale. Pour adapter le modèle à des hypothèses moins contraignantes, on peut recourir à la simulation de Monte-Carlo. La procédure est alors la suivante :

1. tirer une valeur du taux de défaut global ;
2. calculer la probabilité de défaut dans chaque catégorie ;
3. tirer un échantillon de défauts dans chaque catégorie ;
4. tirer une réalisation de *EAD* pour chaque défaut ;
5. tirer une réalisation de *LGD* pour chaque défaut ;
6. calculer la perte totale ;
7. répéter les étapes 1 à 5 un grand nombre de fois pour construire une distribution de probabilité de la perte totale ;
8. calculer la VaR à partir de la distribution de probabilité des pertes totales.

Si l'on suppose que le taux de défaut est identique chaque année, il n'existe pas de corrélation entre les contreparties, et la distribution de probabilité des pertes est approximativement symétrique. En procédant ainsi, on peut estimer les corrélations des défauts. La distribution de probabilité des pertes totales liées au défaut a alors une asymétrie positive (voir figure 18.1). La corrélation des défauts apparaît lorsque l'on effectue un tirage de taux de défaut global élevé (respectivement faible) et, par conséquent, toutes les contreparties ont une probabilité de défaut élevée (respectivement faible).

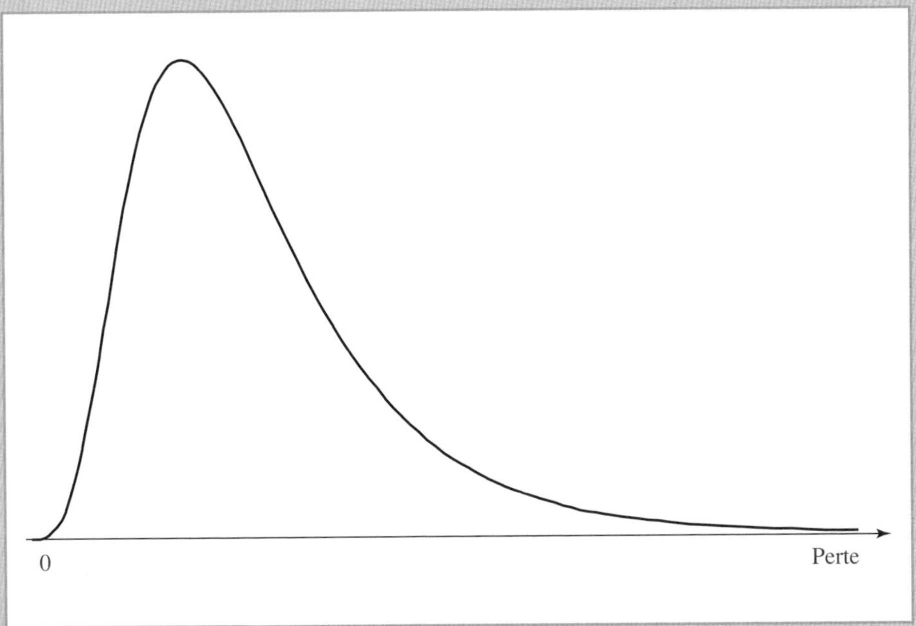

Figure 18.1 – Distribution de probabilité des pertes liées aux défauts.

18.4 CreditMetrics

Le modèle de Vasicek et Credit Risk Plus estiment la distribution de probabilité des pertes à partir des défauts. Les dégradations ne sont donc pas prises en compte[1].

CreditMetrics tient compte des dégradations et des défauts. JPMorgan a développé ce modèle en 1997. Cette technique est fondée sur l'analyse des changements de notation en utilisant une matrice de transition des notations (voir tableau 18.1). Ces dernières peuvent être internes ou externes.

Considérons une banque détenant un portefeuille d'obligations privées. Le calcul d'une VaR à un an pour ce portefeuille en utilisant CreditMetrics implique le recours à des simulations de Monte-Carlo des transitions des notations pour ces obligations sur une période d'un an. À chaque simulation, un tirage à partir de la matrice de transition fournit la notation finale. On calcule alors les variations du *spread* de crédit sur un an. On réévalue ensuite les prêts pour déterminer la perte totale de crédit pour l'année. Les résultats de toutes les simulations fournissent une distribution de probabilité des pertes.

Il est intéressant de noter que les deux modèles (CreditMetrics et Credit Risk Plus) sont précis et qu'ils devraient fournir la même distribution de probabilité des pertes à long terme. La distribution temporelle des pertes les distingue. Supposons, par exemple, que l'on détienne une obligation au sein d'un portefeuille. En année 1, la notation du titre

1. L'ajustement de maturité permet cependant de prendre en compte les dégradations dans la mise en place réglementaire du modèle de Vasicek.

baisse de A à BBB; en année 2, elle passe de BBB à B; en année 3, l'obligation fait défaut. On peut admettre l'hypothèse selon laquelle il n'existe pas de défaut en années 1 et 2, et calculer la perte en année 3 (approche Credit Risk Plus). Alternativement, on peut calculer séparément les pertes en années 1, 2 et 3 (approche CreditMetrics). Les pertes calculées selon la seconde approche devraient correspondre, en théorie, à la somme des pertes calculées selon la première approche.

Le modèle de corrélation de CreditMetrics

Lors de l'échantillonnage mis en œuvre pour déterminer les pertes de crédit, les changements de notation pour différentes contreparties ne devraient pas être supposés indépendants. On peut utiliser un modèle de copule gaussienne pour construire la distribution de probabilité jointe des changements de notation (voir section 11.4). La corrélation entre les transitions de notation pour deux entreprises est généralement égale à celle entre les rentabilités des actions en utilisant un modèle à facteur (voir section 11.3).

Pour illustrer l'approche de CreditMetrics, considérons la simulation des changements de notation de deux entreprises, initialement notées A et B, sur une période d'un an en utilisant la matrice de transition donnée au tableau 18.1. Supposons que la corrélation des rentabilités des actions soit égale à 0,2. À chaque simulation, on tire deux variables, notées x_A et x_B, à partir de distributions normales standard, telles que le coefficient de corrélation est égal à 0,2. La variable x_A détermine la nouvelle notation de l'entreprise initialement notée A, et la variable x_B détermine la nouvelle notation de l'entreprise initialement notée B. La probabilité qu'une société notée A soit notée Aaa, AA, A, ... est égale à 0,0006, 0,0282, 0,9088, ... (voir tableau 18.1). Comme

$$N^{-1}(0{,}0006) = -3{,}2389$$

$$N^{-1}(0{,}0006 + 0{,}0282) = -1{,}8987$$

$$N^{-1}(0{,}0006 + 0{,}0282 + 0{,}9088) = 1{,}5349$$

l'entreprise notée A voit sa notation passer à Aaa si $x_A < -3{,}2389$, à Aa si $-3{,}2389 < x_A < -1{,}8987$, demeurer à A si $-1{,}8987 < x_A < 1{,}5349$, et ainsi de suite. La probabilité qu'une société notée B soit notée Aaa, Aa, A, ... est égale à 0,0001, 0,0004, 0,0014, ... (voir tableau 18.1). Puisque

$$N^{-1}(0{,}0001) = -3{,}7190$$

$$N^{-1}(0{,}0001 + 0{,}0004) = -3{,}2905$$

$$N^{-1}(0{,}0001 + 0{,}0004 + 0{,}0014) = -2{,}8943$$

l'entreprise notée B passe à Aaa si $x_B < -3{,}7190$, à Aa si $-3{,}7190 < x_B < -3{,}2905$, à A si $-3{,}2905 < x_B < -2{,}8943$, et ainsi de suite. L'entreprise initialement notée A fait défaut si $x_A >$, c'est-à-dire lorsque $x_A > 3{,}2389$. L'entreprise initialement notée B fait défaut si $x_B >$, c'est-à-dire lorsque $x_B > 1{,}6716$. La figure 18.2 illustre cet exemple.

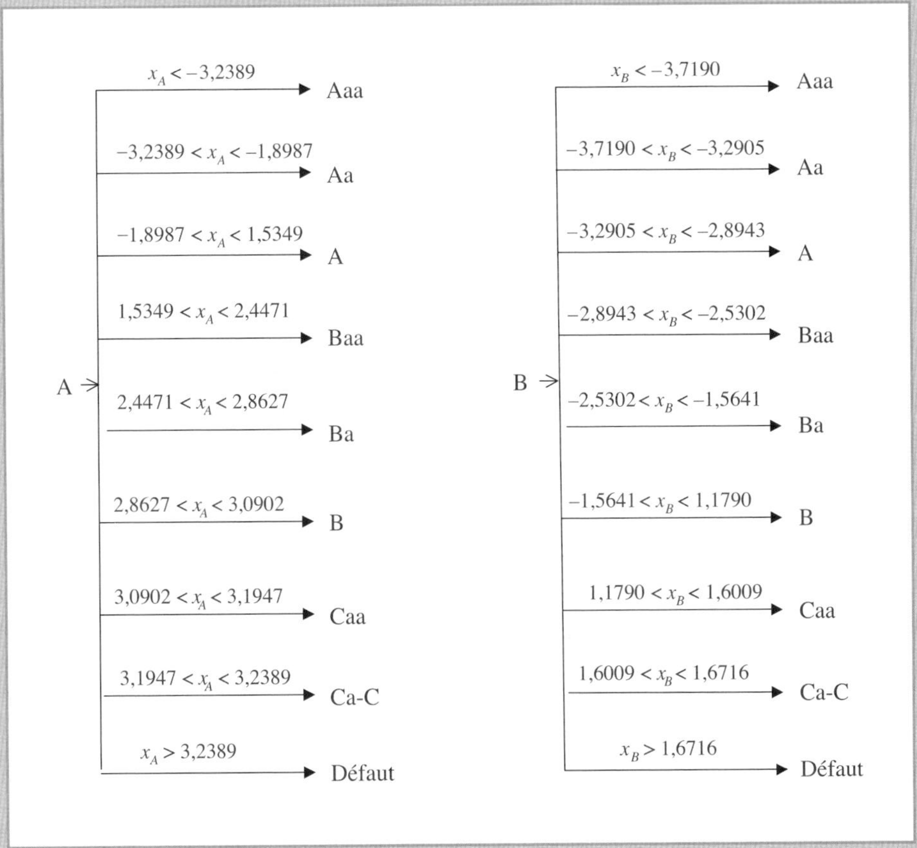

Figure 18.2 – Le modèle de corrélation de CreditMetrics : transition d'entreprises notées initialement A et B vers une nouvelle notation au bout d'un an. Ici x_A et x_B sont tirées à partir de distributions normales centrées réduites avec une corrélation égale au coefficient de corrélation entre les rentabilités des actions des deux entreprises.

18.5 VaR de crédit pour le portefeuille de marché

Le portefeuille de marché se compose d'instruments détenus pour transactions, alors que le portefeuille bancaire contient les instruments détenus jusqu'à maturité. Les approches du calcul de la VaR de crédit développées jusqu'à présent s'appliquent au portefeuille bancaire.

Traditionnellement, la majeure partie de l'exposition au risque de crédit d'une banque concernait des prêts inscrits au portefeuille bancaire, mais des instruments tels que des obligations ou des CDS représentent désormais une grande partie du portefeuille de marché. L'amendement de 1996 à Bâle I a mis en place une exigence, une charge de risque spécifique qui doit être évaluée pour le risque de crédit dans le portefeuille de marché (voir section 12.6). On calcule cette charge en appliquant un facteur de valeur minimale égale à 4 à la VaR à dix jours au seuil de 99 %.

Les valeurs des instruments les plus sensibles au risque de crédit dans le portefeuille de marché dépendent des *spreads* de crédit. Le calcul de la VaR de crédit implique l'examen des variations potentielles de ces *spreads*. Une possibilité consiste à utiliser une approche de simulation historique pour évaluer une VaR à un jour au seuil de 99 %. Les variations des *spreads* de crédit sur les 500 derniers jours (par exemple) doivent être collectées. Dans le premier scénario, on suppose que les variations du *spread* de crédit (en pourcentage) pour toutes les entreprises sont identiques à celles du premier jour de l'historique. Dans le second scénario, on suppose que les variations du *spread* de crédit pour toutes les entreprises sont identiques à celles du second jour de l'historique, et ainsi de suite. Cependant, cette approche pose plusieurs problèmes. Si la société est toujours en activité elle n'a donc pas fait défaut et le calcul effectué ne tient pas compte d'une probabilité de défaut futur[1]. De plus, les *spreads* de crédit ne sont pas actualisés tous les jours pour toutes les entreprises ce qui affecte la qualité des données historiques disponibles.

Une approche alternative consiste à utiliser un modèle du type CreditMetrics. On doit calculer une matrice de transition à dix jours (voir section 18.1) pour déterminer la probabilité qu'une entreprise change de notation ou fasse défaut à l'horizon de dix jours. L'historique des changements de notations détermine une distribution de probabilité des variations des *spreads* de crédit associées à chaque catégorie de notation à la fin des dix jours. Puis on effectue une simulation de Monte-Carlo. À chaque tirage, on échantillonne la matrice de transition pour déterminer la notation de chaque entreprise. On échantillonne également la distribution de probabilité des variations des *spreads* de crédit pour déterminer le *spread* de crédit dans dix jours associé à chaque catégorie de notation. On réévalue ainsi à chaque tirage le portefeuille à dix jours pour obtenir une VaR.

On introduit la corrélation de crédit en supposant que les variations des *spreads* de crédit pour différentes catégories de notation sont parfaitement corrélées. Ainsi, si les *spreads* pour des instruments notés A augmentent, ceux pour les autres instruments augmentent également. On peut également introduire une corrélation des transitions de notation de différentes entreprises (voir section 18.4).

Bâle III exige que le risque de l'ajustement de l'évaluation de crédit (CVA) provenant des variations du *spread* de crédit soit inclus dans les calculs relatifs au risque spécifique (voir section 13.2). Cela signifie que les dérivés CVA associés avec chaque contrepartie figurent parmi les produits considérés dans le calcul de la VaR de crédit à dix jours au seuil de 99 %. Nous étudierons dans la section 17.6 la manière dont la valeur de l'ajustement de l'évaluation de crédit dépend d'une petite variation du *spread* de crédit d'une contrepartie.

1. Une manière de répondre à ce problème consiste à supposer qu'il y a défaut si le *spread* de crédit dépasse un certain seuil.

Exemple 18.1

Pour illustrer cette approche, considérons une entreprise détentrice d'une obligation zéro-coupon de maturité deux ans d'un principal de 1 000 euros. Supposons que le taux sans risque est égal à 3 % et que le *spread* de crédit actuel est de 200 points de base. Le rendement de l'obligation est donc de 5 %. Le prix actuel de l'obligation est égal à $1\,000/1{,}05^2 = 907{,}03$ euros. Supposons par ailleurs que l'obligation soit notée BB et que, sur les dix prochains jours ouvrables, il existe 0,3 % de chances que sa notation soit BBB, 99,2 % qu'elle soit BB, 0,4 % qu'elle soit B et 0,1 % qu'elle soit en défaut. Dans ce dernier cas, la valeur de l'obligation est de 400 euros. Pour chaque catégorie de notation, il existe trois *spreads* de crédit, tous équiprobables : 80, 100 et 120 points de base pour la catégorie BBB ; 160, 200 et 240 pour la catégorie BB et 400, 450 et 500 pour la catégorie B.

La pire réalisation est clairement le défaut, qui survient avec une probabilité de 0,1 % et implique une perte de 907,03 – 400 = 507,03 euros. La seconde pire réalisation est la dégradation vers la catégorie B lorsque le *spread* de crédit est de 500 points de base. La probabilité de cet événement est de 0,4/3 = 0,133 %. Comme la durée de vie de l'obligation sera de 1,96 année, son prix sera égal à $\dfrac{1\,000}{1{,}08^{1{,}96}} = 844{,}59$, et donc une perte de 907,03 – 844,59 = 62,44 euros. Le tableau 18.4 fournit la liste complète des réalisations possibles avec leurs probabilités respectives.

On remarque que si le seuil de confiance de la VaR est supérieur à 99,9 %, celle-ci s'établit à 507,03 euros. S'il est compris entre 99,9 % et 99,767 %, la VaR est égale à 62,44 euros, et ainsi de suite. Lorsque le seuil est à 99 % (comme c'est le cas pour le calcul de la charge pour le risque spécifique), la VaR n'est que de 4,98 euros.

Tableau 18.4 : Résultats pour l'exemple 18.1.

Notation	*Spread* (en points de base)	Probabilité	Valeur de l'obligation (en euros)	Perte (en euros)
Défaut		0,100 %	400,00	507,03
B	500	0,133 %	844,59	62,44
B	450	0,133 %	876,84	39,19
B	400	0,133 %	875,81	31,22
BB	240	33,067 %	902,05	4,98
BB	200	33,067 %	908,80	–1,77
BB	160	33,067 %	915,63	–8,60
BBB	120	0,100 %	922,53	–15,50
BBB	100	0,100 %	926,01	–18,98
BBB	80	0,100 %	929,51	–22,48

La charge pour risque incrémental

Durant la première décennie du XXe siècle, les banques se sont rendu compte que les fonds propres nécessaires pour couvrir les risques de leurs portefeuilles de marché étaient nettement inférieurs à ceux couvrant les risques de leurs portefeuilles bancaires (voir section 13.1) (on peut facilement le constater en revenant sur l'exemple 18.1 : la VaR à dix jours au seuil de 99 % est très faible car, dans 99 % des cas, les variations sont très faibles). Les banques ont donc préféré des transactions impliquant les portefeuilles de marché plutôt que bancaires. Cela a conduit les régulateurs à introduire une charge pour risque incrémental pour s'assurer que les fonds propres pour les instruments de crédit dans le portefeuille de marché sont au moins équivalents à ceux pour des instruments de risque équivalents dans le portefeuille bancaire.

La charge pour risque incrémental nécessite le calcul d'une VaR à un an au seuil de 99,9 % sous l'hypothèse de niveau de risque constant. Cela permet d'estimer l'horizon de liquidité pour un instrument *X* et de supposer qu'avec les modifications du portefeuille, à la fin de l'horizon de liquidité, l'instrument *X* est remplacé par un nouvel instrument *Y* de même profil risque que *X*. Prenons par exemple une obligation notée BBB et un horizon de liquidité de trois mois. Si, selon un scénario, l'obligation est dégradée à B durant les trois prochains mois, on suppose qu'elle est remplacée par une nouvelle obligation BBB à la fin de la période pour le calcul de la VaR. Si cette nouvelle obligation est à son tour dégradée à CCC durant les trois prochains moins, elle est remplacée par une nouvelle obligation BBB, et ainsi de suite.

Pour illustrer le calcul de la VaR, considérons à nouveau un horizon de liquidité de trois mois. On peut recourir à une analyse du type CreditMetrics pour produire une distribution de probabilité de perte sur trois mois. On obtient celle-ci en trouvant la distribution d'une variable qui est la somme de quatre variables indépendantes, chacune ayant une distribution de perte sur trois mois[1]. On peut alors employer une simulation de Monte-Carlo pour évaluer la VaR.

Résumé

On peut définir de manière similaire la VaR de crédit etla VaR de marché. Il s'agit de la perte de crédit qui ne sera pas dépassée sur un certain horizon temporel à un seuil de confiance choisi. Selon le Comité de Bâle, la VaR de crédit doit être calculée pour le portefeuille de marché (instruments destinés aux transactions) et bancaire (instruments détenus jusqu'à maturité). Pour le portefeuille de marché, les banques doivent calculer une VaR à dix jours au seuil de 99 % pour déterminer la charge pour le risque spécifique, et une VaR à un an au seuil de 99,9 % (sous l'hypothèse de niveau de risque constant) pour déterminer la charge pour le risque incrémental. On détermine le capital réglementaire pour le portefeuille bancaire à partir du calcul d'une VaR à un an au seuil de 99,9 %.

1. On peut approcher la VaR à un an au seuil de 99,9 % comme étant le double () de la VaR à trois mois au seuil de 99,9 %.

Nous avons passé en revue trois méthodes de calcul de la VaR pour le portefeuille bancaire : le modèle de Vasicek, Credit Risk Plus et CreditMetrics. Le modèle de Vasicek est fondé sur un modèle de copule gaussienne à un facteur du temps au défaut. Credit Risk Plus utilise des procédures mises en œuvre dans l'industrie de l'assurance pour calculer les pertes à partir d'hypothèses concernant les probabilités individuelles de défauts. CreditMetrics adopte une approche différente des deux modèles précédents car il considère les pertes liées aux dégradations et aux défauts. Dans ce cadre, on utilise un modèle de copule gaussienne et une matrice de transition des notations.

Pour déterminer la VaR de crédit pour le portefeuille de marché, une approche consiste à collecter des données historiques sur les variations des *spreads* de crédit et à employer une approche par la simulation historique, proche de celle utilisée pour le calcul de la VaR de marché. Une approche alternative consiste à modéliser les transitions des notations et les mouvements des *spreads* de crédit moyens associés aux différentes catégories de notation.

Références complémentaires

Credit Suisse Financial Products, *Credit Risk Management Framework*, octobre 1997.

De Servigny, A., Métayer, B. et Zelenko, I., *Le Risque de crédit*, Dunod, 2006, 3e éd.

Dietsch, M. et Petey, J., *Mesure et gestion du risque de crédit dans les institutions financières*, La Revue Banque, 2008, 2e éd.

Finger, C. C., « CreditMetrics and Constant Level of Risk », *Document de Travail*, RiskMetrics Group-MSCI, septembre 2010.

Gordy, M., « A Risk-Factor Model Foundation for Ratings-Based Capital Rules », *Journal of Financial Intermediation*, 12, 3, juillet 2003, p. 199-233.

Morgan, J. P., *Credit Metrics Technical*, Document, avril 1997.

Vasicek, O., « Probability of Loss on Loan Portfolio », *Document de Travail*, KMV, 1987 (publié dans *Risk* en décembre 2002 sous le titre « Loan Portfolio Value »).

Problèmes et exercices (corrigés en fin d'ouvrage)

18.1. Expliquez les différences entre les modèles de Vasicek, Credit Risk Plus et CreditMetrics à propos de (a) la définition d'une perte liée au risque de crédit, et (b) la modélisation des corrélations de défauts.

18.2. Expliquez l'hypothèse de niveau de risque constant.

18.3. Utilisez la matrice de transition du tableau 18.1 pour calculer une matrice de transition à deux ans. Quelle est la probabilité qu'une entreprise notée Aaa conserve sa notation à l'horizon de deux ans ? Quelle est la probabilité qu'elle soit notée Aa à l'horizon de deux ans ?

18.4. Utilisez la matrice de transition du tableau 18.1 et le logiciel sur le site Internet de l'auteur pour calculer une matrice de transition à six mois. Quelle est la probabilité qu'une entreprise notée Aaa conserve sa notation à l'horizon de six mois ? Quelle est la probabilité qu'elle soit notée Aa à l'horizon de six mois ?

18.5. Comment peut-on utiliser la simulation historique pour calculer une VaR à un jour au seuil de 99 % pour le risque de crédit d'obligations dans un portefeuille de marché ? Quels sont les inconvénients de cette approche ?

18.6. Une banque détient 100 prêts de maturité un an. Chaque prêt a une probabilité de défaut de 1 %. Quelle est la probabilité de six défauts ou plus ?

18.7. Reprenez le problème 18.6 en supposant que la probabilité de défaut est égale à 0,5 % et 1,5 %.

18.8. Quelle est l'autocorrélation des taux de défaut du tableau 11.4 (également disponible sur le site Internet de l'auteur) ? Quelles en sont les implications pour le modèle Credit Risk Plus ?

18.9. Expliquez ce que l'on entend par (a) la charge pour risque spécifique et (b) la charge pour risque incrémental ?

Questions complémentaires

18.10. Expliquez avec précision la différence entre la probabilité de défaut dans l'univers réel et dans l'univers risque-neutre. Laquelle est la plus élevée? Une banque signe un contrat dérivé de crédit par lequel elle s'engage à payer 100 euros dans un an si la notation d'une entreprise donnée passe de A à Baa pendant l'année. Le taux sans risque à 1 an est 5 %. En utilisant le tableau 18.1, évaluez cet actif dérivé. Quelles hypothèses faites-vous? Pensez-vous qu'elles tendent à surévaluer ou sous-évaluer l'actif dérivé?

18.13. Supposons qu'une banque ait une exposition globale de 10 millions d'euros. La probabilité de défaut moyenne à un an est de 1 % et le taux de recouvrement moyen vaut 40 %. Le paramètre de corrélation de copule est égal à 0,2. Estimez la VaR de crédit au seuil de 99,5 % à un an.

18.14. Utilisez la matrice de transition du tableau 18.1 et le logiciel sur le site Internet de l'auteur pour calculer une matrice de transition à 1,25 an.

Chapitre 19

Analyse de scénario et *stress test*

Les *stress tests* permettent l'évaluation du portefeuille des institutions financières selon des scénarios extrêmes qui ne sont pas pris en compte par les modèles de VaR. S'il ne faut retenir qu'une seule leçon de la crise financière de l'été 2007, c'est l'importance des *stress tests* et de la mécanique des modèles VaR. Ces derniers sont utiles, mais s'appuient sur une approche historique, tandis que la gestion des risques porte sur le futur. C'est pourquoi, le jugement managérial est nécessaire pour développer des scénarios extrêmes crédibles qui peuvent servir de point de départ aux *stress tests*.

Dans ce chapitre, nous passons en revue les différentes approches permettant de générer des scénarios de *stress tests*. Nous expliquons également comment la crise de 2007 et 2008 a obligé les régulateurs à mettre l'accent sur ces tests. Enfin, nous étudions certains problèmes liés aux *stress tests*, afin de les rendre plus utiles et compréhensibles pour la gestion des risques dans les institutions financières.

19.1 Générer des scénarios

L'approche la plus souvent retenue pour le calcul de la VaR est la simulation historique, présentée au chapitre 14. Selon cette approche, les données historiques constituent un bon indicateur des réalisations futures (sur un à dix jours). Si un événement particulier n'est pas contenu dans l'historique, alors il n'affectera pas les résultats de la VaR lorsque celle-ci est calculée selon la méthodologie de base (voir section 14.1).

Nous avons déjà examiné plusieurs approches permettant de répondre à ce problème. La prise en compte de la volatilité (voir section 14.3) conduit à des résultats plus extrêmes lorsque le marché est volatil. La théorie des valeurs extrêmes (voir section 14.5) permet de lisser et d'étendre les queues de la distribution des pertes. Le calcul de la VaR à partir de scénarios extrêmes (voir section 13.1) est un développement prometteur, mais le problème du caractère historique de ce calcul demeure.

Les événements probables, mais non couverts par les historiques, ne sont pas pris en compte. Le *stress test* tente de résoudre cette faiblesse de la mesure de la VaR. Ce *stress test* implique l'estimation des modifications du portefeuille d'une institution financière en présence de variations extrêmes du marché. Il se décompose en deux étapes. La première consiste à développer des scénarios de variations extrêmes du marché. La seconde vise à évaluer le portefeuille selon ces scénarios. On mesure parfois ces variations en termes d'écarts-types (voir tableau 10.2). Si les variations journalières sont distribuées selon une loi normale, une variation journalière de cinq écarts-types se réalise une fois tous les 7 000 ans. En pratique, il n'est pas rare qu'elle se réalise une à deux fois tous les dix ans (cela montre bien que l'hypothèse de distribution normale n'est pas appropriée en gestion des risques).

L'élément clé du *stress test* est le choix des scénarios utilisés. Nous présentons désormais plusieurs procédures possibles.

Stress test de variables individuelles

Une des approches consiste à utiliser des scénarios modifiant une seule variable, les autres variables restant stables, comme par exemple :

1. un déplacement parallèle (à la hausse ou à la baisse) de 100 points de base de la courbe des taux ;
2. une variation de 20 % des volatilités implicites pour un actif ;
3. une variation de 10 % d'un indice boursier ;
4. une variation de 6 % du taux de change d'une devise majeure ;
5. une variation de 20 % du taux de change d'une devise mineure.

On mesure l'impact des petites variations d'une variable par son delta (voir chapitre 7) et on peut approcher l'impact des variations plus importantes par une combinaison de delta et de gamma. Ici, nous considérons des variations tellement importantes qu'il est impossible de recourir aux « grecques » pour les évaluer.

Scénarios sur plusieurs variables

Généralement, lorsqu'une variable de marché subit un choc, d'autres variables réagissent également. Cela a conduit les institutions financières à développer des scénarios selon lesquels plusieurs variables varient au même moment. Une pratique courante consiste à utiliser des variations extrêmes passées des variables de marché. Par exemple, pour tester l'impact des variations extrêmes du cours des actions aux États-Unis, on peut utiliser les variations des variables de marché survenues le 19 octobre 1987 (lorsque le S&P 500 a varié de 22,3 écarts-types). Si on les considère trop extrêmes, on peut recourir aux variations du 8 janvier 1988 (lorsque le S&P 500 a varié de 6,8 écarts-types). D'autres dates sont également disponibles : le 11 septembre 2001 (attaques terroristes du *World Trade Center* à New York) ou le 15 septembre 2008 (faillite de Lehman Brothers). Pour tester l'effet des variations extrêmes des taux d'intérêt britanniques, on peut employer les variations du 10 avril 1992 (lorsque les taux des obligations à dix ans ont varié de 8,7 écarts-types).

Une autre approche consiste à générer des scénarios en amplifiant les variations passées d'un facteur multiplicatif égal à trois ou cinq par exemple. Cette approche néglige cependant l'impact d'un environnement extrême sur les corrélations entre les différentes variables de marché soumises au stress.

Certains scénarios historiques portent sur des chocs journaliers des variables de marché, tandis que d'autres impliquent des chocs de crédit et de liquidité sur plusieurs jours, plusieurs semaines, voire plusieurs mois. Dans ce cas, il est important de tenir compte des volatilités des variables de marché. Généralement, les variations extrêmes de variables de marché, comme les taux d'intérêt ou de change, s'accompagnent de variations importantes des volatilités implicites de ces variables, ainsi que des volatilités d'autres variables. D'autres scénarios peuvent inclure d'importantes variations des prix des matières premières. Le 22 septembre 2008, le cours du pétrole a connu sa plus grosse variation journalière de l'histoire. Entre le 27 et le 28 septembre 1999, le cours de l'or a augmenté de 15,4 %. Enfin, d'autres scénarios peuvent tenir compte de la « fuite vers la qualité » combinée à une chute de la liquidité et une hausse des *spreads* de crédit. C'est ce qui s'est produit en août 1998 lorsque la Russie a fait défaut sur sa dette, ainsi qu'en juillet-août 2007 lorsque les investisseurs ont perdu confiance dans les produits titrisés *subprime* (voir chapitre 6).

Scénarios générés par les dirigeants

L'histoire ne se répète jamais à l'identique, car les intervenants sur les marchés ont conscience des crises financières passées et tentent d'éviter les mêmes erreurs. Le marché immobilier américain est à l'origine de la crise de crédit débutée en 2007. Il est peu probable que ce scénario se répète, mais il est également fort à parier que d'autres crises de crédit surviendront dans le futur.

En de nombreux aspects, les scénarios les plus utiles sont ceux générés par les dirigeants. En effet, ceux-ci sont dans une excellente position pour utiliser leur connaissance des marchés, de la politique, de l'environnement économique et des incertitudes globales dans le développement des scénarios pouvant conduire à des pertes importantes. Ces scénarios sont parfois fondés sur des événements passés, mais complétés par des éléments clés liés aux conditions financières et économiques actuelles.

Pour développer ce genre de scénarios, il est nécessaire de réunir régulièrement le comité de direction pour réfléchir aux réponses à donner à une question simple : « Que peut-il arriver de défavorable ? ». Clemens et Winkler ont étudié la composition optimale de ce type de comité[1] et sont arrivés aux conclusions suivantes : (a) le comité devrait être composé de trois à cinq membres, (b) les membres devraient provenir de différents horizons et (c) un échange constructif devrait avoir lieu entre eux. Il est important que les membres du comité puissent évaluer la situation globale de la société, et donc se soustraire temporairement à la routine de leurs activités quotidiennes.

Il n'est pas toujours nécessaire que les propositions du comité soient très innovantes. En 2005 et 2006, de nombreux commentateurs ont souligné l'existence d'une bulle sur le marché immobilier américain et son possible éclatement. Il est facile d'être sage suite à de tels événements, mais un scénario de *stress test* raisonnable aurait été d'envisager une baisse de 10 % à 20 % des prix de l'immobilier résidentiel dans tout le pays.

Il est important que le comité de direction comprenne et accepte les enjeux des *stress tests*. Ses membres ont la responsabilité des décisions stratégiques fondées sur les résultats de ces tests. Un avantage lié à l'implication de la direction dans le développement des scénarios est de permettre une plus forte adhésion de ces membres aux scénarios envisagés. Les résultats de scénarios développés par des individus situés dans le milieu de la hiérarchie risquent en revanche de ne pas être pris au sérieux.

1. Voir Clemens, R. et Winkler, R., « Combining Probability Distributions from Experts in Risk Analysis », *Risk Analysis*, 19, 2, avril 1999, p. 187-203.

Variables clés et variables secondaires

Si les scénarios générés par la direction tiennent compte des variations extrêmes d'un faible nombre de variables (majeures) de marché, il est envisageable de maintenir constantes les autres variables. Une autre approche consiste à régresser les variables mineures sur les variables majeures pour obtenir des prévisions conditionnelles aux variations de celles-ci. Ces prévisions (en termes de points ou de distributions de probabilité) peuvent être intégrées dans les *stress tests*.

On connaît cette technique sous le nom de *stress test* conditionnel et c'est Kupiec qui l'a proposée[1]. Kim et Finger ont développé cette approche en utilisant un *stress test* qualifié de « flèche cassée » (*broken arrow*). Dans ce cadre, la corrélation entre les variables majeures et mineures est fondée sur les conditions extrêmes de marché plutôt que leurs moyennes[2].

Scénarios complets

Les scénarios doivent être développés avec attention, afin de prendre en considération toutes les conséquences défavorables possibles. Ils doivent ainsi intégrer non seulement les effets immédiats des chocs sur le portefeuille de l'institution financière, mais également les effets systémiques, à savoir une réaction identique des autres institutions financières, toutes affectées par le même type de choc. De nombreuses personnes avaient prévu que la bulle immobilière aux États-Unis allait éclater en 2007, mais sans anticiper l'envergure de la crise. Elles n'avaient pas considéré l'ampleur des pertes réalisées au même moment par les institutions financières, ni la fuite vers la qualité associée à de graves problèmes de liquidité et à une explosion des *spreads* de crédit.

Un autre exemple de choc systémique est celui de la faillite de Long-Term Capital Management (LTCM) en 1998 (voir encadré 19.1). Ce fonds avait des positions longues (respectivement courtes) sur des titres illiquides (respectivement liquides).

Encadré 19.1

Les énormes pertes de Long Term Capital Management

Long Term Capital Management (LTCM), un *hedge fund* créé dans les années 1990, garantissait toujours ses transactions. La stratégie employée par ce fonds s'appelle « arbitrage de convergence ». On peut en donner un exemple très simple. Supposez que vous trouviez sur le marché deux obligations, X et Y, émises par la même société et présentant les mêmes caractéristiques, hormis leur liquidité. X est par exemple beaucoup moins liquide que Y. Comme le marché accorde toujours de la valeur à la liquidité, X est moins cher que Y. Dans ce cas, achetez X et vendez Y, en attendant qu'il y ait convergence à une date future (au plus tard à l'échéance !).

Quand les taux augmentent, on peut s'attendre à ce que les prix des deux obligations diminuent de la même manière, de sorte que les marges (*collateral*) payées sur X sont identiques à celles reçues sur Y. Le raisonnement symétrique s'applique en cas de baisse des taux. En conséquence, on ne s'attend pas à ce que des sorties de fonds importantes soient nécessaires du fait du système de garantie.

1. Voir Kupiec, P., « Stress Testing in a Value at Risk Framework », *Journal of Derivatives*, 6, 1999, p. 7-24.
2. Voir Kim, J. et Finger, C. C., « A Stress Test to Incorporate Correlation Breakdown », *Journal of Risk*, 2, 3, printemps 2000, p. 5-19.

Sa faillite a été provoquée par une fuite vers la qualité suite au défaut de la Russie sur sa dette souveraine. De nombreux investisseurs voulaient acheter uniquement des titres liquides et les *spreads* entre les titres liquides et illiquides se sont creusés. LTCM avait effectué des *stress tests* incluant des scénarios similaires de fuite vers la qualité. Il n'avait cependant pas tenu compte des chocs systémiques. De nombreux fonds avaient des stratégies semblables à celles de LTCM et, lorsque la fuite vers la qualité a commencé, ils ont tous été contraints de déboucler leurs positions au même moment (vente des titres illiquides et achat des titres liquides). Cela a renforcé la fuite vers la qualité, en la rendant encore plus importante.

En août 1998, la Russie a fait défaut sur sa dette souveraine qui a entraîné une « fuite vers la qualité » sur les marchés. Une conséquence fut l'augmentation de l'écart de prix entre les obligations liquides et non liquides, conduisant à une dégradation importante de la position de LTCM. Les prix des obligations achetées par le fonds baissaient, alors que ceux des obligations vendues à découvert augmentaient. Du fait de l'effet de levier important de la position détenue par LTCM, il était impossible de faire face aux paiements imposés par les accords de garantie. Il fallut donc déboucler la position avec une perte de quatre milliards de dollars. Si l'effet de levier avait été moins important, LTCM aurait pu surmonter cette crise en attendant que l'écart de prix entre les deux types d'obligations se réduise. Idéalement, les scénarios devraient être dynamiques et intégrer la réaction de toutes les institutions financières à un choc. Considérons le cas d'une institution qui a vendu des options et qui maintient une position delta-neutre. Un choc provoquant une importante variation du prix du sous-jacent va immédiatement entraîner une perte sur cette position (voir section 7.7). Pour maintenir la neutralité du delta, de grosses quantités d'actifs sous-jacents devront être achetées ou vendues. Ainsi, le coût du maintien d'une position delta-neutre dépend de la trajectoire du prix de l'actif. Le pire scénario à intégrer dans les *stress tests* est une volatilité extrême du prix de cet actif avant de se stabiliser.

Exemple 19.1

Supposons qu'une institution financière ait des positions sur quatre *calls* européens. Le prix du sous-jacent est de 50 euros, le taux sans risque vaut 3 %, la volatilité est de 20 % et l'actif ne verse aucun flux. Le tableau ci-dessous indique les positions, les prix d'exercice et les maturités. La valeur courante de la position (en K€) est –25,90. On peut utiliser le Builder Application de DerivaGem pour chercher les variations journalières du prix de l'actif et de la volatilité qui entraînent de grandes pertes. On suppose que le prix de l'actif est compris entre 40 euros et 60 euros, alors que la volatilité est bornée par un intervalle de 10 % et 30 %.

Position (K€)	Prix d'exercice (€)	Maturité (années)	Valeur de la position (K€)
+250	50	1,0	1 176,67
–125	60	1,5	–293,56
–75	40	0,8	–843,72
–50	55	0,5	–65,30
Total			–25,90

Exemple 19.1 (Suite)

En utilisant l'application de DerivaGem et le solveur, la « pire » perte correspond à une baisse de 10 % de la volatilité et à un prix du sous-jacent à 45,99 euros. La perte s'élève à 289,38 euros. Le *stress test* inversé montre que l'institution financière est la plus exposée à une réduction de 8 % du prix de l'actif et à une forte baisse de la volatilité.

Il peut paraître irréaliste que la volatilité diminue si fortement lors d'une baisse de 8 % du prix de l'actif. On peut alors recourir au solveur en sélectionnant la borne inférieure de l'intervalle de variation de la volatilité, soit 20 %. Dans ce cas, on atteint la pire perte (87,19 K€) lorsque la volatilité est de 20 % et que le prix de l'actif chute à 42,86 euros.

Stress test inversé

Le *stress test* inversé implique la recherche de scénarios engendrant des pertes importantes et est devenu un outil important pour la gestion du risque. De nombreuses procédures peuvent être mises en œuvre.

Identifier toutes les variables pertinentes pour une institution financière peut cependant se révéler très complexe dans la réalité (voir exemple 19.1). Dans ce cas, une approche consiste à identifier cinq ou dix variables clés, puis à supposer que l'on peut spécifier les variations des autres variables conditionnellement aux variations des variables clés.

On peut également recourir à une analyse en composantes principales (voir section 8.8) des variations des variables (en utilisant de préférence des données d'une période de stress sur les marchés financiers), puis rechercher parmi les composantes celles qui génèrent les pertes les plus larges. Cela permet de réduire le champ des possibles, ainsi que le nombre de scénarios peu plausibles.

Une autre approche consiste à imposer une certaine structure aux scénarios. Par exemple, on peut retenir un scénario historique dans lequel les taux d'intérêt ont augmenté, les valeurs boursières ont chuté et un taux de change en particulier s'est affaibli. Un analyste peut alors rechercher le multiplicateur pertinent à appliquer à ces variations historiques pour qu'un certain niveau de pertes soit atteint.

On peut utiliser le *stress test* inversé comme outil d'aide à la réflexion du comité de *stress test*. Avant une réunion, les analystes peuvent élaborer plusieurs scénarios désastreux pour l'institution financière et les présenter aux membres du comité. Le comité juge ensuite l'ensemble des scénarios (ceux issus du *stress test* inversé et ceux élaborés par ses membres), élimine ceux qui leur semblent complètement aberrants et procède à une évaluation plus approfondie des scénarios retenus.

19.2 Régulation

Le Comité de Bâle exige que les évaluations du risque de marché soient fondées sur les modèles internes de VaR accompagnés de *stress tests* « rigoureux et complets ». De même, les banques qui utilisent l'approche IRB de Bâle II (avancée et fondamentale) pour déterminer les fonds propres pour le risque de crédit doivent effectuer des *stress tests* pour évaluer la robustesse de leurs modèles.

En mai 2009, le Comité de Bâle a élaboré un document consultatif sur le *stress test*[1]. Ce document insiste sur l'importance de ce test dans la détermination des fonds propres bancaires nécessaires pour absorber des pertes en cas de chocs importants. Il est particulièrement important en présence de conditions économiques et financières stables et propices, car elles ont tendance à rendre les banques plus complaisantes et laxistes.

Le document consultatif met également en exergue l'importance de l'implication de la direction et du conseil d'administration dans l'élaboration des *stress tests* : la fixation des objectifs des tests, la définition des scénarios, la discussion des résultats des tests, l'évaluation des actions à entreprendre, et la prise de décision finale. Rappelons que les banques qui ont le moins souffert de la crise financière commencée en 2007 ont été celles dont la direction était activement impliquée dans le développement et la mise en œuvre de *stress tests*, dont les résultats servaient de point de départ de décisions stratégiques. Ces tests devraient être effectués dans tous les domaines d'activité de la banque.

Ce document rappelle également que de nombreux scénarios utilisés avant 2007 étaient fondés sur des données historiques qui ne pouvaient pas tenir compte des événements de 2007. Les recommandations spécifiques aux banques sont les suivantes :

1. Le *stress test* doit faire partie intégrante de la gouvernance d'entreprise et de la culture du risque de la banque. Il doit être facilement applicable et ses résultats doivent servir d'aide à la décision au niveau hiérarchique approprié, incluant les décisions stratégiques du conseil d'administration et de la direction. Ces instances doivent être fortement impliquées dans le programme de *stress test* pour le rendre opérationnel.
2. Une banque doit effectuer des *stress tests* qui mettent en évidence l'identification et le contrôle du risque, qui fournissent une perspective complémentaire du risque par rapport aux autres outils de gestion des risques, et qui améliorent la gestion des fonds propres et de la liquidité, ainsi que la communication interne et externe.
3. Les *stress tests* doivent tenir compte des multiples visions de l'organisation et devraient couvrir une large palette de perspectives et de techniques.
4. Une banque doit disposer de politiques et de procédures gouvernant les programmes de *stress test*. Leur application doit être bien documentée.
5. Une banque doit disposer d'une infrastructure robuste et suffisamment flexible pour tenir compte des différentes modifications de *stress test* à un niveau de granularité approprié.
6. Une banque doit maintenir à jour un cadre de *stress test*. L'efficacité et la robustesse des tests doivent être évaluées régulièrement et de manière indépendante.
7. Les *stress tests* doivent couvrir un maximum de risques et de domaines d'activité. Une banque doit pouvoir intégrer ses activités de *stress test* pour fournir une vision globale du risque.
8. Les programmes de *stress test* doivent couvrir une large gamme de scénarios, incluant des visions prospectives, et intégrer les interactions systémiques, ainsi que les effets d'apprentissage.

---

1. Voir Basel Commitee on Bank Supervision, « Principles for Sound Stress Testing Practices and Supervision », *Document consultatif*, mai 2009.

9. Les *stress tests* doivent être calibrés pour prendre en compte les événements les plus dévastateurs en termes de volume de pertes ou de dégradation de la réputation. Ils doivent également permettre de déterminer quels scénarios pourraient mettre en péril la banque (comme les *stress tests* inversés) et mettre à jour les risques cachés, ainsi que les interactions entre les risques.
10. La banque doit tenir compte des pressions simultanées sur le financement et le marché des actifs, ainsi que de l'impact d'une réduction de la liquidité du marché sur son exposition.
11. L'efficacité des techniques de réduction du risque doit toujours être mise à l'épreuve.
12. Les *stress tests* doivent couvrir les produits complexes comme les produits titrisés. Dans ce cas, les tests doivent prendre en compte les actifs sous-jacents, leur exposition aux facteurs de risque systémique, les arrangements contractuels et les seuils intégrés, ainsi que l'impact du levier, particulièrement en relation avec le niveau de subordination de la structure.
13. Les *stress tests* doivent couvrir les risques de non-refinancement par la vente ou la titrisation d'actifs (*pipeline and warehousing risks*)[1]. Une banque doit inclure ces expositions dans ses *stress tests*, quelle que soit la probabilité de leur titrisation.
14. Une banque doit améliorer ses méthodologies de *stress test* pour capturer les effets du risque réputationnel. Elle doit intégrer les risques liés aux véhicules hors bilan, ainsi qu'à d'autres entités dans ses programmes de *stress test*.
15. Une banque doit améliorer ses approches du *stress test* pour les contreparties à fort levier en considérant leur vulnérabilité à des actifs spécifiques ou aux variations de marché.

Les recommandations pour les régulateurs de banques sont les suivantes :

16. Les régulateurs doivent effectuer des évaluations régulières et complètes des programmes de *stress test* des banques.
17. Les régulateurs doivent exiger de la direction des banques des actions correctives si des déficiences matérielles des tests sont identifiées ou bien si les résultats ne sont pas correctement pris en compte dans le processus de prise de décision.
18. Les régulateurs doivent évaluer et, si nécessaire, mettre à l'épreuve l'étendue et la sévérité des scénarios. Ils peuvent demander aux banques d'utiliser des scénarios spécifiques ou d'évaluer leurs scénarios afin de mettre en évidence leurs faiblesses (scénarios de *stress tests* inversés).
19. Selon le Pilier 2, les régulateurs doivent examiner les résultats des *stress tests* dans le cadre de la surveillance bancaire. En particulier, ils doivent considérer les résultats de *stress tests* prospectifs pour évaluer l'adéquation des fonds propres et de la liquidité.
20. Les régulateurs doivent considérer la mise en place d'exercices de *stress test* fondés sur des scénarios courants.

---

1. Ces risques concernent les actifs en voie de titrisation qui pourraient ne pas aboutir si les conditions du marché sont modifiées. C'est ce type de risque qui a conduit à des pertes importantes au début de la récente crise financière.

21. Les régulateurs doivent s'engager dans un dialogue constructif avec les autorités publiques et l'industrie bancaire pour identifier les défaillances systémiques. Ils doivent également s'assurer de leurs capacités et compétences pour évaluer les programmes de *stress test* des banques.

Les problèmes majeurs des régulateurs

Les régulateurs exigent que les banques considèrent des scénarios extrêmes, puis s'assurent que leurs fonds propres sont suffisants en fonction de ces scénarios. Il existe, à ce niveau, un problème évident. Les banques veulent minimiser leur capital réglementaire et ne sont donc pas incitées à tenir compte des scénarios extrêmes qui entraîneraient une hausse du capital requis. La production de scénarios « au rabais » par les banques est une conséquence naturelle de ce conflit d'intérêts.

Pour résoudre ce problème, les régulateurs peuvent suggérer des scénarios (voir les recommandations 18 et 20). Cela implique du travail supplémentaire, mais permet d'appliquer un ensemble unique de scénarios à toutes les banques, alors comparées à un *benchmark* commun permettant entre autres d'identifier des problèmes relatifs au risque systémique (voir encadré 12.1). Les régulateurs américains ont adopté cette approche en 2009 lorsqu'ils ont appliqué des *stress tests* à 19 banques, dont dix ont eu besoin au total de 74,6 milliards de dollars de capitaux supplémentaires. L'Autorité Bancaire européenne a également effectué des *stress tests* en 2011. Les résultats ont montré que neuf banques sur 91 étaient insuffisamment capitalisées (par rapport à un ratio de capital *Tier 1* égal 5 %).

Si les scénarios sont choisis avec attention, les banques se focaliseraient davantage sur les aspects importants du point de vue de la régulation. En particulier, si les régulateurs remarquent une même exposition au risque de nombreuses banques, ils peuvent exiger de ces établissements la prise en considération de scénarios avec des chocs sur ces positions. Le problème avec cette approche est qu'elle décourage les banques à réfléchir et à s'inquiéter des événements extrêmes *via* l'élaboration de scénarios. Un compromis envisageable serait d'évaluer les scénarios générés à la fois par les banques et par le régulateur.

Les systèmes mis en place par les régulateurs ne fournissent pas toujours les résultats escomptés. L'encadré 19.2 explique que lorsque les régulateurs danois ont défini les scénarios pour les compagnies d'assurance vie et les fonds de pension en Europe, certaines de ces sociétés ont réagi en couvrant uniquement les risques mis en évidence par ces scénarios[1]. Ce comportement est loin d'être celui souhaité par les régulateurs. Chaque scénario utilisé dans les *stress tests* devrait être considéré comme représentatif d'un ensemble d'événements possibles. Les institutions financières devraient s'assurer de l'adéquation de leurs fonds propres à tous les scénarios possibles. Une forme extrême de couverture contre le scénario « feu rouge » de l'encadré 19.2 serait d'acheter des titres qui versent des flux uniquement si les cours des actions baissent de 11 % à 13 % en même temps qu'une chute des taux d'intérêt comprise entre 65 et 75 points de base. Ce genre de couverture serait peu coûteux et ridicule, mais répondrait aux *stress tests* imposés par le régulateur.

1. L'information de l'encadré 19.2 est extraite de Jorgensen, P. L., « Traffic Light Options », *Journal of Banking and Finance*, 31, 12, décembre 2007, p. 3698-3719.

Encadré 19.2

Options « *traffic lights* »

En juin 2001, l'autorité de régulation financière danoise a introduit un système de *stress tests* de solvabilité appelé « *traffic lights* ». Les compagnies d'assurance vie et les fonds de pension devaient soumettre des rapports semestriels sur l'impact de chocs prédéfinis sur leur solvabilité. Le scénario « feu rouge » comprend une chute de 70 points de base des taux d'intérêt, une baisse de 12 % des cours des actions et une diminution de 8 % des prix de l'immobilier. Si les fonds propres sont inférieurs à un niveau critique correspondant à ce scénario, la société en question est classée en statut « feu rouge » et est soumise à un contrôle plus fréquent et à l'obligation de fournir des rapports mensuels. Le scénario « feu orange » implique une chute de 100 points de base des taux d'intérêt, une baisse de 30 % des cours des actions et une diminution de 12 % des prix de l'immobilier. Si les fonds propres sont inférieurs à un niveau critique correspondant à ce scénario, la société en question est classée en statut « feu orange » et doit fournir des rapports trimestriels. Enfin, lorsque les fonds propres demeurent supérieurs aux niveaux critiques des scénarios « feu rouge » et « feu orange », on accorde à la société un statut « feu vert » qui implique la production de rapports semestriels. D'autres pays européens ont adopté des procédures similaires.

Les banques d'investissement ont développé des produits qui aident les compagnies d'assurance vie et les fonds de pension à conserver leur statut « feu vert » : les options « *traffic lights* ». Ces produits versent des flux dans les scénarios « *traffic lights* » afin d'accroître les fonds propres des institutions financières. Au lieu de se couvrir contre le risque de taux, actions et immobilier séparément, les institutions financières achètent une couverture qui verse des flux lorsque le scénario « *traffic lights* » se réalise avec des variations extrêmes des trois variables en même temps. Ce type de couverture est beaucoup moins coûteux (en pratique, la plupart des institutions financières régulées ont une faible exposition à l'immobilier et les variations importantes versant des flux sont essentiellement dues aux taux d'intérêt et aux cours des actions).

La couverture mécanique contre les scénarios défavorables n'est pas souhaitable. Il est important pour les institutions financières de comprendre l'ensemble des risques de chaque scénario de *stress test* et de prendre les mesures appropriées pour les gérer. En effet, la gestion des risques n'est pas un jeu entre les banques et les régulateurs.

19.3 Comment exploiter les résultats ?

Le principal problème avec les *stress tests* est l'exploitation de leurs résultats. Ces derniers sont, en effet, trop souvent ignorés par la direction. Une réaction typique est de dire : « Oui, il existe toujours un ou deux scénarios selon lesquels nous coulerions, mais nous ne pouvons pas nous protéger de tout ». Un des moyens d'éviter ce genre de constatation consiste à impliquer la direction dans le développement des scénarios. Une bien meilleure réaction serait : « Est-ce que les risques associés à ces scénarios sont acceptables ? Si non, réfléchissons au type de couverture permettant de les rendre acceptables. »

Le problème est que la direction et le comité des risques travaillent sur deux supports différents : les modèles de VaR et les *stress tests*. Sur quelle méthode devrait se fonder la décision ? Une tendance naturelle consiste à prendre plus au sérieux les résultats de VaR car leur impact sur le capital réglementaire est direct.

Intégration des stress tests et des calculs de VaR

D'après Berkowitz (2000), les *stress tests* seraient davantage pris au sérieux s'ils étaient intégrés au calcul de la VaR[1], en assignant une probabilité aux scénarios testés. Supposons qu'une institution financière considère n_s scénarios avec une probabilité correspondante p. Supposons également que n_h scénarios soient générés par simulation historique. Un analyste peut donc supposer qu'il existe $n_s + n_h$ scénarios au total. Les n_s scénarios ont une probabilité p et les n_h scénarios, une probabilité $1 - p$.

Malheureusement, l'estimation d'une probabilité subjective d'un événement rare est délicate pour la plupart d'entre nous. Afin de rendre cette tâche plus facile, le comité de *stress test* peut classer chaque scénario dans une catégorie avec une probabilité prédéfinie. Ces catégories peuvent être :

1. probabilité = 0,05 % : extrêmement invraisemblable, soit une chance sur 2 000 ;
2. probabilité = 0,2 % : très invraisemblable, mais ce genre de scénario devrait avoir la même pondération que les 500 scénarios utilisés dans une analyse par simulation historique ;
3. probabilité = 0,5 % : invraisemblable, mais ce genre de scénario devrait avoir une pondération plus importante que les 500 scénarios utilisés dans une analyse par simulation historique.

Exemple 19.2

Supposons que, comme à l'exemple de la section 14.1, cinq scénarios de *stress tests* soient envisagés, conduisant aux pertes de 235, 300, 450, 750 et 850 (en K€). Les probabilités subjectives assignées à ces scénarios sont 0,5 %, 0,2 %, 0,2 %, 0,05 % et 0,05 % respectivement. La probabilité totale des scénarios est donc de 1 %, ce qui implique que la probabilité assignée aux scénarios générés par la simulation historique est de 99 %. En supposant une pondération homogène, chaque scénario historique a une probabilité de $0{,}99 \div 500 = 0{,}00198$. Le tableau 19.1 remplace ainsi le tableau 14.4.

Tableau 19.1 : Pertes classées dans un ordre décroissant.

Scénario	Perte (K€)	Probabilité	Probabilité cumulée
s5	850 000	0,00050	0,00050
s4	750 000	0,00050	0,00100
v494	477 841	0,00198	0,00298
s3	450 000	0,00200	0,00498
v339	345 435	0,00198	0,00696
s2	300 000	0,00200	0,00896
V349	282 204	0,00198	0,01094
V329	277 041	0,00198	0,01292
v487	253 385	0,00198	0,01490
s1	235 000	0,00500	0,01990

1. Voir Berkowitz, J., « A Coherent Framework for Stress Testing », *Journal of Risk*, 2, 2, hiver 1999-2000, p. 5-15.

Exemple 19.2 (Suite)

Scénario	Perte (K€)	Probabilité	Probabilité cumulée
v227	217 974	0,00198	0,02188
v131	205 256	0,00198	0,02386
v238	201 389	0,00198	0,02584
…	…	…	…
…	…	…	…
…	…	…	…

Les probabilités assignées aux scénarios sont cumulées dans un ordre croissant de scénarios (du pire au meilleur)[a]. La VaR pour un seuil de confiance à 99 % correspond à la première perte pour laquelle la probabilité cumulée est supérieure à 0,01, soit 282 204 euros dans notre exemple.

Rebonato (2010) propose une approche plus complète pour évaluer les probabilités des scénarios en appliquant le théorème et les réseaux de Bayes[b]. Dans ce cadre, la probabilité d'un scénario contenant deux événements est égale à la probabilité du premier événement multipliée par celle du second, conditionnellement à la réalisation du premier. Il en est de même pour des scénarios portant sur plus de deux événements. Cette approche fournit une méthode d'évaluation des probabilités conditionnelles.

a. Cette procédure est identique à celle utilisée pour l'assignation des pondérations aux scénarios historiques (voir tableau 14.5 à la section 14.3).
b. Voir Riccardo Rebonato, *Coherent Stress Testing: A Bayesian Approach to Financial Stress*, Chichester, Royaume-Uni : John Wiley & Sons, 2010.

Probabilités subjectives et objectives

Une probabilité objective correspond à la probabilité calculée par observation de la fréquence d'un événement avec essais répétés. Pour illustrer ce concept, imaginons une urne contenant des boules rouges et noires dans des proportions inconnues. Nous souhaitons connaître la probabilité de tirage d'une boule rouge. Nous pouvons procéder à un tirage aléatoire, observer la couleur de la boule, la remettre dans l'urne, puis recommencer la procédure 100 fois. Si, parmi les boules tirées, 30 sont rouges et 70 sont noires, notre estimation de la probabilité de tirage d'une boule rouge vaut 0,3. Malheureusement, la plupart des probabilités objectives estimées dans la réalité sont nettement moins fiables que dans notre exemple, car les probabilités ne sont pas constantes durant les tirages et ces derniers ne sont pas indépendants.

Une probabilité subjective correspond à une probabilité inférée à partir du jugement personnel d'un individu concernant la réalisation d'un événement. Elle ne s'appuie pas sur un historique de données, mais représente un degré de croyance. Ainsi, plusieurs personnes différentes ont plusieurs probabilités subjectives différentes pour un même événement.

Les probabilités assignées par la simulation historique sont objectives, tandis que celles retenues sur des scénarios de *stress tests* sont subjectives. De nombreux analystes ne se sentent pas très à l'aise avec les probabilités subjectives, car elles ne sont pas fondées sur des données. Par ailleurs, des considérations politiques peuvent conduire une institution financière à se servir de données historiques, puisque si les choses se passent mal, il est plus facile d'accuser les données. Enfin, le recours à des jugements subjectifs implique la responsabilité de personnes en cas de problème.

Le recours aux probabilités objectives rend la gestion des risques ancrée dans le passé et ne tient pas compte du jugement et de l'expertise de la direction. C'est pourtant le rôle de cette dernière d'éviter les risques catastrophiques.

Résumé

Le *stress test* est une composante importante du processus de gestion des risques. Il consiste à considérer l'impact de scénarios extrêmes probables, ignorés par l'analyse de VaR traditionnelle. Après l'évaluation des scénarios probables, l'institution financière peut entreprendre des mesures qui permettent de réduire l'impact des scénarios les plus défavorables. Un avantage indéniable de cette approche est une meilleure compréhension de la nature des risques.

Les scénarios peuvent être générés de plusieurs façons. L'une d'elles consiste à considérer des variations extrêmes d'une seule variable de marché. Une extension repose sur la prise en compte de telles variations pour toutes les variables de marché en s'inspirant de chocs extrêmes passés. La meilleure approche demeure la prise en considération du jugement et de l'expérience de la direction pour générer des scénarios extrêmes possibles. Les institutions financières effectuent parfois des *stress tests* inversés avec des algorithmes permettant de rechercher les pires scénarios. Ces scénarios devraient être les plus complets possibles et intégrer des effets systémiques. Et comme le montre la crise débutée à l'été 2007, ces effets peuvent être très importants, incluant une fuite vers la qualité, une hausse des *spreads* de crédit et une chute de la liquidité.

Les régulateurs exigent des banques de détenir des fonds propres en fonction des scénarios de *stress tests*. Dans le cas des fonds de pension et des compagnies d'assurance vie en Europe (principalement exposés au risque de taux et du marché des actions), les régulateurs ont eux-mêmes développé des scénarios pour ces institutions financières.

Si des probabilités subjectives sont assignées aux scénarios extrêmes considérés, le *stress test* peut être intégré à l'analyse de la VaR. C'est là une idée intéressante, mais non prise en compte par le document consultatif publié par le Comité de Bâle en mai 2009.

Références complémentaires

Alexander, C. et Sheedy, E. A., « Model-Based Stress Tests: Linking Stress Tests to VaR for Market Risk », *Document de travail*, Macquarie Applied Finance Center, 2008.

Aragonés, J. R., Blanco, C. et Dowd, K., « Incorporating Stress Tests into Market Risk Modeling », *Derivatives Quarterly*, 7, printemps 2001, p. 44-49.

Aragonés, J. R., Blanco, C. et Dowd, K., « Stress Tests, Market Risk Measures, and Extremes: Bringing Stress Tests to the Forefront of Market Risk Management », dans Rösch, D.

et Scheule, H., *Stress Testing for Financial Institutions: Applications, Regulations, and Techniques*, Risk Books, Londres, 2008.

Basel Commitee on Bank Supervision, *Principles for Sound Stress Testing Practices and Supervision*, mai 2009.

Berkowitz, J., « A Coherent Framework for Stress », *Journal of Risk*, 2, 2, hiver 1999-2000, p. 5-15.

Bogle, J. C., « Black Monday and Black Swans », *Financial Analyst Journal*, 64, 2, mars-avril 2008, p. 30-40.

Clemens, R. et Winkler, R., « Combining Probability Distributions from Experts in Risk Analysis », *Risk Analysis*, 19, 2, avril 1999, p. 187-203.

Duffie, D., « Systemic Risk Exposures: A 10-by-10-by-10 Approach », *Document de travail*, université de Stanford, 2011.

Hua, P. et Wilmott, P., « Crash Courses », *Risk*, 10, 6, juin 1997, p. 64-67.

Kim, J. et Finger, C. C., « A Stress Test to Incorporate Correlation Breakdown », *Journal of Risk*, 2, 3, printemps 2000, p. 5-19.

Kupiec, O., « Stress Testing in a Value at Risk Framework », *Journal of Derivatives*, 6, 1999, p. 7-24.

Rebonato, R., *Coherent Stress Testing: A Bayesian Approach to the Analysis of Financial Stress*, Chichester, Royaume-Uni : John Wiley & Sons, 2010.

Taleb, N. N., *The Black Swan: The Impact of the Highly Improbable*, New York : Random House, 2007.

Problèmes et exercices (corrigés en fin d'ouvrage)

19.1. Expliquez les trois manières de générer des scénarios pour le *stress test*.

19.2. Qu'est-ce que le *stress test* inversé ? Comment est-il utilisé ?

19.3. Pourquoi la régulation peut-elle conduire les institutions financières à sous-estimer la sévérité des scénarios ?

19.4. Qu'est-ce que les options « *traffic lights* » ? Quels en sont les inconvénients ?

19.5. Pourquoi est-il important que la direction soit impliquée dans le *stress test* ? Sous quelle forme devrait-elle être impliquée ?

19.6. Quels sont les avantages et les inconvénients du choix de certains des scénarios par les régulateurs ?

19.7. Expliquez la différence entre des probabilités subjectives et objectives. Lesquelles devraient être employées dans le *stress test* ?

19.8. Supposons qu'à l'exemple de la section 14.1 sept scénarios soient considérés. Ils entraînent des pertes de 240, 280, 340, 500, 700, 850 et 1 050 (en K€). Les probabilités subjectives assignées à ces scénarios sont 0,5 %, 0,5 %, 0,2 %, 0,2 %, 0,05 %, 0,05 % et 0,05 % respectivement. Quelle serait la nouvelle VaR journalière au seuil de 99 % calculée selon la procédure présentée à la section 19.3 ?

19.9. Supposons que les positions sur les quatre options de l'exemple 19.1 soient 200, –70, –120 et –60 respectivement. Utilisez l'Application Builder de DerivaGem et le solveur pour calculer le pire scénario pour une variation journalière. Vous considérerez des prix du sous-jacent compris entre 40 euros et 60 euros, et des volatilités entre 10 % et 30 %.

Questions complémentaires

19.10. Que devient le plus mauvais scénario de l'exemple 19.1 si (a) les options sont américaines plutôt qu'européennes et (b) les options sont des options à barrière qui disparaissent si le prix du sous-jacent atteint 65 euros ? Utilisez l'Application Builder de DerivaGem et le solveur pour trouver les solutions en supposant que les prix de l'actif soient compris entre 40 euros et 60 euros, et que les volatilités soient comprises entre 18 % et 30 %.

19.11. Que devient la VaR calculée à l'exemple 19.2 lorsqu'un modèle de moyenne mobile à pondération exponentielle est employé pour assigner les poids des différents scénarios décrits à la section 14.3 ?

Chapitre 20
Risque opérationnel

En 1999, les régulateurs du secteur bancaire ont exigé la mise en place d'une allocation en fonds propres pour le risque opérationnel dans le cadre du nouvel accord de Bâle II. Les banques ont exprimé leur réticence à l'égard de cette décision. Le P-DG d'une grande banque internationale a même commenté cette décision selon ces termes : « C'est la plus grosse idiotie que j'ai jamais vue ». Malgré cela, les régulateurs ont persisté, en argumentant que le risque opérationnel était important pour les banques. Ils ont répertorié plus de 100 pertes dues au risque opérationnel, toutes dépassant 100 millions de dollars, au cours de ces dix dernières années. La Banque des règlements internationaux a établi une liste de certaines de ces pertes :

- *fraude interne :* Allied Irish Bank, Barings et Daiwa ont perdu 700 millions de dollars, 1 milliard de dollars et 1,4 milliard de dollars respectivement en raison de transactions frauduleuses ;
- *fraude externe :* Republic New York Corporation a perdu 611 millions de dollars en raison de fraudes commises par un client ;
- *pratiques en matière d'emploi et de sécurité sur le lieu de travail :* Merrill Lynch a perdu 250 millions de dollars suite à une décision de justice dans une affaire de discrimination à l'embauche ;
- *pratiques concernant les clients, les produits et l'activité commerciale :* Household International a perdu 484 millions de dollars à cause de prêts frauduleux; Providian Financial Corporation a perdu 405 millions de dollars en raison de ventes et de facturations frauduleuses ;
- *dommages aux biens :* Bank of New York a perdu 140 millions de dollars à cause des attaques terroristes du 11 septembre 2001 ;
- *interruption d'activité et pannes de systèmes :* Salomon Brothers a perdu 303 millions de dollars en raison d'une modification du système informatique ;
- *exécution des opérations, livraisons et processus :* Bank of America et Wells Fargo Bank ont perdu 225 millions de dollars et 150 millions de dollars respectivement en raison de défaillances des systèmes d'intégration et des processus de transaction.

La plupart des banques disposent de systèmes de gestion du risque opérationnel. Cependant, la perspective de nouveaux capitaux requis pour ce risque les a conduites à accroître les ressources allouées à sa mesure et à son contrôle.

Il est beaucoup plus difficile de quantifier et de gérer le risque opérationnel que les risques de crédit ou de marché. Généralement, les banques prennent des décisions d'octroi de prêts ou de prise de risque de marché de façon consciencieuse. Alors que de nombreux produits de marché existent pour réduire ces risques, le risque opérationnel fait partie intégrante de l'activité quotidienne. Une grande partie de sa gestion repose sur l'identification des types de risques pris et sur la décision d'en assurer certains.

On peut croire qu'une perte comme celle qui a affecté la Société Générale (SocGen, voir encadré 5.5) résultait du risque de marché (le changement des variables de marché a provoqué la faillite). Ce risque devrait cependant être considéré comme opérationnel, puisqu'un trader, Jérôme Kerviel, a procédé à des transactions frauduleuses. Supposons un instant qu'il n'y ait pas eu de fraude. Si la politique interne de cette banque autorisait les traders à prendre des risques importants, alors la perte aurait été classée dans la catégorie risque de marché. Malheureusement, la politique interne était peu rigoureuse et le contrôle interne a fait défaut. Les pertes auraient donc dû être classées dans la catégorie risque opérationnel. Celles-ci sont souvent contingentes aux évolutions du marché. Si ces dernières avaient évolué favorablement, il n'y aurait pas eu de perte, et la fraude, ainsi que les défaillances du système de contrôle interne de la banque n'auraient jamais été mises au jour.

Il existe de nombreuses similitudes entre les pertes dues au risque opérationnel des banques et celles des compagnies d'assurance. En effet, ces dernières sont exposées à des pertes importantes de faible probabilité, dues à des catastrophes naturelles (ouragan, tremblement de terre, etc.). De même, les banques sont exposées à des pertes opérationnelles importantes, mais de faible probabilité d'occurrence. Il existe toutefois une différence importante entre ces deux cas. Lorsque les compagnies d'assurance perdent des sommes importantes lors d'une catastrophe naturelle, toute l'industrie de l'assurance est touchée, et les primes augmentent. Les pertes opérationnelles touchent en revanche généralement une seule banque et, compte tenu de la concurrence bancaire, l'établissement n'a pas le « luxe » d'augmenter ses prix les années suivantes.

20.1 Qu'est-ce que le risque opérationnel ?

Il existe plusieurs façons de définir le risque opérationnel. La première consiste à le considérer comme un risque résiduel qui n'est ni un risque de crédit, ni un risque de marché. Pour en inférer une estimation, on peut éliminer du compte de résultat de la banque (a) l'impact des pertes de crédit et (b) les pertes et profits générés par les positions de marché. La variation du résultat ainsi retraité serait alors attribuée au risque opérationnel.

Cette définition reste malheureusement trop générale car elle inclut les risques associés à l'entrée sur de nouveaux marchés, au développement de nouveaux produits, aux facteurs économiques, etc. Une autre définition possible consiste à considérer que le risque opérationnel provient des risques d'erreur dans les transactions et les paiements, par exemple. Cette définition est cependant trop réductrice car elle n'inclut pas des risques majeurs comme le « risque de *trading* ».

On peut distinguer les risques internes des risques externes, les premiers étant contrôlés par l'entreprise. Celle-ci décide qui embaucher, quel système informatique adopter, quel contrôle mettre en place, etc. On peut alors définir le risque opérationnel comme la totalité des risques internes. Dans ce cas, ce risque englobe plus que les risques associés aux opérations et inclut désormais les risques provenant de contrôles inadéquats (risque de *trading*) et tout autre risque associé à la fraude des employés.

En plus des risques internes, les régulateurs souhaitent inclure dans leur définition l'impact d'événements externes, tels que les catastrophes naturelles (incendie ou tremblement de terre qui affecte les opérations bancaires), le risque politique ou réglementaire (restrictions des opérations bancaires par un gouvernement d'un pays étranger), les failles de sécurité, et ainsi de suite. En 2001, le Comité de Bâle définit le risque opérationnel comme suit : « *Le risque de pertes résultant de carences ou de défauts attribuables à des procédures, personnels et systèmes internes ou à des événements extérieurs* ».

Remarquons que cette définition inclut le risque juridique, mais exclut les risques stratégiques et de réputation.

Certains risques opérationnels entraînent une augmentation des coûts d'exploitation ou une diminution des revenus de la banque. D'autres risques opérationnels interagissent avec les risques de crédit et de marché. Par exemple, une erreur dans la documentation d'un prêt peut induire une perte seulement si la contrepartie fait défaut. Lorsqu'un trader dépasse les limites imposées et falsifie ses positions, les pertes sont réalisées seulement si le marché évolue en sa défaveur.

20.2 Détermination du capital réglementaire

Les banques disposent de trois approches pour déterminer le capital réglementaire pour le risque opérationnel. L'approche indicateur de base (*basic indicator approach*) est la plus simple. Elle préconise que les fonds propres dédiés à ce risque correspondent à 15 % du produit brut annuel des trois dernières années. Le produit brut correspond aux produits d'intérêts nets et autres produits d'exploitation[1]. L'approche standard (*standardized approach*) est légèrement plus compliquée. Elle décompose les activités bancaires en huit lignes de métier : financement d'entreprise, activités de marché, banque de détail, banque commerciale, paiements et règlements, fonctions d'agence, gestion d'actifs et courtage de détail. Le produit brut moyen des trois dernières années pour chacun de ces métiers est multiplié par un « facteur bêta » (voir tableau 20.1), puis la somme totale permet de déterminer les fonds propres nécessaires. La troisième approche est appelée approche de mesure avancée (*advanced measurement approach*, AMA), selon laquelle la banque calcule le capital réglementaire en interne au moyen de critères qualitatifs et quantitatifs.

Tableau 20.1 : Facteur bêta (approche standard).

Métier	Facteur bêta
Financement d'entreprise	18 %
Activités de marché	18 %
Banque de détail	12 %
Banque commerciale	15 %
Paiements et règlements	18 %
Fonctions d'agence	15 %
Gestion d'actifs	12 %
Courtage de détail	12 %

1. Le produit d'intérêt net correspond à l'excès des produits perçus sur prêts par rapport à ceux versés sur les dépôts et les autres ressources qui financent les prêts (voir section 2.2).

Le Comité de Bâle a établi la liste des conditions requises pour qu'une banque puisse adopter soit l'approche standardisée, soit l'AMA. Il s'attend à ce que les grandes banques internationales optent pour cette dernière. Pour utiliser l'approche standardisée, une banque doit satisfaire les conditions suivantes :

1. La banque doit disposer d'une fonction de gestion du risque opérationnel, responsable de l'identification, de l'évaluation et du contrôle de ce risque.
2. La banque doit maintenir un historique des pertes par ligne de métier et créer des incitations à l'amélioration de la gestion du risque opérationnel.
3. Des rapports réguliers sur les pertes liées au risque opérationnel doivent être effectués.
4. Le système de gestion du risque opérationnel doit être bien documenté.
5. Le système de gestion du risque opérationnel doit être soumis périodiquement à des audits internes et externes indépendants, et également faire l'objet d'inspections par le régulateur.

La banque doit satisfaire des conditions supplémentaires pour utiliser l'AMA. Elle doit être capable d'estimer les pertes non attendues à partir de données internes et externes pertinentes, ainsi que d'analyses de scénarios. Elle doit aussi être en mesure d'allouer le capital économique pour le risque opérationnel en créant des incitations pour en améliorer la gestion.

Les objectifs des banques utilisant l'AMA sont liés à la quantification du risque de crédit. Il s'agit donc d'être en mesure de produire une distribution de probabilité des pertes (voir figure 20.1). Si ces banques peuvent convaincre le régulateur que le coût espéré du risque opérationnel est bien incorporé dans la tarification des produits bancaires, les fonds propres sont alors alloués à la couverture des coûts non attendus. Le seuil de confiance est de 99,9 % et l'horizon temporel est de un an.

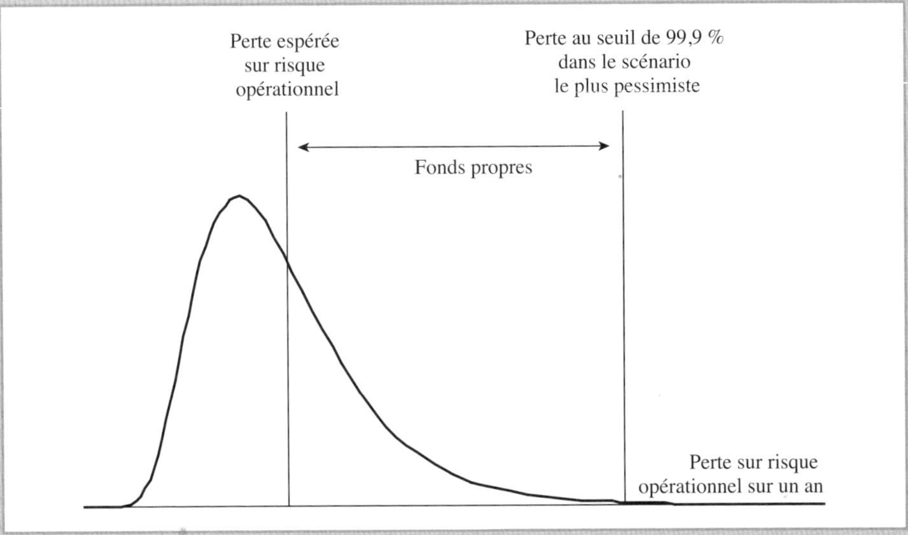

Figure 20.1 – Calcul de la VaR opérationnelle.

20.3 Catégories de risque opérationnel

Le Comité de Bâle sur le contrôle bancaire a identifié sept catégories de risque opérationnel[1] :

1. Fraude interne : actes de fraude, d'expropriation ou de contournement de la régulation, de la loi ou de la politique de l'entreprise (sont exclus les événements liés à la discrimination impliquant au moins une partie interne). Par exemple, informations inexactes sur les positions, vols commis par les employés et délit d'initié d'un employé opérant pour son propre compte.
2. Fraude externe : actes de fraude, d'expropriation ou de contournement de la loi par un tiers. Par exemple, hold-up, faux en écriture, chèques de cavalerie et dommages dus au piratage informatique.
3. Pratiques en matière d'emploi et de sécurité sur le lieu de travail : actes ne respectant pas les codes du travail, sanitaires ou de sécurité, ou qui entraînent des indemnisations suite à des poursuites judiciaires pour les accidents de travail ou la discrimination. Par exemple, indemnisation des employés, violation des règles de santé et de sécurité des employés, non-respect des libertés syndicales, plaintes pour discrimination et responsabilité civile, etc.
4. Pratiques concernant les clients, les produits et l'activité commerciale : défaillance non intentionnelle ou due à la négligence vis-à-vis des engagements professionnels envers des clients (incluant les obligations fiduciaires et d'adéquation des produits et services aux besoins du client), ou provenant de la nature ou de la conception d'un produit. Par exemple, violation de l'obligation fiduciaire, utilisation frauduleuse d'informations confidentielles sur la clientèle, opérations boursières malhonnêtes pour le compte de la banque, blanchiment d'argent et vente de produits non autorisés.
5. Dommages aux biens : pertes ou dommages aux biens dus aux désastres naturels ou autres. Par exemple, actes de terrorisme, vandalisme, séismes, incendies et inondations.
6. Interruption d'activité et pannes de systèmes. Par exemple, pannes de matériel et de logiciel informatiques, problèmes de télécommunications et pannes d'électricité.
7. Exécution des opérations, livraisons et processus : défaillance dans les processus de transaction ou de gestion, et des relations avec les contreparties et les fournisseurs. Par exemple, erreur d'enregistrement des données, défaillances dans la gestion des sûretés, lacunes dans la documentation juridique, erreur d'accès aux comptes clients, mauvaises performances des contreparties non clientes, litiges avec les fournisseurs, etc.

Les banques doivent évaluer les expositions à chacun de ces types de risque pour chacune des huit lignes de métier. Dans l'idéal, la VaR est estimée pour chacune des 56 (7×8) combinaisons type de risque/ligne de métier. Ces VaR peuvent être combinées en une seule mesure de VaR.

1. Voir Basel Committee on Bank Supervision, « Sound Practices for the Management and Supervision of Operational Risk », *Bank for International Settlements*, juillet 2002.

20.4 Sévérité et fréquence des pertes

Deux distributions sont de première importance pour estimer les pertes potentielles dues au risque opérationnel. Il s'agit des distributions de fréquence des pertes et de sévérité des pertes. La première comptabilise le nombre de pertes réalisées sur un horizon temporel donné (généralement un an). La seconde concerne la taille de la perte conditionnelle à sa réalisation. En général, ces deux distributions sont supposées indépendantes.

La distribution de Poisson se prête naturellement à l'estimation de la fréquence des pertes. Elle suppose que celles-ci se réalisent de manière aléatoire dans le temps et que, sur une courte période Δt, il existe une probabilité $\lambda\Delta t$ de réalisation. La probabilité de n pertes à l'horizon T est égale à :

$$e^{-\lambda T}\frac{(\lambda T)^n}{n!}$$

On peut estimer le paramètre λ comme la moyenne des pertes par unité de temps. Si l'on a par exemple observé 12 pertes sur une période de dix ans, alors λ est égal à 1,2 par an ou 0,1 par mois. Selon la loi de Poisson, la variance de la fréquence des pertes est égale à la fréquence moyenne des pertes[1].

On utilise souvent une distribution de probabilité log-normale pour estimer la sévérité des pertes (avec la moyenne et l'écart-type du logarithme de la perte comme paramètres).

Les deux distributions doivent être combinées pour chaque type de perte et chaque ligne de métier, afin de déterminer la distribution de perte totale. À cet effet, on peut recourir à une simulation de Monte-Carlo[2]. À chaque tirage, la procédure est la suivante :

1. détermination du nombre de pertes (n) à partir de tirages de la distribution de la fréquence de l'échantillon ;
2. détermination de la perte réalisée pour chaque événement de perte (L_1, L_2, ..., L_n) à partir de n tirages de la distribution de la sévérité des pertes ;
3. détermination de la perte totale ($= L_1 + L_2 + \ldots + L_n$).

Plusieurs simulations permettent d'obtenir la distribution des pertes totales.

La figure 20.2 illustre cette procédure. Dans cet exemple, l'espérance de la fréquence des pertes est de trois événements par an et la sévérité des pertes est tirée à partir d'une loi log-normale. Le logarithme de la perte (en millions de dollars) est supposé de moyenne nulle et d'écart-type 0,4. La feuille Excel permettant de réaliser la figure 20.2 est disponible sur le site Internet de l'auteur.

1. Si la fréquence moyenne est supérieure à la variance, une distribution binomiale peut se révéler plus appropriée. Dans le cas contraire, une distribution binomiale négative est plus adéquate.
2. La combinaison de ces deux distributions est fréquente en assurance. L'algorithme de Panjer et les transformations de Fourier sont deux alternatives à la simulation de Monte-Carlo. Voir Panjer, H. H., « Recursive Evaluation of a Family of Compound Distributions », *ASTIN Bulletin*, 1981, vol. 12, p. 22-29.

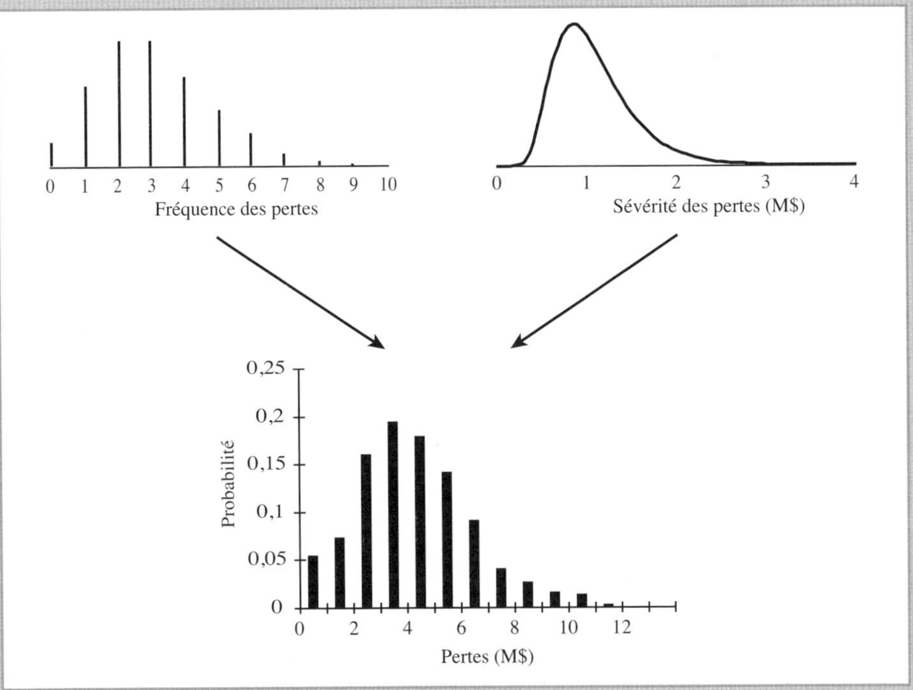

Figure 20.2 – Calcul de la distribution des pertes à partir de la fréquence et de la sévérité des pertes.

20.5 Mise en œuvre de l'AMA

Nous présentons dans cette section la manière dont l'AMA est mise en œuvre en pratique. Le Comité de Bâle exige que les banques prennent en compte quatre éléments dans leur mise en œuvre de l'AMA[1] : les données internes et externes, l'analyse de scénarios, les facteurs de contrôle interne, ainsi que l'environnement de l'entreprise.

Données internes

Malheureusement, l'historique des pertes opérationnelles dont dispose une banque est souvent trop court pour estimer les distributions de la fréquence et de la sévérité des pertes. En effet, de nombreuses banques ne conservent pas ce type de données. La pression réglementaire les pousse désormais à le faire, mais la constitution de bases suffisamment importantes prendra du temps. Il est donc intéressant de comparer les pertes opérationnelles et de crédit dans ce contexte. Pour ces dernières, les banques ont généralement de meilleures informations. De plus, elles peuvent utiliser des données externes, comme celles offertes par les agences de notation, afin d'évaluer les probabilités de défaut et les pertes espérées conditionnelles au défaut. Des données similaires sur le risque opérationnel n'ont pas été collectées de manière systématique.

1. Voir Bank for International Settlements, *Operational Risk: Supervisory Guidelines for the Advanced Measurement Approach*, juin 2011.

Il existe deux types de pertes opérationnelles : à faible sévérité et à fréquence élevée (PFSFE), par exemple des fraudes à la carte de crédit, et à forte sévérité et à fréquence faible (PFSFF), par exemple des activités de *trading* frauduleux. Une banque devrait davantage se concentrer sur le second type de perte opérationnelle car c'est celui-ci qui détermine la queue de la distribution des pertes. On peut estimer un centile de cette distribution en prenant un centile des PFSFF auquel on ajoute la moyenne des PFSFE. De plus, ces dernières sont généralement prises en compte dans la tarification des produits.

Données externes

Deux sources de données externes sont disponibles. La première provient des accords de partage de données entre les banques (à l'instar du partage des informations sur les pertes dans les assurances) et la seconde, de sociétés spécialisées. L'accès aux données externes augmente la quantité d'informations disponibles pour estimer les pertes opérationnelles. Il permet également de prendre en considération des types de pertes réalisés dans d'autres banques.

Les données internes et externes doivent être retraitées. En outre, ces dernières doivent être ajustées. Si une banque dégage des recettes de 10 milliards d'euros et enregistre une perte de 8 millions d'euros, comment cette perte peut-elle être estimée pour une banque ayant des recettes de 5 milliards d'euros ? Une réponse naturelle consiste à admettre une perte de 4 millions d'euros pour cette banque, mais cette estimation serait trop faible. En effet, les travaux de Shih *et al.* (2000) suggèrent que l'effet de la taille de l'entreprise sur le montant de la perte est relativement faible[1] et leurs estimations sont les suivantes :

$$\text{Perte estimée pour la banque A} = \text{Perte réalisée pour la banque B} \times \left(\frac{\text{Recettes de la banque A}}{\text{Recettes de la banque B}}\right)^{\alpha}$$

où $\alpha = 0{,}23$. Dans notre exemple, la banque ayant des recettes de 5 milliards d'euros aurait subi une perte de $8 \times 0{,}5^{0{,}23} = 6{,}82$ millions. Après un ajustement adéquat, les données externes peuvent être fusionnées avec les données internes pour obtenir un échantillon plus important, afin de déterminer la distribution de la sévérité des pertes.

Dans ce cas, on ne peut pas utiliser les données publiques obtenues auprès de sociétés spécialisées car elles sont biaisées. Par exemple, seules les grandes pertes sont publiques (plus la perte est importante, plus elle a de chances d'être rendue publique). Par ailleurs, les institutions ayant des systèmes de contrôle inefficaces sont surreprésentées dans les bases de données publiques car elles sont plus exposées aux grandes pertes.

Ainsi, les données publiques sont avant tout utiles à la détermination de la sévérité *relative* des pertes. Supposons qu'une banque dispose d'informations fiables sur la moyenne et l'écart-type de sa distribution de la sévérité des pertes dues à la fraude interne sur

1. Voir Shih, J., Samad-Khan, A. et Medapa, P., « Is the Size of an Operational Loss Related to Firm Size », *Operational Risk*, janvier 2000. La validité des résultats de Shih *et al.* pour le risque juridique est discutable. En effet, il semblerait que la capacité de la banque à payer détermine le montant de l'indemnisation.

la ligne de métier « financement d'entreprise » (50 000 euros et 30 000 euros respectivement). En revanche, imaginons que les informations détenues par la banque sur la moyenne et l'écart-type de sa distribution de la sévérité des pertes dues à la fraude externe sur cette ligne de métier ou sur les activités de marché soient de mauvaise qualité. Supposons également que les données externes indiquent que la sévérité moyenne des pertes dues à la fraude externe sur le financement d'entreprise soit deux fois plus importante que celle des pertes dues à la fraude interne, et que l'écart-type soit 2,5 fois plus important. En l'absence d'autres sources d'information, la banque peut supposer que la moyenne et l'écart-type de la sévérité des pertes dues à la fraude externe sont de $2{,}5 \times 50\,000 = 125\,000$ € et $2 \times 30\,000 = 60\,000$ € respectivement.

Analyse de scénarios

L'analyse de scénarios est devenue un outil clé pour l'évaluation du risque opérationnel dans le cadre de l'AMA. L'objectif de cette analyse consiste à générer des scénarios couvrant le spectre le plus large de PFSFF. Ces scénarios peuvent provenir de l'expérience interne à la banque, de celle d'autres banques, de recommandations de consultants ou bien du jugement des gestionnaires du risque en collaboration avec les dirigeants. Le Comité de Bâle estime que, dans de nombreuses banques, le nombre de scénarios considérés qui impliqueraient une perte supérieure à 10 millions d'euros est 20 fois plus élevé que le nombre de pertes internes correspondant effectivement à ce montant.

Un comité du risque opérationnel composé de managers seniors connaissant les contrôles internes de la banque devrait être en mesure de générer des scénarios. On retient souvent une distribution log-normale pour la sévérité des pertes, tandis que l'on utilise une distribution de Poisson pour la fréquence des pertes (voir section 20.4). Les données externes peuvent se révéler utiles pour estimer les paramètres de sévérité des pertes. La fréquence des pertes devrait refléter les contrôles internes à la banque, ainsi que le type d'activités. Elle devrait également refléter les recommandations du comité du risque opérationnel. On peut définir un certain nombre de scénarios, comme (voir section 19.3) :

1. $\lambda = 0{,}001$: scénario pouvant se réaliser une fois tous les 1 000 ans en moyenne ;
2. $\lambda = 0{,}01$: scénario pouvant se réaliser une fois tous les 100 ans en moyenne ;
3. $\lambda = 0{,}02$: scénario pouvant se réaliser une fois tous les 50 ans en moyenne ;
4. $\lambda = 0{,}1$: scénario pouvant se réaliser une fois tous les 10 ans en moyenne ;
5. $\lambda = 0{,}2$: scénario pouvant se réaliser une fois tous les 5 ans en moyenne.

Le comité peut classer chaque scénario dans une des catégories énoncées ci-dessus.

Une des différences entre cette manière de procéder et celle présentée au chapitre 19 réside dans le fait qu'il n'existe pas de modèle pour évaluer les pertes. Le comité du risque opérationnel doit donc estimer les paramètres de la distribution de la sévérité des pertes. Une approche consiste à estimer une perte moyenne et une « perte élevée », le comité étant certain que cette dernière ne sera pas dépassée avec 99 % de chances. On peut ensuite utiliser une distribution log-normale pour lisser les estimations.

Fort heureusement, l'environnement du risque opérationnel n'évolue pas aussi vite que celui des risques de crédit ou de marché, de sorte que le développement de scénarios ne devrait pas être une tâche trop lourde à effectuer. Néanmoins, la procédure que nous venons de décrire prend beaucoup de temps aux managers seniors. Comme les scénarios pertinents sont souvent identiques dans toutes les banques, les cabinets de consultants ou les associations bancaires peuvent très bien fournir des scénarios standard et ainsi soulager le comité du risque opérationnel. Les estimations de la fréquence et de la sévérité des pertes devraient cependant toujours être spécifiques à l'établissement bancaire et refléter les procédures de contrôle interne mises en place.

Comme dans le cas du *stress testing* des risques de crédit ou de marché, l'avantage de générer des scénarios en utilisant le jugement managérial consiste à inclure dans les estimations des pertes que la banque n'a jamais connues. Cette approche oblige également les managers seniors à réfléchir activement et de manière créative aux événements défavorables. Dans certains cas, des stratégies minimisant la sévérité, voire atténuant la probabilité d'occurrence d'un événement, peuvent être développées.

Les distributions de différents types de pertes doivent être combinées pour produire une distribution du risque de perte opérationnelle totale. Les hypothèses concernant les corrélations entre les différents types de risque opérationnel peuvent avoir un impact non négligeable sur le niveau de la VaR, et donc sur les fonds propres. Nous expliquerons dans le chapitre 23 comment agréger le capital économique pour les risques de marché, de crédit et opérationnel. Une approche similaire peut être employée en matière d'agrégation du capital pour différents types de risque opérationnel. Des résultats empiriques soutiennent le fait que les pertes opérationnelles sont faiblement corrélées entre elles. Dans ce cas, on peut recourir aux simulations de Monte-Carlo pour obtenir la distribution complète des risques de pertes.

Environnement de l'entreprise et facteurs de contrôle interne

Ce dernier type d'élément doit être pris en compte dans l'estimation de la sévérité et de la fréquence des pertes. Il s'agit en particulier de la complexité interne, de la technologie en place, du niveau de surveillance, etc. Le niveau de surveillance des opérateurs de marché ainsi que les forces et les faiblesses des systèmes de *back* et *middle office* pourraient par exemple constituer des facteurs utiles dans l'estimation d'un scénario du type « trader fou ».

20.6 Approches prospectives (*forward looking*)

Les managers des risques devraient être actifs dans la prévention des pertes. Une des approches consiste à surveiller les concurrents et à tirer des leçons de leurs erreurs. Lorsque Allied Irish Bank a perdu 700 millions de dollars en 2002 suite à des activités de marché frauduleuses, les managers des risques du monde entier ont étudié la situation de très près en se demandant : « Cela pourrait-il nous arriver ? ». L'encadré 20.1 décrit une situation concernant des autorités britanniques locales à la fin des années 1980. Suite à cet événement, toutes les banques ont mis en place des procédures de contrôle des transactions sur les produits dérivés.

Encadré 20.1

L'histoire de Hammersmith et Fulham

Entre 1987 et 1989, les *boroughs* (équivalents des arrondissements en France) londoniens de Hammersmith et Fulham ont conclu plus de 600 *swaps* de taux et autres produits similaires pour un notionnel total de 6 milliards de livres. Ces transactions ont été effectuées dans un but principalement spéculatif. Les deux employés qui ont conclu ces transactions avaient une connaissance infime du fonctionnement des marchés des produits dérivés et des risques associés.

En 1989, les variations des taux d'intérêt britanniques ont conduit les deux *boroughs* à perdre plusieurs centaines de millions de livres. Les banques « contreparties » avaient conclu des *swaps* de compensation pour se couvrir contre le risque de taux.

En fait, la faillite a été évitée car les auditeurs ont déclaré les transactions nulles. Les *boroughs* n'avaient en effet pas les agréments nécessaires pour conclure ce genre d'opérations. Cette décision a été acceptée par les tribunaux britanniques et les banques ont fait appel. Finalement, la Chambre des Lords, la plus haute instance judiciaire en Grande-Bretagne, a confirmé le verdict précédent, en autorisant toutefois les *boroughs* à conclure à l'avenir ce type de transactions pour gérer leurs risques. Les banques ont été furieuses de voir leurs contrats annulés de cette façon par les tribunaux.

Liens de causalité

Les managers du risque opérationnel doivent établir des liens de causalité entre les décisions prises et les pertes opérationnelles. Cela implique un certain nombre d'interrogations. L'amélioration des qualifications des employés réduit-elle les pertes dues à des erreurs de transaction ? Un nouveau système informatique diminue-t-il la probabilité de pertes dues aux défaillances informatiques ? Les pertes opérationnelles sont-elles corrélées avec le taux de *turnover* des employés ? Si tel est le cas, des mesures de fidélisation des employés peuvent-elles réduire cette corrélation ? Le partage des responsabilités entre les individus et la motivation des traders peuvent-ils réduire le risque de *trading* ?

La détermination des liens de causalité peut s'effectuer statistiquement. Prenons l'exemple d'une banque qui opère dans 12 régions différentes du monde. On observe une corrélation négative élevée entre la formation des employés du *back office* et le coût des erreurs de transaction. Dans ce cas, il est judicieux de procéder à une analyse coûts-bénéfices des modifications nécessaires quant à la formation requise de ces employés. Dans le cas de défaillances informatiques, par exemple si 40 % d'entre elles sont dues à la vétusté de l'équipement, une analyse coûts-bénéfices de son remplacement s'impose.

RCSA et KRI

L'autoévaluation du risque et du contrôle (*Risk and Control Self Assessment*, RCSA) représente un moyen important pour tenter de comprendre les expositions au risque opérationnel des banques. Il consiste à demander aux managers des différents départements d'identifier leurs risques opérationnels. Dans ce contexte, on peut recourir à des questionnaires établis par les supérieurs hiérarchiques de la banque.

Le développement des indicateurs de risque clés (*Key Risk Indicators*, KRI)[1] est un produit dérivé du RCSA. Son objectif consiste à mesurer et à comprendre le risque opérationnel. C'est un outil fondamental dans la gestion de ce type de risque. Les principaux indicateurs sont prospectifs et fournissent un système d'alerte précoce. Voici quelques exemples :

1. Quel est le nombre de positions sensibles ?
2. Quel est le ratio contrôleurs-employés ?
3. Est-ce que votre département dispose d'informations confidentielles sur les clients ?
4. Quel est le taux de *turnover* annuel des employés ?
5. Quel est le nombre de positions ouvertes simultanément à un instant donné ?
6. Quel est le pourcentage d'employés ayant une rémunération comprenant une prime d'intéressement ?
7. Quel est le pourcentage d'employés n'ayant pas bénéficié d'un congé de dix jours consécutifs ces 12 derniers mois ?

Ces indicateurs permettent d'identifier les problèmes potentiels et d'opérer des actions correctives. Il est important pour une banque de quantifier les risques opérationnels, mais il est encore plus important d'entreprendre des actions pour contrôler et gérer ces risques.

20.7 Allocation des fonds propres pour le risque opérationnel

Nous présentons les approches globales d'allocation de fonds propres aux risques aux sections 9.8 et 23.6. Les fonds propres dédiés au risque opérationnel devraient être alloués de manière à inciter les départements concernés à améliorer leur gestion de ce risque. Si un département a entrepris des avancées significatives pour réduire la sévérité ou la fréquence des risques, son allocation de fonds propres devrait être réduite. Cela améliorera la rentabilité des fonds propres de ce département et générera probablement une prime importante pour son manager.

La réduction d'un risque opérationnel n'est cependant pas toujours optimale pour un manager. En effet, cette action entraîne des coûts qui ne seront pas forcément compensés par le bénéfice lié à la diminution des fonds propres. Leur rentabilité peut finalement baisser ; c'est pourquoi un département devrait être encouragé à effectuer les calculs appropriés pour déterminer le risque opérationnel maximisant la rentabilité des fonds propres.

L'évaluation du risque opérationnel et de l'allocation des fonds propres devrait rendre les départements plus sensibles à la gestion de ce risque, et cette activité devrait devenir une partie intégrante des tâches d'un manager. Le soutien de l'équipe dirigeante représente un élément clé d'un programme performant de gestion du risque opérationnel. Le Comité de Bâle sur le contrôle bancaire en est conscient et recommande aux conseils d'administration des banques de s'impliquer dans la validation et la révision périodique des systèmes de gestion.

1. Ces facteurs sont parfois qualifiés de facteurs de contrôle interne et de l'environnement de l'entreprise.

20.8 Utilisation de la loi puissance

La loi puissance (voir section 10.4) s'applique à un grand nombre de variables selon la formulation suivante :

$$\text{Prob}(v > x) = Kx^{-\alpha}$$

où v est la valeur d'une variable, x une valeur importante de v, et K et α des constantes. Nous avons étudié les fondements théoriques et les procédures d'estimation par la méthode du maximum de vraisemblance à la section 15.4.

Sur la base de données externes sur les pertes, De Fountnouvelle *et al.* (2003) estiment que la loi puissance s'applique de manière satisfaisante à l'évaluation de grandes pertes des banques[1]. Cela rend possible le calcul d'une VaR avec des seuils de confiance élevés (par exemple 99,9 %). Les données (internes ou externes) sur les pertes sont utilisées pour estimer les paramètres de la loi puissance au moyen de l'approche par le maximum de vraisemblance (voir chapitre 14). L'équation (14.9) estime ensuite le 99,9ᵉ quantile de la distribution des pertes.

Lorsque les distributions des pertes sont agrégées, il faut retenir celle ayant la queue la plus épaisse. Cela signifie que la perte avec le plus faible α détermine les queues extrêmes de la distribution des pertes totales[2]. Il est ainsi nécessaire de prendre en compte une ou deux combinaisons ligne de métier/type de perte seulement pour calculer la queue extrême de la distribution des pertes opérationnelles totales.

20.9 Assurance

L'assurance des risques opérationnels représente une décision importante pour les managers de ces risques. En effet, de nombreuses polices d'assurance pour différents types de risques (de l'incendie au risque de *trading*) sont disponibles. À condition que le bilan de la compagnie d'assurance satisfasse certains critères, une banque ayant adopté une approche AMA peut réduire le capital requis en contractant des polices d'assurance. Dans cette section, nous rappelons les principaux problèmes auxquels sont exposées les compagnies d'assurance dans la rédaction de leurs contrats.

Aléa moral

Une compagnie d'assurance est exposée au risque d'aléa moral. En effet, l'existence d'un contrat d'assurance induit un certain comportement de la banque qu'elle n'aurait pas adopté en l'absence de contrat. Ce changement de comportement augmente les risques de la compagnie d'assurance. Considérons, par exemple, une banque qui s'assure contre les cambriolages. Elle peut alors adopter un certain laxisme en matière de mesures de sécurité, rendant un cambriolage plus probable.

---

1. Voir De Fountnouvelle, P., De Jesus-Rueff, V., Jordan, J. et Rosengren, E., « Capital and Risk: New Evidence on Implications of Large Operational Risk Losses », *Document de travail*, Federal Reserve Board of Boston, septembre 2003.
2. Au chapitre 14, le paramètre ξ est égal à $1/\alpha$ et tel que la distribution des pertes avec le ξ le plus élevé détermine les queues extrêmes.

Les compagnies d'assurance gèrent le problème d'aléa moral de plusieurs manières. Les polices sont souvent dotées de *franchise*. Dans ce cas, la banque supporte une partie des pertes. Parfois, la police compte une *coassurance*, qui stipule le paiement d'un pourcentage prédéfini (inférieur à 100 %) des pertes au-delà de la franchise. Enfin, il existe pratiquement toujours une *limite* qui restreint les engagements totaux de l'assureur. Considérons à nouveau la banque assurée contre les cambriolages. L'existence d'une franchise, d'une coassurance et d'une limite l'incite à ne pas négliger les mesures de sécurité. L'encadré 20.2 examine le problème d'assurance contre le risque de *trading*.

Encadré 20.2

Assurance contre le risque de *trading*

Une police d'assurance contre le risque de *trading* présente des problèmes d'aléa moral particulièrement subtils. Une banque peu scrupuleuse peut souscrire ce type de contrat pour se protéger des pertes dues au risque de *trading*, puis se montrer laxiste dans la mise en place des limites. Si un trader dépasse les limites et enregistre un profit important, la banque se trouve dans une meilleure position qu'en l'absence de police. En revanche, si elle subit une perte importante, celle-ci est couverte par l'assureur. La franchise, la coassurance et la limite réduisent le montant de l'indemnisation, qui peut être inférieure à la perte subie. Dans ce cas, les pertes nettes potentielles sont cependant bien inférieures aux profits potentiels, rendant attractive la solution du laxisme.

Compte tenu de ce problème, il peut paraître surprenant que des compagnies d'assurance vendent ce type de police. Elles spécifient cependant de manière précise les limites de *trading* à mettre en place et peuvent exiger de la banque de ne pas révéler aux traders l'existence du contrat d'assurance. Elles peuvent également s'octroyer le droit de mener une enquête sur les circonstances dans lesquelles la perte s'est réalisée.

Par ailleurs, le laxisme en matière de limites de *trading* est une stratégie de court terme, puisque les coûts d'assurance futurs augmentent significativement suite à une demande d'indemnisation de la réalisation d'un risque de *trading*. Enfin, la perte due à ce risque (même si elle est couverte par un assureur) dégrade la réputation de l'institution financière.

Antisélection

L'antisélection constitue un autre problème important pour les compagnies d'assurance. Elle survient lorsque celles-ci ne peuvent distinguer les bons risques des mauvais. Par conséquent, elles proposent le même prix pour tous les risques et attirent ainsi les mauvais. Par exemple, les banques ayant des systèmes de contrôle interne performants sont plus susceptibles d'acquérir des polices d'assurance contre le risque de *trading*. En revanche, celles dotées de mauvais systèmes de contrôle sont plus enclines à acheter des contrats contre le risque de fraude externe.

Pour résoudre le problème d'antisélection, une compagnie d'assurance doit comprendre les contrôles en place dans les banques et les pertes qu'elles ont subies. Après l'évaluation de ces risques, la compagnie peut tarifer différemment le même contrat à différentes banques. Avec le temps, elle dispose de davantage d'informations sur les pertes opérationnelles et peut augmenter ou diminuer la prime. Ce comportement est semblable à celui qu'adoptent les compagnies d'assurance automobile. Au départ, la compagnie s'informe sur le conducteur, puis, avec le temps, elle obtient des informations sur son risque (nombre d'accidents, de contraventions, etc.) et modifie en conséquence la prime.

20.10 Loi Sarbanes-Oxley

Une des conséquences majeures de la faillite d'Enron a été le vote de la loi Sarbanes-Oxley aux États-Unis en 2002. Cette loi donne une nouvelle dimension à la gestion du risque opérationnel par les entreprises financières et non financières aux États-Unis. Elle exige l'implication plus poussée des conseils d'administration dans l'activité quotidienne de leur société, en particulier dans la surveillance des systèmes de contrôle interne afin de s'assurer que les risques sont bien évalués et gérés.

La loi spécifie les règles concernant la composition et les responsabilités du conseil d'administration des sociétés cotées. Elle autorise la SEC (équivalent américain de l'Autorité des marchés financiers, AMF) à saisir le conseil ou à lui donner davantage de pouvoirs. Les auditeurs ne sont pas autorisés à fournir aux sociétés d'autres services que l'audit[1] et les partenaires de l'audit doivent changer régulièrement. Le comité d'audit du conseil doit être informé des traitements comptables alternatifs. Le P-DG et le directeur administratif et financier doivent joindre au rapport d'audit un certificat attestant la fiabilité des états financiers de la société. En outre, ils doivent reverser les primes perçues si les états financiers sont jugés non conformes. D'autres règles concernent le délit d'initié, la transparence, les prêts personnels et le *reporting* des transactions aux dirigeants, ainsi que la surveillance des systèmes de contrôle interne par les dirigeants.

Résumé

En 1999, les régulateurs ont affirmé leur volonté d'imposer aux banques une couverture en fonds propres du risque opérationnel, ce qui a conduit les institutions financières à étudier la façon adéquate de mesurer et de gérer ce risque. Les régulateurs ont identifié sept types de risques opérationnels et huit lignes de métier. Ils encouragent les banques à quantifier chacune des 56 combinaisons type de risque/ligne de métier.

Une des approches développées repose sur des outils statistiques et considère les pertes opérationnelles de manière semblable aux actuaires. Des distributions de fréquence et de sévérité des pertes sont estimées, puis combinées en une distribution des pertes opérationnelles totales. On estime la distribution de la fréquence des pertes à partir de données internes (si possible), alors que la distribution de la sévérité des pertes est produite à partir de données externes et internes. Les données externes proviennent de deux sources : les autres banques (*via* des accords de partage de données) et les sociétés spécialisées (données publiques). Les banques augmentent leurs bases de données grâce aux analyses de scénarios construits par les managers, qui permettent d'estimer les paramètres des distributions de fréquence et de sévérité des pertes.

---

1. Arthur Andersen, auditeur d'Enron, avait fourni une large gamme de services à la société en plus de l'audit. Le cabinet n'a pas survécu aux litiges qui ont suivi la faillite d'Enron.

Les managers des risques devraient adopter une approche prospective dans leur gestion du risque opérationnel. Ils doivent comprendre les déterminants des pertes opérationnelles et développer des indicateurs de risque clés pour suivre le niveau du risque opérationnel.

Après l'estimation des fonds propres dédiés à ce risque, il est nécessaire de développer des procédures d'allocation aux différents départements de la banque. Cette allocation devrait les inciter à réduire leur risque opérationnel sans pour autant engendrer des coûts excessifs. Le tableau de bord est l'une des approches possibles.

La loi puissance (voir chapitre 10) s'applique aux pertes opérationnelles et autorise le recours à la théorie des valeurs extrêmes (voir chapitre 14) pour estimer les queues de distribution des pertes à partir de données empiriques. En cas d'agrégation de plusieurs distributions, il faut retenir celle dotée de la queue la plus épaisse. En principe, cela facilite le calcul de la VaR opérationnelle.

De nombreux risques opérationnels peuvent être assurés. Cependant, la majorité des polices d'assurance sont dotées de franchises, de coassurances et de limites. Par conséquent, la banque supporte toujours une partie du risque. De plus, l'évolution des primes dépend des indemnisations réalisées, ainsi que d'autres indicateurs concernant la gestion du risque opérationnel par la banque à disposition de l'assureur.

Le processus de mesure, de gestion et de l'allocation du risque opérationnel en est à ses balbutiements. Avec le temps et l'accumulation des données, des procédures plus précises que celles mentionnées dans ce chapitre vont voir le jour. Un problème clé réside dans l'existence de deux types de risques opérationnels : ceux à haute fréquence et faible sévérité, et ceux à faible fréquence et haute sévérité. Le premier type est relativement facile à quantifier, mais c'est le second qui influence majoritairement la VaR opérationnelle.

Les régulateurs semblent avoir obtenu un certain succès dans la sensibilisation des banques à la gestion de leur risque opérationnel. Le principal bénéfice de cette évolution ne réside pas tant au niveau des chiffres produits, mais plutôt au niveau du processus de leur production. Les managers seront davantage sensibles à l'importance du risque opérationnel et le concevront, peut-être, différemment.

Références complémentaires

Bank for International Settlements, *Sound Practices for the Management and Supervision of Operational Risk*, février 2003.

Bank for International Settlements, *Operational Risk: Supervisory Guidelines for the Advanced Measurement Approach*, juin 2011.

Baud, N., Frachot, A. et Roncalli, T., « Internal Data, External Data and Consortium Data for Operational Risk Management: How to Pool Data Properly », *Document de travail*, Groupe de recherche opérationnelle, Crédit Lyonnais, 2002.

Chapelle, A., Hübner, G. et Peters, J.-P., *Le Risque opérationnel : implications de l'accord de Bâle pour le secteur financier*, Larcier, 2006.

Chorafas, D. N., *Operational Risk Control with Basel II: Basic Principles and Capital Requirements*, Elsevier, 2003.

Davis, E., *The Advanced Measurement Approach to Operational Risk*, Londres : Risk Books, 2006.

De Fountnouvelle, P., De Jesus-Rueff, V., Jordan, J. et Rosengren, E., « Capital and Risk: New Evidence on Implications of Large Operational Risk Losses », *Document de travail*, Federal Reserve Board of Boston, septembre 2003.

Dutta, K. et D. Babbel, « Scenario Analysis in the Measurement of Operational Risk Capital: A Change of Measure Approach », *Document de travail*, Wharton School, université de Pennsylvanie, 2010.

Lambrigger, D. D., Schevchenko, P. V. et Wüthrich, M. V., « The Quantification of Operational Risk Using Internal Data, Relevant External Data, and Expert Opinions », *Journal of Operational Risk*, 2, 3, automne 2007, p. 3-28.

Problèmes et exercices (corrigés en fin d'ouvrage)

20.1. Quels risques sont inclus par les régulateurs dans la définition du risque opérationnel ? Lesquels ne sont pas inclus ?

20.2. Supposons que, d'après des données externes, une banque ayant des recettes annuelles de 1 milliard d'euros ait subi une perte de 100 millions d'euros. Votre banque a des recettes annuelles de 3 milliards d'euros. Quelles sont les pertes qu'elle pourrait subir ? (Utilisez le résultat de Shih.)

20.3. Supposons que les pertes opérationnelles ne dépassent pas 20 millions d'euros avec une probabilité de 90 %. Le paramètre α de la loi puissance vaut 0,8. Quelle est la probabilité que les pertes ne dépassent pas (a) 40 millions d'euros, (b) 80 millions d'euros et (c) 200 millions d'euros ?

20.4. Comment les compagnies d'assurance gèrent-elles les problèmes d'aléa moral et d'antisélection ?

20.5. Donnez deux éléments de la loi Sarbanes-Oxley qui influencent les P-DG des sociétés cotées.

20.6. Quand une perte de *trading* est-elle classée en risque de marché ? En risque opérationnel ?

20.7. Les polices d'assurance vie sont porteuses de problèmes (a) d'aléa moral et (b) d'antisélection. Commentez.

20.8. Définissez le terme « données externes ». Comment peut-on les obtenir ? Comment sont-elles utilisées dans la détermination des distributions des pertes dues au risque opérationnel ?

20.9. Quels types de distribution sont communément utilisés dans l'évaluation de la fréquence et de la sévérité des pertes, respectivement ?

20.10. Donnez deux exemples d'indicateurs de risque clés.

20.11. La feuille Excel utilisée pour construire la figure 20.2 est disponible sur le site Internet de l'auteur. Donnez la moyenne et l'écart-type de la distribution des pertes. Modifiez les *inputs* des simulations pour tester l'effet de l'augmentation de 3 à 4 de la fréquence des pertes.

Questions complémentaires

20.12. Supposons que les pertes opérationnelles ne dépassent pas 10 millions d'euros avec une probabilité de 1 %. Utilisez la loi puissance pour estimer la perte opérationnelle au seuil de 99,97 % lorsque le paramètre est égal à (a) 0,25, (b) 0,5, (c) 0,9 et (d) 1,0.

20.13. Considérons les deux événements suivants : (a) une banque perd 1 milliard d'euros suite à une poursuite judiciaire liée à des transactions avec une contrepartie et (b) une compagnie d'assurance perd 1 milliard d'euros en raison d'une tempête dans le nord de l'Europe. Vous possédez des actions dans les deux sociétés. Quelle est la perte qui vous affecte le plus ? Pourquoi ?

20.14. La feuille Excel utilisée pour construire la figure 20.2 est disponible sur le site Internet de l'auteur. Comment évolue la distribution des pertes lorsque la sévérité des pertes a une distribution bêta avec des seuils inférieur et supérieur à 0 et 5 respectivement (les autres paramètres sont égaux à 1) ?

Chapitre 21
Risque de liquidité

La crise de crédit débutée à l'été 2007 a mis en évidence les enjeux de la gestion du risque de liquidité pour les institutions financières et les régulateurs. De nombreuses banques tributaires d'un financement par dépôts ont connu de graves problèmes car les investisseurs ont perdu confiance dans le système bancaire. Les institutions financières ont également dû vendre à des prix « de crise » des instruments financiers pour lesquels un marché liquide existait en période normale.

Il est important de distinguer la solvabilité de la liquidité. Une entreprise solvable a plus d'actifs que de dettes ; la valeur de ses capitaux propres est positive. Une entreprise capable d'honorer ses engagements est liquide. Des institutions financières solvables peuvent alors faire faillite à cause de problèmes de liquidité. Considérons une banque dont les actifs sont composés principalement de prêts hypothécaires illiquides. Supposons que ces prêts soient financés à 90 % par des dépôts et à 10 % par des capitaux propres. La banque est donc solvable, mais elle pourrait faire faillite si une soudaine course aux dépôts la privait de 25 % de ses ressources. Dans ce chapitre, nous examinerons le cas de la banque britannique Northern Rock, spécialisée dans les prêts hypothécaires et qui a fait faillite dans de telles conditions.

Il est donc très important pour les institutions financières de gérer le risque de liquidité. Comme cette dernière est incertaine, les banques doivent évaluer des scénarios extrêmes de liquidité et s'assurer dans un tel contexte de leur survie.

La liquidité est également un élément important de l'activité de *trading*. Une position liquide peut être débouclée rapidement. À mesure que le marché devient peu liquide pour un actif, les traders préfèrent enregistrer des pertes plutôt que de faire face à des *spreads* de plus en plus importants. Un marché liquide d'actifs sous-jacents est très important pour qu'un trader puisse effectuer ses transactions journalières en options nécessaires au maintien d'une position delta-neutre (voir chapitre 7).

Dans ce chapitre, nous présentons les différents aspects du risque de liquidité, en particulier celui associé aux activités de *trading* et de financement. Nous décrivons également les « trous noirs de liquidité », des situations où un choc sur les marchés financiers entraîne une chute de la liquidité.

21.1 Le risque de liquidité de *trading*

Pour une institution financière qui détient 100, 1 000, 10 000 ou même 100 000 actions Total, le risque de liquidité n'est pas un problème, puisque des millions d'actions Total sont échangées sur Euronext chaque jour. Le prix coté est alors très proche de celui auquel la banque pourrait vendre le titre. Tous les actifs ne sont toutefois pas facilement convertibles en *cash*. Il peut par exemple être difficile de vendre au prix de marché 100 millions d'euros d'obligations notées « *non investment grade* ». Les actions et les obligations d'entreprises de pays émergents peuvent être encore plus délicates à vendre.

Le prix d'un actif dépend :

1. du prix milieu de marché de l'actif ou d'une estimation de sa valeur ;
2. de la quantité de l'actif ;
3. de la rapidité des transactions ;
4. de l'environnement économique.

En présence de teneurs de marché qui cotent des prix *bid* et *ask* (ou prix acheteur/vendeur) pour un actif, l'institution financière peut facilement échanger des volumes relativement petits de cet actif. Cependant, une cotation est jugée adaptée à des transactions ne dépassant pas un certain volume. Au-delà, le teneur de marché va accroître la fourchette de prix *bid* et *ask*, puisque la couverture de son exposition est plus difficile lorsque sa taille augmente.

En l'absence de teneurs de marché, une fourchette de prix *bid* et *ask* implicite existe. Si une institution financière contacte un confrère (ou un *broker*) pour effectuer une transaction, le prix dépend de la direction de la transaction. La fourchette de prix peut varier de 0,05 % jusqu'à 5 %, voire 10 % du prix milieu de fourchette.

Les fourchettes de prix dépendent généralement de la taille de la transaction. La figure 21.1 décrit la nature de la relation entre des prix *bid* et *ask* en fonction de la taille de la transaction. Le prix *bid* tend à diminuer, tandis que le prix *ask* augmente avec la taille. En présence de teneurs de marché, les courbes des prix *bid* et *ask* sont parallèles jusqu'à la taille limite du teneur de marché ; ensuite, elles divergent.

La figure 21.1 décrit le marché des grosses transactions entre institutions financières sophistiquées. La fourchette de prix peut être diamétralement opposée dans le cas du marché de détail. Considérons par exemple un individu qui contacte son agence bancaire pour effectuer une transaction en devises ou investir des fonds sur 90 jours. À mesure que la taille de la transaction augmente, il peut espérer obtenir un meilleur prix.

Le prix d'un actif dépend également de la rapidité de la transaction et de l'environnement économique. Supposons que vous souhaitiez vendre votre maison. Le marché de l'immobilier est parfois qualifié de « marché de vendeur ». Peu de temps après avoir passé votre annonce, vous recevez plusieurs propositions et votre maison est vendue en une semaine. Sur d'autres marchés, la transaction peut prendre plus de six mois et, dans ce cas, si vous êtes pressé, vous devrez réduire votre prix de vente bien en dessous du prix de marché.

Sur ce point, les actifs financiers sont proches des actifs réels. Parfois, la liquidité est faible (comme après le défaut de la Russie en 1998 ou après la crise des *subprimes* de 2007). Déboucler une position de taille modeste peut prendre beaucoup de temps, voire être impossible. Dans d'autres circonstances, la liquidité est abondante et dénouer une position de taille importante est très rapide.

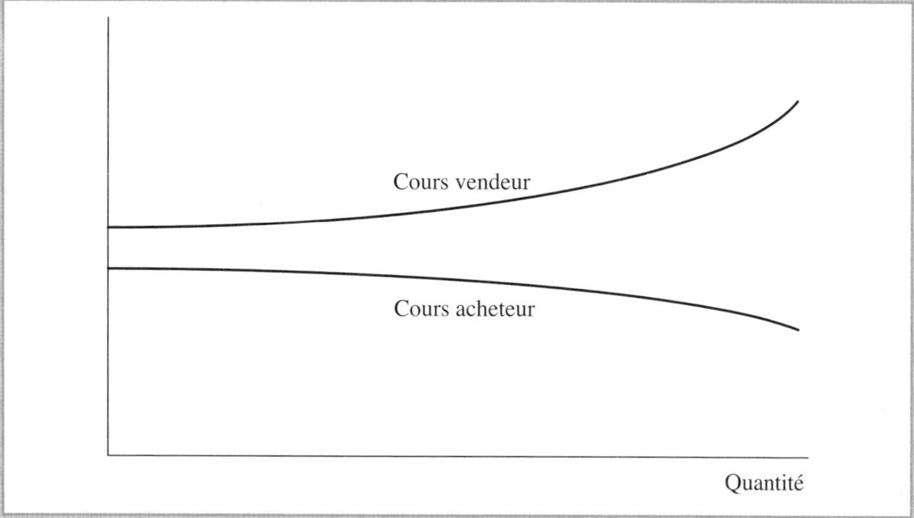

Figure 21.1 – Cours acheteur et vendeur comme fonction de la quantité échangée.

Un problème peut apparaître sur les marchés financiers lorsqu'une institution financière décide de déboucler une position (quelles qu'en soient les raisons) et que de nombreuses autres institutions financières souhaitent faire de même. La liquidité présente sur les marchés « s'évapore » et l'on fait face à un phénomène de « trou noir de liquidité », que nous présentons à la fin de ce chapitre.

Le rôle de la transparence

Le rôle central joué par la transparence sur la liquidité a pris toute son importance lors de la crise de crédit de 2007. Si la nature d'un actif est incertaine, celui-ci ne sera pas échangé très longtemps sur un marché liquide.

Une pratique courante avant 2007 était de construire des portefeuilles de prêts hypothécaires, de crédits à la consommation et d'autres actifs, puis de créer des instruments financiers en « découpant » le risque de crédit en tranches (voir chapitre 6). Après l'été 2007, les investisseurs ont réalisé qu'ils savaient peu de chose sur le contenu de ces portefeuilles. En particulier, ils avaient du mal à trouver des informations fiables sur ce contenu. La situation était complexe car certains actifs en portefeuille étaient en fait des tranches d'autres portefeuilles. Finalement, les investisseurs se sont rendu compte qu'ils substituaient des notations à une connaissance plus approfondie des instruments échangés.

À l'été 2007, les instruments créés à partir des prêts *subprime* sont devenus illiquides et les institutions financières ne savaient plus comment évaluer de tels actifs. Elles ont alors réalisé qu'elles avaient acheté des dérivés de crédit très complexes sans détenir les outils nécessaires pour les évaluer. Il leur manquait à la fois les modèles adéquats et une information fiable sur les actifs sous-jacents.

D'autres dérivés de crédit, comme les CDS, sont restés activement échangés après la crise de crédit de 2007. Une leçon à tirer de ces événements est que le marché peut parfois

« s'emballer » pour des produits complexes qui ne sont pas transparents, mais, dès que la réalité refait surface, la liquidité disparaît pour ces produits. Lorsque les transactions redémarrent, les prix sont faibles et les fourchettes de prix larges. En juillet 2008, Merrill Lynch a vendu 30,6 milliards de dollars de tranches ABS CDO (notées AAA) à Lone Star Funds pour 22 *cents* par dollar (voir chapitre 6).

Mesure de liquidité

On peut mesurer la fourchette de prix en euros ou en pourcentage :

$$p = \text{cours vendeur} - \text{cours acheteur}$$

$$s = \frac{\text{cours vendeur} - \text{cours acheteur}}{\text{prix milieu de fourchette}}$$

Lorsqu'une institution financière liquide une position sur un actif, elle enregistre un coût égal à $s\alpha / 2$, où α est la valeur en euros de la position. En effet, les échanges ne s'effectuent pas au prix milieu de fourchette. Les achats et les ventes se font à un montant proportionnel de $s / 2$ au-dessus et en dessous du prix de marché respectivement.

Une mesure de liquidité peut être le coût du dénouement d'une position dans des conditions normales de marché et dans un laps de temps prédéfini. Supposons que s_i soit une estimation de la fourchette de prix en pourcentage dans des conditions normales de marché pour l'actif i et que α_i soit la valeur en euros de la position sur cet actif. On peut alors définir :

$$\text{Coût du dénouement (marché normal)} = \sum_{i=1}^{n} \frac{1}{2} s_i \alpha_i \qquad (21.1)$$

avec n le nombre de positions. Soulignons que la diversification réduit le risque de marché sans automatiquement réduire le risque de liquidité de *trading*. Comme nous l'avons déjà expliqué, s_i augmente cependant avec la taille de la position i. Le fait de détenir plusieurs petites positions plutôt qu'une seule de taille importante permet de réduire le risque de liquidité. Une manière de gérer le risque de liquidité consiste à placer des limites sur les positions.

Exemple 21.1

Supposons qu'une institution financière ait acheté 10 millions d'actions d'une société et 50 millions d'unités d'une matière première. Les fourchettes de prix pour l'action et pour la matière première sont [89,5 euros ; 90,5 euros] et [15 euros ; 15,1 euros] respectivement. Les valeurs milieu de fourchette des positions en actions et en matière première sont $90 \times 10 = 900$ millions d'euros et $15{,}05 \times 50 = 752{,}50$ millions d'euros respectivement. Les fourchettes de prix en pourcentage pour les actions et la matière première sont $1/90 = 0{,}01111$ et $0{,}1/15{,}05 = 0{,}006645$ respectivement. Le coût du dénouement dans des conditions normales de marché est égal à :

$$900 \times 0{,}01111/2 + 752{,}5 \times 0{,}006645/2 = 7{,}5$$

soit 7,5 millions d'euros.

Une autre mesure de liquidité est le coût du dénouement dans des conditions extrêmes de marché dans un certain laps de temps. Notons μ_i et σ_i la moyenne et l'écart-type de la fourchette de prix en pourcentage. Dans ce cas, on obtient :

$$\text{Coût du dénouement (marché extrême)} = \sum_{i=1}^{n} \frac{1}{2}(\mu_i + \lambda_i \sigma_i)\alpha_i \qquad (21.2)$$

Le paramètre λ_i fournit le seuil de confiance requis pour la fourchette. Par exemple, si l'on est intéressé par le « pire » scénario à 99 % (la fourchette de prix est dépassée dans un cas sur 100 seulement) et que l'on suppose une distribution normale de la fourchette, alors $\lambda_i = 2{,}33$ pour tout i.

Exemple 21.2

Supposons qu'à l'exemple 21.1, la moyenne et l'écart-type de la fourchette de prix pour les actions soient 1 et 2 respectivement. Supposons également que ces paramètres soient tous deux égaux à 0,1 pour la fourchette de prix de la matière première. La moyenne et l'écart-type de la fourchette en pourcentage pour les actions valent 0,01111 et 0,02222 respectivement, tandis qu'ils sont tous les deux égaux à 0,006645 pour la fourchette en pourcentage pour la matière première. En supposant une distribution normale des fourchettes, le coût du dénouement au seuil de 99 % est égal à :

$$900 \times ½\ (0{,}01111 + 2{,}33 \times 0{,}02222) + 752{,}5 \times ½\ (0{,}006645 + 2{,}33 \times 0{,}006645) = 36{,}58$$

ou 36,58 millions d'euros, soit près de cinq fois plus qu'avec des conditions normales de marché.

En pratique, les fourchettes de prix ne suivent pas une distribution normale et il est donc plus approprié d'utiliser une valeur de λ qui reflète la distribution empirique. Par exemple, si la valeur du 99e centile de la distribution est égale à 3,6 fois l'écart-type au-delà de la moyenne pour une catégorie particulière d'instruments financiers, alors $\lambda_i = 3{,}6$.

D'après l'équation (21.1), les fourchettes pour tous les instruments sont parfaitement corrélées. Cela peut paraître conservateur, mais lorsque la liquidité est faible, les fourchettes ont tendance à s'élargir pour tous les instruments.

Il est pertinent pour une institution financière de surveiller les variations de la liquidité de ses positions en utilisant les équations (21.1) et (21.2). La fourchette de prix dépend de la rapidité du débouclage d'une position. Les mesures calculées avec ces équations auront donc tendance à décroître avec le laps de temps prévu pour le dénouement de la position.

VaR ajustée à la liquidité

La mesure de *Value at Risk* est conçue pour calculer une estimation de la variation la plus défavorable du portefeuille de marché (voir chapitres 9, 14 et 15). Les mesures calculées avec les équations (21.1) et (21.2) sont conçues pour établir le coût de la liquidité d'une position si les prix de marché ne varient pas. Même si les mesures de VaR et de risque de liquidité portent sur des risques différents, certains chercheurs ont proposé leur combinaison en une mesure de *VaR ajustée à la liquidité*. Supposons que le processus d'évaluation par le marché implique la valorisation de tous les instruments à leur prix milieu de fourchette. Une des définitions de la VaR ajustée à la liquidité est la VaR standard augmentée du coût du dénouement d'une position dans des conditions normales de marché. À partir de l'équation (21.1), on peut écrire :

$$\text{VaR ajustée à la liquidité} = VaR + \sum_{i=1}^{n} s_i \alpha_i / 2 \tag{21.3}$$

Alternativement, on peut la définir comme la VaR standard plus le coût du dénouement d'une position dans des conditions extrêmes de marché. À partir de l'équation (21.2), on peut écrire[1] :

$$\text{VaR ajustée à la liquidité} = \text{VaR} + \sum_{i=1}^{n} (\mu_i + \lambda \sigma_i) \alpha_i / 2$$

Le débouclage optimal d'une position

Un trader souhaitant déboucler une position importante sur un instrument financier doit décider de la meilleure stratégie à adopter. Si le débouclage est rapide, la fourchette de prix peut être large, mais la perte potentielle due à une évolution défavorable du prix milieu de fourchette est faible. Si le débouclage est lent (plusieurs jours), la fourchette de prix sera plus faible chaque jour, mais la perte potentielle sera plus importante.

Almgren et Chriss (2001) ont analysé ce type de problème[2]. Supposons que la taille d'une position soit de V unités et que le trader décide de la dénouer en n jours. Notons $p(q)$ la fourchette de prix (mesurée en euros par unité) lorsque le trader échange q unités en un jour. Définissons q_i les unités échangées le jour i et x_i la taille de la position à la fin du jour i, avec $1 \leq i \leq n$. On en déduit que $x_i = x_{i-1} - q_i$ pour $1 \leq i \leq n$, avec x_0 la taille de la position initiale V.

Chaque transaction coûte la moitié de la fourchette de prix. Le coût total lié à la fourchette est donc :

$$\sum_{i=1}^{n} \frac{p(q_i)}{2}$$

On suppose que les variations du prix milieu de fourchette suivent une distribution normale d'écart-type journalier σ et que les transactions ont lieu en début de journée. La variance de la variation de la valeur de la position au jour i est $\sigma^2 x_i^2$. La variance de la variation du prix applicable au débouclage est donc :

$$\sum_{i=1}^{n} \sigma^2 x_i^2$$

1. Voir Bangia, A., Diebold, F., Schuermann, T. et Stroughair, J., « Liquidity on the Outside », *Risk*, vol. 12, p. 68-73.
2. Voir Almgren, R. et Chriss, N., « Optimal Execution of Portfolio Transactions », *Journal of Risk*, 3, hiver 2001, p. 5-39.

Un trader souhaitera minimiser la VaR en tenant compte des coûts de transaction, ce qui correspond à minimiser une mesure semblable à la VaR ajustée à la liquidité [voir équation (21.3)]. L'objectif du trader est de choisir q_i qui minimise :

$$\lambda\sqrt{\sum_{i=1}^{n}\sigma^2 x_i^2} + \sum_{i=1}^{n}\frac{1}{2}q_i p(q_i)$$

sous contrainte

$$\sum_{i=1}^{n} q_i = V$$

avec x_i calculé à partir de V et q_i comme décrit précédemment. Le paramètre λ correspond au seuil de confiance de la VaR. Par exemple, lorsque ce seuil est de 99 % et que l'on suppose une distribution normale des variations journalières des prix, alors $\lambda = 2{,}33$. Après estimation de la fonction $p(q)$, on peut utiliser le solveur d'Excel pour effectuer l'optimisation.

L'exemple 21.3 illustre que plus d'un $n^{\text{ème}}$ d'une position devrait être échangé le premier jour lorsque la position doit être débouclée en n jours. En effet, plus une portion de la position est détenue longtemps, plus le risque d'une évolution adverse du marché est important.

Exemple 21.3

Un trader souhaite déboucler une position de 100 millions d'unités d'un actif sur cinq jours. Supposons que la fourchette de prix (en euros) soit une fonction du volume des transactions journalières :

$$p(q) = a + be^{cq}$$

avec $a = 0{,}1$, $b = 0{,}05$ et $c = 0{,}03$; on mesure le volume de transactions q en millions d'unités.

L'écart-type des variations journalières du prix de l'actif est 0,1 euro. Une feuille Excel permettant de calculer la stratégie optimale est téléchargeable sur le site de l'auteur. Lorsque le seuil de confiance est de 95 %, les montants à échanger les jours 1, 2, 3, 4 et 5 sont égaux à 48,9, 30, 14,1, 5,1 et 1,9 million(s) d'unités respectivement. Au fur et à mesure que le seuil de confiance de la VaR diminue, les montants des transactions sont plus homogènes. Par exemple, pour un seuil de confiance à 90 %, ces montants deviennent 45, 29,1, 15,6, 7 et 3 millions d'unités respectivement. Lorsque le seuil de confiance tombe à 75 %, on obtient 36,1, 26,2, 17,7, 11,6 et 8,4 millions d'unités respectivement. Avec un seuil de confiance à 50 % (dans ce cas, le trader est uniquement sensible aux coûts espérés et non à leur écart-type), 20 millions d'unités doivent être échangées chaque jour.

21.2 Le risque de liquidité de financement

Le risque de liquidité de financement correspond à la capacité d'une institution financière à faire face à ses engagements à temps. Soulignons à nouveau que la liquidité est différente de la solvabilité. Une banque solvable (avec des capitaux propres positifs) peut faire faillite pour des problèmes de liquidité, comme cela a été le cas de la banque britannique Northern Rock (voir encadré 21.1).

Encadré 21.1

Northern Rock

La banque britannique Northern Rock a été fondée en 1997 lorsque la Northern Rock Building Society est entrée à la Bourse de Londres. En 2007, cette banque était classée dans les cinq premiers établissements de prêts hypothécaires au Royaume-Uni, disposant de 76 agences et offrant une variété de services bancaires. La banque a connu une croissance rapide entre 1997 et 2007. Certains de ses prêts hypothécaires étaient titrisés par une filiale, Granite, établie dans les îles anglo-normandes.

Une grande partie du financement de Northern Rock reposait sur des instruments de dette vendus sur les marchés. Suite à la crise des *subprimes* en août 2007, la banque s'est trouvée dans de grandes difficultés pour se refinancer car les investisseurs institutionnels sont devenus très méfiants à l'égard d'institutions financières fortement impliquées sur le marché hypothécaire. Les actifs de Northern Rock étaient suffisants pour couvrir les dettes, de sorte que la banque demeurait solvable. Sur ce point précis, on peut citer l'Autorité des services financiers (FSA) en septembre 2007 : « La FSA juge que Northern Rock est solvable, dispose du capital requis réglementaire excédentaire et possède un portefeuille bancaire de bonne qualité ». L'incapacité de la banque à se refinancer posait néanmoins de sérieux problèmes. Le 12 septembre 2007, elle a donc contacté la Banque d'Angleterre pour se refinancer et a emprunté 3 milliards de livres à l'Autorité tripartite (Banque d'Angleterre, FSA et Trésor) les jours suivants.

Le 13 septembre 2007, un journaliste de la BBC, Robert Peston, a annoncé que Northern Rock avait demandé une aide d'urgence à la Banque d'Angleterre. Cela a entraîné une ruée vers la banque le jour suivant, avec des milliers de personnes faisant la queue durant des heures pour retirer leur argent. C'était la première ruée bancaire depuis 150 ans dans le pays. Certains clients de la banque disposaient uniquement d'un compte en ligne, auquel ils ne pouvaient pas accéder compte tenu du nombre de connexions. Le lundi 17 septembre, la panique a continué et près de 2 milliards de livres ont été retirés entre le 12 et le 17 septembre 2007.

Au Royaume-Uni, l'assurance des dépôts garantit 100 % des premières 2 000 livres de dépôts, puis 90 % des 33 000 livres suivantes. Le 17 septembre 2007, le Chancelier de l'Échiquier, Alistair Darling, annonçait que le gouvernement britannique et la Banque d'Angleterre garantissaient la totalité des dépôts à Northern Rock. Suite à cette annonce, les queues de déposants devant les agences de la banque ont progressivement disparu. Le cours de l'action de Northern Rock a augmenté de 16 % suite à cette annonce, après être passé de 12 livres en début d'année à 2,67 livres.

> Durant les mois qui ont suivi, les besoins de financement d'urgence de la banque ont augmenté. La Banque d'Angleterre a mis en place un taux d'intérêt de refinancement pénalisant et des exigences de garanties strictes pour décourager les autres banques à prendre des risques excessifs. Northern Rock a levé des fonds grâce à la vente de certains actifs, mais les emprunts d'urgence ont atteint 25 milliards de livres en février 2008, et la banque a été nationalisée et les dirigeants évincés. La banque a été séparée en deux institutions : Northern Rock plc et Northern Rock (Asset Management), cette dernière ayant hérité des dettes toxiques de Northern Rock. En novembre 2011, le gouvernement britannique a vendu Northern Rock plc au groupe Virgin pour 747 millions de livres.
>
> Le cas de Northern Rock illustre bien comment des problèmes de liquidité peuvent rapidement mener une banque à sa perte.
>
> *Encadré 21.1*

Certains besoins de liquidités sont plus facilement prévisibles que d'autres. Par exemple, si une banque a émis des obligations, elle sait quand les coupons devront être versés. Les retraits des déposants ou les utilisations des lignes de crédit par les entreprises sont en revanche nettement moins prévisibles. Avec une complexité grandissante des instruments financiers, les besoins en liquidités sont de plus en plus difficiles à prévoir. Par exemple, les seuils de crédit (voir section 17.2), les garanties et les défauts des contreparties sur les dérivés peuvent avoir un impact inattendu sur les ressources de financement.

Soulignons que le risque de liquidité de financement est lié au risque de liquidité de *trading* (voir section 21.1) car une institution financière peut faire face à ses besoins de financement en liquidant partiellement son portefeuille de marché.

Les sources de liquidité

Les principales sources de liquidité pour une institution financière sont :

1. la détention de liquidités et de titres comme les bons du Trésor qui peuvent être rapidement convertis en liquidités ;
2. la capacité de liquider des positions du portefeuille de marché ;
3. la capacité d'emprunter des fonds sur les marchés ;
4. la capacité d'offrir des conditions favorables pour attirer les dépôts de la clientèle de détail ;
5. la capacité de titriser des actifs (comme des prêts) ;
6. les emprunts auprès de la banque centrale.

Les actifs liquides

Le *cash* et les titres liquides sont des sources de liquidité relativement coûteuses car le taux d'intérêt perçu sur ces actifs est inférieur à celui perçu sur d'autres titres, moins liquides. Par exemple, il est plus rentable pour une banque d'investir dans des prêts plutôt que dans des bons du Trésor. De même, il est plus rentable pour une compagnie d'assurance d'investir dans des obligations *corporate* que dans des bons du Trésor.

Il existe un arbitrage entre la liquidité et la rentabilité d'un actif. On peut le constater sur le marché des obligations publiques aux États-Unis. Les obligations *on the run* sont des titres émis récemment qui s'échangent activement, tandis que les obligations *off the run* sont des titres émis moins récemment et qui sont relativement illiquides. Le rendement de ces derniers est supérieur de 20 points de base à celui des premiers.

Une institution financière doit évaluer si les actifs de son portefeuille de marché sont liquides et cette évaluation doit s'effectuer à partir de scénarios extrêmes. Lorsqu'une banque a des besoins de liquidités, de nombreuses autres institutions financières risquent de se retrouver dans la même situation. Des actifs jugés liquides dans des conditions de marché normales risquent de devenir illiquides dans des conditions extrêmes. La crise de crédit débutée à l'été 2007 a notamment entraîné l'illiquidité soudaine des portefeuilles de marché des institutions financières.

Les dépôts et les emprunts

Les emprunts sur les marchés sont plus volatils que les dépôts. Dans des conditions de marché normales, une banque viable ne rencontre pas de problème pour emprunter de l'argent sur les marchés, mais, dans des conditions extrêmes, l'aversion au risque est beaucoup plus importante, entraînant des taux d'intérêt plus élevés, des maturités plus courtes et parfois même des refus de financement. Les institutions financières doivent surveiller les actifs qui peuvent servir de garantie de prêt. Une banque peut (à un certain coût) réduire son risque de financement en obtenant des lignes de crédit. Par exemple, Countrywide (société de prêts hypothécaires aux États-Unis) avait un prêt syndiqué de 11,5 milliards de dollars qu'elle a pu utiliser durant la crise de crédit de 2007 (cela a permis à la société de survivre, mais compte tenu des difficultés, elle a finalement été rachetée par Bank of America en janvier 2008).

Les dépôts de la clientèle de détail sont moins volatils que les emprunts sur les marchés, mais ils ne sont pas pour autant aussi stables que par le passé. Les déposants peuvent facilement comparer les taux d'intérêt offerts par les banques et effectuer des virements par Internet. Malheureusement, les problèmes de liquidité affectent généralement le marché tout entier et non plus une ou deux institutions financières. Lorsqu'une banque augmente ses taux d'intérêt sur les dépôts pour des raisons de liquidité, les autres banques font de même, et l'augmentation est généralement difficile à réaliser.

La titrisation

Les banques ont trouvé le modèle *originate-to-distribute* très attractif (voir chapitre 2). Au lieu de conserver dans leur bilan des actifs illiquides, comme des prêts, elles les ont titrisés (voir chapitre 6). Avant 2007, la titrisation était une source de liquidité importante pour les banques, mais celle-ci s'est tarie de manière quasi instantanée en août 2007, lorsque les investisseurs ont compris que ces produits étaient trop risqués. Le modèle *originate-to-distribute* a été remplacé par le modèle *originate-and-fund* et les banques sont devenues beaucoup moins enclines à octroyer des prêts.

La titrisation a conduit à d'autres problèmes de liquidité en août 2007. Les banques étaient entrées dans des arrangements de liquidité sur les *Asset Backed Commercial Papers* (ABCP), utilisés pour financer des instruments de dette comme les prêts hypothécaires avant leur titrisation. En l'absence d'acheteurs, les banques devaient acheter elles-mêmes les instruments. Dans certains cas, pour éviter de voir leur réputation entachée, elles ont dû fournir un soutien financier aux conduits et autres véhicules en hors bilan impliqués dans la titrisation (même si, légalement, elles n'y étaient pas obligées).

Les emprunts auprès de la banque centrale

On qualifie souvent les banques centrales (la Réserve fédérale américaine, la Banque d'Angleterre, la Banque centrale européenne, par exemple) de « prêteurs en dernier ressort ». Lorsque les banques commerciales rencontrent des difficultés financières, les banques centrales leur prêtent des fonds pour préserver la santé du système financier. En contrepartie, les banques doivent fournir des garanties. Généralement, les banques centrales exigent un montant de garantie supérieur à celui des fonds prêtés (elles prêtent moins de 100 % de la valeur de la garantie) et peuvent également facturer un taux d'intérêt relativement élevé. En mars 2008, suite à la faillite de Bear Sterns (rachetée par JPMorgan), la Réserve fédérale a également offert un refinancement aux banques d'investissement[1] puis, ultérieurement, aux agences Fannie Mae et Freddie Mac (nationalisées par le gouvernement en septembre 2008).

Les banques centrales appliquent des règles différentes. Suite à la crise d'août 2007, la Banque centrale européenne (BCE) a utilisé des décotes (*haircuts*) moins importantes que celles des autres banques centrales. Par conséquent, certaines banques britanniques ont préféré emprunter à la BCE plutôt qu'à la Banque d'Angleterre (il existe même des rumeurs sur des banques américaines ayant envisagé d'établir des filiales en Irlande pour accéder au refinancement par la BCE !). En septembre 2008, la BCE avait prêté 467 milliards d'euros, puis elle a annoncé qu'elle appliquerait des décotes plus importantes à l'avenir.

Les banques essaient de maintenir secrets les montants qu'elles empruntent aux banques centrales. En effet, le marché peut percevoir le refinancement auprès des banques centrales comme un signal de défaillance financière, entraînant l'assèchement d'autres ressources de financement. Des informations sur le refinancement de Northern Rock auprès de la banque centrale ont immédiatement provoqué une ruée sur la banque, aggravant ainsi ses problèmes de liquidité.

La couverture

Des problèmes de liquidité peuvent apparaître lorsque les entreprises couvrent des actifs illiquides avec des contrats soumis à des appels de marge. À titre d'exemple, les compagnies d'extraction d'or couvrent leurs risques en s'engageant à vendre de l'or à terme sur deux ou trois ans (voir encadré 7.1). Elles sont alors soumises à des appels de marge et celle-ci est calculée quotidiennement pour refléter la valeur des contrats. Si le prix de l'or augmente rapidement, la compagnie est perdante et les appels de marge sont importants. Les pertes sur les contrats sont compensées par les gisements d'or, mais il s'agit là d'un actif illiquide. La compagnie Ashanti Goldfields a dû procéder à une restructuration majeure

1. Les banques centrales sont soucieuses des faillites des banques d'investissement à cause du risque systémique (voir encadré 12.1). Les banques d'investissement sont liées entre elles et avec les banques commerciales par des contrats dérivés. Compte tenu des montants très importants de transactions entre les banques, le danger est que la faillite d'une banque d'investissement affecte l'ensemble du secteur financier, et donc les banques commerciales également.

lorsqu'elle n'a pas pu répondre à des appels de marge suite à une hausse brutale du prix de l'or (voir encadré 19.2).

Encadré 21.2

Ashanti Goldfields

Ashanti Goldfields, une compagnie d'extraction minière ouest-africaine établie au Ghana, a rencontré de graves difficultés suite à la mise en place de son programme de couverture en 1999. Elle pensait protéger ses actionnaires contre la chute du prix de l'or en vendant cet actif à terme. Le 26 septembre 1999, les banques centrales de 15 pays européens ont surpris le marché en annonçant qu'elles limitaient leurs ventes d'or sur les cinq prochaines années. Le prix de l'or a bondi de 25 % ! Ashanti était incapable de répondre aux appels de marge et a dû se soumettre à des restructurations majeures, incluant la vente d'une mine, la dilution des intérêts de ses actionnaires et la restructuration des positions de couverture.

La société allemande Metallgesellschaft constitue un autre exemple de problème de liquidité causé par la couverture. Elle avait conclu des contrats à prix fixe très rentables sur le fuel et le gasoil avec ses clients (voir encadré 21.3).

Encadré 21.3

Metallgesellschaft

Au début des années 1990, Metallgesellschaft (MG) avait vendu à ses clients une quantité considérable de fuel domestique et de gasoil à prix fixe, par des contrats de 5 à 10 ans, 6 à 8 *cents* au-dessus du prix de marché. MG avait couvert ce risque en « roulant » une position longue sur des contrats *futures* d'échéances proches. Le prix du pétrole a chuté et l'entreprise a dû faire face à des appels de marge et à une situation de trésorerie délicate. Ceux qui avaient décidé cette stratégie arguaient que les *cash-flows* négatifs dus aux appels de marge seraient en fin de compte compensés sur le long terme par les recettes des ventes. La direction générale et les banquiers de l'entreprise ont finalement décidé de dénouer la couverture et trouvé un accord avec les clients pour abandonner le contrat initial. MG a perdu 1,33 milliard de dollars dans cette affaire.

La leçon à tirer de ces deux cas n'est pas que les entreprises ne devraient pas utiliser de contrats *forward* et *futures* pour se couvrir, mais plutôt qu'elles devraient s'assurer qu'elles disposent d'un accès à un financement permettant de gérer les flux liés à des circonstances exceptionnelles.

Les réserves obligatoires

Dans certains pays, les banques doivent maintenir un montant minimal de fonds en réserve (sous forme de liquidité ou de dépôt auprès de la banque centrale) au titre de leurs dépôts.

L'obligation de réserves s'applique uniquement aux dépôts transactionnels (en résumé, ceux effectués sur un compte-chèques). Aux États-Unis, le taux de réserve est de 10 %, alors qu'au Canada ou au Royaume-Uni, il n'existe pas d'obligation de réserves. Dans la zone euro, la BCE applique un taux de réserve relativement faible à 1 %. Dans d'autres pays, le montant minimal peut être plus élevé.

Outre le fait de garantir un minimum de liquidité aux banques, les réserves obligatoires agissent également sur l'offre de monnaie. Lorsque le taux de réserve est égal à 10 %, un dépôt de 100 euros correspond à un prêt de 90 euros, qui entraîne un dépôt supplémentaire de 90 euros dans le système bancaire, qui correspond à son tour à un prêt de 81 euros, et ainsi de suite. Par le biais de ce processus, l'offre totale de monnaie (M1) créée est égale à 90 + 81 + 72,9 + ..., soit 900 euros. Avec un taux de réserve de 20 %, l'offre totale de monnaie serait de 400 euros. La majorité des pays n'utilisent néanmoins pas le système de réserves obligatoires pour contrôler l'offre de monnaie, à l'exception de la Chine par exemple, où le taux de réserve change très souvent.

Les principes réglementaires

Bâle III a introduit deux ratios de liquidité : un ratio de liquidité à court terme, le *liquidity coverage ratio* (LCR), et un ratio structurel de liquidité à long terme, le *net stable funding ratio* (NSFR).

Le LCR se définit comme suit :

$$\frac{\text{Actifs liquides de haute qualité}}{\text{Sorties nettes de trésorerie sur 30 jours}} \geq 100\ \%$$

L'horizon de 30 jours correspond à une période de stress comprenant par exemple une dégradation de la notation de trois crans (par exemple de AA+ à A+), une perte partielle des dépôts, une impossibilité totale de refinancement interbancaire, une hausse des *haircuts* sur les financements sécurisés, et des utilisations accrues des lignes de crédit. La mise en place de ce ratio est prévue pour le 1er janvier 2015.

Le NSFR se définit comme suit :

$$\frac{\text{Ressources stables disponibles}}{\text{Besoins en financements stables}} \geq 100\ \%$$

On calcule le numérateur en multipliant chaque catégorie de ressources (fonds propres, financement interbancaire, dépôts, etc.) par un facteur de financement stable disponible (*available stable funding*, ASF) (voir tableau 13.4). On calcule le dénominateur à partir des actifs et des éléments hors bilan nécessitant un financement. On multiplie ensuite chacun de ces éléments par un facteur de financement stable requis (*required stable funding*, RSF) (voir tableau 13.5). La mise en place de ce ratio est prévue pour le 1er janvier 2018.

Suite à la crise de liquidité de 2007, les régulateurs bancaires ont émis un ensemble de principes concernant la gestion de la liquidité par les banques[1] :

1. Une banque doit gérer le risque de liquidité de manière efficace en s'assurant qu'elle détient suffisamment d'actifs très liquides de haute qualité non grevés permettant de résister à des événements extrêmes comme la perte ou le tarissement de sources de

1. Voir la Bank for Internationnal Settlements, *Principles for Sound Liquidity Risk Management and Supervision*, septembre 2008.

financement sécurisés et non sécurisés. Les régulateurs bancaires doivent surveiller le risque de liquidité et intervenir si nécessaire afin de protéger les déposants et limiter les risques pour l'ensemble du système financier.

2. Une banque doit mettre en place un niveau de tolérance au risque de liquidité en accord avec sa stratégie opérationnelle et son rôle au sein du système financier.
3. Les dirigeants doivent développer une stratégie de contrôle de liquidité en accord avec la tolérance au risque, et le comité de direction doit chaque année approuver cette stratégie. Les dirigeants doivent revoir l'information sur la liquidité de manière continue et fournir des rapports régulièrement au comité de direction. Ce dernier doit revoir et approuver la stratégie, les politiques et les pratiques de gestion du risque de liquidité au moins une fois par an et s'assurer que ce risque est géré de manière efficace.
4. Une banque doit inclure les coûts et bénéfices, ainsi que les risques de toutes ses activités (au et hors bilan) dans les processus de tarification, de mesure des performances et de validation de nouveaux produits afin d'aligner les incitations à la prise de risque sur les expositions au risque de liquidité de l'établissement.
5. Une banque doit avoir un processus robuste d'identification, de mesure, de surveillance et de contrôle du risque de liquidité. Elle doit établir des procédures de projection des *cash-flows* des actifs, passifs et des instruments hors bilan selon différents scénarios, incluant des conditions de marché extrêmes.
6. Une banque doit gérer la liquidité au sein de chaque filiale et au niveau consolidé, en tenant compte des limites légales, réglementaires et opérationnelles en matière de transfert de liquidité entre les différentes entités de la banque.
7. Une banque doit développer une stratégie de financement qui garantit une diversification des sources et des maturités des financements en maintenant des relations fortes avec les fournisseurs de financement sur les marchés afin de promouvoir un financement diversifié de ses activités. Elle doit évaluer régulièrement sa capacité à lever des fonds rapidement à partir de chacune des sources en identifiant et surveillant les principaux facteurs qui influencent cette capacité.
8. Une banque doit activement gérer ses positions intrajournalières en liquidité et de risque pour faire face à ses engagements et obligations de paiement avec des conditions de marché normales et extrêmes.
9. Une banque doit activement gérer les garanties accordées en différenciant les actifs grevés et non grevés. Elle doit surveiller l'entité morale et la localisation physique de ces garanties et comment elles peuvent être mobilisées dans les meilleurs délais.
10. Une banque doit mener des *stress tests* réguliers pour une variété de scénarios, intégrant à la fois des difficultés liées à d'autres institutions financières ou à certains types d'actifs, mais également des difficultés liées au marché dans son ensemble afin de s'assurer que ses expositions respectent le niveau de tolérance au risque de liquidité de l'établissement. Les résultats de ces tests doivent être utilisés pour ajuster la gestion du risque de liquidité et développer des plans contingents.
11. Une banque doit disposer d'un plan contingent de financement pour répondre aux problèmes de liquidité dans des situations d'urgence. Ce plan devrait indiquer comment gérer ce type de situation, les niveaux de responsabilité dans l'établissement, les procédures à suivre et devrait être mis à l'épreuve régulièrement.

12. Une banque doit maintenir un certain niveau d'actifs susceptibles de servir de garantie de très bonne qualité et très liquides pour s'assurer contre le risque de liquidité. Ces actifs ne doivent pas être soumis à des obstacles réglementaires, légaux ou opérationnels dans le cas de leur utilisation pour obtenir des fonds.
13. Une banque doit rendre publique l'information sur la qualité de ses positions de liquidité et ses politiques de gestion du risque.

Les recommandations aux régulateurs sont les suivantes :

14. Les régulateurs doivent régulièrement évaluer les procédures de gestion du risque de liquidité par les banques pour s'assurer qu'elles sont adéquates aux rôles des banques au sein du système financier.
15. Les régulateurs doivent compléter l'évaluation réglementaire des banques par des contrôles internes des rapports bancaires et de l'information de marché.
16. Les régulateurs doivent intervenir d'une manière efficace et rapide pour répondre aux déficiences de la gestion du risque de liquidité par les banques.
17. Les régulateurs doivent partager l'information avec les autres autorités de régulation, ainsi que les autorités publiques pour faciliter la coopération en matière de surveillance de la gestion du risque de liquidité. Ce processus doit être plus fréquent et plus approfondi en périodes de stress.

21.3 Les trous noirs de liquidité

L'argument selon lequel les progrès récents, en particulier technologiques, ont contribué au développement de la liquidité des marchés financiers est discutable. Il est vrai que les fourchettes de prix ont diminué en moyenne. Une tendance au « comportement moutonnier » a cependant émergé, où chacun veut effectuer le même échange au même moment. On connaît le résultat sous le nom de « trous noirs de liquidité », selon les termes de Persaud, dont la fréquence de réalisation est de plus en plus importante[1]. Un trou noir de liquidité correspond à une situation où la liquidité disparaît sur un marché car tous les participants souhaitent vendre et aucun ne veut acheter, ou *vice versa* (on parle parfois de « sortie encombrée »[2]).

Le marché peut changer d'opinion sur un prix suite à de nouvelles informations. S'il fonctionne correctement, il ne devrait cependant exister aucune surréaction du prix. En effet, si sa chute est trop importante, les traders interviennent rapidement et achètent l'actif; un nouveau prix d'équilibre est atteint. Un trou noir de liquidité apparaît lorsque la baisse d'un prix entraîne davantage de participants à vendre, conduisant les prix bien en dessous de leur niveau d'équilibre. Durant la vente, le marché est asséché et l'actif peut être uniquement vendu au premier prix d'achat[3].

1. Voir Persaud, A. D. (sous la direction de), *Liquidity Black Holes: Understanding, Quantifying and Managing Financial Liquidity Risk*, Risk Books, 1999.
2. Voir Clunie, J., *Predatory Trading and Crowded Exits: New Thinking on Market Volatility*, Petersfield, Royaume-Uni : Harriman House, 2010.
3. Les trous noirs de liquidité sont souvent associés aux baisses des prix, mais ils peuvent également apparaître lorsque les prix montent.

Les traders « *contrarian* » et « *momentum* »

C'est le comportement des traders qui provoque les variations de la liquidité sur les marchés financiers. Il existe deux types de traders sur le marché : des traders « *contrarian* » et « *momentum* »[1]. Les traders *contrarian* (ou contraires) achètent lorsque les prix baissent et vendent lorsqu'ils montent, alors que les traders *momentum* vendent lorsque les prix baissent et achètent lorsqu'ils montent.

Les traders *contrarian* dominent les transactions sur les marchés liquides. Lorsque le prix d'un actif est trop faible, les traders interviennent et l'achètent, ce qui crée de la demande pour cet actif. De même, si le prix d'un actif est trop élevé, les traders vont le vendre et ainsi créer un excès d'offre et ramener le prix à un niveau plus « raisonnable ». Le marché est alors plus liquide, avec des prix raisonnables.

Lorsque les traders *momentum* dominent les transactions, les prix de marché peuvent être instables et le marché illiquide. Une réduction du prix entraîne les traders *momentum* à vendre, ce qui accentue la chute du prix et engendre à son tour davantage de ventes. Symétriquement, une hausse du prix entraîne des achats de la part des traders *momentum*, ce qui amplifie la hausse du prix et engendre davantage d'achats.

Plusieurs raisons expliquent l'existence de traders *momentum* :

1. *Les règles « stop-loss »*. Les traders sont soumis à des règles afin de limiter les pertes. Lorsque le prix d'un actif est inférieur à un certain niveau, les traders le vendent automatiquement pour limiter leurs pertes.
2. *La couverture dynamique*. Les traders en options maintiennent une position delta-neutre en utilisant une couverture dynamique (voir chapitre 7). Les tableaux 7.2 et 7.3 illustrent comment un trader pourrait couvrir une position courte sur une option sur une période de 20 semaines. Ce type de couverture (position courte sur *call* ou *put*) implique d'acheter après une hausse du prix et de vendre après une chute du prix. Ce type de *trading* « *momentum* » peut réduire la liquidité. (À l'inverse, la couverture dynamique d'une position longue implique de vendre après une hausse du prix et d'acheter après la chute du prix. Ce type de *trading* ne devrait pas influencer la liquidité du marché.) Toute situation où les banques ont des positions courtes importantes peut déstabiliser le marché et réduire la liquidité. Comme nous l'avons décrit à l'encadré 3.1, à partir d'un certain point, les banques ont vendu de gros volumes d'options sur taux à long terme à des compagnies d'assurance britanniques, et comme les banques avaient couvert leurs risques, l'évolution des taux longs au Royaume-Uni a été très affectée.
3. *La création synthétique d'options*. Couvrir une position courte sur option équivaut à créer une position longue sur la même option de manière synthétique. Par conséquent, une institution financière peut créer une position longue sur option de manière synthétique en effectuant des transactions identiques à la couverture d'une position courte. Cela conduit à un *trading* « *momentum* » qui peut déstabiliser le marché et créer de l'illiquidité. Un exemple classique est l'effondrement du marché en octobre 1987. Jusqu'à cette date, le marché a été très performant et un nombre croissant de gérants de portefeuille utilisaient des programmes informatiques pour

---

1. Ce classement est simpliste afin de mieux comprendre la réalité de la dynamique des marchés. Certains traders suivent des stratégies complexes qui ne peuvent être classées ni en « *contrarian* », ni en « *momentum* ».

créer de manière synthétique des *puts* sur leurs portefeuilles. Ces programmes préconisaient la vente automatique d'une partie du portefeuille suite à une baisse du prix, puis son rachat après une hausse du prix. Le résultat a été un trou noir de liquidité le 19 octobre 1987 (voir encadré 21.4). Dans cet épisode, le trou a été de courte durée puisqu'en l'espace de quatre mois, le marché est remonté à son niveau précédent le krach.

4. *Les marges.* Une variation importante du marché peut conduire à des appels de marge que les traders, en particulier ceux ayant un fort effet levier, ne peuvent honorer. Cela les oblige à déboucler leurs positions, générant une forme de *trading* « *contrarian* », ce qui peut accroître la volatilité et amplifier le problème en augmentant les marges requises.
5. *Trading « prédateur ».* Si les traders savent qu'une société est en difficulté et qu'elle doit vendre une grande quantité d'actifs, alors le prix de ces actifs est amené à décroître. Par conséquent, ils vendent à découvert ces actifs, ce qui renforce la chute des prix. Afin d'éviter ce problème, des positions de grande taille devraient être débouclées lentement.
6. *LTCM.* La faillite du fonds Long-Term Capital Management (LTCM) fournit une illustration du *trading momentum* (voir encadré 19.1). LTCM proposait un type de transaction qui consistait à prendre des positions courtes sur des obligations liquides et des positions longues sur des obligations illiquides, puis à attendre la convergence des prix des deux types de titres. Après le défaut de la Russie en 1998, les prix des obligations illiquides ont chuté. LTCM et d'autres fonds qui avaient suivi la même stratégie à fort levier étaient alors incapables de faire face aux appels de marge. Ils ont dû déboucler leurs positions en achetant des obligations liquides et en vendant des obligations illiquides. Cela a renforcé la fuite vers la qualité et éloigné encore plus les prix des deux types de titres.

Encadré 21.4

Le krach de 1987

Le lundi 19 octobre 1987, le Dow Jones Industrial Average a brutalement chuté de plus de 20 %. L'assurance de portefeuille a joué un rôle majeur dans ce krach. En octobre 1987, l'assurance de portefeuille gérait 60 à 90 milliards de dollars d'actions *via* des *puts* synthétiques créés au moyen d'une stratégie de *trading* appelée *stop-loss*.

Entre le mercredi 14 octobre 1987 et le vendredi 16 octobre 1987, le marché a baissé d'environ 10 % ; une grande partie de cette baisse s'est déroulée notamment le vendredi après-midi. La baisse aurait dû engendrer au moins 12 milliards de dollars de ventes d'actifs ou de *futures* sur indices, conformément aux techniques d'assurance de portefeuille.

En réalité, ce sont moins de 4 milliards de dollars qui ont été vendus ; les assureurs de portefeuille débutaient donc la semaine suivante avec d'énormes montants à vendre (dictés par les modèles théoriques). Il a été estimé que, le lundi 19 octobre 1987, les ordres de vente de trois assureurs de portefeuille représentaient plus de 10 % des ventes de la Bourse de New York, et que les ventes des couvertures de portefeuille s'élevaient à 21,3 % de l'ensemble des ventes des marchés de *futures* sur indices. Il paraît vraisemblable que l'assurance de portefeuille a été la source d'une forte pression baissière sur le marché.

Encadré 21.4 (Suite)

Puisque le marché baissait trop rapidement et que le système informatique de la Bourse était surchargé, de nombreux assureurs de portefeuille ont été incapables d'exécuter les ordres de vente générés par leurs modèles et n'ont pu obtenir la couverture souhaitée. Inutile de dire que la popularité de l'assurance de portefeuille, fondée sur la gestion dynamique des actions et des *futures*, s'est effondrée depuis le mois d'octobre 1987. La morale de cette histoire est la suivante : il est dangereux de suivre la même stratégie de *trading* (même une stratégie de couverture) que de nombreux autres participants du marché. C'est ce que reflète cette citation du rapport de Brady : « La liquidité suffisante pour absorber les ventes des investisseurs est devenue une illusion de liquidité lorsque tous les investisseurs se sont retrouvés d'un seul côté du marché. Ironiquement, c'est cette illusion qui a conduit les investisseurs, comme les assureurs de portefeuille, à adopter des stratégies qui nécessitent beaucoup plus de liquidité que le marché ne peut en fournir. »

Augmentation et baisse du levier

L'augmentation (*leveraging*) et la baisse (*deleveraging*) du levier d'endettement sont un phénomène courant en économie (voir figures 21.2 et 21.3). Lorsque les banques ont facilement accès à des liquidités (parce qu'elles peuvent titriser des actifs ou que le niveau des dépôts est particulièrement élevé), elles prêtent plus facilement aux entreprises et aux particuliers, de sorte que les *spreads* de crédit diminuent. L'accès facile au crédit augmente la demande pour les actifs financiers et non financiers, ainsi que leur prix. Ces actifs servent souvent de garantie de prêt et, lorsque la valeur des actifs augmente, la valeur des garanties également (lorsqu'elle est mesurée en valeur de marché), et l'activité de crédit peut encore se développer. Cela entraîne enfin des achats d'actifs et le cycle continue. On le qualifie de « *leveraging* » car il engendre davantage de dettes dans l'économie.

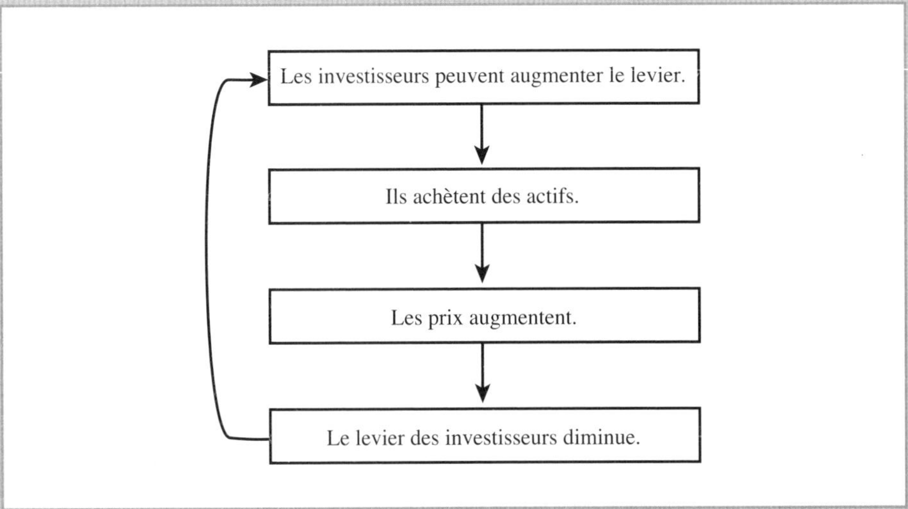

Figure 21.2 – Augmentation du levier (*leveraging*).

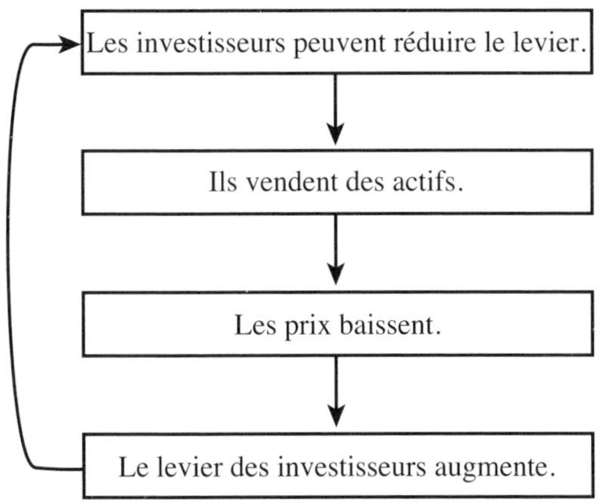

Figure 21.3 – Baisse du levier (*develeraging*).

La baisse du levier est le processus inverse. Lorsque les liquidités se font rares (parce que la demande pour les produits titrisés est plus faible par exemple), les banques sont plus récalcitrantes à prêter de l'argent et les *spreads* de crédit augmentent. La demande pour les actifs financiers et non financiers est plus faible et leur prix diminue. À son tour, la valeur des garanties baisse et les banques réduisent leur octroi de prêts. Cela entraîne des ventes d'actifs et la chute de leur valeur.

La période précédant la crise de 2007 s'est caractérisée par une augmentation du levier dans de nombreux pays. Les *spreads* de crédit diminuaient et il était facile d'emprunter de l'argent. À partir de mi-2007, la situation a changé et le processus de baisse du levier a commencé. Les *spreads* de crédit ont augmenté, l'accès au crédit s'est durci et les prix des actifs ont diminué.

Les fonds spéculatifs sont particulièrement sensibles au cycle de l'endettement. Considérons un fonds capable d'emprunter 20 fois la valeur de ses capitaux propres avant 2007. Dès 2007, il peut être appelé par son *broker* qui lui demande de réduire son effet de levier à cinq fois les capitaux propres. Cela implique la vente d'actifs, ce qui entraîne la chute de leur valeur. La valeur des capitaux propres du fonds diminue également et le fonds doit vendre d'autres actifs.

Exubérance irrationnelle

Alan Greenspan, président de la Réserve fédérale américaine, a employé le terme « d'exubérance irrationnelle » dans un discours en décembre 1996, lorsqu'il disait, en faisant référence au marché financier : « Comment peut-on savoir si l'exubérance irrationnelle a contribué à l'augmentation non fondée de la valeur des actifs ? ». Ces paroles sont restées gravées dans la mémoire collective car les marchés ont chuté dans le monde entier suite à ce discours. La plupart des trous de liquidité peuvent s'expliquer par une forme d'irrationalité. En fait, les traders deviennent « irrationnels » par rapport à une classe d'actifs ou une variable de marché en particulier. Le bilan de l'institution financière gonfle alors par accumulation des positions sur cet actif (ou cette variable de marché) et le processus s'autorenforce dans la majorité des cas. Lorsque plusieurs institutions financières ont ce genre d'exposition, celle-ci semble alors rentable, puisque les prix augmentent, ce qui entraîne d'autres banques à prendre cette position et à enregistrer des profits. Les gestionnaires des risques interviennent alors pour dénoncer l'accumulation de risques, mais la direction ignore souvent ce genre de mise en garde, puisque la banque enregistre des profits importants. Pour citer Chuck Prince, ex-P-DG de Citigroup, en date du 10 juillet 2007 : « Lorsque la musique s'arrête en termes de liquidité, les choses se compliquent. Mais tant que la musique continue, il faut être debout et danser. Nous dansons encore. »

À un certain stade, la bulle doit exploser. De nombreux traders essaient alors de se débarrasser de leurs positions en provoquant une chute de la liquidité des marchés et des pertes importantes. La volatilité augmente et les procédures de gestion des risques des institutions financières (le calcul de la VaR de marché à partir de données historiques par exemple) peuvent entraîner un débouclage massif de positions au même moment. Cela peut conduire à de nouvelles pertes et à des problèmes de liquidité encore plus graves. Des banques peuvent alors faire faillite (ou en tout cas des rumeurs de faillite commencent à circuler), et la majorité des banques rencontrent des problèmes de liquidité de financement et l'octroi de prêts est freiné.

La crise des *subprimes* de 2007 constitue un exemple classique de cette situation. On peut citer également le krach boursier de 1987, le krach du marché obligataire de 1994, la crise monétaire asiatique de 1997-1998 et la faillite de LTCM en 1998. L'exubérance irrationnelle fait partie de la nature humaine et est donc, en partie, inévitable. Le système de rémunération des traders peut la renforcer (voir chapitre 6). En effet, une grande partie de cette rémunération se compose de bonus contingents aux performances durant l'année, payés en fin d'année. Un trader peut être conscient du fait que le marché est en phase d'exubérance irrationnelle et qu'une correction aura lieu. S'il anticipe que cette correction n'aura pas lieu avant un an, il continuera cependant à maintenir sa position pour maximiser son bonus à court terme.

Impact de la régulation

L'objectif d'une régulation homogène des banques et des autres institutions financières à travers le monde est louable sous de nombreux aspects. Les capitaux requis et la manière de les réguler variaient selon les pays avant Bâle I (voir chapitre 12). Les banques étant en concurrence globale à travers le monde, un établissement qui opérait dans un pays où la régulation bancaire était laxiste disposait d'un avantage concurrentiel.

Une régulation uniforme implique cependant un coût. Toutes les banques ont tendance à réagir de la même manière aux chocs externes. Considérons par exemple le risque de marché. Lorsque les volatilités et les corrélations augmentent, la VaR de marché et le capital requis pour le risque de marché augmentent également. Par conséquent, les banques entreprennent des mesures pour réduire leur exposition. Comme elles ont souvent des positions similaires, elles tentent d'effectuer les mêmes échanges. Un trou noir de liquidité peut se développer.

Considérons désormais le risque de crédit. Pendant les périodes de dépression économique, les probabilités de défaut sont relativement élevées et les capitaux requis pour les prêts selon l'approche des notations internes de Bâle II le sont également. Par conséquent, les banques auraient tendance à réduire l'octroi de prêts, créant ainsi un trou noir de liquidité pour les petites et moyennes entreprises. Le Comité de Bâle a reconnu ce problème. Il a alors proposé d'utiliser une probabilité de défaut moyenne sur le cycle économique ou de crédit plutôt qu'une estimation à un point donné dans le temps.

Faut-il alors réguler les compagnies d'assurance, les fonds de pension et les fonds souverains de la même manière que les banques ? Il est tentant de répondre par l'affirmative puisqu'il n'est pas recommandé de fournir des avantages réglementaires à certaines institutions financières et pas à d'autres. La réponse à cette question devrait cependant être « non ». En effet, ces institutions financières ont des horizons temporels plus longs que ceux des banques et ne devraient donc pas être pénalisées car elles investissent dans des actifs illiquides. Elles ne devraient pas non plus être obligées d'ajuster leurs portefeuilles aux hausses des volatilités et des corrélations. Ces paramètres suivent des processus de retour à la moyenne et devraient diminuer à terme. Solvabilité II partage de nombreuses similarités avec Bâle II (voir chapitre 12), mais cette approche peut se révéler inadaptée pour assurer la stabilité des marchés financiers.

Importance de la diversité

Les modèles économiques supposent généralement que les participants sur le marché agissent indépendamment les uns des autres. Cela n'est pourtant pas souvent le cas et c'est bien la dépendance qui entraîne les trous noirs de liquidité. Pour résoudre ce problème, davantage de diversité sur les marchés financiers est nécessaire, en reconnaissant par exemple que différents types d'institutions financières encourent différents types de risques et devraient donc être régulées différemment.

Les fonds spéculatifs sont devenus des acteurs importants sur le marché. Ils demeurent non régulés et peuvent suivre n'importe quelle stratégie de *trading*. Dans une certaine mesure, ils apportent de la diversité (et donc de la liquidité) au marché. Mais, comme nous l'avons déjà évoqué, ces fonds ont un très fort effet de levier. Lorsque la liquidité chute, comme cela a été le cas dans la seconde moitié de 2007, tous les fonds doivent déboucler leurs positions, ce qui amplifie les problèmes de liquidité.

Une stratégie d'investissement contraire a du mérite. Si les marchés surréagissent, un investisseur peut gagner de l'argent en achetant lorsque tout le monde vend et que le marché est très illiquide. Il est cependant difficile de suivre ce genre de stratégie pour un fonds soumis à une gestion du risque fondée sur la VaR, désormais une norme.

Résumé

Il existe deux types de risques de liquidité : le risque de liquidité de *trading* et le risque de liquidité de financement. Le premier concerne la facilité avec laquelle une position peut être dénouée. Ce risque dépend de la nature de l'actif, des quantités échangées, de la rapidité des transactions et de l'environnement économique. La crise de crédit de 2007 démontre l'importance de la transparence. Les actifs opaques ou complexes ne vont pas s'échanger longtemps sur un marché liquide. La fourchette de prix *bid* et *ask* exprimée en pourcentage peut mesurer la liquidité d'un actif à un instant précis. Elle représente la différence entre le prix *bid* et le prix *ask*, divisée par la moyenne des prix *bid* et *ask*. Le coût du dénouement d'une position, exprimé en pourcentage de la valeur de la position, est égal à la moitié de la fourchette en pourcentage. Les institutions financières devraient surveiller ce coût sur la totalité de leur portefeuille de marché dans des conditions de marché normales, mais également extrêmes.

Un trader devant déboucler une position importante fait face à un arbitrage entre la fourchette de prix *bid* et *ask* et le risque de marché. Un débouclage rapide entraîne une fourchette large, mais un risque de marché faible, alors qu'un débouclage lent entraîne une fourchette plus faible, mais un risque de marché plus important. La stratégie de débouclage optimale dépend de (a) la fourchette de prix comme fonction de la quantité échangée quotidiennement et de (b) la distribution de probabilité des variations journalières du prix de l'actif. Pour toute stratégie de débouclage, le trader peut choisir un seuil de confiance et calculer le coût qui ne sera pas dépassé pour ce seuil. Il peut ainsi déterminer la stratégie de coût minimum.

La gestion du risque de liquidité de financement concerne la capacité de l'institution financière à se financer. Il est important pour une banque d'anticiper ses besoins de financement dans des conditions de marché normales et extrêmes. Ces besoins dépendent des retraits des déposants, de l'utilisation des lignes de crédit, des garanties accordées, des défauts des contreparties, etc. Les sources de liquidité sont les instruments financiers facilement convertibles en *cash*, les emprunts sur le marché, la titrisation d'actifs, les nouveaux dépôts et (en dernier ressort) les emprunts auprès de la banque centrale. En septembre 2008, les régulateurs bancaires ont publié une liste de 17 principes décrivant comment les banques doivent gérer leur liquidité et indiquant que la surveillance de ces procédures sera renforcée.

Les trous noirs de liquidité sont à l'origine des risques de liquidité les plus importants. Ces trous noirs se forment lorsque tous les traders se trouvent du même côté du marché au même moment. Ce comportement peut provenir du fait qu'ils ont tous une position similaire et gèrent les risques de la même manière. Il est également possible que les traders soient irrationnels et surexposés à certains risques. Une plus grande diversité dans les stratégies de *trading* est donc nécessaire. Les surréactions court-termistes des marchés devraient moins influencer les traders ayant des objectifs de long terme.

Références complémentaires

Almgren, R. et Chriss, N., « Optimal Execution of Portfolio Transactions », *Journal of Risk*, 3, hiver 2001, p. 5-39.

Bangia, A., Diebold, F., Schuermann, T. et Stroughair, J., « Liquidity on the Outside », *Risk*, vol. 12, p. 68-73.

Bank for Internationnal Settlements, *Principles for Sound Liquidity Risk Management and Supervision*, septembre 2008.

Bank for Internationnal Settlements, *Liquidity Risk Management and Supervisory Challenges*, février 2008.

Brunnermeier, M. K. et Pedersen L. H., « Market Liquidity and Funding Liquidity », *Review of Financial Studies*, 22, 6, 2009, p. 2201-2238.

Clunie, J., *Predatory Trading and Crowded Exits: New Thinking on Market Volatility*, Petersfield, Royaume-Uni : Harriman House, 2010.

Persaud, A. D. (sous la direction de), *Liquidity Black Holes: Understanding, Quantifying and Managing Financial Liquidity Risk*, Risk Books, 1999.

Problèmes et exercices (corrigés en fin d'ouvrage)

21.1. Quel a été le rôle de la transparence dans la crise des *subprimes* de 2007 ?

21.2. Les prix *bid* et *ask* d'un actif sont de 50 euros et 55 euros respectivement. Qu'est-ce que cela signifie ? Quelle est la fourchette des prix *bid* et *ask* en pourcentage ?

21.3. Supposons qu'un investisseur ait vendu à découvert 5 000 euros d'actions d'une société A et acheté 3 000 euros d'actions de la société B. Les fourchettes de prix en pourcentage pour les sociétés A et B sont égales à 0,01 et 0,02 respectivement. Quel est le coût du dénouement de cette position ?

21.4. Supposons qu'au problème 21.3, les fourchettes de prix suivent une loi normale. Pour les sociétés A et B, les moyennes des fourchettes sont égales à 0,01 et 0,02 respectivement, tandis que les écarts-types sont de 0,01 et 0,03 respectivement. Quel est le coût du dénouement de cette position que l'investisseur est certain de ne pas dépasser avec 95 % de chances ?

21.5. Un trader souhaite déboucler sur dix jours une position de 60 millions d'unités d'un actif. La fourchette de prix *bid* et *ask* est une fonction du volume des transactions journalières $q = a + be^{cq}$, avec $a = 0{,}2$, $b = 0{,}1$ et $c = 0{,}08$ (q est en millions). L'écart-type des variations journalières du prix est 0,1 euro. Quelle est la stratégie optimale qui minimise le coût du dénouement au seuil de 95 % ?

21.6. Pourquoi une banque doit-elle surveiller les actifs qui servent de garantie dans le cadre de sa gestion du risque de liquidité de financement ?

21.7. Pourquoi est-il risqué de se refinancer par emprunts sur le marché ?

21.8. Quelle était la nature des problèmes de financement de Ashanti Goldfields et de Metallgesellschaft ?

21.9. Qu'entend-on par (a) *trading* « *momentum* » et (b) *trading* « *contrarian* » ? Lequel influence les problèmes de liquidité ?

21.10. Que mesure la VaR ajustée à la liquidité ?

21.11. Expliquez comment apparaissent les trous noirs de liquidité.

21.12. Pourquoi est-il judicieux pour la liquidité du marché que les traders suivent des stratégies de *trading* différentes ?

Questions complémentaires

21.13. En quoi les fonds spéculatifs sont-ils bons ou mauvais pour la liquidité des marchés ?

21.14. Supposons qu'un trader ait acheté des actions peu liquides : 100 actions de A (*bid* et *ask* à 50 euros et 60 euros) et 200 actions de B (*bid* et *ask* à 25 euros et 35 euros). Quelles sont les fourchettes de prix en pourcentage pour ces deux actions ? Quel est l'impact de fourchettes plus élevées sur le coût du dénouement de la position ? Si les fourchettes suivent une loi normale de moyenne 10 euros et d'écart-type 3 euros, quel est le coût maximal (pire scénario au seuil de 99 %) du dénouement de la position en pourcentage de la valeur du portefeuille ?

21.15. Un trader souhaite déboucler sur huit jours une position de 200 000 unités d'un actif. La fourchette de prix *bid* et *ask* est une fonction du volume des transactions journalières $q = a + be^{cq}$, avec $a = 0{,}2$, $b = 0{,}15$ et $c = 0{,}01$ (q est en milliers). L'écart-type des variations journalières du prix est 1,50 euro. Quelle est la stratégie optimale qui minimise le coût du dénouement au seuil de 99 % ? Quel est le temps moyen que doit attendre le trader avant de déboucler sa position ? Comment évolue ce temps avec le seuil de confiance ?

Chapitre 22
Risque de modèle

Les modèles restent des approximations de la réalité, mais sont nécessaires à l'évaluation des instruments financiers et à celle des positions d'une institution financière.

Il existe deux principaux types de risques de modèle. Le premier est issu d'une mauvaise évaluation du produit par le modèle. L'entreprise peut alors acheter ou vendre un produit à un prix sur- ou sous-évalué. Le second concerne la couverture. Si une entreprise utilise un mauvais modèle, les grecques calculées, ainsi que les couvertures mises en place à partir de ces calculs, sont erronées.

L'art de construire un modèle d'évaluation d'un instrument financier réside dans la capacité à intégrer les principales caractéristiques de l'actif, sans pour autant produire un modèle trop complexe à mettre en œuvre. Dans ce chapitre, nous étudions l'utilisation des modèles par les financiers et les physiciens, puis nous présentons l'utilisation des modèles pour les produits standard activement échangés, mais également non standard et plus complexes. Nous décrivons aussi les différents types de risques de modèle et les différentes manières de les gérer.

22.1 Évaluation par le marché (*marking-to-market*)

Une institution financière est tenue d'évaluer quotidiennement son portefeuille de marché (*trading book*) au prix de marché (voir sections 2.7 et 12.6). Cela signifie qu'elle doit estimer la valeur de chaque instrument financier du portefeuille et calculer la valeur totale du portefeuille. Les résultats sont utilisés dans les calculs de la VaR, afin de déterminer les fonds propres requis et d'établir les comptes financiers. Les comptables qualifient cette méthode de comptabilité en juste valeur (*fair-value accounting*).

Comment peut-on calculer le prix de marché d'un actif ? Plusieurs approches sont possibles.

1. Lorsque l'actif est coté sur un marché ou lorsque des teneurs de marché sont présents pour cet actif, son prix peut être évalué à partir des cotations récentes. Supposons qu'une institution financière ait une position longue sur un instrument financier et que la fourchette de prix du teneur de marché soit « *bid* 20 euros, *ask* 21 euros » (cela signifie que le teneur de marché est prêt à acheter pour 20 euros et à vendre pour 21 euros). Généralement, l'institution financière utilisera le prix milieu de fourchette, soit la moyenne des prix *bid* et *ask* (20,5 euros dans notre exemple). Les banques préfèrent cependant adopter une approche plus conservatrice et utilisent le *bid* pour leurs positions longues et le *ask* pour leurs positions courtes.

2. Lorsque l'institution financière a récemment effectué une transaction sur l'actif, elle peut alors utiliser le prix payé ou perçu pour évaluer l'actif.
3. La banque peut utiliser l'information sur les prix des transactions entre les autres institutions financières sur le marché de gré à gré.
4. Lorsque les *brokers* fournissent des indications de prix (et non les prix des transactions), alors l'institution financière utilisera cette information pour évaluer l'actif (à défaut d'avoir de meilleures informations).
5. Pour les transactions « exotiques » et les produits structurés, le prix est généralement fondé sur un modèle interne à la banque. Le recours à un modèle plutôt qu'à l'évaluation par le marché s'appelle l'évaluation par le modèle (*marking-to-model*).

Les *brokers* mentionnés précédemment sont des intermédiaires sur le marché de gré à gré, comme par exemple ICAP, Tullett Prebon et GFI. Au lieu d'approcher directement des contreparties potentielles pour réaliser une transaction, une institution financière va souvent s'adresser à un *broker* pour trouver une contrepartie (le *broker* perçoit une commission pour arranger la transaction). Un des avantages de cette procédure est que la banque préserve son anonymat le temps de réaliser la transaction. Un autre avantage provient de la meilleure information détenue par le *broker* sur les contreparties souhaitant réaliser des transactions. Ces *brokers* collectent les prix *bid* et *ask* de leurs clients, puis transmettent régulièrement l'information sur les prix aux clients.

Il est important que le *broker* et l'institution financière ne soient pas trop proches. Des scandales ont déjà éclaté impliquant un trader souhaitant camoufler ses pertes et un *broker* lui fournissant des cotations favorables. C'est pour cette raison que les banques devraient utiliser (dans la mesure du possible) les cotations de plusieurs *brokers*.

Généralement, les institutions financières souhaitent s'assurer une évaluation des transactions cohérente avec le reste du marché. C'est pourquoi elles utilisent régulièrement un consensus de prix pour un échantillon de transactions tests. Markit Group est une société spécialisée dans la fourniture de consensus de prix. Chaque mois, elle présente aux banques un certain nombre de transactions de gré à gré et leur demande des cotations. Après élimination des prix aberrants, les cotations moyennes sont calculées et renvoyées aux banques.

La comptabilité

Les règles de comptabilité en juste valeur du *Financial Accounting Standards Board* aux États-Unis (FASB 157) et du *International Accounting Standards Board* en Europe (IASB 39) exigent que les banques classent les instruments financiers en « détenus pour vente » ou « détenus jusqu'à maturité ». Ces derniers sont comptabilisés au portefeuille bancaire et leur valeur ne change pas à moins qu'ils soient dépréciés. Les instruments détenus pour vente sont comptabilisés au portefeuille de marché et doivent être évalués au prix de marché. Trois types d'évaluations sont autorisés par le FASB 157 pour ces instruments. Les instruments de niveau 1 sont ceux pour lesquels des prix cotés sur des marchés actifs sont disponibles. Les instruments de niveau 2 sont ceux pour lesquels des prix cotés pour des actifs similaires sur des marchés actifs ou des prix cotés pour les mêmes actifs sur des marchés peu actifs sont disponibles. Enfin, les instruments classés en niveau 3 nécessitent des évaluations internes à la banque.

À l'origine, selon les propositions de l'IASB et du FASB, la classification des actifs et des passifs ne pouvait être modifiée, c'est-à-dire passer de « détenus jusqu'à maturité » à « détenus pour vente », et *vice versa*. Une institution financière devait décider d'un classement irrévocable dès le départ. Durant la crise de crédit débutée en 2007, de nombreuses banques ont accusé la comptabilité en juste valeur d'amplifier leurs problèmes. Une forte volatilité des marchés, des *spreads* de crédit élevés et de faibles prix des produits titrisés ont conduit les banques à comptabiliser des pertes importantes sur de nombreux instruments financiers qu'elles détenaient. À la fin de l'année 2008, sous la pression des banques et des politiques, le FASB et l'IASB ont autorisé les banques à reclasser « dans des circonstances exceptionnelles » certains instruments du portefeuille de marché au portefeuille bancaire. Cela permettait aux banques de ne pas comptabiliser immédiatement des pertes et, par conséquent, de réduire la perte en capital.

En avril 2009, sous la pression des politiques et des banques, d'autres modifications ont permis à ces dernières d'utiliser des prix issus de modèles, plutôt que des prix de marché lorsqu'elles les considéraient éloignés des prix « justes ». Cela peut être la conséquence de ventes excessives, mais également lié à des raisons beaucoup moins défendables. De nombreux comptables n'approuvent pas ces changements, car ils ont permis aux institutions financières de se servir de la comptabilité en juste valeur seulement si cela se révélait avantageux. Les comptables ont également suggéré que la régulation bancaire et l'évaluation des niveaux acceptables de capitalisation reposent moins sur les données comptables.

Dans la suite de ce chapitre, nous examinons comment les modèles sont utilisés dans l'évaluation par le marché et pour le *trading*, puis nous décrivons les risques que cela peut impliquer.

22.2 Modèles pour produits linéaires

L'évaluation de produits linéaires, tels que les contrats *forward* ou les *swaps*, est aisée et repose sur des outils mathématiques extrêmement simples (valeur actualisée). En conséquence, il existe très peu de désaccords concernant les modèles d'évaluation pour ces produits, et donc un risque de modèle résiduel, mais non nul (voir section 7.1).

Comme l'illustre l'encadré 22.1, le système informatique de Kidder Peabody n'a pas correctement comptabilisé les coûts de financement d'un produit linéaire. Un trader de cette société apparaissait donc comme très rentable, alors qu'il engendrait en fait des pertes énormes.

Un autre type de risque de modèle apparaît lorsqu'une institution financière admet qu'un produit est plus simple qu'il ne l'est en réalité. Considérons le marché des *swaps* de taux. On peut évaluer un *swap* de taux *plain vanilla* (voir section 5.4) en supposant une réalisation des taux d'intérêt *forward*, comme dans l'annexe D. Par exemple, si le taux d'intérêt *forward* pour la période comprise entre 2 et 2,5 ans s'établit à 4,3 %, alors on évalue ce *swap* en supposant que le taux variable échangé contre le taux fixe en date 2,5 ans vaut 4,3 %.

Encadré 22.1

L'erreur gênante de Kidder Peabody

Les banques d'investissement ont développé une façon de créer des zéro-coupon, appelés *strips*, en découpant une obligation à coupons et en vendant séparément les différents flux associés. Joseph Jett, trader chez Kidder Peabody, avait une stratégie relativement simple. Il achetait des *strips* sur le marché au comptant et les revendait à terme à l'aide de contrats *forward*. Comme le prix *forward* d'un actif qui ne paie pas de revenu intermédiaire est toujours plus élevé que son prix *spot*, Jett semblait avoir découvert une machine à sous ! En fait, la différence entre les prix *forward* et *spot* représente le coût de financement du *strip*. Supposons, par exemple, que le taux à 3 mois soit de 4 % en base annuelle ; si le prix *spot* d'un *strip* est de 70 euros, le prix *forward* correspondant est de $70e^{0,04 \times 3/12} = 70,70$ €.

Le système informatique de Kidder Peabody considérait la différence comme un profit au moment de la transaction (0,70 euro dans notre exemple). En renouvelant la position sur les contrats *forward*, Jett évitait la prise en compte du coût de financement. Par conséquent, le système comptabilisait un profit de 100 millions, impliquant une large gratification pour Jett, alors qu'en réalité, il s'agissait d'une perte d'environ 350 millions. Cela montre que, même dans les institutions financières reconnues, des dysfonctionnements importants peuvent survenir !

Il est tentant de généraliser cette approche à l'évaluation de tous les produits impliquant des échanges de flux sous l'hypothèse de réalisation des taux *forward*, mais cela est faux. Considérons par exemple un *swap* Libor-in-arrears, où le taux variable observé un certain jour est payé ce même jour (et non à la période suivante, comme dans le cas d'un *swap plain vanilla*). On devrait donc évaluer ce type de *swap* devrait en supposant que le taux d'intérêt réalisé est égal au taux *forward* plus un « ajustement de convexité ». Les institutions financières qui n'avaient pas compris cela au milieu des années 1990 ont subi des pertes importantes (voir encadré 22.2).

Encadré 22.2

L'exploitation des faiblesses du modèle d'un concurrent

Un *swap* Libor-in-arrears est un *swap* de taux où le taux variable est payé le jour où il est observé, et non à la période suivante. Un *swap* de taux *plain vanilla* est correctement évalué sous l'hypothèse que les taux futurs sont égaux aux taux *forward* observés aujourd'hui. On devrait évaluer un *swap* Libor-in-arrears sous l'hypothèse que le taux futur correspond au taux *forward* d'aujourd'hui augmenté d'un « ajustement de convexité ».

Au milieu des années 1990, des institutions financières sophistiquées ont compris l'approche adaptée pour l'évaluation de ce type de *swap*, et d'autres, moins avancées, ont continué à utiliser l'approche naïve (hypothèse de réalisation des taux *forward*). Par conséquent, les institutions sophistiquées ont pu dégager des profits substantiels aux dépens des institutions naïves par le biais de transactions bien ciblées.

Morale de l'histoire : on ne fait pas d'affaires sur le marché dérivé sans exploiter les faiblesses du modèle de son concurrent !

22.3 Physique *versus* finance

De nombreux ingénieurs travaillent au *front* et au *middle office* des banques, et celles-ci utilisent de nombreux modèles semblables à ceux appliqués en physique. Par exemple, l'équation différentielle à l'origine du fameux modèle Black-Scholes est une équation de diffusion de la chaleur, utilisée par les ingénieurs depuis de nombreuses années. Comme le remarque Derman, il existe cependant une différence fondamentale entre les deux types de modèles[1]. Ceux utilisés par les ingénieurs sont très précis et décrivent des processus physiques. À l'opposé, les modèles financiers décrivent l'évolution de variables de marché qui dépendent des comportements humains. Par conséquent, ces modèles constituent au mieux une description approximative des variables de marché. C'est pourquoi le recours aux modèles financiers génère ce que l'on appelle un « risque de modèle ».

Une différence importante entre les modèles physiques et financiers concerne les paramètres. Ceux utilisés en physique sont généralement constants. Par exemple, la force gravitationnelle terrestre est toujours égale à 10 mètres par seconde environ. Au contraire, les paramètres des modèles financiers sont supposés constants, alors qu'en réalité, ils évoluent quotidiennement. Par exemple, la volatilité utilisée pour évaluer une option peut être égale à 20 % aujourd'hui, puis 22 % demain, puis 19 %, et ainsi de suite. Les paramètres sont modifiés quotidiennement, afin de retrouver le prix de marché correspondant. On qualifie de « calibrage » le processus de choix des paramètres.

La figure 22.1 illustre une approche générale pour évaluer un instrument financier. Un ou plusieurs instruments dont on peut observer les prix sur le marché sont sélectionnés pour servir « d'instruments de calibrage ». On les choisit car ils sont les plus semblables aux instruments évalués et sont ensuite utilisés pour estimer les paramètres du modèle.

Cette approche fonctionne très bien lorsqu'un seul paramètre du modèle est inconnu, mais elle n'est pas adaptée à l'évaluation d'un instrument financier dans l'absolu, mais plutôt à une évaluation relative (c'est-à-dire de manière cohérente, avec des instruments financiers similaires dont on peut observer les prix). La section suivante apporte une illustration de cette approche à partir d'options activement échangées.

22.4 Comment les modèles sont utilisés pour évaluer des produits standard

Dans le cas de produits activement échangés, utiliser un modèle pour déterminer un prix est inutile, puisque le marché fournit ce prix. Supposons, par exemple, qu'une option sur indice soit activement échangée, avec des cours acheteurs et vendeurs à 30 euros et 30,5 euros respectivement. La meilleure estimation de la valeur de l'option est donc le prix milieu de fourchette, soit 30,25 euros.

L'évaluation d'un instrument financier standard (une option par exemple) qui n'est pas exactement le même que ceux échangés sur ce marché constitue une situation courante sur le marché de gré à gré. Dans ce cas, on utilise un modèle comme outil permettant

1. Voir Derman, E., *My Life as a Quant: Reflections on Physics and Finance*, Wiley, 2004 ; Derman, E., « Model Risk », *Risk*, 9, 2, mai 1996, p. 139-145.

d'évaluer le produit de manière cohérente avec les prix de marché observés. L'utilisation pratique du modèle Black-Scholes-Merton (voir annexe E) fournit un bon exemple de cette procédure.

Le modèle Black-Scholes-Merton

Le modèle Black-Scholes-Merton, publié en 1973, est largement répandu[1]. Le modèle (et ses extensions) établit un lien entre le prix d'une option européenne et :

1. le prix de l'actif sous-jacent ;
2. le prix d'exercice ;
3. la maturité ;
4. le taux sans risque applicable à un investissement d'une durée égale à la maturité de l'actif sous-jacent ;
5. la volatilité du prix de l'actif sous-jacent ;
6. le revenu espéré de l'actif durant la vie de l'option.

Il est facile d'utiliser le modèle car la plupart des *inputs* sont directement observables. Le prix de l'actif sous-jacent est normalement connu, de sorte que le prix d'exercice et le temps jusqu'à maturité de l'option le sont également, ainsi que le taux sans risque. Le revenu espéré de l'actif n'est pas forcément connu avec certitude, mais on peut généralement l'estimer avec précision. De plus, si des *forward* sur l'actif sous-jacent sont échangés, alors le prix *forward* capture l'essentiel de l'information nécessaire à la modélisation du revenu[2]. Au final, il n'existe qu'un seul paramètre non observable : la volatilité.

On peut estimer la volatilité à partir de données historiques du prix de l'actif sous-jacent (voir chapitre 10). S'il n'existe pas de marché pour les options sur cet actif, les traders et les *risk managers* peuvent recourir à ce genre de procédure. La figure 22.1 décrit la procédure à suivre si un marché existe cependant. Il ne reste plus qu'à calculer les volatilités correspondantes aux prix de marché. Cela ne signifie pas que les traders sont toujours d'accord avec ces prix, mais qu'ils les considèrent plutôt comme trop élevés ou trop faibles (ils sont d'ailleurs payés pour ça !). Il n'en demeure pas moins que le « modèle officiel » d'une institution financière doit correspondre au marché.

On qualifie la volatilité d'un actif qui permet de retrouver le prix d'une option de « volatilité implicite » (voir section 10.2). Ces volatilités varient selon les options. Nous décrivons désormais comment un trader doit gérer cette situation et quelle volatilité il doit choisir pour évaluer l'option.

1. Voir Black, F. et Scholes, M., « The Pricing of Options and Corporate Liabilities », *Journal of Political Economy*, 81, mai-juin 1973, p. 637-659 ; Merton, R. C., « Theory of Rational Option Pricing », *Bell Journal of Economics and Management Science*, 4, printemps 1973, p. 141-183.
2. En pratique, on utilise une variante du modèle Black-Scholes-Merton sur les marchés : le modèle de Black, publié en 1976. Ce modèle utilise le prix *forward* ou *futures* et le revenu de l'actif n'est pas considéré comme un *input*. Voir Black, F., « The Pricing of Commodity Contracts », *Journal of Financial Economics*, 3, 1976, p. 167-179.

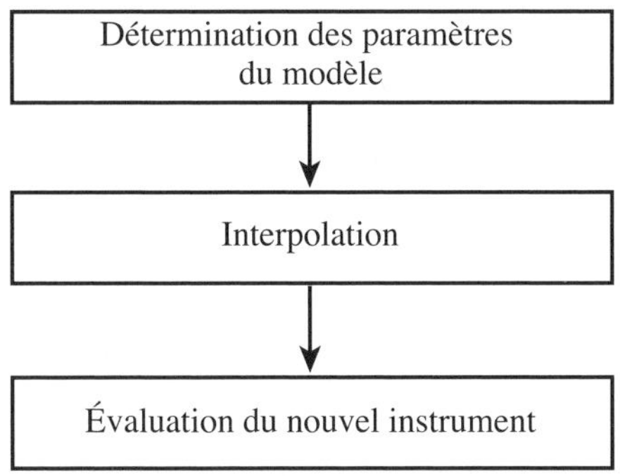

Figure 22.1 – Comment les modèles sont utilisés pour évaluer les instruments financiers.

Smiles de volatilité

La volatilité implicite exprimée comme une fonction du prix d'exercice pour une maturité donnée décrit une relation connue sous le nom de *smile* de volatilité[1]. Si les traders faisaient vraiment confiance aux hypothèses sous-jacentes au modèle Black-Scholes-Merton, la volatilité implicite serait la même pour toutes les options et le *smile* serait plat. En fait, c'est rarement le cas.

La volatilité implicite qu'utilisent les traders pour évaluer les options de change a la forme générale représentée à la figure 22.2. La volatilité est relativement faible pour les options à la monnaie et devient progressivement importante à mesure que l'option « devient » dans ou en dehors la monnaie. La raison du *smile* de volatilité provient des hypothèses de Black-Scholes-Merton, à savoir :

1. La volatilité est constante.
2. Le cours varie régulièrement, sans sauts.

En pratique, aucune de ces deux conditions n'est satisfaite pour les taux de change. La volatilité d'un taux de change est loin d'être constante et ces taux font fréquemment l'objet de sauts[2]. L'instabilité de la volatilité, ajoutée aux sauts dans le processus des taux de change, conduit à une augmentation de la probabilité de mouvements extrêmes. Cela conduit au *smile* de volatilité représenté à la figure 22.2.

1. On peut démontrer que la relation entre le prix d'exercice et la volatilité implicite devrait être exactement la même pour les *calls* et les *puts* dans le cas des options européennes, et approximativement la même dans le cas des options américaines.
2. Ces sauts sont des réponses aux actions des banques centrales.

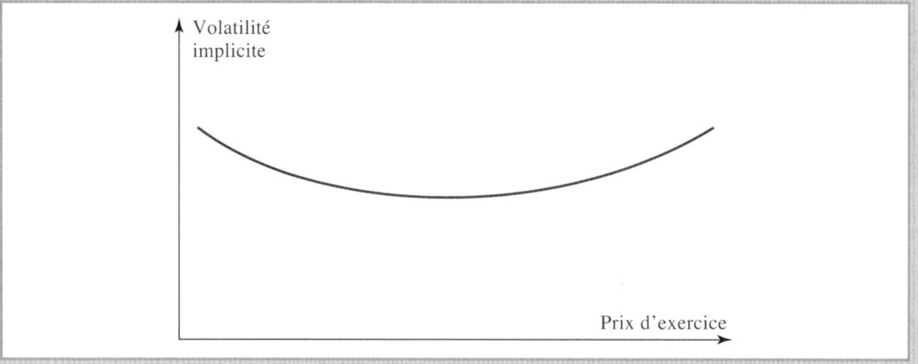

Figure 22.2 – *Smile* de volatilité pour des options de change.

Le *smile* de volatilité qu'utilisent les traders en options sur actions (à la fois sur des actions et des indices d'actions) a la forme générale représentée à la figure 22.3. On s'y réfère parfois en termes de *skew* de volatilité. La volatilité décroît avec le prix d'exercice et celle utilisée pour évaluer une option à prix d'exercice faible (c'est-à-dire un *put* très en dehors de la monnaie ou un *call* très en dedans) est plus importante que celle utilisée pour évaluer une option à prix d'exercice élevé (c'est-à-dire un *put* très dans la monnaie ou un *call* très en dehors). Une des explications possibles du *smile* des options sur actions est l'effet de levier. À mesure que la valeur des actions d'une entreprise diminue, son levier augmente ; ces titres deviennent moins risqués et leur volatilité décroît. Cet argument souligne que la volatilité des actions peut être une fonction décroissante du prix et est en accord avec la figure 22.3. Une autre explication possible repose sur la phobie du krach (voir encadré 22.3).

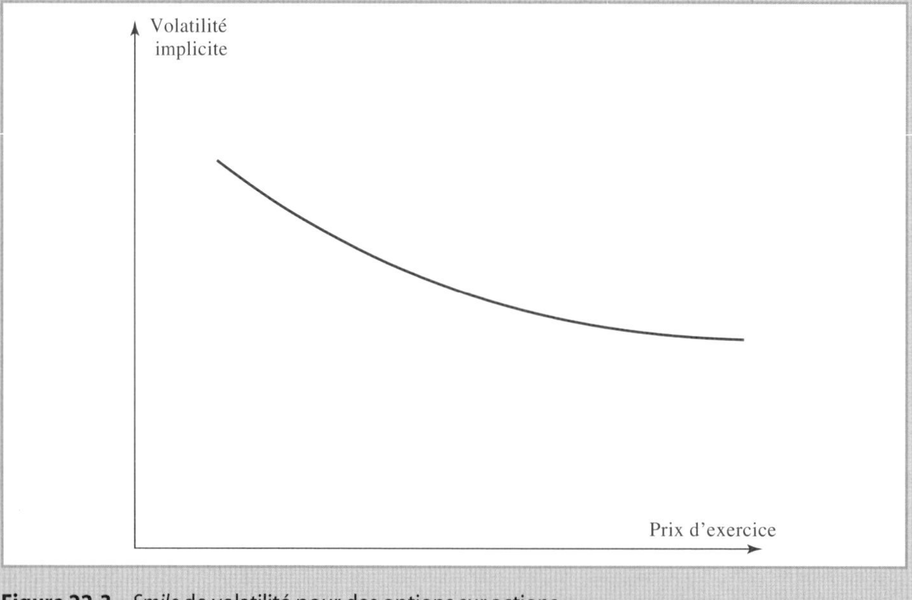

Figure 22.3 – *Smile* de volatilité pour des options sur actions.

Encadré 22.3

Phobie du krach

Il est intéressant de noter que la forme observée à la figure 20.3 n'existe en fait que depuis le krach du marché boursier d'octobre 1987. Avant cette date, les volatilités implicites étaient beaucoup moins dépendantes du prix d'exercice. Cela a conduit Mark Rubinstein à suggérer qu'une « krachophobie » pouvait constituer l'une des raisons expliquant le *smile* de volatilité des actions. Les traders tiennent compte de la possibilité d'un autre krach, semblable à celui d'octobre 1987, et ils évaluent donc les options en conséquence : des prix élevés (et donc des volatilités implicites importantes) pour les *puts* très en dehors de la monnaie.

Il existe plusieurs validations empiriques de la théorie de la phobie du krach. Lorsque le marché baisse (monte), le *skew* de volatilité tend à être plus (moins) prononcé, sans doute parce que les traders deviennent plus nerveux, craignant un nouveau krach.

Surfaces de volatilité

Les figures 22.2 et 22.3 illustrent le cas d'options avec des maturités particulières. Les traders agrègent souvent les *smiles* de volatilité pour différentes maturités en une *surface de volatilité*. Celle-ci permet de représenter la volatilité implicite comme fonction du prix d'exercice et de la durée de l'option. Le tableau 22.1 propose un exemple de surface de volatilité pour des options de change. Comme l'illustre ce tableau, le *smile* tend à devenir moins prononcé quand la durée de vie augmente. On observe bien cette relation dans la réalité[1].

Tableau 22.1 : Surface de volatilité.

Durée de vie	Prix d'exercice				
	0,90	0,95	1,00	1,05	1,10
1 mois	14,2	13,0	12,0	13,1	14,5
3 mois	14,0	13,0	12,0	13,1	14,2
6 mois	14,1	13,3	12,5	13,4	14,3
1 an	14,7	14,0	13,5	14,0	14,8
2 ans	15,0	14,4	14,0	14,5	15,1
5 ans	14,8	14,6	14,4	14,7	15,0

La surface de volatilité est produite principalement à partir d'informations fournies par les intermédiaires de marché (voir section 22.1). Ils servent d'intermédiaires entre

1. Si T est le temps restant jusqu'à l'échéance, et F_0 le prix *forward* d'un actif, certains traders choisiront de définir le *smile* de volatilité selon une relation entre la volatilité implicite et

$$\frac{1}{\sqrt{T}}\ln\left(\frac{K}{F_0}\right)$$

plutôt que comme une relation liant directement la volatilité implicite et K. Le *smile* est alors beaucoup moins dépendant de la durée de vie de l'option.

les acheteurs et les vendeurs sur le marché de gré à gré et possèdent donc davantage d'informations sur les volatilités implicites que les traders. Certains points de la surface de volatilité (voir tableau 22.1) sont calculés à partir des transactions observées par les *brokers* ; d'autres sont obtenus par interpolation entre les volatilités implicites pour les transactions observées. Avec le temps, les *brokers* et les traders en options développent une connaissance suffisante sur la forme de la surface de volatilité pour un actif sous-jacent en particulier.

Lorsqu'une nouvelle option doit être évaluée, la volatilité appropriée est sélectionnée dans le tableau en utilisant des techniques d'interpolation. Par exemple, pour évaluer une option d'échéance 9 mois et de prix d'exercice 1,05, on procède à une interpolation entre 13,4 et 14 (voir tableau 22.1) pour obtenir une volatilité à 13,7 %. C'est la volatilité utilisée dans la formule de Black-Scholes-Merton ou dans le modèle d'arbre binomial. Lorsque l'on souhaite évaluer une option d'échéance 1,5 an et de prix d'exercice 0,925, une interpolation à deux dimensions permet de trouver une volatilité implicite à 14,525 %.

Variation dans le temps

Les *smiles* de volatilité représentés aux figures 22.2 et 22.3 et la surface de volatilité du tableau 20.1 correspondent à un instant précis et sont recalculés au moins une fois par jour. Le *smile* de volatilité a tendance à garder sa forme générale, mais le niveau de volatilité évolue dans le temps. L'indice VIX (voir section 10.2) est une mesure de la volatilité implicite d'options à 30 jours sur le S&P 500[1]. À partir de la figure 10.1, on remarque que l'indice varie de 10 % à 30 % dans des conditions normales de marché et a été beaucoup plus élevé durant la crise de crédit à partir de 2007.

Pourquoi le modèle Black-Scholes-Merton est-il si populaire ?

De nombreuses personnes pourraient penser qu'un modèle dans lequel la valeur du paramètre clé peut varier de 10 % à 30 % (et parfois même plus) est sans utilité (ce qui serait vrai en physique). Comme nous l'avons déjà expliqué, on utilise les modèles financiers différemment des modèles physiques, et le modèle Black-Scholes-Merton est populaire pour diverses raisons :

1. On peut l'utiliser pour effectuer des interpolations en complément d'une surface de volatilité et il permet de s'assurer de la cohérence des prix avec le marché.
2. C'est un outil de communication. Les traders préfèrent coter des volatilités implicites plutôt que des prix d'options, car les volatilités sont plus stables et, par conséquent, leur cotation ne change pas très fréquemment. Lorsque le prix du sous-jacent varie, le prix de l'option évolue également, mais pas forcément sa volatilité implicite.
3. Le modèle est suffisamment simple pour être intuitif aux yeux du trader qui peut alors l'utiliser pour forger sa perception des marchés d'options.

1. Pour plus d'informations sur le VIX, voir Hull, J., *Options, Futures et Autres Dérivés*, 8e éd., Pearson France, 2012.

Le modèle Black-Scholes-Merton n'a néanmoins rien d'unique et d'autres modèles pourraient fournir des prix similaires. Le fait que seul un paramètre soit libre (c'est-à-dire non observable) – la volatilité – réduit considérablement l'ambiguïté[1]. Il existe en effet une correspondance unique entre un prix d'option et une volatilité. En présence de plusieurs paramètres non observables (comme c'est le cas dans les modèles d'évaluation d'options plus complexes), le modèle serait nettement moins facile à utiliser.

Autres modèles

L'évaluation d'options sur actions, sur taux de change, sur indices boursiers et sur matières premières implique la modélisation d'une seule variable (comme le prix d'une action) et le modèle Black-Scholes-Merton est devenu un outil standard dans cette optique. Durant les années 1980, des chercheurs se sont intéressés à l'évaluation de dérivés sur taux d'intérêt et ont estimé qu'il était possible d'évaluer des *caps*, des *floors*, des options sur obligations et sur *swaps* en utilisant une extension du modèle Black-Scholes-Merton. On peut appliquer des procédures semblables à celles déjà décrites pour trouver le paramètre de volatilité approprié à intégrer dans le modèle.

Les options sur *swaps* bermudiennes et d'autres dérivés sur taux d'intérêt sont plus complexes à évaluer, car il est nécessaire de connaître la structure par terme des taux d'intérêt[2]. Au lieu de décrire le comportement d'une seule variable, le modèle doit décrire celui d'un taux d'intérêt zéro-coupon en fonction de la maturité. Des conditions d'absence d'arbitrage permettent de restreindre les hypothèses à retenir dans le cadre du modèle. La plupart des modèles développés impliquent plus d'un paramètre et ont été conçus pour être fidèles à la structure par terme courante des taux d'intérêt. La procédure de calibration implique de trouver les valeurs des paramètres qui correspondent le mieux aux prix observés des options.

Vers la fin des années 1990, les chercheurs se sont intéressés à l'évaluation des dérivés de crédit. Contrairement à l'évaluation des dérivés actions ou de taux, la valeur d'un dérivé de crédit dépend de la réalisation d'un événement discret particulier (comme le défaut d'une entreprise). Les modèles sont relativement simples (voir annexe K) lorsqu'ils portent sur le défaut d'une seule entité (comme dans le cas d'un CDS). On estime la structure par terme de la probabilité de défaut à partir d'instruments activement échangés. Lorsque plusieurs défauts sont possibles (comme dans le cas d'un CDO), la modélisation est plus complexe (voir annexe L). Le modèle de marché standard est le modèle à copule gaussienne (voir section 11.5) permettant d'inférer et d'interpoler les mesures de corrélation de défaut.

1. Voir Figlewski, S., « Assessing the Incremental Value of Option Pricing Theory Relative to an Informationally Passive Benchmark », *Journal of Derivatives*, automne 2002, p. 80-96.
2. Une option sur *swap* bermudéenne est une option qui donne le droit d'entrer dans un *swap* de taux d'intérêt et qui peut être exercée à deux dates de paiement ou plus.

Modèles officiels *versus* modèles de recherche

Les modèles présentés jusqu'à présent sont des « modèles officiels » qui servent à évaluer les transactions quotidiennes, et à calculer les gains et les pertes des traders. Il est important que le modèle officiel corresponde le plus possible au marché et les auditeurs externes insisteront là-dessus. De plus, les traders peuvent (et certains le font) tirer des avantages des situations dans lesquelles le modèle officiel dévie des prix de marché. Si ce modèle donne un prix supérieur (inférieur) au marché pour un produit, alors les traders peuvent acheter (vendre) ce dernier pour enregistrer un profit.

En plus des modèles officiels, les banques utilisent des modèles de recherche plus complexes et qui servent à déterminer des stratégies de *trading*. On peut également s'en servir, en plus des modèles officiels, afin de tester si les prix de marché sont trop élevés ou trop faibles.

22.5 Couverture

Le recours aux modèles est plus prononcé dans le cadre de couvertures. Les traders doivent gérer les grecques de leurs expositions (voir chapitre 7).

Dans ce contexte, on peut distinguer les couvertures intra-modèle et extra-modèle. La première est conçue pour traiter le risque de variation des variables supposées incertaines par le modèle, et la seconde le risque de variations supposées constantes (ou déterministes). Lorsque l'on utilise Black-Scholes-Merton, la couverture des variations du prix du sous-jacent (couverture delta et gamma) appartient à la première catégorie de couverture, puisque le modèle suppose que les variations du prix de l'action sont incertaines. La couverture de la volatilité (couverture véga) appartient à la seconde catégorie, puisque le modèle suppose une volatilité constante.

En pratique, les traders utilisent les deux types de couvertures car les paramètres tels que les volatilités évoluent chaque jour[1]. Une hypothèse naturelle est que, si la couverture est mise en place pour toutes les variables pouvant évoluer chaque jour (celles qui sont supposées constantes et stochastiques d'après le modèle), la valeur de la position ne doit pas changer. En fait, ce n'est pas forcément le cas. Si le modèle est erroné, une perte (ou un gain) non attendue peut survenir. En moyenne, ces pertes (ou gains) sont approximativement nulles. Le risque de couverture imparfaite est diversifié dans un portefeuille d'une grande institution financière.

De nombreuses institutions évaluent avec attention l'efficacité de leur couverture en décomposant les variations journalières de la valeur du portefeuille en :

1. variation résultant de risques non couverts ;
2. variation résultant d'une imperfection du modèle de couverture ;
3. variation résultant de nouvelles transactions effectuées le jour même.

On appelle parfois cette procédure « décomposition des pertes et des gains » (*P&L decomposition*).

---

1. On peut utiliser une analyse en composantes principales (voir chapitre 7). Si l'exposition à chaque composante est faible, l'exposition aux variations observées en pratique devrait également l'être.

22.6 Modèles pour produits non standard

Comme nous l'avons déjà expliqué, on évalue les produits standard par observation des prix de marché, par des modèles et par interpolation si nécessaire. Même si le modèle choisi a une influence sur la couverture, son impact sur l'évaluation est moindre.

On qualifie de « produits structurés » les options exotiques et les autres produits non standard ajustés aux besoins des clients. Généralement, ils ne sont pas activement échangés et une institution financière doit s'appuyer sur un modèle pour les évaluer. Il existe très peu d'incertitude concernant le prix de produits activement échangés et le modèle affecte uniquement les performances de la couverture. Dans le cas des produits structurés, le risque de modèle est plus important, puisque des erreurs d'évaluation et de couverture sont possibles.

Une institution financière devrait utiliser plusieurs modèles d'évaluation de produits structurés, car cela permet de construire un intervalle de prix et fournit donc une meilleure connaissance des risques de modèle encourus.

Supposons que trois modèles différents donnent les prix suivants pour un produit qu'une institution financière envisage de vendre à un client : 6 millions d'euros, 7,5 millions d'euros et 8,5 millions d'euros. Même si le résultat du premier modèle semble le plus cohérent et que le modèle en question sera utilisé à l'avenir pour l'évaluation journalière et la couverture, l'institution financière doit s'assurer qu'elle va vendre son produit à 8,5 millions d'euros au moins. Elle devra également être prudente en ce qui concerne ses profits. En effet, si le produit est vendu à 9 millions d'euros, il est tentant de constater un profit de 3 millions d'euros (9 millions – 6 millions d'euros), mais ce comportement est trop agressif. Il sera plus judicieux de mettre les 3 millions d'euros en réserves, puis de les transférer périodiquement vers le compte de profits au cours de la durée de vie du produit[1].

L'encadré 6.1 illustre un exemple de risque de modèle pour la tarification de produits structurés. Supposer qu'une tranche notée BBB dans un ABS est équivalent à une obligation notée BBB n'est pas forcément adéquat lorsque l'on procède à la tarification d'un ABS CDO.

Groupes d'audit des modèles

La majorité des grandes institutions financières possède des groupes d'audit des modèles au sein de son équipe de gestion des risques. Ces groupes ont pour mission d'analyser et de valider les modèles proposés par les traders pour différents produits. Ce processus comprend généralement :

1. la vérification d'une implantation correcte du modèle ;
2. l'examen des fondements théoriques du modèle ;
3. la comparaison des modèles pouvant être utilisés pour une tâche similaire ;
4. la spécification des limites du modèle ;
5. l'évaluation des incertitudes des paramètres au niveau des prix et de la couverture fournis par le modèle.

1. Cela devrait également avoir des répercussions sur la manière de verser les primes.

22.7 Dangers de la modélisation

L'art de la modélisation consiste à capter les éléments importants pour l'évaluation et la couverture d'un produit sans rendre pour autant le modèle trop complexe. Cependant, cette complexité est parfois nécessaire pour certains produits.

Le *surajustement* représente l'un des dangers de la modélisation. Considérons le problème lié à la surface de volatilité (voir tableau 22.1). Nous pouvons parfaitement ajuster celle-ci avec un seul modèle en développant Black-Scholes-Merton de telle manière que la volatilité soit une fonction complexe du prix du sous-jacent et du temps[1]. En procédant de la sorte, on pourrait constater que les autres propriétés du modèle sont alors moins raisonnables si on les compare à celles des modèles plus simples. En particulier, la probabilité jointe des prix des actifs à deux dates ou plus différentes peut apparaître irréaliste[2].

Un autre danger provient de la *surdétermination*. On peut étendre le modèle Black-Scholes-Merton à une volatilité stochastique ou à des sauts du prix de l'actif. Cela introduit de nouveaux paramètres à estimer. On admet souvent que les paramètres des modèles complexes sont plus stables et ne doivent pas être considérablement ajustés chaque jour. Cela peut être vrai, mais il ne faut pas oublier que l'on ne traite pas de processus physiques ! Ces paramètres peuvent demeurer stables sur une certaine période, puis varier à cause d'un changement de régime (*regime shift*) par exemple. Une institution financière peut considérer qu'un modèle complexe est une avancée par rapport à un modèle simple dès que les paramètres ne varient pas. Lorsque le changement se produit, elle peut cependant manquer de la souplesse nécessaire pour gérer les modifications des conditions du marché[3].

Les traders apprécient les modèles simples avec un seul paramètre non observable et ils demeurent plus sceptiques à l'égard de modèles plus complexes, qu'ils considèrent comme des « boîtes noires » et pour lesquels il est difficile d'avoir de l'intuition. Dans certaines conditions, ce scepticisme est de bon augure si l'on se réfère aux arguments développés précédemment.

---

1. Il s'agit de la fonction de volatilité implicite proposée par Dupire, B., « Pricing with a Smile », *Risk,* février 1994, vol. 7, p. 18-20 ; Derman, E. et Kani, I., « Riding on a Smile », *Risk,* février 1994, vol. 7, p. 32-39 ; Rubinstein, M., « Implied Binomial Trees », *Journal of Finance,* juillet 1994, vol. 49, p. 771-818.
2. Des modèles qui reproduisent parfaitement la surface de volatilité à n'importe quel moment futur permettent d'évaluer avec précision des instruments financiers qui versent un flux futur unique qui dépend du prix de l'actif. Ce type de modèle est cependant moins fiable pour l'évaluation d'instruments tels que des options à barrière ou des options composées qui dépendent de la distribution de probabilités jointe du prix d'un actif à plusieurs instants. Hull et Suo estiment que les modèles à fonction de volatilité implicite fonctionnent mieux pour les options composées, mais donnent des erreurs importantes pour les options à barrière. Voir Hull, J. C. et Suo, W., « A Methodology for the Assessment of Model Risk and its Application to the Implied Volatility Function Model », *Journal of Financial and Quantitative Analysis,* juin 2002, vol. 37, p. 297-318.
3. La nature de ce problème est étudiée en sciences sociales dans la fameuse critique de Lucas, avancée par l'économiste Robert Lucas en 1976. Voir Lucas, R., « Economics Policy Evaluation: A Critique », dans *The Phillips Curve and Labor Markets* ; K. Brunner et A. H. Meltzer, éditeurs, *Carnegie-Rochester Conference Series on Public Policy,* 1, 1976, p. 19-46.

22.8 Détection des problèmes

Le département de gestion des risques doit scrupuleusement surveiller l'évolution du *trading* d'une institution financière, en particulier :

1. le type de *trading* effectué avec d'autres institutions financières ;
2. la compétitivité en prix pour les différents types de produits structurés ;
3. les profits enregistrés sur les opérations de *trading*.

Être actif dans un seul type d'activité ou dégager des profits importants sur une stratégie simple de *trading* peut être un signal d'alerte, de même que l'incapacité d'une institution financière à dénouer ses positions aux prix affichés par son système informatique.

Les profits importants dégagés par Joseph Jett de Kidder Peabody (voir encadré 22.1) auraient dû constituer un signal d'alerte[1]. Par ailleurs, si au milieu des années 1990, le département de gestion des risques d'une institution financière avait découvert que les traders entraient dans de nombreux *swaps* Libor-in-arrears (voir encadré 22.2), avec versement d'une variable et réception d'un fixe, il aurait pu alerter le département de modélisation et ordonner la suspension des transactions sur ce produit.

Résumé

Depuis la publication du modèle Black-Scholes en 1973, un effort considérable a été dédié à l'amélioration de la modélisation des prix des actifs. On peut penser que la création du parfait modèle n'est qu'une question de temps ; ce n'est malheureusement pas le cas. Les modèles financiers sont différents de ceux des sciences physiques car ils tentent de modéliser des comportements humains. Ils peuvent au mieux fournir des approximations du comportement des variables de marché. De plus, celles-ci sont largement influencées par les changements de régime.

Les modèles sont utiles à la communication, à l'interpolation des prix de marché et à la couverture des produits activement échangés. Les traders utilisent généralement les couvertures intra-modèle et extra-modèle. Cela signifie qu'ils se couvrent contre les variations des variables supposées constantes (ou déterministes), ainsi que stochastiques dans le modèle. Ce type de couverture est imparfait, mais les risques non couverts sont largement diversifiés dans un portefeuille de taille importante.

Les modèles servent d'outil d'évaluation pour les produits structurés ou faiblement échangés. Dans ce cas, le modèle adéquat relève davantage de l'art que de la science. Il est judicieux de recourir à plusieurs modèles et plusieurs hypothèses sur les paramètres sous-jacents, afin d'obtenir un intervalle de prix réaliste et de comprendre le risque de modèle.

1. Barry Finer, manager des risques de la table des obligations publiques de Kidder Peabody, avait remarqué qu'il était extrêmement difficile de dégager des profits d'arbitrage importants sur un marché aussi efficient que celui des obligations publiques américaines, mais ses interventions ont été négligées.

Références complémentaires

Bates, D. S., « Post '87 Crash Fears in the S&P Futures Market », *Journal of Econometrics*, 94, janvier-février 2000, p. 181-238.

Derman, E., « Model Risk », *Risk* 9, 5, mai 1996, p. 139-145.

Derman, E., *My Life as a Quant: Reflections on Physics and Finance*, Wiley, 2004.

Hull, J. C. et Suo, W., « A Methodology for the Assessment of Model Risk and Its Application to the Implied Volatility Function Model », *Journal of Financial and Quantitative Analysis*, 37, 2, juin 2002, p. 297-318.

Problèmes et exercices (corrigés en fin d'ouvrage)

22.1. Expliquez ce que signifie (a) l'évaluation par le marché et (b) l'évaluation par le modèle.

22.2. Donnez deux explications au *skew* de volatilité des options sur actions.

22.3. Donnez deux explications au *smile* de volatilité des options de change.

22.4. « Le modèle Black-Scholes n'est qu'un outil d'interpolation sophistiqué. » Commentez cette affirmation.

22.5. Avec les données du tableau 22.1, calculez la volatilité qu'un trader utiliserait pour une option d'échéance huit mois et de prix d'exercice 1,04.

22.6. Quelle est la différence clé entre les modèles physiques et financiers ?

22.7. Comment une institution financière peut-elle découvrir qu'elle utilise un modèle différent de celui de ses concurrents pour un produit dérivé particulier ?

22.8. Que distinguent les couvertures intra- et extra-modèle ?

22.9. Le prix d'une action vaut 20 euros aujourd'hui. Demain, d'après les informations disponibles, le prix peut évoluer de 5 euros à la baisse ou à la hausse. Quels sont les problèmes rencontrés si vous utilisez Black-Scholes pour évaluer une option d'échéance un mois sur cette action ?

22.10. Qu'est-ce que la comptabilité en juste valeur ? Quelles ont été les modifications de la comptabilité en juste valeur en 2008 et 2009 ?

22.11. Supposons que la politique d'une banque centrale consiste à autoriser le taux de change à fluctuer entre 0,97 et 1,03. À quelle forme des volatilités implicites des options de change peut-on s'attendre ?

22.12. « Les traders peuvent évaluer au prix du marché les produits activement échangés, alors qu'ils évaluent par un modèle les produits structurés. » Commentez cette affirmation.

Questions complémentaires

22.13. Supposons que tous les traders sur options abandonnent Black-Scholes pour un autre modèle d'évaluation, fondé sur des hypothèses différentes quant au comportement des prix des actifs. Quel sera l'effet de ce changement sur (a) l'évaluation des options standard et (b) la couverture de ces options ?

22.14. Avec les données du tableau 22.1, calculez la volatilité qu'un trader utiliserait pour une option d'échéance 11 mois et de prix d'exercice 0,98.

22.15. Supposons qu'une institution financière utilise un modèle imprécis d'évaluation et de couverture d'un type de produit structuré en particulier. Commentez ses capacités à se rendre compte de son erreur.

22.16. Le prix d'un *futures* vaut 40 euros et le taux sans risque est de 5 %. Demain, la volatilité sur les trois mois suivants sera de 10 % ou 30 %, avec des probabilités d'occurrence de 60 % et 40 % respectivement. Utilisez le logiciel DerivaGem (disponible sur le site Internet de l'auteur) pour calculer le *smile* de volatilité d'une option d'échéance trois mois.

Chapitre 23

Capital économique et RAROC

Nous nous sommes intéressés jusqu'à maintenant à l'évaluation des différentes composantes du risque d'une institution financière (comme le risque de crédit, de marché, opérationnel, de liquidité, etc.). Nous allons désormais considérer l'agrégation et l'allocation de ces différents risques au sein de la banque.

Il est important pour une institution financière d'adopter une approche holistique de la gestion du risque. Cela implique la détermination d'un niveau d'appétit pour le risque ou de tolérance au risque, le développement d'une culture forte de gestion du risque dans l'organisation, et le sens des responsabilités vis-à-vis des risques chez les managers. On qualifie l'ensemble de ces processus de gestion du risque de l'entreprise, dont un élément clé est l'évaluation du capital économique total de la banque et son allocation aux différents managers et départements de l'institution.

Le capital économique (parfois appelé « capital risque ») correspond à l'estimation interne du niveau de fonds propres nécessaires à la prise de risque. Il ne correspond pas au capital réglementaire fondé sur des règles uniformes préconisées par le Comité de Bâle. On peut concevoir ce type de capital comme une « monnaie d'échange », en contrepartie du risque supporté. Un département de la banque peut prendre un certain niveau de risque si et seulement si il s'est vu allouer un capital économique adéquat. On peut alors mesurer la rentabilité de ce département par rapport à son capital économique.

Dans ce chapitre, nous présentons les différentes approches disponibles pour estimer le niveau du capital économique nécessaire à une banque pour couvrir différents types de risques. Nous analysons également les façons d'agréger les estimations du capital économique et étudions le rendement du capital ajusté au risque, ou RAROC (*Risk Adjusted Return On Capital*). Il s'agit de la rentabilité d'un département rapportée aux fonds propres qui lui sont alloués. On peut utiliser le RAROC pour évaluer les performances passées et futures des départements. La banque peut alors décider quelle est la manière la plus appropriée d'allouer le capital économique à l'avenir. Le RAROC sert de point de départ pour déterminer quelles activités abandonner et lesquelles développer.

23.1 Définition du capital économique

Le capital économique se définit comme les fonds propres nécessaires à une banque pour absorber les pertes sur un horizon temporel donné et pour un seuil de confiance prédéfini. En règle générale, l'horizon temporel retenu est d'un an. Le seuil de confiance dépend des objectifs de la banque. Un objectif standard pour une grande banque internationale consiste à conserver une notation de crédit AA. Les entreprises notées AA ont une probabilité de défaut à un an de 0,03 % environ. Leur seuil de confiance s'élève à 99,97 %. Il est moins important pour une banque souhaitant maintenir une notation de crédit BBB. Ce type d'entreprise a une probabilité de défaut à un an de 0,2 % environ. Son seuil de confiance s'élève ainsi à 99,80 %.

Les fonds propres sont nécessaires pour couvrir les pertes non attendues. On les définit comme la différence entre les pertes actuelles et les pertes attendues. En effet, la banque doit tenir compte de ces dernières dans la tarification de ses produits, afin que seules les pertes non attendues soient couvertes par les fonds propres (voir chapitre 12). Le capital économique pour une banque souhaitant maintenir une notation AA correspond à la différence entre les pertes attendues et le quantile X de la distribution de probabilité des pertes (voir figure 23.1).

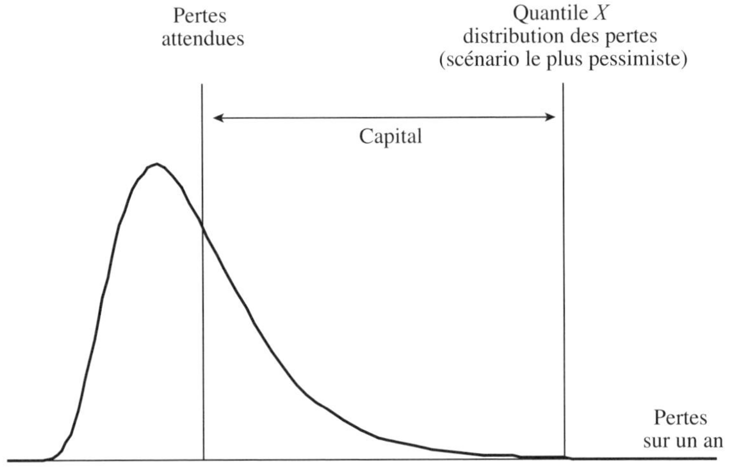

Figure 23.1 – Calcul du capital économique à partir de la distribution des pertes à un an : X correspond au seuil de confiance.

Exemple 23.1

Une banque notée AA estime ses pertes moyennes à 1 % des encours des prêts par an. On estime la perte, dans le scénario le plus pessimiste au seuil de confiance choisi de 99,99 % (c'est-à-dire supérieure à la perte attendue dans un cas sur 1 000), à 5 % des encours. Le capital économique requis pour 100 euros de prêts est dans ce cas de 4 euros (ce qui correspond à la différence entre la perte dans le scénario le plus pessimiste et la perte attendue).

Les mesures

Il existe deux grandes approches pour mesurer le capital économique : l'approche *top-down* et l'approche *bottom-up*. Selon l'approche *top-down*, on estime dans un premier temps la volatilité des actifs de la banque. Dans un second temps, on l'utilise dans le calcul de la probabilité qui correspond au seuil auquel la valeur des actifs est inférieure à celle des dettes à la fin de l'horizon temporel. On utilise le cadre théorique du modèle de Merton (voir section 16.8).

L'approche *bottom-up* est la plus fréquemment utilisée. Selon cette approche, on estime puis on agrège les distributions des pertes pour différents types de risques et pour différents départements. La première étape de l'agrégation consiste à calculer les distributions de probabilité des pertes totales par type de risque et par département. L'agrégation finale fournit la distribution de probabilité des pertes totales pour l'institution financière.

La figure 23.2 résume les différents risques auxquels la banque est exposée. Le régulateur a choisi de définir le risque opérationnel comme « le risque de perte résultant de processus internes inadéquats ou défaillants, du facteur humain et de systèmes, ou d'événements externes » (voir chapitre 20). Le risque opérationnel inclut le risque de modèle et le risque légal, mais exclut les risques stratégiques ou de réputation. Ces derniers sont considérés comme des risques d'exploitation. Ce type de risque ne requiert pas de capital réglementaire. Certaines banques évaluent néanmoins le capital économique nécessaire à la couverture de ce type de risque.

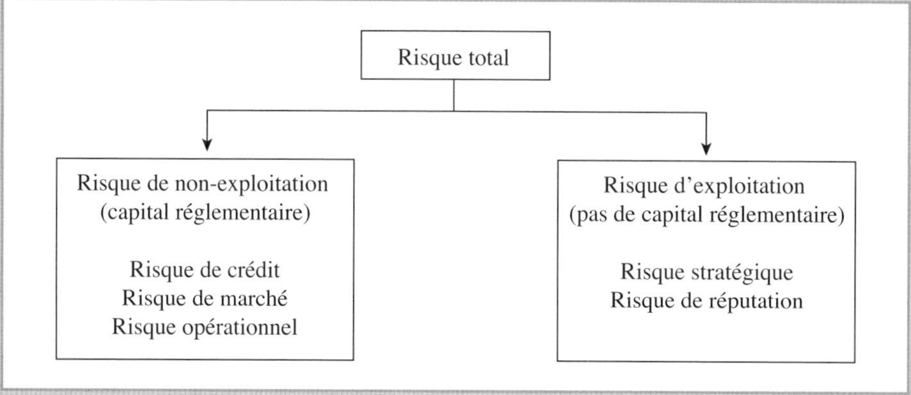

Figure 23.2 – Typologie des risques bancaires dans le cadre réglementaire.

23.2 Les composantes du capital économique

Dans les chapitres précédents, nous avons présenté plusieurs approches pour calculer les distributions des pertes associées à différents types de risques. Nous abordons à nouveau quelques points importants dans ce qui suit.

Capital économique et risque de marché

Aux chapitres 14 et 15, nous avons présenté les approches de simulation historique et de variance-covariance pour estimer la distribution de probabilité des pertes ou des gains associés au risque de marché. On calcule généralement cette distribution sur un horizon temporel d'un jour. Le capital réglementaire pour le risque de marché est calculé comme un multiple (au moins 3) de la VaR au seuil de 99 % à dix jours. Selon le régulateur, on peut considérer la VaR au seuil de 99 % à dix jours comme $\sqrt{10}$ fois la VaR au seuil de 99 % à un jour.

Dans le cadre du calcul du capital économique, on souhaiterait utiliser le même horizon temporel et le même seuil de confiance pour tous les risques. Généralement, l'horizon temporel retenu est d'un an, avec un seuil de confiance compris entre 99,8 % et 99,97 %. Les hypothèses simplificatrices sont les suivantes : (a) la distribution de probabilité des gains ou des pertes pour chaque jour durant l'année est identique à celle estimée le premier jour; (b) les distributions sont indépendantes. On peut alors recourir au théorème central limite pour démontrer que la distribution des pertes (respectivement des gains) annuelles suit une loi normale. Sous l'hypothèse de 252 jours ouvrables dans l'année, l'écart-type de la perte (respectivement du gain) annuelle est égal à l'écart-type de la perte (respectivement du gain) journalière multipliée par $\sqrt{252}$. La perte (respectivement le gain) moyenne est nettement plus difficile à estimer que l'écart-type. Une hypothèse réaliste, quoique conservatrice, consiste à accepter que cette moyenne soit nulle. Le 99,97^{e} quantile de la distribution des pertes dans le scénario le plus pessimiste est alors égal à 3,43 fois l'écart-type de la perte (respectivement du gain) annuelle. Le 99,8^{e} quantile de la distribution des pertes dans le scénario le plus pessimiste est égal à 2,88 fois l'écart-type de la perte (respectivement du gain) dans le scénario le plus pessimiste.

Exemple 23.2

Supposons que l'écart-type journalier des pertes (respectivement des gains) d'une banque dues au risque de marché soit de 5 millions d'euros. Le 99,8^{e} quantile de la distribution des pertes annuelles dans le scénario le plus pessimiste vaut $2{,}88 \times \sqrt{252} \times 5 = 228{,}6$, soit 228,6 millions d'euros.

Aucune hypothèse sur la normalité des pertes (respectivement des gains) journalières n'est formulée. On suppose simplement qu'elles sont indépendantes et identiquement distribuées. D'après les propriétés du théorème central limite, la somme de plusieurs variables indépendantes et identiquement distribuées suit une loi normale.

Pour les banques ayant le plus faible multiple (d'une valeur de 3), le capital réglementaire pour le risque de marché vaut :

$$3 \times \sqrt{10} \times \text{VaR au seuil de 99 \% à un jour} = 9{,}49 \times \text{VaR au seuil de 99 \% à un jour}$$

Dans ce cas, le capital économique au seuil de 99,9 % est égal à :

$$\sqrt{252} \times 3{,}09 \times \text{écart} - \text{type journalier} = 49{,}06 \times \text{écart-type journalier}$$

Si les variations journalières de la variation du portefeuille sont gaussiennes, la VaR au seuil de 99 % à un jour est égale à 2,33 fois l'écart-type journalier ; le ratio capital économique/capital réglementaire est alors égal à 49,06/(9,49 × 2,33) = 2,22. En cas de distribution non gaussienne, ce ratio est plus faible. Il augmente en revanche en présence d'une autocorrélation des rentabilités (voir section 9.6).

Capital économique et risque de crédit

Malgré le degré de latitude important offert aux banques par Bâle II dans l'approche par les notations internes, le nouvel accord n'autorise pas les établissements à choisir leur propre modèle de risque de crédit, ni les paramètres de corrélation. Les banques restent cependant libres dans le choix des hypothèses qu'elles jugent adaptées à leur situation pour le calcul du capital économique. CreditMetrics est fréquemment utilisé pour calculer la couverture en fonds propres associée au risque de crédit d'un portefeuille de titres (voir section 18.5). On utilise également ce modèle pour calculer le capital économique pour le portefeuille de prêts.

Une autre approche repose sur Credit Risk Plus (voir section 18.3). Elle emprunte un certain nombre de concepts à la science actuarielle pour le calcul de la distribution de probabilité des pertes à partir des défauts. Contrairement à CreditMetrics qui calcule les pertes à partir des dégradations de notations, Credit Risk Plus les calcule uniquement à partir des défauts.

Pour le calcul du capital économique associé au risque de crédit, une banque peut adopter un modèle conditionnel ou non conditionnel. Dans le cadre d'un modèle conditionnel (intégrant le cycle), les pertes attendues et non attendues tiennent compte des conditions économiques en vigueur. Dans le cadre d'un modèle non conditionnel (n'intégrant pas le cycle), ces pertes sont calculées sous l'hypothèse de conditions économiques moyennes. Les agences de notation ont également pour objectif de produire des notations non conditionnelles. Lorsque l'on calcule le capital réglementaire par l'approche des notations internes, les estimations de la PD et des LGD devraient être non conditionnelles. Il est primordial que le capital économique soit calculé de manière cohérente. Si les pertes attendues sont conditionnelles (respectivement non conditionnelles), les pertes non attendues devraient également être conditionnelles (respectivement non conditionnelles).

Quelle que soit l'approche utilisée, le calcul de la distribution de probabilité des pertes de crédit s'effectue généralement par la simulation de Monte-Carlo. Une tâche particulièrement délicate concerne la prise en compte du risque de contrepartie associé aux produits dérivés dans le calcul des distributions des pertes.

Capital économique et risque opérationnel

Les banques utilisant l'approche avancée disposent d'un degré de latitude important en matière d'évaluation du capital réglementaire pour le risque opérationnel. Il est fort probable que la plupart d'entre elles évaluent le capital économique et le capital réglementaire associés au risque opérationnel de la même manière. Les méthodes de calcul du capital associé au risque opérationnel sont en développement constant (voir chapitre 20). Certaines approches reposent sur des statistiques, tandis que d'autres sont plus subjectives.

Capital économique et risque d'exploitation

Le risque d'exploitation comprend le risque stratégique (entrée de la banque sur de nouveaux marchés, développement de nouveaux produits) et le risque de réputation. Le risque d'exploitation est encore plus délicat à quantifier que le risque opérationnel et les estimations sont fortement subjectives. Il est donc important que les directeurs des départements « risque » d'une institution financière aient une bonne connaissance de leur portefeuille. Cela devrait leur permettre d'évaluer le capital requis pour ce type de risque et, en particulier, l'impact marginal des nouvelles stratégies sur le risque total.

23.3 Les formes des distributions des pertes

Les distributions de probabilité des pertes pour les risques de marché, de crédit et opérationnel sont différentes. Rosenberg et Schuermann (2004) ont utilisé des données provenant de différentes sources pour estimer les formes typiques de ces distributions (voir figures 23.3, 23.4 et 23.5)[1].

La distribution des pertes liées au risque de marché (voir figure 23.3) est symétrique, mais elle n'est pas parfaitement normale. Une distribution de Student à 11 degrés de liberté en fournit un ajustement satisfaisant. La distribution des pertes pour le risque de crédit est assez asymétrique (voir figure 23.4). La distribution des pertes pour le risque opérationnel a une forme assez particulière (voir figure 23.5). La plupart du temps, les pertes sont modestes, mais elles peuvent être occasionnellement très importantes.

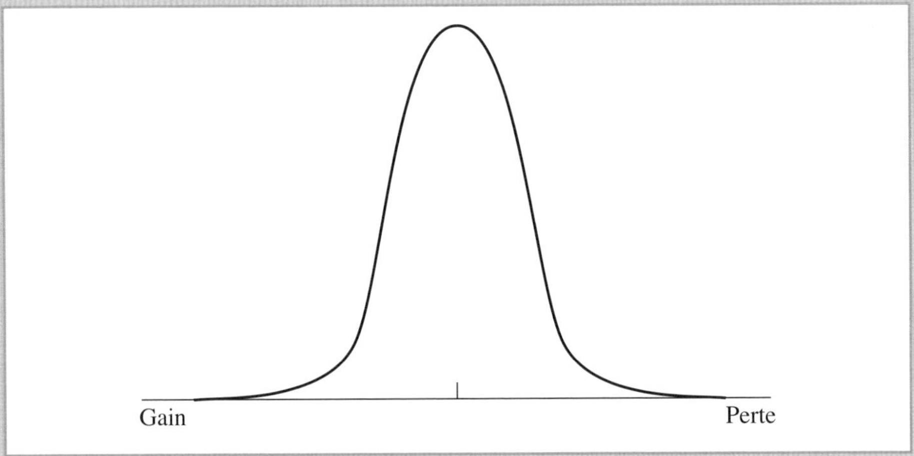

Figure 23.3 – Distribution de la densité des pertes pour le risque de marché.

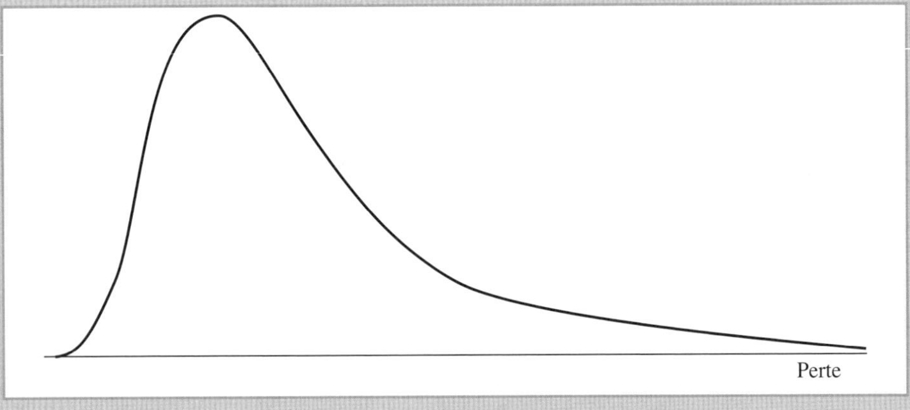

Figure 23.4 – Distribution de la densité des pertes pour le risque de crédit.

1. Voir Rosenberg, J. V. et Schuermann, T., « A General Approach to Integrated Risk Management with Skewed, Fat-Tailed Risks », *Federal Reserve Bank of New York, Staff Reports*, n° 185, mai 2004.

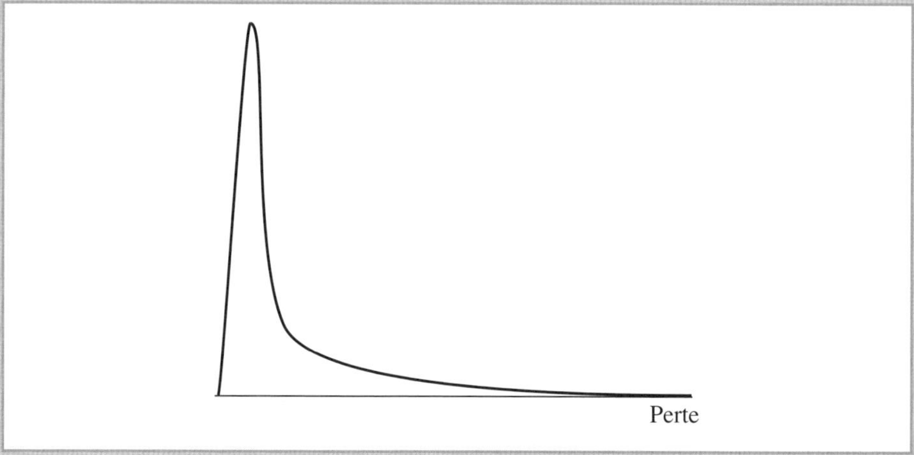

Figure 23.5 – Distribution de la densité des pertes pour le risque opérationnel.

On peut caractériser une distribution par ses moments d'ordre deux, trois et quatre. Le moment d'ordre deux mesure l'écart-type (ou la variance), celui d'ordre trois le coefficient d'asymétrie et celui d'ordre quatre le coefficient d'aplatissement (c'est-à-dire l'épaisseur des queues). Le tableau 23.1 résume les propriétés des distributions typiques des pertes pour le risque de marché, de crédit et opérationnel.

Tableau 23.1 : Caractéristiques des distributions des pertes pour différents types de risques.

	Moment d'ordre deux (écart-type)	Moment d'ordre trois (asymétrie)	Moment d'ordre quatre (aplatissement)
Risque de marché	Élevé	Nul	Faible
Risque de crédit	Moyen	Moyen	Moyen
Risque opérationnel	Faible	Élevé	Élevé

23.4 Importance relative des risques

L'importance relative des différents types de risques dépend de l'ensemble des activités de la banque. Pour un établissement dont l'activité principale est la collecte de dépôts et l'octroi de prêts, le risque principal est le risque de crédit. Pour une banque d'investissement, les risques de crédit et de marché sont les plus importants. Pour un gérant de fonds, le risque principal est le risque opérationnel.

En effet, si les règles d'investissement des fonds ne sont pas respectées, le risque que les investisseurs entament des poursuites judiciaires coûteuses est important (voir encadré 23.1). Le fonds de pension d'Unilever constitue un autre exemple. Mercury Asset Management, détenu par Merrill Lynch, s'est engagé à ne pas sous-performer un indice de référence de plus de 3 %. Sur la période allant de janvier 1997 à mars 1998, le fonds a sous-performé l'indice de 10,5 %. Unilever a poursuivi en justice Merrill Lynch pour un montant de 185 millions de dollars américains. La banque espagnole Santander a subi une perte opérationnelle en 2009 sur des fonds placés auprès de Bernard Madoff qui avait utilisé la technique de la pyramide de Ponzi pour 50 milliards de dollars.

Encadré 23.1

Le fonds EGT

En 1996, Peter Young était gérant de fonds à la Deutsche Bank Morgan Grenfell, une filiale de la Deutsche Bank. Il était responsable de la gestion du fonds European Growth Trust (EGT). Ce fonds a connu une croissance importante et Young était responsable de la gestion de plus de 1 milliard de livres.

EGT était soumis à un ensemble de règles, dont l'une stipulait l'interdiction d'investir plus de 10 % du fonds dans des titres non cotés. Peter Young a violé cette règle afin d'en tirer un profit personnel. Lorsque cette opération a été découverte, il a été licencié et la Deutsche Bank a dû rembourser les investisseurs du fonds. Le coût total de la compensation s'est élevé à plus de 200 millions de livres.

Les interactions entre les risques

Il existe des interactions entre les différents types de risques. Par exemple, une transaction portant sur un produit dérivé tel que le *swap* implique des interactions entre les risques de crédit et de marché. Si la contrepartie fait défaut, le risque de crédit existe seulement si les variables de marché ont évolué de manière positive. Une autre interaction peut apparaître si la probabilité de défaut de la contrepartie dépend de la valeur d'un contrat financier avec cette contrepartie (voir chapitre 17). Cette interaction n'aura pas lieu si la contrepartie est engagée dans le contrat pour des raisons de couverture. Elle sera en revanche présente si le contrat porte sur des objectifs de spéculation et qu'il est suffisamment important par rapport à la taille de la contrepartie.

Comme le montre le cas de Long-Term Management Capital, des interactions importantes existent entre les risques de liquidité et de marché (voir encadré 19.1). Il existe également des interactions entre les risques opérationnel et de marché. On ne saurait pas grand-chose au sujet de Jérôme Kerviel de la Société Générale si ses anticipations concernant les marchés avaient été correctes (voir encadré 5.5). Dans le même esprit, on n'aurait rien su à propos de la violation des règles d'un fonds (voir encadré 23.1), si celui-ci avait généré un gain et non une perte.

23.5 Agrégation du capital économique

Une institution financière estime les distributions des pertes pour les risques de marché, de crédit, opérationnel et d'exploitation pour plusieurs départements. Elle fait alors face au problème d'agrégation des distributions de pertes pour évaluer le capital économique total pour la banque.

L'approche la plus simple consiste à admettre que le capital économique total pour un ensemble de n risques différents correspond à la somme des montants de capital économique pour chacun de ces risques, tel que :

$$E_{\text{total}} = \sum_{i=1}^{n} E_i \tag{23.1}$$

E_{total} est le capital économique total d'une institution financière exposée à n risques différents et E_i est le capital économique pour le $i^{ème}$ risque. Il s'agit de l'approche préconisée par le Comité de Bâle en matière de capital réglementaire. Le montant de capital réglementaire total d'une banque correspond à la somme des montants du capital réglementaire pour les risques de crédit, de marché et opérationnel.

L'équation (23.1) repose sur une hypothèse forte de corrélation parfaite. Sous cette hypothèse, dans le cadre du scénario le plus pessimiste avec un seuil de confiance de 99,99 %, une banque a la même probabilité (99,99 %) de supporter une perte due aux risques de marché, de crédit et opérationnel. Cependant, d'après les résultats de Rosenberg et Schuermann, la corrélation entre les risques de marché et de crédit est de 50 % environ, et celle entre ces risques et le risque opérationnel est de 20 % environ. Ces auteurs ont également montré que l'utilisation de l'équation (23.1) pour agréger les risques de marché, de crédit et opérationnel fournissait des estimations du capital total requis surévaluées de près de 40 %.

L'hypothèse de distribution normale

Une hypothèse simple consiste à admettre que la distribution agrégée des pertes suit une loi normale. L'écart-type de la perte totale due à n sources de risque est alors :

$$\sigma_{\text{total}} = \sqrt{\sum_{i=1}^{n}\sum_{j=1}^{n}\sigma_i\sigma_j\rho_{ij}} \tag{23.2}$$

σ_i est l'écart-type de la perte due à la $i^{ème}$ source de risque et ρ_{ij}est le coefficient de corrélation entre les risques i et j. On peut alors calculer le capital requis à partir de cette équation. Par exemple, le dépassement de la perte, dans le scénario le plus pessimiste avec une probabilité de 99,9 %, correspond à 3,09 fois le nombre obtenu à partir de l'équation (23.2).

Cette approche sous-estime le capital requis car elle ne tient pas compte de l'aplatissement ni de l'asymétrie de la distribution des pertes. Rappelons que Rosenberg et Schuermann ont montré que l'application de cette approche aux risques de marché, de crédit et opérationnel fournit des niveaux de capital sous-évalués de près de 40 %.

L'utilisation des copules

Une approche plus sophistiquée consiste à recourir aux copules pour agréger les distributions des pertes (voir chapitre 11). Dans ce cadre, chaque distribution de pertes est calibrée centile par centile par rapport à une distribution standard. On définit ensuite une structure de corrélation entre les distributions standard, et celle-ci détermine à son tour la structure de corrélation avec la distribution d'origine.

On peut définir de nombreuses copules. Par exemple, en utilisant une copule gaussienne, la distribution standard est supposée être normale multivariée. Une alternative consiste à considérer une distribution t multivariée, qui permet d'évaluer la probabilité jointe des valeurs extrêmes de deux variables. Cette probabilité est supérieure à celle obtenue avec une copule gaussienne (voir section 11.4).

L'approche hybride

Il existe une approche plus simple et plus opérationnelle, connue sous le nom d'« approche hybride » (voir section 9.9). Elle consiste à calculer le capital économique pour un portefeuille de risques à partir du capital économique pour les risques individuels en utilisant la formule :

$$E_{\text{total}} = \sqrt{\sum_{i=1}^{n}\sum_{j=1}^{n} E_i E_j \rho_{ij}} \qquad (23.3)$$

Lorsque les distributions sont normales, cette approche fournit des résultats satisfaisants. Dans le cas contraire, les résultats deviennent approximatifs et sont sensibles à l'épaisseur des queues de la distribution des pertes individuelles. Notons que Rosenberg et Schuermann montrent que l'approche hybride donne des résultats proches de ceux des modèles de copules.

Exemple 23.3

Le tableau 23.2 fournit les estimations du capital économique pour les risques de marché, de crédit et opérationnel, pour deux départements d'une banque. Les corrélations entre les pertes figurent dans le tableau 23.3. Le coefficient de corrélation entre les risques de crédit et de marché au sein du même département vaut 0,5, tandis que la corrélation entre les risques opérationnel et de crédit ou de marché est de 0,2 (ces valeurs correspondent aux estimations de Rosenberg et Schuermann). Le coefficient de corrélation entre deux types de risques des deux départements est nul. La corrélation entre les risques de marché, de crédit et opérationnel des deux départements vaut respectivement 0,4, 0,6 et 0.

Tableau 23.2 : Estimations du capital économique (voir exemple 23.3).

	Département	
	1	2
Risque de marché	30	40
Risque de crédit	70	80
Risque opérationnel	30	90

Tableau 23.3 : Coefficients de corrélation entre les pertes (voir exemple 23.3). RM, RC et RO correspondent respectivement aux risques de marché, de crédit et opérationnel ; 1 et 2 correspondent aux deux départements.

	RM-1	RC-1	RO-1	RM-2	RC-2	RO-2
RM-1	1,0	0,5	0,2	0,4	0,0	0,0
RC-1	0,5	1,0	0,2	0,0	0,6	0,0
RO-1	0,2	0,2	1,0	0,0	0,0	0,0
RM-2	0,4	0,0	0,0	1,0	0,5	0,2
RC-2	0,0	0,6	0,0	0,5	1,0	0,2
RO-2	0,0	0,0	0,0	0,2	0,2	1,0

Le capital économique total pour le risque de marché vaut :

$$\sqrt{30^2 + 40^2 + 2 \times 0{,}4 \times 30 \times 40} = 58{,}8$$

Le capital économique total pour le risque de crédit vaut :

$$\sqrt{70^2 + 80^2 + 2 \times 0{,}6 \times 70 \times 80} = 134{,}2$$

Le capital économique total pour le risque opérationnel vaut :

$$\sqrt{30^2 + 90^2} = 94{,}9$$

Le capital économique total pour le département 1 vaut :

$$\sqrt{\begin{matrix} 30^2 + 70^2 + 30^2 + 2 \times 0{,}5 \times 30 \times 70 \\ + 2 \times 0{,}2 \times 30 \times 30 + 2 \times 0{,}2 \times 70 \times 30 \end{matrix}} = 100$$

Le capital économique total pour le département 2 vaut :

$$\sqrt{\begin{matrix} 40^2 + 80^2 + 90^2 + 2 \times 0{,}5 \times 40 \times 80 \\ + 2 \times 0{,}2 \times 40 \times 90 + 2 \times 0{,}2 \times 80 \times 90 \end{matrix}} = 153{,}7$$

Le capital économique total pour la banque correspond à la racine de :

$$\begin{aligned} &30^2 + 40^2 + 70^2 + 80^2 + 30^2 + 90^2 + 2 \times 0{,}4 \times 30 \times 40 + 2 \times 0{,}5 \times 30 \times 70 \\ &+ 2 \times 0{,}2 \times 30 \times 30 + 2 \times 0{,}5 \times 40 \times 80 + 2 \times 0{,}2 \times 40 \times 90 \\ &+ 2 \times 0{,}6 \times 70 \times 80 + 2 \times 0{,}2 \times 70 \times 30 + 2 \times 0{,}2 \times 80 \times 90 \end{aligned}$$

soit 203,224.

On remarque que les gains de la diversification sont non négligeables. La somme du capital économique pour les risques de marché, de crédit et opérationnel vaut $58{,}8 + 134{,}2 + 94{,}9 = 287{,}9$ et celle du capital économique pour les deux départements vaut $100 + 153{,}7 = 253{,}7$. Ces deux valeurs sont supérieures au capital économique total de 203,2.

23.6 Allocation du capital économique

Supposons que la somme du capital économique pour chaque département, $\sum_{i=1}^{n} E_i$, soit de 2 milliards d'euros et que le capital économique total pour la banque (avec des coefficients de corrélation inférieurs à 1) soit de 1,3 milliard d'euros (soit 65 % de la somme des E). La différence de 0,7 milliard correspond au gain de la diversification. Se pose alors la question de l'allocation de ce gain entre les départements de la banque.

Une approche simple consiste à allouer $0{,}65E_i$ au département i. Ce n'est cependant pas la solution optimale. Supposons qu'il existe 50 départements et que deux d'entre eux aient un capital économique de 100 millions d'euros. On suppose également que lorsque le premier département est exclu du calcul du capital économique, celui-ci est réduit de 60 millions d'euros. Lorsque le second département est exclu, le capital économique diminue de 10 millions d'euros. Le premier département devrait avoir plus de capital économique que le second, car son impact marginal sur le capital économique de la banque est plus important.

Ce problème est semblable à celui de l'allocation de la VaR (voir section 9.8). Une approche consiste à calculer le capital économique incrémental pour chaque département, puis à leur allouer du capital proportionnellement à leur incrément (le capital incrémental correspond à la différence entre le capital économique total avec et sans un département). Une autre approche consiste à travailler avec les composantes du capital économique, ce qui implique une allocation du type :

$$x_i \frac{\partial E}{\partial x_i}$$

au $i^{ème}$ département, E étant le capital économique total et x_i l'investissement dans le $i^{ème}$ département. Le résultat d'Euler garantit que le capital total alloué correspond à E (voir section 9.8).

On définit par Q_i l'augmentation du capital économique total après l'augmentation Δx_i de x_i. Une approximation discrète pour le montant de capital alloué au département i est :

$$Q_i \,/\, y_i \tag{23.4}$$

avec $y_i = \Delta x_i \,/\, x_i$.

Exemple 23.4

Reprenons les résultats de l'exemple 23.3. Le capital économique total est de 203,2. Le capital économique du département 1 vaut 100 et celui du département 2 vaut 153,7.

Une procédure naïve consisterait à allouer 100/253,7 du capital économique total au département 1 et 153,7/253,7 au département 2, soit 80,1 et 123,1 pour les deux départements respectivement.

L'effet marginal du département 1 sur le capital économique total est 203,2 – 153,7 = 49,5. Celui du département 2 vaut 203,2 – 100 = 103,2. La somme des deux capitaux marginaux ne correspond pas au capital total. On peut en revanche les utiliser comme point de départ pour l'allocation du capital total. Ainsi, 49,5/(49,5 + 103,2) du capital total serait alloué au département 1 et 103,2/(49,5 + 103,2) au département 2, soit 69,5 et 137,3 pour les deux départements respectivement.

Afin d'appliquer l'équation (23.4), on peut soit calculer analytiquement la dérivée partielle, soit procéder à une approximation numérique. Lorsque l'on augmente la taille du département 1 de 1 %, son capital économique pour les risques de marché, de crédit et opérationnel passe respectivement à 30,3, 70,7 et 30,3 (voir tableau 23.2). Le capital économique total est alors de 203,906, tel que Q_1 = 203,906 – 203,224 = 0,682.

Lorsque l'on accroît la taille du département 2 de 1 %, son capital économique pour les trois risques s'établit respectivement à 40,4, 80,8 et 90,9 (voir tableau 23.2). Le capital économique total vaut alors 204,577, tel que Q_2= 204,577 – 203,224 = 1,353.

Dans ce cas, comme on considère des accroissements de 1 % pour les deux départements, on a $\Delta x_1 / x_1 = \Delta x_2 / x_2 = 0{,}01$. À partir de l'équation (23.4), on obtient les allocations du capital économique aux deux départements qui valent respectivement 68,2 et 135,2 (leur somme ne correspond pas exactement au capital économique total de 203,2 puisque l'on a utilisé une approximation par la dérivée partielle).

Exemple 23.4

23.7 Le capital économique de la Deutsche Bank

La Deutsche Bank publie les résultats du calcul de son capital économique dans ses rapports annuels. Le tableau 23.4 résume le capital économique et réglementaire pour l'année 2010. La Deutsche Bank a calculé le bénéfice de la diversification pour les risques de crédit et de marché, mais pas pour les autres combinaisons de risques. Le capital économique total est d'environ 27,2 milliards d'euros. Le tableau 23.5 présente l'allocation du capital aux différents départements de la banque.

Les fonds propres se composent d'environ 30 milliards d'euros de fonds propres de base (*Tier 1*), de 12,6 milliards d'euros de fonds propres *Tier 1* supplémentaires et de 6,1 milliards d'euros de fonds propres supplémentaires (*Tier 2*). La Deutsche Bank semble bien capitalisée selon les règles de Bâle III (voir chapitre 13). Lorsque le coussin de conservation est inclus (mais pas le coussin contracyclique discrétionnaire), une banque doit détenir 7 % de fonds propres *Tier 1*, 8,5 % de fonds propres *Tier 1* totaux et 10,5 % de fonds propres *Tier 1* et *Tier 2*. Pour la Deutsche Bank, ces ratios s'élèvent à 8,7 %, 12,3 % et 14,1 % respectivement.

Tableau 23.4 : Capital réglementaire et économique de la Deutsche Bank, décembre 2010 (en millions d'euros).

Risque de crédit	12 785
Risque de marché	13 160
Risque opérationnel	3 682
Gain de la diversification des risques de crédit, de marché et opérationnel	(3 534)
Risque d'exploitation	1 085
Capital économique total	27 178
Total des actifs pondérés au risque	346 204
Fonds propres de base détenus (% des actifs pondérés au risque)	8,7 %
Fonds propres complémentaires détenus (% des actifs pondérés au risque)	12,3 %
Total des fonds propres détenus (% des actifs pondérés au risque)	14,1 %

Tableau 23.5 : Allocation du capital économique de la Deutsche Bank, décembre 2010 (en millions d'euros).

Banque de financement et activités sur titres	14 828
Transactions bancaires	1 291
Gestion d'actifs	2 717
Banque privée	6 677
Investissements	902
Consolidation et ajustements	762
Total	27 178

23.8 Le RAROC

Les mesures de performance ajustée au risque représentent un critère important d'évaluation des différents départements de la banque. Il en existe de nombreuses approches, qui ont un point commun : elles comparent le rendement avec le capital utilisé en incorporant un ajustement au risque.

L'approche la plus courante consiste à comparer le rendement attendu avec le capital économique. Il s'agit du *Risk Adjusted Return On Capital* (RAROC, rentabilité du capital ajustée au risque). Sa formule est la suivante :

$$\text{RAROC} = \frac{\text{Produits} - \text{Charges} - \text{Pertes attendues}}{\text{Capital économique}} \tag{23.5}$$

On peut calculer le numérateur en net d'impôt ou en brut. On ajoute fréquemment au numérateur le taux de rentabilité sans risque sur le capital économique.

Comme le souligne Matten (2000), il est plus pertinent de qualifier l'approche utilisée à l'équation (23.5) de *Return On Risk-Adjusted Capital* (RORAC, rentabilité sur le capital ajusté au risque) plutôt que de RAROC[1]. En théorie, le RAROC devrait intégrer la rentabilité (au numérateur) ajustée au risque. À l'équation (23.5), c'est le capital (au dénominateur) qui est ajusté au risque.

On peut calculer le RAROC *ex ante* (avant le début de l'année) ou *ex post* (après la fin de l'année). Le premier calcul est fondé sur des estimations du profit espéré, tandis que le second utilise des réalisations du profit. On utilise le calcul *ex ante* comme outil de décision concernant le développement ou la réduction de l'activité d'un département. Le calcul *ex post* sert d'outil de comparaison des performances passées de différents départements, des décisions concernant les primes de fin d'année, etc.

Il est généralement peu approprié de fonder une décision d'expansion ou de contraction d'un département sur une analyse *ex post* (même si cela est très tentant !), car il est possible que le département ait réalisé des performances médiocres sur la période du fait de pertes sur prêts supérieures à la moyenne ou à cause du risque opérationnel. En effet, les décisions stratégiques doivent se fonder sur des performances de long terme.

1. Voir Matten, C., *Managing Bank Capital: Capital Allocation and Performance Measurement*, Wiley, Chichester, 2000, 2e éd.

Exemple 23.5

Une banque notée AA et octroyant des prêts dans une certaine région du monde estime ses pertes moyennes à 1 % des encours de prêts par an. La perte à 99,9 % dans le scénario le plus pessimiste (c'est-à-dire la perte excédentaire dans 0,1 % des cas) correspond à 5 % des encours de prêts. Le capital économique requis pour 100 euros de prêts est de 4 euros (voir exemple 23.1), ce qui correspond à la différence entre la perte réalisée dans 99,9 % des cas si le scénario le plus pessimiste se concrétise et la perte attendue (ce résultat ne tient pas compte des gains de la diversification qui seraient alloués à l'activité de prêts en pratique). Le *spread* entre le coût des ressources et le taux d'intérêt facturé vaut 2,5 %. En soustrayant la perte espérée sur les prêts de 1 %, on obtient le profit espéré pour 100 euros de prêts, soit 1,5 euro. En supposant que les charges d'exploitation du département de crédit correspondent à 0,7 % des prêts, le profit espéré s'établit à 0,8 euro pour 100 euros de prêts. Le RAROC vaut alors :

$$\frac{0{,}8}{4} = 20\,\%$$

Un calcul alternatif consisterait à ajouter le taux d'intérêt sur le capital économique au numérateur. Si l'on suppose que le taux sans risque vaut 2 %, alors on ajoute $0{,}02 \times 4 = 0{,}08$ au numérateur, tel que :

$$\frac{0{,}88}{4} = 22\,\%$$

Résumé

Le capital économique correspond au capital dont une banque ou une institution financière a besoin en contrepartie de sa prise de risque. L'institution est libre de choisir l'approche pour calculer son niveau de capital économique. Elle n'est pas tenue d'adopter les approches recommandées par le régulateur. Généralement, pour chacun de ses départements, la banque estime le capital économique pour les risques de crédit, de marché et opérationnel, et éventuellement pour le risque d'exploitation. Puis, elle agrège ces estimations pour déterminer le capital économique total nécessaire pour l'institution.

Les distributions des pertes à un an pour les risques de crédit, de marché et opérationnel sont assez différentes. La distribution est symétrique pour le risque de marché, asymétrique pour le risque de crédit et fortement asymétrique à queues épaisses pour le risque opérationnel.

Le capital économique total d'une institution financière est alloué aux différents départements afin de pouvoir calculer leur rentabilité. Il existe plusieurs schémas d'allocation de ce capital. Les plus performants sont ceux qui reflètent l'impact marginal du département sur le capital économique total. Le montant du capital alloué au département est généralement inférieur au capital estimé pour le département en temps qu'unité indépendante, en raison des gains de la diversification.

Références complémentaires

Dev, A., *Economic Capital: A Practitioner's Guide*, Risk Books, Londres, 2004.

Matten, C., *Managing Bank Capital: Capital Allocation and Performance Measurement*, Wiley, Chichester, 2000, 2e édition.

Rosenberg, J. V. et Schuermann, T., « A General Approach to Integrated Risk Management with Skewed, Fat-Tailed Risks », *Federal Reserve Bank of New York, Staff Reports*, n° 185, mai 2004.

Problèmes et exercices (corrigés en fin d'ouvrage)

23.1. Quelle est la différence entre le capital économique et le capital réglementaire ?

23.2. Quels sont les déterminants du seuil de confiance utilisé par une banque dans le calcul de son capital économique ?

23.3. Qu'est-ce que le risque d'exploitation ?

23.4. Sous quels aspects les modèles utilisés pour le calcul du capital économique pour les risques de marché, de crédit et opérationnel diffèrent-ils de ceux utilisés pour le calcul du capital réglementaire ?

23.5. Supposons que la distribution des pertes de crédit à un an soit de type log-normale. Le logarithme de la perte suit une loi normale de moyenne 0,5 et d'écart-type 4. Quel est le niveau du capital économique requis si l'on utilise un seuil de confiance à 99,97 % ?

23.6. Supposons que les estimations du capital économique pour deux départements soient :

	Département	
	1	**2**
Risque de marché	20	40
Risque de crédit	40	30
Risque opérationnel	70	10

Les coefficients de corrélation sont ceux du tableau 23.3. Calculez le capital économique total pour chaque département séparément, puis conjointement.

23.7. Au problème 23.6, quel est l'effet marginal de chaque département sur le capital économique total ? Utilisez ce résultat pour allouer le capital économique aux deux départements. Quel est l'impact de l'augmentation de 0,5 % pour chaque département sur le capital économique ? Montrez que votre résultat est cohérent avec le théorème d'Euler.

23.8. Une banque considère un projet de développement de ses activités de gestion d'actifs. Le risque principal est le risque opérationnel. Elle estime que la perte attendue à un an due pour ce risque est de 2 millions d'euros et que la perte à 99,99 % dans le scénario le plus pessimiste (résultant de poursuites judiciaires par un investisseur important) s'élève à 40 millions d'euros. Les commissions attendues de l'activité de gestion des fonds sont de 12 millions d'euros par an et les coûts de gestion devraient s'établir à 5 millions d'euros par an. Estimez le RAROC avant impôt.

23.9. On peut utiliser le RAROC de deux manières différentes. Lesquelles ?

Questions complémentaires

23.10. Supposons que les gains et les pertes journaliers soient distribués selon une loi normale d'écart-type 5 millions d'euros.

a. Estimez le capital réglementaire minimal pour le risque de marché (le facteur multiplicatif vaut 4).

b. Estimez le capital économique pour le risque de marché en utilisant un horizon temporel d'un an et un seuil de confiance à 99,9 %, avec un coefficient de corrélation de 0,05 entre les gains et les pertes.

23.11. Supposons que les estimations du capital économique pour deux départements soient les suivantes :

	Département	
	1	**2**
Risque de marché	10	50
Risque de crédit	30	30
Risque opérationnel	50	10

Le coefficient de corrélation entre les risques de marché et de crédit au sein du même département vaut 0,3. Le coefficient de corrélation entre les risques de crédit (respectivement les risques de marché) de chaque département est de 0,7 (respectivement de 0,2). Tous les autres coefficients de corrélation sont nuls. Calculez le capital économique total. Quel montant de capital devrait être alloué à chaque département ?

23.12. Supposons que l'unique activité d'une banque consiste à octroyer des prêts dans deux régions du monde. Cette activité présente les mêmes caractéristiques dans chaque région, qui correspondent à celles présentées à l'exemple 23.5 de la section 23.8. L'octroi de prêts dans la région A est trois fois plus important que dans la région B. La corrélation entre les pertes sur prêts dans les deux régions vaut 0,4. Estimez le RAROC total.

Chapitre 24

Les erreurs de gestion à éviter

Depuis le milieu des années 1980, on a observé des pertes considérables sur les marchés financiers. Ce chapitre tente de tirer les leçons de ces pertes en soulignant quelques points clés abordés aux chapitres précédents. Lorsque l'on étudie la liste de l'encadré 24.1, on constate avec surprise que ces pertes énormes sont souvent la conséquence des activités d'un seul individu. Ainsi, en 1995, Nick Leeson a mis à genoux la Barings, institution financière vieille de 200 ans; en 1994, Robert Citron a fait perdre 2 milliards de dollars au comté d'Orange, une municipalité californienne. Les activités de *trading* de Joseph Jett pour le compte de Kidder Peabody ont engendré une perte de 350 millions de dollars. Les pertes dues à John Rusnack, révélées en 2002, s'élèvent à 700 millions de dollars dans le cadre de ses activités pour l'Allied Irish Bank. Enfin, Jérôme Kerviel, trader pour le compte de la Société Générale, a perdu 7 milliards de dollars en 2008 et Kweku Abodoli a perdu 2,3 milliards de dollards pour UBS en 2011.

L'une des leçons importantes que l'on peut tirer de ces événements est que le contrôle interne joue un rôle central. En effet, ces pertes ont eu lieu car les systèmes de contrôle ont été défaillants et que les postions risquées n'étaient parfois même pas connues.

24.1 Les limites de risque

La première et la plus importante leçon à tirer des exemples cités précédemment concerne les limites de risque. Il est essentiel que les entreprises (financières et non financières) définissent clairement les limites des risques financiers qui peuvent être pris. Des procédures doivent également être élaborées afin d'assurer le respect de ces limites. Idéalement, les limites globales doivent être fixées au niveau de la direction, puis répercutées en limites applicables par les responsables de la gestion de risques particuliers. Des rapports quotidiens doivent mesurer les gains et les pertes qui peuvent survenir lors de la variation des variables de marché pertinentes. Ceux-ci doivent être comparés aux gains et pertes effectivement réalisés, de façon à juger de la pertinence des modèles d'évaluation utilisés.

Les entreprises ont intérêt à gérer les risques de manière encore plus rigoureuse lorsque des actifs dérivés sont employés. On peut en effet utiliser ces dérivés pour la couverture, la spéculation et l'arbitrage. Sans une surveillance étroite, il est impossible de juger si un trader chargé de la couverture ou si un arbitragiste sont devenus spéculateurs. La Barings, la Société Générale et UBS offrent d'excellentes illustrations des conséquences que cela peut avoir. Au nez et à la barbe de leurs supérieurs, les traders en couverture se sont transformés en spéculateurs, prenant d'énormes paris sur l'évolution d'indices, et le système de contrôle interne n'a pas joué son rôle.

L'argument, ici, ne consiste pas à dire qu'aucun risque ne doit être pris. Un trésorier d'entreprise, un trader dans une institution financière, ou encore un gérant de fonds doit être autorisé à prendre des positions sur l'évolution future de certaines variables de marché. Il convient d'insister sur certains points : le volume des positions autorisées doit être limité et le contrôle interne traduisant de manière fiable les risques pris est indispensable.

Encadré 24.1

Pertes importantes

Allied Irish Bank

Cette banque a perdu 700 millions de dollars du fait des activités spéculatives d'un trader, John Rusnack, pendant plusieurs années sur le marché des changes. Là, les pertes étaient masquées par des transactions fictives sur des contrats d'option.

Barings

Cette banque britannique, vieille de 200 ans, a fait faillite en 1995 à cause des activités d'un seul trader, Nick Leeson, à Singapour. Son mandat l'autorisait à arbitrer des contrats à terme sur l'indice Nikkei 225 entre Singapour et Osaka. Au lieu de cela, Nick Leeson réalisait des opérations spéculatives en pariant sur le sens d'évolution du Nikkei 225 à partir de *futures* et d'options. Les pertes totales ont avoisiné le milliard de dollars.

Enron

Enron a caché de l'information à ses actionnaires à l'aide de contrats fictifs. Plusieurs institutions financières qui avaient aidé Enron dans cette entreprise ont été judiciairement contraintes de payer aux actionnaires une somme de plus de 1 milliard de dollars.

Hammersmith et Fulham (voir encadré 20.1)

La British Local Authority a perdu environ 600 millions de dollars sur le marché des *swaps* et options de taux d'intérêt. Les deux traders mis en cause avaient, de façon surprenante, une connaissance très faible des produits échangés.

Kidder Peabody (voir encadré 22.1)

Les opérations d'un seul trader, Joseph Jett, ont fait perdre à cette entreprise new-yorkaise 350 millions de dollars sur les obligations du Trésor américain. La perte était due au calcul erroné des profits par le système informatique de l'entreprise.

Long-Term Capital Management (voir encadré 19.1)

Ce *hedge fund* a perdu environ 4 milliards de dollars en 1998 par le biais d'une stratégie nommée « arbitrage de convergence ». Pendant l'été 1998, le fonds a été mis en sérieuse difficulté lors de la fuite vers la qualité des opérateurs, fuite consécutive à l'annonce par la Russie d'un défaut sur sa dette.

National Westminster Bank

Cette banque britannique a perdu près de 130 millions de dollars en 1997 en utilisant un modèle erroné d'évaluation des options de *swap*.

Le Comté d'Orange (voir annexe B)

L'activité du trésorier, Robert Citron, a conduit cette municipalité californienne à perdre environ 2 milliards de dollars en 1994. Le trésorier avait utilisé des dérivés de taux et spéculait sur une hausse des taux d'intérêt.

Procter & Gamble (voir encadré 5.4)

L'activité du trésorier de cette grande entreprise américaine a entraîné une perte de l'ordre de 90 millions de dollars en 1994. Ce trésorier échangeait de nombreux produits exotiques sur taux d'intérêt avec Bankers Trust (qu'il a ensuite poursuivi).

Société Générale

En janvier 2007, Jérôme Kerviel, un arbitragiste actions, a perdu 7 milliards de dollars suite à des spéculations sur l'évolution des indices.

Emprunts subprime *(voir chapitre 6)*

En 2007, les investisseurs ont perdu toute confiance dans les produits structurés construits à partir d'emprunts *subprime*. Les banques ont alors perdu des dizaines de milliards de dollars et le monde a connu la plus grande récession depuis les années 1930.

UBS

En 2011, Kweku Abodoli a perdu 2,3 milliards de dollars sur des positions spéculatives sur indices.

Encadré 24.1

Une situation délicate

Que doit-il se passer lorsqu'un employé dépasse les limites mais réalise un profit ? C'est une question délicate pour un supérieur hiérarchique. Il est tentant d'occulter ces violations de limites quand elles engendrent finalement un profit. C'est cependant un raisonnement à courte vue. Cette attitude conduit au développement d'une culture dans laquelle les limites de risque ne sont pas prises au sérieux, et ouvre la voie à des désastres. La meilleure illustration est celle du comté d'Orange. En 1991-1993, les activités de Robert Citron ont été très profitables et la municipalité s'était habituée à cette source de financement complémentaire. Les responsables ont préféré ignorer les risques pris, puisque des profits étaient réalisés. Malheureusement, les pertes de 1994 ont largement dépassé les bénéfices des années précédentes.

Les pénalités pour dépassement de limites devraient être identiques, quel que soit le résultat des transactions (profits ou pertes). Dans le cas contraire, les traders en position perdante sont incités à augmenter leur exposition au risque dans l'espoir de dégager des profits et d'éviter la pénalité.

Ne considérez pas que vous pouvez prévoir l'évolution du marché

Certains traders sont sans aucun doute meilleurs que d'autres, mais aucun d'eux ne peut avoir raison constamment. Un trader qui prévoit correctement l'évolution des variables de marché dans 60 % des cas est déjà bon. Une série de résultats exceptionnels (comme ceux de Robert Citron au début des années 1990) est plus probablement due à la chance qu'à des capacités supérieures de gestion.

Supposons qu'une institution financière emploie 16 traders et que l'un d'eux réalise des profits quatre trimestres de suite. Doit-il recevoir une prime ? Doit-on relâcher ses limites de risque ? La réponse à la première question est évidemment affirmative et le trader devrait recevoir une prime importante. La réponse à la seconde devrait en revanche être négative. En effet, la probabilité de réaliser des profits quatre trimestres de suite en opérant au hasard est de $0{,}5^4$, c'est-à-dire une chance sur 16. Par conséquent, un trader chanceux sur 16 peut réaliser des profits pendant chaque trimestre de l'année. Mais il n'existe aucune raison de penser que la chance va se poursuivre et donc que les limites doivent être allégées.

Ne sous-estimez pas les gains de diversification

Lorsqu'un trader semble être capable de prévoir l'évolution d'une variable de marché, il est tentant d'accroître ses limites. Comme nous l'avons dit, ce n'est pas une bonne idée, puisqu'il est probable qu'il soit chanceux plutôt que brillant. Supposons cependant que l'on soit totalement convaincu qu'un trader ait un talent exceptionnel. Quelle perte de diversification devrait-on accepter pour exploiter ce talent ? La réponse, comme nous l'avons vu à la section 1.1, est que les bénéfices de la diversification peuvent être énormes ; il est alors fort peu probable que ce sacrifice soit compensé par un investissement supplémentaire sur une seule variable de marché.

Un exemple peut illustrer ce point. Considérons 20 actions ayant toute une rentabilité espérée de 10 % et un écart-type de rentabilité de 30 %. La corrélation de tous couples d'actions est de 0,2. Pour un investissement à parts égales dans chacun des titres, la rentabilité espérée du portefeuille est de 10 % et l'écart-type de rentabilité de 14,7 %. La diversification permet la division de la volatilité par deux, si on la compare à celle d'un portefeuille composé d'un titre unique. Dans ce contexte, le talent du trader doit être exceptionnel en termes de sélection de titres pour compenser cet effet de diversification.

Effectuez des analyses de scénarios et des simulations de crise

Le calcul de mesures de risque comme la VaR devrait systématiquement s'accompagner d'analyses de scénarios et de *stress tests* pour acquérir une meilleure compréhension de ce qui peut mal se passer. Ces techniques, présentées au chapitre 19, sont très importantes. L'être humain a une fâcheuse tendance à se fixer sur un ou deux scénarios avant de prendre une décision. En 1993 et 1994, par exemple, la société Procter & Gamble était tellement convaincue que les taux d'intérêt resteraient faibles qu'elle avait complètement négligé la possibilité d'une hausse de 100 points de base.

Il est également important d'être créatif dans l'élaboration des scénarios. Une des possibilités consiste à retenir dix ou vingt années de données historiques et à choisir comme scénarios les événements les plus extrêmes de cette période. Trop souvent, particulièrement lorsque les choses vont bien, on a tendance à oublier les résultats des *stress tests*. Cela a été le cas pour de nombreuses banques avant juillet 2007.

24.2 Gérer la salle des marchés

Dans les salles de marchés, les traders les plus performants sont parfois jugés comme « intouchables » et leur activité n'est pas soumise à un contrôle aussi strict que celle des autres. Apparemment, Joseph Jett, trader vedette sur instrument du Trésor de Kidder Peabody, était souvent « débordé » au moment de répondre aux questions et de discuter de ses positions avec les *risk managers* de l'entreprise.

Il est essentiel que tous les traders – spécialement les plus performants – demeurent contrôlables. En effet, il est très important, pour une institution financière, de savoir dans quelle mesure les profits élevés sont réalisés en prenant des risques élevés. De même, il est important de vérifier que les systèmes informatiques et les modèles d'évaluation utilisés sont fiables et n'ont pas été manipulés.

Séparez le *front*, le *middle* et le *back office*

Le *front office* d'une institution financière se compose de traders qui réalisent des transactions, prennent des positions sur le marché, etc. Le *middle office* se compose de *risk managers* chargés de contrôler les risques pris. Le *back office* est le service qui enregistre et comptabilise les opérations. Certains désastres spectaculaires sur le marché des dérives résultent de l'absence de séparation entre ces différentes fonctions. Nick Leeson contrôlait à la fois le *front* et le *back office* de la Barings à Singapour et était, par conséquent, capable de masquer, au moins temporairement, la nature désastreuse de ses opérations à ses supérieurs londoniens.

Évitez la confiance aveugle dans les modèles

Nous abordons au chapitre 22 le risque dû au modèle. Certaines pertes importantes essuyées par les institutions financières résultent des modèles et des systèmes informatiques utilisés. Kidder Peabody a été trompé par son propre modèle. Une autre illustration de ce danger est celui de la National Westminster Bank, dont l'utilisation de modèles erronés pour l'évaluation des *swaptions* a été dramatique.

Lorsque des profits importants sont réalisés à partir de stratégies relativement élémentaires, la pertinence des modèles utilisés pour calculer lesdits profits doit être examinée. De même, si une institution financière est particulièrement compétitive pour la cotation d'un certain produit, son modèle d'évaluation est alors certainement différent de celui employé par les autres intervenants. Un examen scrupuleux du modèle est alors nécessaire. Du point de vue de la direction de la salle de marchés, un volume d'affaires trop important sur certains types de transactions aussi bien qu'un volume trop faible sur d'autres doivent faire l'objet de surveillance.

Soyez conservateur dans la constatation des profits initiaux

Lorsqu'une institution vend un produit très exotique à une entreprise non financière, l'évaluation de ce produit peut être largement influencée par le modèle retenu. Par exemple, les produits de long terme incluant des options de taux peuvent être très dépendants du modèle d'évolution des taux retenu. Dans de telles circonstances, on parle parfois de *marking-to-model* pour décrire le *marking-to-market* quotidien. Cette appellation traduit l'absence de prix de marché pouvant servir de *benchmark* à l'évaluation du produit considéré.

Supposons qu'une institution s'apprête à vendre un produit à un client pour un montant supérieur de 10 millions à sa valeur, ou du moins de 10 millions supérieur à l'évaluation fournie par le modèle. Ces 10 millions sont qualifiés de « profit initial ».

Quand ce profit devrait-il être constaté ? Les pratiques en la matière diffèrent d'une banque à l'autre. Certaines le constatent immédiatement, tandis que d'autres préfèrent étaler la constatation dans le temps, sur toute la durée de vie du contrat, adoptant ainsi une attitude plus conservatrice.

Reconnaître ce type de profit immédiatement peut être très dangereux. En effet, cela encourage les traders à utiliser des modèles agressifs, à empocher leurs gratifications et à quitter la société avant que la valeur réelle de la transaction ne puisse être reconnue. Il est largement préférable de constater ce profit progressivement, de façon à inciter les traders à comparer divers modèles d'évaluation et à tester différents jeux d'hypothèses avant de finaliser la transaction.

Ne vendez pas à vos clients des produits inadaptés

Il peut être tentant de vendre à ses clients des produits inadaptés, surtout lorsqu'ils semblent attirés par un certain type de risque. C'est là une vision de court terme. L'exemple le plus marquant est probablement celui de la Bankers Trust dans la période précédant le printemps 1994.

BT a convaincu de nombreux clients d'acheter des produits très risqués et tout à fait inadaptés. Un de ces produits offrait au client la possibilité d'économiser quelques points de base sur les taux d'emprunt contre une faible probabilité de supporter des pertes importantes. Ces produits ont bien fonctionné pour les clients de la BT en 1992 et 1993, mais la situation s'est dégradée en 1994 à la suite d'une hausse importante des taux. La mauvaise publicité qui a suivi a eu un impact considérable sur la BT. Les années passées à gagner la confiance des clients et à construire une réputation solide sur le marché des produits dérivés innovants ont été détruites par une politique commerciale agressive mise en place par quelques vendeurs. La BT a dû payer des montants considérables à ses clients pour régler ces litiges à l'amiable et a été rachetée par la Deutsche Bank en 1999.

Que se cache-t-il derrière les profits faciles ?

Enron offre une autre illustration des coûts engendrés pour les banques d'une politique commerciale excessivement agressive. Voici une leçon que l'on peut tirer du cas Enron : le fait que de nombreuses banques se battent fortement pour obtenir un certain type d'affaires n'est d'aucune indication sur la profitabilité de ces dernières. Les activités qui semblent très profitables à peu de frais sont à surveiller de près du point de vue des risques de crédit, de marché et opérationnel. Quelques banques ont dû dépenser plus de 1 milliard de dollars pour éviter les poursuites judiciaires des actionnaires d'Enron.

L'investissement dans des tranches notées AAA d'ABS ou d'ABS CDO créés à partir d'emprunts *subprime* (voir chapitre 6) a été perçu comme « une poule aux œufs d'or » par de nombreuses institutions financières. La rentabilité était plus élevée que pour les autres investissements qui bénéficiaient de la même notation. Peu d'investisseurs ont cherché à comprendre la nature du risque sous-jacent qui justifiait cette rentabilité supplémentaire.

24.3 Le risque de liquidité

Nous abordons au chapitre 21 le risque de liquidité. Les spécialistes en ingénierie financière fondent souvent l'évaluation de produits exotiques ou de produits peu liquides sur les prix d'actifs activement échangés. Par exemple :

1. Un trader calcule généralement une courbe zéro-coupon à partir d'obligations d'État très liquides (obligations dites *on-the-run*) et utilise la courbe obtenue pour évaluer des obligations bien moins liquides (dites *off-the-run*).
2. Un trader déduit généralement une volatilité implicite à partir de contrats d'options liquides et applique le résultat obtenu à l'évaluation d'options moins liquides.
3. Un trader extrait généralement de l'information sur le comportement des taux d'intérêt à partir de *caps* et de *swaptions* largement échangés, et se sert de cette information pour évaluer des produits fortement structurés.

Cette pratique n'est pas insensée. Il est cependant dangereux de supposer que des titres ou contrats peu liquides seront toujours échangés à des prix voisins de leur valeur théorique. Quand les marchés subissent un choc, de quelque nature que ce soit, un assèchement de la liquidité peut apparaître (voir section 21.3). Celle-ci devient essentielle pour les investisseurs, et les titres peu liquides sont vendus à une valeur bien inférieure à leur valeur théorique. De ce fait, les stratégies qui supposent que de grandes quantités de titres peu liquides seront vendues rapidement à un prix proche de leur valeur théorique sont dangereuses.

Long-Term Capital Management (LTCM) est une illustration de ce risque de liquidité ; nous avons décrit ce cas à l'encadré 19.1. Ce *hedge fund* suivait une stratégie dite d'« arbitrage de convergence ». Il tentait de repérer deux titres (ou deux portefeuilles de titres) qui devaient théoriquement s'échanger à des prix voisins. Si l'un des titres cotait à un prix inférieur à l'autre, Long-Term Capital Management se portait acheteur du premier et vendait le second. Cette stratégie était fondée sur l'idée que, si les deux prix théoriques étaient identiques, les prix de marché devaient l'être également.

Pendant l'été 1998, LTCM a subi une perte énorme. Celle-ci était essentiellement due à l'annonce de la Russie d'un défaut sur sa dette souveraine, entraînant une fuite vers la qualité. LTCM était en position longue sur des obligations peu liquides et en position courte sur des obligations liquides (par exemple, acheteur de titres *off-the-run* et vendeur de titres *on-the-run*). Les *spreads* entre les deux catégories de titres se sont élargis brutalement après l'annonce russe. Au final, cela a entraîné une perte colossale pour LTCM qui n'a plus été capable de répondre aux appels de marge liés à ses positions. L'histoire de LTCM renforce la nécessité de procéder à des analyses de scénarios et à des *stress tests* pour mesurer l'impact d'événements extrêmement défavorables. Afin de quantifier son exposition au risque de liquidité, LTCM aurait dû analyser d'autres périodes de l'histoire financière ayant conduit à des fuites brutales vers la qualité.

Méfiez-vous lorsque tout le monde adopte la même stratégie

Il arrive parfois que de nombreux intervenants sur le marché suivent la même stratégie. Ce contexte est dangereux car de forts mouvements de marché, un « assèchement » de la liquidité entraînant des pertes importantes, sont susceptibles de survenir. Nous avons donné un exemple de cette situation à l'encadré 21.4 ayant trait à l'assurance de portefeuille et au krach d'octobre 1987. Dans les mois qui ont précédé le krach, de nombreux gérants de portefeuille ont tenté d'assurer leur portefeuille en créant des options de vente synthétiques. Ces opérateurs achetaient des actions ou des *futures* sur indices après une hausse du marché et les revendaient après une baisse. Cela a engendré une instabilité sur le marché. En effet, une faible baisse des cours pouvait entraîner une vague de ventes par les assureurs de portefeuille. Cette réaction conduisait à accentuer la baisse qui entraînait des ventes supplémentaires, et ainsi de suite. Sans assurance de portefeuille, le krach de 1987 aurait indubitablement été moins sévère.

Le cas de LTCM en 1998 fournit un deuxième exemple de ce problème. La situation du fonds a encore été aggravée car de nombreux autres fonds suivaient la même stratégie d'arbitrage de convergence. Après le défaut russe et la fuite vers la qualité, LTCM a voulu dénouer une partie de ses positions pour répondre aux appels de marge. Malheureusement, les autres fonds étaient confrontés aux mêmes difficultés et tentaient de réaliser les mêmes échanges. Cela a encore détérioré la situation et les *spreads* de liquidité se sont encore élargis, renforçant à leur tour la fuite vers la qualité.

Considérons par exemple la position de LTCM en obligations du Trésor américain. Ce fonds détenait une position longue sur les obligations *off-the-run* (peu liquides) et une position courte sur les titres *on-the-run* (liquides). Lorsque la fuite vers la qualité a eu pour conséquence une augmentation des *spreads* entre les deux types d'obligations, LTCM a été contraint de liquider ses positions en vendant des titres *off-the-run* et en rachetant des titres *on-the-run*. D'autres fonds importants ont fait de même. La conséquence a été une augmentation des prix relatifs des obligations liquides par rapport aux autres, élargissant encore les *spreads* entre les deux catégories de titres.

Le cas des compagnies d'assurance britanniques à la fin des années 1990, étudié à l'encadré 3.1, est un autre exemple. Ces compagnies avaient décidé, au même moment, de se couvrir contre une éventuelle baisse des taux d'intérêt de long terme. La conséquence a été une baisse de ces taux d'intérêt !

Le point clé à retenir de ces exemples est la nécessité d'avoir une vision globale des marchés financiers et de comprendre les risques liés aux situations dans lesquelles les intervenants du marché optent tous pour la même stratégie.

Ne financez pas des actifs de long terme avec des passifs de court terme

Comme nous l'avons vu, il est important pour les institutions financières d'assurer une bonne correspondance entre les maturités de l'actif et du passif. Si ce n'est pas le cas, elles sont exposées à un risque de taux d'intérêt. Les difficultés rencontrées par les caisses d'épargne aux États-Unis dans les années 1960, 1970 et 1980 venaient essentiellement du fait qu'elles finançaient des emprunts de long terme avec des dépôts de court terme.

Pendant la période précédant la crise, les prêts *subprime* et autres actifs de long terme qui attendaient d'être vendus sur le marché *via* les véhicules de titrisation, étaient souvent financés par des billets de trésorerie (*commercial paper*). Ce type de financement doit en permanence être renouvelé sur des horizons courts (typiquement tous les mois). Lorsque les investisseurs ont perdu confiance en août 2007, il devenait quasi impossible d'assurer le renouvellement du financement.

Un grand nombre de faillites d'institutions financières pendant la crise (par exemple, Lehman Frères et Northern Rock) a été causé par un recours excessif au financement de court terme. Une fois le marché (à tort ou à raison) inquiet pour la santé d'une institution financière, il est devenu impossible pour cette dernière de renouveler ses financements à court terme. Dans ce contexte, il n'est pas surprenant que le Comité de Bâle ait introduit des exigences de liquidité pour les banques.

Ne négligez pas l'importance de la transparence du marché

Une des leçons que l'on peut tirer de la crise financière est que la transparence du marché est fondamentale. Pendant la période précédant la crise, les investisseurs ont échangé des produits structurés sans avoir une connaissance parfaite des actifs sous-jacents. Avec le recul, on peut dire que ces investisseurs auraient dû demander davantage d'informations et mesurer plus précisément le risque pris. En août 2007, le rationnement de crédit a entraîné une perte de confiance des investisseurs et une contraction violente du marché des produits structurés. Les tranches associées à ces produits se sont alors vendues à des prix très en dessous de leur valeur théorique et la fuite vers la qualité a entraîné une explosion des *spreads* de crédit. Si la transparence avait été plus forte, les pertes sur les prêts *subprime* n'auraient pas pu être évitées, mais les mouvements de marché auraient certainement été moins violents.

24.4 Leçons pour les entreprises non financières

Nous concluons avec quelques leçons destinées aux entreprises non financières.

Assurez-vous que vous comprenez parfaitement l'échange que vous réalisez

Les entreprises ne devraient jamais s'engager dans des transactions ou des stratégies lorsqu'elles ne comprennent pas tous les tenants et les aboutissants. Cela semble évident, mais il est très surprenant de constater qu'après avoir subi une perte importante, de nombreux traders employés par des entreprises non financières avouent n'avoir pas bien compris ce qui se passait, ou prétendent avoir été trompés par les banques d'investissement. C'est le cas de Robert Citron, le trésorier du comté d'Orange. C'est également le cas des traders d'Hammersmith et Fulham qui, en dépit des positions énormes qu'ils détenaient, étaient, de manière surprenante, très mal informés sur le fonctionnement réel des *swaps* et autres dérivés de taux.

Lorsqu'un *senior manager* d'une entreprise ne comprend pas la transaction proposée par l'un de ses collaborateurs, celle-ci ne devrait pas être acceptée. Il existe une règle simple : si une opération et sa justification sont trop complexes pour être comprises par le directeur, cette opération est sûrement inadaptée aux besoins de l'entreprise. Si ce critère avait été appliqué, les transactions de Procter & Gamble et Gibson Greetings n'auraient pas eu lieu.

Une façon d'être sûr d'avoir bien compris le fonctionnement d'un produit est de l'évaluer. Lorsqu'une entreprise ne dispose pas des ressources internes suffisantes pour cette évaluation, elle ne devrait pas utiliser ce produit. En pratique, les entreprises font le plus souvent confiance aux banques d'investissement pour l'évaluation des produits. Cela est dangereux, comme ont pu le constater Procter & Gamble et Gibson Greetings. Quand ces sociétés ont voulu déboucler leurs positions, elles n'ont pas pu vérifier les prix élaborés par les modèles internes de la Bankers Trust.

Soyez sûr qu'un opérateur en couverture ne devienne pas un spéculateur

Un constat gênant est que la couverture est une activité relativement ennuyeuse, alors que la spéculation est excitante. Quand une firme engage un trader pour gérer le risque de change ou le risque de taux, il peut se produire ce qui suit. Dans un premier temps, le trader fait rigoureusement son travail et gagne la confiance de ses supérieurs. Il évalue correctement les risques de l'entreprise et les couvre. Dans un second temps, le trader est persuadé qu'il peut prévoir l'évolution du marché et, avec le temps, il devient spéculateur. À la première perte, il tente de se refaire et double la mise. De nouvelles pertes sont enregistrées et cette dynamique peut conduire au désastre.

Comme nous l'avons mentionné précédemment, des limites claires doivent être mises en œuvre quant aux risques susceptibles d'être pris. Des procédures de contrôle doivent être instaurées pour s'assurer que les limites sont respectées. La stratégie d'une entreprise doit débuter par une analyse des risques de change, de taux et de matières premières auxquels la société est potentiellement exposée. Une décision doit ensuite être prise concernant les moyens de maintenir ces risques à un niveau acceptable. Lorsqu'une stratégie ne découle pas directement de l'exposition aux risques de la firme, cela souligne généralement un problème.

N'oubliez pas que le département Trésorerie n'est pas un centre de profits

Depuis une vingtaine d'années, le département Trésorerie a été souvent assimilé à un centre de profits. Cela peut paraître tout à fait raisonnable. Le trésorier est motivé pour réduire les coûts de financement et gérer les risques de la manière la plus profitable. Cependant, pour un trésorier, les possibilités de réaliser des profits sont très limitées.

Lorsqu'il collecte des fonds et réinvestit le surplus, il est face à un marché efficient. Il ne peut alors augmenter la rentabilité de ses investissements qu'en prenant des risques supplémentaires. Le programme de couverture des risques de l'entreprise laisse néanmoins de la marge au trésorier pour prendre des décisions « propres » augmentant les profits. Mais il faut garder à l'esprit que l'objectif d'une stratégie de couverture est, avant tout, de réduire les risques, et non d'augmenter les profits espérés. La décision de couvrir une position conduit, dans 50 % des cas, à un résultat inférieur à celui qui aurait été obtenu sans couverture. Le danger de considérer le département Trésorerie comme un centre de profits est l'incitation à la spéculation qu'elle induit pour le trésorier. Un résultat identique à celui du comté d'Orange ou de Procter & Gamble ou encore de Gibson Greetings est dès lors possible.

24.5 Un dernier point

La plupart des risques que nous avons pris en considération dans cet ouvrage sont des risques connus. Ils sont comme le risque de marché et le risque de crédit quantifiables en utilisant des données historiques. Deux autres types de risques sont importants pour les institutions financières : les risques inconnus et les risques non connus. Les risques inconnus sont les risques connus qui pourraient entraîner une perte, mais dont la probabilité d'occurrence est délicate à déterminer. Le risque opérationnel comprend différents types de risques inconnus. Quelle est la probabilité d'une perte d'un trader voyou ? Quelle est la probabilité d'une perte associée à une importante poursuite judiciaire ? On ne peut généralement pas estimer ces probabilités en utilisant des données historiques. Comme nous l'avons vu dans le chapitre 19, on utilise souvent les probabilités subjectives. Dans son célèbre ouvrage, Knight (1921) utilise le terme « risque » pour définir les risques connus et le terme « incertitude » pour désigner les risques inconnus[1].

Les risques non connus sont des risques pour lesquels même l'événement qui pourrait entraîner une perte n'est pas connu. Ils sont, à bien des égards, les plus insidieux car ils représentent une surprise totale et conduisent souvent à des pertes considérables. Un risque non connu est parfois qualifié de « cygne noir ». Les cygnes noirs avaient en effet une probabilité d'existence nulle jusqu'à leur découverte en Australie. Comme l'a souligné M. Taleb (2007), une fois qu'il a eu lieu, un « cygne noir » est souvent considéré comme évident[2]. Pensez-vous qu'en 1970 les éditeurs d'encyclopédies en plusieurs volumes avaient anticipé que les développements technologiques rendraient leur produit obsolète ? Probablement pas, mais *ex post*, ce risque paraît évident. Comment les entreprises peuvent-elles gérer ces deux types de risques ? La souplesse est un outil clé. La diversification des produits et des marchés augmente, par exemple, cette souplesse. À l'avenir, les compagnies d'assurance devraient développer davantage de produits pour gérer ces deux types de risques. Comme nous l'avons abordé au chapitre 20, des produits ont déjà été mis au point pour fournir une protection contre des risques opérationnels inconnus. Proposer des contrats pour des risques non connus est un défi très stimulant (mais pas totalement impossible).

---

1. Voir Knight F. H., *Risk, Uncertainty and Profit*, Boston : Houghton Mifflin Company, 1921.
2. Voir Taleb N. N., *The Black Swan: The Impact of the Highly Improbable*, New York : Random House, 2007.

Références complémentaires

Diebold, F. X., Doherty N. A. et Herring R. J., *The Known, the Unknown, and the Unknowable in Financial Risk Management*, Princeton, NJ : Princeton University Press, 2010.

Dunbar, N., *Inventing Money: The Story of Long-Term capital management and the Legends Behind It*, Wiley, Chichester, 2000.

Gomory, R. « The Known, the Unknown and the Unknowable », *Scientific American*, juin 1995.

Jorion, P., « Big Bets Gone Bad: Derivatives and Bankruptcy in Orange County », *Academic Press*, New York, 1995.

Jorion, P., « How Long-Term Lost Its Capital », *Risk*, septembre 1999.

Ju, X. et Pearson, N., « Using Value at Risk to Control Risk Taking: How Wrong Can You Be? », *Journal of Risk*, 1, 2, hiver 1998-1999, p. 5-36.

Persaud, A. D., *Liquidity Black Holes: Understanding Quantifying and Managing Financial Liquidity Risk*, Londres : Risk Books, 2003.

Sorkin, A. R., *Too Big to Fail*, New York : Penguin, 2009.

Tett, G., *Fool's Gold: How the Bold Dream of a Small Tribe at JPMorgan Was Corrupted by Wall Street Greed and Unleashed a Catastrophe*, New York : Free Press, 2009.

Thomson, R., *Apocalypse Roulette: The Lethal World of Derivatives*, McMillan, Londres, 1998.

Zhang, P. G., « Barings Bankruptcy and Financial Derivative », *World Scientific*, Singapour, 1995.

Annexe A
Fréquence de composition des taux d'intérêt

Quand une banque propose un taux annuel de 10 %, il ne semble y avoir aucune ambiguïté. En fait, la signification de cette valeur dépend de la façon dont les taux sont mesurés.

Si le taux est composé annuellement, un placement de 100 euros dans cette banque rapportera en fin d'année :

$$100\ € \times 1{,}1 = 110\ €$$

Si la composition des intérêts est semestrielle, cela signifie que le placement rapporte 5 % pour six mois ; dans ce cas, il rapportera en fin d'année :

$$100\ € \times 1{,}05 \times 1{,}05 = 110{,}25\ €$$

Si la composition des intérêts est trimestrielle, cela signifie que le placement rapporte 2,5 % pour trois mois ; il rapportera alors :

$$100 \times 1{,}025^4 = 110{,}38\ €$$

Le tableau A.1 montre l'effet de la variation de la périodicité de composition des intérêts sur la valeur finale du placement. La fréquence de composition des intérêts définit l'unité de mesure du taux d'intérêt. De ce fait, on peut convertir un taux composé de façon unique en un taux équivalent de composition différente. Comme on le voit au tableau A.1, un taux de 10,25 % en composition annuelle correspond à 10 % en composition semestrielle. On peut envisager la différence de composition comme la différence entre les *miles* et les kilomètres ; ce sont deux unités de mesure différentes.

Tableau A.1 : Effet de la fréquence de composition des intérêts sur la valeur de 100 euros à la fin d'une année avec un taux de 10 %.

Fréquence de composition	Valeur de 100 € à la fin de l'année
Annuelle ($m = 1$)	110,00
Semestrielle ($m = 2$)	110,25
Trimestrielle ($m = 4$)	110,38
Mensuelle ($m = 12$)	110,47
Hebdomadaire ($m = 52$)	110,51
Journalière ($m = 365$)	110,52

Pour généraliser ces résultats, considérons un montant A investi pendant n années au taux annuel R. Si la composition est annuelle, la valeur finale de l'investissement est :

$$A(1+R)^n$$

Si la composition des intérêts a lieu m fois par an, le résultat final est :

$$A\left(1+\frac{R}{m}\right)^{mn} \tag{A.1}$$

Lorsque $m = 1$, on parle généralement de taux annuel équivalent.

La composition continue des intérêts

La limite du résultat précédent, quand m tend vers l'infini, s'appelle composition en continu des intérêts. Avec cette composition, un montant A investi pendant n années au taux annuel R donne :

$$Ae^{Rn} \tag{A.2}$$

où e est la base du logarithme népérien ($e \approx 2{,}71828$). La plupart des calculatrices fournissent directement la fonction e^x et l'obtention de l'équation (A.2) ne pose aucune difficulté. Avec les données du tableau A.1, A = 100, n = l, R = 0,1, on aboutit à :

$$100 \times \text{e}0{,}1 = 110{,}52\ €$$

Ce résultat est identique à celui obtenu par composition journalière des intérêts (à deux décimales près). Pour les problèmes pratiques, une composition continue est vue comme une composition journalière.

Composer (ou capitaliser) en continu un montant pendant n années au taux R consiste à multiplier cette somme par e^{Rn}. Actualiser sur n années au même taux R en continu revient à multiplier par e^{-Rn}.

Notons R_c un taux continu et R_m le taux équivalent pour une composition m fois par an. Par les équations (A.1) et (A.2), on a :

$$Ae^{nR_c} = A\left(1+\frac{R_m}{m}\right)^{mn}$$

ou encore :

$$R_c = m \times \ln\left(1+\frac{R_m}{m}\right) \tag{A.3}$$

et finalement :

$$R_m = m\left(e^{\frac{R_c}{m}} - 1\right) \tag{A.4}$$

On utilise ces relations pour convertir un taux composé m fois par an en un taux continu et *vice versa*. La fonction ln(.) est le logarithme népérien, disponible dans la plupart des calculatrices (fonction inverse de l'exponentielle).

Exemple A.1

Soit un taux de 10 % composé semestriellement. D'après l'équation (A.3) avec $m = 2$ et $R_m = 10$ %, le taux continu équivalent est égal à :

$$2\ln\left(1+\frac{0,1}{2}\right) = 9,758\ \%$$

Exemple A.2

Une banque propose un prêt à 8 % en taux continu avec des intérêts dus trimestriellement. De l'équation (A.4) avec $m = 4$ et $R_m = 0,08$, on déduit :

$$4\left(e^{0,08/4}-1\right) = 0,0808 = 8,08\ \%$$

Par conséquent, pour un emprunt de 1 000 euros, les intérêts dus chaque trimestre s'élèvent à 20,20 euros.

Annexe B

Taux zéro-coupon, taux *forward* et gamme des taux

Le taux zéro-coupon (taux ZC ou taux *spot*) à n années est le taux d'intérêt obtenu par un investissement démarrant aujourd'hui et s'achevant dans n années. Les remboursements des intérêts et du principal ont lieu au terme des n années, et cet investissement n'engendre aucun flux intermédiaire. On nomme généralement la fonction liant le taux zéro-coupon et la durée de l'investissement « structure par termes des taux zéro-coupon ». Si l'on suppose que le taux zéro-coupon d'État à cinq ans, en composition continue, est de 5 %, cela signifie qu'un investissement de 100 euros dans cet actif rapporte au terme des cinq ans :

$$100 \times e^{0,05 \times 5} = 128,40\ €$$

Les taux *forward* (ou taux à terme) sont des taux d'emprunt ou de placement, pour des périodes futures, contenus dans la structure par termes des taux zéro-coupon de date initiale. Supposons que les taux zéro-coupon soient ceux du tableau B.1. Le taux *forward* pour la période [six mois, un an] est de 6,6 %. En effet, un investissement à 5 % pour les six premiers mois couplé à un investissement à 6,6 % pour les six mois suivants offre en moyenne un rendement annuel de 5,8 %. De la même façon, le taux *forward* pour la période [douze mois, dix-huit mois] est de 7,6 %. En général, le taux *forward* F pour la période $[T_1, T_2]$ est tel que :

$$F = \frac{R_2T_2 - R_1T_1}{T_2 - T_1} \tag{B.1}$$

où R_1 est le taux zéro-coupon pour une maturité de T_1 et R_2 le taux zéro-coupon pour une maturité T_2.

Tableau B.1 : Taux zéro-coupon.

Maturité	Taux ZC (en %)
0,5	5,0
1,0	5,8
1,5	6,4
2,0	6,8

Cette formule est parfaitement correcte lorsque l'on mesure les taux en composition continue, mais plus approximative pour des compositions différentes. Le tableau B.2 propose les résultats de l'utilisation de cette formule pour les données du tableau B.1. Par exemple, pour le calcul du taux *forward* de la période [1,5 – 2], $T_1 = 1,5$, $T_2 = 2,0$, $R_1 = 0,064$ et $R_2 = 0,068$. La valeur du taux *forward* est alors $F = 0,08$. Si un investisseur anticipe un taux futur éloigné de la valeur du taux *forward*, ce dernier peut prendre une position sur le marché en accord avec ses anticipations.

Tableau B.2 : Taux *forward* construits à partir des taux zéro-coupon du tableau B.1

Maturité	Taux ZC (en %)
0,5 à 1,0	6,6
1,0 à 1,5	7,6
1,5 à 2,0	8

Considérons un investisseur qui peut emprunter et prêter aux taux du tableau B.1. Supposons qu'il pense que le taux à six mois ne devrait pas beaucoup varier dans les trois prochaines années. Cet investisseur peut emprunter des fonds à six mois et les placer pour deux ans. L'emprunt à six mois peut être renouvelé à la fin du 6e, du 12e et du 18e mois. Si les taux d'intérêt sur le marché restent identiques, cette stratégie dégage un profit de 1,8 % par an, puisque son emprunt est réalisé à 5 %, et son placement lui rapporte 6,8 %. Ce type de stratégie consiste à suivre la courbe et l'investisseur anticipe ici des taux *spots* futurs différents des taux *forward* calculés au tableau B.2. Robert Citron, trésorier du comté d'Orange, a utilisé avec succès la stratégie qui vient d'être décrite pendant les années 1992-1993. Le profit dégagé par son activité était important, et il a été réélu. En 1994, M. Citron a encore intensifié son investissement en prenant massivement position sur des obligations à taux variable inversé (*inverse floaters*) et en finançant cette position par des emprunts à court terme. Puisque ces obligations paient un coupon fixe diminué d'un taux variable, cette stratégie se révèle gagnante lorsque les taux d'intérêt diminuent ou restent constants. Malheureusement, les taux d'intérêt ont fortement augmenté durant l'année 1994 et, le 1er décembre 1994, le comté d'Orange a annoncé une perte de 1,5 milliard de dollars. Quelques jours plus tard, la procédure de faillite était lancée.

Le prix des obligations

La plupart des obligations paient des coupons périodiques, et le détenteur de ce titre se voit aussi rembourser le principal à l'échéance de l'obligation. Le principal est généralement nommé pair ou valeur faciale. Le prix théorique d'une obligation peut alors être calculé en actualisant les flux qu'elle engendre aux taux ZC correspondants. Pour illustrer ce propos, supposons que les taux zéro-coupon soient ceux du tableau A.1.

L'obligation à évaluer a une valeur faciale de 100 euros et paie un coupon semestriel de 6 %. Pour calculer la valeur présente du premier coupon de 3 euros, le taux applicable est de 5 % pour six mois. Le deuxième est de la même façon actualisé au taux de 5,8 % sur un an, et ainsi de suite. Le prix théorique de cette obligation est alors :

$$3 \times e^{-0,05 \times 0,5} + 3 \times e^{-0,058 \times 1} + 3 \times e^{-0,064 \times 1,5} + 103 \times e^{-0,068 \times 2} = 98,39\ €$$

Le taux actuariel d'une obligation

Le taux actuariel d'une obligation est le taux d'actualisation qui, appliqué à tous les flux, donne le prix de marché de l'obligation. Supposons que l'obligation précédente soit effectivement cotée 98,39 euros. Si l'on note y le taux actuariel (continu) de cette obligation, y est solution de l'équation :

$$3 \times e^{-y \times 0,5} + 3 \times e^{-y \times 1} + 3 \times e^{-y \times 1,5} + 103 \times e^{-y \times 2} = 98,39$$

On peut résoudre ce genre d'équation en utilisant, par exemple, le solveur d'Excel. La valeur du taux actuariel est $y = 6,76\ \%$.

Les taux d'État

Les taux d'État sont les taux associés à des investissements en bons ou obligations du Trésor. Ce sont des actifs financiers émis par le gouvernement d'un pays, afin de se financer dans sa propre devise. Par exemple, les taux d'intérêt associés aux obligations assimilables du Trésor (OAT) ou aux bons du Trésor annualisés (BTAN) sont les taux auxquels se finance l'État français en euros (*Treasury bills* et *Treasury bonds*, pour le marché américain). Il est généralement admis que l'État ne peut faire faillite sur des émissions dans sa propre devise[1]. De ce fait, ces taux sont les références sans risque sur le marché, puisque l'investisseur ne supporte aucun risque de défaillance.

La détermination des taux zéro-coupon sans risque

Une manière de déterminer les taux zéro-coupon sans risque (comme ceux du tableau B.1.) consiste à se référer aux taux des obligations démembrées (nommés également taux *strips*). Ces derniers sont des obligations zéro-coupon créées artificiellement par les intervenants de marché (spécialistes en valeurs du Trésor, pour le marché français) au travers de la vente des coupons, indépendamment du principal.

Une autre approche est l'utilisation directe des cotations des obligations et bons du Trésor. L'utilisation de la méthode de *bootstrap* (ou de proche en proche) est l'approche la plus populaire. Elle consiste à calculer les taux d'intérêt de manière successive à partir des prix des obligations de maturités de plus en plus longues. Supposons que le tableau B.1 fournisse les taux associés aux obligations du Trésor et qu'une obligation de maturité 2,5 ans, de taux de coupon 8 % (versement semestriel) et de principal 100 euros cote sur le marché 102 euros. On peut alors déterminer le taux zéro-coupon R qui permet de retrouver le prix de cette obligation à l'aide de l'ensemble des taux du tableau 4.2. En résolvant l'équation :

$$4 \times e^{-0,05 \times 0,5} + 4 \times e^{-0,058 \times 1} + 4 \times e^{-0,064 \times 1,5} + 4 \times e^{-0,068 \times 2} + 104 \times e^{-R \times 2,5} = 102$$

on obtient $R = 7,05\ \%$. Le tableau B.3 présente la structure par termes des taux zéro-coupon.

1. La raison essentielle est que l'État peut toujours avoir recours à la création monétaire.

On considère généralement cette structure comme linéaire entre deux points obtenus à partir de la méthode décrite. (Dans notre exemple, le taux zéro-coupon pour une maturité de 2,25 ans vaut 6,925 %.) La figure B.1 représente la courbe obtenue.

Taux *swap/Libor*

La gamme des taux *swap*/Libor est construite de la même manière par une méthode proche du *bootstrap* ; on la qualifie généralement de courbe *swap* ou de courbe *swap*/ Libor. Les contrats eurodollars, puis les taux de *swap* permettent d'étendre la courbe Libor à des maturités supérieures à un an.

Tableau B.3 : Taux du tableau B.1 après calcul du taux zéro-coupon de maturité 2,5 ans par la méthode du *bootstrap*.

Maturité	Taux ZC (en %)
0,5	5,0
1,0	5,8
1,5	6,4
2,0	6,8
2,5	7,05

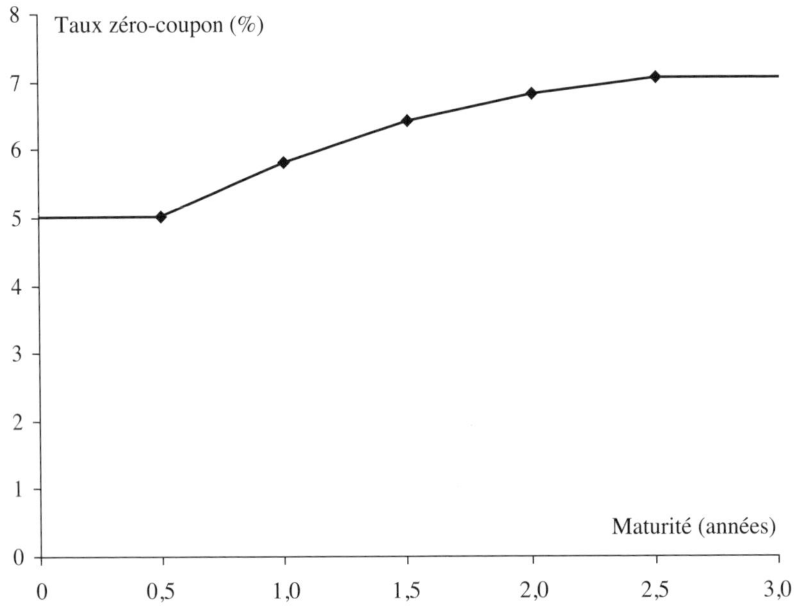

Figure B.1 – Structure par termes zéro-coupon (données du tableau B.3).

Annexe C

Évaluation des contrats *futures* et *forward*

Le prix *futures* ou *forward* d'un investissement qui n'engendre aucun flux s'écrit :

$$S_0 e^{rT}$$

où S_0 est le prix *spot* de l'actif, T la durée restant à courir jusqu'à la maturité du contrat *futures* ou *forward*, et r le taux sans risque exprimé en composition continue.

Lorsque l'actif verse des flux pendant la durée de vie du contrat dont la valeur actuelle est I, le prix *futures* ou *forward* s'écrit :

$$(S_0 - I)e^{rT}$$

Lorsque le taux de rentabilité de l'actif est q, ce prix s'écrit :

$$S_0 e^{(r-q)T}$$

On peut considérer une devise étrangère comme un investissement dont la rentabilité est le taux sans risque étranger. La valeur d'un contrat *forward* pour lequel le détenteur a le droit d'acheter l'actif au prix K s'écrit dans tous les cas :

$$(F - K)e^{-rT}$$

où F est le prix *forward* de l'actif. La valeur d'un contrat *forward* pour lequel le détenteur a le droit de vendre l'actif au prix K s'écrit dans tous les cas :

$$(K - F)e^{-rT}$$

Exemple C.1

Considérons un contrat *futures* sur le S&P 500. La valeur de l'indice est de 1 200, le taux sans risque à 6 mois est de 5 % (en base annuelle) et le taux de dividende anticipé sur le S&P 500 pour les six prochains mois vaut en moyenne 2 % (en base annuelle). Le prix *futures* est alors :

$$1\,200e^{(0{,}05-0{,}02)0{,}5} = 1\,218{,}14$$

Exemple C.2

Le prix *forward* d'une once d'or pour un contrat de maturité de neuf mois est 550 dollars. Une entreprise est en position longue sur un contrat *forward* portant sur l'achat de 1 000 onces d'or au prix de 530 dollars dans neuf mois. Le taux sans risque en composition continue vaut 4 %. La valeur du contrat s'écrit alors :

$$1\,000 \times (550 - 530)e^{-0{,}04\times 9/12} = 19\,409\ \$$$

Annexe D
Évaluation des *swaps*

On peut évaluer un *swap* de taux d'intérêt en supposant que les taux d'intérêt futurs seront égaux aux taux d'intérêt *forward* prévalant sur le marché aujourd'hui. Par exemple, considérons un *swap* de taux d'intérêt d'une durée restant à courir de 14 mois et de principal 100 millions de dollars. Le taux fixe reçu est de 5 %, le taux variable payé est le Libor et les paiements ont lieu tous les 6 mois. On suppose que (a) quatre mois plus tôt, le taux six mois s'élevait à 4 %, (b) que le taux *forward* six mois dans deux mois vaut 4,6 % et (c) que le taux *forward* six mois dans neuf mois vaut 5,2 %. Tous les taux d'intérêt sont exprimés en composition semestrielle. Si l'on suppose que les taux *forward* se réalisent, les flux associés au *swap* sont décrits au tableau D.1. Par exemple, dans huit mois, le flux fixe vaut $0{,}5 \times 0{,}05 \times 100$, soit 2,5 millions de dollars, et le flux variable vaut $0{,}5 \times 0{,}046 \times 100$, soit 2,3 millions de dollars.

Tableau D.1 : Évaluation d'un *swap* sous l'hypothèse de réalisation des taux *forward*.

Date	Flux fixes	Flux variables	Flux nets
2 mois	2,5	–2,0	0,5
8 mois	2,5	–2,3	0,2
14 mois	2,5	–2,6	–0,1

La valeur du *swap* est finalement la valeur actuelle des flux futurs de la dernière colonne du tableau[1]. Une approche alternative qui offre le même résultat consiste à tenir compte du principal payé et reçu à la maturité du *swap*. Ce dernier est alors perçu comme un échange d'une obligation à taux fixe contre une obligation à taux variable. Les flux de l'obligation à taux fixe sont estimés de façon usuelle. La règle générale veut que l'obligation à taux variable ait une valeur proche du principal après le paiement du flux d'intérêt. Dans notre exemple, la valeur de l'obligation à taux variable sera proche de 100 millions de dollars après le paiement d'intérêt dans deux mois. La valeur de cette obligation est alors de 102 millions de dollars avant le versement de ce flux. La valeur du *swap* est finalement le prix de l'obligation à taux fixe, déduction faite de la valeur présente d'un flux de 102 millions de dollars versés dans deux mois.

1. Notons que ce calcul est imprécis, puisqu'il ne tient pas compte des conventions calendaires de calcul et des jours fériés.

Les swaps de devises

On peut évaluer un *swap* de devises en supposant que les taux de change futurs seront égaux aux taux de change *forward* prévalant sur le marché aujourd'hui. Par exemple, considérons un *swap* de devises de durée restant à courir de trois ans et dans lequel sont reçus 4 % en livres (GBP) et versés 6 % en dollars (USD). Le notionnel dans les deux devises est de 10 millions de dollars et de 5 millions de livres. Les deuxième et troisième colonnes du tableau D.2 indiquent les flux de ce *swap*. Les taux de change *forward* sont, par hypothèse, donnés dans la quatrième colonne et sont utilisés pour convertir les flux en GBP en dollars. La dernière colonne donne les flux nets. La valeur actuelle du *swap* est la valeur présente de l'ensemble de ces flux. Une approche alternative consiste à considérer le *swap* comme une position longue sur une obligation en livres et une position courte sur une obligation en dollars. Chacune des obligations peut être évaluée dans sa propre devise et le taux de change actuel permet la conversion de la valeur de l'obligation en GBP en dollars.

Tableau D.2 : Évaluation d'un *swap* de devises sous l'hypothèse de réalisation des taux de change *forward.*

Date	Flux (USD)	Flux (GBP)	Taux de change *forward*	Valeur (USD) des flux (GBP)	Flux nets
1	–0,6	0,2	1,80	0,360	–0,240
2	–0,6	0,2	1,84	0,368	–0,232
3	–0,6	0,2	1,88	0,376	–0,224
3	–10,0	5,0	1,88	9,400	–0,600

Annexe E
Évaluation des options européennes

Les formules de Black-Scholes, dans le cadre de l'évaluation des options d'achat et de vente européennes lorsque l'actif sous-jacent ne verse aucun flux, sont :

$$c = S_0 N(d_1) - Ke^{-rT} N(d_2)$$

et

$$p = Ke^{-rT} N(-d_2) - S_0 N(-d_1)$$

où

$$d_1 = \frac{\ln(S_0 / K) + (r + \sigma^2 / 2)T}{\sigma\sqrt{T}}$$

$$d_2 = \frac{\ln(S_0 / K) + (r - \sigma^2 / 2)T}{\sigma\sqrt{T}} = d_1 - \sigma\sqrt{T}$$

N(x) est la fonction de répartition de la loi normale centrée réduite (voir les tables à la fin de cet ouvrage). *c* et *p* sont les prix du *call* et du *put*, S_0 est le prix de l'actif sous-jacent en date 0, *K* le prix d'exercice, σ la volatilité de l'actif sous-jacent, *r* le taux sans risque (en composition continue) et *T* la maturité de l'option. Lorsque l'actif sous-jacent verse un revenu, la valeur présente de ce dernier doit être déduite de S_0. Dans le cas où l'actif sous-jacent a un taux de rendement *q*, la formule devient :

$$c = S_0 e^{-qT} N(d_1) - Ke^{-rT} N(d_2)$$

et

$$p = Ke^{-rT} N(-d_2) - S_0 e^{-qT} N(-d_1)$$

où

$$d_1 = \frac{\ln(S_0 / K) + (r - q + \sigma^2 / 2)T}{\sigma\sqrt{T}}$$

$$d_2 = \frac{\ln(S_0 / K) + (r - q - \sigma^2 / 2)T}{\sigma\sqrt{T}} = d_1 - \sigma\sqrt{T}$$

On peut évaluer les options de change en considérant que *q* est le taux sans risque de la devise étrangère. Le tableau E.1 donne les formules des lettres grecques. *N'(x)* est la fonction de densité de la loi normale centrée réduite et s'écrit :

$$N'(x) = \frac{1}{\sqrt{2\pi}} e^{-x^2/2}$$

Tableau E.1 : Lettres grecques pour un actif sous-jacent de taux de rendement q.

Lettres grecques	Option d'achat (*call*)	Option de vente (*put*)
Delta	$e^{-qT}N(d_1)s$	$e^{-qT}[N(d_1)-1]$
Gamma	$\frac{e^{-qT}N'(d_1)}{S_0\sigma\sqrt{T}}$	$\frac{e^{-qT}N'(d_1)}{S_0\sigma\sqrt{T}}$
Thêta (an)	$-S_0N'(d_1)\sigma e^{-qT}/(2\sqrt{T})$ $+qS_0N(d_1)e^{-qT}$ $-rKe^{-rT}N(d_2)$	$-S_0N'(d_1)\sigma e^{-qT}/(2\sqrt{T})$ $-qS_0N(-d_1)e^{-qT}$ $+rKe^{-rT}N(-d_2)$
Véga (%)	$\frac{S_0\sqrt{T}N'(d_1)e^{-qT}}{100}$	$\frac{S_0\sqrt{T}N'(d_1)e^{-qT}}{100}$
Rhô (%)	$\frac{KTe^{-rT}N(-d_2)}{100}$	$-\frac{KTe^{-rT}N(-d_2)}{100}$

Exemple E.1

Considérons une option européenne sur un indice de maturité six mois. La valeur actuelle de l'indice est de 1 200, le prix d'exercice est de 1 250, le taux sans risque est de 5 %, le rendement dividende de l'indice est de 2 % et sa volatilité est de 20 %. Dans ce cas, $S_0 = 1\,200$, $K = 1\,250$, $r = 0{,}05$, $q = 0{,}02$, $\sigma = 0{,}2$ et $T = 0{,}5$. La valeur de l'option est alors de 53,44, le delta est de 0,45, le gamma vaut 0,0023, le thêta est égal à –0,22, le véga vaut 3,33 et le rhô s'élève à 2,44. Notons que la formule du tableau E.1 donne le thêta en base annuelle, alors qu'il est exprimé ici en base journalière.

On peut effectuer les calculs grâce au logiciel DerivaGem, téléchargeable sur le site de l'auteur. L'évaluation des options est décrite plus en détail dans l'ouvrage *Options, futures et autres actifs dérivés,* du même auteur, Pearson France, 2009.

Annexe F

Évaluation des options américaines

Pour évaluer une option américaine, on divise la durée de vie de l'option en n périodes de durée Δt. Supposons que le prix de l'actif sous-jacent au début d'une sous-période soit S. À la fin de cette période, cet actif vaut uS avec une probabilité p et dS avec une probabilité $1 - p$. Pour un investissement ne versant aucun flux intermédiaire, les valeurs de u, d et p sont données par :

$$u = e^{\sigma\sqrt{\Delta t}} \qquad d = \frac{1}{u} \quad p = \frac{a-d}{u-d} \qquad a = e^{r\Delta t}$$

La figure F.1 décrit l'arbre construit pour évaluer une option de vente américaine lorsque le prix initial de l'actif est 50, le prix d'exercice est 50, le taux sans risque vaut 10 % et la volatilité est égale à 40 %. Dans ce cas, on compte cinq périodes et $Dt = 0{,}08333$, $u = 1{,}1224$, $d = 0{,}08909$, $a = 1{,}0084$. À chaque nœud, la cellule supérieure correspond à la valeur de l'actif sous-jacent et la cellule inférieure à la valeur de l'option. Aux nœuds finaux, la valeur de l'option équivaut à sa valeur intrinsèque. Par exemple, au nœud G, le prix de l'option est de 50 – 35,36, soit 14,64. Aux nœuds précédents, on calcule, dans un premier temps, la valeur de l'option si cette dernière n'est pas exercée avant sa maturité. Dans un second temps, cette valeur est comparée à la valeur de l'exercice immédiat de l'option. Dans le cas du nœud E, si l'option est détenue encore une période, sa valeur sera proche de 0 si la valeur du sous-jacent augmente (avec une probabilité p) et vaudra 5,45 si le prix du sous-jacent diminue. La valeur espérée de l'option en Dt est alors $0{,}5073 \times 0 = 0{,}4927 \times 5{,}45$, soit 2,686. En actualisant cette valeur au taux sans risque, on obtient 2,66. Finalement, au nœud E, l'option ne doit pas être exercée car cet exercice a une valeur nulle. Considérons maintenant le nœud A. Par un calcul similaire, la valeur de détention de l'option pour une période supplémentaire a une valeur de 9,90. Si le détenteur exerce l'option à ce nœud, la valeur de cet exercice est 50 – 39,69 = 10,31. Dans ce cas, l'option doit être exercée et sa valeur au nœud A est 10,31. Cette procédure est réitérée en remontant dans l'arbre période par période jusqu'au nœud initial. La valeur de l'option est alors 4,49 (nœud D). Lorsque le nombre de sous-périodes augmente, le prix de l'option augmente également. Pour un nombre de sous-périodes égal à 30, 50 et 100, la valeur de l'option est 4,263, 4,272 et 4,278.

Pour calculer le delta de l'option, il faut prendre en compte deux nœuds à la première sous-période. Le prix de l'option passe de 6,96 à 2,16, lorsque la valeur du sous-jacent augmente de 44,55 à 56,12. On peut alors estimer le delta par :

$$\text{Delta} = \frac{2{,}16 - 6{,}96}{56{,}12 - 44{,}55} = -0{,}41$$

Pour calculer le gamma de l'option, on peut retenir les trois valeurs possibles de l'option à la fin de la seconde période. Le delta calculé à partir des deux nœuds C et D vaut –0,241 et peut être vu comme le delta associé à un prix de l'option de (62,99 + 50)/2 = 56,49. En outre, le delta calculé à partir des deux nœuds C et B vaut –6,339 et est associé à un prix de l'option de (50 + 39,69)/2 = 44,84. L'estimation du gamma correspond à la variation du delta divisée par la variation du prix de l'actif sous-jacent :

$$\text{Gamma} = \frac{-0,241-(-0,639)}{56,49-44,84} = 0,034$$

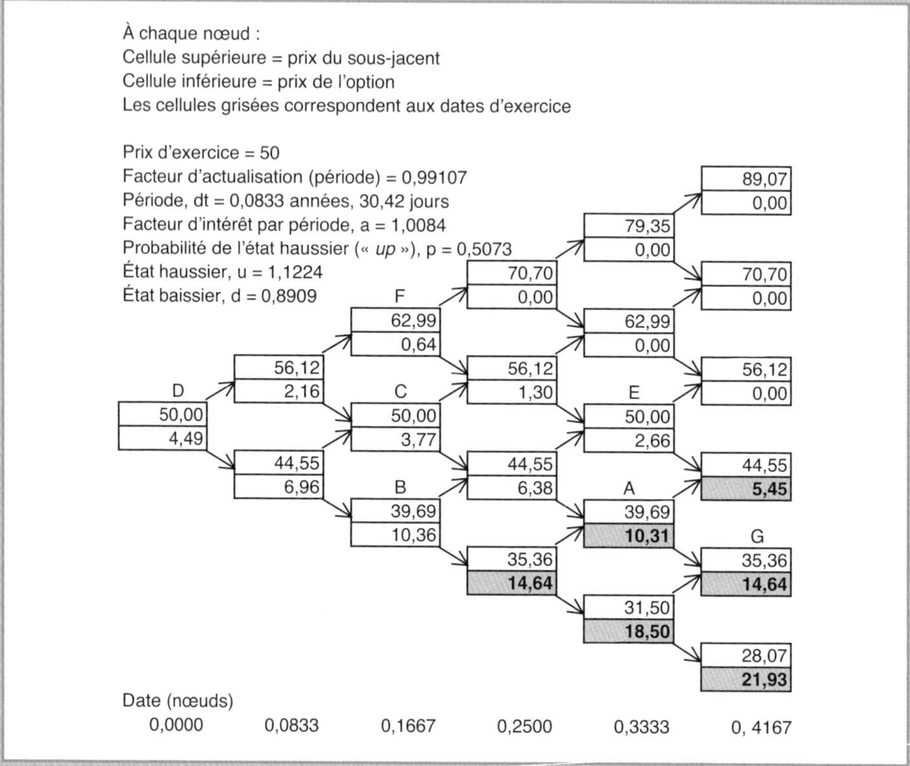

Figure F.1 – Arbre binomial construit avec DerivaGem pour une option de vente américaine (sur action ne versant pas de dividende).

On estime le thêta à partir des nœuds D et C comme suit :

$$\text{Thêta} = \frac{3,77-4,49}{2\times 0,08333}$$

ou –4,30 par an (–0,0118 par jour). On estime le véga est estimé en mesurant l'impact d'une augmentation de la volatilité sur le prix de l'option (cela nécessite la construction d'un nouvel arbre). On évalue rhô de la même façon. Lorsque l'actif sous-jacent a un taux de rendement q et la procédure est identique. Il suffit de substituer $a = e^{(r-q)\Delta t}$ à $e^{r\Delta t}$ dans l'équation de p. On peut effectuer les calculs en utilisant le logiciel DerivaGem (en sélectionnant *Binomial American* pour le type d'options). Des procédures numériques plus complexes sont décrites en détail dans l'ouvrage *Options, futures et autres actifs dérivés* du même auteur, Pearson France, 2009.

Annexe G

Développement en série de Taylor

Considérons une fonction $z = F(x)$. Lors d'un faible changement Δx de x, la variable z est affectée d'un faible changement Δz. Une première approximation de cette relation s'écrit :

$$\Delta z = \frac{dz}{dx}\Delta x \tag{G.1}$$

Cette relation est parfaitement exacte s'il existe un lien linéaire entre x et z. Une approximation plus précise est :

$$\Delta z = \frac{dz}{dx}\Delta x + \frac{1}{2}\frac{d^2z}{dx^2}(\Delta x)^2 \tag{G.2}$$

Cette relation est parfaitement exacte s'il existe un lien quadratique entre x et z. Une approximation plus précise est :

$$\Delta z = \frac{dz}{dx}\Delta x + \frac{1}{2}\frac{d^2z}{dx^2}(\Delta x)^2 + \frac{1}{3}\frac{d^3z}{dx^3}(\Delta x)^3 + \frac{1}{4}\frac{d^4z}{dx^4}(\Delta x)^4 + ...$$

Exemple G.1

Considérons une fonction $z = \sqrt{x}$.

$$\frac{dz}{dx} = \frac{1}{2x^{1/2}}, \frac{d^2z}{dx^2} = -\frac{1}{4x^{3/2}} \text{ et } \frac{d^3z}{dx^3} = \frac{3}{8x^{5/2}}$$

Supposons que $x = 2$ et $\Delta x = 0{,}1$, alors $\Delta z = \sqrt{2{,}1} - \sqrt{2} = 0{,}034924$. Lorsque $x = 2$, on a :

$$\frac{dz}{dx} = 0{,}355355, \frac{d^2z}{dx^2} = -0{,}08839 \text{ et } \frac{d^3z}{dx^3} = 0{,}006629$$

L'approximation de premier ordre (G.1) donne :

$$\Delta z = 0{,}35355 \times 0{,}1 = 0{,}035355$$

L'approximation de deuxième ordre (G.2) donne :

$$\Delta z = 0{,}35355 \times 0{,}1 + \frac{1}{2}(-0{,}08839)(0{,}1)^2 = 0{,}034913$$

L'approximation de troisième ordre donne :

$$\Delta z = 0{,}35355 \times 0{,}1 + \frac{1}{2}(-0{,}08839)(0{,}1)^2 + \frac{1}{6}(-0{,}06629)(0{,}1)^3$$

On peut remarquer que le résultat converge très rapidement vers la valeur exacte de 0,0034924.

Fonctions à deux variables

Considérons une fonction à deux variables $z = F(x, y)$. Notons Δx une faible variation de x, Δy une faible variation de y et Δz une faible variation de la variable z. Une approximation de premier ordre s'écrit :

$$\Delta z = \frac{\partial z}{\partial x}\Delta x + \frac{\partial z}{\partial y}\Delta y \tag{G.3}$$

Une approximation de deuxième ordre s'écrit :

$$\Delta z = \frac{\partial z}{\partial x}\Delta x + \frac{\partial z}{\partial y}\Delta y + \frac{1}{2}\frac{\partial^2 z}{\partial x^2}(\Delta x)^2 + \frac{1}{2}\frac{\partial^2 z}{\partial y^2}(\Delta y)^2 + \frac{\partial^2 z}{\partial x^2 \partial y^2}(\Delta x)(\Delta y) \tag{G.4}$$

Exemple G.2

Considérons une fonction $z = \sqrt{xy}$.

$$\frac{\partial z}{\partial x} = \frac{y^{1/2}}{2x^{1/2}}, \frac{\partial z}{\partial y} = \frac{x^{1/2}}{2y^{1/2}}$$

et

$$\frac{\partial^2 z}{\partial x^2} = -\frac{y^{1/2}}{4x^{3/2}}, \frac{\partial^2 z}{\partial y^2} = -\frac{x^{1/2}}{4y^{3/2}}, \frac{\partial^2 z}{\partial x^2 \partial y^2} = \frac{1}{4(xy)^{1/2}}$$

Supposons que $x = 2$, $y = 1$, $\Delta x = 0{,}1$ et $\Delta y = 0{,}1$, alors

$$\Delta z = \sqrt{2{,}1 \times 1{,}1} - \sqrt{2 \times 1} = 0{,}10565$$

Lorsque $x = 2$ et $y = 1$, on a :

$$\frac{\partial z}{\partial x} = 0{,}35355, \frac{\partial z}{\partial y} = 0{,}70711$$

et

$$\frac{\partial^2 z}{\partial x^2} = -0{,}08839, \frac{\partial^2 z}{\partial y^2} = -0{,}35355, \frac{\partial^2 z}{\partial x^2 \partial y^2} = 0{,}17678$$

L'approximation de premier ordre (G.3) donne :

$$\Delta z = 0{,}35355 \times 0{,}1 + 0{,}70711 \times 0{,}1 = 0{,}10607$$

L'approximation de deuxième ordre (G.4) donne :

$$\Delta z = 0{,}35355 \times 0{,}1 + 0{,}70711 \times 0{,}1 + \frac{1}{2}(-0{,}08839)(0{,}1)^2$$

$$+\frac{1}{2}(-0{,}35355)(0{,}1)^2 + \frac{1}{2}(-0{,}17678)(0{,}1)^2 = 0{,}10562$$

Comme précédemment, le développement en série de Taylor converge vers la valeur exacte de 0,10565.

Annexe H

Vecteurs et valeurs propres

Considérons une matrice $n \times n$ et supposons que x soit un vecteur de dimension $n \times 1$. L'équation suivante $Ax = \lambda x$ peut être réécrite comme :

$$(A - \lambda I)x = 0 \tag{H.1}$$

où I est la matrice identité de dimension $n \times n$ (les éléments de sa diagonale sont égaux à 1 et les autres éléments sont nuls). $x = 0$ est une solution de (H.1). À quelles conditions existe-t-il d'autres circonstances ? Un théorème d'algèbre linéaire permet d'affirmer que c'est le cas lorsque le déterminant de $(A - \lambda I)$ est égal à zéro. Les valeurs de λ qui sont solutions de (H.1) annulent la valeur du déterminant. En général, il existe n solutions que l'on nomme vecteurs propres de la matrice A. Le vecteur x solution de (H.1) pour une valeur propre particulière est un vecteur propre. En général, il existe n vecteurs propres qui correspondent à chacune des valeurs propres.

Voici un exemple simple. Supposons que :

$$A = \begin{bmatrix} 1 & -1 \\ 2 & 4 \end{bmatrix}$$

Dans ce cas :

$$(A - \lambda I)x = \begin{bmatrix} 1-\lambda & -1 \\ 2 & 4-\lambda \end{bmatrix}$$

Le déterminant de la matrice est :

$$(1-\lambda)(4-\lambda) - (-1) \times 2 = \lambda^2 - 5\lambda + 6$$

La solution est $\lambda = 3$ et $\lambda = 2$, qui sont les vecteurs propres. Pour déterminer les vecteurs propres pour $\lambda = 3$, on résout (H.1) avec $x = \begin{bmatrix} x_1 \\ x_2 \end{bmatrix}$:

$$\begin{bmatrix} 1 & -1 \\ 2 & 4 \end{bmatrix} x = 3x$$

Soit :

$$\begin{cases} x_1 - x_2 = 3x_1 \\ 2x_1 - 4x_2 = 3x_2 \end{cases}$$

Tout vecteur x solution est tel que $x_2 = -2x_1$. Par convention, le vecteur propre est de longueur 1 ($x_1^2 + x_2^2 = 1$) et, finalement, la solution est $x_1 = \sqrt{0,2} = 0,447$ et $x_2 = -2\sqrt{0,2} = -0,894$. La solution :

$$x = \begin{bmatrix} 0,447 \\ -0,894 \end{bmatrix}$$

est le vecteur propre associé à la valeur propre $\lambda = 3$. De la même façon, la solution :

$$x = \begin{bmatrix} 0,707 \\ -0,707 \end{bmatrix}$$

est le vecteur propre associé à la valeur propre $\lambda = 2$. Pour des matrices de taille plus importante, il existe des procédures numériques permettant de calculer ces valeurs. On peut se référer par exemple à W. H. Press, S. A. Teukolski, W. T. Vetterling et B. P. Flannery, *Numerical Recipes: The Art of Scientific Computing*, 3e éd., Cambridge University Press, 2007. Les annexes I et J fournissent des applications de ces calculs.

Annexe I

Analyse en composantes principales

Une analyse en composantes principales permet de comprendre la structure des données pour n variables corrélées. Le but est de remplacer les n variables par un nombre réduit de variables non corrélées. À l'exemple de la section 8.8, on compte 8 variables qui représentent les variations quotidiennes des taux de *swap* 12 mois, 2 ans, 3 ans, 4 ans, 5 ans, 7 ans, 10 ans et 30 ans.

La première étape de l'analyse consiste à collecter des données et à évaluer la moyenne de chacune d'entre elles. La moyenne est alors déduite de chaque observation, ce qui permet de transformer les variables initiales en variables de moyennes nulles. On parle ici de données ajustées.

L'étape suivante est l'évaluation de la matrice variance-covariance pour les données ajustées. Comme nous l'avons souligné à la section 15.3, c'est une matrice carrée (n lignes, n colonnes) dont l'élément (i, j) correspond à la covariance entre la variable ajustée i et la variable ajustée j. Sur la diagonale (lorsque $i = j$), on retrouve la variance.

L'étape suivante est le calcul des vecteurs et des valeurs propres de cette matrice (voir annexe H). Les vecteurs propres sont choisis de longueur 1 (la somme des carrés des composantes vaut 1). Le vecteur propre correspondant à la valeur propre la plus élevée est la première composante principale. Le vecteur propre correspondant à la deuxième valeur propre la plus élevée est la deuxième composante principale, et ainsi de suite. Le tableau 8.7 donne les composantes principales de l'exemple de la section 8.8.

La valeur propre de la $i^{ème}$ composante, exprimée en pourcentage de la somme de l'ensemble des valeurs propres, est le pourcentage de la variance expliquée pour cette composante. Le tableau 8.8 donne les pourcentages de variance expliquée par les composantes principales de la section 8.8.

Annexe J
Manipulation des matrices de transition de notations

Supposons A une matrice $N \times N$de probabilités de transition de notations à l'horizon d'un an. Cette matrice est du même type que celle présentée au tableau 18.1. La matrice de changement de notations dans m années s'écrit A^m. On peut la calculer par les règles usuelles de calculs matriciels. La matrice correspondant à des horizons plus courts, par exemple un mois ou six mois, est plus difficile à construire. Dans un premier temps, on calcule les vecteurs propres $x_1, x_2, ..., x_N$ et les valeurs propres correspondant $\lambda_1, \lambda_2, ..., \lambda_N$ avec :

$$Ax_i = \lambda x_i$$

Notons X la matrice dont la $i^{ème}$ colonne est $x_i$et Λ la matrice diagonale dans laquelle le $i^{ème}$ élément diagonal est λ_i. Un résultat classique d'algèbre linéaire permet d'écrire :

$$A = X\Lambda X^{-1}$$

La racine $n^{ème}$ de A est alors :

$$X\Lambda^* X^{-1}$$

où Λ^* est une matrice diagonale dans laquelle le $i^{ème}$ élément diagonal est $\lambda_i^{1/n}$.

Certains auteurs comme Jarrow, Lando et Turnbull préfèrent résoudre ce problème à partir de ce que l'on nomme la matrice génératrice[1]. Cette matrice Γ est telle que la matrice de transition pour une période courte Δt est $1 + \Gamma \Delta t$ et pour une longue période, t, est :

$$\exp(t\Gamma) = \sum_{k=0}^{\infty} \frac{(t\Gamma)^k}{k!}$$

1. Voir Jarrow, R. A., Lando, D. et Turnbull, S. M., « A Markov Model for the Term Structure of Credit Spreads », *Review of Financial Studies*, 10, 1997, p. 481-523.

Annexe K

Évaluation des *swaps* de défaut

Les CDS (*Credit Default Swap*) sont décrits au chapitre 16 et on peut les évaluer en utilisant les estimations des probabilités de défaut risque-neutres.

Supposons que la probabilité de défaut d'une entité dans l'année, sachant que le défaut n'a pas eu lieu, soit de 2 %. Le tableau K.1 offre les probabilités inconditionnelles de défaillance, ainsi que les probabilités de survie pour les années 1 à 5. La probabilité de défaut la première année est de 0,2 % et celle de survie jusqu'à la fin de la première année vaut 0,98. La probabilité de défaut pendant la seconde année vaut $0{,}02 \times 0{,}98 = 0{,}0196$ et la probabilité de survie jusqu'à la fin de la seconde année vaut $0{,}98 \times 0{,}98 = 0{,}9604$, et ainsi de suite. Supposons que les défauts aient lieu en milieu d'année et que les paiements du CDS aient lieu à la fin de chacune des cinq années. Le taux sans risque continu vaut 5 % en base annuelle et le taux de recouvrement vaut 40 %. Les tableaux K.1, K.2, K.3 décrivent les trois étapes de l'évaluation.

Le tableau K.2 décrit le calcul de la valeur présente des paiements du CDS en assumant que les paiements sont réalisés au taux s et que le principal vaut 1 euro. Par exemple, la probabilité que le troisième paiement ait lieu vaut 0,942. La valeur présente de ce paiement espéré vaut$0{,}9412s \times \exp(-0{,}05 \times 3) = 0{,}8101s$. La valeur présente totale est de 4,0704s.

Le tableau K.3 décrit le calcul de la valeur présente des *payoffs* en cas de défaut lorsque le principal vaut 1 euro. Par exemple, il existe une probabilité de 0,0192 que le défaut ait lieu au milieu de la troisième année. Le *payoff* espéré est alors de $0{,}0192 \times 0{,}6 \times 1 = 0{,}0115$ et sa valeur présente vaut $0{,}0115 \times \exp(-0{,}05 \times 2{,}5) = 0{,}0102$. La valeur présente totale est de 0,0511 euro.

La dernière étape (tableau K.4) tient compte du dernier paiement en cas de défaut afin de solder l'opération. Le défaut ayant lieu en milieu d'année, une part du *spread* est due. La probabilité que le défaut se réalise en cours d'année est de 0,0192 et, dans ce cas, un paiement de $0{,}5s$ est à prévoir. La valeur espérée de ce paiement est de $0{,}0192 \times 0{,}5s = 0{,}0096s$ et sa valeur présente vaut$0{,}0096s \times \exp(-0{,}05 \times 2{,}5) = 0{,}0085s$. La valeur présente totale est de 0,0426s.

Tableau K.1 : Probabilités de défaut inconditionnelles et probabilités de survie.

Années	Probabilité de défaut	Probabilité de survie
1	0,0200	0,9800
2	0,0196	0,9604
3	0,0192	0,9412
4	0,0188	0,9224
5	0,0184	0,9039

Tableau K.2 : Valeur présente des paiements espérés (paiement = s par an).

Années	Probabilité de survie	Paiement espéré	Facteur d'actualisation	Valeur présente
1	0,9800	0,9800s	0,9512	0,9322s
2	0,9604	0,9604s	0,9048	0,8690s
3	0,9412	0,9412s	0,8607	0,8101s
4	0,9224	0,9224s	0,8187	0,7552s
5	0,9039	0,9039s	0,7788	0,7040s
Total				4,0704s

Tableau K.3 : Valeur présente des *payoff* espérés (principal = 1 euro).

Années	Probabilité de survie	Taux de recouvrement	Payoff espéré	Facteur d'actualisation	Valeur présente
0,5	0,0200	0,4	0,0120	0,9753	0,0117
1,5	0,0196	0,4	0,0118	0,9277	0,0109
2,5	0,0192	0,4	0,0115	0,8825	0,0102
3,5	0,0188	0,4	0,0113	0,8395	0,0095
4,5	0,0184	0,4	0,0111	0,7985	0,0088
Total					0,0511

Tableau K.4 : Valeur présente du paiement résiduel.

Années	Probabilité de défaut	Paiement espéré	Facteur d'actualisation	Valeur présente
0,5	0,0200	0,0100s	0,9753	0,0097s
1,5	0,0196	0,0098s	0,9277	0,0091s
2,5	0,0192	0,0096s	0,8825	0,0085s
3,5	0,0188	0,0094s	0,8395	0,0079s
4,5	0,0184	0,0092s	0,7985	0,0074s
Total				0,0426s

En utilisant les tableaux K.2, K.3 et K.4, le *spread* du CDS est solution de l'équation suivante :

$$4{,}0704s + 0{,}042s = 4{,}1130s = 0{,}0511$$

Le *spread* vaut $s = 0{,}0124$, soit 125 points de base. Au moment de sa négociation, comme les autres *swaps*, la valeur du CDS est nulle. Sa valeur évolue ensuite et pourra prendre des valeurs positives ou négatives. Le logiciel DerivaGem qui accompagne cet ouvrage permet ce type de calcul.

Annexe L

Évaluation des CDO synthétiques

Une position longue dans une obligation privée présente le même risque qu'un vendeur de protection (en position courte) dans un *swap* de défaut. Cette remarque a permis d'envisager une façon de construire un CDO synthétique. Plutôt que de constituer un portefeuille d'obligations *corporate*, l'originateur du CDO construit un portefeuille à partir d'une position courte en *swaps* de défaut. Le risque de crédit est alors alloué à des tranches différentes et le produit créé est un CDO synthétique. Une partie (partie A) s'engage à payer les pertes sur le principal dans un certain intervalle et l'autre partie (partie B) paie en échange un intérêt sur le principal de la tranche assuré (appelé *spread* de tranche). Supposons que les pertes sur une tranche s'étalent de $\alpha_L = 8\,\%$ à $\alpha_H = 18\,\%$. La tranche n'est pas affectée par les premiers 8 % de pertes, mais par les 10 % suivants de pertes. La tranche est épuisée lorsque le portefeuille a subi 18 % de pertes. On retient généralement l'hypothèse suivante : les instruments de dettes dans le portefeuille ont tous la même probabilité de faire défaut. Notons $Q\ (t)$la probabilité de faire défaut en date t. Le modèle de copule gaussienne développé au chapitre 11 est classique dans l'évaluation des tranches des CDO. D'après l'équation (11.12) :

$$\mathrm{Q}(t\ /\ F) = N\left[\frac{N^{-1}[Q(t)] - \sqrt{\rho}F}{\sqrt{1-\rho}}\right] \tag{I.1}$$

où $\mathrm{Q}(t\ /\ F)$est la probabilité de défaut de la $i^{ème}$ entité au temps t conditionnellement à F. Dans le calcul de $Q\ (t)$, on suppose généralement que le taux de hasard est constant. Lorsque des *spreads* de CDS sont disponibles, on peut utiliser des procédures identiques à celles de l'annexe K pour calculer le taux de hasard. Supposons que ce taux soit noté λ, alors

$$\mathrm{Q}(t) = 1 - \exp(-\lambda t) \tag{I.2}$$

En utilisant les propriétés de la distribution binomiale, la probabilité de k défauts au temps t conditionnellement à F est :

$$P(k,T\ /\ F) = \frac{n!}{(n-k)!k!} Q(t\ /\ F)^k \left[1 - Q(t\ /\ F)\ \right]^{n-k} \tag{I.3}$$

en définissant $n_L = \dfrac{\alpha_L n}{1-R}$ et $n_H = \dfrac{\alpha_H n}{1-R}$, où R est le taux de recouvrement (constant).

La tranche ne souffre d'aucun défaut lorsque le nombre de défauts, k, est inférieur à $m(n_L)$ et disparaît lorsqu'il est supérieur à $m(n_H)$ lorsque $m(x)$ est le plus petit entier supérieur à x. Dans les autres cas, le principal de la tranche en t est une proportion $\dfrac{\alpha_H - k(1-R)\ /\ n}{\alpha_H - \alpha_L}$ de la tranche initiale.

On peut utiliser ces résultats avec les équations (L.1), (L.2) et (L.3) pour calculer le principal espéré en t conditionnellement à F. Cela permet ensuite de déterminer par intégration le principal (inconditionnel) de la tranche par une procédure appelée quadrature gaussienne (voir le site Internet de l'auteur).

On suppose généralement que le défaut a lieu en milieu de période. Comme dans l'annexe K, on calcule les quantités suivantes :

1. la valeur présente espérée des paiements reçus par A ;
2. la valeur présente espérée des paiements payés par A lors de pertes sur la tranche ;
3. la valeur présente du *spread* dû lors du défaut en milieu d'année reçu par A.

Le logiciel DerivaGem, qui accompagne cet ouvrage et qui peut être téléchargé sur le site de l'auteur, comprend des feuilles Excel permettant ces calculs.

Réponses aux questions et aux problèmes

Chapitre 1

1.1. L'espérance de rentabilité vaut 12,5 % et l'écart-type est de 17,07 %.

1.2. D'après les équations (1.1) et (1.2), l'espérance de rentabilité est de 12,5 % et l'écart-type vaut :

$$\sqrt{0{,}5^2 \times 0{,}1707^2 + 0{,}5^2 \times 0{,}1707^2 + 2 \times 0{,}15 \times 0{,}5^2 \times 0{,}1707^2} = 0{,}1294$$

soit 12,94 %. $\sigma_p (\rho = 0{,}3)$

1.3.

W_1	W_2	μ_p	$\sigma_p (\rho = 0{,}3)$	$\sigma_p (\rho = 1)$	$\sigma_p (\rho = -1)$
0,0	1,0	15 %	24,00 %	24,00 %	24,00 %
0,2	0,8	14 %	20,39 %	22,40 %	16,00 %
0,4	0,6	13 %	17,42 %	20,80 %	8,00 %
0,6	0,4	12 %	15,48 %	19,20 %	0,00 %
0,8	0,2	11 %	14,96 %	17,60 %	8,00 %
1,0	0,00	10 %	16,00 %	16,00 %	16,00 %

1.4. Le risque spécifique peut être diversifié, le risque systématique non. Le risque systématique est plus important pour un investisseur en actions. Les deux risques peuvent conduire à la faillite d'une entreprise.

1.5. Nous supposons que les investisseurs choisissent un couple rentabilité/risque. Pour un niveau de rentabilité espérée, ils cherchent à minimiser l'écart-type de rentabilité. L'ensemble des investisseurs a la même estimation des espérances de rentabilités, des écarts types et des corrélations entre les titres. Ils peuvent, en outre, placer ou emprunter à un taux sans risque. Par conséquent, ils veulent tous se situer sur la frontière efficiente de la figure 1.4. Ils choisissent tous le même portefeuille d'actifs risqués qu'ils combinent à l'actif sans risque.

1.6. (a) 7,2 %, (b) 9 % et (c) 14,4 %.

1.7. Dans le MEDAF, il n'existe qu'un facteur influençant l'espérance de rentabilité des titres. Dans l'APT, il en existe plusieurs.

1.8. Généralement, les intérêts de la dette sont déductibles, alors que les dividendes ne le sont pas. Il est alors fiscalement intéressant pour une entreprise d'avoir recours à l'endettement. Une dette importante conduit cependant à un risque de faillite plus important.

1.9. Lorsque le risque de pertes est important, on ne peut l'agréger et considérer qu'il peut être éliminé par la diversification. Il est nécessaire d'appréhender ces risques un à un et de les gérer, par exemple, par des contrats d'assurance ou des procédures de contrôle.

1.10. Lorsque les pertes potentielles sont importantes, on ne peut les agréger en pensant qu'elles peuvent être diversifiées. Il est nécessaire de les traiter séparément en utilisant, par exemple, des contrats d'assurance.

1.11. C'est la probabilité que les profits ne soient pas plus faibles que −4 % de la valeur des actifs. Le niveau de profit est à 4,6/1,5 = 3,067 écarts-types de la moyenne. La probabilité que la banque ait des capitaux propres positifs vaut $N(3{,}067)$, où N est la fonction de répartition de la loi normale, soit 99,89 %.

1.12. Les banques ont le privilège de gérer l'argent des déposants, les autres entreprises non.

1.13. Frais administratifs (10 millions de dollars par mois), perte de contrats de ventes et départ de managers clés.

1.14. La rentabilité du *hedge fund* si l'alpha est nulle devrait être 0,05 + 0,6 × (0,10 − 0,05) = 0,08 soit 8 %. Comme alpha vaut 4 %, la rentabilité s'élève alors à 12 % (soit 8 % + 4 %).

Chapitre 2

2.1. Le système bancaire est devenu très concentré, avec une part de marché importante aux mains des grandes banques. Le nombre total de banques est passé de 14 483 à 6 530.

2.2. Au début du XXe siècle, de nombreux États ont voté des lois pour restreindre l'ouverture de plus d'une succursale. Le *McFadden Act* de 1927 a imposé des restrictions sur l'ouverture de succursales dans plus d'un État.

2.3. Les taux d'intérêt peuvent augmenter et, lorsque les dépôts sont renouvelés, la banque doit payer des intérêts plus élevés. Les intérêts perçus sur les prêts ne changent pas. La marge nette d'intérêts est alors réduite.

2.4. La perte de BDP est plus importante que ses capitaux propres et la banque risque d'être liquidée. Les détenteurs de dettes subordonnées à long terme vont supporter des pertes, alors que les déposants devraient récupérer leur argent.

2.5. La marge nette d'intérêts est égale à la différence entre les intérêts perçus et les intérêts versés.

2.6. Le risque de crédit affecte surtout les pertes sur prêts. Le risque de marché affecte essentiellement les autres produits qui incluent les pertes et profits de *trading*. Ce risque peut également avoir un impact sur la marge nette d'intérêts si les actifs et les passifs de la banque ne sont pas adossés. Enfin, le risque opérationnel affecte les autres charges.

2.7. Un placement privé est une émission de titres vendus à un petit nombre d'investisseurs institutionnels. Une offre publique concerne davantage l'ensemble des investisseurs. Dans le cadre d'une offre « meilleur effort », la banque d'investissement fait de son mieux pour placer les titres auprès des investisseurs, sans garantir la bonne fin de l'opération. Avec un « engagement ferme », la banque achète à l'émetteur les titres à un prix prédéfini, puis tente de les vendre sur le marché à un prix légèrement supérieur.

2.8. Les acheteurs sont classés par ordre décroissant de leur offre : H, C, F, A, B, D, E, G. H, C et F demandent 140 000 titres. A demande 20 000. Le prix payé par tous les acheteurs correspond au prix de A, soit 100 €. Les ordres de H, C et F sont servis à 100 %, tandis que A est servi à moitié.

2.9. Les enchères hollandaises attirent de nombreux acheteurs. Si tous les participants font des enchères, le prix payé devrait être proche du prix de marché post-IPO. De ce fait, des situations où le prix est bien inférieur au prix de marché devraient être évitées. Par ailleurs, les banques d'investissement ne peuvent pas, dans ce cas, restreindre les investisseurs à leurs meilleurs clients (actuels et potentiels). L'offre publique de Google a été différente d'une enchère hollandaise standard, car l'émetteur s'est réservé le droit de choisir le nombre d'actions émises et le pourcentage de titres alloué à chaque investisseur après avoir pris connaissance des enchères.

2.10. Les pilules empoisonnées peuvent fournir aux dirigeants un moyen de négociation, en particulier lorsque la direction a le droit de retourner une pilule empoisonnée ou de la neutraliser. Lorsqu'une société est confrontée à un acheteur potentiel, la pilule empoisonnée permet de gagner du temps pour négocier un meilleur prix ou trouver d'autres acheteurs. L'existence de pilules empoisonnées peut cependant décourager les acheteurs potentiels.

2.11. Une banque peut recommander à un investisseur d'acheter des titres que le département d'investissement souhaite vendre. Le département de banque commerciale peut transmettre des informations confidentielles sur ses clients au département d'investissement. Le département de recherche peut être tenté de recommander à l'achat les actions d'une entreprise cliente ou prospect. Une banque commerciale ne souhaitant plus prêter d'argent à une entreprise en raison des informations confidentielles défavorables sur ce client peut tenter, *via* son département d'investissement, d'émettre des obligations pour son client (le prêt bancaire serait alors remplacé par un prêt effectué auprès d'investisseurs moins bien informés). Les murailles de Chine sont censées permettre de maîtriser ces conflits d'intérêts en empêchant le transfert d'informations sensibles entre les différents départements de la banque.

2.12. Les taux d'intérêt ne sont plus comptabilisés. Le résultat avant impôt diminue de 800 000 €.

2.13. Les provisions pour pertes sur prêts reflètent les pertes espérées de la banque. Ces provisions sont actualisées régulièrement. Lorsqu'une provision augmente de X une année, une charge est inscrite au compte de résultat de X. Les pertes sur prêts réalisées sont imputées au bilan (poste des provisions pour pertes sur prêts).

2.14. Dans le cadre du modèle « *originate-to-distribute* », une banque octroie des prêts puis les titrise afin de les vendre à des investisseurs. Ce modèle a été très utilisé de 2000 à 2007, en particulier pour les prêts immobiliers. En juillet 2007, les investisseurs ont perdu confiance dans les produits titrisés et les banques ont été contraintes d'abandonner (du moins temporairement) le modèle « *originate-to-distribute* ».

Chapitre 3

3.1. L'assurance vie à échéance court sur un nombre d'années prédéterminé (par exemple cinq ou dix ans). L'assuré verse des primes régulièrement. S'il décède durant cette période, la compagnie d'assurances verse une indemnité égale à la valeur faciale de la police aux bénéficiaires. L'assurance vie complète fournit une protection durant toute la vie de l'assuré. Celui-ci effectue des versements réguliers (généralement constants) de la prime jusqu'à son décès. Au moment du décès, la valeur faciale du contrat est versée aux bénéficiaires. Il existe une forme d'épargne dans l'assurance vie complète car, dans les premières années, les primes sont supérieures aux versements espérés (l'inverse est vrai pour les dernières années). L'impôt est dû seulement lorsque l'assuré décède.

3.2. L'assurance vie variable est une forme d'assurance vie complète, où l'assuré choisit comment le surplus des primes (par rapport au coût actuariel de l'assurance) est investi. Une indemnisation minimale garantie en cas de décès est prévue, sachant qu'elle peut être plus importante si l'investissement rapporte davantage. L'assurance vie universelle est également une forme d'assurance vie complète. L'assuré peut réduire la prime jusqu'à un niveau minimal prédéfini. La compagnie d'assurances investit le surplus des primes dans des produits de dette à taux fixe et garantit un certain niveau de rentabilité. La rentabilité de l'investissement peut être supérieure au minimum garanti.

3.3. Les contrats à rentes sont exposés au risque de longévité, tandis que les contrats d'assurance vie sont exposés au risque de mortalité.

3.4. Les annuités ont été calculées avec un taux d'intérêt correspondant au maximum du (a) taux d'intérêt du marché et (b) taux d'intérêt minimum prédéfini.

3.5. La probabilité de décès de la femme durant la première année est égale à 0,003255. Cette probabilité devient $0{,}003517 \times (1 - 0{,}003255) = 0{,}003506$ durant la seconde année. Notons X la prime minimale. L'égalité suivante doit être vérifiée :

$$1\,000\,000 \times (0{,}003255 + 0{,}003506) = X + (1 - 0{,}003255)X$$

et X = 3 386 soit une prime minimale de 3 386 €.

3.6. La probabilité de survie jusqu'à l'âge de 30 ans et 90 ans pour un homme est égale à 0,97147 et 0,15722 respectivement. La probabilité de survie jusqu'à 90 ans conditionnellement à la survie jusqu'à l'âge de 30 ans est 0,15722/0,97147 = 0,16184. Cette probabilité conditionnelle est égale à 0,27333/0,98466 = 0,27759 pour une femme.

3.7. Les risques les plus importants sont ceux dus aux catastrophes, comme les tremblements de terre ou les tempêtes, et à la responsabilité civile. En effet, il n'existe pas de « loi des grands nombres » en faveur de la compagnie d'assurances. Soit les événements se réalisent et les indemnisations sont importantes, soit ils ne se réalisent pas.

3.8. Les obligations catastrophiques sont une alternative à la réassurance pour les compagnies d'assurances exposées à des risques catastrophiques (tremblement de terre, tempête) et qui souhaitent s'en débarrasser. Ces obligations versent un coupon supérieur à la normale. En contrepartie, les détenteurs couvrent dans une certaine mesure les indemnisations, puisque les intérêts ou le principal (voire les deux) peuvent être mobilisés pour payer les indemnités.

3.9. Les obligations catastrophiques ont peu de risque systémique. En effet, la probabilité d'une catastrophe est indépendante de la rentabilité du marché. Les risques associés à ce type d'obligation peuvent être diversifiés au sein d'un portefeuille contenant d'autres actifs financiers. Une obligation notée B comporte du risque systémique qui ne peut être diversifié. Ainsi, la détention d'une obligation catastrophique est à recommander au gérant de portefeuille.

3.10. Au Canada et au Royaume-Uni, un système de santé public existe. Aux États-Unis, ce système est limité et la plupart des individus achètent des polices privées d'assurance santé. Au Royaume-Uni, un mélange de système public et privé est en place.

3.11. L'aléa moral et l'antisélection constituent des problèmes. La police d'assurance peut entraîner l'assuré à ne pas faire autant attention à son travail que lorsqu'il n'était pas assuré. Il peut même se faire licencier exprès pour toucher l'indemnisation de la part de l'assureur ! Par ailleurs, les individus les plus exposés au risque de licenciement seraient les premiers à acheter ce type de police d'assurance.

3.12. Les indemnisations de l'assurance non-vie sont plus variables que celles de l'assurance vie en raison de l'existence de risques de catastrophes, comme des tremblements de terre ou des tempêtes.

3.13. Le ratio de perte est égal au rapport entre les indemnités versées et les primes perçues durant l'année. Le ratio de dépenses est égal au rapport entre les dépenses (comme les dépenses d'ajustement aux pertes et les dépenses de vente) et les primes perçues dans l'année. L'affirmation est fausse car le revenu d'investissement est généralement important. Les primes sont perçues en début d'année, alors que les indemnités sont versées durant l'année, voire en fin d'année.

3.14. Le cadre d'un plan à contribution définie implique que chaque employé et son employeur contribuent à un compte personnel dont les fonds sont investis ; le montant ainsi obtenu est converti en rente à vie lorsque l'employé part à la retraite. Dans le cadre d'un plan à prestation définie, les contributions de tous les employés et de l'employeur sont groupées, puis investies. Les retraités perçoivent une retraite calculée selon une formule fondée sur le nombre d'années de travail et le salaire de l'employé. Les plans à prestation définie peuvent être sur- ou sous-financés.

3.15. Les salaires sont constants en termes réels, notés X. La pension est égale à $0{,}75X$. Le rendement réel est nul. Comme les employés travaillent pendant 40 ans, la valeur actuelle de la contribution d'un employé est égale à $40XR$, avec R le taux de contribution égal à un pourcentage du salaire. La valeur actuelle de la retraite est égale à $20 \times 0{,}75X = 15X$. La valeur de R nécessaire à la solvabilité du fonds doit satisfaire l'égalité suivante :

$$40XR = 15X.$$

La solution de cette équation est $R = 0{,}375$. La contribution totale de l'employeur et de l'employé devrait donc être égale à 37,5 % du salaire.

Chapitre 4

4.1. Le nombre de parts d'un fonds ouvert augmente ou baisse en fonction des achats et des ventes des investisseurs. Dans le cas des fonds fermés, le nombre de parts est fixe.

4.2. La valeur liquidative d'un fonds de placement est calculée à 16 h tous les jours. Elle représente la valeur des actifs détenus par le fonds divisée par le nombre de parts.

4.3. L'investisseur est supposé avoir réalisé des plus-values de 100 et 300 dollars en 2009 et 2010. En 2011, l'investisseur est supposé avoir réalisé une perte de 200 dollars.

4.4. Un fonds indiciel est géré de façon à reproduire les performances d'un indice comme le S&P 500. Il peut être créé en achetant l'ensemble des titres (ou un sous-groupe représentatif) qui composent cet indice. Parfois, des contrats *futures* sur indice sont utilisés.

4.5. Les frais d'entrée et de sortie correspondent aux frais supportés par l'investisseur lors d'achat de parts du fonds et lorsqu'il les revend.

4.6. Un fonds indiciel coté qui suit les performances du S&P 500 est créé lorsqu'un investisseur institutionnel dépose un portefeuille d'actions supposées suivre l'indice et reçoit, en échange, une part de ce fonds. Les investisseurs institutionnels peuvent à tout moment abandonner leur part et recevoir les actifs sous-jacents ou déposer de nouveaux actifs en échange de nouvelles parts du fonds. Cela assure, et il s'agit d'une différence importante avec les fonds fermés, une correspondance presque parfaite entre la valeur des parts sur le marché et celle du portefeuille détenu par le fonds.

4.7. La moyenne arithmétique de n nombres est la somme de ces nombres divisée par n. La moyenne géométrique est la racine $n^{ème}$ du produit de ces nombres. La moyenne arithmétique est toujours supérieure ou égale à la moyenne géométrique. La rentabilité moyenne d'un investissement détenu pendant plusieurs années doit être calculée par la moyenne géométrique des rentabilités annuelles.

4.8. La *trading* tardif consiste à placer un ordre d'achat et de vente après 16 h au prix fixé à 16 h. Le *market timing* consiste à offrir à des clients privilégiés la possibilité de passer des ordres fréquents (séparés de quelques jours) sur les parts du fonds à des tarifs avantageux. Le *front running* consiste, pour le fonds mutuel, à prévenir quelques clients privilégiés de son intention de réaliser une opération importante susceptible d'influencer les cours des titres en question. Enfin, le courtage dirigé concerne un accord tacite entre un *broker* et un fonds mutuel ; le *broker* conseille à ses clients l'achat des parts de ce fonds en échange de passages d'ordres fréquents chez ce *broker* par le fonds mutuel.

4.9. Les fonds mutuels doivent rendre publique leur politique d'investissement, l'utilisation du levier est limitée, et les positions sur actifs dérivés et de ventes à découvert sont interdites.

4.10. Si les *hedge funds* gagnent de l'argent sur les obligations convertibles, cela ne peut se faire qu'aux dépens de leur contrepartie. Si tous les investisseurs étaient des *hedge funds*, ils ne pourraient pas tous gagner de l'argent.

4.11. Le *hurdle rate* est un taux de rentabilité minimum en dessous duquel les frais ne sont pas facturés. La clause d'épargne (*clawback clause*) permet aux investisseurs de couvrir les pertes grâce aux frais payés sur les plus-values.

4.12. Si la rentabilité est X, l'investisseur paie des frais de $0{,}03 + 0{,}3X$. Pour atteindre 20 % de rentabilité, il faut que $X - (0{,}03 + 0{,}3X) = 0{,}2$, soit $X = 32{,}86$ %.

4.13. Les gains et les pertes de court terme sont importants pour le fonds spéculatif. Ces pertes peuvent conduire à des appels de marge « destructrices » pour le fonds.

4.14. Le *prime broker* décide du degré de levier que peut avoir le *hedge funds* et influence donc le risque que peut prendre ce dernier.

Chapitre 5

5.1. Lorsqu'un trader entre dans une position longue (courte) sur un contrat *forward*, il s'engage à acheter (vendre) le sous-jacent à une date future et à un prix fixé.

5.2. Un trader est en position de couverture s'il prend une position sur un actif dérivé afin d'annuler un risque de variation d'une variable de marché. S'il spécule, il prend un pari sur l'évolution d'une variable de marché. L'arbitrage consiste à prendre des positions sur plusieurs marchés pour bénéficier d'« erreurs » de prix temporaires.

5.3. Dans le premier cas, il est obligé d'acheter l'actif à 50 euros. Dans le second, il détient l'option d'acheter l'actif à 50 euros (il peut ne pas exercer l'option).

5.4. Vendre une option d'achat consiste à offrir à une contrepartie le droit d'acheter le support à un certain prix. Acheter une option de vente donne le droit de vendre le support à un certain prix.

5.5. (a) L'investisseur vend (obligation) les livres à 1,9, alors que la cotation est de 1,89. Le gain est de :

$$(1{,}9 - 1{,}89) \times 100\ 000 = 1\ 000\ \$$$

(b) L'investisseur vend (obligation) les livres à 1,9, alors que la cotation est de 1,92. La perte est de :

$$(1{,}9200 - 1{,}9000) \times 100\ 000 = 2\ 000\ \$$$

5.6. (a) Le trader vend (obligation) le coton à 50 *cents* la livre, alors que la cotation est de 48,20. Le gain est de :

$$(0{,}5000 - 0{,}4820) \times 50\ 000 = 900\ \$$$

(b) Le trader vend (obligation) le coton à 50 *cents* la livre, alors que la cotation est de 51,30. La perte est de :

$$(0{,}5130 - 0{,}5000) \times 50\ 000 = 650\ \$$$

5.7. Vous avez vendu une option de vente. Vous êtes d'accord pour acheter 100 actions à un prix de 40 € si la contrepartie décide d'exercer son option. L'option ne sera exercée que si le prix de l'action se situe en dessous de 40 €. Si, par exemple, le prix s'établit à 30 €, vous perdez 10 € par action. On atteint la situation la plus délicate si le prix de l'action chute à une valeur proche de zéro (perte de 40 € par action). La compensation du risque pris est le prix de vente de l'option.

5.8. Le marché de gré à gré (OTC) est un réseau informatique ou téléphonique entre des institutions financières, des gérants de fonds et des trésoriers d'entreprise (accords mutuels). Un marché organisé est centralisé et les contrats échangés y sont standardisés; (a) OTC, (b) organisé, (c) les deux, (d) OTC et (e) OTC.

5.9. La première stratégie consiste à acheter 200 actions et la seconde à acheter 2 000 options. Si le prix des actions augmente à 40 €, la première stratégie rapporte (en euros) :

$$[2\ 000 \times (40 - 30)] - 5\ 800 = 14\ 200$$

et la seconde seulement (en euros) :

$$200 \times (40 - 29) = 2\ 200$$

Si le prix de l'action diminue, la seconde stratégie présentera en revanche une perte moins importante. Par exemple, si le prix passe à 25 €, la première stratégie conduit à une perte (en euros) de :

$$[2\ 000 \times (0)] - 5\ 800 = -5\ 800$$

et la seconde seulement (en euros) :

$$200 \times (29 - 25) = 800$$

Cet exemple illustre l'effet de levier induit par les options.

5.10. Vous pouvez acheter 5 000 options de vente avec un prix d'exercice de 25 € et une maturité de quatre mois. C'est une forme d'assurance. Si, à la fin des quatre mois, le prix de l'option est en dessous de 25 €, vous pouvez alors exercer vos options et vendre vos actions à 25 €. Le coût de cette assurance correspond au prix des options.

5.11. Une option ne procure aucun financement à l'entreprise. C'est un titre vendu par un trader à une contrepartie. L'entreprise n'est pas concernée. À l'opposé, une émission d'actions procure des fonds à l'entreprise émettrice.

5.12. Si nous ignorons le facteur d'actualisation, le détenteur de l'option fera un profit si le prix de l'action, en mars, est supérieur à 52,50 €. Dans ce cas, le gain sur l'option sera supérieur au prix d'achat. L'option sera exercée si le prix en mars est supérieur à 50,00 €. Dans l'intervalle [50,00 €; 52,50 €], l'option sera exercée, même si le détenteur ne réalise globalement aucun gain.

5.13. Si nous ignorons le facteur d'actualisation, le vendeur de l'option fera un profit si le prix de l'action est supérieur à 56,00 € en juin. Dans ce cas, le coût sur l'option sera inférieur au montant reçu lors de la vente. L'option ne sera pas exercée si le prix à l'échéance est inférieur à 60,00 €. Dans l'intervalle [56,00 €; 60,00 €], même si l'option est exercée, le vendeur réalise un gain.

5.14. Une position courte dans une option de vente de maturité quatre mois assure l'entreprise contre une baisse du taux de change (les devises seront vendues au moins au prix d'exercice).

5.15. L'entreprise peut prendre une position longue sur un contrat *forward* de maturité six mois portant sur 100 dollars canadiens. Ce contrat lui assure un prix d'achat des devises au taux de change *forward* actuel. L'entreprise peut également acheter une option d'achat de maturité six mois lui donnant le droit d'acheter les devises à un taux de change fixé. Cette option permet également à l'entreprise de bénéficier de la baisse du dollar canadien dans les six mois à venir.

5.16. Le paiement de l'ICON est le paiement (a) d'une obligation classique, (b) d'une position courte sur une option d'achat de 169 000 yens à un prix d'exercice de 1/169, (c) d'une position longue sur une option d'achat de 169 000 yens à un prix d'exercice de 1/84,5. Le tableau suivant le démontre :

	Valeur terminale de l'obligation	Valeur terminale de la position courte	Valeur terminale de la position longue	Valeur terminale de la position globale
$S_T > 169$ $S_T > 169$	1 000	0	0	1 000
$84{,}5 \leq S_T \leq 169$	1 000	$-169\ 000 \times \left(\frac{1}{S_T} - \frac{1}{169}\right)$	0	$2\ 000 - \frac{169\ 000}{S_T}$
$S_T < 84{,}5$	1 000	$-169\ 000 \times \left(\frac{1}{S_T} - \frac{1}{169}\right)$	$-169\ 000 \times \left(\frac{1}{S_T} - \frac{1}{84{,}5}\right)$	0

5.17. (a) Le trader achète une option d'achat 180 jours et prend une position courte sur le contrat *forward* à 180 jours. (b) Le trader achète une option de vente à 90 jours et prend une position longue sur le contrat *forward* à 90 jours.

5.18. Il négocie un *swap* cinq ans, dans lequel il paie 6,51 % et reçoit le Libor. Le résultat est un investissement à Libor moins 1,51 %.

5.19. Il négocie un *swap* cinq ans, dans lequel il reçoit 6,47 % et paie le Libor. Le résultat est un emprunt à Libor plus 0,53 %.

5.20. Il négocie un *swap* trois ans, dans lequel il paie 6,24 % et reçoit le Libor. Le résultat est un emprunt à 7,24 %.

5.21. Supposons que le temps ait été mauvais et que la production de l'exploitant soit plus faible que prévue. Les autres exploitants devraient être affectés de la même manière. Dans ce cas, la production étant faible, le prix du maïs devrait augmenter sur le marché. L'exploitant risque alors d'être surcouvert par rapport à sa production actuelle. Le problème lié à la mauvaise moisson risque d'être accentué par sa position sur le marché *futures*. Cela souligne l'importance d'avoir une vision globale de la situation lorsque l'on décide de se couvrir.

5.22. Il peut paraître exact de considérer que les chances de gains ou de pertes pour l'entreprise sont équiprobables. Cela signifie que l'utilisation de contrats *futures* en vue de spéculation revient à un pari. Il peut cependant être sensé pour une entreprise de se couvrir (et non de spéculer) par des contrats *futures* car l'effet est de réduire le risque. Dans ce cas, l'entreprise n'expose pas ses actionnaires au risque d'évolution du prix du kérosène lorsqu'elle détient ce type de contrat.

5.23. Microsoft a choisi une option sur un portefeuille d'actifs plutôt que sur un portefeuille d'options. C'est généralement moins cher car les évolutions des actifs peuvent se compenser entre elles. Comparons (a) une option de prix d'exercice 20 € sur deux actifs cotant 10 €, (b) un portefeuille de deux options de prix d'exercice 10 € sur chacun des actifs. Si les deux prix augmentent ou baissent, le paiement de (a) et de (b) est identique. Si le prix d'un des deux actifs augmente et si l'autre baisse, le paiement de (a) est plus faible que celui de (b).

5.24. Voici les deux calculs nécessaires pour déterminer : (a) $500 \times (3{,}5 + 0{,}2 \times 57 - 3) = 5\,950$ et (b) $500 \times (3{,}5 + 0{,}1 \times 57) = 4\,600$. La marge initiale est le nombre le plus important des deux, soit 5 950. La vente des options peut couvrir une partie de ce montant, soit 1 750 dollars.

5.25. Cela signifie que le prix des énergies a tendance à revenir vers sa moyenne de long terme. L'électricité a le taux de retour à la moyenne le plus élevé et le pétrole le taux le plus faible.

5.26. Lorsque l'on augmente la fréquence à laquelle on observe l'actif financier, il devient plus probable de toucher la barrière, et le prix de l'option baisse.

5.27. La température moyenne est de 75 degrés. Le CDD vaut alors 10 par jour, soit 310 en cumulé sur le mois. Le paiement de l'option est de :

$$(310 - 250) \times 5\ 000 = 300\ 000\ \$.$$

5.28. Une option 5×8, d'échéance mai 2010, est un contrat sur la fourniture d'électricité cinq jours par semaine aux heures creuses. Quand l'exercice est quotidien (mensuel), le détenteur choisit, chaque jour (mois), s'il achète ou non l'électricité au prix convenu par le contrat.

5.29. Le coût des actions est de 25 000 dollars. Lorsque les actions sont vendues, la marge s'élève à $1{,}6 \times 25\ 000 = 40\ 000$. La marge supplémentaire exigée est donc de 15 000 dollars déposés en *cash* ou en titres financiers. Lorsque la valeur des actions augmente à S, celle du portefeuille est de $500S$ et l'appel de marge a lieu lorsque $40\ 000 < 1{,}3 \times 500S$ ou lorsque $S > 61{,}54$.

Chapitre 6

6.1. Les prêts étaient fréquemment titrisés. Les seules informations analysées étaient le score FICO et le ratio du montant de l'emprunt sur la valeur du bien.

6.2. Il existait un déséquilibre entre l'offre et la demande de logements, car de nombreux particuliers ont contracté des emprunts pour acheter des biens au-dessus de leurs moyens.

6.3. Lorsque la perte sur les prêts est de 5 %, on ne constate aucune perte sur la tranche mezzanine de l'ABS et donc aucune perte sur les tranches de l'ABS CDO. Lorsque cette perte s'élève à 12 %, la perte sur la tranche mezzanine de l'ABS est de 7/12, soit 35 %. La perte sur la tranche mezzanine et *equity* du CDO est de 100 %. La perte sur la tranche senior du CDO est de 10/75, soit 13,33 %.

6.4. La taille de la tranche est généralement petite et la distribution des pertes en cas de défaut est différente. Si un défaut survient, il existe une forte probabilité que l'intégralité de la tranche soit impactée, ce qui diffère d'une obligation.

6.5. Un ABS est un ensemble de tranches créées à partir d'un portefeuille de prêts, d'obligations, etc. Un CDO est un ABS créé à partir d'instruments à taux fixe comme les obligations. Un ABS CDO est un ABS créé à partir de certaines tranches d'ABS.

6.6. Les investisseurs ont sous-estimé la corrélation très forte entre les prêts lorsque le marché est très tendu. En outre, ils ne se sont pas toujours rendu compte que les tranches étaient peu épaisses et pouvaient dès lors être complètement anéanties. L'hypothèse selon laquelle ces tranches pouvaient s'apparenter à des obligations de même notation a également conduit les investisseurs à des erreurs d'appréciation.

6.7. Les coûts d'agence apparaissent lorsque les intérêts de deux parties ne sont pas parfaitement alignés.

6.8. Le principe de fontaine décrit comment les *cash-flows* sont distribués dans les tranches. Les *cash-flows* encaissés sont tout d'abord versés à la tranche senior jusqu'au moment où la rentabilité promise est atteinte. Les *cash-flows* suivants viennent ensuite alimenter la tranche mezzanine. Si la rentabilité attendue est atteinte pour cette tranche, la tranche *equity* est alors servie.

6.9. Généralement, l'ABS CDO est créé à partir des tranches BBB de l'ABS, ce qui s'explique par la faible proportion d'investisseurs intéressés par ces tranches.

6.10. Mian et Sufi montrent que les régions les plus sélectives en termes d'attribution de prêts ont été celles où la distribution de prêts a particulièrement augmenté entre 2000 et 2007.

6.11. La tranche mezzanine d'un ABS ou d'un ABS CDO est généralement la tranche située entre la tranche senior et la tanche *equity*.

6.12. Lorsque les corrélations de défaut augmentent, la tranche senior des CDO devient plus risquée. À l'inverse, la tranche *equity* devient moins risquée. Pour comprendre cela, il faut souligner que, lorsque la corrélation est parfaite, toutes les tranches subissent les mêmes pertes car soit (a) toutes les entreprises sont en défaut, soit (b) aucune des entreprises ne fait défaut.

6.13. Le bonus de fin d'année reflète généralement la performance annuelle, ce qui tend à inciter les traders à se focaliser sur les profits de court terme.

Chapitre 7

7.1. La valeur du portefeuille baisse de 10 500 $.

7.2. La valeur du portefeuille augmente de 400 $.

7.3. Dans les deux cas, il augmente de $0{,}5 \times 30 \times 2^2$, soit 60 €.

7.4. Un delta de 0,7 signifie que si le prix de l'actif sous-jacent augmente d'un faible montant, alors le prix de l'option augmente de 70 % de ce montant. De façon symétrique, si le prix de l'actif sous-jacent baisse d'un faible montant, alors le prix de l'option baisse de 70 % de ce montant. Une position courte sur 1 000 options de delta de –700 peut être rendue delta-neutre en achetant 700 actions.

7.5. Un thêta de –100 par jour signifie qu'après une journée, si la volatilité et le prix du titre n'ont pas changé, l'option perd 100 €. Dans un tel contexte (prix et volatilités constants), le trader cherchera à vendre des options à fort thêta. Les options à la monnaie de faibles maturités ont les thêta les plus élevés.

7.6. Le gamma d'une position en options est le taux de change du delta de la position lorsque le prix du sous-jacent varie. Par exemple, un gamma de 0,1 indique que, si le prix augmente d'un certain montant, le delta augmente de 10 % de ce montant. Lorsque le gamma d'une position courte en options delta-neutre est important et négatif, la position perdra un montant conséquent lors de fortes variations du prix de l'actif.

7.7. Pour couvrir une position en options, il faut créer synthétiquement la position opposée en options. Par exemple, pour couvrir une position longue en options de vente, il faut créer de façon synthétique une position courte en options de vente. La procédure pour créer de façon synthétique une position en options est l'inverse de celle conduisant à la couverture d'une position en options.

7.8. Des positions longues dans un *put* et dans un *call* ont un gamma positif. D'après la figure 6.9, lorsque le gamma est positif, un gain est enregistré lors de forts mouvements de prix du support, et une perte est engendrée lors de faibles mouvements. La réponse est donc (b). Lorsque le portefeuille contient des positions courtes en options, pour la même raison la réponse est (a).

7.9. Le delta indique que lorsque la valeur du taux de change augmente de 0,01 $, la valeur de la position de la banque augmente de 0,01 × 30 000 = 300 $. Le gamma indique que, lorsque la valeur du taux de change augmente de 0,01 $, le delta de la position décroît de 0,01 × 80 000 = 800. Pour obtenir une position delta-neutre, 30 000 € doivent être vendus. Lorsque le taux de change passe à 0,93, le delta du portefeuille devrait baisser de (0,93 – 0,90) × 80 000 = 2 400 et s'établir à 27 600. Pour maintenir la neutralité (en delta), la banque doit réduire sa position courte en euros de 2 400 €. Lorsqu'un portefeuille est delta-neutre et a un gamma négatif, on enregistre une perte lors de forts mouvements de l'actif sous-jacent. On peut conclure qu'il est probable que la banque ait perdu de l'argent.

7.10. Si l'on se contente de ce qui est décrit dans le texte, on suppose une volatilité constante. En théorie, la réplication statique des options doit tenir compte de trois dimensions : le temps, le prix du support et la volatilité. L'ajustement des prix se fait donc dans un espace à trois dimensions.

7.11. Dix options classiques sont nécessaires car dix équations doivent être résolues.

7.12. Le paiement final d'une option asiatique devient moins incertain avec le passage du temps. De ce fait, le « volume » d'incertitude qui doit être couvert décroît avec le temps.

7.13. Considérons un portefeuille d'options ne dépendant que d'une seule variable. Un seul échange est nécessaire pour rendre le portefeuille delta-neutre, quelle que soit la taille de la position.

7.14. Le prix, le delta, le gamma, le véga, le thêta et le rhô valent 0,0217, –0,396, 5,414, 0,00203, –0,0000625 et –0,00119. Le delta indique que le prix de l'option devrait décroître de 0,000396 lorsque le taux de change augmente de 0,001. C'est ce que l'on obtient. Lorsque le taux de change augmente à 0,751, le prix de l'option baisse à 0,0213.

Chapitre 8

8.1. Dans ce cas, le *mismatching* de taux d'intérêt porte sur 10 milliards d'euros. La marge nette d'intérêt baisse de 100 millions d'euros tous les ans pendant les trois prochaines années.

8.2. Si les taux longs étaient les anticipations des taux courts futurs, ils devraient avoir aussi souvent une valeur plus importante ou plus faible que ces derniers. La théorie de la préférence pour la liquidité conduit à des taux longs plus élevés que les taux courts. Lorsque l'inverse se produit, le marché anticipe une baisse des taux dans le futur.

8.3. Il existe trois raisons : (a) les institutions financières doivent acheter les bons et les obligations du Trésor pour respecter une variété de contraintes réglementaires. Cela accroît la demande pour ces titres et baisse leur taux actuariel ; (b) le capital réglementaire exigé pour ce type d'investissement est beaucoup plus faible que pour d'autres investissements, même très peu risqués ; (c) aux États-Unis, les obligations d'État bénéficient d'une fiscalité très favorable par rapport aux autres obligations.

8.4. Dans un *swap* OIS, un taux fixe est échangé pendant une période (un mois, deux mois, …, deux ans) contre la moyenne géométrique des taux au jour le jour

8.5. Le *spread* Libor-OIS est une mesure de tension sur le marché car il évalue la méfiance des banques lors de prêts sur le marché interbancaire.

8.6. La duration offre de l'information sur l'impact de faibles variations parallèles de la gamme des taux d'intérêt sur la valeur d'un portefeuille obligataire. La baisse en pourcentage de la valeur du portefeuille est égale à sa sensibilité $(D/1 + r)$ multipliée par la variation des taux d'intérêt. Cette mesure est pertinente pour de faibles variations parallèles des taux, ce qui constitue sa limite.

8.7. (a) Le prix de l'obligation est 86,80 ; (b) la duration vaut 4,256 années ; (c) lorsque le taux actuariel diminue de 0,2 %, le prix de l'obligation augmente de 0,74 ; (d) le prix obtenu sur la base d'un taux actuariel de 10,8 % vaut 87,54, ce qui est cohérent avec (a) et (b).

8.8. (a) Le prix de l'obligation est de 88,91. (b) La sensibilité vaut 3,833. (c) Par la sensibilité, une hausse de 0,2 % du taux actuariel entraîne une baisse du prix de l'obligation de 0,68. (d) Le prix obtenu sur la base d'un taux actuariel de 10,8 % vaut 89,60, ce qui est cohérent avec (a) et (c).

8.9. Le prix de l'obligation est de 104,80. La duration s'élève à 5,35 et la convexité à 30,60. On estime l'impact d'une variation de 1 % de la façon suivante :

$$104{,}80\,(-0{,}01 \times 5{,}35 + 0{,}5 \times 30{,}60 \times 0{,}0001) = -5{,}44.$$

Le prix devrait baisser « réellement » à 99,36, ce qui est cohérent avec l'estimation.

8.10. On peut (a) changer quelques points de la courbe de taux (voir figure 4.4), (b) modifier des segments de la structure par termes, (c) changer les cotations des titres qui ont servi à construire la gamme des taux.

8.11. Les delta valent 10,7 et –190,1.

8.12. L'impact sur le portefeuille mesuré en proportion de la valeur de ce dernier est

$$-(2{,}0 \times 0{,}001 + 1{,}6 \times 0{,}0008 + 0{,}6 \times 0{,}0007 + 0{,}2 \times 0{,}0006$$
$$-0{,}5 \times 0{,}0005 - 1{,}8 \times 0{,}0003 - 1{,}9 \times 0{,}0001) = -0{,}00284$$

Le portefeuille perd donc 0,284 %.

8.13. La duration dollar est le produit de la duration et du prix du titre. *Idem* pour la convexité dollar.

8.14. La duration est la somme des durations partielles. F1 est la duration du portefeuille multipliée par la valeur du portefeuille fois 0,0001.

Chapitre 9

9.1. La VaR correspond à la perte qui ne sera pas dépassée pour un seuil de confiance donné. L'*expected shortfall* est la perte espérée conditionnelle à un dépassement de la VaR. Cette mesure du risque présente l'avantage de satisfaire la condition de sous-additivité.

9.2. Une mesure spectrale du risque assigne des poids aux quantiles de la distribution des pertes. Le poids assigné au quantile q doit être une fonction non décroissante de q, pour que cette mesure satisfasse la condition de sous-additivité.

9.3. Vous pouvez perdre au moins 6 000 € sur un mois, avec une probabilité de 5 %.

9.4. Votre perte espérée sur un « mauvais » mois est de 6 000 €. Les « mauvais » mois correspondent aux 5 % des mois les plus mauvais.

9.5. (a) 1 million d'euros ; (b) L'*expected shortfall* est égal à $0{,}9 \times 10 + 0{,}1 \times 1$, soit 9,1 millions d'euros ; (c) Les probabilités de perdre 20 millions, 11 millions et 2 millions d'euros sont respectivement $0{,}009^2 = 0{,}000081$, $2 \times 0{,}009 \times 0{,}991 = 0{,}017838$, $0{,}991^2 = 0{,}982081$. La VaR au seuil de confiance à 99 % est donc égale à 11 millions d'euros; (d) L'*expected shortfall* est égal à $(0{,}000081 \times 20 + 0{,}009919 \times 11)/2 = 11{,}07$ millions d'euros; (e) Puisque $1 + 1 < 11$, la condition de sous-additivité n'est pas satisfaite pour la VaR.
Puisque $9{,}2 + 9{,}2 > 11{,}07$, cette condition est satisfaite pour l'ES.

9.6. (a) 3,92 millions d'euros; (b) 8,77 millions d'euros; (c) 10,40 millions d'euros.

9.7. (b) devient 9,96 millions d'euros et (c) devient 11,82 millions d'euros.

9.8. La VaR marginale est égale au taux de variation de la VaR par rapport au montant investi dans l'actif i. La VaR incrémentale correspond à l'effet incrémental de l'actif i sur la VaR (c'est-à-dire la différence de VaR avec et sans cet actif). La VaR partielle est la portion de la VaR qui peut être attribuée à l'actif i (la somme des VaR marginales donne la VaR totale).

9.9. La probabilité d'observer au moins 17 exceptions est égale à :

$$1 - LOI.BINOMIALE(16\,;1\,000\,;0{,}01\,;VRAI),$$

soit 2,64 %. Le modèle doit être rejeté au seuil de 5 %.

9.10. La concentration (*bunching*) correspond au phénomène de concentration des exceptions sur une période donnée.

9.11. Nous voulons calculer l'écart-type de $\Delta P_1 + \Delta P_2 + \ldots + \Delta P_T$. Cet écart-type vaut $\sum_{i=1}^{n} \sigma_i^2 + 2\sum_{i>j} \rho_{ij}\sigma_i\sigma_j$, où σ_i correspond à l'écart-type de ΔP_i et ρ_{ij} au coefficient de corrélation entre ΔP_i et ΔP_j. Dans ce cas, on a $\sigma_i = \sigma$ pour tout i et $\rho_{ij} = \rho^{i-j}$ lorsque $i > j$. Après simplifications et en réarrangeant les termes, on obtient l'équation (9.3).

Chapitre 10

10.1. 4,16 %.

10.2. L'écart-type journalier de la variation en pourcentage du prix est 1,57 %. L'intervalle de confiance à 95 % est [–3,09 %; +3,09 %].

10.3. La volatilité est plus forte lorsque les marchés sont ouverts que lorsque les marchés sont fermés. Les traders mesurent de ce fait la volatilité en jours ouvrés.

10.4. La volatilité implicite est déduite de la cotation des options en inversant la formule de Black et Scholes. Comme des options différentes ont des volatilités différentes, les traders n'utilisent pas les mêmes hypothèses que celles de Black et Scholes.

10.5. L'approche de la section 10.3 donne 0,547 % par jour. L'approche simplifiée (équation 10.4) donne 0,530 % par jour.

10.6. (a) 0,25 % ; (b) 0,0625 %.

10.7. Le taux de variance estimé à la fin du jour n est égal à λ fois le taux de variance estimé à la fin de la journée $n - 1$ plus $1 - \lambda$ fois le carré de la rentabilité du jour n.

10.8. GARCH (1,1) est une adaptation du modèle EWMA donnant du poids au taux de variance de long terme. Contrairement au modèle EMWA, GARCH (1,1) est compatible avec un modèle de retour à la moyenne du taux de variance.

10.9. Dans ce cas, $\sigma_{n-1} = 0{,}015$ et $u_n = 0{,}5 / 30 = 0{,}01667$, l'équation (5.9) donne :

$$\sigma_n^2 = 0{,}94 \times 0{,}015^2 + 0{,}06 \times 0{,}01667^2 = 0{,}0002281.$$

La volatilité estimée pour le jour n est alors : $\sqrt{0{,}0002281} = 0{,}015103$ ou 1,5103 %.

10.10. Réduire λ de 0,95 à 0,85 signifie que l'on accorde un poids plus important aux observations récentes et un poids plus faible aux observations plus anciennes. Les volatilités calculées avec $\lambda = 0{,}85$ vont réagir plus rapidement aux nouvelles informations et « rebondiront » davantage que celles calculées avec $\lambda = 0{,}95$.

10.11. Avec les notations usuelles, $u_{n-1} = 20 / 1040 = 0{,}01923$ et :

$$\sigma_n^2 = 0{,}000002 + 0{,}06 \times 0{,}01923^2 + 0{,}92 \times 0{,}01^2 = 0{,}0001162.$$

Cela donne $\sigma_n = 0{,}01078$ et la nouvelle estimation de la volatilité vaut 1,078 %.

10.12. La variation quotidienne proportionnelle est –0,005 / 1,5000 = –0,003333. L'estimation actuelle de la variance journalière est $0{,}006^2 = 0{,}000036$ et la nouvelle estimation s'établit à :

$$0{,}9 \times 0{,}000036 + 0{,}1 \times 0{,}003333^2 = 0{,}000033511.$$

La volatilité vaut donc 0,0579 %.

10.13. Le poids accordé au taux de variance moyen de longs termes est $1 - \alpha - \beta$ et le taux de variance moyen de long terme vaut $\omega / (1 - \alpha - \beta)$. L'augmentation de ω renforce le taux de variance moyen de long terme. Celle de α augmente le poids des observations récentes, diminue celui accordé au taux de variance moyen de long terme et accentue le niveau du taux de variance moyen de long terme. L'augmentation de β donne davantage de poids aux observations les plus récentes, diminue le poids accordé au taux de variance moyen de long terme et augmente le niveau du taux de variance moyen de long terme.

10.14. Le taux moyen de variance de long terme est $\omega / (1 - \alpha - \beta)$ ou 0,000004 / 0,03 = 0,0001333. La volatilité moyenne de long terme est $\sqrt{0{,}0001333}$, soit 1,155 %. L'équation décrivant comment le taux de variance revient à sa moyenne de long terme s'écrit :

$$E[\sigma_{n+k}^2] = V_L + (\alpha + \beta)^k (\sigma_n^2 - V_L)$$

Là :

$$E[\sigma_{n+k}^2] = 0{,}0001333 + 0{,}97^k (\sigma_n^2 - 0{,}0001333).$$

Si la volatilité est de 20 % par an, $\sigma_n = 0{,}2 / \sqrt{252} = 0{,}0126$. Le taux de variance espéré à 20 jours est finalement de $\sqrt{0{,}0001471} = 0{,}0121$, soit 1,21 % par jour.

10.15. Le FTSE 100 en dollars est donné par XY, avec X = le FTSE 100 en livres et Y = le taux de change (une livre sterling en dollars). Si l'on note x_i la variation proportionnelle de X le jour i, et y_i celle de Y le jour i, l'écart-type de x_i est 0,018 et celui de y_i vaut 0,009. La corrélation entre ces deux valeurs est de 0,4. La variance de $x_i + y_i$ s'écrit alors :

$$0{,}018^2 + 0{,}009^2 + 2 \times 0{,}018 \times 0{,}009 \times 0{,}4 = 0{,}0005346.$$

La volatilité du FTSE 100 exprimé en dollars vaut donc 2,31 %. Elle est supérieure à la volatilité du FTSE 100 exprimé en livres, du fait de la corrélation. Lorsque le FTSE 100 augmente, la valeur de la livre exprimée en dollars a également tendance à augmenter. Cela conduit à une augmentation plus importante encore du FTSE 100 mesuré en dollars. On peut tenir un raisonnement identique pour la baisse du FTSE 100.

10.16. Dans ce cas, $V_L = 0{,}00015$ et le taux de variance espéré à 30 jours vaut 0,000123. La volatilité est de 1,11 % par jour.

10.17. Dans l'équation (5.15), $V_L = 0{,}0001$ et $a = 0{,}0202$, $T = 20$ et $V(0) = 0{,}000169$, la volatilité est de 19,88 %.

Chapitre 11

11.1. Vous devez mesurer l'écart-type des deux variables.

11.2. Formulé brièvement, la corrélation mesure la dépendance linéaire entre deux variables et non d'autres formes de dépendance. Lorsque $y = x^2$, il existe une dépendance parfaite entre x et y. Cependant, $E(xy) = E(x^3)$. Cette valeur est nulle pour une distribution symétrique comme la distribution normale, ce qui conduit à une valeur nulle du coefficient de corrélation.

11.3. Dans un modèle factoriel, la corrélation entre deux variables résulte de leur corrélation avec une ou plusieurs autres variables. On nomme ces dernières « facteurs ». Un modèle factoriel réduit le nombre de calculs nécessaires lorsque les corrélations entre de nombreuses variables doivent être estimées.

11.4. Une matrice semi-définie positive vérifie l'équation (6.4) pour tout vecteur w. Lorsqu'une matrice de corrélation n'est pas semi-définie positive, alors les corrélations sont incohérentes.

11.5. (a) Les volatilités et les corrélations impliquent un niveau de covariance de $0{,}25 \times 0{,}016 \times 0{,}025 = 0{,}0001$. (b) Si les prix de clôture des deux actifs sont 20,5 et 40 €, les changements proportionnels valent $0{,}5 / 20 = 0{,}025$ et $0{,}5 / 40 = 0{,}0125$. La nouvelle estimation de la covariance est :

$$0{,}95 \times 0{,}0001 + 0{,}05 \times 0{,}025 \times 0{,}0125 = 0{,}0001106.$$

La nouvelle estimation de la variance de A est :

$$0{,}95 \times 0{,}016^2 + 0{,}05 \times 0{,}025^2 = 0{,}00027445.$$

La volatilité vaut donc 0,0166. La nouvelle estimation de la variance de B est :

$$0{,}95 \times 0{,}025^2 + 0{,}05 \times 0{,}0125^2 = 0{,}000601562.$$

La volatilité vaut alors 0,0245. La nouvelle estimation de la corrélation est :

$$\frac{0{,}0001106}{0{,}0166 \times 0{,}0245} = 0{,}272.$$

11.6. En utilisant les notations de l'ouvrage, $\sigma_{u,n-1} = 0{,}01$ et $\sigma_{v,n-1} = 0{,}012$, et l'estimation la plus récente de la covariance entre les rentabilités des actifs est :

$$\text{cov}_{n-1} = 0{,}01 \times 0{,}012 \times 0{,}50 = 0{,}00006.$$

La variable $u_{n-1} = 1 / 30 = 0{,}03333$ et la variable $v_{n-1} = 1 / 50 = 0{,}02$. La nouvelle estimation de la covariance s'écrit :

$$0{,}000001 + 0{,}04 \times 0{,}03333 \times 0{,}02 + 0{,}94 \times 0{,}00006 = 0{,}0000841.$$

La nouvelle estimation de la variance du premier actif $\sigma_{u,n}^2$ s'écrit :

$$0{,}000003 + 0{,}04 \times 0{,}03333^2 + 0{,}94 \times 0{,}01^2 = 0{,}0001414.$$

Et donc $\sigma_{u,n} = \sqrt{0{,}0001414} = 0{,}01189$. La nouvelle estimation de la variance du second actif, $\sigma_{v,n}^2$, est :

$$0{,}000003 + 0{,}04 \times 0{,}02^2 + 0{,}94 \times 0{,}012^2 = 0{,}0001544.$$

Et donc $\sigma_{v,n} = \sqrt{0{,}0001544} = 0{,}01242$. La nouvelle estimation de la corrélation entre les actifs vaut donc : 0,0000841 / (0,01189 × 0,01242) = 0,569.

11.7. Avec les mêmes notations que dans le problème (10.15), notons z_i le changement proportionnel de valeur du S&P 500 le jour i. La covariance entre x_i et z_i est : $0{,}7 \times 0{,}018 \times 0{,}016 = 0{,}0002016$. La covariance entre y_i et z_i est : $0{,}3 \times 0{,}009 \times 0{,}016 = 0{,}0000432$. La covariance entre $x_i + y_i$ et z_i est égale à celle entre x_i et z_i plus la covariance entre y_i et z_i; elle s'écrit :

$$0{,}0002016 + 0{,}0000432 = 0{,}0002448.$$

La corrélation entre $x_i + y_i$ et z_i vaut $\dfrac{0{,}0002448}{0{,}016 \times 0{,}0231} = 0{,}662$.

11.8.

V1	**V2**		
	0,25	**0,5**	**0,75**
0,25	0,095	0,163	0,216
0,5	0,163	0,298	0,413
0,75	0,216	0,413	0,595

11.9. Supposons que x_1, x_2, et x_3 soient des échantillons aléatoires de trois distributions normales indépendantes. Les échantillons aléatoires avec les corrélations requises sont ε_1, ε_2 et ε_3, où :

$$\varepsilon_1 = z_1$$

$$\varepsilon_2 = \rho_{12} z_1 + z_2 \sqrt{1 - \rho_{12}^2}$$

et

$$\varepsilon_3 = \alpha_1 z_1 + \alpha_2 z_2 + \alpha_3 z_3$$

où

$$\alpha_1 = \rho_{13}$$

$$\alpha_1 \rho_{12} + \alpha_2 \sqrt{1 - \rho_{12}^2} = \rho_{23}$$

et

$$\alpha_1^2 + \alpha_2^2 + \alpha_3^2 = 1.$$

Cela implique que :

$$\alpha_1 = \rho_{13}$$

$$\alpha_2 = \frac{\rho_{23} - \rho_{13}\rho_{12}}{\sqrt{1 - \rho_{12}^2}}$$

$$\alpha_3 = \sqrt{1 - \alpha_1^2 - \alpha_2^2}.$$

11.10. La dépendance de queue est la tendance de deux ou de plusieurs variables, pour des valeurs extrêmes, d'évoluer dans le même sens. Le choix de copule affecte cette dépendance. Par exemple, la copule *t-student* conduit à une dépendance de queue plus forte que la copule gaussienne.

11.11. Construire un échantillon à partir d'une distribution de Student bivariée (figure 10.6, par exemple). Convertir cet échantillon en échantillon gaussien centile par centile.

11.12. La probabilité que $V_1 < 0{,}1$ est 0,05. La probabilité conditionnelle que $V_2 < 0{,}1$ est $0{,}006 / 0{,}05 = 0{,}12$. La probabilité conditionnelle que $V_2 < 0{,}2$ est $0{,}017 / 0{,}05 = 0{,}34$, etc.

11.13. Lorsque $V_1 = 0{,}2$, on a $U_1 = -0{,}84$. D'après la propriété de la loi normale bivariée, la médiane de U_2 est $0{,}5 \times 0{,}84 = -0{,}42$. Cela implique une valeur médiane de V_2 de 0,458.

11.14. Dans ce cas :

$$V(T,X) = N\left(\frac{N^{-1}(0{,}015) + \sqrt{0{,}2}N^{-1}(0{,}995)}{\sqrt{1-0{,}2}}\right) = 0{,}127.$$

Les « 99,5 % de mauvais cas » sont ceux pour lesquels il existe une perte de $500 \times 0{,}7 \times 0{,}127 = 44{,}62$, soit 44,62 millions d'euros.

11.15. L'estimation par le maximum de vraisemblance donne une probabilité de 4,8 % et une corrélation de 11,4 %

Chapitre 12

12.1. La sortie d'un concurrent peut être bénéfique. Les banques sont cependant liées entre elles par de nombreux contrats. Elles peuvent perdre de l'argent sur les contrats qu'elles ont souscrits avec une banque qui fait faillite. Par ailleurs, les institutions financières risquent d'être négativement affectées par la faillite d'un établissement, dans la mesure où cet événement diminue la confiance dans le système bancaire.

12.2. L'assurance des dépôts garantit contre les risques pris par leur banque. Cela peut conduire les institutions financières à prendre plus de risques par rapport à une situation sans assurance, puisque les banques ne courent pas le danger de perdre leurs dépôts. Cela peut entraîner davantage de faillites bancaires et un coût plus important pour l'assurance des dépôts. Ainsi, une régulation qui exige des banques que les fonds propres détenus soient contingents à leurs risques est nécessaire, car elle empêche des situations comme celles décrites ci-dessus.

12.3. Le risque de crédit d'un *swap* correspond au risque de défaut de la contrepartie lorsque le *swap* a une valeur positive pour la banque.

12.4. La valeur d'un *swap* de devise dévie davantage de zéro par rapport à un *swap* de taux, en raison de l'échange du principal. Par conséquent, la perte potentielle en cas de défaut de la contrepartie est plus importante sur un *swap* de devise.

12.5. Il existe une exposition au risque. Si la contrepartie fait défaut immédiatement, il n'y aura pas de perte. Toutefois, si les taux d'intérêt évoluent de manière telle que le *swap* ait une valeur positive pour la banque à une date future, si la contrepartie fait défaut, il y aura une perte pour l'institution financière. Les fonds propres selon Bâle I seraient équivalents à 0,5 % du montant notionnel du *swap* (voir tableau 12.2).

12.6. Les actifs pondérés au risque pour les trois transactions sont (a) 1,875 million d'euros, (b) 2 millions d'euros et (c) 3 millions d'euros, pour un total de 6,875 millions d'euros. Les fonds propres valent $0{,}08 \times 6{,}875$, soit 0,55 million d'euros.

12.7. Le RRN est égal à $2{,}5 / 4{,}5 = 0{,}556$. L'équivalent risque de crédit vaut $2{,}5 + (0{,}4 + 0{,}6 \times 0{,}556) \times 9{,}25$, soit 9,28 millions d'euros. Les actifs pondérés au risque et le capital requis valent respectivement 4,64 millions d'euros et 0,371 million d'euros.

12.8. Dans ce cas, les provisions de compensation sont nulles.

12.9. Cela convertit le capital requis estimé en actifs pondérés au risque. Le capital requis correspond à 8 % des actifs pondérés au risque.

12.10. Le portefeuille de marché est composé d'instruments activement échangés et évalués quotidiennement à leur valeur de marché. Le portefeuille bancaire est composé principalement de prêts et n'est pas évalué tous les jours en valeur de marché. Le changement transfère la position du client du portefeuille bancaire vers le portefeuille de marché. Cela réduit généralement la charge en capital réglementaire. La charge pour risque incrémental introduite par Bâle 2.5 a cependant pour effet d'augmenter les fonds propres prudentiels (voir chapitre 13).

12.12. Sous Bâle I, les fonds propres pour les prêts aux entreprises sont les mêmes, quelle que soit la notation de l'emprunteur. Cela entraîne des rentabilités des fonds propres relativement faibles pour les prêts aux entreprises de bonne qualité de crédit. Sous Bâle II, le capital requis est lié à la qualité de crédit de l'emprunteur et l'octroi de prêts aux entreprises de bonne qualité est plus attractif.

12.12. L'arbitrage réglementaire implique une ou plusieurs transactions visant à réduire le capital réglementaire de la banque.

12.13. EAD correspond à l'exposition estimée en cas de défaut. LGD est la perte en cas de défaut, c'est-à-dire la part de l'exposition perdue si le défaut se réalise. WCDR correspond au taux de défaut à un an qui se réalise une fois sur 1 000. PD est la probabilité de défaut à un an. On note MA la maturité ajustée. Celle-ci permet de tenir compte de la possibilité de pertes dues au défaut et à la dégradation de la qualité de crédit de la contrepartie pendant l'année (pour les instruments de maturité supérieure à 1 an).

12.14. Selon l'approche simple, la pondération au risque de la contrepartie est remplacée par celle de la sûreté pour la partie de l'exposition qui est garantie. Selon l'approche avancée, l'exposition est ajustée à la hausse potentielle et la sûreté à la baisse potentielle de sa valeur. La pondération au risque de la contrepartie est appliquée à la différence entre l'exposition ajustée et la sûreté ajustée.

12.15. L'approche standard utilise les notations externes pour déterminer le capital requis (selon une manière plus sophistiquée que dans Bâle I). L'approche IRB utilise le modèle de corrélation de Bâle II, avec les PD déterminées par la banque. L'approche IRBA utilise également le modèle de corrélation de Bâle II, mais autorise la banque à déterminer PD, LGD, EAD et MA.

12.16. Selon l'approche indicateur de base, les fonds propres totaux correspondent à 15 % du revenu annuel brut. Selon l'approche standard, on calcule le revenu brut pour différentes lignes de métier et les fonds propres correspondent à un pourcentage de ce revenu (qui est donc différent selon la ligne de métier). Selon l'approche de mesure avancée, la banque utilise un modèle interne pour déterminer la VaR au seuil de 99,9 % à un an.

12.17. $\rho = 0{,}1216$, WCDR $= 0{,}0914$, et le capital requis est égal à $200 \times 0{,}7 \times 0{,}0814$, soit 11,39 millions d'euros, dont la moitié doit être composée de fonds propres de base.

12.18. La probabilité d'au moins cinq exceptions est égale à :

$$1 - LOI.BINOMIALE(4;250;0{,}01;VRAI),$$

soit 10,8 %. On pourrait discuter la pertinence du choix d'un seuil de confiance à 10 % plutôt que 5 %.

Chapitre 13

13.1. Les trois composantes principales de Bâle 2.5 sont le calcul d'une VaR extrême, une nouvelle charge pour risque incrémental une mesure globale du risque pour les instruments sensibles à la corrélation de crédit.

13.2. Les six composantes principales de Bâle III sont la définition des fonds propres requis, le coussin de conservation en fonds propres, le coussin contracyclique, le ratio de levier, le risque de liquidité et le risque de crédit de contrepartie.

13.3. On calcule la VaR traditionnelle à partir d'un historique récent d'un à quatre ans tandis que l'on estime la VaR extrême à partir d'un historique de 250 jours particulièrement néfastes pour le portefeuille de la banque.

13.4. La charge pour risque incrémentale correspond à la VaR au seuil de 99,9 % à un an pour les pertes de crédit du portefeuille de marché et prend en compte les changements de notation et les horizons de liquidité. Elle a été introduite parce que des instruments équivalents avaient une couverture en fonds propres prudentiels plus faible s'ils étaient comptabilisés dans le portefeuille de marché.

13.5. Le capital requis pour un ABS noté AAA est de 1,6 % du principal, tandis qu'il correspond à 3,2 % du principal pour un ABS CDO noté AAA.

13.6. Les fonds propres de base de catégorie 1 ont augmenté de 2 % à 7 % et leur définition a changé.

13.7. (a) 40 % ; (b) 20 %.

13.8. Les actifs au bilan ainsi que certains éléments hors bilan sont pris en compte sans pondération au risque dans le ratio de levier.

13.9. Le ratio de liquidité à court terme (LCR) est égal au rapport entre les actifs liquides de haute qualité et les sorties nettes de trésorerie sur une période extrême de 30 jours. Le ratio structurel de liquidité à long terme (NSFR) est égal au rapport entre les ressources stables disponibles et les besoins en financements stables, avec pondération des éléments au numérateur et au dénominateur.

13.10. Le montant des ressources stables disponibles passerait à 81,6 et le NSFR deviendrait 81,6/74,25 = 110 %.

13.11. Le CVA correspond à une charge reflétant les coûts espérés du défaut d'une contrepartie dans des transactions sur dérivés. La nouvelle réglementation exige que le CVA pour les *spreads* de crédit soient inclus dans le calcul des fonds propres pour le risque de marché.

13.12. Les CoCos sont automatiquement convertis en actions lorsqu'un seuil prédéfini indique que le niveau de fonds propres de la banque est faible. Ces obligations sont donc attractives pour les banques puisqu'elles n'affectent pas la rentabilité des fonds propres avant la conversion, et également attractives pour les régulateurs car ils sont une source de capital qui peut absorber des pertes en cas de conditions extrêmes sur les marchés.

Chapitre 14

14.1. L'hypothèse est que les processus statistiques des variations des variables de marché demain seront identiques à ceux des 500 derniers jours.

14.2. $\dfrac{\lambda^{i-1}(1-\lambda)}{(1-\lambda^n)} = \dfrac{\lambda^{i-1}}{1+\lambda+\lambda^2+\ldots+\lambda^{n-1}}$ et lorsque λ est proche de 1, les pondérations sont proches de $1/n$.

14.3. L'écart-type de la VaR est égal à :

$$\frac{1}{0{,}01}\sqrt{\frac{0{,}05 \times 0{,}95}{1\,000}} = 0{,}69,$$

soit 0,69 million d'euros.

14.4. La VaR au seuil de 95 % à un jour correspond à la 25e pire perte soit 156 511 \$. La VaR au seuil de 97 % à un jour correspond à la 15e pire perte, soit 172 224 \$.

14.5. Dans la feuille *Scenarios*, les investissements en portefeuille passent à 2 500 (cellules L2 : O2). Ensuite, on classe les pertes par ordre décroissant. La cinquième pire perte est de 238 526 \$, qui correspond à la VaR au seuil de 99 % à un jour.

14.6. La valeur de λ passe de 0,995 à 0,99 dans la cellule F2 de la feuille *Scenarios with Weights*. On classe ensuite les pertes par ordre décroissant. La pondération cumulée pour la plus grande perte (scénario 494) est égale à 0,00948. La pondération cumulée pour la seconde plus grande perte (scénario 339) est égale à 0,01147. La VaR au seuil de 99 % à un jour correspond à la seconde pire perte, soit 345 435 \$.

14.7. La valeur de λ passe de 0,94 à 0,96 dans la cellule A2 de la feuille *Data with Vol Ests*. Les pertes dans la feuille *Vol Adjusted Scenarios* sont classées par ordre décroissant. La cinquième pire perte correspond à la VaR au seuil de 99 % à un jour et vaut 535 260 $.

14.8. $\frac{22}{500}\left[1+0{,}436\frac{400-160}{35{,}532}\right]^{-\frac{1}{0{,}436}}=0{,}001623.$

14.9. $160+\frac{32{,}532}{0{,}436}\left\{\left[\frac{500}{22}(1-0{,}97)\right]^{-0{,}436}-1\right\}=173{,}6$, soit une VaR de 173 600 $.

14.10. Les estimations par le maximum de vraisemblance de ξ et β passent à 0,353 et 34,05. La VaR au seuil de 99 % à un jour passe à 230 725 $ et la VaR au seuil de 99,9 % à un jour passe à 452 831 $.

14.11. Les pertes issues de la procédure de prise en compte de la volatilité doivent être transférées vers la feuille *Extreme Val Theory*. Avec $u = 400$, on a $n_u = 17$ et les valeurs de ξ et β sont 0,438 et 82,838. La VaR au seuil de 99 % à un jour est de 534 000 $, alors que celle au seuil de 99,9 % à un jour vaut 1 096 661 $. La probabilité d'une perte supérieure à 600 000 $ est égale à

$$\frac{17}{500}\left[1+0{,}438\frac{600-400}{82{,}838}\right]^{-\frac{1}{0{,}438}}=0{,}00655$$

Chapitre 15

15.1. L'écart-type de la variation journalière de l'investissement dans chaque actif est de 1 000 €. La variance de la variation journalière du portefeuille est égale à :

$$1\,000^2+1\,000^2+2\times 0{,}3\times 1\,000\times 1\,000=2\,600\,000.$$

La racine de 2 600 000 correspond à l'écart-type de la variation journalière du portefeuille et vaut ici 1 612,45 €. La VaR au seuil de 99 % à cinq jours est égale à :

$$2{,}33\times\sqrt{5}\times 1\,612{,}45=8\,401.$$

15.2. Les trois méthodes pour modéliser le comportement des instruments dépendant des taux d'intérêt dans le cadre de l'approche variance-covariance pour le calcul de la VaR sont : (a) le modèle de duration, (b) l'ajustement des flux (*cash-flow mapping*) et (c) l'analyse en composantes principales.

15.3. Si l'on inclut un échange de principal à l'échéance, la partie variable est équivalente à un ZC de maturité égale à la date du prochain flux. La partie fixe correspond à une obligation standard, équivalente à un portefeuille de ZC. On peut donc ajuster le *swap* à un portefeuille de ZC de maturités équivalentes aux dates des flux. On peut ajuster chaque ZC à des positions en ZC de maturité adjacente.

15.4. $\Delta P = 56\times 1{,}5\Delta x$. L'écart-type de ΔP est égal à : $56\times 1{,}5\times 0{,}007 = 0{,}588$. La VaR du portefeuille au seuil de 99 % à dix jours vaut :

$$0{,}588\times 2{,}33\times\sqrt{10}=4{,}33.$$

15.5. La relation s'écrit $\Delta P = 56 \times 1{,}5\Delta x + 0{,}5 \times 1{,}5^2 \times 16{,}2 \times \Delta x^2$, soit :

$$\Delta P = 84\Delta x + 18{,}225\Delta x^2.$$

15.6. Le flux dans 6,5 ans est équivalent à une position de 48,56 € en ZC 5 ans et à une position de 605,49 € en ZC 7 ans. Les flux équivalents dans 5 ans et 7 ans sont égaux à $48{,}56 \times 1{,}06^5 = 64{,}98$ et $605{,}49 \times 1{,}07^7 = 972{,}28$.

15.7. Un calcul similaire à celui opéré dans le corps du texte permet de montrer que 37 397 € sont placés dans une obligation trois mois et 11 793 € dans une obligation six mois.

15.8. La variance journalière du portefeuille est égale à :

$$6^2 \times 20^2 + 4^2 \times 8^2 = 15\ 424$$

et l'écart-type à $\sqrt{15\ 424} = 124{,}19$. Sachant que $N(-1{,}282) = 0{,}9$, la VaR au seuil de 90 % à cinq jours vaut :

$$124{,}19 \times \sqrt{5} \times 1{,}282 = 356{,}01.$$

15.9. (a) 2,0 et (b) 43,8.

15.10. Le delta d'une option correspond au taux de variation de la valeur de l'option par rapport au prix de l'actif. Lorsque celui-ci augmente d'un faible montant, la valeur de l'option diminue de 30 fois ce montant. Le gamma d'une option est le taux de variation du delta par rapport au prix de l'actif. Lorsque ce dernier augmente d'un faible montant, la valeur de l'option diminue de cinq fois ce montant.

Dans ce cas, $E(\Delta P) = -0{,}10$, $E(\Delta P^2) = 36{,}03$ et $E(\Delta P^3) = -32{,}415$. La variation moyenne de la valeur du portefeuille dans un jour vaut –0,1 et l'écart-type de la variation dans un jour est égal à : $\sqrt{36{,}03 - 0{,}1^2} = 6{,}002$. Le coefficient d'asymétrie (*skewness*) vaut :

$$\frac{-32{,}415 - 3 \times 36{,}03 \times (-0{,}1) + 2 \times (-0{,}1)^3}{6{,}002^3} = -21{,}608 = -0{,}10$$

En utilisant uniquement les deux premiers moments, on obtient une VaR au seuil de 99 % à un jour de 14,08€. En prenant en considération les trois premiers moments dans un développement de Corner-Fisher, on obtient 14,53 €.

15.11. On note σ la volatilité annuelle, $\Delta\sigma$ la variation journalière de σ et Δw la variation journalière proportionnelle de σ. On mesure σ comme un multiple de 1 %, de telle sorte que sa valeur actuelle soit égale à $1 \times \sqrt{252} = 15{,}87$. Le modèle delta-gamma-vega s'écrit :

$$\Delta P = -30\Delta S - 0{,}5 \times 5 \times (\Delta S)^2 - 2\Delta\sigma$$

ou :

$$\Delta P = -30 \times 20\Delta x - 0{,}5 \times 5 \times 20^2(\Delta x)^2 - 2 \times 15{,}87\Delta w,$$

avec $\Delta x = \Delta S / S$, soit après simplification :

$$\Delta P = -600\Delta x - 1\,000(\Delta x)^2 - 31{,}74\Delta w.$$

La variation de la valeur du portefeuille dépend désormais de deux variables.

15.12. La variation de la valeur d'une option est une fonction non linéaire de la variation des valeurs des variables sous-jacentes. Lorsque cette dernière est normale, alors la variation de la valeur d'une option ne l'est pas. Ainsi, le modèle linéaire n'est qu'une approximation car il suppose une variation normale de la valeur d'une option.

15.13. Le contrat est une position longue sur l'obligation britannique et une position courte sur l'obligation américaine. Les valeurs de ces deux obligations sont respectivement : $1{,}53e^{-0{,}05\times 0{,}5}$, soit 1 492 millions de dollars, et $1{,}5e^{-0{,}05\times 0{,}5}$, soit 1 463 millions d'euros. La variance de la variation de la valeur du contrat dans un jour est égale à :

$$1{,}492^2 \times 0{,}0006^2 + 1{,}463^2 \times 0{,}0005^2 - 2 \times 0{,}8 \times 1{,}492 \times 0{,}0006 \times 1{,}463 \times 0{,}0005$$

$$= 0{,}0000002888$$

et l'écart-type vaut 0,000537 million de dollars. La VaR au seuil de 99 % à dix jours est égale à $0{,}000537 \times \sqrt{10} \times 2{,}33 = 0{,}00396$ million de dollars.

15.14. L'alpha passe alors à 2 500 et la VaR au seuil de 99 % à un jour est alors égale à (a) 226 836 \$ et à (b) 487 737 \$.

15.15. La VaR au seuil de 99 % à un jour passe de 471 025 \$ à 389 291 \$.

Chapitre 16

16.1. Moody's a 19 notes (exclusion faite du défaut), Aaa, Aa1, Aa2, Aa3, A1, A2, A3, Baa1, Baa2, Baa3, Ba1, Ba2, Ba3, B1, B2, B3, Caa1, Caa2 et Caa3.

16.2. S&P a 19 notes (exclusion faite du défaut), AAA, AA+, AA, AA–, A+, A, A–, BBB+, BBB, BBB–, BB+, BB, B–, B+, B, B–, CCC+, CCC, CCC–.

16.3. L'intensité de défaut moyenne est $\bar{\lambda}$, où $e^{-\bar{\lambda}\times 1} = 0{,}9379$, soit 6,41 % par an.

16.4. Conditionnellement au non-défaut à la fin de l'année 2, la probabilité de défaut en année 3 est 0,0252/0,9652 = 0,02611. L'intensité de défaut moyenne pour la troisième année est $\bar{\lambda}$, avec $1 - e^{-\bar{\lambda}\times 1} = 0{,}02611$, soit 2,65 % par an.

16.5. Le vendeur reçoit $300\,000\,000 \times 0{,}0060 \times 0{,}5 = 900\,000$ en années 0,5, 1,0, 1,5, 2,0, 2,5, 3,0, 3,5, 4,0. Le vendeur reçoit également un paiement final de l'ordre de 300 000 ($= 300\,000\,000 \times 0{,}060 \times 2 / 12$) au moment du défaut. Le vendeur paie $300\,000\,000 \times 0{,}6 = 180\,000\,000$ au moment du défaut.

16.6. Le CDS peut être dénoué en *cash* ou par livraison physique. Dans le cas d'un défaut, lorsque le dénouement est physique, l'acheteur de la protection vend les obligations émises par l'entité de référence à leur valeur faciale. Dans le cas d'un dénouement en *cash*, un tiers estime la valeur de l'obligation la moins chère à livrer émise par l'entité de référence quelques jours après la date du défaut. Le paiement se fonde alors sur la différence entre la valeur estimée et la valeur nominale des obligations.

16.7. Les probabilités risque-neutre sont déduites de la valeur des CDS ou des obligations. Les probabilités de défaut réelles sont déduites des données historiques.

16.8. La cote est de $L(1 - R)$, où L est le principal du CDS et R le taux de recouvrement.

16.9. D'après l'équation (14.3), l'intensité de défaut moyenne pour les trois années est 0,0050/(1 – 0,03) = 0,0071, soit 0,71 % par an.

16.10. D'après l'équation (14.3), l'intensité de défaut moyenne pour les cinq années est 0,0080 / (1 – 0,4), soit 1,333 % par an. De la même façon, l'intensité de défaut moyenne pour les trois premières années est de 1,1667 % par an. Ce qui signifie que l'intensité de défaut moyenne entre les années 4 et 5 est de 1,58 %.

16.11. On doit utiliser les probabilités réelles de défaut pour calculer des VaR de crédit. On doit utiliser les probabilités risque-neutre de défaut pour ajuster les prix des actifs dérivés.

16.12. Le taux de recouvrement d'une obligation est sa valeur (en % de nominal) juste après le défaut de l'émetteur.

16.13. On calcule la première valeur de la seconde colonne du tableau 14.4 comme :

$$-\frac{1}{7}\ln(1 - 0{,}00252) = 0{,}0004$$

soit 0,04 % par an. On calcule les autres valeurs de manière identique. Les valeurs de la quatrième colonne du tableau 16.5 sont celles de la deuxième colonne du tableau 16.4 multipliées par le taux de recouvrement espéré. Ici, le taux de recouvrement espéré est de 0,4.

16.14. La valeur de l'obligation sans risque de défaut est :

$$2e^{-0{,}03\times 0{,}5} + 2e^{-0{,}03\times 1} + \ldots + 2e^{-0{,}03\times 5} + 102e^{-0{,}03\times 4} = 103{,}66.$$

Le prix de marché est 96,16. Une analyse identique à celle menée au tableau 16.3 permet de montrer que la perte liée au défaut est 272,69Q. La probabilité de défaut Q vaut donc 2,74 % par an.

16.15. Si Q(1) est la probabilité de défaut en dates 0,5, 1 et 1,5, une analyse identique à celle menée au tableau 16.3 permet de montrer que la perte liée au défaut sur la première obligation s'écrit 178,61Q(1) pour 100 euros de principal. La valeur d'une obligation sans risque est :

$$4e^{-0{,}035\times 1} + 4e^{-0{,}035\times 2} + 104e^{-0{,}035\times 3} = 101{,}23$$

Et la valeur de marché est de 98,35. De ce fait Q(1) = 1,57 % par an. Pour le second titre, la valeur présente des pertes de défaut s'écrit 180,56 Q(1) + 108,53 Q(2). La valeur de l'obligation sans risque est 101,97 et la valeur de marché est de 96,24. Après calcul, Q(2) = 2,60 % par an.

16.16. On peut supposer que le principal est versé et reçu à la maturité du *swap* sans changer la valeur du *swap*. Si le *spread* est nul, alors la valeur présente des paiements variables (par euro de principal) est 1. Le paiement du Libor plus le *spread* a une valeur présente de $1 + V$. Le paiement des flux de l'obligation a une valeur présente de B^*. Le paiement initial exigé par le payeur des flux de l'obligation (par euro de principal) est $1 - B$. Comme le *swap* d'actifs a initialement une valeur proche de zéro, on a :

$$1 + V = B^* + 1 - B$$

ou :

$$V = B^* - B.$$

16.17. La valeur de la dette dans le modèle de Merton est $V_0 - E_0$ ou encore :

$$V_0 - V_0 N(d_1) + De^{-rT} N(d_2) = De^{-rT} N(d_2) + V_0 N(-d_1).$$

Si le *spread* de crédit est s, il vérifie :

$$De^{-(r+s)T} = De^{-rT} N(d_2) + V_0 N(-d_1).$$

Comme $De^{-rT} = LV_0$, on obtient :

$$Le^{-sT} = LN(d_2) + N(-d_1).$$

et donc :

$$s = -\ln[N(d_2) + N(-d_1) / L] / T.$$

16.18. Dans ce cas, $E_0 = 2$, $\sigma_E = 0{,}50$, $D = 5$, $r = 0{,}04$ et $T = 1$. En résolvant simultanément les deux équations, on obtient $V_0 = 6{,}80$ et $\sigma_V = 14{,}82$. La probabilité de défaut est alors : $N(-d_2)$, ou 1,15 %.

16.19. À la fin de chaque trimestre pour les quatre premières années, le vendeur reçoit 1 million d'euros. Le vendeur paie 70 millions d'euros après quatre ans et deux mois et reçoit 666 667 euros.

16.20. Un CDS est une assurance contre le défaut d'un émetteur. Son effet est de transformer une dette risquée en une dette quasi sans risque. L'acheteur a donc choisi d'échanger un titre risqué contre un titre sans risque. Cela signifie qu'il est long sur l'actif sans risque et court sur l'obligation risquée.

16.21. Les paiements d'un CDS sont conditionnés au défaut potentiel de l'entité de référence. Certains participants au marché ont sur ce sujet plus d'informations que d'autres.

16.22. Supposons que le principal soit de 100 \$. Le *swap* d'actifs est tel que 10 \$ sont payés initialement. Après cela, 2,50 \$ sont payés tous les six mois. En contrepartie, le Libor plus un *spread* sont reçus sur un principal de 100 \$. La valeur présente des flux fixes est :

$$10 + 2{,}5e^{-0{,}06\times 0{,}5} + 2{,}5e^{-0{,}06\times 1} + \ldots + 2{,}5e^{-0{,}06\times 5} + 100e^{-0{,}06\times 5} = 105{,}3579.$$

Le *spread* doit donc avoir une valeur de 5,3579. La valeur présente de 1 \$ reçu tous les six mois pendant cinq ans est 8,5105. Le *spread* reçu tous les six mois doit donc valoir :

$$5{,}3579 / 8{,}5105 = 0{,}6296\,\$.$$

Le *spread* annuel du *swap* d'actifs vaut donc : $2 \times 0{,}6296 = 1{,}2592$ %.

Chapitre 17

17.1. La nouvelle transaction va augmenter l'exposition de la banque si elle a tendance à avoir une valeur positive lorsque les autres transactions ont une valeur positive (et négative lorsque les autres transactions ont une valeur négative). Dans le cas contraire, elle peut diminuer l'exposition à la contrepartie.

17.2. Le *haircut* est le *discount* appliqué à la valeur d'un actif lorsqu'il est utilisé comme collatéral.

17.3. Si l'entreprise fait défaut, le collatéral ne vaudra plus rien. C'est une très mauvaise idée.

17.4. Les affirmations (a) et (b) sont vraies. (c) ne l'est pas. Si l'on note v_x et v_y l'exposition à X et Y, la valeur espérée de $v_x + v_y$ est la somme de valeurs espérées, ce qui n'est pas le cas de la borne de l'intervalle de confiance à 95 %.

17.5. Supposons que le défaut ne puisse se réaliser qu'à l'échéance du contrat *forward*. Dans un monde sans risque de défaut, un contrat *forward* est une combinaison d'une position longue sur un *call* européen et d'une position courte sur un *put* européen (de mêmes maturités que le contrat) de prix d'exercices le prix de livraison du contrat. Si la valeur du contrat est positive à la maturité, le *call* a une valeur positive et le *put* une valeur nulle. L'impact des défauts est alors identique à celui sur un *call*. Dans le cas contraire où la valeur du contrat est négative, le défaut n'a pas d'impact. Cela implique que le contrat *forward* a une valeur égale à celle d'un *call* sujet au risque de défaut et d'une position courte dans un *put* sans risque de défaut.

17.6. Il faut multiplier le prix de l'option par $e^{(-0{,}012 \times 3)} = 0{,}964$. Le modèle surestime la valeur de l'option de 3,6 %.

17.7. Si de nombreux contrats signés par l'entreprise ont une clause de dégradation, cela peut augmenter l'exposition de l'intermédiaire. En effet, en cas de déclenchement de la clause suite à une dégradation, l'appel de collatéral potentiel peut engendrer des difficultés pour l'entreprise.

17.8. Un événement de défaut peut survenir, par exemple, lorsqu'une des deux parties n'honore pas ses engagements ou ne répond pas aux exigences de collatéral. Une courte période après cet événement, la contrepartie peut déclarer une résiliation anticipée.

17.9. Un intermédiaire peut faire face à un risque de corrélation lorsque la contrepartie utilise des *swaps* de crédit pour vendre de la protection à l'intermédiaire. À l'inverse, lorsque l'intermédiaire est vendeur de protection, la corrélation joue favorablement.

17.10. L'exposition de A incluant la CCP est réduite à 70. L'exposition de A demeure nulle lorsque l'on exclut la CCP. L'exposition de B incluant la CCP est réduite à 100. L'exposition de B est réduite à 70 si l'on exclut la CCP. L'exposition de C n'est pas affectée. L'exposition moyenne des trois parties avec CCP est maintenant de 86,7 (contre 110). L'exposition moyenne sans l'exposition à la CCP des trois parties est maintenant de 53,3 (contre 70).

17.11. L'entreprise perdra de l'argent si (a) la CCP fait défaut, (b) un autre membre de la CCP fait défaut et que les marges ne suffisent pas à payer l'engagement de ce dernier.

17.12. Le collatéral est requis lorsque la valeur *mark-to-market* de la transaction dépasse le seuil. La période de remède est la durée qui sépare le défaut de la réévaluation de la CVA. Le montant minimum transféré est le montant minimum duquel augmente le collatéral.

17.13. On calcule normalement le collatéral sur la position nette, les transactions à valeurs positives compensant plus ou moins les transactions à valeur négatives.

17.14. Lorsqu'une banque rencontre des difficultés financières, sa probabilité de défaut augmente, ce qui augmente le coût espéré (de faillite) de ces contreparties. Ce dernier est appelé DVA et son augmentation a un impact financier positif sur le résultat de la banque.

17.15. La part de la CVA en lien avec le changement de niveau des *spreads* de crédit est incluse dans le calcul du risque de marché.

17.16. On enregistrera une perte sur la CVA si la valeur de la transaction avec la contrepartie dépasse –5 millions d'euros et si la valeur augmente de plus de 5 millions durant les 15 jours.

17.17. La réhypothèque consiste à déposer en collatéral des actifs déposés chez soi en collatéral.

Chapitre 18

18.1. Dans les modèles de Vasicek et Credit Risk Plus, on enregistre une perte lorsqu'un défaut survient. Dans CreditMetrics, la dégradation de notations ainsi que le défaut conduisent à une perte. Dans le modèle de Vasicek, on retient une copule gaussienne du temps au défaut. Dans Credit Risk Plus, on suppose une distribution de probabilité du taux de défaut annuel. Enfin, dans CreditMetrics, on utilise une copule gaussienne dans la modélisation des transitions de notations.

18.2. L'hypothèse de niveau de risque constant suppose qu'au bout d'une certaine période de temps t, un instrument X est remplacé par un autre instrument Y de même risque que X. Après une certaine période de temps t, Y est remplacé par Z de même risque que X, et ainsi de suite.

18.3. La probabilité qu'une entreprise conserve sa notation Aaa sur deux ans est de 81,85 % ; sa probabilité d'être dégradée vers Aa est de 16,1 %.

18.4. La probabilité qu'une entreprise conserve sa notation Aaa sur six mois est de 95,08 % ; sa probabilité d'être dégradée vers Aa est de 4,69 %.

18.5. On peut supposer que les variations des *spreads* de crédit des entreprises sur le prochain jour correspondent à un tirage aléatoire des variations sur les 500 derniers jours. L'inconvénient de cette approche est que l'on suppose implicitement l'absence de défaut. Par ailleurs, des données journalières de qualité sur les *spreads* de crédit ne sont pas toujours disponibles.

18.6. En utilisant la distribution binomiale, la probabilité de six pertes ou plus est de 0,0005.

18.7. Dans ce cas, nous devons prendre la moyenne des distributions binomiales cumulées pour des probabilités de perte de 0,5 % et 1,5 %. La probabilité de six pertes ou plus devient 0,0021. Cet exemple montre qu'introduire une forme de corrélation augmente le risque de queue.

18.8. L'autocorrélation est de 0,54. Cela suggère que la VaR de crédit devrait prendre en compte les défauts récents (si le taux de défaut était élevé l'année dernière, il devrait l'être également l'année en cours).

18.9. La charge pour risque spécifique concerne les risques du portefeuille de marché spécifiques à une entreprise. La charge pour risque incrémentale reflète la différence entre le capital requis pour le risque de crédit du portefeuille de marché et celui pour un risque de crédit équivalent du portefeuille bancaire.

Chapitre 19

19.1. Les scénarios peuvent être générés par (a) des variations importantes des variables clés, comme les taux d'intérêts, les prix des actions, etc., (b) des variations de toutes les variables de marché similaires à celles observées dans des conditions extrêmes dans le passé et (c) le comité de direction.

19.2. Le *stress test* inversé implique l'utilisation d'un algorithme de recherche de scénarios de pertes importantes. Il sert à identifier les scénarios appropriés pour effectuer les *stress tests.*

19.3. Les institutions financières peuvent penser que les régulateurs exigeront davantage de fonds propres si des scénarios entraînant des pertes importantes sont pris en considération.

19.4. Les options *traffic lights* versent des flux dans les scénarios *traffic lights* afin d'accroître les fonds propres des institutions financières. L'inconvénient principal réside dans le fait que ces institutions se couvrent ainsi contre un spectre très large de scénarios défavorables, tout en n'étant pas forcément protégées contre un scénario particulier proche d'un type *traffic light.*

19.5. Les dirigeants sont dans la meilleure position pour générer des scénarios. Leur implication dans le développement de scénarios apporte une caution aux résultats des *stress tests* ainsi que leur prise en compte dans les décisions stratégiques.

19.6. Si toutes les banques utilisent des scénarios similaires, alors on peut évaluer le risque systémique. Les scénarios des régulateurs peuvent être moins défavorables que ceux développés par les banques (voir problème 19.3.). Cela peut cependant entraîner les banques à ne pas développer leurs propres scénarios.

19.7. On obtient une probabilité objective à partir de données. Une probabilité subjective correspond à un « degré de croyance » et reflète un jugement personnel.

19.8. La probabilité totale des scénarios est égale à 1,5 %. La probabilité associée aux scénarios de la simulation historique vaut 98,5 %. Chaque scénario de simulation historique a une probabilité de 0,197. Lorsque l'on classe les scénarios et les probabilités, on remarque que la VaR au seuil de 99 % est égale à 284 204 €. (Pour une perte de 340 000 €, la probabilité cumulée est de 0,00943 ; pour une perte de 284 204 €, la probabilité cumulée est de 0,01141).

19.9. Dans ce cas, les valeurs des positions sont 941,34 ; –164,39 ; –1 349,94 et –78,36 respectivement. Le pire scénario correspond à une situation où le prix de l'actif vaut 60 et sa volatilité est égale à 30 %. La perte est de 341,39 $.

Chapitre 20

20.1. La définition inclut tous les risques internes et externes, à l'exception des risques de réputation et stratégique.

20.2. À partir des résultats obtenus par Shih, la perte serait égale à $100 \times 3^{0,23}$, soit 128,7 millions d'euros.

20.3. $\text{Prob}(v > x) = Kx^{-0,8}$. Lorsque $x = 20$, la probabilité est égale à 0,1, ce qui implique $K = 1{,}0986$. La probabilité de dépassement des pertes vaut (a) 5,74 %, (b) 3,30 % et (c) 1,58 %.

20.4. Le problème d'aléa moral est géré par les franchises et par les primes conditionnées aux remboursements passés. Le problème d'antisélection est géré en analysant un maximum d'informations sur le type de l'assuré, puis en modifiant les primes lorsque de nouvelles informations sont disponibles.

20.5. Les P-DG doivent fournir un certificat attestant de la fiabilité des états financiers de la société et reverser les primes perçues si les documents comptables sont jugés non conformes.

20.6. Si un trader respecte les limites et enregistre une perte, alors celle-ci est classée en risque de marché. Si les limites ne sont pas respectées, la perte est en revanche classée en risque opérationnel.

20.7. (a) Il est peu probable qu'un individu ne prenne pas soin de sa santé à cause de son assurance vie. En revanche, des meurtres ont été commis pour bénéficier du versement d'une assurance vie ! (b) Les individus ayant une espérance de vie faible sont plus enclins à acheter une assurance vie.

20.8. Les données externes renseignent sur les pertes des banques et sont obtenues grâce aux accords d'échange d'informations avec les autres banques ou grâce à des sociétés spécialisées. On utilise ces données pour déterminer la sévérité relative des pertes. Ces informations peuvent se révéler des indicateurs utiles des ratios pertes moyennes du département A/pertes moyennes du département B ou écart-type des pertes du département A/écart-type des pertes du département B.

20.9. On utilise couramment la distribution de Poisson pour le calcul de la fréquence des pertes, alors que l'on utilise fréquemment la distribution log-normale utilisée pour déterminer la sévérité des pertes.

20.10. Voici des exemples d'indicateurs de risque clé : le *turnover* des salariés, le nombre de transactions défaillantes, le pourcentage de postes occupés par des salariés non permanents, le ratio contrôleurs/employés, le nombre de positions ouvertes et le pourcentage du personnel n'ayant pas pris plus de dix jours de repos consécutifs sur les 12 derniers mois.

20.11. Lorsque la fréquence des pertes vaut 3, la perte totale moyenne est égale à 3,3 et son écart-type vaut 2,0. Lorsque la fréquence augmente à 4, la perte moyenne et son écart-type valent respectivement 4,4 et 2,4.

Chapitre 21

21.1. Les investisseurs possédaient peu d'informations sur les prêts hypothécaires sous-jacents aux tranches vendues et le mécanisme de fonctionnement des produits structurés était très complexe.

21.2. La société ou l'agent offrant cette fourchette de prix est prêt à acheter à 50 et à vendre à 55. Le prix milieu de fourchette est égal à 52,5. Le prix milieu de fourchette en pourcentage vaut $5/52,5 = 0,0952$.

21.3. Les fourchettes de prix pour les actions A et B valent $0,01 \times 5\,000 = 50$ € et $0,02 \times 3\,000 = 60$ € respectivement. Le coût du dénouement de la position est égal à $(50 + 60)/2 = 55$ €.

21.4. Les fourchettes de prix pour les actions des sociétés A et B que l'on est certain de ne pas dépasser avec 95 % de chances sont égales à $5\,000 \times (0,01 + 1,645 \times 0,01) = 132,24$ € et à $3\,000 \times (0,02 + 1,645 \times 0,03) = 204,04$ €. Le coût total du dénouement que l'on est certain de ne pas dépasser avec 95 % de chances est égal à $(132,24 + 204,04)/2 = 170,14$ €.

21.5. Les montants à vendre successivement sont 15,9 ; 12,9 ; 10 ; 7,4 ; 5,2 ; 3,4 ; 2,2 ; 1,4 ; 0,9 et 0,7. La fourchette de prix est égale à 13,4 €. La variance du prix vaut 3,6 et la VaR de marché au seuil de 95 % est égale à $1,645 \times \sqrt{36,6} = 9,9$ €. (La valeur de la fonction objectif à minimiser est égale à la somme de la variance et de la VaR, soit 23,3 €.)

21.6. Ces actifs ne peuvent être convertis en liquidités et ne peuvent servir de garantie pour des prêts supplémentaires.

21.7. Les emprunts peuvent rapidement s'évaporer en présence de conditions de marché extrêmes.

21.8. Leur stratégie de couverture a entraîné une perte sur la couverture et un gain sur la position couverte. La perte a déclenché des appels de marge. Malheureusement, la position couverte était illiquide, même si sa valeur a augmenté, entraînant une hausse de la valeur de la société.

21.9. Le *trading momentum* concerne des situations où les traders amplifient l'évolution du marché : ils achètent lorsque les prix augmentent et vendent lorsqu'ils baissent. Le *trading contrarian* consiste à opérer de manière inverse : acheter lorsque les prix baissent et vendre lorsqu'ils augmentent.

21.10. Cette mesure de VaR inclut un ajustement aux coûts du dénouement d'une position.

21.11. Des trous noirs de liquidité apparaissent lorsque la plupart des intervenants souhaitent être du même côté du marché au même moment. La régulation peut entraîner des trous noirs de liquidité. En effet, toutes les institutions financières régulées de manière identique risquent également de réagir de la même façon à des chocs externes.

21.12. Les trous noirs sont souvent causés par un excès de traders suivant la même stratégie. Si ces derniers suivent des stratégies différentes, il est moins probable que des trous noirs de liquidité n'apparaissent.

Chapitre 22

22.1. L'évaluation par le marché implique l'évaluation d'une position en utilisant des prix de marché pour des positions comparables. L'évaluation par le modèle implique un rôle clé d'un modèle mathématique pour déterminer le prix d'un instrument financier.

22.2. Effet de levier et phobie du krach.

22.3. Volatilité incertaine et sauts de volatilité.

22.4. Les traders utilisent le modèle Black-Scholes dans l'évaluation des *calls* et des *puts plains vanilla*. Ils calculent les volatilités implicites d'options activement échangées. En interpolant les prix d'exercice et les maturités, ils peuvent estimer les volatilités implicites d'autres options. On substitue alors ces volatilités dans Black-Scholes pour calculer les prix de ces options. Ce modèle est en revanche bien plus qu'un outil d'interpolation lorsqu'il est utilisé pour la couverture.

22.5. 13,45 %. On retrouve la même réponse en (a) interpolant les prix d'exercice 1,00 et 1,05 et les maturités six et douze mois, et en (b) interpolant les maturités six et douze mois et les prix d'exercice 1,00 et 1,05.

22.6. Les modèles physiques décrivent des processus physiques, alors que les modèles financiers décrivent des comportements humains.

22.7. L'institution peut remarquer qu'elle enregistre des pertes importantes sur une certaine activité en raison d'une tarification différente de celle de ses concurrents. Les différences de cotation peuvent également apparaître lorsque l'institution décide de dénouer des positions et d'approcher ses concurrents pour obtenir des cotations. Enfin, l'institution peut également souscrire à un service spécialisé qui lui fournit les prix de cotation moyens des courtiers.

22.8. La couverture intramodèle consiste à se couvrir contre les variations des variables supposées stochastiques. La couverture extramodèle consiste à couvrir les variations des paramètres supposés constants.

22.9. Le modèle Black-Scholes suppose que la distribution de probabilité du prix d'une action dans un mois est log-normale. En fait, tel n'est pas du tout le cas dans le problème abordé. La distribution la plus adaptée dans ce cas est éventuellement composée de deux distributions log-normales superposées. Black-Scholes est clairement inadapté à ce problème.

22.10. La comptabilité en juste valeur distingue les instruments financiers en « détenus jusqu'à maturité » ou « détenus pour vente ». Ces derniers sont comptabilisés au portefeuille de marché et doivent être évalués au prix de marché. En 2008, les règles comptables ont été relâchées, permettant aux banques de reclasser « dans des circonstances exceptionnelles » certains instruments du portefeuille de marché au portefeuille bancaire ou *vice versa*. En 2009, d'autres modifications ont permis aux banques d'utiliser des prix issus de modèles plutôt que des prix de marché.

22.11. Dans ce cas, la distribution de probabilité du taux de change a des queues moins épaisses que la distribution log-normale. Cette situation est à l'opposé de celle décrite à la section 22.4. Les options en dehors de la monnaie et dans la monnaie auront des volatilités implicites plus faibles que les options à la monnaie.

22.12. L'expression *marking-to-market* (« collée au marché ») correspond à une pratique consistant à réévaluer les instruments (généralement chaque jour), de manière à ce que leurs prix soient cohérents avec le marché. Les prix des actifs activement échangés reflètent les prix du marché. Le modèle est essentiellement utilisé comme un outil d'interpolation. L'expression *marking-to-market* est donc appropriée pour ces produits. Les prix des produits structurés sont en revanche fortement dépendants des modèles utilisés, d'où l'expression *marking-to-model* (« collé au modèle »).

Chapitre 23

23.1. Le capital économique correspond à l'estimation que fait la banque des fonds propres requis. Le capital réglementaire est le montant de fonds propres requis par le régulateur.

23.2. Une entreprise notée AA a 0,03 % de risque de faire défaut dans l'année.

23.3. Le risque d'exploitation recouvre les risques stratégique et de réputation.

23.4. Les modèles utilisés pour le calcul du capital économique et du capital réglementaire sont relativement proches dans l'évaluation des risques de marché et opérationnels. Dans le calcul du capital économique pour le risque de crédit, une banque peut considérer d'autres structures et paramètres de corrélation que ceux utilisés dans le calcul du capital réglementaire pour ce risque.

23.5. La valeur du logarithme de la perte dans le scénario le plus pessimiste et qui peut se réaliser avec 99,97 % de chances est égale à $0{,}5 + 4 \times 3{,}43 = 14{,}23$ et la perte est égale à 1,510 million d'euros. À partir des propriétés de la distribution log-normale, on peut déduire la perte espérée $\exp(0{,}5 + 4^2 / 2)$, soit 4 915 €. Le capital requis est égal à 1,505 million d'euros.

23.6. Les capitaux économiques pour les départements 1 et 2 valent respectivement 96,85 et 63,87. Le capital économique pour les deux départements est égal à 124,66.

23.7. Les effets marginaux des départements 1 et 2 sur le capital économique total valent respectivement 60,78 et 27,81. 60,78 / (60,78 + 27,81), soit 68,61 % du capital économique devrait être alloué au département 1, alors que 27,81 / (60,78 + 27,81), soit 31,39 % du capital économique devrait être alloué au département 2. Les effets marginaux d'une augmentation de 0,5 % des tailles de chaque département sont respectivement 0,4182 et 0,2056. Le théorème d'Euler est satisfait puisque le capital économique total est approximativement égal à la somme de 0,4182/0,005 et de 0,2056/0,005.

23.8. Les fonds propres valent 38 millions et le résultat avant impôt vaut 7 millions. Le RAROC avant impôt s'établit à 18,4 %. En pratique, l'allocation des bénéfices de la diversification à ce projet devrait réduire les fonds propres et augmenter le RAROC.

23.9. On peut utiliser le RAROC pour comparer les performances passées de différents départements ou pour projeter leurs performances futures.

Glossaire français-anglais

A

ABS ***(Asset Backed Securities)*** **:** actif financier créé à partir des flux financiers de prêts hypothécaires, d'obligations ou d'autres actifs financiers.

ABS CDO : actif financier créé à partir de tranches d'ABS.

Accord BRI ***(BIS Accord)*** **:** accord conclu en 1988 entre les banques centrales de 12 pays concernant la régulation des banques.

Accord-cadre ISDA ***(International Swaps and Derivatives Association Master Agreement)*** **:** accord entre deux parties qui encadre leurs transactions sur les marchés de gré à gré.

Actif d'investissement ***(Investment Asset)*** **:** actif détenu dans un objectif d'investissement.

Actif de consommation ***(Consumption Asset)*** **:** actif détenu en vue de consommation et non d'investissement.

Actif dérivé ***(Derivative)*** **:** actif dont le prix dépend (ou est dérivé) du prix d'un autre actif.

Actifs pondérés au risque ***(Risk-Weighted Assets)*** **:** quantité calculée dans Bâle I et Bâle II. Le total des fonds propres doit être égal à au moins 8 % des actifs pondérés au risque.

Adéquation des fonds propres ***(Capital Adequacy)*** **:** adéquation des fonds propres d'une institution financière.

Ajustement ***(Rebalancing)*** **:** processus d'ajustement périodique d'une position de marché, généralement en vue de maintenir un delta-neutre.

Ajustement de convexité ***(Convexity Adjustment)*** **:** sert dans de nombreuses situations. Par exemple, dans la conversion de taux d'intérêt *futures* en taux d'intérêt *forward*, ou encore dans l'ajustement des taux *forward* pour l'évaluation de certains actifs.

Ajustement de duration ***(Duration Matching)*** **:** procédure d'ajustement des durations de l'actif et du passif.

Ajustement des flux ***(Cash Flow Mapping)*** **:** procédure qui représente un actif financier comme un portefeuille d'obligations zéro-coupon afin de mesurer une VaR.

Aléa moral ***(Moral Hazard)*** **:** possible modification du comportement d'un assuré due à l'existence d'un contrat d'assurance.

Alpha : rentabilité d'un portefeuille au-delà de la rentabilité calculée par le MEDAF.

Analyse de scénario ***(Scenario Analysis)*** **:** analyse des effets des variations futures possibles des variables de marché sur la valeur du portefeuille. Également utilisée pour générer des scénarios de pertes opérationnelles.

Analyse en composantes principales ***(Principal Components Analysis)*** **:** analyse dont l'objectif consiste à trouver un nombre restreint de facteurs qui décrivent la majorité des variations d'un grand nombre de variables corrélées (semblable à l'analyse factorielle).

Analyse factorielle ***(Factor Analysis)*** **:** *voir* Analyse en composantes principales.

Annexe de crédit ***(Credit Support Annex, CSA)*** **:** partie de l'accord ISDA qui évoque la question du collatéral.

Annuité fixe ***(Fixed Annuity)*** **:** annuité dont les paiements sont fixes.

Annuité variable ***(Variable Annuity)*** **:** l'assuré verse une somme et choisit les supports d'investissement. Au terme du contrat, les sommes accumulées sont converties en annuité. Si l'assuré décède avant cette date, le capital est versé aux bénéficiaires désignés.

Antisélection ***(Adverse Selection)*** **:** phénomène par lequel une compagnie d'assurance peut attirer les risques les plus importants si elle offre des primes identiques à tous les clients.

Appel de marge ***(Margin Call)*** **:** demande de marge supplémentaire lorsque le solde du compte de marge est inférieur au niveau réglementaire.

Appétit pour le risque ***(Risk Appetite)*** **:** déclaration d'une institution financière décrivant le niveau de risque toléré.

Approche de mesure avancée ***(Advanced Measurement Approach)*** **:** façon dont les banques les plus sophistiquées seront autorisées à calculer le capital réglementaire pour le risque opérationnel dans Bâle II.

Approche hybride ***(Hybrid Approach)*** **:** approche permettant d'agréger différents types de capital économique.

Approche indicateur de base ***(Basic Indicator Approach)*** **:** façon la plus simple de calculer le capital réglementaire associé au risque opérationnel dans Bâle II.

Approche par les notations internes ***(IRB Approach)*** **:** procédure fondée sur les notations internes et visant à évaluer le risque de crédit dans Bâle II.

Approche par les tableaux de bord ***(Scorecard Approach)*** **:** procédure d'auto-évaluation utilisée pour le risque opérationnel.

Approche variance-covariance ***(Model-Building Approach)*** **:** utilisation d'un modèle pour estimer la VaR.

APT ***(Arbitrage Pricing Theory)*** **:** théorie selon laquelle la rentabilité d'un investissement dépend de certains facteurs.

Arbitrage ***(Arbitrage)*** **:** stratégie « sans risque » qui consiste à tirer partie d'écarts de prix injustifiés entre les actifs cotés.

Arbitrage réglementaire ***(Regulatory Arbitrage)*** **:** transactions effectuées pour réduire le capital réglementaire total d'une institution financière.

Arbitragiste ***(Arbitrageur)*** **:** individu engagé dans une opération d'arbitrage.

Arbre ***(Tree)*** **:** représentation de l'évolution de la valeur d'une variable de marché pour évaluer une option ou un autre produit dérivé.

Arbre binomial ***(Binomial Tree)*** **:** arbre décrivant l'évolution possible du prix d'un actif dans un modèle binomial.

Assurance de portefeuille ***(Portfolio Insurance)*** **:** fait de conclure des transactions pour s'assurer que la valeur du portefeuille ne tombera pas en dessous d'un certain niveau.

Assurance des biens et des personnes ***(Property-Casualty Insurance)*** **:** l'assurance des biens fournit une protection contre la perte ou les dommages, tandis que l'assurance des personnes garantit une protection contre la responsabilité civile.

Assurance des dépôts ***(Deposit Insurance)*** **:** programmes publics prévoyant la restitution des fonds aux déposants d'une banque en cas de faillite.

Assurance non-vie ***(Nonlife Insurance)*** **:** *voir* Assurances des biens et des personnes.

Assurance vie ***(Life Insurance)*** **:** assurance dont les indemnisations dépendent de la date de décès de l'assuré.

Assurance vie à capital différé ***(Endowment Life Insurance)*** **:** assurance qui verse un capital prédéfini à la maturité du contrat ou bien au décès de l'assuré.

Assurance vie à échéance ***(Term Life)*** **:** assurance vie qui verse un capital si le décès survient à une date prédéfinie.

Assurance vie complète ***(Whole Life Insurance)*** **:** assurance vie qui court tout au long de la durée de vie de l'assuré.

Assurance vie de groupe ***(Group Life Insurance)*** **:** assurance vie pour un groupe de personnes, généralement souscrite par leur employeur.

Assurance vie universelle ***(Universal Life Insurance)*** **:** forme d'assurance vie complète où les primes peuvent varier. L'indemnisation finale dépend des primes, des performances des investissements et des coûts.

Assurance vie variable ***(Variable Life Insurance)*** **:** forme d'assurance vie complète où l'assuré choisit comment ses versements sont investis. Si ces investissements sont performants, alors les primes sont réduites. Un capital minimum est garanti au décès sachant qu'il peut être plus important si les investissements sont performants.

Assuré ***(Policyholder)*** **:** détenteur d'une police d'assurance.

Autocorrélation ***(Autocorrelation)*** **:** corrélation entre la valeur d'une variable et la valeur de la même variable quelques jours plus tard.

Autoévaluation du risque et du contrôle (*Risk control and self-assessment, RCSA*) : une des approches d'évaluation du risque opérationnel.

B

Bâle I ***(Basel I)*** **:** premier accord sur la réglementation bancaire en 1988.

Bâle II ***(Basel II)*** **:** nouvel accord international sur les fonds propres bancaires, introduit en 2007.

Bâle 2.5 (*Basel 2.5*) : charges en fonds propres supplémentaires pour le portefeuille de marché introduit après la crise de crédit.

Bâle III ***(Basel III)*** **:** accord international sur les fonds propres bancaires, introduit en 2010.

Banque commerciale ***(Commercial Bank)*** **:** banque qui récolte des dépôts et octroie des prêts.

Banque d'investissement ***(Investment Bank)*** **:** banque qui assiste les sociétés dans l'émission d'actions et d'obligations.

Banque de détail ***(Retail Banking)*** **:** banque qui récolte des dépôts et octroie des prêts de petite taille.

Banque de gros ***(Wholesale Banking)*** **:** banque qui récolte des dépôts et octroie des prêts de taille importante.

Base ***(Basis)*** **:** différence entre le prix *spot* et le prix *futures* d'une matière première ou d'un actif financier.

Bêta ***(Beta)*** **:** mesure du risque systématique d'un actif.

Billet de trésorerie ***(Treasury Bill)*** **:** instrument de court terme payant des coupons émis par le gouvernement pour financer sa dette.

Bon du Trésor ***(Treasury Note)*** **:** obligation du Trésor de maturité inférieure à dix ans.

C

Calendrier des vacances ***(Holiday Calendar)*** **:** calendrier des jours de vacances servant à déterminer les dates de paiement des transactions financières.

Calibrage ***(Calibration)*** **:** méthode permettant de déduire les paramètres d'un modèle à partir d'actifs très liquides.

Call **couvert** ***(Covered Call)*** **:** position courte dans un *call* sur un actif combinée à une position longue dans l'actif.

Cap ***(Interest Rate Cap)*** **:** option qui procure un paiement lorsqu'un taux d'intérêt prédéfini dépasse un certain seuil plafond. Le taux utilisé est variable et recalculé périodiquement.

Capital économique ***(Economic Capital)*** **:** fonds propres devant être détenus par une banque à partir de son propre calcul.

Capital réglementaire ***(Regulatory Capital)*** **:** fonds propres requis par le régulateur que doit détenir une institution financière.

Caplet (Caplet) **:** composant d'un cap de taux d'intérêt.

CDD ***(Cooling Degree Days)*** **:** maximum entre 0 et la différence entre la température moyenne d'une journée et 65° Fahrenheit.

CDO ***(Collateralized Debt Obligation)*** **:** façon de gérer le risque de crédit. Plusieurs classes de titres (appelées « tranches ») sont créées à partir d'un portefeuille obligataire, chacune ayant une exposition différente au risque de crédit du portefeuille.

CDO synthétique ***(Synthetic CDO)*** **:** CDO créé par la vente de *swaps* de défaut.

CDX ***(CDX)*** **:** indice de qualité de crédit de 125 entreprises américaines de la catégorie investissement.

Chambre de compensation ***(Clearinghouse)*** **:** entreprise garantissant la bonne fin des opérations dans un échange d'actifs dérivés entre deux parties.

Charge pour le risque incrémental ***(IRC, Incremental Risk Charge)*** **:** charge en fonds propres supplémentaires pour des instruments de crédits au portefeuille de marché.

Charge pour le risque spécifique ***(Specific Risk Charge)*** **:** capital requis pour les risques idiosyncratiques dans le portefeuille de marché.

Clause « high water mark » (High Water Mark Clause) **:** clause stipulant que les gains doivent compenser les pertes précédentes avant l'exigibilité des commissions d'incitation.

Clause de « claw back » (Clawback Clause) **:** clause selon laquelle un pourcentage des commissions peut être utilisé pour compenser un pourcentage des pertes.

Collar ***(Interest Rate Collar)*** **:** combinaison de taux d'intérêt plafond et plancher. Couloir de taux d'intérêt.

Compensation ***(Netting)*** **:** possibilité de compenser des contrats de valeurs positives et négatives en cas de défaut de la contrepartie.

Compensation bilatérale ***(Bilateral Clearing)*** **:** accord entre deux contreparties sur un échange d'actifs financiers sur un marché de gré à gré.

Compensation centralisée ***(Central clearing)*** **:** utilisation d'une chambre de compensation sur les marchés de gré à gré.

Composition continue ***(Continuous Compounding)*** **:** limite lorsque l'intervalle de composition des taux d'intérêt est de plus en plus petit.

Comptabilité en juste valeur ***(Fair-Value Accounting)*** **:** implique la comptabilisation des instruments financiers à leur valeur de marché.

Concentration ***(Bunching)*** **:** tendance qui implique que les pertes dépassant la VaR soient concentrées sur des jours successifs.

Conglomérat bancaire ***(Multibank Holding Company)*** **:** société *holding* détenant plusieurs banques.

Contagion de crédit ***(Credit Contagion)*** **:** tendance qui implique que le défaut d'une société entraîne le défaut d'autres sociétés.

Contrat ***forward (Forward Contract)*** **:** contrat qui oblige son détenteur à acheter ou vendre le sous-jacent à un prix prédéterminé et à une date prédéterminée.

Contrat ***futures (Futures Contract)*** **:** contrat qui oblige son détenteur à acheter ou vendre le sous-jacent à un prix prédéterminé et à une date prédéterminée. Contrat coté sur un marché organisé.

Contrat futures eurodollar ***(Eurodollar Futures Contract)*** **:** contrat *futures* portant sur des eurodollars.

Contrepartie ***(Counterparty)*** **:** partie opposée dans une transaction.

Contrepartie centrale de compensation ***(Central Clearing Party)*** **:** chambre de compensation pour les marchés de gré à gré.

Convexité ***(Convexity)*** **:** mesure de la courbure de la fonction liant le prix d'une obligation et son taux actuariel.

Copule ***(Copula)*** **:** méthode pour définir une corrélation entre des variables dont les distributions sont connues.

Copule ***t*** **de Student** ***(Student t-Copula)*** **:** copule fondée sur la distribution de Student multivariée.

Corrélation ***(Correlation)*** **:** coefficient de relation linéaire entre deux variables.

Corrélation de défaut ***(Default Correlation)*** **:** mesure de la tendance commune à deux entreprises de faire défaut à un certain horizon.

Corrélation de queue ***(Tail Correlation)*** **:** corrélation entre les queues de deux distributions. Mesure l'ampleur de la réalisation simultanée de valeurs extrêmes.

Coupon ***(Coupon)*** **:** intérêt payé par une obligation.

Coupon couru ***(Accrued Interest)*** **:** intérêt dû sur une obligation depuis le paiement du coupon précédent.

Courbe des taux ***(Yield Curve)*** **:** *voir* Structure par termes.

Courbe des taux zéro-coupon ***(Zero-coupon Yield Curve)*** **:** courbe représentant les taux d'intérêt zéro-coupon en fonction de leur maturité.

Courbe Libor ***(LIBOR Zero Curve)*** **:** *voir* Courbe Libor/*swap*.

Courbe Libor/*swap* ***(LIBOR/Swap Zero Curve)*** **:** courbe zéro-coupon construite à partir des taux Libor, des *futures* eurodollars et des *swaps* de taux.

Courbe *swap* zéro-coupon ***(Swap Zero Curve)*** **:** *voir* Courbe Libor/*swap*.

Coussin contracyclique ***(Countercyclical Buffer)*** **:** supplément de fonds propres exigés par Bâle III dont le montant est laissé à la discrétion des régulateurs.

Coussin de conservation en fonds propres ***(Capital Conservation Buffer)*** **:** supplément de fonds propres exigés par Bâle III pour absorber les pertes en cas de dégradation de la conjoncture économique.

Coût de portage ***(Cost of Carry)*** **:** coût de stockage plus le coût de financement de l'actif moins les revenus dégagés par l'actif.

Coûts d'agence ***(Agency Costs)*** **:** coûts inhérents à une relation entre deux parties prenantes dont les intérêts ne sont pas parfaitement alignés.

Coûts de faillite ***(Bankruptcy Costs)*** **:** coûts correspondant, en particulier, à la perte de marché, à la perte de managers clés et aux coûts administratifs lors de la déclaration de faillite. Ces coûts ne sont pas à l'origine de la défaillance.

Coûts de stockage ***(Storage Costs)*** **:** coûts de stockage d'un bien.

Coûts de transaction ***(Transaction Costs)*** **:** coûts de passage d'un ordre (commissions plus la différence entre le prix obtenu et le prix milieu de fourchette).

Couverture ***(Hedge)*** **:** transaction dans le but de réduire un risque.

Couverture dynamique ***(Dynamic Hedging)*** **:** procédure de couverture d'une position en options à partir d'ajustements périodiques de la position en actifs sous-jacents. L'objectif est généralement de maintenir une position delta-neutre.

Couverture en delta ***(Delta Hedging)*** **:** couverture qui conduit à l'invariance de la valeur d'un portefeuille d'actifs dérivés pour des faibles variations de la valeur des sous-jacents.

Couverture extra-modèle ***(Outside-Model Hedging)*** **:** couverture de paramètres supposés constants plutôt que stochastiques par un modèle (voir Couverture intra-modèle).

Couverture intra-modèle ***(Within-Model Hedging)*** **:** couverture de variables qu'un modèle considère comme stochastiques (voir Couverture extra-modèle).

Couverture statique ***(Static Hedge)*** **:** couverture non modifiée après sa mise en place.

Covariance ***(Covariance)*** **:** mesure de la relation linéaire entre deux variables.

Credit Risk Plus ***(Credit Risk Plus)*** **:** méthode permettant de calculer une VaR de crédit.

CreditMetrics ***(CreditMetrics)*** **:** méthode permettant de calculer une VaR de crédit.

D

Date de maturité ***(Maturity Date)*** **:** fin de vie d'un contrat.

Date de réinitialisation ***(Reset Date)*** **:** dans le cadre d'un *swap*, *cap* ou *floor*, date à laquelle le taux variable pour la période suivante est déterminé.

Décomposition de Cholesky ***(Cholesky Decomposition)*** **:** méthode utilisée dans l'échantillonnage de distribution normale multivariée.

Décote ***(Haircut)*** **:** décote appliquée à la valeur d'un actif lorsqu'il sert de garantie.

Delta ***(Delta)*** **:** variation du prix d'un actif dérivé en fonction de la variation du prix du sous-jacent.

Dénouement en ***cash*** **ou dénouement en numéraire** ***(Cash Settlement)*** **:** procédure consistant à dénouer un contrat en *cash* plutôt qu'en livrant le sous-jacent.

Déplacement parallèle ***(Parallel Shift)*** **:** déplacement de la courbe des taux tel que chaque point de la courbe varie d'une même valeur.

Dépôt de garantie ***(Initial Margin)*** **:** dépôt requis lors d'une prise de position sur un marché *futures*.

DerivaGem ***(Derivagem)*** **:** logiciel d'évaluation d'options, téléchargeable sur le site de l'auteur.

Dérivé climatique ***(Weather Derivative)*** **:** produit dérivé dont le paiement dépend du climat.

Dérivé de crédit ***(Credit Derivative)*** **:** produit dérivé dont le paiement dépend du défaut (ou de la qualité) de crédit d'une entreprise ou d'un État.

Dérivé de taux ***(Interest Rate Derivative)*** **:** produit dérivé dont le paiement dépend des taux d'intérêt futurs.

Développement de Cornish-Fisher ***(Cornish-Fisher Expansion)*** **:** approximation de la relation entre les quantiles d'une distribution de probabilités et ses moments.

Développement en série de Taylor ***(Taylor Series Development)*** **:** dans le cadre d'une fonction à plusieurs variables, relation entre les variations (infinitésimales) de la valeur d'une fonction et les variations (infinitésimales) des valeurs des variables.

Dispositions testamentaires *(Living Will)* : dispositions planifiant la gestion d'une faillite bancaire permettant le maintien de certaines activités.

Distance au défaut *(Distance to Default)* : nombre d'écarts-types de variation de la valeur d'une entreprise conduisant au défaut.

Distribution de Poisson *(Poisson Distribution)* : distribution des événements sur une certaine période de temps pour un processus de Poisson.

Distribution de Student *(Student t-Distribution)* : distribution ayant des queues plus épaisses qu'une distribution normale.

Distribution log-normale *(Lognormal Distribution)* : une variable a une distribution log-normale lorsque le logarithme de cette variable a une distribution normale.

Distribution normale *(Normal Distribution)* : distribution statistique standard en forme de cloche.

Distribution normale bivariée *(Bivariate Normal Distribution)* : distribution de deux variables normales corrélées entre elles.

Distribution normale multivariée *(Multivariate Normal Distribution)* : distribution jointe de plusieurs variables, ayant chacune une distribution normale.

Dividendes *(Dividends)* : paiement monétaire au détenteur d'actions.

***Dodd-Frank Act* :** loi américaine introduite après la crise de crédit visant à protéger les consommateurs et les investisseurs, à éviter des renflouements publics futurs, et à mieux surveiller le fonctionnement du système financier.

Duration *(Duration)* : mesure de la durée de vie moyenne d'une obligation. Approximation du ratio de la variation proportionnelle du prix de l'obligation et de la variation absolue du taux actuariel.

Duration partielle *(Partial Duration)* : variation en pourcentage de la valeur d'un portefeuille pour une faible variation d'un point de la courbe des taux zéro-coupon.

E

Enchère hollandaise *(Dutch Auction)* : processus par lequel des investisseurs font des enchères en indiquant la quantité et le prix d'actions qu'ils sont prêts à acheter.

Engagement ferme *(Firm Commitment)* : situation dans laquelle une banque d'investissement garantit le prix d'une émission d'actions nouvelles.

Équivalent risque de crédit *(Credit Equivalent Amount)* : taille d'un prêt considéré comme équivalent à une transaction hors bilan dans Bâle I.

Étude empirique *(Empirical Research)* : recherche qui se fonde sur des données historiques.

Études d'impact quantitatif *(Quantitative Impact Studies)* : études de l'effet de la nouvelle réglementation du capital des banques effectuées par le Comité de Bâle.

Eurodevise *(Eurocurrency)* : devise en dehors du contrôle des autorités monétaires du pays émetteur.

Eurodollar *(Eurodollar)* : dollar détenu par une banque en dehors des États-Unis.

Évaluation au prix du marché *(Marking to Market)* : évaluation d'un actif permettant de refléter la valeur actuelle des variables de marché pertinentes.

Évaluation par le modèle *(Marking to Model)* : utilisation d'un modèle pour déterminer la valeur d'un instrument financier.

Évaluation risque-neutre *(Risk-Neutral Valuation)* : évaluation d'une option ou d'un autre produit dérivé dans un univers risque-neutre.

EWMA *(Exponentially Weighted Moving Average Model)* **:** modèle dans lequel une pondération exponentielle est utilisée pour estimer les valeurs futures d'une variable à partir d'historiques de données. Il est parfois appliqué aux variances et covariances pour le calcul de la VaR.

Excès de *spread* *(Excess Spread)* : situation où la rentabilité totale des tranches est inférieure à celle des actifs sous-jacents.

Exercice prématuré *(Early Exercise)* : exercice d'une option avant sa maturité.

***Expected shortfall (Expected Shortfall)* :** perte espérée pendant *N* jours conditionnellement au fait de se situer dans la queue *(100 – X)* % de la distribution des gains ou des pertes. *N* est l'horizon temporel et *X* % le niveau de confiance.

Exposition au défaut *(Exposure at Default)* : montant maximal pouvant être perdu (taux de recouvrement nul) lorsqu'un défaut survient.

F

Facteur *(Factor)* : source d'incertitude.

Facteur ASF (*ASF Factor*) : facteur de pondération des ressources stables disponibles, utilisé dans le calcul du ratio structurel de liquidité à long terme (NSFR).

Facteur RSF (*RSF Factor*) : facteur de pondération des besoins de financement, utilisé dans le calcul du ratio structurel de liquidité à long terme (NSFR).

Facteur d'ajustement *(Add-on Factor)* : lorsque l'équivalent risque de crédit est calculé pour une transaction de dérivés, c'est le pourcentage de principal ajouté à l'exposition courante afin de tenir compte des changements futurs de la valeur du dérivé.

Facteur de conversion *(Conversion Factor)* : sert à convertir un actif hors bilan en équivalent risque de crédit.

FICO : score de crédit développé par *Fair Isaac Corporation*.

***Floor (Interest Rate Floor)* :** option qui procure un paiement lorsqu'un taux d'intérêt prédéfini dépasse un seuil plancher. Le taux utilisé est variable et recalculé périodiquement.

***Floorlet (Floorlet)* :** composant d'un *floor* de taux d'intérêt.

Fonction de répartition *(Cumulative Distribution Function)* : probabilité qu'une variable ait une valeur inférieure à *x* exprimée comme une fonction de *x*.

Fonds d'arbitrage *(Hedge Funds)* : fonds soumis à des contraintes réglementaires moins fortes que les fonds mutuels. Ils peuvent prendre des positions courtes et utiliser des actifs dérivés, mais ne peuvent pas offrir leurs titres au public.

Fonds de fonds *(Fund of Funds)* : fonds qui investit dans un portefeuille de différents fonds spéculatifs.

Fonds fermé *(Closed-end Fund)* : fonds mutuel à nombre de parts fixe.

Fonds indiciel *(Index Fund)* : fonds qui suit la performance d'un indice boursier.

Fonds indiciel coté *(Exchange-traded Fund)* : fonds créé de manière que les parts puissent être échangées contre les actions sous-jacentes (et vice versa) par les investisseurs institutionnels.

Fonds mutuel *(Mutual Fund)* : véhicule d'investissement des fonds d'un grand nombre de petits investisseurs.

Fonds ouvert *(Open-end Fund)* : fonds mutuel dont le nombre de parts fluctue avec les dépôts et les retraits de fonds par les investisseurs.

Fonds propres complémentaires *(Tier 2 Capital)* : réserves de réévaluation, de subventions non remboursables, de titres subordonnés à durée indéterminée et de dettes subordonnées de maturité initiale supérieure à cinq ans.

Fonds propres de base de catégorie 1 ***(Tier 1 Equity Capital)*** **:** capitaux propres redéfinis par Bâle III.

Fonds propres de base supplémentaires ***(Additional Tier 1 Capital)*** **:** fonds propres de base ne pouvant être qualifiés de fonds propres de base de catégorie 1, comme des actions préférentielles à dividende non cumulatif.

Fonds propres supplémentaires ***(Supplemental Capital)*** **:** *voir* Fonds propres complémentaires.

Fonds propres surcomplémentaires ***(Tier 3 Capital)*** **:** dettes subordonnées à court terme de maturité initiale d'au moins deux ans et non garanties.

Fourchette de prix (*Bid-Ask Spread*) : différence entre le prix offert et le prix demandé.

FRA ***(Forward Rate Agreement)*** **:** accord sur un certain taux d'intérêt appliqué à un principal pour une période future.

Frais d'entrée ***(Front-end Loan)*** **:** commission due lors de l'entrée dans un fonds mutuel.

Frais de sortie ***(Back-end Loan)*** **:** commission due lors de la sortie d'un fonds mutuel.

Fréquence de composition ***(Compounding Frequency)*** **:** définit comment un taux d'intérêt est mesuré.

Front running (Front Running) **:** transactions en actions sur un compte personnel avant qu'un fonds n'effectue d'importantes transactions.

Frontière efficiente ***(Efficient Frontier)*** **:** couple optimal rentabilité-risque pour un investisseur.

Futures* sur bon du Trésor** ***(Treasury Note Futures) **:** contrat *futures* sur les bons du Trésor.

Futures* sur indice action** ***(Stock Index Futures) **:** *futures* sur un indice action.

G

Gamma ***(Gamma)*** **:** taux de variation du delta par rapport à la variation du prix du support.

Gestion du risque d'entreprise (*Entreprise Risk Management*) : approche globale de la gestion du risque.

Grecques ***(Greek)*** **:** paramètres de couverture comme le delta, le gamma et le thêta.

H

HDD ***(Heating Degree Days)*** **:** maximum entre 0 et la différence entre 65° Fahrenheit et la température moyenne d'une journée.

Hypothèse d'efficience des marchés ***(Efficient Market Hypothesis)*** **:** hypothèse selon laquelle les prix reflètent l'ensemble de l'information disponible.

I

Immunisation de portefeuille ***(Portfolio Immunization)*** **:** fait de rendre le portefeuille relativement peu sensible aux variations des taux d'intérêt.

Indicateurs de risques clés ***(Key Risk Indicators)*** **:** indicateurs de suivi du niveau du risque opérationnel.

Indice action ***(Stock Index)*** **:** indice de la valeur d'un portefeuille d'actions.

Indice de Case-Shiller ***(Case-Shiller Index)*** **:** indice des prix immobiliers aux États-Unis.

Indice de crédit ***(Credit Index)*** **:** indice retraçant le coût d'une protection contre le défaut d'une société.

Indice VIX ***(VIX Index)*** **:** indice des volatilités implicites des options sur le S&P 500.

Induction arrière ***(Backward Induction)*** **:** procédure consistant à remonter un arbre de la fin au début afin de déterminer le prix d'une option.

Instrument zéro-coupon ***(Discount Instrument)*** **:** instrument qui ne verse aucun flux intermédiaire.

Intensité de défaut ***(Default Intensity)*** **:** mesure de la probabilité de défaut pendant une courte période conditionnellement à la non-défaillance préalable.

Intermédiaire financier ***(Financial Intermediary)*** **:** banque ou institution financière facilitant les transferts de fonds entre les différents agents économiques.

Introduction en Bourse ***(IPO, Initial Public Offering)*** **:** offre au grand public des actions d'une société qui émet des titres pour la première fois.

Investissements alternatifs ***(Alternative Investments)*** **:** *voir* Fonds spéculatifs.

iTraxx : indice de la qualité de crédit de 125 sociétés européennes notées « investissement ».

J

Jours calendaires ***(Calendar Days)*** **:** incluent tous les jours.

Jours de Bourse ***(Trading Days)*** **:** jours pendant lesquels les marchés sont ouverts à la cotation.

K

Kurtosis ***(Kurtosis)*** **:** mesure de l'épaisseur des queues d'une distribution.

L

LGD ***(Loss Given Default)*** **:** *voir* Perte en cas de défaut.

Libid ***(London Interbank Bid Rate)*** **:** taux d'emprunt interbancaire auquel les banques empruntent entre elles des fonds libellés en euros.

Libor ***(London Interbank Offered Rate)*** **:** taux de prêt interbancaire auquel les banques prêtent des fonds libellés en euros.

Loadings ***(Factor Loadings)*** **:** valeurs des variables dans un modèle factoriel pour une unité d'un seul facteur.

Loi Glass-Steagall ***(Glass-Steagall Act)*** **:** loi séparant, aux États-Unis, les banques commerciales des banques d'investissement.

Loi puissance ***(Power Law)*** **:** loi statistique décrivant les queues de nombreuses distributions de probabilité.

Loi Sarbanes-Oxley ***(Sarbanes-Oxley)*** **:** loi votée aux États-Unis en 2002 qui accroît les responsabilités des dirigeants des sociétés cotées.

M

Marché à la criée ***(Open Outcry)*** **:** système d'échange où les opérateurs se retrouvent sur le parquet.

Marché de gré à gré ***(Over-the-Counter Market)*** **:** marché où les opérateurs (généralement des entreprises financières et non financières et des gérants de fonds) effectuent les transactions par téléphone.

Marché organisé ***(Exchange-Traded Market)*** **:** marché organisé en vue d'échanges d'actifs financiers comme Euronext ou le *New York Stock Exchange.*

Marge nette d'intérêts ***(Net Interest Income)*** **:** différence entre les taux d'intérêt perçus et payés par une banque.

Matrice de corrélation ***(Correlation Matrix)*** **:** matrice des coefficients de corrélation entre des variables de marché.

Matrice de transition des notations ***(Credit Rating Transition Matrix)*** **:** tableau montrant la probabilité de modification de la notation d'une entreprise durant une période.

Matrice variance-covariance ***(Variance-covariance Matrix)*** **:** matrice des variances et des covariances entre différentes variables de marché.

Meilleur effort ***(Best Effort)*** **:** situation dans laquelle une banque d'investissement accepte de faire de son mieux pour placer une émission d'actions nouvelles à un certain prix sans pour autant garantir la bonne fin de l'opération.

Mesure de risque globale ***(Comprehensive Risk Measure)*** **:** mesure du risque utilisée pour calculer les fonds propres dédiés aux instruments sensibles à la corrélation de crédit.

Mesure de risque cohérente ***(Coherent Risk Measure)*** **:** mesure de risque satisfaisant un certain nombre de conditions.

Mesure spectrale du risque ***(Spectral Risk Measure)*** **:** mesure de risque qui assigne des poids aux quantiles d'une distribution de perte.

Méthode de proche en proche ***(Bootstrap Method)*** **:** procédure permettant de construire la gamme des taux zéro-coupon. Également une méthode statistique pour déterminer les niveaux de confiance lorsque les distributions sont estimées de manière empirique.

Méthode du maximum de vraisemblance ***(Maximum-Likelihood Method)*** **:** méthode permettant de choisir les valeurs des paramètres en maximisant la probabilité d'occurrence d'un ensemble d'observations.

Migration de crédit ***(Credit Risk Migration)*** **:** changement d'une notation à une autre.

Modèle binomial ***(Binomial Model)*** **:** modèle dans lequel l'évolution du prix de l'actif sous-jacent est décrite par intervalles successifs de courte période. Dans chaque sous-période, deux mouvements sont possibles pour le sous-jacent.

Modèle d'équilibre des actifs financiers, MEDAF ***(Capital Asset Pricing Model, CAPM)*** **:** modèle reliant l'espérance de rentabilité des titres et leur bêta.

Modèle de Black ***(Black's Model)*** **:** extension du modèle de Black-Scholes à l'évaluation des options européennes sur contrats *futures*. Très utilisé en pratique pour l'évaluation d'options européennes sous l'hypothèse de distribution log-normale du prix des actifs à maturité de l'option.

Modèle de Black-Scholes ***(Black-Scholes Model)*** **:** modèle d'évaluation des options européennes sur actions, développé par Fischer Black, Myron Scholes et Robert Merton.

Modèle de copule gaussienne ***(Gaussian Copula Model)*** **:** modèle de copule fondé sur une distribution normale multivariée.

Modèle de marché ***(Market Model)*** **:** modèle largement utilisé par les traders.

Modèle de Merton ***(Merton's Model)*** **:** modèle utilisant les prix des actions pour estimer des probabilités de défaut (d'autres modèles développés par Merton sont parfois également appelés modèles de Merton).

Modèle factoriel ***(Factor Model)*** **:** modèle dans lequel un ensemble de variables est supposé dépendre linéairement d'un nombre de facteurs non corrélés.

Modèle GARCH ***(GARCH model)*** **:** modèle de prévision de volatilité dans lequel le taux de variance suit un processus de retour à la moyenne.

Modèle linéaire ***(Linear Model)*** **:** modèle dans lequel les variations de la valeur d'un portefeuille sont une fonction linéaire des rentabilités des variables de marché sous-jacentes.

Modèle ***originate-to-distribute (Origine-to-Distribute Model)*** **:** pratique bancaire consistant à octroyer des prêts, puis à les titriser afin de distribuer le risque de crédit aux investisseurs.

Modèle quadratique ***(Quadratic Model)*** **:** relation quadratique entre la variation de la valeur du portefeuille et les variations en pourcentage des variables de marché.

Montant pondéré au risque ***(Risk-Weighted Amount)*** **:** *voir* Actifs pondérés au risque.

Muraille de Chine ***(Chinese Walls)*** **:** politiques internes aux institutions financières pour prévenir les flux d'informations entre différents départements qui pourraient porter préjudice aux clients de la banque.

N

National Association of Insurance Commissioners **:** institution qui fournit des services aux régulateurs fédéraux des compagnies d'assurances aux États-Unis.

NINJA : terme utilisé pour décrire un risque de crédit important (*no income, no job, no assets* : sans revenus, sans travail, sans apports).

Notation de crédit ***(Credit Rating)*** **:** mesure de la qualité de crédit d'un émetteur obligataire.

Notation interne de crédit ***(Internal Credit Rating)*** **:** notation de crédit produite par une institution financière.

Notation spéculative ***(Noninvestment Grade)*** **:** obligation ou autre titre de dette ayant une notation de crédit inférieure à BBB (Baa).

Notionnel ***(Notional Principal)*** **:** montant utilisé pour calculer les flux d'un *swap* de taux et qualifié de « notionnel » car il n'est pas échangé.

O

Obligation « ***callable*** **» ou à option de rachat** ***(Callable Bond)*** **:** obligation à laquelle est attaché un droit de rachat au gré de l'émetteur à un prix déterminé pendant une période donnée.

Obligation « ***puttable*** **» ou à option de vente** ***(Puttable Bond)*** **:** obligation à laquelle est attaché un droit de vente à un prix déterminé pendant une période donnée.

Obligation à haut risque ***(Junk Bond)*** **:** obligation notée en dessous de la catégorie « *investment grade* ».

Obligation CAT ***(CAT Bond)*** **:** obligation dont les coupons, voire le principal, sont réduits dans le cas de catastrophes naturelles dont la valeur de sinistre dépasse un certain montant.

Obligation convertible ***(Convertible Bond)*** **:** obligation pouvant être convertie en action pendant une certaine période.

Obligation convertible contingente ou conditionnelle ***(Contingent Convertible Bonds, CoCos)*** **:** obligations automatiquement converties en actions lorsqu'un seuil de sous-capitalisation est atteint.

Obligation de longévité (***Longevity Bond***) **:** obligation dont le coupon est proportionnel à la fraction d'une population encore en vie à une date donnée.

Obligation du Trésor ***(Treasury Bond)*** **:** instrument de long terme payant des coupons émis par le gouvernement pour financer sa dette.

Obligation la moins chère à livrer ***(Cheapest-to-Deliver Bond)*** **:** obligation la moins chère à acheter puis à livrer dans le cadre d'un *futures* ou d'un *swap* de crédit.

Obligation zéro-coupon *(Zero-coupon Bond)* : obligation qui ne paie pas de coupons.

Opérateur en couverture *(Hedger)* : individu opérant des transactions de couverture.

Option *(Option)* : droit d'acheter ou de vendre un actif.

Option à la monnaie *(At the Money Option)* : option dont le prix d'exercice égalise le prix de l'actif sous-jacent.

Option américaine *(American Option)* : option qui peut être exercée à n'importe quelle date pendant sa durée de vie.

Option asiatique *(Asian Option)* : option dont le paiement dépend du prix moyen du sous-jacent pendant une période déterminée.

Option barrière *(Barrier Option)* : option dont le paiement est conditionné par le passage d'un certain niveau (appelé « barrière ») du sous-jacent.

Option composée *(Compound Option)* : option sur une option.

Option d'achat *(Call Option)* : option d'acheter un sous-jacent à un prix fixé pendant une période donnée ou à une seule date.

Option d'achat sur prix moyen *(Average Price Call Option)* : option qui offre un paiement égal au maximum entre 0 et un montant égal à la différence entre le prix moyen du sous-jacent et le prix d'exercice.

Option dans la monnaie *(In-the-Money Option)* : (a) *call* pour lequel le prix de l'actif sous-jacent est supérieur au prix d'exercice ou (b) *put* pour lequel le prix de l'actif sous-jacent est inférieur au prix d'exercice.

Option de vente *(Put Option)* : option de vente d'un actif à un certain prix pendant une période donnée ou à une seule date.

Option de vente sur prix moyen *(Average PricePut Option)* : option qui offre un paiement égal au maximum entre 0 et un montant égal à la différence entre le prix d'exercice et le prix moyen du sous-jacent.

Option digitale *(Binary Option)* : option dont le paiement est discontinu (*cash or nothing*, par exemple).

Option *down-and-in (Down-and-In Option)* : option dont l'existence est conditionnée par le passage du sous-jacent sous une certaine barrière.

Option *down-and-out (Down-and-Out Option)* : option qui cesse d'exister lorsque le sous-jacent passe sous une certaine barrière.

Option en dehors de la monnaie *(Out-of-the-Money Option)* : soit (a) un *call* dont le prix d'exercice est supérieur au prix du sous-jacent, soit (b) un *put* dont le prix d'exercice est inférieur au prix du sous-jacent.

Option européenne *(European Option)* : option qui ne peut être exercée qu'à sa maturité.

Option exotique *(Exotic Option)* : option dont les caractéristiques ne sont pas standard.

Option implicite *(Embedded Option)* : option faisant partie intégrante d'un instrument financier.

Option *lookback (Lookback Option)* : option dont le paiement dépend du prix maximal ou minimal de l'actif sous-jacent sur une période donnée.

Option sur action *(Stock Option)* : option sur action.

Option sur devise étrangère *(Foreign Currency Option)* : option sur taux de change.

Option sur *futures (Futures Option)* : option sur un contrat *futures*.

Option sur indice action *(Stock Index Option)* : option sur un indice action.

Option sur obligation *(Bond Option)* : option dont le support est une obligation.

Option sur panier ***(Basket Option)*** **:** option sur un portefeuille d'actifs.

Option sur taux ***(Interest Rate Option)*** **:** option dont les paiements dépendent du niveau des taux d'intérêt.

Option synthétique ***(Synthetic Option)*** **:** option créée par l'échange de l'actif sous-jacent.

Option ***up-and-in (Up-and-In Option)*** **:** option dont l'existence est conditionnée par le passage du prix de l'actif sous-jacent au-dessus d'un certain seuil.

Option ***up-and-out (Up-and-Out Option)*** **:** option annulée lorsque le prix de l'actif sous-jacent atteint un certain seuil.

P

Paiement ***(Payoff)*** **:** gain réalisé par le détenteur d'une option ou d'un autre produit dérivé à l'échéance.

Parité ***call-put (Put-Call Parity)*** **:** relation entre les prix d'un *call* et d'un *put* européens lorsqu'ils ont le même prix d'exercice et la même maturité.

PD ***(Default Probability)*** **:** probabilité de défaut.

Perte de queue ***(Tail Loss)*** **:** *voir Expected shortfall.*

Perte en cas de défaut ***(Loss Given Default)*** **:** pourcentage de l'exposition à une contrepartie qui est perdue en cas de défaut.

Pilule empoisonnée ***(Poison Pill)*** **:** action entreprise par une société pour rendre plus difficile sa prise de contrôle par une autre société.

Placement privé ***(Private Placement)*** **:** vente de titres nouvellement émis à un petit nombre d'institutions financières sans offre au public.

Plain vanilla (Plain Vanilla) **:** terme utilisé pour décrire un contrat standard.

Plan à contribution définie ***(Defined Contribution Plan)*** **:** plan de retraite selon lequel les contributions de l'employeur et de l'employé sont investies au profit de ce dernier. Au moment de la retraite, les fonds accumulés sont généralement convertis en rente ou peuvent être retirés en une seule fois.

Plan à prestation définie ***(Defined Benefit Plan)*** **:** plan de retraite pour lequel une formule prédéfinie détermine le montant de la retraite. Cette formule dépend généralement du nombre d'années travaillées et du salaire de l'employé durant les dernières années d'activité.

Point de base ***(Basis Point)*** **:** utilisé pour décrire les taux d'intérêt ; un point de base correspond à 0,01 % de taux d'intérêt.

Pondération exponentielle ***(Exponential Weighting)*** **:** schéma de pondération dans lequel le poids des observations dépend de leur ancienneté. Le poids attribué à une observation ancienne de t période est λ fois celui attribué à une observation ancienne de $t - 1$ période avec $\lambda < 1$.

Portefeuille bancaire ***(Banking Book)*** **:** portefeuille d'une banque composé d'actifs financiers qui ont vocation à être détenus jusqu'à maturité.

Portefeuille de marché ***(Market Portfolio)*** **:** portefeuille composé de tous les actifs possibles.

Portefeuille de marché bancaire ***(Trading Book)*** **:** portefeuille d'une banque composé d'actifs financiers qui ont vocation à être revendus.

Portefeuille delta-neutre ***(Delta-Neutral Portfolio)*** **:** portefeuille dont le delta est nul et insensible aux faibles variations du sous-jacent.

Portefeuille gamma-neutre ***(Gamma-Neutral Portfolio)*** **:** portefeuille de gamma nul.

Position courte *(Short Position)* : position de traders qui vendent des actions sans les détenir.

Position longue *(Long Position)* : position impliquant l'achat d'un actif.

Position nue *(Naked Position)* : position courte sur un *call* non combinée avec une position longue sur l'actif sous-jacent.

Position ouverte *(Open Interest)* : nombre total de positions longues dans un contrat *futures.*

Premium *(Premium)* : prix d'une option.

Prêt hypothécaire « *subprime* » *(Subprime Mortgage)* : prêt immobilier hypothécaire à haut risque.

Prêt non performant *(Nonperforming Loan)* : prêt dont les intérêts sont en retard de plus de 90 jours.

Prêt performant *(Performing Loan)* : prêt dont les intérêts sont perçus avec moins de 90 jours de retard.

Prime de liquidité *(Liquidity Premium)* : différence entre les taux d'intérêt *forward* et les anticipations des taux d'intérêt *spots* futurs.

Principal *(Principal)* : valeur faciale ou au pair d'un instrument de dette.

Principe de fontaine *(Waterfall)* : règles de distribution des flux de trésorerie du portefeuille sous-jacent aux différentes tranches. Généralement, les flux servent à payer d'abord la rentabilité promise sur la tranche senior, puis sur la tranche mezzanine et enfin sur la tranche *equity.* Tout flux résiduel sert à payer le principal sur les tranches seniors.

Prix coupon couru *(Dirty Price)* : prix d'achat d'une obligation.

Prix d'exercice (*Strike Price, Exercise Price*) : prix auquel l'actif sous-jacent peut être acheté ou vendu par le détenteur d'une option.

Prix d'offre *(Offer Price)* : prix auquel un opérateur est prêt à vendre un actif.

Prix de livraison *(Delivery Price)* : prix qui sera reçu ou payé dans un contrat *forward.*

Prix demandé ou prix de la meilleure limite supérieure *(Ask Price)* : prix auquel un opérateur est prêt à vendre l'actif (appelé aussi « prix d'offre »).

Prix *forward* *(Forward Price)* : prix de livraison qui rend la valeur du contrat *forward* proche de zéro.

Prix *futures* *(Futures Price)* : prix de livraison applicable aujourd'hui à un contrat *futures.*

Prix offert ou prix de la meilleure limite inférieure *(Bid Price)* : prix auquel un opérateur est prêt à acheter un actif.

Prix pied de coupon *(Clean Price)* : prix coté d'une obligation. Le prix payé (prix coupon couru ou dirty price) est la somme du prix pied de coupon et du coupon couru.

Prix *spot* *(Spot Price)* : prix pour une livraison immédiate.

Probabilité de défaut physique *(Physical Default Probability)* : *voir* Probabilités de défaut historiques.

Probabilité objective *(Objective Probability)* : probabilité fondée sur des données.

Probabilité subjective *(Subjective Probability)* : probabilité qui reflète une opinion personnelle.

Probabilités de défaut historiques *(Historical Default Probabilities)* : probabilités de défaut estimées à partir d'historiques de données.

Procédure numérique *(Numerical Procedure)* : méthode de calcul lorsque aucune formule n'est disponible.

Produit linéaire *(Linear Product)* : produit dérivé dont le prix est une fonction linéaire d'une ou plusieurs variables sous-jacentes.

Produit non linéaire ***(Nonlinear Product)*** **:** produit dérivé qui ne dépend pas linéairement des variables sous-jacentes.

Produit structuré ***(Structured Product)*** **:** produit dérivé sur mesure proposé par une institution financière à un client.

R

RAROC ***(Risk Adjusted Return on Capital, RAROC)*** **:** rentabilité ajustée au risque du capital.

Ratio Cooke ***(Cooke Ratio)*** **:** ratio de fonds propres pondérés par le risque dans Bâle I.

Ratio de couverture ***(Hedge Ratio)*** **:** ratio de la taille de la position de couverture et de la taille de la position à couvrir.

Ratio de remplacement net ***(Net Replacement Ratio)*** **:** ratio de l'exposition actuelle avec et sans compensation.

Ratio structurel de liquidité à long terme ***(Net Stable Funding Ratio)*** **:** moyenne pondérée des ressources et des besoins stables et disponibles de liquidité.

Réassurance ***(Reinsurance)*** **:** situation dans laquelle une compagnie d'assurances transfère des risques à une autre compagnie moyennant une prime.

Règle ***stop-loss (Stop-Loss Rule)*** **:** règle de *trading* selon laquelle une position doit être dénouée lorsque les pertes atteignent un certain niveau.

Rendement au pair ***(Par Yield)*** **:** coupon d'une obligation qui égalise son prix et son principal.

Réplication statique des options ***(Static Options Replication)*** **:** procédure de couverture qui consiste à construire un portefeuille de valeur approximativement égale à celle du portefeuille à couvrir.

Repo ***(Repo)*** **:** accord de rachat. Procédure consistant à emprunter des fonds contre la vente de titres à une contrepartie avec promesse de rachat à un prix légèrement plus élevé.

Réhypothèque ***(Rehypothecation)*** **:** utilisation du collatéral déposé par une contrepartie pour servir de collatéral avec une autre contrepartie.

Réserve réglementaire ***(Reserve Requirement)*** **:** pourcentage des dépôts à détenir sous forme de liquidités ou de dépôt auprès de la banque centrale.

Résultat analytique ***(Analytic Result)*** **:** résultat dont la réponse est sous forme d'équation.

Retour à la moyenne ***(Mean Reversion)*** **:** tendance au retour à un niveau moyen de long terme d'une variable de marché (par exemple, une volatilité ou un taux d'intérêt).

Rhô ***(Rho)*** **:** taux de variation du prix d'un produit dérivé par rapport à un taux d'intérêt.

Risque d'exploitation ***(Business Risk)*** **:** utilisé dans le cadre bancaire, il correspond aux risques stratégiques et de réputation.

Risque de base ***(Basis Risk)*** **:** risque pris par un opérateur en couverture, dû à l'incertitude sur la valeur future de la base.

Risque de crédit ***(Credit Risk)*** **:** risque de perte dû à la défaillance d'une contrepartie lors d'une transaction.

Risque de liquidité ***(Liquidity Risk)*** **:** risque d'impossibilité de vendre un actif à son prix théorique.

Risque de liquidité de financement ***(Liquidity Funding Risk)*** **:** risque que les sources de financement disparaissent.

Risque de liquidité de ***trading (Liquidity Trading Risk)*** **:** risque de non-dénouement d'une position en instruments financiers au prix théorique.

Risque de longévité ***(Longevity Risk)*** **:** risque que les individus vivent plus longtemps que prévu.

Risque de marché ***(Market Risk)*** **:** risque lié aux variations des variables de marché.

Risque de modèle ***(Model Risk)*** **:** risque lié à l'utilisation de modèles pour évaluer les prix des produits dérivés.

Risque de mortalité ***(Mortality Risk)*** **:** risque que les individus décèdent plus tôt que prévu.

Risque de solvabilité ***(Solvency Risk)*** **:** risque que les engagements soient plus importants que les actifs.

Risque non systématique ***(Nonsystematic Risk)*** **:** risque qui peut être diversifié.

Risque opérationnel ***(Operational Risk)*** **:** risque de pertes résultant de carences ou de défauts attribuables à des procédures, personnels et systèmes internes ou à des événements extérieurs.

Risque systématique ***(Systematic Risk)*** **:** risque non diversifiable.

Risque systémique ***(Systemic Risk)*** **:** risque que le défaut d'une institution financière entraîne des défauts d'autres institutions financières.

S

Scénarios dynamiques ***(Dynamic Scenarios)*** **:** scénarios impliquant des évolutions défavorables des variables de marché en tenant compte des réactions des autres sociétés.

Score Z ***(Z-Score)*** **:** indicateur de la probabilité de défaut d'une entreprise.

SEC ***(Securities and Exchange Commission)*** **:** équivalent américain de l'Autorité des Marchés Financiers (AMF).

Semi-définie positive ***(Positive SemiDefinite)*** **:** condition que doit satisfaire une matrice variance-covariance pour qu'elle soit valide.

Sensibilité ***(Modified Duration)*** **:** modification de la mesure de duration standard afin de rendre plus précise la relation entre les variations proportionnelles du prix d'une obligation et les variations observées de son taux actuariel. La modification tient compte de la fréquence composée selon laquelle le rendement est coté.

Seuil de dégradation de la notation ***(Downgrade Trigger)*** **:** clause dans un contrat spécifiant que ce dernier peut être annulé par l'une des parties si la notation de l'entreprise passe sous un certain seuil.

Simulation ***(Simulation)*** **:** *voir* Simulation de Monte-Carlo.

Simulation de crise ***(Stress Testing)*** **:** simulation de l'impact des variations extrêmes du marché sur la valeur d'un portefeuille.

Simulation de Monte-Carlo ***(Monte-Carlo Simulation)*** **:** procédure de tirage aléatoire des variations de variables de marché.

Simulation historique ***(Historical Simulation)*** **:** simulation fondée sur des données historiques.

Skew **de volatilité** ***(Volatility Skew)*** **:** terme utilisé pour décrire le *smile* de volatilité lorsqu'il est non symétrique.

Smile **de volatilité** ***(Volatility Smile)*** **:** variation de la volatilité implicite avec le prix d'exercice.

Solvabilité I ***(Solvency I)*** **:** cadre réglementaire actuel des compagnies d'assurances dans l'Union européenne.

Solvabilité II ***(Solvency II)*** **:** nouveau cadre réglementaire pour les compagnies d'assurances dans l'Union européenne.

Spéculateur ***(Speculator)*** **:** individu qui prend une position de marché en pariant sur l'évolution du prix d'un actif.

***Spread* de crédit *(Credit Spread)* :** coût d'achat d'une protection de crédit. Également, différence entre les rendements d'une obligation pouvant faire défaut et d'une obligation sans risque.

***Stress test* inversé *(Reverse Stress Testing)* :** utilisation d'un algorithme pour chercher des scénarios extrêmes.

Structure par termes de volatilité *(Volatility Term Structure)* : variation de la volatilité implicite avec le temps restant à courir jusqu'à maturité.

Structure par termes des taux d'intérêt *(Term Structure of Interest Rates)* : relation entre les taux d'intérêt et leurs maturités.

Surface de volatilité *(Volatility Surface)* : tableau montrant la variation des volatilités implicites avec le prix d'exercice et le temps restant à courir.

***Swap (Swap)* :** accord d'échange de flux dans le futur selon une formule prédéterminée.

***Swap* « *puttable* » ou à option de vente *(Puttable Swap)* :** *swap* dans lequel une des parties a le droit de dénouer le contrat avant l'échéance.

***Swap* annulable *(Cancelable Swap)* :** *swap* qui peut être annulé par l'une des deux parties à des dates prédéterminées.

***Swap* composé *(Compounding Swap)* :** *swap* dans lequel les intérêts sont capitalisés au lieu d'être payés.

***Swap* d'actif *(Asset Swap)* :** échange des flux contractuels d'une obligation contre le Libor plus un *spread*.

***Swap* de capitaux propres *(Equity Swap)* :** *swap* dans lequel la rentabilité d'un portefeuille d'actions est échangée contre un taux d'intérêt variable ou fixe.

***Swap* de défaut (*Credit Default Swap, CDS*) :** instrument permettant de vendre une obligation à sa valeur nominale en cas de défaut de l'émetteur.

***Swap* de défaut digital *(Binary CDS)* :** instrument dont le paiement est fixe en cas de défaillance de l'entité de référence.

***Swap* de défaut sur panier *(Basket CDS)* :** CDS dans lequel il existe plusieurs entités de référence.

***Swap* de devises *(Currency Swap)* :** *swap* dans lequel les intérêts et le principal dans une devise sont échangés contre les intérêts et le principal dans une autre devise.

***Swap* de rentabilité totale *(Total Return Swap)* :** *swap* dans lequel la rentabilité d'un actif, comme une obligation, est échangée contre Libor plus *spread*. La rentabilité inclut les revenus tels que des coupons et la variation de la valeur de l'actif.

***Swap* de taux *(Interest Rate Swap)* :** échange de taux d'intérêt fixe contre variable pour un même montant notionnel.

***Swaption (Swaption)* :** option donnant le droit de conclure un *swap* de taux avec échange d'un taux fixe contre un taux variable prédéterminé.

T

Taux actuariel d'une obligation *(Bond Yield)* : taux d'actualisation qui, appliqué aux flux futurs de l'obligation, permet de retrouver le prix coté du titre.

Taux d'actualisation *(Discount Rate)* : taux de rentabilité annuel d'une obligation zéro-coupon.

Taux d'intérêt zéro-coupon *(Zero-Coupon Interest Rate)* : taux d'intérêt perçu sur une obligation qui ne paie pas de coupons.

Taux de dividende *(Dividend Yield)* : dividende exprimé en pourcentage de la valeur de l'action.

Taux de hasard *(Hazard Rate)* : *voir* Intensité de défaut.

Taux de recouvrement ***(Recovery Rate)*** **:** montant recouvré en cas de défaut exprimé en pourcentage de la valeur faciale.

Taux de rendement minimal ***(Hurdle Rate)*** **:** taux de rendement à dégager par un fonds spéculatif avant l'exigibilité des commissions d'incitation.

Taux de repo ***(Repo Rate)*** **:** taux d'intérêt d'une transaction repo.

Taux de *swap* ***(Swap Rate)*** **:** taux fixe d'un *swap* de taux qui implique une valeur nulle du *swap*.

Taux du *cap* ou taux plafond ***(Cap Rate)*** **:** taux déterminant les paiements du *cap* de taux d'intérêt.

Taux du *floor* ou taux plancher ***(Floor Rate)*** **:** taux déterminant les paiements du *cap* de taux d'intérêt.

Taux eurodollar ***(Eurodollar Interest Rate)*** **:** taux des dépôts en eurodollars.

Taux *forward* ***(Forward Interest Rate)*** **:** taux d'intérêt pour une période future déduit des taux cotés aujourd'hui sur le marché.

Taux *forward* instantané ***(Instantaneous Forward Rate)*** **:** taux *forward* pour une très courte période de temps.

Taux sans risque ***(Risk-Free Rate)*** **:** taux d'intérêt associé à une position sans risque.

Taux *spot* ***(Spot Interest Rate)*** **:** *voir* Taux d'intérêt zéro-coupon.

Teneur de marché ***(Market Maker)*** **:** trader qui offre une fourchette de prix pour un actif.

Test *ex post* ***(Back Testing)*** **:** fait de tester un modèle de VaR ou un autre modèle à partir de données historiques.

Théorie de la préférence pour la liquidité ***(Liquidity Preference Theory)*** **:** théorie selon laquelle les taux d'intérêt *forward* sont supérieurs aux anticipations des taux d'intérêt *spots* futurs.

Théorie des anticipations parfaites ***(Expectations Theory)*** **:** théorie selon laquelle les taux espérés futurs sont égaux au taux *forward*.

Théorie des valeurs extrêmes ***(Extreme Value Theory)*** **:** théorie permettant l'estimation de la forme des queues de distribution à partir de données.

Thêta ***(Theta)*** **:** taux de variation du prix d'une option ou d'un autre produit dérivé avec le temps.

Titrisation ***(Securitization)*** **:** processus par lequel des titres sont créés à partir de flux de trésorerie futurs.

Trading **« tardif »** ***(Late Trading)*** **:** transactions sur un fonds mutuel après 16 h 00 au prix de 16 h 00.

Trading contrarian ***(Negative Feedback Trading)*** **:** *trading* qui implique une vente de titre après une hausse du prix et un achat après une baisse.

Trading **électronique** ***(Electronic Trading)*** **:** système d'échange fondé sur un système informatique.

Trading **en compte propre** ***(Proprietary Trading)*** **:** *trading* effectué par une institution financière pour son propre compte (et non pour ses clients).

Trading momentum ***(Positive Feedback Trading)*** **:** *trading* qui implique un achat de titre après une hausse du prix et une vente après une baisse.

Tranche ***(Tranche)*** **:** un des titres qui a des caractéristiques différentes en termes de risque. Exemple : tranches d'un CDO.

Tranche *equity* ***(Equity Tranche)*** **:** tranche qui supporte en premier les pertes sur le portefeuille sous-jacent.

Tranche mezzanine ***(Mezzanine Tranche)*** **:** tranche qui supporte les pertes après la tranche *equity*, mais avant les tranches seniors.

Tranche senior *(Senior Tranche)* : tranche qui supporte les pertes en dernier en cas de défaut des actifs sous-jacents.

Trous noirs de liquidité *(Liquidity Black Holes)* : risque lié à l'assèchement de la liquidité lorsque tous les intervenants sont du même côté du marché au même moment.

U

Univers risque-neutre *(Risk-Neutral World)* : univers dans lequel les investisseurs sont supposés ne pas exiger, en moyenne, de rentabilité supplémentaire en contrepartie de la prise de risque.

V

Valeur au pair *(Par Value)* : montant du principal (ou nominal) d'une obligation.

Valeur d'ajustement de crédit (*Credit Value Adjustment*, CVA) : ajustement de la valeur d'un actif dérivé qui tient compte de la possibilité de faillite de la contrepartie.

Valeur espérée d'une variable *(Expected Value of a Variable)* : valeur moyenne d'une variable en pondérant ses valeurs possibles par leurs probabilités de réalisation.

Valeur intrinsèque *(Intrinsic Value)* : pour un *call*, la plus grande valeur entre le prix de l'actif sous-jacent moins le prix d'exercice et zéro. Pour un *put*, la plus grande valeur entre le prix d'exercice moins le prix de l'actif sous-jacent et zéro.

Valeur liquidative *(Net Asset Value)* : valeur des investissements d'un fonds divisée par le nombre de parts dans le fonds.

Valeur temps *(Time Value)* : valeur d'une option due au temps restant à courir (égale au prix de l'option moins sa valeur intrinsèque).

Valeur terminale *(Terminal Value)* : valeur à la maturité.

Valeur-à-risque ou valeur-en-risque *(Value at Risk)* : perte qui ne sera pas dépassée à un seuil de confiance prédéfini.

VaR ajustée à la liquidité *(Liquidity-adjusted VaR)* : calcul de VaR qui tient compte de l'influence de la fourchette de prix au moment du dénouement des positions.

VaR conditionnelle *(Conditional VaR)* : *voir Expected shortfall.*

VaR extrême (*Stressed VaR*) : VaR calculée sur une période de 250 jours de conditions de marché extrêmes particulièrement néfastes pour une institution financière.

VaR de crédit *(Credit Value at Risk)* : perte de crédit ne pouvant être dépassée avec une certaine probabilité.

VaR incrémentale *(Incremental Value at Risk)* : différence entre les VaR avec et sans un actif en portefeuille.

VaR marginale *(Marginal Value at Risk)* : taux de variation de la VaR par rapport à la taille d'une composante du portefeuille.

VaR partielle *(Component VaR)* : VaR correspondant à une composante d'un portefeuille de telle sorte que la somme des VaR composées soit la VaR globale du portefeuille.

Variable sous-jacente *(Underlying Variable)* : variable dont dépend le prix d'une option ou d'un autre produit dérivé.

Variable stochastique *(Stochastic Variable)* : variable dont la valeur future est incertaine.

Variance *(Variance Rate)* : volatilité au carré.

Variation de marge (***variation margin***) **:** marge supplémentaire demandée afin de maintenir la marge au niveau requis.

Véga ***(Vega)*** **:** taux de variation du prix d'une option ou d'un autre produit dérivé avec la volatilité.

Vente à découvert ***(Short Selling)*** **:** vente d'actions empruntées à un autre investisseur.

Volatilité historique ***(Historical Volatility)*** **:** volatilité estimée à partir de données historiques.

Volatilité implicite ***(Implied Volatility)*** **:** volatilité calculée à partir du prix d'une option en utilisant Black-Scholes ou un autre modèle similaire.

Volatilités ***spot (Spot Volatilities)*** **:** volatilités utilisées pour évaluer un *cap* lorsqu'une volatilité différente est utilisée pour chaque *caplet*.

Table pour $N(x)$ lorsque $x \leq 0$

Cette table peut être utilisée sur la base d'interpolation. Par exemple :

$$N(-0{,}1234) = N(-0{,}12) - 0{,}34[N(-0{,}12) - N(-0{,}13)]$$
$$= 0{,}4522 - 0{,}34 \times (0{,}4522 - 0{,}4483)$$
$$= 0{,}4509$$

x	0,00	0,01	0,02	0,03	0,04	0,05	0,06	0,07	0,08	0,09
-0,0	0,5000	0,4960	0,4920	0,4880	0,4840	0,4801	0,4761	0,4721	0,4681	0,4641
-0,1	0,4602	0,4562	0,4522	0,4483	0,4443	0,4404	0,4364	0,4325	0,4286	0,4247
-0,2	0,4207	0,4168	0,4129	0,4090	0,4052	0,4013	0,3974	0,3936	0,3897	0,3859
-0,3	0,3821	0,3783	0,3745	0,3707	0,3669	0,3632	0,3594	0,3557	0,3520	0,3483
-0,4	0,3446	0,3409	0,3372	0,3336	0,3300	0,3264	0,3228	0,3192	0,3156	0,3121
-0,5	0,3085	0,3050	0,3015	0,2981	0,2946	0,2912	0,2877	0,2843	0,2810	0,2776
-0,6	0,2743	0,2709	0,2676	0,2643	0,2611	0,2578	0,2546	0,2514	0,2483	0,2451
-0,7	0,2420	0,2389	0,2358	0,2327	0,2296	0,2266	0,2236	0,2206	0,2177	0,2148
-0,8	0,2119	0,2090	0,2061	0,2033	0,2005	0,1977	0,1949	0,1922	0,1894	0,1867
-0,9	0,1841	0,1814	0,1788	0,1762	0,1736	0,1711	0,1685	0,1660	0,1635	0,1611
-1,0	0,1587	0,1562	0,1539	0,1515	0,1492	0,1469	0,1446	0,1423	0,1401	0,1379
-1,1	0,1357	0,1335	0,1314	0,1292	0,1271	0,1251	0,1230	0,1210	0,1190	0,1170
-1,2	0,1151	0,1131	0,1112	0,1093	0,1075	0,1056	0,1038	0,1020	0,1003	0,0985
-1,3	0,0968	0,0951	0,0934	0,0918	0,0901	0,0885	0,0869	0,0853	0,0838	0,0823
-1,4	0,0808	0,0793	0,0778	0,0764	0,0749	0,0735	0,0721	0,0708	0,0694	0,0681
-1,5	0,0668	0,0655	0,0643	0,0630	0,0618	0,0606	0,0594	0,0582	0,0571	0,0559
-1,6	0,0548	0,0537	0,0526	0,0516	0,0505	0,0495	0,0485	0,0475	0,0465	0,0455
-1,7	0,0446	0,0436	0,0427	0,0418	0,0409	0,0401	0,0392	0,0384	0,0375	0,0367
-1,8	0,0359	0,0351	0,0344	0,0336	0,0329	0,0322	0,0314	0,0307	0,0301	0,0294
-1,9	0,0287	0,0281	0,0274	0,0268	0,0262	0,0256	0,0250	0,0244	0,0239	0,0233
-2,0	0,0228	0,0222	0,0217	0,0212	0,0207	0,0202	0,0197	0,0192	0,0188	0,0183
-2,1	0,0179	0,0174	0,0170	0,0166	0,0162	0,0158	0,0154	0,0150	0,0146	0,0143
-2,2	0,0139	0,0136	0,0132	0,0129	0,0125	0,0122	0,0119	0,0116	0,0113	0,0110
-2,3	0,0107	0,0104	0,0102	0,0099	0,0096	0,0094	0,0091	0,0089	0,0087	0,0084
-2,4	0,0082	0,0080	0,0078	0,0075	0,0073	0,0071	0,0069	0,0068	0,0066	0,0064

−2,5	0,0062	0,0060	0,0059	0,0057	0,0055	0,0054	0,0052	0,0051	0,0049	0,0048
−2,6	0,0047	0,0045	0,0044	0,0043	0,0041	0,0040	0,0039	0,0038	0,0037	0,0036
−2,7	0,0035	0,0034	0,0033	0,0032	0,0031	0,0030	0,0029	0,0028	0,0027	0,0026
−2,8	0,0026	0,0025	0,0024	0,0023	0,0023	0,0022	0,0021	0,0021	0,0020	0,0019
−2,9	0,0019	0,0018	0,0018	0,0017	0,0016	0,0016	0,0015	0,0015	0,0014	0,0014
−3,0	0,0014	0,0013	0,0013	0,0012	0,0012	0,0011	0,0011	0,0011	0,0010	0,0010
−3,1	0,0010	0,0009	0,0009	0,0009	0,0008	0,0008	0,0008	0,0008	0,0007	0,0007
−3,2	0,0007	0,0007	0,0006	0,0006	0,0006	0,0006	0,0006	0,0005	0,0005	0,0005
−3,3	0,0005	0,0005	0,0005	0,0004	0,0004	0,0004	0,0004	0,0004	0,0004	0,0003
−3,4	0,0003	0,0003	0,0003	0,0003	0,0003	0,0003	0,0003	0,0003	0,0003	0,0002
−3,5	0,0002	0,0002	0,0002	0,0002	0,0002	0,0002	0,0002	0,0002	0,0002	0,0002
−3,6	0,0002	0,0002	0,0001	0,0001	0,0001	0,0001	0,0001	0,0001	0,0001	0,0001
−3,7	0,0001	0,0001	0,0001	0,0001	0,0001	0,0001	0,0001	0,0001	0,0001	0,0001
−3,8	0,0001	0,0001	0,0001	0,0001	0,0001	0,0001	0,0001	0,0001	0,0001	0,0001
−3,9	0,0000	0,0000	0,0000	0,0000	0,0000	0,0000	0,0000	0,0000	0,0000	0,0000
−4,0	0,0000	0,0000	0,0000	0,0000	0,0000	0,0000	0,0000	0,0000	0,0000	0,0000

Table pour $N(x)$ lorsque $x \geq 0$

Cette table peut être utilisée sur la base d'interpolation. Par exemple :

$$N(0{,}6278) = N(0{,}62) + 0{,}78[N(0{,}63) - N(0{,}62)]$$
$$= 0{,}7324 + 0{,}78 \times (0{,}7357 - 0{,}7324)$$
$$= 0{,}7350$$

x	0,00	0,01	0,02	0,03	0,04	0,05	0,06	0,07	0,08	0,09
0,0	0,5000	0,5040	0,5080	0,5120	0,5160	0,5199	0,5239	0,5279	0,5319	0,5359
0,1	0,5398	0,5438	0,5478	0,5517	0,5557	0,5596	0,5636	0,5675	0,5714	0,5753
0,2	0,5793	0,5832	0,5871	0,5910	0,5948	0,5987	0,6026	0,6064	0,6103	0,6141
0,3	0,6179	0,6217	0,6255	0,6293	0,6331	0,6368	0,6406	0,6443	0,6480	0,6517
0,4	0,6554	0,6591	0,6628	0,6664	0,6700	0,6736	0,6772	0,6808	0,6844	0,6879
0,5	0,6915	0,6950	0,6985	0,7019	0,7054	0,7088	0,7123	0,7157	0,7190	0,7224
0,6	0,7257	0,7291	0,7324	0,7357	0,7389	0,7422	0,7454	0,7486	0,7517	0,7549
0,7	0,7580	0,7611	0,7642	0,7673	0,7704	0,7734	0,7764	0,7794	0,7823	0,7852
0,8	0,7881	0,7910	0,7939	0,7967	0,7995	0,8023	0,8051	0,8078	0,8106	0,8133
0,9	0,8159	0,8186	0,8212	0,8238	0,8264	0,8289	0,8315	0,8340	0,8365	0,8389
1,0	0,8413	0,8438	0,8461	0,8485	0,8508	0,8531	0,8554	0,8577	0,8599	0,8621
1,1	0,8643	0,8665	0,8686	0,8708	0,8729	0,8749	0,8770	0,8790	0,8810	0,8830
1,2	0,8849	0,8869	0,8888	0,8907	0,8925	0,8944	0,8962	0,8980	0,8997	0,9015
1,3	0,9032	0,9049	0,9066	0,9082	0,9099	0,9115	0,9131	0,9147	0,9162	0,9177
1,4	0,9192	0,9207	0,9222	0,9236	0,9251	0,9265	0,9279	0,9292	0,9306	0,9319
1,5	0,9332	0,9345	0,9357	0,9370	0,9382	0,9394	0,9406	0,9418	0,9429	0,9441
1,6	0,9452	0,9463	0,9474	0,9484	0,9495	0,9505	0,9515	0,9525	0,9535	0,9545
1,7	0,9554	0,9564	0,9573	0,9582	0,9591	0,9599	0,9608	0,9616	0,9625	0,9633
1,8	0,9641	0,9649	0,9656	0,9664	0,9671	0,9678	0,9686	0,9693	0,9699	0,9706
1,9	0,9713	0,9719	0,9726	0,9732	0,9738	0,9744	0,9750	0,9756	0,9761	0,9767
2,0	0,9772	0,9778	0,9783	0,9788	0,9793	0,9798	0,9803	0,9808	0,9812	0,9817
2,1	0,9821	0,9826	0,9830	0,9834	0,9838	0,9842	0,9846	0,9850	0,9854	0,9857
2,2	0,9861	0,9864	0,9868	0,9871	0,9875	0,9878	0,9881	0,9884	0,9887	0,9890
2,3	0,9893	0,9896	0,9898	0,9901	0,9904	0,9906	0,9909	0,9911	0,9913	0,9916
2,4	0,9918	0,9920	0,9922	0,9925	0,9927	0,9929	0,9931	0,9932	0,9934	0,9936

Index

A

B

C

M

N

O

P

Q

R

S

T